天理與人欲之爭

清儒揚州學派「情理論」探微

張曉芬　著

推薦序一：無揚州之通學，則清學不能大

「無吳、皖之專精，則清學不能盛；無揚州之通學，則清學不能大（張舜徽《清代揚州學記》）」。可知，揚州學派在清代學術所佔有的分量與地位。

吳派，是指清代江蘇蘇州地區有淵源的學者，以惠棟為首，尚包括沈彤、江聲、余蕭客、褚寅亮、洪亮吉、孫星衍、王鳴盛、錢大昕、王昶等人。皖派是指清代安徽徽州府籍的學者，以戴震為首，成員有程瑤田、金榜、洪榜、汪紱等人。「揚州學派」起於揚州，淵源於顧炎武，承繼於吳派、皖派之後，代表人物有汪中、李淳、阮元、凌廷堪、焦循、劉台拱、劉寶楠、劉恭冕、劉文淇等人。「揚州學派」的學術成就特別突出，不僅與吳、皖派並駕，且幾乎超越其上。

尹炎武在《劉師培外傳》中就明確的指出：「揚州學派於乾隆中葉，任、顧、賈、汪、王開之，焦、阮、鍾、李、汪、黃繼之，凌曙、劉文淇後起。而劉出於凌，師培晚出，席三世經傳之業，門風之盛，與吳中三惠九錢相望，而淵綜廣博，實有吳皖兩派之長，著述之盛，并世所罕見也。」其盛況由此可見。

而「揚州學派」的主要核心主軸，即是「情理論」。就是由其學派對「情理論」的不同詮釋，開創了其學派的獨有之特色，並開啟了近代學術在研究方法、哲學主軸以及詮釋方向的不同，奠定了近代學術發展新的契機。綜言之，其「情理論」的主要內容，就是以「情理代替天理，禮學陵轢理學」。

「心性論」是中國哲學的主軸，從孟子提倡「心性」以來，中國兩千多年的哲學，主要在探討「心性」。「心性」就是吾人共同的本質，這個本質是吾人區別於動物的各種特性或屬性之總和或概括。並希望經由「心性」的內涵瞭解與掌握，以「上下與天地同流」，臻於天人一體的境界。

　　由於歷代學者在探索「心性」之內涵與價值的同時，自然會提出一個關鍵問題，即是如何「盡心知性」？如何「窮理盡性」？以致產生了許多親身實證或理論推證的方法，以盡心知性，進而與天地參。

　　在論證「心性論」的當中，就產生學習路線與方向之爭。有重在格盡事物之理的「道問學」之程朱學派，有重在心性體證的「尊德性」之陸王學派。各擅勝場，各有專精。到了明末理學則產生了流弊。程朱流於枝微末節的探索，缺少整體性的掌握與認知；陸王則走向了空談心性，缺少實證的空疏。

　　根據孔恩（Thomas Kuhn，1922-1996）的「科學革命的結構」主張，任何一種學術，其發展是經過的層次為：常態科學→科學危機→科學革命→常態科學。而明末的理學，在外在的刺激之下，經過長時間的常態狀況，需要革命、改變，更需要新的養料補充，方能形成新的理論，繼續延展學術的活力。清代的「揚州學派」，就在這種情況下產生新的學術理論。其有鑑於明末理學的空疏，便提出「情理論」替代「心性論」的主張，即是張壽安教授所提出的「情理代替天理，禮學陵轢理學」。主要就是以經驗實證的情理，替代高不可攀的「天理」。以實際的禮儀制度，替換抽象空疏的理學。其目的最主要的是重實證、經驗、具體，以及從形而上的本體探求，落實到形而下的氣化證明。希望將中國傳統社會中的專制封建保守的「禮教」，導向自主、自由、平等、重己、功利，甚而人權發展的道路上去。這也是吾人一直所期待的學術研究重點之一，更是「揚州學派」的學術貢獻的主要因素所在。

　　何謂「情理」？即是以「情」為「理」。「情」就本義言，有實的意思。即是真實展露，真情實感，具有強烈的具體與真實之成分在其中。而「情」又指情感或情緒，是吾人最直接感受的體驗。因此「情理」的感覺在吾人身上是非常直接的。而非如「天理」，是屬於思維之中，而高不可攀的。

　　此外，「情理論」的提出，尚具有下列幾個特點：

（一）以具象替代抽象

　　人類認識的過程，是從外感官的具象認知，經由內感官的抽象概括，到理性的思辨，再形成普遍的道理。傳統的宋明理學，無論是程朱學派的形上本體「天理」，或陸王學派的「良知」，皆較重視超驗的體證，是屬於抽象精神的認知，而較少關注具象的實際體證。現以「情理」替代「天理」，甚而以禮學陵轢理學，即是重視具象的感知、實際的格物驗證，而非抽象的談論「天理」，飄渺不可極的境界。

（二）以經驗替代超驗

　　經驗是認識事物的必然過程，也是不可缺少的歷程。即人們在同客觀事物直接接觸的過程中，通過感覺器官獲得關於客觀事物的現象和外部聯繫的認識。然而經驗的認知，易流於零碎、片面和不周全。為了尋找普遍的本質屬性，必須超越經驗之上，探求超驗的本體，以了悟第一因。是以在體悟形上本體，了解生命的根源，勢必要探求超驗之體證。而「揚州學派」的學者，則是反對超驗的不切實際與流於形式，是以特別強調經驗的認知。即是經由經驗感官是最實在的。例如就「禮」而言，其本旨是達於「理」；而其作用功能則是從外在禮儀的規範入手，是合情合理的，更是最實在的，也是最具有經驗事實作基礎的。基於此，「揚州學派」在學術的探索上，強調經驗是勝過超驗的。

（三）以感性替代理性

　　感性的知識，是由外感官——眼、耳、鼻、舌和身之視感官、聽感官、嗅感官；味感官及觸感官，再加上內感官之認知，方能感受外界事物。而理性則是對內感官的知識，做進一步的研究、探討及理解，以獲取其普遍性、必然性、絕對性及認識物質個體的物。而此兩者的差異性在於特殊與一般、殊相與共相的分別。由於理性重概念之共相，感性重

具體之殊相；而「揚州學派」強調「情理」，重視禮儀，則是重感性的知識。這是必然的趨勢與走向。因而，其內涵感性成分較高。

「形而上者謂之道，形而下者謂之器」（〈繫辭上傳·第十二章〉）。「揚州學派」的學術主軸，與理學之分，即是形上、形下之別，道與器之分。理學重形上之道，而「揚州學派」重形下之器。經此學風的推動之下，「揚州學派」彰顯出的特點，誠如張曉芬這本書結論所提出來的：傳統解放，「義理」轉型；社群人我間之觀照與強調；「公與私」意義轉變；促使人文精神昂揚與人權主義覺醒。也由於此，「無揚州之通學，則清學不能大」。是其來有自的。

張曉芬是一位認真好學、精勤戮力的優異學者。本書為一質量俱優的作品，其特點有四：

（一）見解獨特，觀點新穎，富有極大的啟發性

論文的首要價值在於作者的識見，以及其特殊新穎的論點。本書即具有新穎的觀點、獨特的見解。本文論述主題，主要是強調在乾嘉之後，面對西力東漸之下，日蹙的國勢，思想究竟要從何處改革，方能振衰起弊，這是一大關鍵。作者歸納出主要的關鍵主軸是「情理」替代「天理」，也就是正視了「情欲」的價值與重要性；而清朝戴震（1724～1777）及其後繼之「揚州學派」是主要推手。以「情理」替代「天理」，突顯了兩個意義：一是從精神性的形上價值體證，轉向了「道問學」的經驗價值的實證，這也是中國哲學從內轉到外向的一大轉折。二是以「理學」轉變成「禮學」，強調「習禮為行仁之方」，更將道德形上層次的「仁德」，具體落實到經驗層次的習禮正德的層面。總之，清儒的「揚州學派」，慢慢轉換了中國傳統哲學，從形上精神的探索走向了具體經驗的實踐。作者掌握了其學說主軸，以獨特的見解，予以深入解析，剖析精到，析理透闢，這是本書的主要優點之一；並充分顯現作者歸納的慧見與新穎的觀點。

（二）內容詳實，資料豐盈，問題意識清晰，是一本質量俱優的書

　　本書內容高達四十餘萬字，有本有據，內容詳實；加以資料參考豐盈，文獻取用古今並陳，中外並舉，是一本質量俱優的書。尤以本書問題意識清晰，即是歸納出「揚州學派」的思想主軸是「情理論」；並以此主軸架構其書之整個綱目體系，以及解析此理論的優缺及其影響，持之有故，言之成理，是研究清代學術思想的一本重專著。同時，在相關概念的解析度上，作者具有深厚的學理基礎、良好的哲學訓練，致能「得其環中，超以象外」，將內涵挖掘而出，而得其精粹之道，這是本書格外精彩之處。例如對「仁」的概念解讀，作者從「相人偶」本義字源的探討，到創造義的詮釋加深，皆有清晰、條理、層次、深刻的解讀與論述。同時，並處處皆可見作者以深厚的哲學基礎之所展現的詮釋功力。總之，在內容及資料的蒐羅和詮釋上，作者是下了極大的工夫。

（三）架構井然，證據充分，文筆清麗，流暢自然

　　本書主要分為八大部分，除了緒論及結論外，由於本書是以「情理論」為主，以致主要重點放在本書主題「情理論」的解讀上。第二章說明「情理論」形成的歷史背景，重在知人論世的說明。第三章則對「情理論」的內涵做概念分析；並從人性論到實踐過程，做一總的說明及探討。第四章及第五章，針對「揚州學派」諸位學者對「情理論」闡釋，就個別學者之作品及其思想，做一剖析。第六章就針對「情理論」所發揮的影響加以分析，主要重在「相人偶」的仁學傳播、古文經學的傳衍、「禮教」之重整與婦女之解放以及書院風尚的改革等。第七章則對「揚州學派」「情理論」做一正反評析：在正面上之價值特色有傳統解放，「義理」轉型；社群人我間的觀照與強調；「公與私」意義之轉變和促進人文精神昂揚與人權主義覺醒等。架構井然，條理清晰，可見作者的思維之嚴縝周密，勤力用心之處。此外，此書文筆清麗，典雅細緻，致全文一氣呵成，流暢自然。

（四）是一本思維細緻、邏輯嚴縝、體大思精、宏觀周延
　　之著作

　　總而言之，此書整體架構周延，內文層次清晰，是一本用心認真之作。特別是針對清朝學術在乾嘉之後的發展特色，知識份子憂心國事，意欲從本根的哲學思維改革的企圖心，做一周密的剖析與論述，這是本書極為可喜之處。同時，由於作者思維細緻、邏輯嚴縝，加以體大思精、宏觀周密的論述，致使清代「揚州學派」的學術特色及價值清楚呈現，是一本近年來研究清代學術論著中極為優質的一本著作，是以本人特別推薦。

輔仁大學中國文學系　教授兼系主任

趙中偉　敬上

九十八年十月十五日

推薦序二

　　敝門人張曉芬有志中華文化之研究，早歲畢業於國立臺灣大學中文系，旋入國立中正大學中文研究所碩士班就讀，從余撰寫碩士論文《牟庭「詩切」研究》，質量俱斐然可觀。厥後復入輔仁大學中文研究所博士班深造，進功益猛，先後在學報、期刊及研討會發表學術論文不下十餘篇。

　　今夏復在本人指導下，以《天理與人欲之爭——清儒揚州學派「情理論」探微》榮膺博士學位。該書以四十餘萬言之篇幅，從橫向剖析、縱向論述兩方面深入闡發清代揚州儒學之「義理思想」及其對後代之影響。詳人所略，略人所詳，往往具有獨到之心得，故能得到五位口試委員一致之肯定，洵屬難能可貴。茲為使其研究成果能進一步就教於廣大之學術界，故有正式出版之願望。素誌秀威出版水準整齊，獎掖後進不遺餘力，敢用專函推薦，至祈畀予出版問世之機會，無任感荷。

元智大學中國語文學系　資深客座教授莊雅州

自序

　　歷史是延續的，但永遠是「變」的，因革損益，隨時而異。清代：歷經康、雍、乾之盛，嘉慶、道光、同治、咸豐之時，逐步漸入晚清與近代，風雲變幻，世紀蒼桑，「再回首已是百年身」，重新拉開這百年前之歷史一幕，如觀史劇，詭譎新變。

　　追溯封建專制的大清帝國滅亡，實可溯至清乾嘉時始起；清乾嘉以後，朝政可謂已露「衰敗」之倪，尤其是知識份子愈發自覺改革。這股勢力洶湧來潮，除了西力東漸的刺激外，最主要的轉折是清儒思想的轉變。這個變遷過程，據余英時先生論述，可謂「儒學內在理路」的「變化」。關鍵人物──戴震（1724～1777），則是中國在邁向現代化過程中，使儒學從長期以來偏重的「形上價值」，轉向了「經驗價值」的思想變革者。然其最重要的影響，還在於後繼者的闡揚，這股綿延不絕的汩流──「揚州儒學」，將其思想傳衍散播，似乎已為封建的中國，將走向「民主」的新生，埋下「因果」的種子。「揚州學者」對後世的影響，不可謂不多矣。是以本書旨在探究：「清代揚州儒學」的「義理思想」；這股「義理思想」抑或承襲「戴震」的「情理論述」，抑或加以改變摻以己見，抑或融會貫通而有所創新，或者，自創新義？然不可諱言，他們皆正視「情欲」，肯定人「情欲」的重要性，強調「養情節欲」、「以禮代理」，大異於「存天理，去人欲」之宋明「理學」，對於此，學者紛紛指出此是一由「天理」轉向「情理」之論述，也是「理學」變向「禮學」的「義理思想」。

　　這股「存人欲」的「義理思想」對後世的「破壞─重建」影響頗大，不論是推翻滿清，建立民國；抑或是對傳統封建「禮教」的反省與重整，使我中華民族走出一條自由、民主的康莊大道，還是教育制度之改革等等均是受其影響。然這方面內在轉變的因素一直殊為後人所忽

略，惟這幾年來少有學者漸漸披露。本書即針對影響後世較大的「揚州儒學」做一探究。在章節安排與各章大義上，是這樣鋪述的：

首先，第壹章「緒論」部分，提出「研究動機與目的」、「研究範圍與方法」、「文獻檢討」、「研究步驟」等四個主題探索。在「研究步驟」上，第貳章先界定「清代揚州儒學」的「代表人物」，並探究「情理論的形成」，進而第參章「橫向剖析」，分別就「人性論」——「性理探討」、「經驗界的落實」——「情欲探討」、「實踐功夫」——「化情為理實證功夫」等主題探究，欲將「揚州學者」共有觀點做一整理歸納。接下來，「縱向論述」——就揚州清代儒學「情理論」的發展做一探究，然這方面，依時間先後順序將代表學者排序列出，發現頗多，是以分別就第肆章與第伍章探究。「縱橫論述」後，則是第陸章探究「清代揚州儒學情理論」的「影響」。這方面非常多，但至今鮮為人完整研究與論述。據個人研究，發現重要影響有：一、「相人偶」的「仁學」傳播。二、古文經學家的傳衍與今古文之爭的學術流變。三、「禮教」重整，婦女解放之聲浪高漲。四、書院風尚丕變，江浙嶺南漢學大盛。第柒章，則是對「清儒揚州情理論」做一評析，針對其價值、特色、優缺點做論析。第捌章，結論。

＊　＊　＊　＊　＊　＊

「長江後浪推前浪」，「江山代有才人出」，史有明鑑，歷史會變但不會停止，重要是後人宜記取「前車之鑑」，因革損益，方是得諸歷史借鏡。

然觀人人何嘗不亦是在創造自己的歷史？這個「歷史」亦是許多人的牽繫形成的；後學一路跌跌撞撞過來，回首過往，今彷彿一切都變得「感恩」與「喜悅」。沒有礁岩，哪有美麗的浪花；未經凜霜列雪淬鍊，焉得楓更紅梅愈香？

謝謝口考教授們對後學謹嚴指正與提問，使後學可盡快發現盲點所在，將本書修正得更加完善。

回首這五年來，謝謝院長：金凌師與所長：中偉師對學生的諄諄教誨與鼓舞開導；謝謝指導教授：雅州師循循善誘；宗憲師一路相挺、壽

安師嚴教有方,還有臺大恩師:國樑師關懷叮嚀,中研院學長:晉龍師賅切警惕,輔大註冊組組長:林勝鐘先生,常與我切磋砥礪;當然,還有同窗好友、學長、姊、弟、妹等彼此「互助關愛」,謝謝您們!後學得以在這座學術的大冶爐中不斷接受責任、壓力及逆境等種種淬鍊,不但沒有退縮,反而心志不斷被啟發與成長,眼界更加高遠,胸懷益加拓展,足備更多勇氣與能量向前行!這一切都要謝謝您們!

還有感謝家人與同事,一直是後學幕後的推手;感謝學校長官不斷予後學一揮灑自我的舞臺,任何比賽、活動都鼓勵後學參與,得以在學術研究外,另外得到諸多意想不到的成功喜悅,如屢屢獲得國防部「史政論文」佳績,與成為全校第一位成功舉辦「星光歌唱比賽」的主辦者等。還有可愛的學生們,你(妳)們的熱情澎湃、活潑開朗,總使「曉芬老師」的課洋溢青春,充滿了朝氣與活力,歡笑不斷,彷彿人世間的所有煩惱在此刻皆可拋空。

「長的是磨難,短的是人生。」(張愛玲語)花開又花謝,潮起又潮落──這是大自然不變的定律。但「水從哪裡來,又往哪裡去?」「我從何處來,又往何處走?」仰視浮雲白,靜默不語,原來「歷史長河仍是不斷汨汨流動。」(傅斯年語)我:「草莽偷垂淚,盡是讀書不死心。」慚愧不已但感動澎湃;是「感謝」!感謝「蒼天」仍然可以讓我不斷追求這一份屬於我「簡單的快樂」!感謝您!

張曉芬謹誌於陸專8-1研究室

目　錄

第壹章　緒論

第一節　研究動機與目的

一、研究動機

　　清二百七十年的學術約可分為初、中、晚三期。尤以中期的乾嘉學術最能代表清學特色。乾嘉學術基本上是以經史考證為主，從而衍生出訓詁、聲韻、名物、度數、校勘、目錄及天文、歷算、地理等專門學科。而歷來學者對清乾嘉學術研究，似乎亦皆以所謂的經史考證為主。以為乾嘉時期無思想性可言，所謂「有考據無義理」也，[1]如民初學者熊十力先生（1885~1968）曾云：

> 清儒反對高深學術，而徒以考據之瑣碎知識為尚，……不知措意於社會、政治與文化方面之大問題，而但為零碎事件之搜考，學者相習成風，而成為無頭腦之人。[2]

此熊氏以為清代考據家不知關懷社會、政治與文化等問題，僅著意於零碎的考據，而成為無頭腦之人。其後熊氏大弟子——牟宗三先生（1909~1995）亦以此無思想內容，無講述的必要；其云：

---

[1]　張麗珠先生：〈關於乾嘉學術的一個新看法〉所強調：「學界長久以來對於清代學術『有考據無義理』的偏見……」，《清代新義理學——傳統與現代的交會》，（臺北：里仁書局，2005年8月），頁1。
[2]　見熊十力先生《十力語要》，（臺北：明文書局，1982年10月），卷2，頁277。另其《讀經示要》亦云：「心性之學，所以明天人之故，究造化之原，彰道德之廣崇，通治亂之條貫者也。此等高深學術，云何可毀？」（臺北：明文書局，1987年7月），頁451-452。

我們講中國的學問，講到明朝以後，就毫無興趣了。這三百年間的學問我們簡直不願講，……。[3]

牟先生不願講此時段的學問，蓋以為清儒不太講心性之學，所以沒有講述之必要。此外，牟先生同門：徐復觀先生（1903～1982）亦以為乾嘉學者沒有經學思想[4]。然真是如此乎？據錢穆先生（1895～1990）《中國文化史導論》云：

中國文化本來就處在不斷進取變動之中。其變遷經過分四階段：其一是上古至秦……其二是漢唐時期……其三是宋明清時期。中國人個性精神進一步發揮，中國文化充分發展。這是中國文化的個性發展期。其四是清以後時期。這個時期中國民族共通精神與個性精神已經安排周到，所要做的是如何將精神與物質同一融合，進而關心周圍物質環境，盡量改善和利用它，以協調精神與物質的關係。[5]

可見錢賓四先生所論不同。其以為中國文化是不斷在變化發展的，尤其在宋明清時期，更是中國人個性精神之昂揚，至清以後，則是講究天人如何合一？關心生存環境之如何改善？以求精神與物質之融合。所以乾嘉時期學者真的無思想可言？真的只在故紙堆考證中求生活？其實不然。據張壽安先生研究，指出：

事實上，乾嘉時代絕大多數考證學者固然盡量避免對思想作純粹形上的討論，但仍有部分具思辨興趣的學者，從學術源流和經世的角度重新檢審儒學之「道」、「理」和思想問題，認為儒學自有其傳統的、非抽象性質的「道」；並不囿於考證，亦不只囿於

---

[3] 牟宗三先生：《中國哲學十九講》，（臺北：臺灣學生書局，1983 年 10 月），頁 418。

[4] 氏著《中國經學史的基礎》云：「無思想的經學家，乃出現於清乾嘉時代。」（臺北：學生書局，1982 年），頁 51。

[5] 錢穆先生：《中國文化史導論》，（臺北：正中書局，1969 年），頁 162。

理學內部心性理氣的辨析。這種新的通經求「道」的趨勢，證明
清代儒學具有與宋明理學不同的思想典範（paradigm）。[6]

知乾嘉學者不囿於理學內部心性理氣之辨析，而是著重從「經世致用」
角度，實學實證的方法，探究儒學的「道」或「理」。不然，為何有清
儒主張「故訓非以明理義，而故訓胡為？」或者主「訓故明乃能識羲文
周孔之義理」[7]，以見「清學無義理」是不正確的觀念。是故張麗珠先
生以為「殊不知乾嘉新義理學正是完成儒學『兩種義理類型』——除了
理學的道德形上學以外，另以主於發揚『經驗面價值』、姑名為『情性
學』的經驗取向義理學重要功臣。」[8]

　　近來學界除了討論清儒考證學外，對乾嘉學者之義理學，亦是逐漸
闡揚與益發重視的。正如林慶彰先生所云：

> 在求通經致用的過程中，逐漸發展出以典章制度的重建來重整政
> 治、社會秩序的新學問。這種學問是以前學者因對乾嘉學者存有
> 偏見而忽略的，現在應該把它發掘出來。[9]

或許乾嘉學者的義理學並非形上的心性理氣論，而是一種所謂「經驗領
域義理學」。[10]所以當時焦循（1763〜1820）曾云：他們的「義理」，
「非宋儒之義理」。[11]余英時先生亦指出：研究清代的儒學思想，必須

---

[6]　張壽安先生：〈緒論〉，《以禮代理——淩廷堪與清中葉儒學思想之轉
　　　變》，（臺北：中研院近史所，1994 年 5 月），頁 1。
[7]　前者見戴震：〈題惠定宇先生受經圖〉，《戴東原先生全集》，（臺北：大
　　　化書局，1987 年），頁 1114；後者見焦循：〈寄朱休承學士書〉，《雕菰
　　　集》，（臺北：鼎文書局，1987 年），頁 203。
[8]　同注 1，氏著〈關於乾嘉學術的一個新看法〉，頁 1。
[9]　林慶彰先生：〈清乾嘉學者對婦女問題的關懷〉，收入林慶彰先生、張壽安
　　　先生等編《乾嘉學者的義理學》上冊，（臺北：中研院文哲所，2003 年 2
　　　月），頁 214。
[10]　此「經驗領域義理學」乃張麗珠先生對乾嘉義理學之命名，參見氏著《清代
　　　義理學新貌》〈自序〉，（臺北：里仁書局，1999 年 5 月），頁 2。
[11]　焦循：〈申戴〉，原文是：「東原得之義理，非講學家西銘太極之義理
　　　也。」《雕菰集》卷七，（臺北：鼎文書局，1977 年），頁 95。

對儒學採取一種廣闊而動態的看法，如果固執著心性理氣的單一儒學思想內涵去衡度清代儒學，只怕是緣木求魚，南轅北轍了。[12]然究竟乾嘉「經驗領域」之義理學是一種什麼樣貌的思想、什麼內涵的哲理？

據個人對乾嘉考據皖派大儒──戴震（1723〜1777）研究，發現他不僅是「實事求是」的考據大家，更是提出一套迥異於宋明理學的哲學家。此所謂「戴震哲學」，依梁啟超先生研究，乃是所謂的「情感哲學」[13]。然其哲學理論並不見重於當世[14]，誠如侯外廬先生所云：戴震學說在當時並未成為支配的學說，沒有起著社會影響，因而歷史價值也是有限的。[15]但問題是「戴震哲學」就因此蕩然無存乎？實不然也，殊不知後續闡述者竟連綿不絕，如：四庫館總纂修之紀昀（1724〜1805）、史學大師錢大昕（1728〜1804）、「揚州學派」的汪中（1744〜1794）、孫星衍（1753〜1818）、凌廷堪（1757〜1809）、焦循（1763〜1820），與著《鏡花緣》的李汝珍（1763〜1830）、阮元（1764〜1849）、俞正燮（1775〜1840）、包世臣（1775〜1855），乃至同治時的黃式三（1789〜1862）、力主今文經學以圖強救國的龔自珍（1792〜1841）等等學者（略依時代先後排列），都有相關著作與論述。[16]頗令人玩味的是：在這些學者當中，尤以「揚州學派」學者居大多數，他們除了主要成就在考證名物、訓詁、典章制度等方面外，更是兼融吳派之「專」、皖派之「精」，頗具「能創、能通」的特色，獨步

---

[12] 余英時先生：〈自序〉，《論戴震與章學誠》，（香港：龍門出版社，1975年），頁1。

[13] 梁啟超先生云：「《疏證》一書，字字精粹，……綜其內容，不外欲以『情感哲學』代『理性哲學』。」《清代學術概論》，（臺北：里仁書局，1995年），頁38。

[14] 如戴氏門生洪榜：〈與朱筠書〉云：「《孟子字義疏證》……然則非言性命之旨也，訓故而已矣！度數而已矣！」又朱筠亦云：「可不必載，性與天道不可得聞，何圖更於程朱之外復有論說！戴氏可傳者不在此。」見江藩著、錢鍾書先生主編：《漢學師承記》（外二種），（香港：三聯書店，1998年），頁117、119。

[15] 氏著：《中國思想通史》，（北京：人民出版社，1956年），頁462。

[16] 許蘇民先生：《戴震與中國文化》第八章至第九章均有相關論述，（貴陽：貴州人民出版社，2000年10月），頁195-288。

清代學壇。[17]在思想上如焦循主「能知故善」說；阮元強調「相人偶」仁學；淩廷堪倡「學禮復性」與「制禮節性」[18]，均顯示「戴學」的傳承與發揚的鎖鑰，實與「揚州學派」的「義理思想」有密切關係。又據張麗珠先生指出：中國在邁向現代化時，儒家思想能順利從傳統價值之封建、專制、保守型態轉向現代化的現實、功利、自由、個人主義的內在啟蒙者，除了西方思潮的刺激外，亦與「乾嘉義理學」產生有關。[19]那麼，吾人是否可以這麼說：興起於十九世紀末、二十世紀初的「反禮教運動」，其萌動實源自十八世紀，而策動此一批判的思想原動力，毫無疑問是「情」與「私」[20]？

　　而「乾嘉義理學」之所以能廣傳於後，使得儒家思想與現代化模式能順利接軌，從形上價值跨越到經驗價值的轉型，其內在理路的關鍵、其幕後推手，我們是否不可忽略：戴學之後「揚州學者」的「義理思想」的發展？若依思想模式的發展是否是：戴學→揚州學派→常州今文學→湖湘學派？[21]畢竟思想的演變，絕非一蹴可幾的，它必然要根基在對過去思想的繼承、蛻變和改造上，必定要經過長時間，累積了足夠的「量變」之後，才能夠達到轉型之「質變」。[22]若依「量變」與「質

---

[17] 張舜徽先生：〈揚州學記第八〉，《清儒學記》，（濟南：齊魯書社，1991年11月），頁378-379。
[18] 焦循：〈性善解三〉：「性何以善？能知故善。」同注11，頁127；阮元：〈《論語》論仁論〉：「云竊謂詮解『仁』字，……鄭康成注『讀如相人偶之人』，數語足以明之矣。」《揅經室一集》卷8，（北京：中華書局，1993年），頁283；淩廷堪：〈復禮上〉：「非禮，何以復其性焉？」〈好惡說上〉：「先王制禮以節之，懼民之失其性也。」王文錦先生點校《校禮堂文集》卷4、卷6，（北京：中華書局，1998年），頁237、頁367。
[19] 整理自張麗珠先生：〈關於乾嘉學術的一個新看法〉，同注1，頁3。
[20] 張壽安先生：〈自序〉，《十八世紀禮學考證的思想活力——禮教論爭與禮秩重省》，（北京：北京大學，2005年），頁IV。
[21] 此思想脈絡，來自田漢雲先生：〈關於進一步確認揚州學派的思考〉一文，提及揚州學派的沒落所啟發而來的，文中甚云：「道咸之交，由於社會政治發生劇變，以漢宋兼容為主要特徵的湖湘學派，成為新的學術中心。……此時的揚州學術畢竟缺乏活力，降為湖湘派的附庸。」林慶彰先生、祁龍威先生等編：《清代揚州學術研究》（上），（臺北：學生書局，2001年5月），頁135。
[22] 同注1，頁6。

變」兩大標準來看，我們似乎可以發現到：在上述學者中，惟「揚州學派」學者同時兼具，因在清代中前期，揚州即以「學者」眾多而著稱於世，又加上其不再拘守漢學考據一途，而轉向富有「既通且博」與「求變求新」[23]的開創理路治學，所以在傳統儒學與現代化思維的銜接點上，「揚州義理學——情理論」想必扮演重要的角色。黃愛平先生云：

> 長期以來人們論及乾嘉漢學的流派時，大都僅只劃分為吳派和皖派，卻忽略了有輝煌成就的揚州學派。其實，揚州學派，既繼承了吳、皖兩派的特點，又發展和超越了兩派，形成了自己獨特的風格，頗有些近代氣息，成為清代學術思想發展史上具有承上啟下作用的一個環節，是值得認真加以研究的。[24]

「揚州學派」既是如此重要，然其思想內涵究竟如何？若是承襲戴震學說的話，究竟哪些觀點承襲其說，哪些觀點創新？還有「揚州學派」是如何產生的？這些都是值得探討的。

據趙航先生等人研究，可以發現到原來最早提出「揚州學派」這個名詞的，首推「方東樹」。在方書中提到的「揚州學者」有朱澤澐、焦循、汪中、阮元、王念孫、王引之、江藩、劉臺拱等。但，方氏對他們所採取的態度並不相同。[25]梁啟超先生（1873～1929）《中國近三百年

---

[23] 此「通博」特色見張舜徽先生：〈揚州學記第八〉而來，同注 17，頁 379；而「創新求變」特色見支偉成：《清代樸學大師列傳》卷六，（湖南：岳麓書社，1998 年 1 月），頁 145。

[24] 黃愛平先生等著《清代學術與文化》第六章：揚州學派及乾嘉學派評價，（瀋陽：遼寧教育出版社，1993 年），頁 356。

[25] 方東樹：《漢學商兌》曾兩度談及揚州學派，其云：「汪氏既斥〈大學〉，欲廢『四子書』之名，而作〈墨子表微序〉，……此等邪說，皆襲取前人謬論，共相簧鼓，後來揚州學派著書，皆祖此論。」（卷上之中）；另則「揚州汪氏，謂文之衰自昌黎始。其後揚州學派皆主此論，力詆八家之文為偽體。」（卷下），（香港：三聯書店，1998 年），前頁 291，後頁 384。趙航先生：《揚州學派新論》〈引言〉亦論及，（江蘇文藝出版社，1991 年11 月），頁 14。又張壽安先生：〈清代揚州學派研究展望〉，文中且云：「可見方東樹認為的『揚州學派』絕不等同於『揚州學者』。方氏在《漢學商兌》卷中批駁汪中關於《四書》次第的論述……看來是不滿汪中以下的揚

學術史》亦提及，且有意識地將清代漢學家分成三派，即吳派的惠棟、皖派的戴震，而「揚州學派」的領袖則屬焦循、汪中。[26]然首先較清楚為揚州學派下定義的是張舜徽先生，其《清代揚州學記》更進一步指出：戴氏的哲學思想與治學道路，幾乎全為揚州諸儒所繼承與發展。且此哲學思想不僅彌補了十八世紀中國學術思想界晦塞的一面，同時它也是唯一繼承戴震之後，給宋明唯心主義的理學以嚴厲的批判。[27]又：像汪中、焦循、阮元都能大膽地對一些問題，特別是對倫理思想的問題提出自己的看法。[28]為何張舜徽先生會這麼說？是否「揚州學者」在「義理思想」方面真的頗有獨到之處，或者有某些議題值得進一步探究？所以乾嘉吳皖二派與「揚州學派」的關係與區隔，是首須釐清的，不可否認，戴震的新義理學在揚州學圈獲得最大的迴響與發展，已是學界上公認的事實，然自戴震以下，焦循、汪中、阮元以至凌廷堪，他們的「義理思想」為何？如何承襲戴震的「情欲哲理」而將之發揚光大？是否有其哲學思路可尋？又如何「從理到禮」？這個中的轉變是什麼？他們所倡「以禮代理」等哲理對後來近現代學術上有何影響？他們的學術主張，與後來儒學的改變有無關聯？若有，是發生何種改變？諸如此等問題皆是本書所欲探究的。

　　然觀察當今學術界，對「揚州學者」的單篇論述頗多，而碩博士論文多僅對各別學者著作做研究，於「揚州學者」的「義理思想」至今仍無一系統、整合、宏觀的研究。正如王俊義先生所云：目前對於「揚州學派」研究，大多屬於有關「揚州學派」學者的「個案研究」，如與

州學者皆疵詆朱子《四書》；但相對的，我們卻明顯看出揚州學者在義理學上的新走向就是反省並擺脫程朱性理而另覓新解。」（《漢學研究通訊》第19卷第4期，2000年11月），頁620。另外，龔鵬程先生：〈清朝中葉的揚州學派〉一文亦云：「揚州學派……首次如此指稱的，是方東樹。」林慶彰先生、祁龍威先生等編《清代揚州學術研究》，（臺北：學生書局，2001年4月），頁49。
[26] 梁啟超先生：《中國近三百年學術史》，（臺北：里仁書局，2002年），頁31。
[27] 張舜徽先生：《清代揚州學記》，（上海：上海人民出版社，1962年），頁380-381。
[28] 同上注，頁380。

「揚州學派」所涵蓋的豐富內容相較,研究深度、廣度,都尚屬初始階段。還缺乏從「總體上」對該學派進行深入、系統論述。[29]楊晉龍先生〈臺灣學者研究「清乾嘉揚州學派」述略〉一文亦指出:以「揚州學派」為主體之研究畢竟有限,更多是個別「揚州學派」學者的研究[30]。對於「揚州儒學」主要內涵與其在整個學術史上的地位與影響,則是乏人問津;誠如漢宋的理、禮爭辯,理與情之安頓,禮與情之調和等議題,至今學界上仍未有精細的研究出現。又其中客寓揚州的淩廷堪,是否算是「揚州學者」?又其主「以禮代理」,其思想的淵源、形成與傳承之發展究竟如何?對後世的影響又是為何?又阮元的「相人偶」的「仁學」為何影響到晚清譚嗣同的「仁學」思想?又焦循的「習禮格」的禮學觀點為何?又為何傳統儒學會走向現代新儒學?其中轉變的「內在理路」是什麼?又「禮教」之改革,如婦女不再纏足與殉節等等,究竟這些揚州清儒們的主張是否是傳統「禮教」變至「禮教」解放的關鍵或啟蒙之源?抑是晚清維新思想之來源?諸如這些問題,都是本書所欲探究的,是以本書定題為:天理與人欲之爭──清儒揚州學派「情理論」探微。

二、研究目的

揚州──一個具有悠久歷史與燦爛文化的名城。唐以來,「揚一益二」,「煙花三月下揚州」,「十年一覺揚州夢」,揚州成為富庶、繁榮的象徵,蔚為歷代騷人墨客吟詠讚譽的美麗之城,有著「淮左名都」之美譽。[31]至清代,揚州再度成為中國重要的食鹽供應地與南北漕運的

---

[29] 王俊義先生:〈關於揚州學派的幾個問題〉,(《中國社會科學院研究生院學報》,2003 年第 3 期),頁 71。

[30] 楊晉龍先生:〈臺灣學者研究「清乾嘉揚州學派」述略〉,《漢學研究通訊》,2000 年 11 月,頁 2。

[31] 此淮左名都之說見於姜夔:〈揚州慢〉:「淮左名都,竹西佳處,解鞍少駐初程。」朱孝臧先生輯《宋詞三百首箋》,(臺北:廣文書局,1960 年 7 月),頁 283。

咽喉，曾被歷史學家譽為「落日輝煌」[32]。以見當時揚州是南通北往運輸交通上重要的城市。畢竟她悠久的歷史造就其燦爛輝煌的「揚州文化」，在學術史上是無法被抹煞的。

　　歷來對「揚州文化」研究頗多，如：「揚州八怪」、「揚州瘦馬」、「揚州十日談」乃至其園林建築、亭臺樓閣、飲食、茶酒、戲劇、金石、銘文、書法、謠諺等，都是歷界學者們趨之若鶩、爭相研究的主題，但可怪的是「揚州學派」的「情理思想」卻是乏人問津[33]。殊不知「揚州學派」亦是其文化之一，據馮爾康先生云：

---

[32] 桑光裕先生：〈文化的魅力——揚州歷史文化叢書總序〉，朱正海先生主編：《揚州歷史名人》，（揚州：廣陵書社，2003 年 11 月），頁 1。

[33] 「揚州文化」這方面前人研究成果頗多，據個人查閱國內（臺灣）碩博士論文，大多偏向研究其書法、繪畫與文學方面，又尤以研究鄭板橋、金農者為多，這方面計有十一本論文；如孫紅郎：《金農繪畫的研究》，臺北：文化大學藝術所碩論，1980 年；衣若芬：《鄭板橋題畫文學研究》，臺北：臺大中文所碩論，1989 年；程君顓：《明末清初的揚州畫壇與遺民畫家》，臺北：臺灣師大歷史所碩論，1990 年；朴順德：《十八世紀中國文人畫思想之研究——揚州八怪與朝鮮後期繪畫發展之比較探討》，臺北：文化大學藝術所碩論，1993 年；朱祖德：《唐代淮南道研究》，臺北：文化大學史學所碩論，1996 年；陳瑋琪：《鄭板橋文藝理論及詞作研究》，臺中：中興大學中文所碩論，1999 年；李心怡：《唐詩中的揚州形象》，臺北：政大中文所碩論，1999 年；高明一：《清代金石書法入畫——研究趙之謙花卉畫的歷史意涵》，臺北：藝術學院美術所碩論，1999 年；全瑠珠：《鄭板橋繪畫研究》，臺南：成大藝術所碩士論文，2001 年；徐圓貞：《李白詩作之旅遊心理析論——以揚州系列的傳記論述為例》，嘉義：南華大學旅遊事業管理所碩論，2001 年；巫素敏：《枝葉關情－論鄭板橋墨竹書畫之一致性》，臺北：文化大學藝術所碩士在職專班論文，2002 年；張致宓：《金農書法研究》，臺中：中興大學中文所碩士在職專班碩論，2002 年；蔡麗芬：《金農書法藝術研究》，屏東：師範學院視覺藝術所碩論，2002 年；劉家華：《金農書法風格研究》，新竹：師範學院美術教育所碩論，2003 年；金聖容：《金農題畫文學研究》，臺中：逢甲中文碩論，2003 年；張啟文：《金農、羅聘、黃慎的神佛鬼魅像研究》，中壢：中央大學藝術所碩論，2003 年；蔡忻亞：《鄭板橋思想研究》，高雄：師大國文所碩論，2004 年；林晉滄：《揚州京華城施工進度問題與解決對策之研究》，臺北：中華大學營建管理所碩論，2006 年；關於在臺以「揚州學派」為題的博碩士論文則無，惟以「揚州學派」為關鍵詞的論文僅有：繆敦閔：《劉師培《禮經舊說》研究》，埔里：暨南國際大學中文所碩論，2000 年；曾聖益：《儀徵劉氏春秋左傳學研究》，臺北：臺灣大學中文所博論，2004 年。就國內的期刊論文與

> 揚州還是文化名城，為人文薈萃之鄉。……人傑地靈，英才輩
> 出，思想家、文學家、藝術家、史學家、地學家、醫學家、曆算
> 家、藏書家、佛學家，無不有之，遂有「泰州學派」、「揚州學
> 派」、「太古學派」、「黃崖教」、「揚州八怪」等等的學術群
> 體和流派的出現，還有揚劇、揚州平話等表演藝術形式的產生，
> 以及揚州菜系的飲食文化，民間信仰中的「揚州五司徒」（茅、
> 許、祝、蔣、吳五姓）等。[34]

以見「揚州學派」亦與「揚州八怪」等等並列為「揚州文化」的一部
分。又如前述，學者們都認為「揚州學派」在學術上是這麼重要的，
然而為何學界對其思想研究竟是冷冷清清，是以本書欲針對「揚州學
派」的「情理論」做研究，以便凸顯其價值與意義所在。若套用今管
理學上最熱門的「藍海策略」的理論[35]，本書研究的目的即在：創造無
人競爭的學術研究市場，不再把競爭當作標竿，而是要超越既有的這

此相關之研究計有四十篇，除了十三篇是有關「揚州學派」的論述外，其餘
皆是文化之論述，如曹琳：〈古揚州城的香火與戲劇〉，《民俗曲藝》，
2001 年 3 月；陳芳：〈乾隆時期揚州鹽商之「內班」初探〉，《國文學
報》，2001 年 6 月；張致宓：〈揚州八怪書畫美學探究〉，《臺中技術學院
人文社會學報》，2002 年 12 月；黃士榮：〈隋煬帝的運河與江都建設──
一個將文化與政治合一的企圖〉，《新北大史學》，2004 年 10 月；李孝
悌：〈士大夫的逸樂──王士禎在揚州〉，《中研院歷史語言所集刊》，
2005 年 3 月；蘇芳宇：〈不負廣陵春：物種爭議與書寫演變下的宋代瓊花論
述〉，《東華中國文學研究》，2006 年 9 月；劉濤：〈揚州麵條〉，《中華
飲食文化基金會會訊》，2006 年 11 月。

[34] 氏撰：〈揚州研究序〉，馮爾康先生等著《揚州研究──江都陳軼群先生百
齡冥誕紀念論文集》，（臺北：聯經出版公司，1996 年 8 月），頁 3。

[35] 謝明明先生：〈談藍海策略〉，指出：所謂的「藍海策略」即是在創造沒有
競爭的市場空間，它不是面對競爭，而是超越競爭，打破價值與成本抵換的
觀念，創造和掌握新的需求。（《工業雜誌》，2005 年 11 月），頁 1；另
外，李紹唐先生：〈藍海策略序·超越競爭的藍海策略〉指出：「企業的永
續成功，需要不斷以創新的精神加上有競爭性的成本概念來經營，才能成為
藍海型的企業。」文中又提出邁向藍海的六大途徑：「一、改造市場疆界，
二、專注於大局而非數字，三、超越現有需求，四、策略次序要正確，五、
克服重要組織障礙，六、把執行納入策略。」金偉燦（W.Chan Kim）、莫伯
尼（Renee Mauborgne）著《藍海策略──開創無人競爭的全新市場》（Blue
Ocean Strategy），（臺北：天下文化出版社，2005 年 8 月），頁 1-4。

個領域的學術競爭。所以已開發的揚州研究領域或主題，再應用不同角度或方法研究，實非本書所欲研究的「藍海」，往昔此法之應用乃屬競爭的「紅海」，而本書是力圖在創造一超越競爭的領域，這方是本計劃所欲研究的目的。正如李紹唐先生之〈藍海策略序・超越競爭的藍海策略〉所云：

> 藍海持續一段時間後會轉紅，而競爭的優勢是不可能長期存在的，要不斷的去邁向創新為主，來打敗其他競爭者，之後有了創新，大家都持續模仿，又要競爭還有創新。[36]

當然，戴學之後，「揚州學派」是否是承先──傳統儒學，啟後──現代化思潮的關鍵？此關鍵的內容是否是「情理思想」？而此「情理思想」究竟主張如何？想必「情理思想」的界說必是不可缺的。不然，戴學之後的「傳承」，為何可以與現代化的人權、自由、現實、功利主義銜接？張麗珠先生於此強調：

> 清代新義理學可以自儒學的「義理轉型」、「典範轉移」角度理解之，……戴震、焦循、淩廷堪、阮元等人的「乾嘉新義理學」則是發展主軸；並擴及影響力到晚清諸如嚴復、康有為、譚嗣同、梁啟超等人之思想。要之，它是傳統儒學融入近現代化歷程重要過渡的義理學轉型。[37]

若是如此，那麼，戴學之後「揚州學派」的「情理論」更顯其重要，則彰顯與研究其思想內容更是刻不容緩，因此，這無疑亦是本書主要的研究目的。

畢竟「揚州學派」是從乾嘉漢學演變到鴉片戰爭前後，新的「經世致用」思潮的中間環節，其一方面承繼並總結乾嘉漢學，將乾嘉漢學推向高峰；另一方面，亦揭發乾嘉漢學之弊陋。[38]可謂闡述了清儒思想發

---

[36] 同上注，李紹唐先生：〈藍海策略序・超越競爭的藍海策略〉，頁3。
[37] 氏著《清代的義理學轉型》，（臺北：里仁書局，2006年），頁62。
[38] 王俊義先生：〈關於揚州學派的幾個問題〉之提要，同注29，頁71。

展的變化，亦為後來新興學術思潮起一先導作用，所以想必「揚州學派」學者的「義理思想」，在清代學術思想發展與演變上，定佔有重要地位與影響，所以本書之所以選擇「揚州學派」「情理思想」研究，其重要意義亦在此。

第二節　研究範圍與方法

一、研究範圍

　　我們知道，最早為「揚州學派」明確定義者，是張舜徽先生的《清代揚州學記》[39]，書中以行政區域說明清代的揚州府治二州（高郵、泰州）、六縣（江都、甘泉、儀徵、興化、寶應、東臺），因此，「揚州學者」界定則以籍貫屬「揚州地域」者為主。凡知名學者如：王懋竑、朱澤澐、王念孫、王引之、汪中、汪喜孫、焦循、焦廷琥、阮元、江藩、劉臺拱、朱彬、劉寶樹、劉寶楠、劉恭冕、成蓉鏡、劉文淇、劉毓崧、劉壽增、黃承吉、任大椿，乃至二十世紀初期的劉師培，在書中都歸屬於「揚州學者」。

　　這些學者幾乎都是以訓詁、校勘、考證等起家的，甚者高郵王氏父子更是以訓詁、校勘為一生主要成就，是以在學術上殊少有人注意到他們的「義理思想」。然「揚州學者」果無「義理思想」可云？其實不然，於張先生的書中，可以發現到：王懋竑以考證法研究朱子學，「以經學醇儒為天下重」[40]，張氏稱其為後來「揚州學派」走入「通核」一途，做了「導夫先路」的前驅者[41]；朱澤澐，畢生殫精研究朱學，但見解與王懋竑異，偏向「尊德性」；劉臺拱的理學，更是身體力行者，努

---

[39]　蓋此書最早是：上海人民出版社出版，1962 年 10 月；然今日則見於張舜徽先生：《清儒學記》第八部分，（山東：齊魯書社，1991 年 11 月）。

[40]　焦循：〈李孝臣先生傳〉，《雕菰集》卷 21，（臺北：鼎文書局，1987年），頁 343。

[41]　同注 27，頁 386。

力貫徹到生活實踐上，其德行純固，篤實不欺，頗為人景仰；劉寶樹與
臺拱是同祖父之堂兄弟，濡染家學，精研經訓，於《論語》、《孟子》
等論述，頗能自抒心得，訂正舊義；劉寶楠與子劉恭冕的《論語正
義》，乃依焦循的《孟子正義》方法編輯，其考證詳實，遠勝邢昺之
《疏》；汪中對正統儒學思想批判，極其大膽，敢提出自己主張，其
〈大學平議〉關照現實人生，以反傳統「禮教」；當然，焦循與阮元在
此書中更有專門的哲學論述，其「義理思想」更是不容忽視。

　　然而趙航的《揚州學派新論》（江蘇文藝出版社，1991年），則不
以籍貫隸屬揚州來論斷學派的歸屬，而以學術觀點是否相近、治學方法
是否一致為標準，無論祖籍揚州或客寓，只要曾在此環境下互相切磋學
問，而形成一代學術風氣者，皆是「揚州學派」之學者。由此以見「揚
州學派」學者之如何界定，見仁見智，有不同說法，然而如今我們該如
何界定「揚州學派」？亦即「揚州學派」的範圍是如何？

　　對此，本書試圖於第貳章（並附圖表），將諸多有關「揚州學
派」論述彙集起來，從學者的生卒年、祖籍、師承、親屬、學友、著
作、成就、治學傾向等等做一整理與表述，希望能進一步從「群體意
識」上釐清「揚州學派」之分際，且更深一層探討其於清代學術史上
的發展與演變。

　　當然，除了釐清「揚州學派」之形成外，對「情理論」的界定更是
本書首要明確說明的。所謂「情理論」，於今學術界上頗有學者提出此
一論說，如張壽安先生云：

　　　　這種肯定人性有五德也有七情的觀點，承認了人性中情欲與私的
　　　　本然性，甚至認為德性之美必須通過情欲來呈現。因此，規範的
　　　　產生必須不離人我之情欲。這種被學界稱為理氣一元或理欲一元
　　　　的思想，在「理之建構」上造成了一個轉型，較諸宋明理學，我
　　　　稱之為從「天理」到「情理」。清儒對「規範」進行重省，就奠
　　　　基於此一「情理」。[42]

---

[42]　張壽安先生：《十八世紀禮學考證的思想活力——禮教論爭與禮秩重省》，
　　　（北京：北京大學出版社，2005年），頁6。

我們知道：明清儒學強調「理存乎欲」中，正視人性「情欲」之私，視為人本然之理，是以此理不再是形上天理，而是形下經驗「不失其則」之理。所以「情之不爽失，謂之理」，益顯「情欲」合理之可貴，但絕非放蕩「情欲」。是以「情之理」亦有哲理在，如何使「情欲」合理，宜有一番理論指導與規範。因此，人人自證抽象之理，自謂得理，還不如社會具體規範所達成的共識。然此規範，學者姑且名之為「禮」，此「禮」勢必在人我「情欲」的理論上奠基，關於這「理」之轉型──從「理氣二元」、「性善情惡」說到「理氣一元」或「理欲一元」論，故命名為「從天理到情理」。而清儒對規範進行重省，就奠基於此「情理」上。

　　是否「禮儀規範」的內在理路就是「情理」？據最早論述「禮」產生，如《管子・心術》云：

> 禮者，因人之情，緣義之理，而為之節文者也。故禮者，謂有理也。理也者，明分以喻義之意也，故禮出乎義，義出乎理，理因乎宜者也。[43]

知「禮」乃「緣情制理」而來。所以「禮」有理也。此「理」乃富有「仁義」之「義理」在，明曉做人處事之本分，是以守禮乃義也，義乃合理也。以見「禮」乃「情理」的表達，那反推而論，是否「情理論述」即是「禮學」的哲理架構？抑或是「禮學」的理論內涵？

　　又儒者之教，總以性情之教為先，如論《詩》，則是「溫柔敦厚，詩教也」[44]，孔子亦云：「〈關雎〉樂而不淫，哀而不傷。」提出性情之教二大原則：盡可以興到而心明，情抒而性顯。[45]提倡「禮

---

[43] 春秋・管仲著、清・戴望校：《管子》卷 13，（《國學基本叢書》，臺北：臺灣商務印書館，1956 年），頁 64。

[44] 見《禮記・經解》：「孔子曰：『入其國，其教可知也。其為人也，溫柔敦厚，詩教也；疏通知遠，書教也；廣博易良，樂教也；絜靜精微，易教也；恭儉莊敬，禮教也；屬辭比事，春秋教也。』」阮元校勘：《禮記注疏附校勘記》63 卷（臺北：藝文印書館縮影本），頁 197。

[45] 程兆熊先生：《儒家思想──性情之教》，（臺北：明文書局，1986 年 4 月），頁 17。

樂教化」，正是儒家所重視的「性情之教」。據唐君毅（1909～1978）先生言：

> 先秦儒學之傳中，孔孟之教原是性情之教，《中庸》、《易傳》諸書，皆兼尊人之情性，如《中庸》言喜怒哀樂之發而中節謂之和，明是即情以見性德之語。……《中庸》原在《禮記》中，《禮記》中其他之文，亦與《中庸》《易傳》之時代相先後。今就此《禮記》一書，除其述制度者不論，其言義理之文，亦對性情皆無貶辭，其善言情並甚於言性。其言人情為禮樂之原，則旨多通孟子，而大有進於荀子者在。[46]

知《禮記》言「情」甚於言「性」，且視「情」為禮樂之源。觀《禮記》諸多篇章，確實可發現《禮記》富有重「情」的特色，頗多承繼孔孟性情之教[47]。又《禮記·儒行》篇強調儒者宜具有「溫良」、「寬

---

[46] 唐君毅先生：《中國哲學原論──原道篇二》，（臺北：學生書局，1978年），頁80-81。

[47] 個人查閱《禮記》一書，發現許多篇章論及「情」者頗多，如《禮記·中庸》云：「喜怒哀樂之未發，謂之中；發而皆中節，謂之和。」《禮記·禮運》云：「何謂人情？喜、怒、哀、樂、愛、惡、欲；七者，弗學而能。何謂人義？父慈、子孝、兄良、弟弟、夫義、婦聽、長惠、幼順、君仁、臣忠；十者謂之人義。……飲食男女，人之大欲存焉。……美惡皆在其心，不見其色也，欲一以窮之，舍禮何以哉？」又「故禮義也者，人之大端也。……所以達天道順人情之大竇也。」又「故聖王修義之柄，禮之序，以治人情。故人情者，聖王之田也。」《禮記·禮器》云：「君子之於禮也，有所竭情盡慎……君子曰：『禮之近人情者，非其至者也。』」《禮記·內則》云：「禮，始於謹夫婦，……。」《禮記·樂記》云：「人生而靜，天之性也；感於物而動，性之欲也。物至知知，然後好惡形焉。……禮樂之情同，故明王以相沿也，故事與時並，名與功偕。」又「夫民有血氣心知之性，而無哀樂喜怒之常，應感起物而動，然後心術形焉。……是故先王本之情性，稽之度數，制之禮義。」又「樂也者，情之不可變者也。禮也者，理之不可易者也，樂統同，禮辨異。禮樂之說，管乎人情矣。窮本知變，樂之情也。著誠去偽，禮之經也。」《禮記·表記》：「子曰：『恭近禮，儉近仁，信近情。』」《禮記·問喪》：「思慕之心，孝子之志也，人情之實也。……堂上不趨，示不遽也。此孝子之志也，人情之實也。禮義之經也。非從天降也，非從地出也，人情而已矣。」《禮記·三年問》：「三年之喪，何也？曰：稱情而立文，……。凡生天地之間者，有血氣之屬，必有知。有知之屬，莫不知愛其類。……莫知於人，故人於其親也，至死不

裕」、「敬慎」、「遜接」等等行為表現，學者以為此即「仁」的表現，乃是「實情」展露也。[48]

　　在此，我們是否可以確立「情理論」並非憑空虛造，確實淵源有自。事實上，此「情理論」一語，主在文學中所用，始見於張竹坡的「情理論」。其乃是針對《金瓶梅》小說所做的評點與分析[49]。在歷來的中國哲學論述上，「情理論」一詞乏人問津，但不能否認其在儒家思想中的存在；雖無此一詞彙，並不表明無此內容。現代學者，如蒙恬元先生等分別表明儒家「情感理性」的存在，就謂之「情理」[50]。至明清時期「情欲覺醒」，方將儒學內涵的「情理」發揚光大（正如張

窮。」《禮記・昏義》：「昏禮者，禮之本也。夫禮始於『冠』，本於『昏』，重於『喪』『祭』，尊於『朝』『聘』，和於『鄉』『射』，此禮之大體也。」同注 44，分見於頁 368、100、111、112、124、152、158、159、164、238、262、264、265、266、283。

[48] 《禮記・儒行》中「尊讓」，熊十力先生以為：「溫良者，仁之本也。敬慎者，仁之地也。寬裕者，仁之作也。遜接者，仁之能也。禮節者，仁之貌也。言談者，仁之文也。歌樂者，仁之和也。分散者，仁之施也。儒皆兼此而有之，猶且不敢言仁也。其尊讓有如此者。」此轉引自程兆熊先生：《儒家思想──性情之教》，同注45，頁20。又程兆熊先生：《禮記講義》中云：「其不敢言仁，是尊讓，亦是實情。其溫良是實情，其敬慎是實情，其寬裕是實情，其遜接是實情，其禮節是實情，其言談是實情，其歌樂是實情，其分散是實情，而所謂實情，又全是本性。其本性如此，故實情如此。其實情如此，故尊讓如此！」轉引自氏著：《儒家思想──性情之教》，同注45，頁20。

[49] 張竹坡「情理論」見氏著：《明代第一奇書金瓶梅讀法》，其云：「做文章不過情理二字。今做此一篇百回長文，亦只是情理二字。於一個人心中，討出一個人的情理，則一個人的傳得矣。雖前後夾雜眾人的話，而此一人開口，是此一人的情理。非其開口便得情理，由於討出這一人的情理，方開口耳。是故寫十百千人，皆如寫一人，而遂洋洋乎有此一百回大書也。」（臺北：廣文書局，1981 年），頁 17-18。事實上，明萬曆中後期的美學理論頗多，如馮夢龍的「事贗而理真」論、金聖嘆的性格論、李漁的幻境論、乃至脂硯齋的「情情」論。甚至有學者以為「情理論乃是明代的美學重要課題，且在戲曲中常見。」此一說見於張錦瑤先生：〈「情理對峙」與明代戲曲小說「西廂故事類型」的發展〉一文，《逢甲人文社會學報》第 14 期，2007 年 6 月，頁 73。

[50] 蒙恬元先生：《情感與理性》云：「儒家的理性是情理，即情感理性而不是與情感相對立的認知理性。」（北京：中國社會科學出版社，2002 年），頁 2。

壽安先生所云）。若我們從人性中的「情理衝突」或「情理融合」來看，其實「情理」富有哲學意涵，只是我們不易察覺出。針對人們所忽略之儒家哲理的「情理論」，是以本書欲拋磚引玉，為此做一界定、證實與論述。在此，吾人可以進一步探索所謂「情理論」並非僅是文學領域所用的理論，在中國儒學哲理上，是否為「禮學」的內在「義理思想」？個人在此發現到：在中國哲學中亦有「情理論」，不過，中國哲學上的「情理論」是偏重於儒學「本之人情」的「禮義」探究，企圖尋究出「禮儀規範」背後的理由與價值。畢竟「禮」乃因情與理制定而來。所以我們常說：吾國是一重人情的國家，永遠是情－理－法排序下來。「法」制發展，遠不如「情理」的發展。[51]而本書擬專對此做一研究。

　　然進一步關於「情理論」的產生、核心概念的界定、發展史之演變，乃至落實到對現實社會與人生的關懷與具體的改善，還有這「情理論」所帶來的影響等等，均在本書第貳章：清儒揚州學派情理論緣起與形成中進行探究。

二、研究方法（論文章節要義）

　　清代「揚州學派」是繼吳、皖兩派之後產生的學派，可謂是「乾嘉漢學思潮演變到鴉片戰爭前後新的經世致用思潮的中間環節」。[52]所以

---

[51] 同注 1，張麗珠先生指出：中國長期以儒學為主流的學術發展，以「禮」為公認的遵循規範，從荀子「隆禮」到朱子「習禮」，都是一種主張經由實際演練的途徑，以達到習慣養成、規範內植——即禮之「內化」的道德進路，是以「法」的觀念一直都居於輔的地位。孔子言禮教，亦主張禮先於法。又在禮教形成制度化以約束行為的同時，法律之禮俗化、倫理化，也形成了中國所特有的「德主刑輔」、「禮先法後」——「尊德禮而卑刑罰」之觀點。所以《論語》中葉公告孔子「其父攘羊，而子證之」孔子則回答是「父為子隱，子為父隱，直在其中矣。」以見其主張「父子親情高於法律的觀點」。是故在中國傳統儒家的觀念裡，人倫大義是高於法律之客觀公平性的。整理自氏著《清代義理學新貌》，頁 263-267。

[52] 郭明道先生：〈論揚州學派的學術特徵〉，（《揚州大學學報》（人文社會科學版），第 7 卷第 3 期，2003 年 5 月），頁 90。

除常州學派外，「揚州學派」在清代學術史的發展與演變上是非常重要的。本書針對「揚州學派的義理思想——情理論」方面做研究。

依前述，本書打算採取一「群體」、「整體」方式做研究。事實上，早在1988年9月21至9月23日在揚州學院召開的「揚州學派學術研討會」，對今後如何研究「揚州學派」已做出了理論指導，詳述如下：

(一) 研究揚州學派必須是宏觀和微觀相結合，從微觀研究起，把宏觀研究建立在微觀研究的基礎之上。

(二) 研討中有分歧意見，暫時不要做結論，必須通過更為具體深入的研究，讓結論自然而然地得出。

(三) 對揚州學派的內涵和外延等問題的研究必須考慮諸方面的因素：家學、師承、地方性、時代性、社會、政治、經濟、文化等，必須做綜合性的研究，不可偏廢。[53]

所以本書欲針對其「義理思想」研究，打算以「抽絲剝繭法」，亦即「分析法」進行研究。針對他們有關哲學「義理」這方面的著作或單篇論述（不限其經學著作），有的可能僅靈光乍現於一篇考據經典的論述中，如劉壽曾的〈春秋責備賢者說〉一文便是一例。[54]對此，採抽絲剝繭方式——找出文中的「義理」思維，深入研讀，將其獨特見解標示出

---

[53] 楊師古先生：〈揚州學派研究學術討論綜述〉，（《浙江學刊》，1989 年 1 月），頁 129。

[54] 見劉壽曾著、楊晉龍先生校訂、林子雄先生點校：《劉壽曾集》，（臺北：中研院文哲所籌備處，2001 年 11 月），頁 32-33。在楊晉龍先生：〈點校本劉壽曾集跋〉一文中亦指出：壽曾在此文中強調「春秋責備賢者」之說，當以王應麟「引此語以自勵，而不持此語以繩人」之論，「能深得《春秋》之旨。」……推壽曾此論，則知儒家的道德規範，是用來「律己」，而不是用來「責人」的，蓋用來「律己」，則是自我內在的自由選擇；若用來「責人」，則不免變成外在的強制要求，把「內在自由選擇」變成「外在強制要求」，這就完全違背了道德的基本原則，最後也就不免出現諸如戴震所謂「以理殺人」的流弊；如果再繼之以刑罰的逼迫來約束，終不免導致清末民初反傳統者口中所謂的「以禮殺人」的可怕後果。這種利用道德的理由進行最不道德的行為，如果沒有人加以必要的點醒，最後變成人們評判是非的常態，則冷漠冷血而毫無仁心社會的出現，也就不覺得奇怪了！頁 362-363。

來，舉凡有關「情理」等觀點，均進一步闡述發揚，並分門別類、歸納整理出其見解。

又他們的學術成就多從經學、考據入手，是建立在「考據」這一治學方法上發展出來的。可謂藉「故訓」之確證，證明古書中的「義理」，非理學家的玄虛思辨。[55]其以考證訓詁為通經之法，對經典做出詮解，闡發其一套日用倫常的道德實踐之理，是以在此，本書會再針對其詮解做一闡述，無疑是一種再「詮釋」的應用，所以關於闡述其「義理」之方法，本書採以陳鼓應先生所謂的：中國古典哲學中的兩種詮釋方法之一：詮釋學的「譜系學」法做研究。[56]

所謂「譜系學」的詮釋方法，據陳先生敘述，可知：「譜系」在漢語中原為記述宗族系統之書。而此「譜系學」這一概念首來自尼采（Friedrich Wilhelm Nietzsche，1844～1900）的《道德譜系學》一書中，其以此來解釋西方道德觀念的起源與流變。其中提到所謂的「觀點主義」與「脈絡主義」之多元解釋立場[57]，此亦正是本書所欲採用的方法觀點。

另外，本書是「清儒揚州情理論探微」，所以縱橫面都須顧及。除了橫向方面綜合歸納外，亦分別就性理、「情欲」與實踐功夫三方面，以微觀方式做縝密研究；縱向上，論及「揚州儒學」之發展，特別注意

---

[55] 張麗珠先生：《清代義理學新貌》〈自序〉，同注10，頁2。

[56] 陳鼓應先生：〈中國古典哲學中的兩種詮釋方法〉，（《兩岸三地──詮釋學與經典解釋學術研討會論文集》，2007年5月），頁6。

[57] 見劉昌元先生：《尼采》，書中提及所謂「譜系學方法」（the method of genealogy）即採用三種進路：即歷史分析、語源分析及心理分析。（臺北：聯經出版公司，2004年），頁49-53。另在尼采著、陳芳郁先生譯：《道德系譜學》中表明「觀點主義」的精神，所謂：「只有以觀點來觀察，只有以視角來認識，我們越是讓不同的眼光：各種各樣的眼光去看同一件事物，我們對於這事物的『概念』，我們的『客觀性』就會更加全面。」（臺北：水牛出版社，2003年），頁262。又尼采的譜系學的觀點主義與傳統超越的形上學不同，他不主張無不變的本體與同一性，萬事萬物都具有流變性。所謂「尼采的觀點主義具有反基礎主義（foundationalism）、反普遍主義（universalism）及反本質主義（essentialism）等特點。」劉昌元先生：《尼采》，頁116-119。

學術史的演變與發展，即揚州學術史之發展與變化，當以宏觀方式做前因後果之探索。然涉及的學者非常多，是以這方面僅以代表人物做論述，並以其治經的特色為主題，分門別類探究，以凸顯他們「情理」思想的差異性。當然，前人之研究成果所提及的議題，亦是本書關切的焦點，當為本書研究之方向指引。

第三節　前人研究成果回顧

誠如前述，在學術界中關於「揚州學派」的研究，遠不如其他文化方面研究熱門。最早為「揚州學派」研究奠基者是張舜徽先生的《清代揚州學記》，（上海：人民出版社，1962年10月。）如今，收入其《清儒學記》第八部分。此書提到「揚州學術」的特色在「通博」；治學的特色在「能創」與「能通」。並揭示其於學術史上的重要性，在此，彌補了十八世紀中國學術思想界晦塞的一面。尤其在倫理思想方面，可謂繼戴震之後，給宋明唯心主義之理學以嚴厲批判。準此，亦引發本書撰述之動機。該書列舉的代表人物，有王懋竑、朱澤澐、劉臺拱、朱彬、劉寶樹、劉寶楠、劉恭冕，成蓉鏡、王引之、王念孫、汪中，焦循，阮元、劉文淇、劉毓崧、劉壽曾、劉師培等人，乃至有哲學思想者，如焦循、阮元等，對其學術關係、學術成就、治學精神、識見、著作，皆做一析論，最後，綜論「揚州學派」的學風。關於此書所論，集中在以揚州籍貫者為主，而非揚州籍但與「揚州學術」有關者，則一概不論。於此忽略「揚州學派」的產生淵源、師承關係、學友狀況，對「揚州學派」之界定，不免失之過簡。

而全國書目方面，以「揚州學派」為名的專書，惟有：

趙航先生：《揚州學派新論》，南京：江蘇文藝出版社，1991年11月。

趙航先生：《揚州學派概論》，揚州：廣陵書社，2003年11月。

祁龍威先生、林慶彰先生等主編：《清代揚州學術研究》（上下冊），臺北：學生書局，2001年4月。

楊晉龍先生主編：《清代揚州學術》（上下冊），臺北：中研院中
　　國文哲所，2005年4月。

　　很明顯的，可以看出祁龍威先生、林慶彰先生主編：《清代揚州學術
研究》（上下冊）與楊晉龍先生主編：《清代揚州學術》（上下冊），全
是學術研討會的論文集。蓋中研院文哲所自1998年7月起，執行「清乾嘉
揚州學派研究計劃」始，即於1999年1月30日，與揚州大學學者舉辦「清
代乾嘉學派學術交流會」，並定於2000年4月，於揚州大學召開「海峽兩
岸清代學術揚州學派學術研討會」，共收錄三十二篇論文，即祁龍威先
生、林慶彰先生主編：《清代揚州學術研究》（上下冊），2001年4月，
由臺灣學生書局出版；而另於2001年5月，由中研院中國文哲所召開「清
代揚州學派學術研討會」，計收錄二十三篇論文，即楊晉龍先生主編：
《清代揚州學術》（上下冊），2005年4月，由中研院文哲所出版。
　　祁龍威先生、林慶彰先生主編之《清代揚州學術研究》（上下
冊），收錄臺灣、揚州、北京、上海等地專家學者作品，誠如祁龍威先
生〈序〉云：這是第一本兩岸學者合作研究「揚州學派」的論文集。[58]
觀其內容大多針對清乾嘉漢宋之爭、吳皖揚之分派，以及「揚州學者」
於經學、史學、子學、小學、地理、戲曲等研究之探討。全書大抵分總
論與分論，總論旨在對「揚州學派」的定位、特色、其「經世致用」思
想、揚州書院、方志學成就、戲曲藝關係、學者的子學研究、鹽商地域
群構、「揚州文化」的多元性、士商之互融，乃至方東樹對「揚州學
者」的批評，進行論述；而分論部分則對個別學者如：王念孫的古音分
部及其與段玉裁韻學比較；或王氏父子校釋群書的方法與成就；或《經
傳釋詞》簡論；或《經傳釋詞》內的《詩經》條目分析；或論《經義述
聞》的通假方法；或焦循的修志觀點；或焦循的〈後漢書訓纂序〉評；
或〈群經宮室圖〉之論述；或考證焦循的《集舊文抄》；或以解釋學與
修辭學觀點論焦循易學的假借引申論；或批判焦循手批的《十三經注

---

[58] 祁龍威先生：〈序〉，祁龍威先生、林慶彰先生等主編：《清代揚州學術研
　　究》（上下冊），（臺北：臺灣學生書局出版，2001年4月），頁1。

疏》初稿例說；或析論阮元〈釋訓〉一文；或考辨《漢學師承記》之史源等等。這三十二篇論文多對「揚州學派」於歷史上的定位、分派、特色，乃至個別學術成就做闡釋，而侷限於經、史、子、訓詁考據方面，殊少有對其「情理思想」進行探究。

楊晉龍先生主編：《清代揚州學術》（上下冊），論文內容大抵是以探討清代「揚州學派」共同的學術特色，與「揚州學者」的學術表現為主。如：有關「揚州學派」的治學精神、治學方法及其流弊；〈禹貢〉與方志、地方史等研究概況。個別學者的研究如：朱澤澐的朱子學與其「德教」對揚州的啟發；錢大昕與「揚州學者」的交往、互動與影響；汪中的經世表現、學術貢獻與地位探討；高郵王氏父子於《周易》、《尚書》的詮釋所應用的表現手法與學術價值；焦循於《左傳》、《毛詩》與柳宗元文章之比較；辨清《古銅鏡錄》非焦循作品；阮元的學術淵源、經世特色與學術成就，阮元之佚文輯錄與造就人才之措施；汪喜孫承繼其父汪中的經世思想；劉文淇《左傳舊疏考證》的體例與內容；劉寶楠《論語正義》徵引《說文解字》的實況；劉師培受章太炎教導的實況，乃至清代禮學思想的轉變。而亦缺乏對「情理思想」做探究之文。

雖說二本論文集皆無「情理思想」方面之論文，但亦正因此二次「揚州學派」學術研討會的召開，引起許多專家學者投入研究，方使學術上這一「揚州學派」鮮少為人關注的論題，大大闡揚開來，可謂盛況空前、繽紛燦爛。

趙航先生：《揚州學派新論》與《揚州學派概論》二書大同小異，其《揚州學派新論》除〈引言〉外，凡十章。旨在對「揚州學派」有所界定，不以祖籍，而以其共同的學術傾向為主；並探溯其淵源、產生之因，乃至其治學特色、學術成就，特別是在經學史、訓詁學史上的地位與價值。另外，有徐復先生的〈揚州學派新論序〉，此文旨在論述揚學三大家——淩廷堪、焦循、阮元，他們之學術成就，次而揚學全盛時期有任大椿、汪中、王念孫、劉臺拱、李惇、江藩、劉文淇、黃承吉等人，而以咸同以後，乃是揚學衰弱期，主要學者即：薛傳均、薛壽、田寶臣、成孺，殿後者是劉師培。簡要介紹各家學術成就、治學方法等

等，並將張舜徽先生的《清代揚州學記》、曹俊仁先生的「揚學六談」
與趙航先生的《揚州學派新論》做一比較，謂「其堪與張、曹二先生書
鼎足無疑」。然此書亦偏重「揚州學者」考據訓詁方面的成就，對其中
的哲學「義理」，殊少論及，在焦循、阮元方面，亦是吉光片羽，且亦
多展現其以考據方式論述「義理」，亦即「從故訓求理義」，關於他們
的哲學見解到底如何，則未曾多談。

　　另一《清代揚州學術概論》則是後起之書，除序外，計十四章，依
次為：緒論、雙星並峙（王氏父子）、《說文》大家（段玉裁）、才卓
識高（汪中）、鈎沉漢學（江藩）、精於三禮（淩廷堪）、學渥識博
（焦循）、沾溉士林（阮元）、精深邃密（劉臺拱、劉寶楠、劉恭
冕）、三世通經（劉文淇、劉毓崧、劉壽曾）、聲義相因（黃承吉）、
傳注功臣（朱彬）、長於名物（任大椿）、結語，並附有「揚州學人學
術繫年要覽」。與前書《新論》相較，此《概論》新增一章介紹淩廷
堪；將原本段、王合為一章者，於此分為兩章介紹；又原本寶應劉氏與
儀徵劉氏合為一章的，此亦將寶應劉氏三世、儀徵劉氏四世各自成一體
系介紹。觀趙宣先生之〈書評〉[59]，可知此書特色：蓋以嚴密科學方法
給學術流派以準確界定，堪稱為《概論》對學術史上的首要貢獻。其從
時代學風、地域文化、治學方法和學術師承關係，乃至「時代特點」考
察，以界定「揚州學派」是指「清乾嘉時期在學術上具有卓越貢獻、居
時代頂峰的學術流派」。又「揚州學派的學人都是學問廣博、造詣精
深、著作宏富、治學縝密、研究領域廣泛且治學方法科學的一代儒宗。
他們或祖籍揚州，或客寓揚州，充分利用淮左名都、人文薈萃的區域優
勢，相互切磋，相得益彰，成就一代學術之精華」。其次，一反陳說，
亦將金壇「段玉裁」列為「揚州學派」代表人物，並以專章加以評述。
在分別論述揚州學人的學術成就時，則凸顯出揚州學人不囿陳說、尊古
而不佞古的批判，敢於創新、「實事求是」的科學精神，還有他們鑽研
經傳的目的，為後世治經明道、經世濟民，提供可貴的歷史經驗與理論

---

[59] 趙宣先生：〈《揚州學派概論》，趙航著〉，（《東方文化》第 40 卷第 1、
　　2 期，2005 年 12 月），頁 234-238。

依據。總之，亦如前書，充分顯出樸學家的治學風範，嚴謹務實，「實事求是」，但對「揚州學者」的「義理思想」闡述較少，不免為其缺失所在。

另外，尚須一提的是張麗珠先生「義理三書」：《清代義理學新貌》、《清代新義理學——傳統與現代的交會》與《清代的義理學轉型》[60]。雖不是專對「揚州學派」做論述，其中關涉到「揚州學者」的單篇論述亦多，以及論及「乾嘉義理學」的內涵與影響，精闢深入，別開生面，但仍未對整體「揚州儒學」做論述。

個人查閱今臺灣碩博士論文以「揚州學派」為題研究者尚付之闕如，而研究「揚州學派」的個案則頗多，[61]然這些碩博士論文大多針對

---

[60] 氏著：《清代義理學新貌》、《清代新義理學——傳統與現代的交會》、《清代義理學轉型》，（臺北：里仁書局，1999 年 5 月、2003 年 1 月、2006年 10 月）。

[61] 如：陳熾彬：《汪容甫學述》，臺北：政大中文所碩論，1982 年。劉德美：《阮元學術之研究》，臺北：臺灣師大歷史所博論，1985 年。陳燕：《劉師培及其文學理論》，臺北：華正書局，1989 年。張惠貞：《劉文淇《春秋左氏傳舊注疏證》體例之研究》，臺中：逢甲中文碩論，1991 年。馮永敏：《劉師培及其文學研究》，臺北：文史哲出版社，1992 年。陳進益：《清焦循《易圖略、易通釋》研究》，中壢：中央大學中文所碩論，1993 年。賴貴三：《焦循雕菰樓易學研究》，臺北：臺灣師大中文所博論，1993 年。劉德明：《焦循《孟子正義》之義理學研究》，中壢：中央大學中文所碩論，1994 年。黃慶雄：《阮元輯書刻書考》，臺中：東海大學中文所碩論，1994年。廖千慧：《焦循論語學研究》，嘉義：中正大學中文所碩論，1994 年。蘇俊鴻：《焦循《加減乘除釋》內容分析》，臺北：臺灣師大數學所碩論，1995 年。宋惠如：《劉師培春秋左傳學之研究》，中壢：中央大學中文所碩論，1996 年。石櫻櫻：《執兩用中之恕道－焦循《論語》義理思想之闡發》，臺中：逢甲大學中文所碩論，1997 年。鄭卜五：《凌曙公羊禮學研究》，高雄：師大國文所博論，1997 年。黃智信：《朱彬《禮記》學研究》，臺北：東吳大學中文所碩論，1998 年。竺靜華：《從正續《清經解》的比較論清代經學的發展趨勢》，臺北：臺灣大學中文所碩論，1998 年。李幸長：《凌曉樓學術研究》，高雄：師大國文所博論，1998 年。朱冠華：《劉師培春秋左氏傳答問研究》，臺北：光明日報出版社，1998 年。楊錦富：《阮元經學之研究》，高雄：師大國文所博論，2000 年。陳志修：《儀徵劉氏《春秋左氏傳舊注疏證》研究》，臺中：逢甲中文碩論，2000 年。繆敦閔：《劉師培《禮經舊說》研究》，埔里：暨南國際大學中文所碩論，

個別學者的經學、小學、典章制度、金石碑學、目錄版本學、算學乃至其經學的「義理思想」進行研究。即使論及「義理思想」方面，如石櫻櫻：《執兩用中之恕道——焦循《論語》義理思想之闡發》，對「情理論」之探究亦僅附帶一提，語焉不詳。若論述到整個「揚州學派」的「情理思想」則未之曾見。

　　大陸碩博士論文有關「揚州學派」之研究，僅有劉建臻先生：《清代揚州學派經學研究》，（揚州：揚州大學中國古代文學所博論，2003年5月），後由江蘇古籍出版社，2004年出版；與馮乾先生：《揚州學派研究》，（南京：南京大學中文所博論，2003年），未流通，至今在臺與網路上均無法見得，此乃個人據郭院林先生所著：《清代儀徵劉氏《左傳》家學研究》，（北京：中華書局，2008年3月出版）所引，得知些吉光片羽。據郭氏書中得知：馮乾先生是以地域分派方式論「揚州學者」；又其將揚州學人對宋學的態度分為三種：一是從事宋學兼取漢學；二是對宋學不聞不問，心存抵制；三是由訓詁求「義理」，與宋分途[62]。此外，揚州師範學報編輯部、古籍整理研究室合編：《揚州學派研究》，（揚州：揚州師範大學，1987年出版），亦據郭院林先生：《清代儀徵劉氏《左傳》家學研究》所引，知此書僅內部交流用，不對

2000 年。黃寶珠：《江藩《漢學師承記》之研究》，臺中：中興大學中文所碩論，2001 年。邱培超：《劉寶楠《論語正義》研究》，中壢：中央大學中文所碩論，2001 年。王文德：《阮元《揅經室外集》研究》，臺北：市立師院應用語言所碩論，2001 年。李雅清：《焦循《易》學之數理思維》，臺北：政大中文所碩論，2002 年。商琛：《一代禮宗——淩廷堪之禮學研究》，彰化：彰師大國文在職專班碩論，2002 年。黃雅琦：《劉師培之倫理思想研究》，高雄：師大國文所碩論，2002 年。陳韋在：《焦循《尚書》學研究》，臺北：臺灣師大國文所碩論，2003 年。劉佳雯：《焦循之「權」論研究》，彰化：彰師大國文所碩論，2003 年。莊家敏：《阮元仁學思想研究》，彰化：彰師大國文所碩論，2003 年。林翠華：《阮元碑學研究》，彰化：彰師大國文所碩論，2003 年。曾聖益：《儀徵劉氏春秋左傳學研究》，臺北：臺灣大學中文所博論，2005 年。曾佳鈺：《《宛委別藏》研究》，臺北：臺北大學古典文獻學研究所碩論，2006 年。楊菁：《劉寶楠《論語正義》研究》，臺北：花木蘭出版社，2006 年。
[62] 詳見郭院林先生：《清代儀徵劉氏《左傳》家學研究》之注釋，（北京：中華書局，2008 年），頁 24、頁 29。

外流通，是以至今無法見得全貌。所以至今個人所清楚得見者，僅劉建
臻先生：《清代揚州學派經學研究》一書。此一論文是以「揚州學者」
經學成就做論述，依時間為縱軸，分前、中、後期，列舉代表人物做說
明。前期以汪中、王念孫、劉臺拱、任大椿、朱彬為主，分別以「合於
世用」、「小學治經」、「精治三禮」、「即類以求」乃至「總結學
說」為其治經特點；中期以焦循、阮元、凌廷堪、江藩、王引之、凌曙
為主，其中成就最大者莫過於焦循、阮元；焦循的「易學三書」，建構
一「遷善改過」的易學體系，並在其《孟子正義》中進一步闡發「變
通」思想。阮元治經亦尚小學，強調「求是」與「實踐」，使爾後「揚
州學者」的經學宗旨變得具體與明確。凌廷堪以禮為本，重視實踐。江
藩總結清前期的經學成就。王引之則承父治學之路，提出「考之文章，
參之古音」的治經一途，對後人影響極大；後期則以劉文淇、劉寶楠、
劉毓崧、劉恭冕、劉壽曾、成蓉鏡為主。劉文淇、劉壽曾的成就在《春
秋左氏傳舊注疏證》，疏證六朝以來的《左傳》舊疏。劉寶楠、劉恭冕
父子的成就則在其撰成《論語正義》一書。成蓉鏡長於經典中曆譜與地
理之詮釋，而後則專研於宋學。

　　此書還論述「揚州學派」的概念形成、學術宗旨、學術關係、學術
地位與對後來學者之影響，例如：俞樾、孫詒讓、章太炎、劉師培等人
皆是。

　　蓋全書針對學者們對經典文本研究、治學精神、特色等皆做一探
討。秉其「實事求是」原則，發揚與闡述「揚州學者」的經學成就，乃
至其學術淵源、彼此間複雜的關係，如是父子、姑表、叔侄、姨舅、堂
兄弟、表兄弟、師生、友朋等，皆有詳實論述，且將其關係以一圖表明
之，有此圖表，則彼此間的複雜關係一目瞭然，這些皆為此書優點與特
色，但針對「揚州學者」之「義理思想」方面的闡述則鮮少提及，且無
深入探討；仍多是將其小學成就做一泛論說明，亦不深入，正如郭院林
先生所云：「論述問題都是心得之作，但過於零散而不觸及根本。[63]」
尤其「揚州儒學」對於整體學術上的影響與價值，殊少談及，即使論影

---

[63] 同上注，頁4。

響，亦僅侷限於少數學者，如章太炎等人而已。且一大缺失是：蔚為
「揚州學派」的殿軍者——劉師培，應列屬於「揚州學者」探討[64]，但
此書卻將之作為影響者論述，實不明儀徵劉氏四代之關係；又將寶應劉
氏的劉臺拱置於前期，劉寶楠與劉恭冕則置於後期，而與儀徵劉氏：劉
文淇、劉毓崧與劉壽曾混合於一章，殊不知劉寶楠與劉臺拱有其叔侄關
係，且在學術有所承襲，如此一分，易與儀徵劉氏混淆。

　　關於「期刊論文」方面，計有十三篇對「揚州學派」進行探討：

黃智信先生：〈「清乾嘉揚州學派研究計劃」赴大陸考察報告〉，
　　《中國文哲研究通訊》，1999年9月。
趙葦航先生：〈揚州學派學者遺跡概要〉，《中國文哲研究通
　　訊》，1999年9月。
祁龍威先生：〈對「揚州學派」研究的回顧與展望〉，《中國文哲
　　研究通訊》，1999年9月。
田漢雲先生：〈略說揚州學派與歷代揚州文化之關係〉，《中國文
　　哲研究通訊》，1999年9月。

---

[64] 關於劉師培乃揚州學者探討頗多，有郭院林先生：《清代儀徵劉氏《左傳》
家學研究》，同上注，頁18；錢玄同先生：〈序〉，《劉申叔遺書》，（南
京：江蘇古籍出版社，1997年），頁28；張舜徽先生：《清儒學記‧揚州
學記》更是強調：「貴曾有子師培，……清季舉人，傳其家學。……綜其一
生成就，仍在學術。他一方面紹承家學餘緒，繼續向前發展；一方面私淑鄉
先輩揚州諸儒治學矩矱，加以發揚光大。……從劉文淇到劉師培，可算是四
代傳經了。……但就儀徵劉氏一家之學來說，師培算是推廣門庭，在原有基
礎上，大大地向前發展了。」詳見氏著：《清儒學記》，（濟南：齊魯書
社，1991年），頁461-462、頁467；朱維錚先生：〈劉師培：一個「不
變」與「善變」的人物〉，（《書林》，1989年第2期），頁23-30；方光
華先生：《劉師培評傳》，（南昌：百花洲文藝出版社，1996年），頁1-
15；陳奇先生：《劉師培思想研究》，（貴州：人民出版社，1999年），頁
1-20；黃雅琦：《劉師培之倫理思想研究》，（高雄：師大國文所碩論，
2002年），頁20-35；宋惠如：《劉師培《春秋左傳》學之研究》，（中
壢：中央大學中文所碩論，1996年），頁23-40。上述幾乎將劉師培視為揚
州學者，且列為儀徵劉氏第四代人物代表。

大谷敏夫先生：〈揚州、常州學術考——有關其與社會之關聯〉，
　　《中國文哲研究通訊》，2000年3月。

李貴生先生：〈汪中、淩廷堪文學思想析論——揚州學派文學思想
　　的兩個方向〉，《中國文哲研究集刊》，2000年3月。

張壽安先生：〈清代揚州學派研究展望〉，《漢學研究通訊》，
　　2000年11月。

蔣秋華先生：〈大陸學者對清乾嘉揚州學派的研究〉，《漢學研究
　　通訊》，2000年11月。

楊晉龍先生：〈臺灣學者研究「清乾嘉揚州學派」述略〉，《漢學
　　研究通訊》，2000年11月。

賴貴三先生：〈清代乾嘉揚州學派經學研究的成果與貢獻〉，《漢
　　學研究通訊》，2000年11月。

林慶彰先生：〈清乾嘉揚州學派研究計劃述略〉，《漢學研究通
　　訊》，2000年11月。

楊晉龍先生：〈「清代揚州學術導言」〉，《中國文哲研究通
　　訊》，2005年3月。

趙宣先生：〈《揚州學派概論》，趙航著〉，《東方文化》，2005
　　年12月。

　　另外，曹聚仁先生：〈揚學〉六篇，《中國學術思想史隨筆》，
（北京：新華三聯書店，2003年8月，頁305-334。）亦針對「揚州學
派」做論述。

　　由上述可知：林慶彰先生與黃智信先生二者，皆是有關揚州學術研
討會的研究計劃與赴大陸的考察報告。林先生：〈清乾嘉揚州學派研究
計劃述略〉一文提出自民國87年7月起所執行的「揚州學派」的六大計
劃有：「揚州學派」《易》學研究、《尚書》學研究、《詩經》學研
究、《春秋》學研究、「揚州學派」的訓詁與「義理」、「揚州學者」
論道德與學統。研究成果計有赴大陸之考察（此考察成果可見黃智信一
文）與論文之完成，如：賴貴三先生的〈焦循理堂先生手批《周易兼
義》鈔讀記（1-2）〉，（《中國學術年刊》第19、20期，1998年3月～

1999年3月）、〈焦循手批《尚書正義》釋文校案〉，（《國文學報》第27期，1998年6月，頁45-100）等文。

趙葦航先生：〈揚州學派學者遺跡概要〉旨在介紹「揚州學派」代表人物之遺跡，如阮家祠堂、阮元墓、阮元遺物、焦循墓、汪中墓、高郵王氏紀念館、劉文淇故居、劉寶楠故居等等。

祁龍威先生：〈對「揚州學派」研究的回顧與展望〉與張壽安先生：〈清代揚州學派研究展望〉，前者強調「揚州學派」以經學顯，不研究經學，即不能登揚學之殿堂，所以以現代科學方法研究，當以辨析音韻、發明「義理」、考鏡源流，方是研究「揚州學派」之奠基工作；對未來展望是：一則與培養教師結合，宜多培訓古籍語言文字方面的專門研究教師，二是以文會友，與海內外開展交流。

後者，張壽安先生之文，則從「回顧」講起，以見清代學術史研究，九十年代肇始，方有風起雲湧之象；繼而論「揚州學術」的源起、特色與發展，以見「揚州學術」在清代學術史的轉變上，是一重要環節，不可忽視，如文中提到：「嘉道間，經學漸起今古文之爭，揚州學術所取路數與常州異，此不可不視為一重要關鍵。」又「自來研究清代學術史最難打通的關節就是清中期的乾嘉考證學如何和晚清學術史銜接，除了普遍為人知的《公羊》學之外，這道咸間的學術流衍到底是怎樣一番脈絡？」[65]於茲，頗引發我們一個思考：「揚州學派」是否為清代學術轉變的關鍵？接著進而論述「揚州學術」尚可開發的研究議題，如有：經學內部掔索與爭辯、專家、專經、專門學科研究、典章制度之學、「揚州學術」與常州學術之間的關係、阮元學圈，以及「揚州學者」的「義理思想」，圖書館、私家藏書、書院與學術發展、「揚州學者」學術年表、揚州都市文明與中西文化交流。其中的「義理思想」部分，張師以為仍有相當議題可進一步推敲。如人性問題——此提到：他們正視「情欲」並運用人性喜惡以達到教化目的。行為規範與社會秩序——清儒以讀禮、習禮、行禮等人身規範之完成作為保障社會秩序的方

---

[65] 張壽安先生：〈清代揚州學派研究展望〉，（《漢學研究通訊》，2000 年 11 月。），頁 621。

法，自戴震以下之淩廷堪、焦循、汪中、阮元、詁經精舍諸子「從理到禮」的共同取向。這當中漢宋學界的情、禮爭辯，理與情，禮與情等議題，仍有待扎實精細的研究。又科技之學興起，是否影響「揚州學者」的宇宙觀？此文提出種種問題，正是予本書許多深入思考的論題，所以本書對其「情理論」研究，事實上，亦在希望解決上述張師所提出可待進一步探究的議題。

田漢雲先生：〈略說揚州學派與歷代揚州文化之關係〉與大谷敏夫：〈揚州、常州學術考──有關其與社會之關聯〉，前者大抵從「文學」、「文字學」、「經學」三方面論述「揚州學派」與歷來「揚州文化」之聯繫。從此文可以發現到：晚清所強調的「經世致用」理念，其發端之近源，可能與「揚州學者」有關。後者是日人：大谷敏夫先生著、盧秀滿先生譯的論文。針對揚州與常州學術文化做一比較與考察。其是站在社會學角度以結合徽州──揚州──常州等江南諸地所形成的一文化圈。主要因素在於商業經濟繁榮──鹽商之投資，所以當地學術文化亦活潑發展起來。另外，書院漸多，亦是一大因素。末後則對揚州與常州學術做一比較說明，實可發現到：在「義理思想」上，「揚州學者」（如焦循）、「常州學者」（如張惠言）與「戴震」都有相當淵源，他們繼承並深化了戴學之思想。以見禮論思想復活，所以荀子的「禮教秩序」方為兩派熱絡討論的課題。因此，經世思想是否亦在此醞釀？此亦提供一個值得思考的空間。

李貴生先生：〈汪中、淩廷堪文學思想析論──揚州學派文學思想的兩個方向〉，此文旨在對汪中、淩廷堪的文學思想做探究，進而論述「揚州學派」文學思想的兩個方向，即：一是為文不專主一體，二是以《騷》、《選》為文之正宗。然此偏向文學思想方面的論述與比較。

蔣秋華先生的〈大陸學者對清乾嘉揚州學派的研究〉則針對大陸學者對乾嘉「揚州學派」的研究情形做概論：於1980年前，對此研究頗少，直至1985年後，在祁龍威先生大力推動下，揚州師院對「揚州學派」研究方有豐碩成果。如：通論方面有孫洵〈揚州學派簡論〉、趙航〈揚州學派散論〉、張承宗〈揚州學派簡論〉、徐復〈揚州學派新論序〉、王俊義〈論乾嘉揚州學派〉、〈再論乾嘉揚州學派〉、〈論乾嘉

揚州學派的特色〉、〈關於揚州學派的幾個問題〉、陳祖武〈揚州諸儒與乾嘉學派〉、黃愛平〈王念孫王引之父子與乾嘉揚州學派〉、王章濤〈阮元與揚州學派〉、華強與陳文和〈戴震與揚州學派〉、吳裕賓〈清代揚州學者的數學研究〉、阮家鼎〈清代揚州學者的數學成就〉、許衡平〈淺論揚州學者在方志學方面的成就〉、趙葦航〈清代揚州歷史地理學家之成就〉。在各別學者方面有對汪中、汪喜孫、王念孫、王引之、凌廷堪、江藩、阮元、焦循、劉文淇、劉寶楠、劉恭冕等研究。總共統計單篇論文將近有二百五十篇,專書有十八部,然大多仍針對「揚州學者」於小學(文字、聲韻、訓詁)方面成就論述,所以蔣先生末後結語部分則云:「真正有意識專門研究揚州學派的著作,其實僅屬少數。」而且「能夠突破觀點,創立新解的,並不多見」。[66]可見大陸學者對於「揚州學派」的研究情況,偏重小學方面的研究,真正的專門研究及有所創見者,並不多見。這是否亦表明:專門對「揚州學派」哲學「義理」方面的研究提出新解與創見的,尚是一有待發展的空間。

楊晉龍先生的〈「清代揚州學術導言」〉與〈臺灣學者研究「清乾嘉揚州學派」述略〉,前者提到傳統經學的解讀重點有二:一在改善現在、過去或未來的社會政治問題;二是接受發揮或拒絕駁斥當代或過去的學術觀點與內容。近來學者頗注意乾嘉學術之研究,除吳派、皖派外,尚有一新軍突起的「揚州學派」。繼而簡介「揚州學派學術研討會」之論文集:《清代揚州學術》的各篇論文。其中,劉玉國先生的〈焦循《毛詩補疏》及其訓詁方法〉尚提到焦循解《詩》的特色——「溫柔敦厚」詩教內涵之發揮。以「理」乃爭端之源,「情」即息爭之鑰,故焦循解詩多以「情」之抒發為重點,強調「情」的社會功能,可謂開創新的解說視野。此稍與本書相關,雖為焦循解《詩》之說,但亦可見當時焦循已對「情」之重視,是以其解《詩》不採《詩序》之詩教說,而以「情」之抒發為要。後者則論及近幾年來,臺灣學者對清乾嘉「揚州學派」的研究概況:在基礎研究上,如學者生平、學術背景、著

---

[66] 蔣秋華先生:〈大陸學者對清乾嘉揚州學派的研究〉,(《漢學研究通訊》,2000年11月),頁618。

述內容、研究方法等整理著述較多，成果亦較豐碩；但關於分析學術內涵、特色影響、意義價值等進一步研究，則相對較少，是以這方面的發展空間是很大的。這亦是本書所欲研究之所在。

　　賴貴三先生：〈清代乾嘉揚州學派經學研究的成果與貢獻〉，此文針對清乾嘉時，「揚州學者」對經學方面的著作與貢獻做一彙整，可謂於本書研究有許多參考價值，讓我們藉此可一目瞭然所有揚州學人的經學著作，可進一步整體掌握「揚州學者」的經學貢獻。如文中提到：鍾襄──與阮元、焦循友善著有《論語考古》；阮元之子：阮福有《孝經義補疏》、劉臺拱有《論語駢枝》、成孺（蓉鏡）有《論語論仁釋》、《太極衍義》等著作，多鮮為人知者，其中是否蘊含許多新見，猶有待發掘？這些均是本書所欲研究的範圍，個人盡可能進行探討，以徹底展現出清乾嘉「揚州學派」「情理論」的所有觀點，而不僅是大家如焦循、阮元之論而已。

　　趙宣先生那篇是書評，評趙航先生的《揚州學術概論》一書，文中提出趙航的《揚州學術概論》有六大特點，如：以嚴密科學方法予「揚州學派」準確界定，其次，以馬克思主義之理論糾正「揚州學派」埋首考據經典之研究，並非遠嫌避禍，而是挽救萎靡的民族；又首先提出「揚州學派」這名稱者是方東樹，第四特點即突出介紹揚州學人「實事求是」的科學精神，第五即介紹具有科學意義的「比例成說」、「因聲求義」的研究方法；第六是總結出揚州學人的學術品質、治學氣象，可謂鑒古以知今。

　　曹聚仁先生的〈揚學〉六篇，從張舜徽先生《清代揚州學記》談起，繼而論及界定、特色，並分述個別學者成就，如王氏父子、汪中、阮元、焦循等等，大抵不離訓詁考據範圍，於「義理思想」方面只有「焦循」論述最多。

　　大陸期刊論文頗多，以通論，及探討王念孫、王引之、汪中、焦循、阮元、劉寶楠、劉文淇、劉師培等人學術成就為多。關於成蓉鏡、鍾襄、劉臺拱等則未見有人論及。此可由蔣秋華先生：〈大陸學者對清乾嘉揚州學派研究〉一文之評述，略窺大陸研究實況。

第四節　研究步驟（論文章節要義）

　　本書研究步驟，大抵是：

第一部分，首先完成：

　　本書的研究動機與目的、研究內容與方法、前人研究成果、篇章說明等部分論述，還有「情理」二字定義與來源，皆於本章說明，以明確界定本書研究之意義與方向。

　　此即本書第壹章：緒論內容。

第二部分：

　　針對「揚州學派」之緣起、學術淵源與如何界定，各家學者說法有何不同，做一比較說明。

　　另外，「情理論」是如何產生的？其最初之緣由為何？內容為何？在最初儒家經典乃至郭店楚簡對「性情」二字，是如何詮釋？還有明清學者的觀點又是如何？如何從宋明理學「存天理，去人欲」轉變至強調「達情遂欲」？這些對「揚州學派」有哪些影響？「揚州學者」的「情理論」究竟是如何？其道德觀與學統又是如何？兩者是否有關？

　　諸如上述，將於本書第貳章做探討。

第三部分：

　　突破傳統個別論述，將從群體觀點、多元角度，分門別類做一綜合分析與歸納。且試圖以哲學角度，如所謂：宇宙論、本體論、人性論、知識論、義利之辨，乃至情欲論、道德實踐論等方面探析。清儒以「訓詁探索義理」，難道就沒有所謂的「宇宙觀」乎？其實不然，據鄭吉雄先生研析：也許我們不能說清儒沒有整體性的宇宙觀，而應該說他們的整體性宇宙觀，是以「社群意識」（consciousness of community）的型態建構的。[67]然其所謂「社群」（community）是指：普遍意義的人群

---

[67] 鄭吉雄先生：〈論清儒詮釋的拓展和限制〉，（《兩岸三地詮釋學與經典解釋學術研討會論文集》，臺北：世新大學，2007 年 5 月），頁 17。

社會，並非某一地域、階級或行業下的社交圈。[68]依此，提供予我們一「社群」觀點，可讓我們進一步深思：是否清儒所關注的問題已不再是抽象、形上的心性本體之道德理論，而是在普羅關照大眾的苦難，如：人群社會所制約出的禮制文化是否能制衡現實動盪的社會？若不行普遍制約，那麼，儒家所謂的「仁義禮智」或「忠信孝悌」等道德觀在社群發展與構成下，其價值與意義是什麼？是否別有一番新解？又如何具體落實與實踐？所謂「本體論」就一定是指宋明理學中的「形上（心性）本體」？體用之間如何靈活運用？我們在清儒如阮元論「仁」上，發現其不僅將「仁」視為人之本體，且對「仁」解釋大異於宋明儒者，然其如何看待人（仁）之本體？又為何焦循會提出「能知故善」？「智」與「性」有何關係？以往儒家思想告訴我們要：重義輕利，這樣才是一個有道德操守的君子，然清儒卻告訴我們：「利不利，義不義也」，何也？又為何「學禮復性」、「制禮節性」、「以情為性」或者「天理在人欲之中」、「情可謂息爭之鑰」？又在「經學即理學」[69]的籠罩下，崇實黜虛的道德實踐修養功夫又是如何？諸如此類問題，本書第參章打算以橫向剖析方式──「內在理路建構」，打破歷來各別分析之研究，改採綜合歸納法以深入研究，試圖有新的發現與見解；究其：一、人性論述：性理探討；二、經驗界落實：情欲探討；三、實踐功夫：化情為理實證功夫等項，探索其中的內涵。

第四與第五部分：

　　所謂「縱向論述──清儒揚州情理論的發展」（一）與（二）；於本書第肆章、第伍章分別論述。由於「揚州學者」頗多，若據楊晉龍先生所界定之「揚州學者」而言，依其出生早晚及學派興盛狀況可分為：第一期：賈田祖（1714～1777）、李惇（1734～1784）、任大椿（1738～1789）、汪中（1744～1794）、王念孫（1744～1832）、劉臺拱

---

[68] 同上注，頁 17。
[69] 此「經學即理學」之概念乃顧炎武所提出，顧炎武：〈施愚山書〉云：「古之所謂理學也，經學也。」《亭林詩文集》卷三，（臺北：商務印書館，1965 年），頁 102；而「經學即理學」一說出自全祖望：〈亭林先生神道表〉，《鮚埼亭集》，（臺北：華世出版社，1977 年），頁 144。

（1751～1805）、朱彬（1753～1824）等；第二期為：淩廷堪（1755～
1809）、秦恩復（1760～1843）、鍾襄（1761～1805）、江藩（1761～
1830）、焦循（1763～1820）、阮元（1764～1849）、王引之（1766～
1834）、李鍾泗（1771～1809）、黃承吉（1771～1824）、淩曙（1775
～1829）、劉寶楠（1777～1839）、徐復、汪光爔、宋綿初（1777年貢
生）、楊大壯、許珩等；第三期有：焦廷琥（1783～1821）、汪喜孫
（1786～1847）、薛傳君（1788～1829）、劉文淇（1789～1854）、劉
寶楠（1791～1855）、阮福（1802～？）、梅毓（1821～1850年間舉
人）等；衰落期為：成蓉鏡（成孺，1816～1883）、劉毓崧（1818～
1867）、劉恭冕（1824～1883）、劉壽曾（1838～1882）等，共計三十
四人[70]。可謂盛況空前，學者雲集。本書為避免繁複，是以擇取重要的
大家，如汪中、王念孫、淩廷堪、江藩、焦循、阮元等人作代表，據其
治學理念、治經特色等為分門別類依據，大抵分「天理」向「情理」的
過渡者、「漢學為尊」的「情理論」者、現實關懷的「情理」經世者、
光大「戴震」「情理思想」者、春秋學的「情理論」者，共五個部分做
探究。原則上，慮及章節平分秋色之考量，是以前三項列入第肆章論
述；後二項為第伍章探究。所以本書第肆章：縱向論述——清儒揚州情
理論的發展（一）；第伍章即：縱向論述——清儒揚州情理論的發展
（二）兩部分。

第六部分：

　　清代「揚州學者」「道德觀」是迥異於往昔宋儒的「理學觀」，可
謂由「天理」走向「情理」，亦「理」至「禮」之發展[71]。對於後來

---

[70] 參見楊晉龍先生：〈臺灣學者研究「清乾嘉揚州學派」述略〉，（《漢學研
究通訊》，2000 年 11 月），頁 2。據本文所強調是乾嘉揚州學者，計有三
十四人，實則據楊先生所論，「惟『醞釀期』的陳厚耀（1648～1722）、朱
澤澐（1666～1732）、王懋竑（1668～1741）主要活動均在乾隆朝之前；揚
學餘波的劉嶽雲（1849～1917）、劉師培（1884～1917）等已進入民國的學
者，皆不予計之。」《漢學研究通訊》，頁 13。知若是不限乾嘉時期，整個
清代知名的揚州學者，約計有三十九人。

[71] 這方面，見張壽安先生：《十八世紀禮學考證的思想活力——禮教論爭與禮
秩重省》，同注 42，頁 6；另於氏著：〈禮教與情欲：近代早期中國社會文

嘉、道、咸間，學者們所強調的「經世致用」有無影響？若有，其影響有哪些？為何晚清這時會有今文經學產生？為何他們要新詮國故，批判傳統，既破壞又建設？又「揚州學派」發展至後來情況如何？對於後來學者的影響有哪些？章太炎、黃侃與此有何關係？本書打算於第陸章對此做一探究。

第七部分：

　　「揚州學派」的這番「情理論」價值意義何在？其是否完美無缺，可以施行永久？是以第柒章針對「揚州學派」的「情理論」做一評價與檢討。

第八部分：

　　結論（第捌章）總結說明其意義與價值，乃至對未來研究的展望。

　　總之，「揚州學派」是繼乾嘉吳、皖派之後所興起的學派，其學術成就多元而燦爛。然本書針對其「情理思想」方面做論析，希能將「揚州學派」的群體觀點，完整無誤地詮釋與展現。藉此一探析，希以證實揚州清儒的「考據以求義理」是有其宇宙觀、本體論、知識論、人性論等等思想與見解，並非一味尊古、佞古，惟漢是尊，埋首於故紙堆中，而無現實經世之想；相反的，其「義理思想」就是一形下經驗現實關照的理論，所以不再是玄虛之理，而是理之落實──禮也。藉以「禮」經世，以「禮」代理，希以「禮」挽救漸衰政局或不良習俗。而「禮」的內在哲理就是「情理論」。另外，針對宋儒「存天理，滅人欲」提出充分反省，所以一反昔儒專制保守之思，走向現代個人自由民主之路，功利、現實、個人主義之在中國產生與蔓延絕非偶然，然這些究竟是如何

化的內在衝突〉一文亦提及：「十七世紀以降情欲覺醒最直接促成的就是新情理觀的出現，它的特點在：即事言理、即人我之情言理。『理』之所以能擔任『物則』『規範』的作用，不是因為『理本諸天』，而是因為『理原於情』。此一從『天理』走向『情理』的轉向，或可謂是近世思想文化的一大走勢」，（收入於洪國樑先生等編：《張以仁先生七秩壽慶論文集》，臺北：學生書局，1998 年），頁 752。

產生的？關鍵何在？「揚州儒學」之「情理論」是否就是關鍵所在？
諸如此類問題，則是本書欲研究的目標。並一探清代學術史之發展與
演變。

第貳章　清儒揚州學派情理論的緣起與形成

第一節　清儒揚州學派的緣起

於上章（研究內容）所述，迄今「揚州學派」於學術界上的定位與學者之分屬，仍是信者自信，疑者自疑。甚至，我們可以懷疑：清代學術史上究竟有沒有一個「揚州學派」？又為何「揚州的學術群體」卻著稱於世？關於此一矛盾問題，勢必在此要做一正本清源的釐清，方可。

首先，令吾人疑惑的是：形成一個學派的基本原則是什麼？抑或一個學派確認的標準為何？不可諱言，在中國學術研究中，已為人們確認了許多學派的客觀存在。據田漢雲先生研究，可知：我國古代的學術流派，具體名稱的確定方式主要有四種類型：一是標舉學術主張，如儒家、道家、法家等。二是揭示典籍依據，如兩漢經學中的今文學、古文學，清代經學中的《公羊》學。三是稱述立派宗師，如王陽明為代表的心學一派，世稱「王學」；顏元、李塨特重實踐，世稱「顏李學派」。四是指明發祥區域，如宋代的濂、洛、關、閩之學，清代的吳、皖之學。[1]然在此四類定名方式中，依「地稱名」者為數最多，因此，「揚州學派」是否亦是依「地」而名？然若是依「地籍」而論，為何趙航的《揚州學派新論》（江蘇文藝出版社，1991年）乃依學術觀點、治學方法是否一致等等，來論「揚州學派」的學者，而不以「籍貫」隸屬揚州來論斷學者？

又「揚州學者」之殿軍者──劉師培，曾云：「戴氏弟子，除金壇段氏外，以揚州為最盛。」[2]以見「揚州學術思想」應受戴震影響最大。支偉成於《清代樸學大師列傳》中亦有言：

---

[1] 田漢雲先生：〈關於進一步確認揚州學派的思考〉，林慶彰先生、祁龍威先生等編：《清代揚州學術研究》（上），（臺北：學生書局，2001年4月），頁123。

[2] 劉師培：〈南北學派不同論〉，《劉申叔遺書》（一），（臺北：臺灣大新書局，1965年），頁666。

任大椿、王念孫皆揚州人。任傳戴氏典章制度，王傳聲音訓詁，皆有名於時。既而，凌廷堪以歙人居揚州，與焦循友善。阮元問教於二人，遂別創揚州學派。[3]

另外，徐復先生於《揚州學派新論‧序》亦表明「揚州學派」「首創者三家」即是：凌廷堪、焦循與阮元。[4]在此，我們是否發現到：這位非揚州籍的客寓者──凌廷堪，幾乎為後代學者歸屬於「揚州學派」的學者。是否「揚州學派」學者不當僅以籍貫來界定？王俊義先生云：

> 揚州學派既以揚州為活動基地，其成員自然大都是揚州籍學者。但並非凡是揚州籍學者，便一定屬揚州學派，而非揚州籍學者，也未見得就不能屬揚州學派，還要看其師承淵源和學術傾向，如江藩，本是揚州甘泉人，但他師承於余蕭客，是惠棟的再傳弟子，在治學上恪守吳派的學術宗旨與治學方法，且門戶森嚴，在學術風格上與吳派一脈相承。因此，其應屬吳派。另如凌廷堪，他原是安徽歙縣人，但卻久客揚州，又深受戴學影響，與揚州學派中的劉臺拱、汪中、焦循交往也很密，在學術風格上更接近揚州學派，理應屬於揚州學派。[5]

又孫洵先生亦云：

> 揚州學派在形成過程中受到以惠棟為首的吳派和以戴震為首的皖派的影響。……事實上，揚州學者並不等於都從屬於「揚州學派」。所謂之學派，是指一門學問中由於學說、師承不同而形成的派別。[6]

---

[3]　支偉成：《清代樸學大師列傳》，（岳麓書社，1998 年），頁 76。

[4]　徐復先生：〈揚州學派新論‧序〉，趙航：《揚州學派新論》，（南京：江蘇文藝出版社，1991 年），頁 1。

[5]　王俊義先生：〈關於揚州學派的幾個問題〉，（《中國社會科學院研究生院學報》，2003 年第 3 期），頁 75。

[6]　孫洵先生：〈揚州學派簡論〉，（《東南文化》，1988 年 2 月），頁 77。

馮乾先生亦云：

> 清代揚州學派自乾隆中期產生，以師友關係相聯繫，學者大量湧
> 現，延綿至清末民初乃已。其學術活力之久，為清代學術流派中僅
> 見。……乾隆朝的揚州學派，是揚州一地以追隨吳派惠棟、徽派戴
> 震所開創的樸學風氣而自然形成的一個學人群體。學人之間主要不
> 是以師承關係為樞紐，而是以學友關係為紐帶結合起來的。[7]

郭明道先生亦云：

> 從乾嘉學派的學術主張和治學實踐來看，吳派、皖派、揚派互有
> 差異，各領風騷。……揚派識見通達，擴大治學範圍，力主創新
> 和變通，提倡漢、宋合流和經世致用。對漢學進行歸納總結，使
> 漢學走向集大成階段。揚派和皖派之間在學術思想上有繼承之
> 處，但也有著較大的差異。[8]

若依師承、學友及學術傾向標準來看，是否有揚州地籍者未必屬於「揚
州學派」？如王俊義先生所提出的「江藩」一例，即歸屬於吳派，非
「揚州學派」，但在趙航：《揚州學派新論》與《概論》中，均以「江
藩」列入「揚州學派」中，[9]又於孫淘一文中亦以為：「在『揚州學
派』中，江藩是一位博通經史又有豪俠氣概的學者。」又「江藩在當
時，與焦里堂齊名，人稱『二堂』。」[10]

　　如此，關於學者們的不同論述，我們該如何看待？又該如何定位
「揚州學者」？田漢雲先生說得好，其云：

> 人們所公認的各種學派，雖然陣容強弱千差萬別，畢竟都是由一
> 定的「學術群體」構成的。單個學者即令成就卓著，一般不被視

---

[7]　馮乾先生：〈清代揚州學派簡論〉，（《史林》，2005年第2期），頁31。
[8]　郭明道先生：〈清代揚州學派芻議〉，（《求索》，2006年3月），頁227。
[9]　趙航先生：《揚州學派新論》第十章：漢學之鉤沉；《揚州學派概論》第五
　　章：鉤沉漢學，皆是論述「江藩」者，（江蘇：文藝出版社，1991年11
　　月）、（揚州：廣陵書社，2003年11月），前者頁165-182、後者頁90-109。
[10]　同注6，頁80。

為一個學派，因為根本無此必要。所以，擁有一個學術群體，是
判斷一種學派存在的最外在、最基本的標準之一。[11]

依此「學術群體」來做一學派的判斷標準，問題是如何依此「學術群
體」做「揚州學派」的斷定？倘若「揚州學派」是一學術群體，那這學
術群體的組成因素為何？是否除了「地緣契合」外，亦應包含有學者們
的「群體意識」？那這共同的「群體意識」是如何形成的？是否有源自
故鄉與宗親之情？畢竟「鄉梓之情乃天然之聯繫」[12]，此外，「地緣之
親與交往之密」，是否亦是「揚州學者」之所以形成一學派的重要條
件？亦即上述馮乾先生所謂：「以學友關係為紐帶結合起來的。」若
是，個人打算試以外緣環境（地緣之親）、內緣之傳承（宗親學友之
情）與共同的「群體意識」之有無，探究「揚州學派」的產生。

一、外緣環境──學術環境的發展

為何「外緣環境」是促成「學派」形成的關鍵？湯志鈞先生有云：

> 學派的地區特點，也較顯著，則反映了一定歷史時期學術研究的
> 延續性和地區的相對獨立性。從地區而言，清代揚州的經學研究
> 卻是出了很多大家，有人主張應稱為揚州學派，並從事專題研
> 究。……清代揚州轄境相當今江蘇寶應以南、長江以北、東臺以
> 西、儀徵以東地，當運河交通要衝，經濟文化繁榮，經學大師輩
> 出，稱之為揚州學派。[13]

知「地區特點」，可以反映當時歷史時期學術研究的延續性與獨立性。
清「揚州」蔚為當時交通要道，經濟繁榮富庶，大家輩出，治經風尚盛
行，於此「揚州」學術特色凸顯，是以有學者（如張舜徽先生）會主以
「地籍」為學派劃分之依據。

---

[11] 田漢雲先生：〈關於進一步確認揚州學派的思考〉，同注 1，頁 114。
[12] 同上注，頁 116。
[13] 湯志鈞先生：〈清代經學學派及其異同〉，林慶彰先生、祁龍威先生等編：
《清代揚州學術研究》（上），頁 18。

　　又「地域特性」並非指這一地區一群人與一堆作品而言，若無一共同創作趨向與風格特徵，亦無以凸顯其地域的學術文化。[14]所以風格傳承與漫延，形成一共識，乃至一共有的特色，都是構成一地文化的重要因素。當然，鄉黨之間，親戚族屬彼此影響；或壤地相接，聞風興起；鄉賢對同鄉後輩的啟迪示範，都是形成一特殊文化的類屬狀態。[15]

　　事實上，揚州不少學者如：高郵王氏、寶應劉氏、儀徵劉氏，或者江藩等人，其治學方法、風格取向，實與清代經學的吳派或皖派篤守漢儒家法，是相當類似的。然雖類似，但仍有不同，是以民初即有不少學者懷疑：寶應劉氏三世，可以移吳入皖，那麼，儀徵劉氏是否可移皖入吳？對於此，章太炎《訄書》則云：

　　　　儀徵劉孟瞻本凌曉樓弟子，學在吳、皖之間，入皖可也。[16]

儀徵劉氏可入「皖」，亦是「學在吳、皖之間」。可見吳、皖雖有分派之異，實有方法之同。不過，揚州經學吸取了「吳、皖之長」，也別有自己的特色。既像吳、又似皖，又在吳與皖之間，是無法歸類於吳派或皖派的。知此以地區劃分，清代揚州的經學特色，足以凸顯，方可別於吳、皖之派。

　　另外，清代乾隆以後，「理學儘管仍在北京享受著政治性的供奉」[17]，但在學術界上，漢學已取得了統治地位。所謂「家家許鄭，人人賈馬，東漢學術燦爛如日中天」[18]。可見整個大環境是籠罩在「漢學」研治上，從經典據實考證，蔚為治學趨向。其中，學人游幕風氣頗

[14] 龔鵬程先生：〈區域特性與文學傳統〉中有云：「地域特性與文學傳統，非指自然地理區域中之一群人與一堆作品。這群人與這一堆作品，若未顯示出一種共同創作趨向及風格特徵，便無法稱得上是文學傳統。」（《聯合文學》第8卷第12期，1992年10月），頁160。
[15] 同上注，頁168。
[16] 章太炎先生：〈答支偉成書〉，支偉成：《清代樸學大師列傳》，（長沙：岳麓書社，1986年）卷首，頁11。
[17] 艾爾曼（Bebjamin A. Elman）著、趙剛先生譯：《從理學到樸學——中華帝國晚期思想與社會變化面面觀》，（南京：江蘇人民出版社，1995年），頁38。
[18] 梁啟超先生：《清代學術概論》，（上海：古籍出版社，2005年），頁74。

盛，據學者研究指出：在康熙中期至嘉慶末期的一百多年間，至少有1/3以上的有一定地位和影響的學人有過游幕經歷。[19]在這些規模較大的學人幕府，如盧見曾、朱筠、畢沅、阮元幕府中，單就經學家而言，計有：李塨、程廷祚、惠棟、錢大昕、江聲、余蕭客、戴震、段玉裁、王念孫、凌廷堪等人參與；而他們所從事的活動又多以「修書、著書、校書」為主。[20]如朱筠幕府中最重要的校書活動，即是《說文解字》的校刻，為此，即請王念孫等人校正刊行。許氏之學大行，但亦促進學者們相互交流、學習的機會。據孫星衍撰朱筠《行狀》云：

> 邵學士晉涵、王觀察念孫諸人，深於經術訓詁之學，未遇時皆在先生幕府，卒以撰述名於時，蓋自先生發之。[21]

另外，汪中一生貧苦，靠游幕為生。在朱筠幕府中，亦識邵晉涵、王念孫。三人俱以古經義小學相切磋。[22]

　　此學人游幕之盛，是否亦是促成學者交流的一大關鍵？學者的互動交流中，亦造成學術研究之盛，形成一學術研究的大環境，是以治學趨向大都以訓詁、考據等小學為主要治學方法，取證經典亦還原經典之實為主。

---

[19] 尚小明先生：《學人游幕與清代學術》，（北京：社會科學文獻出版社，1999 年），頁 31。

[20] 同上注，尚小明先生指出：游幕者中包括許多著名學人，且遍及各個學術領域，擇要有經學家、史學家、地理學家、金石學家、校勘目錄學家、歷算家、諸子學家、戲曲家、小說家、古文家。就經學家而言，有李塨、程廷祚、惠棟、錢大昕、錢坫、沈彤、江聲、余蕭客、江藩、孫星衍、王聘珍、李惇、臧庸、陳壽祺、李貽德、戴震、程瑤田、段玉裁、王念孫、凌廷堪、丁杰、阮元、張惠言、馮登府、洪頤煊、洪震煊、徐養源、李黼平、焦循、劉文淇、凌曙、金鶚、嚴元照、鈕樹玉、袁廷椿、朱駿聲、沈大成、嚴杰等等。游幕活動主以修書、著書、校書為主，其次詩酒唱和、襄閱試卷、佐理翰墨等等。《學人游幕與清代學術》，頁 32-40。

[21] 孫星衍：〈笥河先生行狀〉，《笥河文集》卷首，（《畿輔叢書》99，《百部叢書集成》1492，臺北：藝文印書館，1966 年），頁 22。

[22] 同注 20，頁 90-91。

　　揚州，熱鬧繁榮，書肆鼎盛，藏書風氣頗盛。除了書院藏書外，「私家藏書」也很豐碩。如劉臺拱，《揅經室二集》卷二〈劉端臨先生墓表〉載其：「生平無嗜好，惟聚書數萬卷，及金石文字而已。」[23]又如焦循為了買書，曾數次變賣田產與妻之飾物。其《雕菰集》卷十六〈修葺通志堂經解後序〉云：

> 乾隆丙午，連歲大饑，余疊遭凶喪，負債日迫於門。有良田數十畝，為鄉猾所勒買，得價僅十數金。時米乏，食山薯者二日，持此銀泣不忍去。適書賈以此書至，問售，需值三十金，所有銀未及半。謀諸婦，婦乃脫金簪易銀得十二金，合為二十七金，問書賈，賈曰：「可矣。」蓋歎歲寡購書者，而棄書之家，急於得值也。余以田去而獲書，雖受欺於猾，而尚有以對祖父，且喜婦賢能成余之志。是夕餐麥屑粥，相對殊自懌也。[24]

見其嗜書如命，視「黃金如糞土」，「書」乃無價之寶，寧忍飢受凍，亦不可無書。又阮元藏書之地，就有多處，如有文選樓、積古齋、唐宋舊經樓、雷塘庵、泰華雙碑館、琅嬛仙館等地。[25]除了藏書豐富外，「揚州學者」更是強調「好學」之要，如江藩曾云：

> 竊怪近日士大夫藏書以多為貴，不論坊刻惡抄，皆束以金繩，管以玉軸，終身不寓目焉。夫欲讀書，所以蓄書。蓄而不讀，雖珍若驪珠，何異空談龍肉哉！[26]

由此以見其主張「蓄書」是為了「讀書」，倘若蓄而不讀，那便是附庸風雅。對那些徒為虛名，藏書富卻讀書甚少之輩，作一斥責與輕蔑。

---

[23] 阮元：〈劉端臨先生墓表〉，《揅經室二集》卷 2，（北京：中華書局，1993 年），頁 400。

[24] 焦循：〈修葺通志堂經解後序〉，《雕菰集》卷 16，（臺北：鼎文書局，1977 年），頁 261-262。

[25] 劉建臻先生：〈第一章　揚州學派與清代學術思潮〉所提及，《清代揚州學派經學研究》，（南京：揚州大學古代文學博士論文，2003 年 5 月），頁 34。

[26] 江藩：〈石研齋書目‧自序〉，轉引自趙航：《揚州學派概論》，（揚州：廣陵書社，2003 年），頁 95。

　　整體觀之，揚州商業繁榮，刻書之風頗盛，書肆書賈眾多，是以藏書好學風氣亦盛。除了蓄書之外，學者游幕亦多，是以相互交流，互通有無，彼此砥礪切磋，治學上亦頗多有展獲。

二、內緣因素牽繫——宗親學友的傳承與互動

　　我們知道，在清代中前期，揚州即以學者眾多而顯名於世。觀《清史稿》與《清代樸學大師列傳》記載，可知揚州籍的著名學者有陳厚耀、王懋竑、喬億、朱澤澐、劉臺拱、王念孫、王引之、汪中及其子汪喜孫、賈田祖、顧九苞、顧鳳毛、任大椿、任兆麟、阮元及子阮福、焦循及子焦廷琥、江藩、鍾襄、朱彬、劉寶楠及子劉恭冕、凌曙、方申、劉文淇、劉毓崧、劉壽增、梅毓、成孺、羅士琳、黃承吉、宋綿初、汪德奎、徐復、汪光爔等等[27]。這些學者中，不乏是父子、叔姪、舅甥、祖孫或姻親乃至學友的關係。或許宗族、親戚關係亦帶來學術授受之便。在此，依其家學、姻親、學友關係作一探究。

（一）家學淵源

　　就清代的揚州府治二州（高郵、泰州）、六縣（江都、甘泉、儀徵、興化、寶應、東臺）言「揚州」所在地，可發現在「高郵」、「江都」、「儀徵」、「寶應」等地，學術世家頗多。

　　高郵王氏，依《王念孫行狀》記載，可知：其高祖王開運，「治《尚書》有聲」，曾祖王式耜，「博通五經」，祖王曾祿「理學湛深」。[28]而父親王安國與王念孫及子王引之乃繼承先業，「成一家之學」。[29]

[27] 見清‧趙爾巽編《清史稿》卷 580-582，（北京：中華書局，1998 年），頁 13098-13307；支偉成：《清代樸學大師列傳》，（長沙：岳麓書社，1986 年），頁 56-58、78-125。

[28] 王箴傳：〈王念孫行狀〉，清‧錢儀吉纂：《碑傳集》，（北京：中華書局，1993 年），頁 1339。

[29] 見《清史稿》卷 304〈王安國〉，同注 27，頁 10498。

在江都，如汪中與其子汪喜孫。據阮元《擘經室再續集》卷三〈汪容甫先生手書跋〉載：「孟慈之學，大得父教。其不偕於俗，亦略有父風。」[30]知喜孫承繼父教，亦傳襲性情。又焦循一家，據《擘經室二集》卷四〈通儒揚州焦君傳〉所云，可知：「其曾祖源，江都縣學生，為《周易》之學」；「祖鏡、父蔥，皆方正有隱德，傳《易學》」。顯見其一家，三世傳《易》。至焦循，亦「承先祖父之訓」[31]，勤思敏學，有「易學三書」行世，成為有清一代的《易》學大家。其子「焦廷琥」，阮元亦稱其「能讀書，傳父學」。[32]又黃承吉，從祖黃生，精於小學，雖寄籍江都，卻能承祖之學，後世所刻的《字詁義府合按》，即黃氏家學一脈相承的見證。[33]

于儀徵，阮元之父阮承信，擅「治《左氏春秋》」[34]，阮元身為顯宦，但精於經史，其長子阮常生，通於經術，次子阮福亦承家學，精於治經。[35]劉文淇之父劉錫瑜，「年十二，始入家塾讀四子書，《詩》、《書》、《易》三經」，[36]劉文淇亦能秉承父業以經學名於時，而其子劉毓崧，則「從父受經，長益致力於學」[37]，而毓崧之子劉壽增，亦「紹明家學，志尚閎遠」。[38]

寶應一地，據劉建臻先生研究，可知「朱氏、王氏和劉氏之家學相當顯赫」[39]。其中朱氏一門多才子，知名者即有朱克簡、朱克生；克簡之子朱約、朱經；朱經之子朱澤澐，孫朱光進；朱約之子朱澤況、孫朱

---

[30] 阮元：〈汪容甫先生手書跋〉，《擘經室再續集》卷3，同注23，頁1072。

[31] 焦循：〈上王述庵侍郎書一〉，同注24，頁197。

[32] 阮元：〈通儒揚州焦君傳〉，《擘經室二集》卷4，同注23，頁481。

[33] 劉建臻先生：〈第一章 揚州學派與清代學術思潮〉所提及，同注25，頁26。

[34] 阮元：〈雷塘阡表〉，《擘經室二集》卷2，同注23，頁382。

[35] 見《清史稿》卷364〈阮元〉，同注27，頁11421。

[36] 劉文淇：〈先府君行略〉，《青溪舊屋文集》卷10，（《續修四庫全書‧集部‧別集類》，上海：古籍出版社，2002年），頁73。

[37] 王鍾翰先生點校：《清史列傳》卷69〈劉毓崧〉，（北京：中華書局，1987年），頁42。

[38] 孫詒讓：〈劉恭甫墓表〉，《籀廎述林》卷5，（《孫籀廎先生集》，臺北：藝文印書館，1963年），頁312。

[39] 劉建臻先生：《清代揚州學派經學研究》，同注25，頁25。

宗光、朱宗贄；克生之子朱繢、朱繢，族弟朱宣等人。據《清史列傳》
載，可知：朱克簡曾「與諸生講明：朱子聖學」。而朱約「工於治
《易》，著有《易經引事》一書」。[40]而朱澤澐，「嘗侍祖御史公庭
側，得《性理全書》，觀之，心悅神怡，景仰聖賢，撫膺歎慕不能自
己」。[41]其專治朱子之學乃受到祖父朱克簡之影響而來。而朱彬，則是
朱澤澐的從孫。[42]王懋竑，其叔父即「王式丹」，據《清史稿》載，知
其「少從叔父式丹學，刻勵篤志，精研朱子之學，身體力行」[43]。而其
子即「王箴傳」，即是劉臺拱的業師。[44]而寶應劉氏的家學淵源，據江
藩《國朝漢學師承記》載，知可上溯至明末，所謂：「君六世祖永澄問
學於戢山，以躬行實踐為主，子孫傳其學。」[45]劉臺拱之父即「劉世
鼏」，「好讀書，至老不倦，而尤深於朱子之學」[46]，至劉臺拱，亦
「深研程、朱之行，以聖賢之道自繩」[47]。其弟「劉臺斗」，乃「傳經
學於其父兄」。[48]其侄子乃劉寶樹與劉寶楠兄弟[49]。而寶楠之子恭冕，
「守家學，通經術。」[50]

據陳寅恪先生云：

> 東漢以後，……漢族之學術文化變為地方化及家門化矣。故論學
> 術，只有家學之可言，而學術文化與大族盛門常不可分離也。[51]

---

[40] 見《清史列傳》卷67〈朱澤澐〉，同注27，頁23。
[41] 王箴傳：〈朱先生澤澐行狀〉，（清‧錢儀吉纂：《碑傳集》卷129），同
注28，頁3832。
[42] 同上注，頁3838。
[43] 見《清史稿》卷480〈王懋竑〉，同注27，頁13141。
[44] 江藩：〈劉臺拱〉，漆永祥先生纂釋《漢學師承記箋釋》卷7，（上海：上
海古籍出版社，2006年），頁747。
[45] 同上注，頁747。
[46] 劉臺拱：〈先府君行狀〉，《劉端臨先生遺書》卷4，（嚴一萍先生輯：
《原刻景印叢書菁華本》，臺北：藝文印書館，1972年），頁6。
[47] 江藩：《漢學師承記箋釋》卷7，同注44，頁747。
[48] 阮元：〈江西銅鼓營同知劉君傳〉，《揅經室二集》卷6，同注23，頁512。
[49] 張舜徽先生：〈揚州學記第八〉，《清儒學記》，（濟南：齊魯書社，1991
年11月），頁398。
[50] 見《清史列傳》卷69〈劉恭冕〉，同注27，頁63。
[51] 陳寅恪先生：〈崔浩與寇謙之〉，《金明館叢書初編》，（上海：上海古籍
出版社，1980年），頁126。

想必「揚州學派」的形成與發展，定和「大族盛門」的關係是密不可分的。從上述，我們可以看出揚州家學最為人津津樂道者有二：一是儀徵劉氏的三世研治《左傳》；二是寶應劉寶楠、恭冕之父子專攻《論語》。而父子或祖孫共治一經，或一書尚有王念孫與王引之父子的《廣雅疏證》、焦循與焦廷琥父子的《孟子長編》、阮元與阮福父子共治六朝文、朱彬父子的《經傳考證》、黃生與黃承吉祖孫合力完成之《字詁義府合按》等等[52]，都可看出是一門共治專學的例證。

　　另外，有學者研究指出：此家學的發展，持續時間長久，更是「揚州學派」的形成與持續發展的重要原因。所謂：

> 論及清代學術史，後人輒稱頌吳派惠氏家學，是為確論。然而，相比之下，揚州之家學在時間上卻更具持久性。惠氏家學，前後相沿約八十年，而高郵王氏、儀徵劉氏、寶應劉氏則持續百年左右。……總體上，揚州學派家學持續的時間比蘇州惠氏長。雖然時間長短並不能完全說明事物之本質，但也應當重視「數字的分量」。一則，這有助於瞭解和認識揚州學派得益於家學這一基本事實；二則，也是總結和分析揚州學派後期乃至晚期學術發展之動因的重要途徑。若概括焦循、阮元、劉寶楠、劉毓崧、劉恭冕、劉壽曾等等學者學術形成的脈絡，就不能離開家學而述。同樣，綜論揚州學派的成因和發展，也不能忽視家學的特點。[53]

據劉建臻先生所云，可知「揚州學派」或學圈形成，與家學親屬的發展有著密切關係。大抵高郵王氏是父子關係，汪中與喜孫、焦循與廷琥、阮元與阮福等亦是；寶應劉氏則是祖孫三代之傳承，儀徵劉氏更是四代相傳，皆是有著深厚的家學淵源。

---

[52] 這方面，整理自劉建臻先生：〈第一章　揚州學派與清代學術思潮〉所云，同注25，頁26-27。

[53] 同上注，頁27。

（二）姻親關係

　　「揚州學派」陣容龐大，崛起迅速，持續發展長久，在清代學術史上影響甚巨。其所以有龐大陣容、廣泛影響力，除了家學淵源深厚外，最主要因素還在「裙帶關係」之複雜。通過姻親紐帶之連鎖，更加強了學術的聯繫，這就是「揚州學派」為什麼能在乾隆中期而後有著如此龐大的陣容並迅速崛起的又一因素。[54]據個人所收集資料的研究與觀察，發現他們的關係有：祖、父、子、孫、伯、叔、舅、侄、兄、弟，不然就是岳父、女婿、姊夫、妹婿、甥婿、外祖、表兄弟等親家關係，抑或是其師其友，是以人數眾多，關係既廣且複雜。若依劉建臻先生以「汪中、劉臺拱、焦循、阮元」為中心，所做的探究可看出：

1. 汪中——其妻是寶應詩人喬億的彌甥。而喬億與朱澤澐為表親。《淮海英靈集》丁集卷〈朱宗光〉：「宗光雖承家學，尤得婦翁喬劍溪億指授，性情真摯，詩亦藹然德音。」而朱澤澐既為朱宗光族父，又與王懋竑結為親家。同時，喬億還是劉寶楠的外曾祖。《念樓全樓》卷四〈皇朝登仕郎國子監典簿顯考劉府君行述〉：「府君諱字迪九，……元配喬孺人，……繼配喬孺人，……太學生億孫女。」方申之母汪氏，為汪中族侄，正因其「幼讀書，明大義，族父汪容甫先生劇愛憐之」[55]。方申則是「受學於文淇，通虞氏《易》」[56]，而劉文淇的舅父即是凌曙。趙航《揚州學派概論》即指出：「劉文淇學業根柢得力於其舅凌曙（曉樓）。」[57]又《青溪舊屋文集》卷八〈汪母楊太孺人家傳〉云：「谷之女又許字余子毓崧。」[58]以見汪中與劉文淇等人既是好友又是親家。

54　同上注，頁 27。
55　見劉文淇：〈方節母家傳〉，同注 36，頁 60。
56　見《清史列傳》卷 18〈方申〉，同注 27，頁 42。
57　同注 9，頁 186。
58　同注 36，頁 61。

2. 劉臺拱——朱彬《遊道堂集》卷三〈表弟劉保臨七十壽序〉云：
「吾家高祖侍御公與劉氏締姻，先祖光祿公為石埭公婿，吾姑母
適蓼野先生。」[59]可知：石埭公即劉臺拱的曾祖劉中從，而蓼野
先生則為劉臺拱的父親劉世礬，因此，劉臺拱的母親即是朱彬的
姑母。又朱彬亦為劉保臨的族姊夫，於〈表弟劉保臨七十壽序〉
有云：「余娶和仲從姊，和仲亦婿於叔父。」[60]所以，寶應朱氏
與劉氏之間，自高祖至朱彬，可謂「婚姻洽比，於今五世
矣。」[61]知：朱彬為朱澤澐的從孫，而朱士瑞為朱澤澐的曾孫。
（朱澤澐－〉朱彬－〉朱士瑞）朱澤況乃朱彬的叔祖，又朱澤況
的妻子即是泰州陳厚積的女兒。依《寶應左氏朱氏家集彙稿・陳
傳姜》載：「泰州陳厚積（字坤文）之女，俟齋公原配。」[62]然
其中的俟齋公即「朱澤況」。

3. 焦循——焦循乃阮元的族姊夫，兩家其實早已是親上加親。阮元
之祖輩阮應武，即「康熙甲午武舉，官德州衛守備，娶於循從伯
曾祖之子」[63]，而阮應武之長子：阮承勳的小女兒，即是焦循的
妻子。所謂「長諱承勳，太學生，生子嗣環，而以季女女循。」[64]
又焦循與王家關係亦頗密切，據《雕菰集》卷二十三〈先考事
略〉載：「王氏世以《易》名家傳。……祖修以通儒為明經，以
《易經》授徒，先考為明經外孫，得聞王氏說《易》之法。」[65]
蓋王氏——王納諫為明代吏部員外郎，著有《周易翼注》等書，
其孫王方魏傳家學，著有《周易廣義》與《纂周易解》，王方魏
之子王祖修，亦精於《易》，在里中教授《易經》。而王祖修之
女即是焦循的祖母。所以焦循之父焦鏡熟於《易》，乃學於王祖

[59] 朱彬：〈表弟劉保臨七十壽序〉，《遊道堂集》卷 3，（清・沈赤然：《清
代學術筆記叢刊》33，北京：學苑出版社，2005 年），頁 378。
[60] 同上注，頁 379。
[61] 同上注，頁 379。
[62] 轉引自劉建臻先生：《清代揚州學派經學研究》，同注 25，頁 27。
[63] 焦循：〈題阮代公先生把卷圖〉，《雕菰集》卷 18，同注 24，頁 305。
[64] 同上注，頁 19。
[65] 焦循：〈先考事略〉，《雕菰集》卷 23，同上注，頁 375。

修之故。而焦循曾祖父的《周易》之學，亦學於王氏。[66]以見焦
氏三世《易》學，皆與王氏之傳授密切相關。

4. 阮元──據阮元《揅經室二集》卷一〈誥封光祿大夫戶部左侍郎
顯考湘圃府君顯妣一品夫人林夫人行狀〉載：「琢厓公元配汪淑
人，贈一品夫人，候選州同知，江都浩公女。……先妣林夫
人，……父梅谿公，諱廷和。」[67]可知：阮元父親阮承信（梅谿
公），其元配為江都汪氏，側室甘泉林氏即為阮元生母。又《淮
海英靈集》戊集卷四〈林廷和〉有云：「林廷和之母太孺人，高
郵大學士王文通公曾孫女也」[68]又林廷和第五子「林闓之」繼
配，「亦文通公之元孫女也」。[69]此「王文通公」，即是吳偉業
為之撰墓誌銘的清初大學士王永吉。另據《雷塘庵主弟子記》卷
三記有：阮元長子阮常生，娶劉臺拱的長女為妻。後來阮元的孫
子阮恩海又娶妻於寶應劉氏，此即劉端臨先生之孫女也。[70]

上述四者，可以看出「他們姻親關係複雜，但此並不意味著是以他
們為核心，但他們盤根錯結的姻親網絡中，足以肯定是，已涵蓋許多揚
州學派重要學者」。[71]

「揚州學者」聯姻，再進一步分析，似乎可發現到：很多聯姻乃因
學術關聯而來。據學者研究，此關聯的型態有兩類[72]：

1. 原為姻戚，因賞識其學而親上加親。

---

[66] 阮元：〈通儒揚州焦君傳〉，《揅經室二集》卷4，同注23，頁475。

[67] 阮元：〈誥封光祿大夫戶部左侍郎顯考湘圃府君顯妣一品夫人林夫人行
狀〉，《揅經室二集》卷1，同上注，頁373。

[68] 阮元：〈林廷和〉，《淮海英靈集》戊集卷4，（《續修四庫全書・集部・
總集類》1682，上海：上海古籍出版社，2002年），頁288。

[69] 阮元：〈例贈儒林郎候選州同知蘭汀林公墓表〉，《揅經室續一集》卷2，
同注23，頁1051。

[70] 清・張鑑等編《雷塘庵主弟子記》卷3、卷7，（《北京圖書館藏珍本年譜
叢刊》129，北京：北京圖書館，1999年），頁6、頁278。

[71] 揚州學人姻親複雜關係，可見劉建臻先生：《清代揚州學派經學研究》所附
圖一，此圖將其錯綜複雜關係表現無遺，同注25，頁173。

[72] 同上注，頁29。

此如：焦循為阮元的族姊夫一例。焦氏原與阮氏祖輩聯姻，至焦循時，兩家更互有來往。這時，阮承勳又賞識焦循的才學，方將小女許於焦循。在《揅經室二集》卷四〈通儒揚州焦君傳〉記載，可知：「焦君名循，……八歲，至公道橋阮氏家，與賓客辨壁上馮夷字，曰：此當如《楚辭》讀皮冰切，不當讀如縫。阮公驤堯大奇之，遂以女字之。」[73]

2. 互尊學術而成兒女親家。

如阮元之於劉臺拱，輒以「先生」相稱。阮元的《揅經室二集》卷二〈劉端臨先生墓表〉載有：「阮公，……吾鄉人也，且學友也。」又「元與先生友學最深」[74]，可看出他們皆是學友，但亦因此，結為秦晉之好；如阮元之長子阮常生與劉臺拱之長女結姻親，又阮元之長孫阮恩海與劉臺拱之孫女為夫妻。

相反的，姻親關係亦促進了學術的發展。如劉文淇為學，始於姻親舅舅凌曙的教導。《清史列傳》卷六十九〈凌曙〉載：「曙有甥儀徵劉文淇，貧而穎悟，愛而課之，遂知名，其學實則曙出云。」又《光緒江都縣續志》卷二十四下〈凌曙〉也載：「曙有甥儀徵文淇，少貧甚，曙愛其穎悟，自課之，且教且學，文淇齒有未壯，即以淹通經史知名江淮，由曙教也。」[75]

由此以見，「揚州學派」學者眾多，除家學淵源外，其姻親等外家之學亦是一重要的影響力。

（三）師友互動與傳承

由於姻親與師友關係有時往往相互交織，所以「揚州學派」發展的不同時期，都有一些旨趣相類、聲氣相投的學友群體。

---

[73] 阮元：〈通儒揚州焦君傳〉，《揅經室二集》卷4，同注23，頁475。

[74] 阮元：〈劉端臨先生墓表〉，《揅經室二集》卷2，同上注，頁401。

[75] 前者見《清史列傳》卷69〈凌曙〉，同注37，頁39；後者見清・謝延庚、劉壽增等纂：《光緒江都縣續志》卷24下〈凌曙〉，（臺北：成文出版社，1970年），頁1146-1147。

　　最初，朱澤澐與王懋竑共治朱子之學，為知友，不僅易子而教，且結為兒女親家。王懋竑之子王箴傳的《文林郎翰林院編修予中王公行狀》云：「府君與同邑止泉朱公，聯姻好，夙稱道德交。嘗與論朱子之學，書問往復，講摩辨難，必要於至當。」[76]知二者不僅是姻親關係，更是聲氣相投的學友。

　　前期，任大椿、汪中、王念孫、賈田祖、顧九苞、劉臺拱、李惇、朱彬相與為友，為後人稱道。[77]據《清史列傳》卷六十九〈朱彬〉：「承其鄉王懋竑經法，又與外兄劉臺拱、高郵王念孫、引之父子、李惇、江都汪中、餘姚邵晉涵諸人互相切磋，每有所得，輒以書箋往來辨難，必求其是而後已。」[78]見朱彬與劉臺拱、王念孫父子、李惇、汪中、邵晉涵等人相與為友，砥礪問學。

　　中期，阮元、焦循、凌廷堪、汪光爔、李鍾泗、江藩、黃承吉、王引之、鍾襃、顧鳳毛等人往來頻繁，結成關聯密切的學術群體。[79]《光緒江都縣續志》卷二十四下載：「黃承吉與同郡焦循、李鍾泗、江藩以經義文事相切靡，時有江焦黃李四友之目。」[80]知「江焦黃李」四友由來。

　　我們知道，焦循與阮元，是親戚又是摯友；而鍾襃與阮元、焦循「共為經學，旦夕討論，務求其是」[81]。焦循與汪光爔、顧鳳毛「往來譚藝，契若金石」[82]凌廷堪與阮元「以學問相益」[83]與焦循、李銳為「談天三友」[84]。至於王引之，為阮元的學生，又是阮常生的老師，亦師亦友，交誼匪淺。[85]

---

[76]　王箴傳：《文林郎翰林院編修予中王公行狀》，（《四庫全書存目叢書‧集部‧別集類》268，上海：古籍出版社，2002年），頁177。

[77]　同注25，頁31。

[78]　同注37，《清史列傳》卷69〈朱彬〉，頁8。

[79]　同注25，頁31。

[80]　同注75，《光緒江都縣續志》卷24，頁1122。

[81]　同注37，《清史列傳》卷69〈鍾襃〉，頁24。

[82]　焦循：〈亡友汪晉蕃傳〉，《雕菰集》卷21，同注24，頁346。

[83]　阮元：〈次仲凌君傳〉，《揅經室二集》卷4，同注23，頁25。

[84]　阮元：《定香亭筆談》卷4，（臺北：廣文書局，1968年），頁422。

[85]　同注25，頁31。

　　後期，劉文淇、劉寶樹、劉寶楠、汪喜孫、方申、薛傳均、成蓉鏡、劉毓崧、劉恭冕、劉壽增等人的聯繫也很緊密。[86]所謂「揚州二劉」，據《清史稿》〈儒林三〉載，即是劉文淇與劉寶楠[87]。劉文淇對其交情，曾云：「朝夕相見，兩人相資益者實多。」[88]又劉文淇對薛傳均、梅植之等人友誼，亦有記載：

> 余素少交遊，自姻親以外，生平相知至厚者，不過十數人。就中子韻交最久，季懷、子敬、子駿、孟開次之，楚楨、儉卿、蘊生、仲虞、賓叔、彥之又次之，最後乃得石州。[89]

知其交遊廣泛，亦謙遜自認不多，但在學問上相得益彰。

　　劉寶楠與劉寶樹，二者為兄弟，但寶楠亦「少受業於先生」[90]，治學亦在師友之間。劉毓崧與方申「每有撰述，必預討論」[91]。而成蓉鏡、劉毓崧、劉恭冕、劉壽增等人，據學者研究，得知「他們曾聚集於金陵書局，同校典籍，共同為學」。[92]

　　整體而言，「揚州儒學」的發展，都有許多學術密友，在學術活動上，互動頻繁。淩廷堪〈與阮伯元孝廉書〉云：

> 《大戴禮記》一書中，如〈夏小正〉、〈曾子〉十篇、〈武王踐阼〉、〈五帝德〉、〈帝系〉、〈諸侯遷廟〉、〈諸侯釁廟〉、〈朝事〉、〈公冠〉等篇，又〈三朝記〉七篇，何遽不如《小戴》？而世久廢之。……足下何不因其有注者疏之，其失者正之，其無注者補注而復疏之，其諸本異同之處，並仿陸氏之例，

---

[86] 同上注，頁 31。

[87] 見《清史稿》卷 482 載：「寶楠……為諸生時，與儀徵劉文淇齊名，人稱揚州二劉。」同注 27，頁 13290。

[88] 劉文淇：〈劉楚楨江淮泛宅圖序〉，《青溪舊屋文集》卷 4，同注 36，頁 24。

[89] 劉文淇：〈懷人六絕句效少陵存歿口號並序〉，《青溪舊屋文集》卷 11，同上注，頁 81。

[90] 劉寶楠：〈皇朝修職郎安徽五河縣教諭劉先生行狀〉，《念樓全集》卷 4，（《清代稿本百種彙刊‧集部》，臺北：文海出版社，1974 年），頁 89。

[91] 劉毓崧：〈方氏易學五書序〉，《通義堂文集》卷 2，（《原刻景印叢書集成續編》，臺北：藝文印書館，1970 年），頁 2。

[92] 同注 25，頁 32。

> 為釋文一篇以附於末，庶幾此書體例與《小戴》、《春秋三傳》
> 同，此亦千古之業也。[93]

淩氏有感《大戴禮記》不如《小戴禮記》廣為流傳，主因是《大戴禮記》少有學者為之注疏，是以淹沒不彰，因此，鼓勵阮元回歸經典時，宜從「注」疏解，有過則改，無則補注並疏釋；如果可以的話，還可效仿陸德明作「釋文」附於末。關於此，阮元則有《曾子十篇注釋》，可能得益於淩廷堪的識見而來。又淩氏《禮經釋例》亦云：

> 〈大射儀〉、〈公食大夫禮〉注皆有「相人偶」之文，疏未明
> 析。又〈中庸〉「仁者人也」，鄭注「讀如相人偶之仁」，孔氏
> 無疏。朱文公、王伯厚皆不知出於何書，俟考。[94]

知後來阮元有〈論語論仁論〉一文，考「相人偶」之「仁」，即引〈大射儀〉、〈公食大夫禮〉為證。此是否亦是受到淩廷堪的啟發而來？

除了見其互相提問、指引外，亦有彼此勉勵，如焦循〈易通釋自序〉云：

> 循既學洞淵九容之術，乃以數之比例，求《易》之比例，向來所
> 疑，漸能理解。初有所得，即就正於高郵王君伯申。伯申以為精
> 銳，鑿破混沌。用是憤勉，遂成《通釋》一書。[95]

見焦循《易通釋》寫成，王引之的肯定與鼓勵必有著重要的影響。學者們不僅勉勵，亦有質疑詰難的，如阮元對汪中尊崇有加，將「先生各著作彙刻入《皇清經解》內」[96]，但對其失誤，則嚴肅辨正。其《揅經室續集》卷一〈明堂圖說〉云：

---

[93] 淩廷堪：〈與阮伯元孝廉書〉，《校禮堂文集》卷 22，（北京：中華書局，1998 年），頁 198。

[94] 淩廷堪：〈通例上〉，《禮經釋例》卷 1，（臺北：中研院文哲所，2004 年），頁 82。

[95] 焦循：〈易通釋自序〉，《雕菰集》卷 16，同注 24，頁 263。

[96] 阮元：〈汪容甫先生手書跋〉，《揅經室再續集》卷 3，同注 23，頁 1070。

> 汪氏中《述學》之圖，謂明堂只一面向南之堂，無東、西、北三
> 面之堂，以〈月令〉為誕妄不經，非也。[97]

又劉文淇對焦循的《六經補疏》亦有微詞，其《青溪舊屋文集》云：

> 焦里堂《六經補疏》以杜氏為成濟一流，不為無見。然以杜氏之
> 妄，誣及《左氏》，則大謬矣。[98]

由此以見「揚州學者」們在學術上的切磋、扶持，互相指陳、質疑，
乃至虛心採納，彼此勵勉，都是促成其學派興旺發達、學術高遠成就
的原因。

三、「通儒」意識的學術群體之展現

依前述，我們可以發現到：今有不少學者以為「揚州學派」是淵源
於吳派或皖派而來。不可否認，「揚州學者」確有不少是師承吳、皖派
而來的（如王念孫、江藩等等），然而至今亦有學者推翻此一說，一如
龔鵬程先生指出：若僅從「漢學」這個角度，論「揚州學派」僅從漢學
陣營中「皖派」這個脈絡來談，是講不通的。雖首次指稱「揚州學派」
的是方東樹，但方東樹並未將之歸入吳皖兩系之中。又若據師弟授受淵
源及流派歸屬上推論，王念孫師承戴震，那麼，王念孫無論如何均該列
入皖派之中，為一名驍將才是[99]。所以若從戴震這一條線索看，「揚州
學派」則無獨立門戶之資格，宜視為皖派或皖派之分支。在此，我們不
禁深思：若僅依「漢學師承」關係論定「揚州學派」的形成，是否仍不
夠周全，存有許多的盲點？畢竟對於「轉益多師」的學者，仍是難以歸
類的[100]。

---

[97] 阮元：〈明堂圖說〉，《揅經室續集》卷1，同上注，頁993。

[98] 劉文淇：〈與沈小宛先生書〉，《青溪舊屋文集》卷3，同注36，頁18。

[99] 整理自龔鵬程先生：〈清朝中葉的揚州學派〉一文，林慶彰先生、祁龍威先
生等編：《清代揚州學術研究》（上），（臺北：學生書局，2001 年 4
月），頁49-55。

[100] 如淩廷堪（1757～1809）便是一例。據張其錦先生：《淩次仲先生年譜》卷
一，〈乾隆四十七條〉，知：其年二十六始因受知於翁方綱（1733-1818），

　　然而，最早為「揚州學派」明確定義者──張舜徽先生的《清代揚州學記》中，論及揚州之學特色，有云：「余嘗考清代學術，以為吳學最專，徽學最精，揚州之學最通。」[101]以一「通」字綜論揚州諸儒特有的精神與風格。梁啟超先生亦指出：「他們研究的範圍比較廣博。」[102]這一特色，在此我們不禁要問：是否做一「通儒」，是許多「揚州學者」共有的理想？亦即是他們有無意中的「群體意識」？正如焦循：〈與孫淵如觀察論考據著作書〉云：

　　　　經學者，以經文為主，以百家、子、史、天文、算術、陰陽、五
　　　　行、六書、七音等為之輔，匯而通之，析而辨之，求其訓故，核
　　　　其制度，明其道義，得聖賢立言之旨，以正立身經世之法。以己
　　　　之性靈合諸古聖之性靈，並貫通於千百家著書立言者之性靈。以
　　　　精汲精，非天下之至精，孰克以與此？蓋經學可言性靈，無性靈
　　　　不可言經學。……本朝經學盛興，在前如顧亭林、萬斯同、胡
　　　　渭、閻若璩；近世以來，在吳有惠氏之學，在徽有江氏之學、戴
　　　　氏之學，精之又精，則程易疇名于歙，段若膺名于金壇，王念孫
　　　　父子名于高郵，錢竹汀叔姪名于嘉定，其自名一學著書授受者，

才得入四庫館任職，並開始習舉子業。（《安徽叢書》第 4 期，臺北：藝文印書館，1971 年），頁 10；另據清・支偉成：《清代樸學大師列傳》卷六，〈皖派經學家列傳第六〉云：「凌廷堪究心經史，冀為其鄉先輩江、戴之學，」（湖南：岳麓書社，1998 年 1 月），頁 160。張壽安先生在此亦提及：「廷堪早年慕其鄉賢江永、戴震之學，並以戴震『私淑』自稱，其後與戴震之同門學友程瑤田相互論學，並由瑤田處得窺戴學之全貌，深受二氏影響……」，張壽安先生：《以禮代理──凌廷堪與清中葉儒學思想之轉變》，（臺北：中研院近史所，1994 年 5 月），頁 25。然在阮元：《揅經室二集》卷 4，〈次仲凌君別傳〉則提及凌廷堪與阮元「以學問相益」，知廷堪亦與阮元互相問學請益，同注 23，頁 465。由此知：凌廷堪曾受教於翁方綱、戴震、程瑤田，乃至阮元。另在田漢雲先生：〈關於進一步確認揚州學派的思考〉一文亦指出：汪中雖然以惠、戴二先生為治「古學」的宗師，但是說到自己的學術淵源，還是強調「少時問學，實私淑顧寧人處士。」同注 1，頁 132。知汪中則以惠棟、戴震、顧炎武為宗師。

[101] 張舜徽先生：〈揚州學記第八〉，《清儒學記》，（濟南：齊魯書社，1991年 11 月），頁 379。

[102] 梁啟超先生：《中國近三百年學術史》，（臺北：中華書局，1987 年），頁115。

不下數十家。均異乎補苴掇拾者之所為，是直當以經學名之，烏
得以不典之稱之所謂考據者混目於其間乎？[103]

又阮元：〈傳經圖記〉云：

> 有陋儒之學，有通儒之學。何謂陋儒之學？守一先生之言，不能
> 變通，其下焉者，則惟習詞章，攻八比之是務，此陋儒之學也。
> 何謂通儒之學？篤信好古，實事求是，匯通前聖微言大義，而涉
> 其藩籬，此通儒之學也。[104]

二者均提出「通」之意，焦循論「治經」志在貫通、匯通，甚以經學乃
是匯通諸子百家、史集、天文、歷法、算術、陰陽五行之學，最好是能
「貫通於千百家著書立言者之性靈」。此方謂之「通經」之學者，絕非
「補苴掇拾」者之所為，更非「考據」一名以混淆其間；蓋訓詁外，尚
校勘、考證，除恢復經典本來面目外，還須條貫起理論體系，這方是其
所謂的經學，即「經世之學」[105]。阮元直接舉出「通儒」一詞來，相對
於「陋儒」而言，以治學當「實事求是」，匯通前聖先賢之微言大義，
而非僅守一家之言。知阮元治經重「通」，所尚是「通儒」之學。

以此共同的「群體意識」論及「揚州學派」的產生是否比僅僅「師
承」關係的論述較為客觀、周延？觀「揚州學者」互評與稱揚的崇高讚
語，幾乎與「通儒」有關，據個人所整理的資料，則有如：

汪喜孫《容甫年譜》載：汪中「論次當代通儒僅八人」[106]（其中則
有王念孫、王引之父子）。

阮元〈傳經圖記〉云：「篤信好古，實事求是，匯通前聖微言大
義，而涉其藩籬，此通儒之學也。……吾鄉有汪君容甫者，……殆所謂

---

[103] 焦循：〈與孫淵如觀察論考據著作書〉，同注24，頁213。

[104] 阮元：〈傳經圖記〉，（黃節等編《景印國粹學報舊刊全集》第 3 期，臺
北：臺灣商務印書館，1974 年），頁375。

[105] 曹聚仁先生：〈揚學六談〉，（收入於氏著：《中國學術思想史隨筆》（修
定本），北京：三聯書店，2003 年），頁333。

[106] 汪喜孫：《容甫年譜》，（《北京圖書館藏珍本年譜叢刊》111，北京：北
京圖書館出版社，1999 年），頁85。

通儒之學者矣。」[107]又其《定香亭筆談》卷四亦云：「甘泉江鄭堂藩，淹貫經史，博通群籍，旁及九流、二氏之書，無不綜覽。」且阮元為焦循作傳，逕以「通儒揚州焦君」名篇。[108]

　　王鳴盛〈贈任幼植序〉云：「興化任子大椿，字幼植。年甫逾冠，而篤志經術，殫精稽古。……氣盛而志銳，求諸今世，實罕輩儔。進而不已，其將為一代通儒無難也。」[109]

　　江藩《國朝漢學師承記》卷七〈劉臺拱傳〉：「君學問淹通，尤邃於經。」[110]

　　根據這些資料，此「通儒」的追求是否就是「揚州學者」的「群體意識」與當時學界的客觀評價？如果是，我們是否可依此判定「揚州學派」之形成？

　　然而此「通」的涵義是指何？據田漢雲先生研析，主要有三個意義：一是研究訓詁考據與「義理」的貫通，二是堅持「道」與「藝」兼重，三是具有寬廣的文化視野與卓越的創造能力。尤其據劉毓崧《通義堂文集》卷九〈吳禮北竹西求友圖序〉一文，總結百年揚學的描述，更可看出：「揚州學者」在眾多領域中都不滿足於「循風氣」，而是致力於「開風氣」，從而真正開拓了學術研究的新局面，其實就已確立了「揚州學派」的存在。[111]

　　綜上所述，「揚州學派」之形成絕非單一元素使然，舉凡地緣、學緣、師承或學術宗尚相近，乃至有一「群體意識」持續進行學術交流者，都促成了「揚州學派」之產生。又一學派的確立與定名，非當代人士之自我標榜，乃多緣於後人綜核評論而成立。據最早為「揚州學派」下定義者──張舜徽先生，想必就是以「通博」特色，為「揚州學派」的奠定做一確立的標誌。

---

[107] 阮元：〈傳經圖記〉，同注 104，頁 375。

[108] 前者即阮元：《定香亭筆談》，同注 84，頁 168；後者阮元為焦循立傳，見其《揅經室二集》卷 4〈通儒揚州焦君傳〉，同注 23，頁 475。

[109] 清・王鳴盛：《西莊始存稿》，《乾隆三十一年刻本》卷 24，（《續修四庫全書・集部・別集類》1434，上海：上海古籍出版社，2002 年），頁 313。

[110] 同注 44，頁 747。

[111] 同注 1，頁 130。

　　總之，作為經學史上的一個學派，應具有相同特點。「單是一個人是形成不了學派的」。[112]派別之間雖有著相同點，但仍有著相異之別，此相異處即是他們獨特的特點。如吳、皖與常州學派，他們皆遵奉以「孔子」為代表的儒家經典，並憑藉此經典加以詮釋與發揮，這是他們的「同」；而他們對孔子的看法與對經書上的詮釋，則各自不同。如吳派「惟古是尊」，皖派「實事求是」並在古訓上闡明大義與哲理，而常州學派則是「崇今文，尚《公羊》」。正因為如此，所以他們成為中國經學史上不同的流派。[113]

　　學派的「觀點」不同，並非一開始便樹幟區分，實也因其治學方法、思想內容，在後繼中逐漸豐富，是以自成一派的理論體系、思想方法與見解觀點。觀「揚州學者」的治學方法、經學觀點頗多是承襲自吳、皖派而來，尤其闡述自「戴震」頗多，但不同是他們並非一味繼承，而是「能創」、「能通」。[114]是否此「通博」特性便是其「群體意識」？若是，依此形成一學派，亦是別具特色，獨一無二的派別，當無法歸入吳派或皖派之中，否則，「通儒」特色便難以彰顯。

　　綜上所述，不論是師承或學友關係，我們可以確定的是：清乾嘉時期確實存有「揚州學派」，其形成的時間晚於吳派和皖派，但在學術淵源上，必受到吳派和皖派影響，可謂是從吳、皖兩派分化演變出來的一個學派。又學派成員除了揚州籍外，也包括有非揚州籍但長期活動於揚州地區者，如淩廷堪，雖如此，但彼此有著師承或學友關係，及「共同的學術傾向」。所以劃分「揚州學派」，雖以「地名」為學派稱呼，但實不可拘限地籍學者，畢竟其師承、學友關係熱絡，觀點、見解亦相互交流，所以「通儒」的「群體意識」，所見都有，形成一學術群體自是不可避免。除了以「學術群體」作界定「揚州學者」的關鍵內涵外，進一步可從他們彼此間的書信論辯的議題，看出「揚州學者」於清儒中特出的觀點與見解；如淩廷堪予阮元於「克己

---

[112] 湯志鈞先生：〈清代經學學派及其異同〉，同上注，頁 3。
[113] 整理自湯志鈞先生：〈清代經學學派及其異同〉，同上注，頁 1-6。
[114] 張舜徽先生：〈揚州學記第八〉，《清儒學記》，（濟南：齊魯書社，1991年 11 月），頁 379。

復禮為仁」之「己」字論辯，彼此的書信互往可看出他們一致的觀點，皆以為此「己」字據上下文所出現的「己」字，如「為仁由己」等解釋，可知此「己」字絕非宋儒所謂「私欲」；若「為仁由己」之「己」作「私欲」解，不就變成「為仁由私欲」乎？此乃不通之論，是故凌氏與阮氏皆以此「己」字當作「自己」講即可；「克己」則就是「約身」、「修身」也[115]。

　　「揚州學派」的學者是否一定要「地籍」是揚州而言，或一定是乾嘉時期的「揚州學者」，方可算是「揚州學派」？此一問題，個人以為這些說法不是受到地籍限制，就是受到時間限制。揚州自古即是一繁華之地，南來北往的交通要道，此地文人雅士自古最多，但自清朝，學術研究風氣頗盛行，此乃前所未有的盛況。所以確立「揚州學派」學者，是否宜以宏觀眼光看待：時間上不應限定僅是乾嘉時期，空間上更不宜限定是揚州籍者；凡清代不論是揚州籍或非揚州籍者，其治學上均有一「通儒」共識，且彼此相互往來，學問上共同切磋交流，有一「群體意識」者，個人以為均可為「揚州學者」。所以以「揚州」作為學術觀察的焦點，界定「揚州學派」學者分際，個人以為在範圍上，「揚州文

---

[115] 凌廷堪：〈與阮中丞論克己書〉云：「前在甬上聞閣下談及《論語》『克己』之己字，不當做私欲解，當時即深以為然。……即以《論語‧克己》章而論，下文云：『為人由己，而由人乎哉？』人、己對稱，正是鄭氏『相人偶』之說。若如《集注》所云，豈可云為仁由私欲乎？再以《論語》全書而論，如『不患人之不己知』、『夫仁者，己欲立而立人，己欲達而達人。』『己所不欲，勿施於人。』『古之學者為己，今之學者為人』、『修己以安人』、『君子求諸己，小人求諸人。』皆人己對稱。此外之『己』字，如『無友不如己者』、『人潔己以進』……若作私欲解，則舉不可通矣。」《校禮堂文集》，（北京：中華書局，1998 年），頁 234-235。又阮元：〈論語論仁論〉中亦云：「然己不是私，必從『己』字下添『之私』二字，原是不安。至程氏，直以己為私，稱曰：『己，私欲』……而專以『己』字屬私欲，於是宋後字書皆注『己』作『私』引《論語》『克己復禮』為解，一作『私』解，其可通乎？且克己不是勝己私也。」，又引凌廷堪之言論述，阮元云：「凌次仲教授曰：『即以《論語》『克己』章而論，下文云『為仁由己，而由人乎哉？』『人』、『己』對稱，正是鄭氏相人偶之說。若如《集注》所云，豈可云為仁由私欲乎？……」可看出阮氏與凌氏所論一致，《揅經室集》（上），（北京：中華書局，1993 年），頁 182-183。

「化」多彩繽紛，無論是歷史上英雄人物、宗教、文學、戲曲、繪畫、雕塑、工藝，乃至風土民情、珍饈美食等，至今皆為人所津津樂道，不愧是一人文薈萃的文化城[116]；然蔚為「揚州學派」則必須與「揚州經學」有關者為主[117]；而在時間斷限而言，就要以「清代」為一斷限，不是隋唐亦非漢魏時期，因「揚州學派」是在「清代」產生的。然清代學術的「中堅」便是「經學」，此方可進一步得知：清代揚州的經學研究，為何一直相當活躍，成就非常突出的原因[118]！然不限於乾嘉時期，據田漢雲先生指出：「清代揚州經學的初盛在寶應一縣。[119]」寶應的朱澤澐（1666～1732）、王懋紘（1668～1741）對後來「揚州學者」頗有顯著影響；江藩《國朝漢學師承記》卷七載：

---

[116] 「揚州文化」精采豐碩，可參閱潘寶明先生主編：《維揚文化概觀》，（南京：南京師範大學出版社，1997 年），頁 1-246。此書第一章謂其「豐厚的文化沃土」、第二章「高峰迭起的文學」，從《水滸傳》至《紅樓夢》（明清小說）都與「揚州」有關。五四至新文學運動的兩大社團——文學研究會與創造社重要成員皆與揚州有關，如朱自清即是一例；第三章「五采繽紛的藝術」，所謂「揚州八怪」、「園林建築」、「佛像雕塑」等，乃至「徽班進京」與藝術家「梅蘭芳」、「揚州戲劇」等，皆膾炙人口；第四章「名聞遐邇的學術」，此方與「揚州學派」有關；第五章「發達的文化教育」，有培育英才的著名書院，如安定書院、敬亭書院、虹橋書院、梅花書院等；有叢書類書的編輯修纂、古色斑斕的雕版印刷、精博豐富的典籍收藏；第六章「諧趣的方音方言」、第七章「淳厚的風俗民情」、第八章「清幽的旅遊勝地」，舉凡古典園林、名勝古蹟、寺廟觀庵，皆蔚為熙來攘往的觀光景點；第九章「巧奪天工的工藝」、第十章「閒雅的花木魚鳥」、第十一章「獨特的風味美食」、第十二章「文化的中外交流」等，可看出古城揚州，實為江淮名邑，歷史悠久的文化名城。

[117] 祁龍威先生：〈對「揚州學派」研究的回顧與展望〉云：「揚州學派以經學顯，不研究經學，即不能登揚學之殿堂。」（《中國文哲研究通訊》第 9 卷第 3 期，1999 年 9 月），頁 186。

[118] 田漢雲先生：〈略說揚州學派與歷代揚州文化之關係〉一文表示：「梁啟超先生認為，清代學術的『中堅』是經學，這個論斷適用揚州學派。清代揚州的經學研究一直相當活躍，成就非常突出。論其淵源，與顧炎武、戴震等人關係甚為密切，與本地區的學術傳統也有深刻聯繫。如果說，相對而言，揚州學派與歷史上的揚州學術的聯繫，在文學研究、文字學研究方面是一種散點式的呼應，在經學方面則呈現群體式的紹承。」（《中國文哲研究通訊》第 9 卷第 3 期，1999 年 9 月），頁 182。

[119] 同上注，頁 182。

> 劉臺拱，字端臨。……君六世祖永澄，問學於戴山，以躬行實踐
> 為主，子孫世傳其學。至君，又習聞王予中、朱止泉之緒論，深
> 研程朱之學，以聖賢之道自繩。……君學淹通，尤邃於經。解經
> 專主訓詁，一本漢學，不雜以宋儒之說。[120]

劉臺拱（1751〜1805），承襲家學──陽明心學而來，後來又受到朱澤
澐、王懋竑等影響，所以深研「程朱之學」，並以聖賢之道自我約束。
雖說如此，劉君治學主訓詁實證為主，一本「漢學」實事求是，不雜宋
儒等論說。依此可知，學術史的發展脈絡不是簡單的線性延伸；清初
朱、王的經學研究，則是一直影響到乾嘉時的揚州學人，如劉臺拱便是
一例。焦循〈李孝臣先生傳〉亦云：「寶應王懋紘予中，以經學醇儒為
天下重，於是詞章浮縟之風，漸化於實。[121]」他們開創了「揚州學派」
樸實嚴謹的學風，亦影響後來「揚州學者」的治學風尚，所以「揚州學
派」這一最初的脈絡實不可棄；不過，如果說清代前期的揚學代表人物
「尊德性」與「道問學」並重的宗風後來相沿不改，那麼，乾嘉揚州經
師研究的重點則已由宗奉程朱理學轉向宗奉漢儒之學[122]；這個學術轉變
便是由提倡「道德節操」的理學，轉向「經世致用」的「實學」，治學
的規模則是以「漢學」為盛，亦易引起後人誤以為「揚州學派」當以
「乾嘉時期」為主[123]，個人詳細考查，實非也。然迄於清季，儀徵劉師

---

[120] 江藩：《國朝漢學師承記》卷 7，收入江藩、方東樹著，徐洪興先生編校：
《漢學師承記》（外二種），（香港：三聯書店，1998 年），頁 745-748。

[121] 焦循：《雕菰集》卷 21，（臺北：鼎文書局，1977 年），頁 343。此文接著
尚云：「乾隆六十年間，古學日起，高郵王黃門念孫、賈文學稻孫、李進士
惇，實倡其始。寶應劉教諭臺拱，江都汪明經中、興化任御史大椿、顧進士
九苞，起而應之，相繼而起者，未有已也。」

[122] 田漢雲先生：〈略說揚州學派與歷代揚州文化之關係〉，同注 118，頁 183。

[123] 如郭明道先生：〈清代揚州學派芻議〉，同注 8，頁 227。又如楊晉龍先
生：〈臺灣學者研究「清乾嘉揚州學派」述略〉云：「惟『醞釀期』的陳厚
耀（1648〜1722）、朱澤澐（1666〜1732）、王懋竑（1668〜1741）主要活
動均在乾隆朝之前；揚學餘波的劉毓崧（1849〜1917）、劉師培（1884〜
1917）等已進入民國的學者，皆不予計之。」（《漢學研究通訊》，2000 年
11 月），頁 13。

培（1884～1917）紹承儀徵劉氏三世傳經的餘緒，蔚為「揚州學派」的「殿軍」[124]，實亦不可廢矣。所以在「人物取樣的標準」上，個人以為當以創造「揚州儒學」的主體為主，即：一是揚州地區出身的學人；二是來自其他地區的學人，但是他們的著述，必須是在揚州撰著的[125]，方可作為「揚州學派」的代表人物。因此，本書在擇取人物代表方面，大抵分「天理」向「情理」的過渡者，以朱澤澐、王懋竑、劉臺拱為代表探究；「漢學為尊」的「情理論」者，舉段玉裁、王氏父子、江藩、黃承吉等人探究；現實關懷的「情理」經世者，則以汪中、汪喜孫為主；光大「戴震」「情理思想」者，代表以凌廷堪、焦循、阮元、劉寶楠、劉師培為主；春秋學的「情理論」者，則是凌曙、劉文淇、劉毓崧、劉壽曾等人作代表，共五個部分做探究。

　　最後，為完善起見，個人以支偉成先生的《清代樸學大師列傳》（列舉清代經學學者）、張舜徽先生的《揚州學記》（最早確立「揚州學派」者）與趙航先生《揚州學派概論》（今探究「揚州學派」較完善的依據）等所列舉的學者，舉凡學者之生卒年代、祖籍、親戚關係、師承關係、交遊狀況、治學特色、學術成就等等，均做一表格呈列出來（即下圖第1至第8項），並分別就支偉成先生、張舜徽先生、趙航先生、曹聚仁先生、王俊義先生、楊晉龍先生、賴貴三先生與劉建臻先生等探究「揚州學派」之別（見第壹章　緒論），做一綜合表列，並以「1～8」等「數字」表明他們分類的依據，期以清楚看出「揚州學者」的特色，並找出共識所在，以為「揚州儒學」學者做一清楚界定。

---

[124] 張舜徽先生：〈揚州學記第八〉，《清儒學記》，同注114，頁471-472。又祁龍威先生：〈對「揚州學派」研究的回顧與展望〉亦云其：「大大發揚了揚學的成果，成為清代『揚州學派』的殿軍。」同注117，頁186。

[125] 這方面，據田漢雲先生：〈略說揚州學派與歷代揚州文化之關係〉闡述揚州學術文化創造之主體，以知此有兩部分，即：「一是揚州地區出身的學人。……二是來自其他區域的學人。他們的著述，必須是在揚州撰著，方可視為特定時期揚州學術文化的組成部分。……清代揚州學派對中國古代文化具有很強的接受、消化、整合、創新的能力。」同注118，頁177。

表一：揚州儒者之界定與各學者分類之依據

體例：依支偉成先生、張舜徽先生等所列的學者，依時間先後作排列，將其生卒年代、祖籍、親戚關係、師承關係、交遊關係、治學特色、學術成就、共具的群題意識共八項一一表述。後並附相關討論者分類依據，則以「數字」表示。例舉：「喬萊」——生卒年代是1642～1694、祖籍是寶應、學術成就惟著《易俟》一書，然此「喬萊」始見於賴貴三先生：〈清代乾嘉揚州學派經學研究的成果與貢獻〉一文（見第壹章　緒論所述），而賴先生分類依據是以「2」：「祖籍」為主，故下列「2始見」。

項目界定／學者姓名	1 生卒年代	2 祖籍	3 親戚關係	4 師承關係	5 交游關係	6 治學特色	7 學術成就	8 共具的群體意識	支偉成先生分類依據	張舜徽先生分類依據	趙航先生分類依據	曹聚仁先生分類依據	王俊義先生分類依據	楊晉龍先生分類依據	賴貴三先生分類依據	劉建臻先生分類依據
喬萊	1642～1694	寶應					著易俟一書								2始見	
陳厚耀	1648～1722	泰州		受業於李光地薦其天文算法	友清聖祖與李光地	精算學曆法	著春秋長曆一書	列於算學家列傳67						1234567	2	
朱澤澐	1666～1732	寶應	王懋竑之子王葳傳為其女婿	侄朱宗賢其子朱彬其外叔父汪中	顧祖滋等東林遺緒	治朱學偏向尊德性	著朱止泉先生文集	主學識淵博	2						2	12345678

姓名	生卒年	籍貫												
王懋竑	1668~1741	寶應	朱澤澐子朱光進問學於王氏	受業於叔父王式丹	方苞喬崇修	研究朱子重考證偏向道問學	著朱子年譜	重通核	2				2	1 2 3 4 5 6 7 8
喬萊	1672~1736	寶應	受業於朱澤澐										2 始見	
賈田祖	1714~1777	高郵	友李孝臣王懷祖李惇等人		治左氏春秋	無傳		附汪中之下 67					2	
李惇	1734~1784	高郵	得宣城梅氏書盡通其術	友劉臺拱王念孫汪中任大椿阮元等人	倡古學	精毛詩、春秋三傳與歷算	博通	列入吳派經學家 67	3 4 5 6 7			1 2 3 4 5 6 7	2	
段玉裁	1735~1815	金壇	師承戴震	友王念孫等人	文字聲韻訓詁考	著說文解字注與	窮微極博	列入皖派經學家	3 4 5 6 7	3 4 5 6 7		1 2 3 4 5 6 7		1 2 3 4 5 6 7 8

							六書音韻表證	暨小學大師列傳67						
顧九苞	1738～1781	興化	祖姑乃任大椿母	母任氏	友焦循等人	長毛詩三禮	對毛詩注疏與昭明文選研究最出色	精於名物考證	附汪中之下67					
任大椿	1738～1789	興化	表弟顧鳳毛親弟任兆麟		友王念孫等人	精典章制度	著弁服釋例深衣釋例釋繒	創新	列入皖派經學家67	2	3457		12357	2	12345678
劉玉麟	1738～1797	寶應					著爾雅補疏、爾雅校議、爾雅補注殘本等書。						2始見	

姓名	生卒年	籍貫	親屬	師承	交友	學術思想	著作	學風	入傳							
汪中	1744～1794	江都	子汪喜孫從外孫乃方申	師承杭世駿私淑顧炎武	友江藩江德量李惇劉臺拱等人	批判儒學正統思想與現實關懷	對墨子荀子開闢治學途徑	通核廣博	列入吳派經學家暨諸子學家列傳67	2	3 4 5 6 7	3 4 5 6 7	6 7	1 2 3 4 5 6 7	2	1 2 3 4 5 6 7 8
王念孫	1744～1832	高郵	父王安國	師承戴震	友段玉裁等人	文字訓詁校勘	著廣雅疏證讀書雜志	通核	列入皖派暨小學大師列傳67	2	3 4 5 6 7	6 7	1 2 3 4 5 6 7	1 2 3 4 5 6 2	2	1 2 3 4 5 6 7 8
張宗泰	1750～1832	甘泉					著有周官經注正誤等書								2 始見	
劉臺拱	1751～1805	寶應	表弟朱彬侄兒劉寶楠又以阮常生	游於朱筠戴震等儒門且師承王箴	與王念孫段玉裁為摯友	兼宋學與漢學	著精三禮	學識淵博	列入皖派經學列傳67	2	3 4 5 6 7	1 2 3 4 5 6 7	1 2 3 4 5 2 6 7	2	1 2 3 4 5 6 7 8

姓名	生卒年	籍貫	親屬關係	師承	師友	學術	著作	博通	經學家傳記						
			為其女婿	傳											
江德量	1752～1793	儀徵			友汪中	精於小學	著廣雅疏未成							2 始見	
朱彬	1753～1834	寶應	朱澤澐為其祖父表兄是劉臺拱	朱澤澐劉臺拱等人	王念孫等人	禮學	著禮記訓纂遊道堂集		列入皖派經學家67	2	3457	1234567	1234567	2	12345678
淩廷堪	1755～1809	安徽歙縣	為阮常生王引之等師	母授讀	友阮元等人	精禮學	著禮經釋例等書	博通	列入皖派經學家列傳67	3457	3457			2	12345678
秦恩復	1760～1843	甘泉	乃羅士琳之舅		友李鍾泗		校勘列子盧重元本篤志好古，校勘精審，							2	1234567

姓名	生卒年	籍貫														
							深究目錄之學。									
鍾襄	1761～1805	甘泉			友焦循阮元等人	經學	著蔥崖考古錄		附焦循之下 6 7	2				1 2 3 4 5 6 7	2	1 2 3 4 5 6 7 8
江藩	1761～1830	甘泉	姪子江懋鈞子江璧又是劉富曾之岳父	師承余蕭客乃至惠棟	友汪中黃承吉阮元等人	專治漢學	著漢學師承記等書	通核	列入吳派經學家 6 7	2	3 4 5 6 7	1 2 3 4 5 6 7	1 2 3 4 5 6 7	1 2 3 4 5 6 7	2	1 2 3 4 5 6 7 8
顧鳳毛	1762～1788	興化	父顧九苞表兄任大椿	師承大昕之從父錢塘與父	友焦循等人	通五經	著毛詩集解、毛詩韻考等書	通核	附汪中之下 6 7						2	
焦循	1763～1820	甘泉	乃阮元之族姊夫	師承吉夢熊	友鍾襄李鍾泗錢大昕徐	精經學算學戲曲	著雕菰樓易學等書	通儒	列入皖派經學家列傳暨	2	3 4 5 6 7	3 4 5 6 7	3 4 5 6 7	1 2 3 4 5 6 7	2	1 2 3 4 5 6 7 8

姓名	生卒	籍貫	家世	師	友（復顧鳳毛等人）	治學	學行		（算學家列傳67）							
阮元	1764～1849	儀徵	焦循為其族姐夫其子阮常生為劉臺拱之女婿	師王念孫遠祖戴震	友李鍾泗鍾襃李惇黃承吉	經學金石算學	士林泰斗以經術主持風會，並編皇清經解等書。又創詁經精舍與學海堂造就人才	博通	列入皖派經學家列傳暨金石家列傳與提倡樸學諸顯達列傳67	2	3,4,5,6,7	3,4,5,6,7	3,4,5,6,7	1,2,3,4,5,6,7	2	1,2,3,4,5,6,7,8
汪光燨	1765～1807	儀徵	父汪棣	師承阮元之弟阮亨	友惠棟等人	深於尚書，兼習毛詩、禮	辨惠氏易交辰圖之謬							1,2,3,4,5,6,7	2	1,2,3,4,5,6,7

姓名	生卒年												
							記，尤好易，彙集漢魏諸家考而釋之。						
李鍾泗	1771～1809	甘泉			友焦循阮元黃承吉秦恩復	精算學與江藩焦循黃承吉並稱江焦黃李	治經精左氏春秋，著規過一書，抑劉伸杜	焦循稱其精博					2 始見
黃承吉	1771～1824	安徽歙縣寄籍江都	黃生之族孫	師承族祖黃生	友江藩焦循阮元李鍾泗等人	精文字聲韻訓詁學	著字詁義府合按與字義起於右旁之聲說		2	3 4 5 6 7		1 2 3 4 5 6 7	2

姓名	生卒	籍貫	家學師承	交游	學術專長	著作	傳記評述										
李銳	1773～1817	元和	受家學	友顧廣昕焦循阮元等人	精算學曆法	著李氏遺書	列於算學家列傳 6 7					1 2 3 4 5 6 7		
凌曙	1775～1829	儀徵	為劉文淇之舅；師承劉逢祿	友包世臣阮元等人	精春秋公羊學	著公羊禮疏四書典故覈春秋繁露注等書	列入皖派經學家列傳 6 7	2				1 2 3 4 5 6 7	2	
徐復	1777～？	江都		友焦循		著論語疏證						2	1 2 3 4 5 6 7 7
劉寶樹	1777～1839	寶應	叔劉臺拱；承家學劉臺拱劉履恂		精研經訓	著經義說略	通核	附劉臺拱之下 3 4 6 7	2	3 4 5 6 7		3 4 5 6 7	2	1 2 3 4 5 6 7 8
黃奭	？	甘泉			學精鄭氏	著爾雅古義	阮元稱其勤博					2 始見
陳逢衡	1778～1884	江都		朝夕校讎黃奭	友黃奭等人							2 始見

姓名	生卒年	籍貫	家世	師承	交游	學術特色	通核／廣博	著作	傳記	①	②	③	④	⑤	⑥	⑦
								所刊漢學堂經解二百餘卷。								
焦廷琥	1783～1821	甘泉	父焦循	承父學	友鍾襃等人	禮學算學	通核	著讀書小記地圓說	附焦循之下 67	2				1234567	2	12345678
羅士琳	1784～1853	甘泉	舅秦恩復	師承阮元	友阮元等人	精說文六書之學，涉獵天算，專精研究	廣博	著春秋朔閏異同、疇人傳續編。	列於算學家列傳 67						2	
易之瀚	不詳	甘泉			與羅士琳為同學友。	精算術		著四元釋例	附於羅士琳之下 67						2	
汪喜孫	1786～1847	江都	父汪中	承父學汪中	友劉寶楠等人	創新批判與現實關懷	通核廣博	承繼父學發揚光大	附汪中之下 67	2	34567	34567	67	1234567	2	12345678

姓名	年代	籍貫													
方申	1787~1840	儀徵	母為汪中族侄	承其父方世堂受國學與師承劉文淇	受凌曙重視並為其子之師	精易學	著方氏易學五書		附於凌曙之下 6 7					2	1 2 3 4 5 6 7 8
薛傳均	1788~1829	甘泉	肆業於梅花書院	與劉文淇等人相交		精十三經注疏與資治通鑑	著文選古字通義疏與說文答問疏證		列於小學家列傳 6 7				1 2 3 4 5 6 7	2	
劉文淇	1789~1854	儀徵	為凌曙之舅甥	受學於舅凌曙	友劉寶楠等人	精春秋左氏傳	著左傳舊疏考證與春秋左氏傳舊注疏證	博通	列於皖派經學家列傳 6 7	2	3 4 5 6 7		1 2 3 4 5 6 7	2	1 2 3 4 5 6 7 8
劉寶楠	1791~1855	寶應	兄劉寶樹	承家學劉臺拱	與劉文淇等人	訓詁之學奠基	著論語正義	通博	附於劉臺拱之下	2	3 4 5 6 7		3 4 5 6 7	2	1 2 3 4 5 6

				等人	交	深厚		3467						78
董祐誠	1791~1823	陽湖	兄董基誠			律曆與地理名物	著水經注圖說	列於地理學家暨算學家列傳67						
梅植之	1794~1843	江都	子梅毓			承先志，擬為穀梁正義刪通條例，長編已具，未寫定而卒。							2始見	
陳潮	1801~1835	泰興				工小篆，精音韻，又							2始見	

姓名	生卒	籍貫	家世	師承	交友	擅周髀之學	著作	特點	評述						
阮福	1802～1883	儀徵	阮元之子阮常生之弟						附於阮元之下	2				2	
薛壽	1812～1872	江都				精於說文	著讀經箚記							2始見	
劉熙載	1813～1881	興化				以藝概一書聞名								2始見	
成孺	1816～1883	寶應	受學於母與師承羅士琳	乃劉貴曾之師		歷學典章音韻	著禹貢班義述與心巢文錄	通博不拘一格	列於皖派經學家列傳67	2			1 2 3 4 5 6 7	2	1 2 3 4 5 6 7 8
劉毓崧	1818～1867	儀徵	父劉文淇岳父是汪谷	受學父劉文淇	友曾國藩等人	承父志深於左傳學	著春秋左氏傳舊注疏證		列於皖派經學家列傳67	2	3 4 5 6 7		1 2 3 4 5 6 7	2	1 2 3 4 5 6 7 8
梅毓	1821～1850	甘泉	詩人稽庵：梅	受父學	友劉文淇包世	通經術與詞章	著疏穀梁傳		列於皖派經學					2	

		植之子		臣劉寶楠等人				家列傳67	2	3467			3457	2	12345678
劉恭冕	1824～1883	寶應	父劉寶楠	劉寶楠等人	經著加荀子等	著論語正義	廣博	附劉臺拱之下3467	2	3457			3457	2	12345678
劉壽曾	1838～1882	儀徵	父劉毓崧外祖父汪谷	受父學與沈戩門先生	友曾國藩馮夢龍等人	致力左傳學	著春秋左氏傳舊注疏證	列入皖派經學家列傳67	2	3457			123457	2	12345678
劉嶽雲	1849～1917		劉恭冕族弟			著五經算術疏義等書							列為民國學者	2	
劉師培	1884～1917	儀徵	劉貴曾之子母李汝萱	受母學與遠師成孺	友蔡元培章太炎等人	倡揚州學派自任	著春秋左氏傳舊注疏證	列入皖派經學家列傳67	2						列於受劉氏之學影響者
楊大壯	？												於此始見		
許珩	？												同上		

　　由上述表格可知，舉凡研究者所論述的「揚州學者」，大抵都以親戚、師承關係、交遊狀況、治學特色、學術成就，乃至「群體意識」等作分類依據，所不同是有的強調乾嘉時期的「揚州學者」（如王俊義先生、楊晉龍先生），有的以地籍為主（如張舜徽先生、賴貴三先生），然不論如何，他們都有著學術互動關係，是以若宏觀來看，列屬於「揚州學者」應無大礙；由於學者頗多，本書則舉大家共識的代表人物，始自清初：王懋竑、朱澤澐，乃至王氏父子、段玉裁、寶應劉氏（劉臺拱、劉寶楠）、汪中、汪喜孫、黃承吉、江藩、凌廷堪、焦循、阮元、凌曙、儀徵劉氏（劉文淇、劉毓崧、劉壽曾）、到民初：劉師培等人做論述。

第二節　清儒揚州學派情理論的形成

　　「問世間情為何物？直教人生死相許！欲望是罪惡的淵藪，還是人類文明的根源？」[126]余安邦先生此一提問，似乎警醒了我們：情與欲的價值判斷，是否可貶為萬惡淵藪？至清乾嘉時，我們知道出現一位主「理本於情」說的學者，那就是戴震（1723～1777）。其大力推翻宋儒「太極圖說」後，大口品嘗白米芳香，正視起生民之欲。當有鑑於宋學「性理」探討空疏，回歸原始「儒家經典」之實證、求索，則發現原來孔孟有許多「以情絜情」之論說[127]。是以主張「情之不爽失，謂之天理」[128]。一反宋儒所謂「存天理，去人欲」之說。

　　在此，不禁使我們好奇：難道儒家原始經典，如《詩》、《書》、《易》、《禮》《春秋》、《論語》、《孟子》等等，即富涵許多「情

---

[126] 余安邦先生：〈遂人之欲，夫復何求〉（導言），熊秉真、余安邦先生等編《情欲明清──遂欲篇》，（臺北：麥田出版社，2004 年 3 月），頁 9。

[127] 如《論語・衛靈公》載：「己所不欲，勿施於人。」《論語・雍也》：「己欲立而立人，己欲達而達人。」（朱熹《四書章句集注・論語》，臺北：大安出版社，1991 年 2 月），頁 166、頁 92。

[128] 戴震：《孟子字義疏證》上，《戴東原先生全集》，（臺北：大化書局，1978 年），頁 265。

理論述」？然何謂「情理論」？又儒家原始經典的「情理」內容為何？戴震又是如何論述與彰顯？而繼戴震之後，是否後繼有人？又如何承襲與闡揚？方導至晚清不少學者汲汲衝破傳統「禮教」束縛，大力倡導「人權」之自由與民主？諸如此類問題，皆是本節欲探討的。

一、儒家情理論的界定與轉變

　　「人」存在世上，不可能沒有「感情」，且「只有情感，才是人最首要最基本的存在方式」[129]。不過，長久以來，這個「情」的問題，一直未受到哲學界重視。或許我們受到西方哲學的影響，認為「情感」問題不是一個哲學的問題[130]；又或許中國哲學發展至宋明時，理學掛帥，對「道德形上」本體過度且深入探討，惟「純粹理」方止於至善，而情、氣乃渣滓，[131]一如宋‧程頤所謂，是邪僻、萬惡之端。[132]難道中國

---

[129] 蒙恬元先生：《情感與理性》，（北京：中國社會科學出版社，2002 年 12 月），頁 4。

[130] 這方面，哲學家們主要是認為情感是私人的、主觀的、非理性的；如果討論情感問題，就會使哲學陷入非理性主義。見鄔昆如先生《哲學概論‧倫理價值一善》：「人生的現象，在生命的整個過程中，經過許多成敗得失，在情緒上有許多喜怒哀樂；……這種由情緒所導引出來的一些結論，是否不夠理性？」（臺北：五南圖書公司，2002 年），頁 392。另在蒙恬元先生：〈劉蕺山的人學思想〉，此文更進一步提出中國哲學於性情問題研究不夠，另一主要原因即是受西方康德影響。雖康德亦提出「道德情感」，但康德是道德形上論者，其對道德情感基本上持否定態度（只有敬畏之情除外），認為道德情感是心理的、經驗的，不能實現道德形上學。現代分析哲學中有一派，否定康德的道德形上學，主張道德出於情感。但他們所謂情感是指個人愛好、態度之類，仍舊沒有改變西方傳統觀念，即認為情感是個人的、主觀的、易變的，因而以情感為基礎的道德也是主觀的、相對的、非科學的。見鍾彩鈞先生主編《劉蕺山學術思想討論集》，（臺北：中研院文哲所，1998 年 5 月），頁 7-8。

[131] 此一說出自朱熹：《朱子語類》卷 1，其云：「理無形，氣便粗，有渣滓。」（北京：中華書局，1994 年），頁 3。

[132] 見程頤：《文集‧顏子所好何學論》，云：「性其情，……情至於邪僻，梏其性而亡之。」（《二程集》卷 8，臺北：里仁書局，1982 年），頁 577。

哲學沒有「情理」[133]論述？殊不知：倘若我們仔細溯究原始——中國正統哲學代表：儒家經典而論，我們似乎可以發現到：儒家對「情」的探討與論述，非常的多，且視為「人（仁）學」[134]的重要內容。如孔子云：「上好信，則民莫敢不用情。」（《論語・子路》）、曾子云：「如得其情，則哀矜而勿喜。」（《論語・子張》）、孔子云：「仁者愛人」（《論語・顏淵》）、「己所不欲，勿施於人」（《論語・衛靈公》）、「己欲立而立人，己欲達而達人。」（《論語・雍也》）、「父為子隱，子為父隱，直在其中矣。」（《論語・子路》）[135]；孟子云：「夫物之不齊，物之情也。」（《孟子・滕文公上》）、「乃若其情，則可以為善矣。」、「以為未嘗有才焉者，是豈人之情也哉？」、「義理之悅我心，猶芻豢之悅我口。」（《孟子・告子上》）、「聲聞過情，君子恥之。」（《孟子・離婁上》）、「可欲之謂善」（《孟

---

[133] 事實上，早在先秦時，即有「緣情制理」說，《管子・心術》云：「禮者，因人之情，緣義之理，而為之節文者也。故禮者，謂有理也。理也者，明分以喻義之意也，故禮出乎義，義出乎理，理因乎宜者也。」見春秋・管仲著、清・戴望校：《管子》卷 13，（臺北：臺灣商務印書館，1956 年），頁 64。以見「禮」乃「情理」的表達，反推而論，是否「情理論述」即是「禮學」的哲理架構？又個人所查資料顯示，發現到針對「情理論」成專門一書者，則是始見明，袁了凡（1533～1606）的《情理論》。然此書惟見於《明史》著錄，已佚已久，實際內容如何，難以得知。

[134] 李中華先生：《中國人學思想史》云：「將『仁』規定為人的本質，是孔子所創的。但『仁』的思想則是早已有之的。……《尚書・金滕》：『予仁若考』。」又《詩經・鄭風・叔于田》：『洵美且仁。』《詩經・齊風・盧令》：『其人美且仁。』……在《國語》中仁出現 24 次，基本意義都是愛人。又如在《左傳》中，仁字出現三十三次，除了愛人這個意義之外，還把一些德目也算做仁。……孔子對『仁』作了初步的規定，認為人的本質就是仁，就是愛人，是人的社會性所決定的。仁是內在的道德感情與思想，禮是外在的倫理行為與禮法。……仁決定禮，禮反映仁。……仁按其本義是一種人道主義思想，強調人們之間的仁愛、諒解、關懷、容忍，也強調廣大人民物質生活的安定與提高（安、信、懷和庶、富、教）等等。」（北京：北京出版社，2004 年），頁 35-39。

[135] 朱熹釋：「父子相隱，天理人情之至也。故不求直，而直在其中。」同注 127，頁 146。

子‧盡心下》）、「人皆有不忍人之心……無惻隱之心，非人也；……
惻隱之心，仁之端也。」（《孟子‧公孫丑上》）；荀子亦云：「性
者，天之就也；情者，性之質也。欲者，情之應也。以所欲為可得而求
之，情之所必不免也。」（《荀子‧正名》）；《禮記‧中庸》亦云：
「喜怒哀樂之未發，謂之中；發而皆中節，謂之和。」；《禮記‧禮
運》云：「飲食男女，人之大欲存焉。」又《禮記‧樂記》亦云：「人
生而靜，天之性也；感於物而動，性之欲也。物至知知，然後好惡形
焉。」乃至《易‧繫辭傳》：「寂然不動，感而遂通天下之故。」

　　上述除情字外，我們似乎可以發現到儒家所謂愛、欲、隱、乃至不
忍人之心、中與和、感而遂通皆與「情性」探討有關，是為「情感理
性」等論述，這方面，有學者謂之「情理」[136]；又儒者之教，總以性情
之教為先，如論詩則是「溫柔敦厚，詩教也」[137]，孔子亦云：「〈關
雎〉樂而不淫，哀而不傷。」即便是性情之教二大原則：盡可以興到而
心明，情抒而性顯。[138]而重視禮樂教化，正是秉持性情之教而來。《禮
記‧儒行》篇所謂溫良、寬裕、敬慎、遜接等等，皆是「仁」的表現，
即是「實情」展露也。[139]《禮記》重「情」特色，即是承繼其孔孟性情
之教。唐君毅先生對此有言：

---

[136] 蒙恬元先生云：「儒家的理性是情理，即情感理性而不是與情感相對立的認
　　知理性，……儒家的理性是有情感內容的，是『具體理性』而不是純粹形式
　　的抽象理性。與西方哲學將情感與理性對立起來的二元論哲學以及視情感為
　　純粹私人的、主觀的、非理性的情感主義倫理學相比較，儒家重視情感共同
　　性、普遍性，因而主張情感與理性的同一。這是儒家哲學的最大特點。」同
　　注 129，頁 2。

[137] 見漢‧鄭玄注、唐‧孔穎達疏：《禮記正義‧經解》，《十三經注疏本》
　　（5），（臺北：藝文印書館，1981 年），頁 845。

[138] 程兆熊先生：《儒家思想——性情之教》，（臺北：明文書局，1986 年 4
　　月），頁 17。

[139] 《禮記‧儒行》中「尊讓」，熊十力先生以為：「溫良者，仁之本也。敬慎
　　者，仁之地也。寬裕者，仁之作也。遜接者，仁之能也。禮節者，仁之貌
　　也。言談者，仁之文也。歌樂者，仁之和也。分散者，仁之施也。儒皆兼此
　　而有之，猶且不敢言仁也。其尊讓有如此者。」又程兆熊先生：《禮記講
　　義》則云：「其不敢言仁，是尊讓，亦是實情。其溫良是實情，其敬慎是實
　　情。其寬裕是實情，其遜接是實情，其禮節是實情，其言談是實情，其歌樂

> 先秦儒學之傳中，孔孟之教原是性情之教，〈中庸〉、《易傳》
> 諸書，皆兼尊人之情性，如〈中庸〉言喜怒哀樂之發而中節謂之
> 和，明是即情以見性德之語。……〈中庸〉原在《禮記》中，
> 《禮記》中其他之文，亦與〈中庸〉、《易傳》之時代相先後。
> 今就此《禮記》一書，除其述制度者不論，其言義理之文，亦對
> 性情皆無貶辭，其善言情並甚於言性。其言人情為禮樂之原，則
> 旨多通孟子，而大有進於荀子者在。[140]

可見儒學是重「情」的；本真之情──實情──本性，是為儒學理論的
核心價值；不過，儒家更是偏重個體的生命關懷（此即包括道德情
感）、現實人生的關照。

漢之董仲舒（179～104BC）「始推陰陽為儒者宗。」乃於善惡理
欲之辨加以陰陽之說。如其《春秋繁露·深察名號》云：

> 身之名取諸天。天兩，有陰陽之施，身亦兩，有貪仁之性。天有
> 陰陽禁，身有情欲衽，與天道一也。
> 身之有性情也，若天之有陰陽也。言人之質而無情，猶天之陽而
> 無其陰也。[141]

以天地陰陽二氣降落人身，則為性情（理欲）兩端；性（理）乃「陽」
的表徵，情（欲）則為「陰」的內涵。故性陽情陰，「情欲」在此則賦
予「陰」之意涵。而班固的《白虎通·德論》論「情性」亦云：

> 性情者何謂也，性者陽之施，情者陰之化也。人稟陰陽而生，故
> 內懷五性六情，情者靜也，性者生也。[142]

是實情，其分散是實情，而所謂實情，又全是本性。其本性如此，故實情如
此。其實情如此，故尊讓如此！」皆轉引自程兆熊先生：《儒家思想──性
情之教》，同上注，頁20。

[140] 唐君毅先生：《中國哲學原論──原道篇二》，（臺北：學生書局，1978
年），頁80-81。

[141] 漢·董仲舒：《春秋繁露·深察名號》，（上海：上海古籍出版社，1989
年），頁266。

[142] 漢·班固：《白虎通·德論》第 8 卷，（王雲五先生主編《四部叢刊初編本
·子部》）（25），臺北：臺灣商務印書館，1965 年），頁60。

《白虎通》引《孝經鉤命決》云：

> 性生於陰，欲以時念也。性生於陽，以就理也。陽氣者仁，陰氣者貪。

又《孝經援神契》云：

> 性生於陰以計念，性生於陽以理契。[143]

知在此所謂的「性」富蘊著仁、契理、生於陽之意涵；而「情」則是有利欲、貪、生於陰之「義理」在。以見「性善情惡」，論主二元，已是漢代流行之學說。似乎「情」已有所轉變。魏晉更是自然天道觀盛行，視天理純乎自然，貪欲出於人為造作，惟推至自然天理之道，方是聖人之道，是以有無、本末、體用等辯論不斷，針對聖人之有情、無情亦探討不休。[144]

「情欲論述」發展至隋唐，如李翱（772～841）《復性書》，則是以為人的本性是善的，寂靜無染，然現實上之所以少有人達此聖人境界，是因為人的邪妄之「情」障蔽了「性」。人要成聖，就必須「滅情復性」。其所謂：

> 人之所以為聖人者，性也；人之所以惑其性者，情也。喜怒哀樂愛惡欲七者，皆情之所為也。情既昏，性斯匿矣，非性之過也。七者循環而交來，故性不能充也。……性者，天之命也；聖人得

---

[143] 二者見清・黃奭輯《黃氏逸書考・通緯》（10），（《原刻景印叢書集成三編》，臺北：臺灣商務印書館，1955 年），頁 7、頁 26。

[144] 湯用彤先生：〈王弼聖人有情義釋〉一文，知魏晉時有不少學者針對聖人有情無情作探討，如：何晏、鍾會以為聖人無喜怒哀樂之情，是以「聖人無情，故無累於物。」但是王弼不以為然，其以為聖人有情，所謂：「聖人茂於人者神明也，同於人者五情也。神明茂，故能體沖和以通無；五情同，故不能無哀樂以應物。然則聖人之情，應物而無累於物者也。」此轉引自何紹《王弼傳》，（《魏晉玄學論稿》，《魏晉思想》乙種三編，臺北：里仁書局，1995 年），頁 75。

之而不惑者也。情者，性之動也；百姓溺之而不能知其本者也。……情之動弗息，則不能復其性而燭天地為不極之明。[145]

知「情」在此乃被視為邪惡的，當闇闇之情障蔽了本性，如此性善便無法彰顯，所以修養功夫首要在「滅情復性」。又性本寂靜，是以須由「澄靜」功夫以復性。以見「情」的發展至此，已根深柢固地貼上「惡」的標籤。

至宋（元）明之理學，主道德為第一義，探究形上抽象本體，則以天理、天道作代表，希由通過人心性涵養、正心誠意功夫實踐，使「人心」復歸於「道心」。是以宋儒建立起儒學的宇宙論，也為人的道德本體建立了根源於天的形上源頭；所謂道德本體即是道體，性即是形上存有之本體。如：程頤（1033～1107）云：

秉於天謂性，感為情，動為心。[146]

又：

心譬如穀種。生之性，便是仁；陽氣發處乃情也。[147]

又：

人之所以不能安其止者，動於欲也。[148]

又：

人心私欲，故危迫；道心天理，故精微。滅私欲，則天理明矣。[149]

---

[145] 李翱：《復性書》，（《李文唐李文公集》，東京：古典研究會，1977年），頁818。

[146] 二程：《二程遺書》卷24，（上海：上海古籍出版社，2000年），頁370。

[147] 同上注，卷18，頁232。

[148] 程頤：《易傳》，（《二程全書》（釋艮卦象辭），臺北：中華書局，1979年），頁391。

朱熹（1130～1200）亦云：

> 性無不善。心所發為情，或有不善，……情之遷於物而然也。

又：

> 聖賢千言萬語，只是教人明天理，滅人欲。[150]

又：

> 天理存則人欲亡；人欲勝則天理滅。[151]

在此僅列舉程頤與朱熹之見，我們即可發現到儒學「義理」發展至此，即落在形上抽象之理來講。視形上之理純然至善，相對地，亦意味其視形下「成形之氣」，駁雜不純。事實上，周敦頤（1017～1073）早云：「無欲則靜。」又「養心不止於寡而存耳，蓋寡焉以至於無。」張載（1020～1077）亦云：「氣質之性，君子有弗性者焉。」[152]見宋儒將「氣欲」與「性理」對立。以「性即理也」[153]為人道德主體，亦是形上純然至善之理之落實；相對地，形下氣化一切，包括氣、欲、情等皆有清濁、昏明、善惡之別，甚至「欲」擾亂「情性」，使人放失本心，以致陷溺不善之源。因此，涵養功夫，就是要養心寡欲，乃至於「無欲」，不受紛雜私欲主使，一本良知本性作自己主宰，如此方能「無欲則剛」。如此，人心復歸於道心，便可知致、心正，而身修矣。

---

[149] 程頤：《伊川先生語十》，同注 146，頁 369。

[150] 前者見朱熹：《朱子語類》卷 5〈性理二〉，後者見卷 12〈持守〉，同注 131，頁 89、頁 207。

[151] 同上注，卷 13〈學七〉，頁 224。

[152] 周敦頤之說見《通書》20 章，（朱子注《通書注》，《朱子全書》第 13 冊，上海：上海古籍出版社，2002 年），頁 116；後者見《周子全書》卷 17，（臺北：廣學書社，1975 年），頁 334；張載之說見《正蒙·誠明》，王夫之注《張子正蒙注》，（臺北：河洛出版社，1975 年），頁 92。

[153] 同注 146，《二程遺書》卷 22，頁 347。

至明時，王陽明（1472～1529）更是提出心即是理、致良知、知行合一說，強調「天理自然明覺發現處」即是一「良知」，而「良知」即是「心」的本體，是以主體自覺努力即可知天理，至「至善」。然情與欲皆是良知之蔽矣；其云：

> 喜怒哀樂愛惡欲謂之七情，七者具是人合有的，但要認得良知明白。……七情有著俱謂之欲，俱為良知之蔽。

又：

> 無善無惡者理之靜，有善有惡者氣之動，不動於氣，即無善無惡是謂至善。[154]

知「致良知」以存「天理」。涵養功夫不外是去除人性中不合乎「天理」的東西，即「人欲」。所以「存天理，去人欲」更是彰顯。儒家「情欲價值觀」更是一律打至陰朝地府，永無見天日之時。此時，加在婦女的枷鎖更是繁複，「浸豬籠」之說便是在此盛行。[155]

陽明之後，所謂「心學」分化[156]，然不論如何分化，其論述重點則是強調「現成良知」、「心外無理」之頓悟，不然即是「歸寂」體道之

---

[154] 前者見王陽明：《陽明全集‧傳習錄下》；後者見《陽明全集‧傳習錄上》，（上海：上海古籍出版社，1992 年），頁 111、頁 29。

[155] 關於「浸豬籠」始於何時，今無從得知，但據《民明書房刊》──「古辭語大百科」中，可知：在明代盛行「御敕貞節牌坊」的年代裡，一個女人如果被發現有婚前性行為，或是紅杏出牆的情事，是一件極為嚴重的事情，是對整個鄰里的一種恥辱，那時鄉親們會動用私刑，浸豬籠、火刑、鐵掃帚等刑罰。而且有極少數的鄉鎮同時擁有五座以上的貞節牌坊可以構成天堂路。另外，最常見的刑罰，謂之「破麻」，就是將人裝進麻布袋裡群毆致死。由於群情激憤出手特重，故幾乎不會有活口，而事後麻布袋更是破爛不堪。是故後人就以「破麻」形容沒有貞操不守婦道的女子。此資料摘自：http://tw.knowledge.yahoo.com/question/? qid=1005010901967。

[156] 于化民先生：《明中晚期理學兩大宗派的對峙與合流》提出：僅《明儒學案》所列，就有姚江、浙中、江右、南中、楚中、泰州等學案。關於王門後學之分派，就當時已有「二派說」（王門高足聶豹首倡其說）、四派說（係

漸修；前者如王畿（1498～1583）所謂：「君子之學，貴得於悟。」又「功夫只求日減，……減得盡便是聖人。」[157]後者一如聶豹（1487～1563）倡「主靜則氣定，氣定則澄然無事，此便是未發本然……」[158]以見均是重「主觀內省」功夫，對於陽明「學問思辨」的修養與體證方法，皆已棄之不顧。至「泰州學派」（王門左派）[159]，如王艮（1483～1541）更是鄙視「見聞之知」，所謂：「反求諸身，把柄在手，……便是宇宙在我，萬化生身矣。」又「良知原有不須知，……沒有良知之外知。」[160]知王學末流已走向倡談「空疏之義理」、「內省修身」之途，於「明道濟世」漸行漸遠。

二、「存天理，滅人欲」的反動思潮

雖然「存天理，去人欲」之說盛行，但不可否認，儒家的「情理論」至明末正是暗潮洶湧，俟機而動。據張壽安先生云：「觀察十七世紀以降的文化走向，將之分為兩大流派，一是情欲論述，一是禮教反省。」[161]或許與其社會環境變化——工商業繁榮、西方文化入侵，乃至生活富庶有關，是以人們方正視「情欲」價值，尤其文學作品表

王門弟子胡瀚提出）、六派說（為王畿所持之論）。（臺北：文津出版社，1993 年 2 月），頁 39-41。

[157] 王畿：《王龍溪先生全集》卷 1、卷 6，（臺北：華文出版社，1970 年），頁 97、頁 484。

[158] 黃宗羲著、沈芝盈先生點校：《明儒學案》卷 17，（臺北：華世出版社，1987 年），頁 379。

[159] 同注 156，于化民先生云：「此『王門左派』不過是一政治社會上的概念，如果從哲學上考察，泰州學派則極大地闡發了王守仁的主觀唯心論思想。又一次把它推向極端。」頁 58。

[160] 王艮：《王心齋先生全集》卷 2，（臺北：廣文書局，1975 年），頁 65、頁 64。

[161] 張壽安先生：〈我欲立情教，教誨諸眾生——跨越時空論「達情」〉（序言），張壽安先生、熊秉真先生合編《情欲明清——達情篇》，（臺北：麥田出版社，2004 年 9 月），頁 10。

現更是如此（如《金瓶梅》言情小說產生），而著名文學家：馮夢龍
（1574～1646）更是奉六經皆「情教」之經典，欲教誨諸眾生。[162]

　　當時學術可謂一股暗伏思潮汩汩而動，那就是對理學反省與批判的
思潮，這亦就是明清之際思想最大轉變，有學者以為此轉變最大特色即
是所謂「情欲解放」。[163]如：呂坤（1536～1618）即云：

> 世間萬物皆有欲，其欲亦即天理人情，天下萬世公共之心。[164]

又：

> 物理人情，自然而已。聖人得其自然，以觀天下……拂其人欲自
> 然之私，而順其天理自然之公。故雖有倔強錮蔽之人，莫不憬悟
> 而馴服。則聖人觸其自然之機，鼓其自然之情也。[165]

又：

> 私，則利己徇人，而公法壞。……公法壞，則豪強得以橫恣，貧
> 賤無所控訴，多愁怨。[166]

知此明末時，對「私欲」有所肯定，但對「我執」，「利己之私」則不
表認同。然於情於理皆視為「自然」表現，只是有從公與從私之別。而
一直視為與天理相對的「人欲」也不再貶值，反而具有「天理人情」之
意義；此「欲」似乎在此亦不再僅限「個己」生理、本能的「情欲」，

---

[162] 馮夢龍《情史類略·情史敘》云：「六經皆情教也。《易》尊夫婦，《詩》
有〈關雎〉，《書》序嬪虞之文，《禮》謹聘奔之別，《春秋》於姬姜之際
詳然言之。豈非以情始於男女，凡民之所必開者，聖人亦因而導之，俾勿作
於涼。」（《古本小說集成》第 68 冊，上海：上海古籍出版社，1981
年），頁 8。

[163] 李明輝先生：〈情欲解放乎：論劉蕺山思想中的「情」〉，收錄於張壽安先
生、熊秉真先生合編：《情欲明清——達情篇》，同注 161，頁 83。

[164] 呂坤著、朱恆夫注評：《呻吟語》卷 5，（南京：江蘇古籍出版社，2002
年），頁 379。

[165] 同上注，卷五，頁 391。

[166] 呂坤：《呂子節錄》卷上，（臺北：廣文書局，1975 年），頁 75。

而是富涵生活領域各方面，或是進取、安頓之圖謀，或是希求利他、為眾、為公的道德領域。日本溝口雄三先生則以為這「自然人欲」一詞，乃是「人欲」一詞開始轉為正面的最早例子。[167]

因強烈飢餓感，打破三教界限道統觀，是以有番自我主張的李贄[168]（1527～1602）亦云：

> 穿衣吃飯即是人倫物理。

又：

> 夫厥初生人，惟是陰陽二氣，男女二命耳，初無所謂一與理也，而何太極之有！[169]

又：

> 夫天下之民物眾矣。若必欲其皆如吾之條理，則天地亦且不能。是故寒能折膠而不能折朝市之人。……何也？富貴利達所以厚吾天生之五官，其勢然也。是故聖人順之，順之則安之矣。[170]

又：

> 夫私者人之心也，人必有私而後其心乃見，若無私則無心矣。[171]

其為了證明「人必有私」，進一步舉例說明：

---

[167] 日・溝口雄三先生著、陳耀文先生譯：《中國前近代思想之曲折與展開》，（上海：上海人民出版社，1997 年 8 月），頁 14。

[168] 李贄：《焚書》卷 3〈子由解老序〉云：「道之於孔、老，猶稻黍之於南北也，……使予之於道若今之望食，則孔、老暇擇乎！」（張建業先生主編《李贄文集》，北京：社會科學出版社，2000 年），頁 103。

[169] 前一則見李贄〈答鄭石陽〉，後一則見李贄《初潭集・夫婦篇總論》，同上注，頁 4、頁 1。

[170] 見李贄〈答耿中丞書〉，同上注，頁 16。

[171] 見李贄：《藏書・德業儒臣後論》，同上注，頁 626。

> 如服田者，私有秋之獲而後治田必力。居家者，私積倉之獲而後
> 治家必力。如學者，私進取之獲而後舉業之治也必力。……然則
> 為無私之說者，皆畫餅之談，觀場之見，但令隔壁好聽，不管腳
> 根虛實，無益於事。只亂聰耳，不足採也。[172]

又：

> 蓋聲色之來，發乎情性，依乎自然，是可以牽合矯強而致乎？故
> 自然發乎情性，則自然止乎禮義，非情性之外復有禮義可止也。
> 惟矯強乃失之，故以自然之為美耳，又非於情性之外復有所謂自
> 然而然也。[173]

以見「情欲」至此不再視為與「天理」相抗，相反的，「情性」是自然
而然的「情性」，「禮義」更非外在的強制，而是人「發乎情性」、
「依乎自然」的表現，此乃是真誠的「禮義」，否則，則是虛矯，虛矯
則偽也，此乃不合人的本性。而一切生命肇始於陰陽二氣之化育，陰陽
二氣猶如「夫婦」，夫婦之間惟有「情」在維繫，所以「一」或「理」
皆玄遠，不如「情」方能「保合太和，各正性命」。又「私」──人皆
有之，正因有「私欲」，所以可激發其向上、進取，積極努力改善貧苦
生活之意圖。又人們追求物質利益的欲望是遏制不住的，上位者只有順
應人們追求利益之欲望，使人們各因其才而各遂其欲，方能建立一既有
競爭又平和的社會，否則，無論如何高倡義利之辨，人民眼見上位者窮
奢極欲，而自己卻不得溫飽，這天下豈有太平、豈有不亂者乎？然李贄
對於人有「私欲」圖利之傾向，雖持有積極正面看法，但並非主張聖人
「恣情縱欲」說。所謂：

> 今不思致慮之由，而但享逸豫之福，固宜其盡喪於豫而福反為禍
> 矣。……聖人之樂，初不出於發憤之外，舍發憤而言樂，曾是知

---

[172] 同上注，頁 626。
[173] 見李贄：《焚書・讀律膚說》，同上注，頁 123。

> 樂？……食亦不直，憂亦不知，老亦不知，惟終身發憤為樂是
> 知，則其視人間逸豫之樂真不能以終日矣！[174]

見李贄強調「自然發乎情性」，但不以恣情縱欲為樂；相反的，其以為聖人所謂的「樂」，是以「發憤」為樂，是對真理、正義追求為樂。所以「滿街都是聖人」即在「以情欲為性命」不停探索，在產生「情欲」根源處樂見性命之真，實與「以情欲為情欲」眾生不同。

事實上，除李贄之外，明末「泰州學派」的其他學者即已播下「情欲論述」種子[175]，不過，由於缺乏實踐功夫，流於猖狂蕩越之弊，是以埋下形上與形下分崩離析的危機[176]。其師蕺山亦評其墮落到「猖狂者參之以情識」的流弊[177]。所以有學者以為：學術上從道德形上學到「達情遂欲」的典範轉移是另一路思維，與此「泰州學派」的「縱情恣欲說」是不可簡單混為一談的，畢竟這是兩條的不同思路。[178]依此，本書於「泰州學派」其他學者的「情欲論」則略述。

另外，我們也可發現到主「慎獨」的劉宗周（1578～1645），（亦是「泰州學派」的導師）對「情」亦是相當重視。但其將「情」的地位，與「仁義禮智」、「元亨利貞」統一論述，而賦予它與心、性、理同等位階。[179]然在此吾們要辨明是：劉氏所謂的「情」，是專指《禮

---

[174] 見李贄：《九正易因》，同上注，頁 134。

[175] 如王心齋云：「百姓日用條理即是聖人之條理也。」《心齋全集》卷 3；羅近溪云：「天命之性，固專為仁義禮智也已，然非氣質生化呈露發揮，則五性何從而感通，四端何自而出見也耶？」《一貫編・大學》，《耿中丞楊太史批點近溪羅子全集二十四卷》，《四庫全書存目叢書》，（臺南：莊嚴出版社，1997 年），集 129，頁 639。

[176] 關於此觀點，詳見鄭宗義先生：〈性情與情性：論明末泰州學派的情欲觀〉，同注 161，頁 41。

[177] 劉蕺山：〈證學雜解・解二十五〉，《劉宗周全集》第 2 冊卷 8，（臺北：中研院文哲所，1996 年），頁 325。

[178] 同注 176，頁 41。

[179] 劉蕺山：〈學言上〉云：「喜怒哀樂，性之發也；因感而動，天之為也。」〈學言中〉：「《中庸》言喜怒哀樂，專以四德言，非以七情言也。……四時之氣所以循環而不窮者，獨賴有中氣存乎其間，於心為真實無妄之心，於天道為乾元亨利貞，而於時為四季。故自喜怒哀樂之存諸中而言，謂之中，

記・中庸》所謂「喜怒哀樂」而言，並非所謂「喜怒哀樂愛惡欲」七情，只不過喜怒哀樂四氣可轉化為七情，所謂：

> 喜也而溢為好，樂也而溢為樂，怒也而積為忿懥，一哀也，而分為恐、為懼、為憂、為患。非樂而淫，即哀而傷。[180]

可發現到其以「喜」逾越常度，則變為「好」；樂過了頭則是「樂」（形下之樂）；怒蘊積後，則變為「忿懥」；而「哀」則有「恐、懼、憂、患」之情。學者以為此「情」論述類似斯賓諾莎（Spinoza，1632～1677）「情感」的分析。[181]若是如此，劉氏之情便是一種「感觸」動因，非一般「情欲解放」所能企及。

　　觀明代民間善書《了凡四訓》作者──袁了凡（1533～1606），即有《情理論》一書產生。[182]，而在明末文壇公安派代表人物──袁宏道（1568～1610），對於「理（性）」與「情」的關係問題上，即持有「理在情內」的觀點[183]，為此在文藝創作上則有所謂「獨抒性靈，不拘格套」之說。[184]

不必其未發之前別有氣象也；即天道之元亨利貞，運於於穆者是也。自喜怒哀樂之發於外而言，謂之和，不必其已發之時又有氣象也；……惟存發總是一機，故中和渾是一性。如內有陽舒之心，為喜為樂，外即有陽舒之色，……推之一動一靜，一語一默，莫不皆然。」同注 177，頁 488-490。對此「情」，後來唐君毅先生視為「天情」，見其《中國哲學原論・原教篇》，《唐君毅全集》卷 17，（臺北：學生書局，1991 年），頁 506-513。

[180] 同上注，頁 487。

[181] 李明輝先生：〈情欲解放乎：論劉蕺山思想中的「情」〉，同注 161，頁 120。

[182] 據張廷玉等撰《明史》〈曆志〉、〈藝文〉與〈循吏列傳〉等記載，知袁了凡（本名袁黃、字坤儀）的著作包括《曆法新書》五卷、《寶坻勸農書》二卷、《皇都水利》一卷、《群書備考》二十卷，批削《四書》《書經集注》而成《刪正》等。其餘還有《寶坻政書》、《情理論》、《了凡四訓》、《祈嗣真詮》（醫書）等書。（《二十五史》（46-50），臺北：臺灣商務印書館，1967 年）

[183] 詳見袁宏道著、錢伯城箋校：《袁宏道集箋校》44 卷〈德山塵談〉，（上海：古籍出版社，1981 年），頁 1290。

[184] 同上注，卷 4，〈敘小修詩〉，頁 187。

學術殿堂雖瀰漫著「王學」思想，但明末王學已走至「束書不觀，游談無根」之弊病，甚至在花街柳巷中尋究菩薩路；一如梁啟超先生所謂：

> 陽明這邊的末流，也放縱得不成話。如何心隱、李卓吾等輩，簡直變成一個「花和尚」。他們所提倡的「酒色財氣不礙菩提路」，把個人道德、社會道德一切藩籬都衝破了。[185]

當清兵入侵時，天下尚王學者竟無一人敢挺身而出，而是一味空談玄理，是以眼睜睜地看著「明亡」了。清初學者有鑑於理學空疏，無濟於世，故學者紛紛主「經世致用」之學，返回經典「實事求是」，探索「義理」，以經世濟民，如顧炎武（1613～1682）云：「君子之學，以明道，以救世也。」[186]

此時學者對情與私，則更進一步有所發揮。如主「天理存在人欲」之見的陳確（1604～1677）云：

> 天理正從人欲中見，人欲恰好處，即天理也。……忠孝節義，獨非人之所欲乎？……欲即是人心生意，百善皆從此生。……即人欲即天理。[187]

又：

> 真無欲者，除是死人。[188]

正視「人欲」之要，是人人基本需求，不可能無，除非是死人。人人皆有「欲」，但亦非放縱，而是恰到好處，無過無不及，這就是天理展現。對性、情、才與氣，則同等視之，所謂：

---

[185] 梁啟超先生：《中國近三百年學術史》，（臺北：里仁書局，2002 年），頁 4。

[186] 顧炎武：〈與人書二十五〉，《亭林文集》卷 4，（收入《叢書彙編》第一編，臺北：華文書局，1970 年），頁 3。

[187] 陳確：〈與劉伯繩書〉，《陳確集・近言集》，（北京：中華書局，1979 年），頁 466。

[188] 同上注，〈瞽言一〉，《陳確集・別集》，頁 425。

> 氣質即義理，……猶云性即理也。[189]

又：

> 性之善不可見，分見於氣、情、才。情、才與氣，皆性之良能也。[190]

在此，陳確取消「氣質之性」與「義理之性」之分。視氣、情、才與性同，有善而無惡，且皆是「義理」之氣質性。另外，山西學者傅山（1607～1684）把形上天理落實到形下事理來談，將迷離恍惚的「理在氣中」具體化，所謂：

> 理之一字，在先聖贊《易》初見之，「君子黃中通理」。……物之縝密精微者，故理从玉。……韓非曰：理者，成物之文也。解理字最明切矣。

又：

> 氣蒸成始有理，山川、人物、草木、鳥獸、蟲魚皆然。若言理在氣先，但好聽耳，實無著落。[191]

為清初三大學者──（一）黃宗羲（1610～1695）云：

> 天地之間，只有氣，更無理。所謂理者，以氣自有條理，故立此名耳。

又：

> 抑知理氣之名，由人而造，自其浮沉升降者而言，則謂之氣；自其浮沉升降不失其則者而言，則謂之理。蓋一物而兩名，非兩物而一體也。[192]

---

[189] 同上注，頁 465。
[190] 同上注，〈氣情才辨〉，《陳確集‧別集》，頁 451。
[191] 傅山：《傅山手稿一束》，（劉貫文先生等編《傅山全集》，太原：山西人民出版社，1991 年），頁 514、515。

又：

> 有生之初，人各自私，人各自利也。後之為人君者不然，……使
> 天下之人不敢自私，不敢自利，以我之大私為天下之大公，……
> 向使無君，人各得自私也，人各得自利也。[193]

黃宗羲在此以「理氣」之名是由人造出來的，然天地間無所謂「理」，只有「氣」；「理」是指這浮沉之「氣」不失其則，「氣」的變化自有條理，則謂之「理」。又人生之初，本自「自私自利」，皆為保護自我，以求生存。後來君王使天下人不敢自私自利，要天下人為上位者之私利汲汲營營，便成「以我之大私為天下之大公」。倘若沒有這樣的君王，人人必謀自己之私利也。可看出明末李贄等人所倡「私」、「欲」、「穿衣吃飯皆是理」等說，在此皆擴大其範圍，深入探討。黃宗羲的思想，即是把治世的出發點置於民之「自私自利」來談，惟使人民自利自得充足，則天下太平矣。因此，極反對「天下之利集於君主」一人所擁有，此君主一己之大私謂之大公，乃是專制集權表現，是富足君主一己，非恩施於天下百姓。所以黃宗羲思想是從「民本」出發，希能推翻傳統一元專制，達到富民之境。此思想於晚清時影響甚巨，革命派與保皇黨都將之視為中國境內反君主制的先驅人物，或是民權主義的先驅[194]。侯外廬先生則以為是「近代民主思想的先驅人物」。[195]

顧炎武（1613～1682）對此亦有所探討，其云：

> 孟子論性，專以其發見乎情者言之。

---

[192] 前者見黃宗羲：《明儒學案・肅敏王浚川先生廷相》，後者見《明儒學案・學正曹月川先生端》，《黃宗羲全集》第 8 冊，（杭州：浙江古籍出版社，2005 年），頁 487、355-356。

[193] 黃宗羲：《明夷待訪錄・原君》，（臺北：金楓出版社，1987 年），頁 27。

[194] 同注 167，頁 232。

[195] 侯外廬先生：〈十七世紀的思想啟蒙〉，（《中國思想通史》卷 5，北京：人民出版社，1956 年），頁 155。

又：

> 天下之人，各懷其家，各私其子，其常情也。……為天子、為百
> 姓之心，必不如其自為。

又：

> 自古帝王為治之道，莫先乎親親。

又：

> 人人親其親，長其長，而天下平矣。

又：

> 自天下為家，各親其親，各子其子，而人之有私固情之所不能免
> 矣。……人之有私，固情之所不能免矣。故先王弗為之禁，非惟
> 弗禁，且從而恤之。……合天下之私，以成天下之公，此所以為
> 王政也。……世之君子，必曰有公而無私。此為後代之美言，而
> 非先王之至訓矣。[196]

顧炎武則是對人的情與私是肯定的，且以「情」論「性」。將宋儒
「性」——天理落實形下氣化經驗界，所以「性發見乎情」也。此一
說，學者以為乃承襲明末公安派「理在情內」思想而來。[197] 又因
「私」，所以愛有等差，不論如何，必先親其親，進而仁民愛物。如
此，並非「不仁」，而是人自然本性，此毋可欺也，所以顧炎武的仁道

---

[196] 同注 186，第一、二則見〈郡縣論五〉，《亭林文集》卷 1，頁 2、頁 4；另
依序見其〈未有上好仁而下不好義者也〉、〈宗室〉、〈言私其豵〉，《原
抄本日知錄》，（臺北：明倫書局，1970 年），頁 279、185、68。

[197] 這一說法見周可真先生：《明清之際新仁學——顧炎武思想研究》，又云：
「顧炎武這個觀點和後於他一個世紀的清代學者袁枚（1716～1798）關於
『性不可見，於情而見之』和『即情以求性』的觀點一致。然此觀點源自明
公安派『理在情內』思想而來。」（北京：中國大百科全書出版社，2006
年），頁 93。

觀，可謂是一「非私則仁無所寓」的論述[198]。雖說其認同「私欲」，但亦揭露出一般人欠缺對群體、公眾的付出與關懷之欲。

王夫之（1619～1692）云：

> 理盡則合人之欲，欲推即合天之理，於此可見人欲之各得，即天理之大同。

又：

> 人之施諸己者不願，則以此絜彼，而知人之必不願也，亦勿施焉。以我自愛之心而為愛人之理，我與人同乎其情，則又同乎其道也。人欲之大公，即天理之至正矣。[199]

王船山先生則以「人人有己」，可知他人之心，故可將心比心；己所不欲，想必亦是他人所不欲，如此，則勿施於人也。以自愛之心而為愛人之理，人同此心，心同此理，是以「人欲」中「推己及人」，即是「天理」之至正。所以在「人欲」中可建立一「存人欲」的天理也。

之後，倡力行哲學、重實踐的顏元（1635～1704）、李塨（1659～1733）亦認為「理氣一致」、「理在事中」，所謂：

> 蓋氣即理之氣，理即氣之理，烏得謂理純一善而氣質偏有惡哉！[200]

又：

> 夫事有條理曰理，即在事中。今曰理在事上，是理別為一物矣。理虛字也，可為物乎？天事曰天理，人事曰人理，物事曰物理。詩曰：有物有則；離事物何所為理乎？[201]

---

[198] 此一觀點，見周可真先生：《明清之際新仁學——顧炎武思想研究》，同上注，頁95。

[199] 前者見氏著《讀四書大全說》，後者即《四書訓義》卷3，（《船山全書》，長沙：嶽麓書社，2000年），頁416、頁170。

[200] 顏元：《存性編》卷1，《顏元集》，（北京：中華書局，1987年），頁14。

[201] 李塨：《論語傳注問·子張》，（《顏李叢書》（3），臺北：廣文書局，1965年），頁906。

可見事事皆有理，理乃物的法則，並非形上的天理謂之理。後來，唐甄（1630〜1704）進一步提出「智」可燭照萬事萬物之「理」，乃修身修德之本，所謂：

> 性渾無物，中具大明，智所由出。苟善修之，物無不通。智之本體，同於日月。……三德之修，皆從智入；三德之功，皆從智出。智之真體，流滿充盈，……仁得之而貫通，義得之而變化，禮得之而和同，……以智和德，其德乃神。是故三德之修，皆從智入。……德雖至純，不及遠大，皆智不能道之故。……是故三德之功，皆從智出。此為大機大要。[202]

以「智」乃性中之「大明」，同於日月，為仁、義、禮三德之本；有了「智」，仁可貫通而廣大，義因時而變化，禮則變通而和同，故「智」乃道德修養的關鍵。又「心之智識」可滿足美好生活之欲望，是五欲之要，而「欲」源於「血氣」之中，是人性自然的存在與發展不可分割的部分。所謂：

> 蓋人生於氣血，氣血成身，身有四官，而心在其中。身欲美於服，目欲美於色，耳欲美於聲，口欲美於味，鼻欲美於香。其為根為質具於有妊之初者，皆是物也。……心之智識，皆為五欲之機巧，還以助心之智識。[203]

觀明至清「理、性、氣、欲」發展，可發現到學者多已主張「理落於事理、物理，人倫日用中」，性不離氣，性氣同一，且強調「智識」為入理關鍵，修德之本；「情欲」一如性理，是人不可或缺元素，此欲不再僅指是生理本能之欲，乃擴大至「動機」之意義，可對一切美好的追求或進取與突破。相對於宋明理學所強調外在規範，以修德養性，缺乏內在自我充實，則不免「空洞」，至此，則不再為人所重。然此正視實際的「情欲之論」至清乾嘉，戴震方始正式大聲呼籲與倡導，即所謂「達情遂欲」之說。

---

[202] 唐甄：《潛書・性才》（臺北：河洛出版社，1974 年），頁 47-48。
[203] 同上注，《潛書・七十》，頁 106-107。

三、情理論闡揚與衍續

（一）情理論闡揚

「情理論」發展至戴震，則有所謂「戴震哲學」之說，依梁啟超先生研究，則是所謂的「情感哲學」[204]。是以有學者以為此一「情感哲學」，正是「從中世紀幽冥王國中掙脫出來，為人民百姓帶來現代都市社會的馨香」。[205]

然戴震的「情感哲學」主要出自其儒家「義理」著述，即《法象論》、《原善》、《緒言》、《孟子私淑錄》、《孟子字義疏證》等書[206]。以見儒家「情理論述」經過漢「性善情惡」的轉變，歷宋明「存天理，去人欲」推至極端，這一千多年來沉淪埋沒後，於此大顯其價質與發揚其「義理」。然戴震「情理」內涵是什麼？在此，個人分幾點研析：

1.「理」──形下氣化萬物之理則

這方面，戴震以《易經》的「陰陽氣化」流行本身論「道」，所謂：

> 一陰一陽流行不已，夫是之為道而已。……天道，陰陽五行而已矣。人物之性，咸分於道，成其各殊者。[207]

---

[204] 梁啟超先生云：「《疏證》一書，字字精粹，……綜其內容，不外欲以『情感哲學』代『理性哲學』。」《清代學術概論》，（臺北：里仁書局，1995年），頁38。

[205] 許蘇民先生：《戴震與中國文化》，（貴陽：貴州人民出版社，2000年10月），頁139-140。

[206] 段玉裁：《戴東原先生年譜》，此書尚載：「先生嘗言：『作《原善》首篇成，樂不可言，吃飯亦別有甘味。』」乾隆二十八年條、乾隆三十七年條等，（臺北：崇文書店，1971年），頁70-73。

[207] 戴震：〈天道二〉，《孟子字義疏證》卷中，（《戴東原先生全集》，臺北：大化書局，1978年），頁300。

以「道」是陰陽五行氣化而來，是以現實一切皆有「道」、皆有「理」在，是以天下事各有其理；然所謂理：

> 理者，察之而幾微必區以別之名也，是故謂之分理；在物之質，曰肌理、曰腠理、曰文理；得其分則有條不紊，謂之條理。[208]

又：

> 舉凡天地、人物、事為，不聞無可言之理者也。《詩》曰：「有物有則」是也。就天地、人物、事為求其不易之則是謂理。……就天地、人物、事為求其不易之則，以歸於必然，理至明顯也。[209]

知戴震所謂「理」是指一切事物本身所具有的基本原則、原理。是以其《緒言》亦強調：

> 凡物之質，皆有文理，燦然昭著曰文，循而分之，端緒不亂曰理。故理又訓分，而言治亦通曰理。……蓋氣初生物，順而融之以成質，莫不具有分理，則有條而不紊，是以謂之條理。以植物言，其根自理而達末……以動物言，……血氣之所循，流轉不阻者，亦於其理也。……舉凡天地、人物、事為、虛以明夫不易之則曰理。……《詩》：「天生蒸民，有物有則，民之秉彝，好是懿德。」理也者，天下之民無日不秉持為經常者也，是以云「民之秉彝」。凡言與行得理之謂懿德，得理非他，言之而是，行之而當為得理，言之而非，行之而不當為失理。好其得理，惡其失理，於此見得理者，「人心之同然」也。[210]

是以「理」指不變之則；應用在人身上，舉凡日用飲食、聲色臭味、喜怒哀樂等種種欲求與情感表現，均是一合理常態，則就是「道」（理）呈顯，是以道可再細分有：

---

[208] 同上注，〈理〉，《孟子字義疏證》卷上，頁 288。
[209] 戴震：《孟子私淑錄》卷上，（戴震未刊稿，此見於余英時先生：《論戴震與章學誠》附錄）
[210] 同注 207，《緒言》卷上，頁 336。

(1) 人倫日用皆是理

道有天道、人道。天道以天地之化言也；人道以人倫日用言也。

又：

> 在天地，則氣化流行，生生不息，是謂道；在人物，則凡生生所
> 有事，亦如氣化之不可已，是謂道。[211]

知「道」不離人世間，於人倫日用飲食間，均有「道」、「理則」在其中，所以「人欲」能「全乎理義」就是「理」的表現，反之，無欲則無從表現理也。是以「理存乎欲」，「欲」是一切事為的原動力，故其主「有欲有為則有理」：

(2) 有欲有為則有理

> 凡事為皆有於欲。無欲則無為矣，有欲而後有為。有為而歸於至
> 當不可易，之謂理；無欲無為又焉有理？[212]

據現象事實論之，有欲方有為，有為至「不易之則」，便是「理」。又「人」乃血氣心知之氣化流行，所以除「欲」之外，尚有「情」，故其亦主：

(3) 情之不爽失謂之理

> 理也者，情之不爽失也，未有情不得而理得者也。凡有所施於
> 人，反躬而靜思之：「人以此施於我，能受之乎？」凡有所責於
> 人，反躬而靜思之：「人之以此責於我，能盡之乎？」以我絜之
> 人，則理解，天理云者，言乎自然之分理也；自然之分理，以我
> 之情絜人之情，而無不得其平也。[213]

---

[211] 前者同注 207；後者見〈道一〉，《孟子字義疏證》下，頁 313。

[212] 同注 207，《孟子字義疏證・後序》，頁 1094。

[213] 同注 207，《孟子字義疏證》上，頁 265-266。

以見戴震認為「情」並非惡，相反的，其視「理在情中」。「理也者，情之不爽失也。」所謂「情之不失」在「反躬自省」以「情絜情」；在有所作為時，先設身處地為別人著想，己所不欲則勿施於人，這樣做，便是情之理也。然人之所以有不善，那是因「欲」之失——「蔽」與「私」造成，所謂：「人之不盡其才，患二：曰私，曰蔽。」[214]是以「止於至善」之實踐功夫必先做到：「學以去其蔽，恕以去其私」。

2. 踐履性善之道在「學」與「絜矩」

戴震主「性善論」，但是其「性善論」是從踐履角度、事實結果的「人能全乎理義」，而非源頭處來說的。[215]畢竟其所主的「性」是氣之「分殊性」，所以並非「性即是理」，「性」會因人之異而異，是以道德修為落實在現實世界中，必得經過「涵養」，而「涵養之道」在於：以學養其智，以恕去其私。經過涵養後，人是可以擇善而「全乎理義」的。所以經過一番修為努力後，人是可以完成道德實踐至「條理無爽失」的狀態，此便達至「理」的境界。如此踐履之行為至無失無憾的境界，就是「性善」的完成。

然戴震論性、理，皆從「情欲」出發，為何經過涵養後，可導之向善？學者研究指出：對戴震而言，「情欲」是可以導之向善的。他從「理義乃情欲之歸趨」的角度論「性」，因此，得到了「性善」就是以「情欲」之自然為出發，而必然地以理義為歸趨——亦即道德實踐完成以後所呈現之善的結論。[216]其性善實踐功夫即是：

(1) 以學養其智，去其蔽

> 余嘗謂學之患二：曰私，曰蔽。……儒者之學，將以解蔽而已矣。解蔽，斯以盡我生；盡我生，斯欲盡乎義命之不可已；欲盡乎義命之不可已，而不吾慊志也。[217]

---

[214] 同注 207，《原善》卷下，頁 1085。
[215] 張麗珠先生：〈戴震「發狂打破宋儒《太極圖》的重智主義道德觀」〉《清代義理學新貌》，（臺北：里仁書局，2006 年 7 月），頁 152。
[216] 同上注，頁 160。
[217] 同注 207，〈沈處士戴笠圖題詠序〉，《戴東原先生全集》，頁 212。

又：

> 理義在事，而接於我之心知。血氣心知，有自具之能，……心能
> 辨乎理義，味與聲色，在物不在我，接於我之血氣，能辨之而悅
> 之，其悅者，必其優美者也。理義在事情之條分縷析，接於我之
> 心知，能辨之而悅之，其悅者，必其至是者也。[218]

藉由人的心知可辨別事理、可悅於理義，所以人的心知即具有理性認識
與思辨的能力，如此，人當努力學習，以解蔽；儒學之要亦在「解蔽」
矣。由此可看出戴震以為人之所以有偏失、不善之處，端在「無明」，
「無明」是以蔽於事理，然解決「無明」之方，即是「學習」。所謂：

> 學以牖吾心知，猶飲食以養吾血氣，雖愚必明。[219]

又：

> 人之幼稚，不學則愚。……學以養其良，充之至於賢人聖人。[220]

又：

> 惟學可以增益其不足而進於智，益之不已，至乎其極，如日月有
> 明，容光必照，則聖人矣！[221]

知其強調「學習」重要，不斷學習，除可充實自己心知外，更是達到
「聖人」之境的必經過程。藉「以學養智」，使己知書達理，使己行為
處事皆「全乎理義」，如此方能達到「性善」理想實踐。

(2) 以恕去其私

　　戴震以為人因自私，只求「守己自足」與「獨得於心」，是以無法
通於他人，此乃「私而不仁」，亦即宋儒所謂：「麻木不仁」[222]；反

---

[218] 同注 207，《孟子字義疏證》上，頁 269。
[219] 同注 207，〈與某書〉，《孟子字義疏證》附錄，頁 1100。
[220] 同上注，〈才三〉，《孟子字義疏證》下，頁 313。
[221] 同上注，〈理六〉，《孟子字義疏證》上，頁 290。

之，若能以情絜情，推己及人，知己欲而思他人亦有所欲，己欲「達」思他人亦欲有所「達」，如此，己欲立而立人，己欲達而達人，便可「去私」盡仁。所謂：

> 人之有欲，通天下之欲，仁也；……飲食男女，生養之道也。天地之所以生生。……是故去生養之道者，賊道者也。細民得其欲，君子得其仁。遂己之欲，亦思遂人之欲，則仁不可勝用矣。快己之欲，忘人之欲，則私而不仁。[223]

然其中推己及人、以情絜情，即《大學》所謂「絜矩」之道、孔子所謂的「恕道」──「仁」的表現[224]。又：

> 天下之事，使欲之得遂，情之得達，斯己矣。惟人之知，小之能盡美醜之極致，大之能盡是非之極致，然後遂己之欲者，廣之能遂人之欲，達己之情者，廣之能達人之情。道德之盛，使人之欲無不遂，人之情無不達，斯己矣。欲之失為私，私則貪邪隨之矣；情之失為偏，偏則乖戾隨之矣；知之失為蔽，蔽則差謬隨之矣。不私，則其欲皆仁也，皆禮義也；不偏，則其情必和易而平恕也；不蔽，則其知乃所謂聰明聖智也。[225]

知人是可以將「達情遂欲」推廣至他人的。人之所以不能，在「欲之私」，因私則貪邪隨之；在「情之偏」，偏則乖戾產生；在「知之

---

[222] 程子曰：「醫書以手足痿痺為不仁，此言最善名狀。仁者，以天地萬物為一體，莫非己也。認得為己，何所不至；若不有諸己，自不與己不相干。如手足之不仁，氣已不貫，皆不屬己。故博施濟眾，乃聖人之功用。仁至難言，故止曰：『己欲立而立人，己欲達而達人，能近取譬，可謂仁之方也已。』欲令如是觀仁，可以得仁之體。」見於二程著：《程氏遺書》卷2上，（上海：上海古籍出版社，2000年），頁65。

[223] 同注207，《原善》卷下，頁347。

[224] 前者見《禮記・大學》云：「君子有絜矩之道也。所惡於上毋以使下，所惡於下毋以事上，所惡於前毋以先後，所惡於後毋以從前，所惡於右毋以交於左，所惡於左毋以交於右，此之謂絜矩之道。」同注137，頁903；後者見《論語・里仁》載：「曾子云：『孔子之道，忠恕而已矣。』」朱熹釋：「盡己之謂忠，推己之謂恕。」同注127，頁72。

[225] 同注208，〈才三〉，《孟子字義疏證》下，頁312。

蔽」，因蔽方形成差謬。倘若人能有「己欲立而立人，己欲達而達人」，「己好亦要他人好，大家都要好」的思想，那麼，就是「去其私」的表現，「去其私」就是「仁」、「恕」的作為，則情或欲皆是「禮義聖智」的流露。

3. 宋學乃「以理殺人」之意見

宋儒自證道德本體，甚至主「德性之知，不假見聞」，使得道德修養演變成不須讀書窮理，有所謂「現成良知」出現，學者只求向內自修成聖，不顧國事。清初學者鑑於此，又紛紛以漢學是宗，強調訓詁考證，「實事求是」。對此學術兩大流派，戴震以為：

> 有漢儒經學，有宋儒經學；一主訓詁，一主理義；此誠震之大不解也者。夫所謂理義，豈可以舍經而空憑胸臆。將人人鑿空得之，奚有於經學之云乎哉！……歧訓詁理義二之，是訓詁非以明理義，而訓詁胡為？[226]

對於宋儒「舍經而空憑胸臆」，強調向內自省證悟的「義理」，戴震頗不以為然。似乎此形上至善之理，只要經由「反身而誠」、「自反而縮」內向存省來自我察識，這樣人人便可自謂得理。[227]亦即謂：「憑在己之意見，是其所是而非其所非。」[228]所以宋儒自證之理便不客觀，戴震反對此空憑「義理」，主張回歸經典，「實事求是」，以訓詁求「義理」，較切合實際。然，「訓詁」志在明「義理」，非為訓詁而訓詁矣。又對宋儒之理，其以為是一罔顧民生實際的「意見」，其云：

> 雖視人之飢寒號呼，男女哀怨，以至垂死冀生，無非人欲。空指一絕情欲之感者為天理之本然，存之於心，乃其應事，幸而偶中，非曲體事情，求如此以安之也；不幸而事情未明，執其意見，方自信天理非人欲。

---

[226] 同上注，〈題惠定宇先生授經圖〉，《戴東原先生全集》，頁1114。
[227] 同注215，頁162。
[228] 同注207，〈理五〉，《孟子字義疏證》上，頁289。

又：

> 今既截然分理欲為二，治己以不出於欲為理，治人亦必以不出於
> 欲為理。舉凡民之飢寒愁怨，飲食男女，常情隱曲之感，咸視為
> 人欲之甚輕者矣。輕其所輕，乃曰：「吾重天理也，公義也。」
> 言雖美，而用之治人，則禍其人。[229]

罔顧飢寒愁怨、飲食男女等「人」本來的生之希求，且視為人欲而捨
棄，只論述形上「天理」、道德本體等等，此理無異是空談之理，理亦
非理，應視為「意見殺人」。[230]戴震又云：

> 聖人之道，使天下無不達之情，求遂其欲而天下治。後儒不知
> 情之至於纖微無憾是謂。而其所謂理者，同於酷吏之所謂法。
> 酷吏以法殺人，後儒以理殺人。浸浸乎捨法而論理，死矣，更
> 無可救矣。

以為在此「理」名教下，人之性情被壓抑、禁錮，活似死人般，此理則
如同殺人武器。是以又云：

> 尊者以理責卑，長者以理責幼，貴者以理責賤，雖失，謂之順；
> 卑者、幼者、賤者以理爭之，雖得，謂之逆。[231]

以離「情欲」所言之理，未能顧及他人之情與欲，則是一種自以為的必
然之理，於是不合己之理者，便強以一己之理為理，責於他人必從之，
便是一種以強凌弱、「適成忍而殘殺之具」的權勢壓迫。[232]戴震對此不
具經驗基礎、缺乏普遍意義的一己之理，認為是一種挾「天理」之名對

---

[229] 同注 208，《孟子字義疏證》下，頁 323。

[230] 段玉裁：《戴東原先生年譜》載：「先生丁酉正月十四日，作書與玉裁
曰……古賢人聖人，以體民之情，遂民之欲為得理。今人以己之意見不出於
私為理，是以意見殺人。咸自信為理矣。」同注 206，頁 68。

[231] 同注 208，前者見《孟子字義疏證》下，頁 323；後者見《孟子字義疏證》
上，頁 298。

[232] 同注 215，頁 180。

他人所造成的一種「壓迫」，是故其以為「使人任其意見則謬，使人自求其情則得」[233]，主「理」必要先通情而後始能達理也。

（二）情理論之衍續

戴震大力推翻宋儒〈太極圖說〉後，則提出一套頗有系統的「情欲論述」，呼籲所有人正視「情欲」，但非縱欲；然此一哲學理論並不見重於當世[234]。誠如侯外盧先生所云：戴震學說在當時並未成為支配的學說，沒有起著社會影響，因而歷史價值也是有限的。[235]但問題是「戴震哲學」就因此蕩然無存乎？實不然也，殊不知後續闡述者竟連綿不絕，如：史學大師錢大昕、四庫館總纂修之紀昀，「揚州學派」的汪中、焦循、阮元與凌廷堪，乃至孫星衍、俞正燮、包世臣，著《鏡花緣》的李汝珍、主今文經學圖強救國的龔自珍以及至同治時的黃式三等等學者，都有相關著作與論述。[236]以見「戴震哲學」對後世學者或多或少仍有所影響。

在此，舉例說明以見其梗概。戴震「以理殺人說」影響，如史學大師錢大昕（1728～1804）對宋儒所謂「餓死事小，失節事大」的「吃人禮教」，相當反對，視為「非人道」之謬論。其云：

> 去婦之義，非徒以全丈夫，亦所以保匹婦。後世閭里之婦，失愛於舅姑，讒間於叔妹，抑鬱而死者有之；或其夫淫酗凶悍，寵溺嬖媵，凌迫而死者有之。准之古禮，固有可去之義，亦何必束縛之，禁錮之，置之必死之地以為快乎！先儒戒寡婦之再嫁，以為

---

[233] 同注207，〈理五〉，《孟子字義疏證》上，頁290。

[234] 如其門生洪榜：〈與朱筠書〉云：「《孟子字義疏證》……然則非言性命之旨也，訓故而已矣！度數而已矣！」又朱筠亦云：「可不必載，性與天道不可得聞，何圖更於程朱之外復有論說！戴氏可傳者不在此。」見江藩著、錢鍾書先生主編：《漢學師承記》（外二種），（香港：三聯書店，1998年），頁117、119。

[235] 氏著：《中國思想通史》，（北京：人民出版社，1956年），頁462。

[236] 許蘇民先生：《戴震與中國文化》第八章至第九章均有相關論述，（貴陽：貴州人民出版社，2000年10月），頁195-288。

> 餓死事小，失節事大，予謂……去而更嫁，不謂之失節。使其過
> 在婦歟？不合而嫁，嫁而仍窮，自作之孽，不可逭也。使其過不
> 在婦歟，出而嫁於鄉里，猶不失為善婦，不必強而留之，使夫婦
> 之道苦也。[237]

對「改嫁之女」謂為「失節」，提出強力反論；且亦揭露出宋儒「吃人禮教」專制，將戴震所謂宋儒「以理殺人」之說，進一步具體闡揚。

另外，與戴震頗有「肝膽批露，情話分明」[238]深情的紀昀（1724～1805），表面上雖反戴震批判理學思想，但從其著作中，如《四庫全書總目提要》與《閱微草堂筆記》等，可發現到其與戴震學說近乎一致。如戴震斥宋儒「天理」乃「一己之意見」，紀昀亦說宋人談道學者「各執意見」。在《四庫全書總目提要》中論《伊洛淵源錄》指出：

> 宋人談道學者宗派自此書始，而宋人分道學門戶亦自此書
> 始。……其君子各執意見，或釀為水火之爭；其小人假借因緣，
> 或無所不至。[239]

在其《閱微草堂筆記》中更是以故事方式，具體批駁宋學「存天理，去人欲」之弊。[240]

戴震主「訓詁明義理」治學一途，力從考據中開出「義理」者，如章學誠（1730～1802），其〈書〈朱陸〉篇後〉一文，即肯定戴君學術地位，其云：

---

[237] 錢大昕：〈答問五〉《潛研堂文集》卷 8，（上海：上海古籍出版社，1989年），頁 108-109。

[238] 紀昀：〈三十六亭詩・偶懷故友戴東原成二絕句錄示王懷祖給事，給事，東原高足也〉云：「批肝露膽兩無疑，情話分明憶舊時。宦海浮沉頭欲白，更無人似此公癡。六經訓詁倩誰明，偶展遺書百感生。揮塵清談王輔嗣，似聞顏薄鄭康成。」（《紀曉嵐文集》第 1 冊卷 11，石家莊：河北教育出版社，1991 年），頁 531。

[239] 紀昀：《四庫全書總目提要》，（北京：中華書局，1965 年），頁 519。

[240] 這方面，詳見許蘇民先生：《戴震與中國文化》第八章論述，同注 236，頁213-220。

> 凡戴君所學，深通訓詁，究於名物制度，而得其所以然，將以明
> 道也。時人方貴博雅考訂，見其訓詁名物有合時好，以謂戴之絕
> 詣在此。及戴著《論性》、《原善》諸篇，於天人理氣，實有發
> 前人所未發者，時人則謂空說義理，可以無作，是固不知戴學者
> 矣。[241]

於此章學誠再次肯定戴學「絕詣」，乃是在「義理」方面，非一般人之
見——名物訓詁考證而言。此外，其並主「考證」、「辭章」與「義
理」三者並重。[242]以見學術應由「考據」走出至「義理」的治學思路，
是與戴震相同之見。

　　另外，據張舜徽先生研究：「揚州學派」可謂「戴學衍續」[243]。實
則揚州不少學者的「義理思想」更是承繼戴震思想而來，如：汪中
（1744～1794）〈大學平議〉反宋學教條與獨斷；又其〈女子許嫁而婿
死從死及守志議〉更是對程朱所強化的「節烈觀」提出嚴厲批判[244]。

　　曾自許治學私淑於戴震的焦循（1763～1820），亦提出「以理殺
人，與聖學兩」的說法，高度認同戴震學說；其治學更是主張「性靈解
經」，排除「道」作先驗「天理」意蘊，而是還原為人性與人倫日用。
尤其焦循「性善說」主「能知故善」說，將戴震「心知」悅「理義」之
道德連結做更進一步說明[245]。

---

[241] 章學誠：《文史通義·內篇二》，《文史通義新編》，（上海：上海古籍出
版社，1993 年），頁 76。
[242] 同上注，《章氏遺書鈔本》，（臺北：漢書出版社，1973 年），頁 183。
[243] 張舜徽先生：《揚州學記》云：「大抵揚州諸儒學術，……實衍戴學遺
續。」，《清儒學記八》，（濟南：齊魯書社，1991 年），頁 451。
[244] 汪中：〈大學平議〉云：「孔門設教，初未嘗以為至德要道，而使人必出於
其途……宋儒標《大學》以為綱而驅天下從之，此宋以後門戶之爭，孔氏不
然也……。」〈女子許嫁而婿死從死及守志議〉云：「先王之惡人以死傷生
也，故為之喪禮以節之，其有不勝喪而死者，禮之所不許也，其有以死為殉
者，尤禮之所不許也。」《述學》，（汪中著、田漢雲先生點校《新編汪中
集》，揚州：廣陵書社，2005 年），頁 381、頁 376。
[245] 焦循：〈讀書三十二贊〉中贊《疏證》云：「性道之談，如風如影。先生明
之，如昏得朗。先生疏之，如示諸掌。人性相近，其善不爽。惟物則殊，知識
罔之。仁義中和，此來彼往。各持一理，道乃不廣。以理殺人，與聖學兩。」

　　力主「以禮代理」的淩廷堪（1755～1809），於人性亦不過是「好惡兩端」，一反拂人性──「好人之所惡，惡人之所好」的程朱理學。又聖人之道，亦認為：「至平且易也」[246]，主「道」在人倫日用中顯，非先驗之理。

　　身為乾嘉經學的領袖──阮元（1764～1849），甚至是「扮演了總結十八世紀漢學思潮的角色」者[247]，其治學遵訓詁以通經義，關於「人性論」，則有〈性命古訓〉探究，其性說不離戴震「血氣心知」的「人性論」。[248]

　　當然，「揚州學者」尚有許多，然有關這方面進一步論述，可參閱本書第肆章與第伍章。

　　李汝珍（1763～1830）的《鏡花緣》雖是一小說，但裡面闡明許多「尊戴」的學術思想與對傳統禮教批判[249]。有學者以為：其通過寫小說來宣傳戴震的人道主義思想，使戴震思想可以傳入尋常百姓之家。[250]大力

　　其治經主：「以己之性靈，合諸古聖之性靈，並貫通于千百家著書立言者之性靈。」；「能知故善」說出自其〈性善解三〉：「性何以善？能知故善。」又〈性善解一〉亦云：「性無它，食色而已。飲食男女，人與物同之。……有聖人出，示以嫁娶之禮，而民知有人倫矣；示以耕耨之法，而民知自食其力矣。以此示禽獸，禽獸不知也，則禽獸之性不能善；人知之，則人之性善矣。……惟其可行故性善也。……惟人能移，是可以為善矣！」見氏著：《雕菰集》，（臺北：鼎文書局，1977年），頁85、頁127、頁127。

[246] 淩廷堪：〈好惡論〉：「人性初不外乎好惡也。……好惡生於聲色與味，為先王制禮節性之大原。」〈復禮論〉云：「聖人之道，至平且易也。《論語》記孔子之言備矣，但恆言禮，未嘗一言及理也。」（王文錦先生點校《校禮堂文集》，北京：中華書局，1998年），頁141、頁31。

[247] 同注195，侯外廬：《中國思想通史》，頁577。

[248] 阮元：〈性命古訓論〉云：「欲生於情，在性之內，不能言性內無欲。欲不是善惡之惡。天既生人以血氣心知，則不能無欲。」《揅經室一集》，（北京：中華書局，1993年），頁199。

[249] 李汝珍：《鏡花緣》第16、17、18回中，藉紫衣女子與老儒多九公反復辯難，闡明戴震學術思想；又第22回表明反對纏足；第51回表明反對男子納妾，要求男子應「反求諸己，將心比心。」又第42回主男女智慧平等。《鏡花緣》，（臺北：華正書局，1978年），頁105-113、頁114-121、頁122-130、頁153-160、頁373-380、頁308-314。

[250] 同注236，頁272。

提倡男女平等、呼籲婦女解放的思想先驅──俞正燮（1775～1840）[251]，其〈節婦說〉公然鼓吹婦女再嫁的合理性；〈貞女說〉憤怒控訴強迫女子「節烈」慘無人道之暴行；〈妒非女子惡德論〉大力抨擊傳統一夫多妻制，力主「一夫一妻制」。[252]觀其諸論述，實深受戴學「情理論」的影響，於程朱理學更加具體批判。

力究民生疾苦之弊的包世臣（1775～1855），推崇戴震之學為「淹雅」；對於用兵之道，倡「三字者近人情，四字者不難為人」之說[253]，實與戴震善體民情的思想一致。又晚清時曾大力呼籲社會改革，批判君主專制的龔自珍（1792～1841），其〈明良論〉與〈乙丙之際著議〉等文，學者以為：此確立了龔自珍一生思想的主旋律，即：繼承和發揚戴震的社會批判精神，批判君主專制和社會習俗的專制，呼喚個性解放和社會改革。[254]

由上述，我們可以發現儒學思想到清代，有一很大轉變，就是企圖擺脫宋明理學形上思辨的桎梏，而走向社會群體的具體建設。儒學發展至此，可能已不是個人內在的道德修為──如何成聖、成賢，而是如何在現實經驗中重整社會秩序或達到「經世致用」的目的。

這個轉變可追溯至明末，一如「泰州學派」、李贄、呂坤，乃至劉蕺山先生等學者對情、欲與性、理、氣等，有異於往昔理學家之論述。張壽安先生說：「『達情遂欲』是晚明以降社會文化思想上的一大走向。」[255]又溝口雄三先生亦以為：明清儒學思想有一「坐標轉移」，就是從「滅人欲的天理」到「存人欲的天理」。[256]余英時先生對此儒學價

---

[251] 見周作人先生：《藥堂雜文集・讀初潭集》，《周作人全集》第四冊，（臺中：藍燈文化出版社，1982 年），頁 250。

[252] 見俞正燮：《癸巳類稿》卷 13，諸偉奇先生等校點《俞正燮全集》，（合肥：黃山書社，2005 年），頁 629-630、頁 631、頁 632-633。

[253] 包世臣：〈紀三先生九十壽序〉云：「其時淹雅推休寧庶吉士戴震……。」另一用兵之道見胡樸安先生：《包慎伯先生年譜・嘉慶四年條》，《包世臣全集》，（合肥：黃山書社，1991 年），頁 68、頁 213。

[254] 同注 236，頁 283。

[255] 張壽安先生：《十八世紀禮學考證的思想活力──禮教論爭與禮秩重省》，（北京：北京大學出版社，2005 年），頁 4。

[256] 溝口雄三先生著，林右崇先生譯：《中國前近代思想的演變》，（臺北：國立編譯館，1994 年），頁 3。

值觀轉變亦視為是明清儒學「基調的轉變」。[257]宋明理學本是「存天理，去人欲」，在此明清儒學則為「理存乎欲」中，正視人性「情欲」之私，視為人本然之理，是以此理不再是形上天理，而是形下經驗「不失其則」之理。所以「情之不爽失，謂之理」，益顯「情欲」合理之可貴，但絕非放蕩「情欲」。因此，人人自證抽象之理，自謂得理，還不如社會具體規範所達成的共識。然此規範，姑且名之為「禮」，此「禮」勢必在人我「情欲」的理論上奠基，關於這「理」之轉型──從「理氣二元」、「性善情惡」說到「理氣一元」或「理欲一元」論，有學者命名為「從天理到情理」。而清儒對規範進行重省，就奠基於此「情理」。[258]

此「情理說」至戴震，方正式形成一股驅動力[259]，之後，引起不少學者對傳統「禮教」不合理處紛紛提出，做一反省與改革。是以重省儒學「禮教」，亦強調「緣情制禮」、「禮以義起」與「禮，時為大」的意義。

然不論如何，清儒「禮」之改革，根源於「理」之轉變，是以天理變至情理，戴震的論說是一關鍵，在學術史上是不可抹滅與忽視的。其批判宋儒「以理殺人」，促使後來學者專對禁人欲之「禮教」，提出批判與改革，如錢大昕、汪中，乃至俞正燮等學者皆是，尤其對婦女之專制壓抑等「禮教」，如：纏足、婿死從死、改嫁失節等論，提出駁斥與批判。又戴震「以情絜情」去私求仁之論，至後來焦循亦提出「情通」之說，其更以《易》說解「旁通」，便是「彼此相與以情」，如此方是做到「己欲立達，則立人達人」之境。[260]乃至阮元「相人偶」的「仁

---

[257] 余英時先生：《現代儒學的回顧與展望──從明清思想基調的轉換看儒學的現代發展》，收入氏著《現代儒學論》，（香港：八方文化，1996 年），頁 8-27。

[258] 同注 255，頁 6。

[259] 據張壽安先生云：「十八世紀初，禮學興起，百餘年間以狂飆之勢披靡天下，挑戰程朱理學。這股乍看是以移風易俗為訴求的文化運動，終極攻伐的竟是宋明以降天理觀念下嚴屬尊卑的『三綱綱紀禮教』，包括理念與形式；而作為其驅動力的，正是戴震、凌廷堪以降『以欲為首出』的自然人性論」。同注 255，〈自序〉。

[260] 焦循：〈寄朱休承學士書〉云：「《易》道但教人旁通，彼此相與以情。己所不欲，則勿施於人；己欲立達，則立人達人。此以情求，彼亦以情與。自

學」，強調人彼此間親愛互助。晚清譚嗣同的「衝決網羅」仁學[261]，是否亦是一脈相襲而來？梁啟超主「公德」新道德說[262]，是否亦是對傳統「仁學」的反駁，轉向以民族、國家、社會、群體為關懷的新道德標準？

又戴震主考據進求「義理」，以「義理」為歸趨，此對於後來學術從考據走出「義理」，有一很大影響。如章學誠、揚州諸多學者等，求創新求博通，便是一顯著趨勢，爾後，今文經《公羊》學產生，龔自珍、魏源、康有為等倡變革，是否亦是一大覺醒！又戴震以「理義為情欲歸趨」，主心知之明為行善之端，此為後來焦循所倡「能知故善」說，以顯「重智」主義傾向。在歷來「尊德性」重道德內修下，於「知識」、「科技」、「法理」旁落，在此清儒強調「學習去蔽」之要後，方凸顯其知識等價值，是以乾嘉頗多學者，於科技、算學、天文等方面有不少著作，如焦循〈加減乘除釋〉、〈釋弧〉、〈釋輪〉、〈釋橢〉等；阮元《疇人傳》一書等等。

戴震肯定人「情欲」發展，但非放蕩「情欲」，只是視其有而非無，並非禁而是合理。此一論說，於後來學者對「人性」都正視實際生理本能，如淩廷堪主「性者，好惡兩端而已」[263]，故強調「制禮節性」、「學禮復性」之要。主「以禮代理」論說，風起雲湧。由此，清學──實學，不僅是道德修養之身體力行，更是強調實際實用之學，不談空虛之理，而是重具體依憑或規範，予人們一行為準則，方是。

總之，明清以來，社會文化有一大變遷，此變遷於學術上，也帶來許多轉變，可說是形上轉至形下探討，天理變至「情理論述」，性理至善還原人性本然，智識重視，荀學地位提昇，不談空理，而倡「以禮代

然保合太和，各正性命。……孔子謂之仁恕，《大學》以為絜矩。此實伏羲以來聖聖相傳之大經大法。」，《雕菰集》卷 13，同注 245，頁 203。

[261] 譚嗣同：《仁學》自敘，梁啟超《清代學術概論》（二十七）轉引。

[262] 梁啟超先生：〈論公德〉，《飲冰室專集》，（臺北：中華書局，1978年），頁 341。

[263] 淩廷堪：〈好惡說上〉，《校禮堂文集》，同注 246，頁 141。

理」，重省傳統「吃人禮教」，力圖改革，強調人權與民主，欲建立一社會群體公然之秩序觀與價值觀。

第參章　橫向剖析
——清儒揚州學派情理論的內在理路建構

第一節　人性論述——性理探討

中國人喜言「理」，凡事講道理，然所謂的「理」何所指？許慎
（約58～147）：《說文解字》云：「理，治玉也。[1]」指玉石有自然紋
理，治玉亦順其紋理。引申為條理、事理，分理也。據馮契先生：《哲
學大辭典》定義，則是：在中國哲學史和中國倫理思想史範疇中，主要
指法則或規律也。[2]然「理」一字最早見於《孟子·告子上》：「心之
所同然者何也？謂理義也。」以「理」為待人接物之當然準則，中國哲
學將之隸屬於道德倫理範疇。[3]

儒家思想順此「理」之道德運用，到宋時探究至深且遠，二程視
「理」為宇宙之本源[4]，朱熹（1130～1200）更對「理」做系統論述，
將「理」、「氣」二分，視形上者為道、為理；形下者為氣、為器
也。[5]甚而以性為理，以人類之本然之性為理，內具仁義禮智等理，是

---

[1] 東漢·許慎著、清·段玉裁注：《說文解字注》，（臺北：天工書局，1992
年），頁15。
[2] 馮契先生主編：《哲學大辭典》，（上海：辭書出版社，2001年），頁816。
[3] 同上注，頁816。
[4] 程顥云：「天者理也」；程頤云：「天下物皆可以理照，有物必有則，一物
須有一理。」又「一物之理即萬物之理」，前者見《二程遺書》卷11，後者
見《二程遺書》卷18、卷2上，（上海：上海古籍出版社，2000年），頁
178、頁242、頁63。
[5] 朱熹：〈答黃道夫〉云：「天地之間，有理有氣。理也者，形而上之道也，
生物之本也；氣也者，形而下之器也，生物之具也。」又「有是理，便有是
氣，但理是本。」前一則見《朱子文集》第6冊，（臺北：德富文教基金
會，2000年），頁2798；後一則見《朱子語錄》卷1，（北京：中華書局，
1994年），頁13。

以有所謂「性即是理」說。[6]以人性是天理，未墮於形氣，是以純然至善（按：性是純然至善之理嗎？對於人性，值得省思），相對地，形下之「氣」，有渣滓[7]，附帶著情與欲，昏濁、不明，故須「存天理，去人欲」，方是格致誠正修齊之道。至王陽明（1472～1529）更以「心外無理，心外無義」表明「理」在心中，眾理只應「心」中有，求理在心中。[8]更著重於道德內在修養，而省略外在讀書學習窮理之功夫。

然明清之際（約公元十六世紀至十九世紀），是中國傳統社會走向現代社會的一段過渡時期。這一段歷史時期，有人將其比作歐洲的文藝復興時期[9]，有人將其看作是中國的早期啟蒙思想時期[10]，也有人反對這種比附性的說法[11]。不管我們怎麼判定這一時期的哲學思想性質是如何，然而有一點不可否認的，那就是始終圍繞著宋明理學學者所提出的有關「氣質之性」與「義理之性」的二元人性論問題，探討不休。然這三百年來，許多思想家們競相提出了是與之相反的論點。張壽安先生說得好，其云：

> 事實上，禮教與情欲的爭辯源始於十七世紀，並且一直活躍在十八、十九世紀，是這三個世紀知識份子所熱切關懷並力圖平衡的

---

[6] 朱熹：「道是在物之理，性是在己之理。然物之理，都在我此理之中。」又「性是實理，仁義禮智皆具。」見《朱子語錄》卷 1、卷 2，同上注，頁 15、30。

[7] 朱熹云：「理無形；氣便粗，有渣滓。」見《朱子語錄》卷 1，同上注，頁 3。

[8] 王陽明：〈與王純甫〉云：「心外無物，心外無言，心外無理，心外無義」又〈陸澄錄〉：「虛靈不昧，眾理具而萬事出」，前者見《陽明全集》卷 1，（上海：上海古籍出版社，1992 年），頁 274；後者見葉紹鈞先生點注：《傳習錄》，（臺北：商務印書館，1991 年），頁 37。

[9] 梁啟超先生：《清代學術概論》，朱維錚先生校注：《梁啟超論清學史二種》，（復旦大學出版社，1985 年），頁 3。

[10] 侯外廬先生：《中國思想通史》第 5 卷，（北京：人民出版社，1956 年），頁 3。

[11] 見錢穆先生：〈第一章　引論〉云：「今自乾、嘉上溯康、雍，以及明末諸遺老；自諸遺老上溯東林以及於陽明，更自陽明上溯朱、陸以及北宋之諸儒，求其學術之遷變而考合之於世事，則承先啟後，如繩秩然，自有條貫，可不如持門戶道統之見者所云云也。余故述三百年學術，而先之以東林，見風氣之有自焉。……謂清初學風盡出東林，亦無不可。……考近三百年學術思想之轉變者，於書院之興廢及其內容之遷革，誠不可不注意也。」《中國近三百年學術史》，（臺北：臺灣商務印書館，1996 年），頁 21-22。

> 大問題。……最為學界陌生的是十八世紀，尤其是清代乾嘉這一
> 段。乾嘉學術一向被視為考據學，考據學之外無經世，考證之外
> 無義理。然而事實上，清乾嘉學者的考證背後不但有經世而且有
> 義理，只是不同於宋明性理形式的義理而已。其中更重要的是他
> 們對人性另有一套看法，即：緊緊扣住情欲。把情欲視為人性的
> 鮮活內容。[12]

乾嘉雖考據掛帥，但不可否認，社會思潮隱隱有股趨勢，即十七世紀以
來：「情欲」覺醒與禮學復興。儒學由明至清有所轉變，即從理學走向
禮學。重點是：儒學擺脫了以個人內在心性修為為主的哲學型態，走上
禮學實踐的社會型態。[13]對於人性論而言，學者統計研究，其中最為代
表性的論點有三種：

(一) 以李贄、顧炎武為代表的基於自然人性論基礎上的「人必有私
論」。

(二) 以王夫之為代表的「繼善成性」、「習與性成」與「性日生日成」
的辯證、發展的人性論。

(三) 以顏元、戴震等為代表的「氣質之性一元論」。[14]

　　不論如何，這三種人性論的觀點，可謂從不同面向展開了對宋明
理學為代表的傳統倫理學的批判。學者謂「為傳統的『重倫文』的倫
理學向現代的『重人文』的倫理學轉向奠定了人性論的基礎」[15]。傅斯
年先生云：

> 自明末以來所謂漢學家，在始固未與宋儒立異，即其治文辭名物
> 之方法，亦遠承朱熹、蔡沈、王應麟，雖激成於王學之末流，要

---

[12] 張壽安先生：〈禮教與情欲：近代早期中國社會文化的內在衝突〉，收入於
林慶彰先生等編：《張以仁先生七秩壽慶論文集》，（臺北：學生書局，
1998年），頁738。

[13] 同上注，頁738。

[14] 吳根友先生：〈明清之際三種人性論與中國倫理學的近代轉向〉，《明清哲
學與中國現代哲學諸問題》，（北京：中華書局，2008年），頁171。

[15] 同上注，頁172。

皆朝宗於朱子，或明言願為其後世。其公然掊擊程朱，標榜炎漢，以為六經、《論語》、《孟子》、經宋儒手而為異端所化者，休寧戴氏之作為也。（漢學家掊擊宋儒始於毛奇齡，然毛說多攻擊，少建設，未為世所重。）[16]

然這三種理論，惟戴震（1723～1777）公然抨擊宋儒「以理殺人」，極其肯定「情欲」的合理性；其說法可謂源遠流長，後繼頗多，影響最大[17]。學者指出：他的哲學思想，是繼王夫之（1619～1692）之後，對朱熹理學又一次批判性的總結。可謂真正的啟蒙主義思想家，亦是理學演變中的最後一位思想家。[18]其後繼之而起者多為「揚州學者」，是以至民初章太炎（1869～1936）、梁啟超（1873～1929）、胡適（1891～1962）等人，極力闡揚所謂「戴震哲學」，方使後人對戴震學說研究熱衷且重視不已。[19]

由於「揚州儒學」學者，頗多是戴震的學生，如段玉裁（1735～1815）、王念孫（1744～1832）等人，還有極欣賞戴震的學說，而欲私淑於他者，如淩廷堪（1757～1809）、焦循（1763～1820）、阮元（1764～1849）、劉師培（1884～1919）等人，可知承繼戴震之學說者，關於人性論的論述，大體而言，是偏向「氣質之性一元論」。其中，又以阮元於「性」、「命」之論述，影響最大。傅斯年先生云：

---

[16] 傅斯年先生：〈引語〉，《性命古訓辨證》，（廣西：桂林師範大學，2006年），頁1。

[17] 張壽安先生：〈禮教與情欲：近代早期中國社會文化的內在衝突〉云：「鮮為學界所知，戴震這種達情遂欲的思想在其身後一直傳衍下去，一般被學界認為只知考據的乾嘉學者，事實上幾乎都在伸揚這種新的人性論、及新的達情遂欲觀念。」同注12，頁748。

[18] 蒙培元先生：《理學的演變──從朱熹到王夫之戴震》，（北京：方智出版社，2007年），頁354。

[19] 李帆先生：〈章太炎、劉師培、梁啟超對戴震理欲觀的評析〉云：「戴震在清代思想、學術史上具有重要地位，除考據學外，其義理學也頗具創見。戴學之成為顯學，……與清末民初學者的大力闡揚密不可分。在這方面，章太炎、劉師培、梁啟超等人功不可沒。他們從不同視角對戴氏義理學所作的解說，甚至為後世的戴震思想研究建立了某種『範式』」，（《北京師範大學學報》（社會科學版）第188期，2005年2期），頁79。

戴氏之書猶未脫乎一家之言，雖曰疏證《孟子》之字義，固僅發揮自己之哲學耳。至《性命古訓》一書而方法丕變。阮氏聚積《詩》、《書》、《論語》、《孟子》中之論性、命字，以訓詁學的方法定其字義，而後就其字義疏為理論，以張漢學家哲學之立場，以搖程朱之權威。[20]

學者指出：戴震之後，能代之而起進行「情欲」研究的學者，主要是阮、焦、凌等「揚州學派」人物，循序漸進，起而提倡禮學，推崇「以禮代理」，成為清代中葉的學術新思潮。[21]在此，個人深入「揚州學者」之原典，分別就「性」、「理」、「情」、「欲」與「功夫」論，做綜合的分析與探究；發現他們於「性」的探究，共通點大可歸納有二，即一是血氣心知為性；二是好惡為性，能知故善。於「理」，大體一致主「以禮代理」、「情欲不爽失」為「理」與「一陰一陽之謂道」。於此「揚州學者」以《易》所主「一陰一陽之謂道」為立論依據，依此陰陽二氣是以「人」生，因「氣化」而來，不可避免有「情」有「欲」，是以人事中，「情欲」合理不失原則或不逾矩，謂之「理」。於「情」，他們返回經典主「情，實也」之說，與「以情旁通，推己及人」。於「欲」，其主「欲發乎情，緣於性，乃制禮之源」與「養情節欲」等說。於「實踐功夫」上，大體歸納有「重學習，多讀書」、「習禮為行仁之方」、「絜矩力行，聖賢之道」與「修身在改過，改過以變通，變通以時行」。

一、性——血氣心知

對於「性」，歷來學者探討不休，「揚州學者」繼承戴震所謂：「血氣心知[22]」之說，視「性」為實體氣質之性，形下經驗界之性，非

---

[20]　傅斯年先生：〈引語〉，《性命古訓辨證》，同注 16，頁 1。

[21]　王章濤先生：《阮元評傳》，（揚州：廣陵書社，2004 年），頁 277。

[22]　戴震：《孟子字義疏證》（中）云：「性者，分於陰陽五行，以為血氣心知，品物區以別焉。」（收入於《戴東原先生全集》，臺北：大化書局，1978 年），頁 302。

宋明儒的理氣二分，以性是純然至善之理，而氣寓欲，昏濁、雜然，必須去欲存理。然戴震的「性理觀」，是落實在現實社會中的，「性」具血、氣、心、知；「理」是客觀的事理、物理，非得之於天、具之於心的與生俱來內存的「性」。張立文先生指出：戴震的「性理觀」是以天道代替天命，人分有道而成性，便是人道，構成了天道－性－人道的哲學邏輯結構。[23]畢竟天理法則有賴於物質欲望而存在，物之不存，哪來法則？無「情欲」，哪有天理[24]？氣化生人，便有欲、情、知，即是人們的「血氣心知之自然」。正因「欲」以養其生，是人生的必要條件，然自然的「情欲」必須有一個「度」，這個「度」即是「理」[25]。繼此者，有江藩（1761～1831）：「生之所以然者謂之性。[26]」焦循（1763～1820）之「性無他，食色而已。飲食男女，與物同之。[27]」與王引之（1766～1834）主：「形體出於天性，不可改也。[28]」等論，以天所賦予「人」的本身，生之謂「性」，既有的形體，血肉之軀出於自然而然，不可改也，此謂之性。有此食色之性，必有人欲，方賴以維生與傳衍，所以不可能無欲，亦無法禁欲，惟「欲」不可縱，即戴震所謂「情之不爽失」，此便是「理」，然此理非「天理」，而是「情理」[29]。而此理由血、氣、心、知的「性」而來。後來阮元論「性」，其〈性命古訓〉則明白表示：「血氣心知」就是「性」，其云：

[23] 張立文先生：《中國哲學範疇發展史》（人道篇），（北京：中國人民大學出版社，1995年），頁43。

[24] 同上注，頁311。

[25] 整理自張立文先生：《理》，（北京：中國人民大學出版社，1991年），頁271。

[26] 江藩：〈原名〉云：「生之所以然者謂之性，散名之在人者也。」《隸經文》卷4，收入漆永祥先生整理《江藩集》，（上海：上海古籍出版社，2006年），頁66。

[27] 焦循：〈性善解一〉，《雕菰集》卷10，（臺北：鼎文書局，1977年），頁127。

[28] 王引之：〈小人革面〉云：「小人但改其顏面容色，則心未改，豈得遂謂之順從乎？至口在首上而為面，則形體出於天性，又不可得而變改也。」《經義述聞》卷1，（南京：江蘇古籍出版社，2000年），頁29。

[29] 張立文先生：〈第六節　戴震理為物則的思想〉云：「情之不爽失。理便成了情理。」同注25，頁271。

性字從心，即血氣、心知也。有血氣無心知非性也，有心知無血氣非性也。血氣心知皆天所命，人所受也。人既有血氣、心知之性，即有九德、五典、五禮、七情、十義，故聖人作禮樂以節之，修道以教之。因其動作，以禮義為威儀，威儀所以定命。……能者勤於禮樂、威儀，以就彌性之福祿；不能有惰於禮樂威儀，以取棄命之禍亂。是以周以前聖經古訓，皆言勤威儀以保定性命。[30]

又阮元為孫星衍（1753～1818）《問字堂集》作〈贈言〉，亦云：

漢人言性與五常，皆分合五藏、極碻，似宜加闡明也。而宋儒最鄙氣質之性，若無氣質血氣，則是鬼非人矣，此性何所附麗？[31]

阮元治學重漢儒注疏[32]，但非「惟漢是崇」。其主治經「但求其是」且「凡事求是必以實。[33]」所謂「實」，阮元以為：

商周人言性命多在事。在事，故實，而易於率循。晉唐人言性命多在心。在心，故虛，而易於傅會。[34]

以古聖先賢所論的性命，多有人為的具體事實，故實；而晉唐以後論性命，似乎憑心出於一意，師心自用，多穿鑿附會。阮元之崇實黜虛，故反晉唐以後性命之理，主回歸漢儒經典講究「性命」之真實意義。其主性乃血氣心知之性，據許慎：《說文解字》云：「情，人之陰氣有欲者

---

[30]　阮元：〈性命古訓〉，《揅經室一集》卷 10，（北京：中華書局，1993年），頁 217。

[31]　孫星衍：《孫淵如先生全集》，（影印《國學基本叢書本》，臺北：臺灣商務印書館，1968 年），頁 8。

[32]　阮元：〈西湖詁經精舍記〉云：「聖賢之道存乎經。經非詁不明。漢人之詁，去聖賢為尤近。……蓋遠者不若近者之實也。……舍詁求經，其經不實。」《揅經室二集》卷 7，同注 30，頁 547。

[33]　前者見阮元：〈焦里堂群經宮室圖序〉，《揅經室一集》卷 11，同上注，頁250；後一者見其〈宋硯銘〉，《揅經室四集》卷 2，頁 748。

[34]　阮元：〈塔性說〉，《揅經室續集》卷 3，同上注，頁 1059。

也。……性，人之陽氣性善者也。[35]」以氣質之性為性，且性、情不可分割，喜、怒、哀、樂、愛、惡、欲等本於性，發於情者也。所以性乃天所命，人所受，是一血氣心知之性，故聖人制禮作樂以節之，修道以教之，皆祈以「禮義」為威儀，勤威儀以保定性命。且以為無氣質血氣，是鬼非人矣，因性何所附麗？後來劉寶楠（1791～1855）亦以「性」作「血氣」之性講，其云：

> 然言「性與天道」，則莫詳於《易》，今即《易》義略徵之。〈繫辭上傳〉「一陰一陽之謂道。繼之者善，成之者性也。」……〈文言傳〉：「乾道變化，各正性命。」又曰：「利貞者，性情也。」〈說卦傳〉：「窮理盡性以至於命。」又曰：「昔者聖人之作《易》也，將以順性命之理。」此言性也。……鄭注此云：「性謂人受血氣以生，有賢愚。」案：受血氣則有形質，此「性」字最初之誼。……包氏汝翼《中庸說》：「性也者，天地之交氣也。天氣下降，地氣上升，交在於中，故〈傳〉曰：『人受天地之中以生』。性之於字，從心生，從生，人生肖天地，而心其最中者也。」案：包說即鄭《注》「人受血氣以生」之旨。血氣受之父母，父母亦天地之象也。孟子云：「形色，天性也。」形色即形質。人物各受血氣以生，各有形質。[36]

從《易》所論的「性」講起，此性，最初鄭注之意為：「謂人受血氣以生。」是以「人」在天地之中以生，是「氣」之聚散變化而來，當然，「性」則有父母之血氣形質之遺傳，故人物各受血氣產生，各有形質，此千古不變之理，不可改也。加上「性」字從心、從生講，證明有食色生性，與心知之性。所以在此，劉寶楠主性乃具「血氣心知」之性。

最後「揚州儒學」殿軍者——劉師培（1884～1919）於「性」，亦認為「血氣心知」乃性之實體。其以「性」字分解，「性」一從

---

[35] 同注 1，頁 502。

[36] 劉寶楠撰、高流水先生點校：《論語正義》，（臺北：文史哲出版社，1990年），頁 185。

「生」，是以指「血氣」而言；另一從「心」，則指「心知」也，合而
視之，「性」即「血氣心知」也。所謂：

> 血氣心知即性之實體。古代性字與生字同，性字從生，指血氣之
> 性言也。性字从心，指心知之性言也。性生互訓，故人性具於生
> 初。《禮記·樂記》篇云：「人生而靜，天之性也。」[37]

鮑國順先生指出：由性字从生从心的字形構造等，證明人性稟於生初，
「血氣心知」即為性之實體，其理論與方法，明顯是師從他的前輩學者
戴震、阮元而來[38]。他們以性作氣性來論，是一「以氣為本」的思想。
據張岱年先生等學者研究指出：此氣化論的代表人物，實可追溯自宋張
載（1020～1077）、羅欽順（1465～1547）、王廷相（1474～1544），
並延續至顧炎武（1613～1682）、王夫之（1619～1692）、顏元（1635
～1704）、戴震、焦循等人，並且以此系譜與程朱、陸王共三大思潮來
涵括自宋至清的「義理思想」[39]。所以性——「氣本論」思想，非清儒

---

[37] 劉師培：〈理學字義通釋·性情志意欲〉，《清儒得失論》，（北京：中國
人民出版社，2004年），頁115。

[38] 鮑國順先生：〈劉師培的人性思想研究〉，收入氏著《清代學術思想論
集》，（高雄：復文出版社，2002年），頁185。

[39] 張岱年先生：《中國哲學大綱·序論》云：「自宋至清的哲學思想，可以說
有三個主要潮流。第一是唯理的潮流，始於程頤，大成於朱熹。……第二是
主觀唯心論的潮流，導源於程顥，成立於陸九淵，大成於王守仁。……第三
是惟氣的潮流亦即唯物的潮流，始於張載，張子卒後其學不傳，直到明代的
王廷相和清初的王夫之才加以發揚，顏元、戴震的思想也是同一方向的發
展。……可以說北宋是三派同時發生的時代，南宋、元及明初是唯理派大盛
的時期；明中葉至明末是主觀唯心派大盛的時期；清代則是唯物派較盛的時
期。」《中國哲學大綱》，（北京：中國社會科學出版社，1994年），頁
26-27。另余英時先生：〈清代思想史的一個新解釋〉對於「明代，王廷相的
思想」亦強調：「王廷相……強烈反對所謂『德性之知』。……如果不見不
聞，縱使是聖人也無法知道物理。」其比喻得好，其云：「把一個小孩子幽
閉在黑房子裡幾十年，等他長大出來，一定是一個一無所知的人，更不用說
懂得比較深奧抽象的道理了。所以王廷相認為人雖有內在的認知能力，但是
必須通過見聞思慮，逐漸積累起知識，然後『以類貫通』。……專講求德性
之知的人，在他看來，是和在黑房子裡幽閉的嬰兒差不多的。……戴東原雖
然未必讀過王廷相的著作，但是戴的知識論卻正走的是王廷相的路數，而且

戴震等人所創，乃前有所承，淵源有自，不過，可以肯定是「氣本論」
思維在清代為盛，蔚為清儒主要的哲學思想。然與世界性現代潮流接軌
的思想，不可否認，即是以「乾嘉新義理學」為主軸的「清代新義理
學」，此「達情遂欲」的義理學，對現代化思維實具有導揚先路的作
用，是以有學者亦表示：此「清代新義理學」不能被從賡續「宋明氣
學」舊說或「宋明理學」修正性理論的學說蛻變角度看待，那是一種和
理學模式截然不同的新「義理」型態。[40]個人以為：「氣本論」前有所
承，以「氣」的角度看，清儒氣化形下之思，重經驗現實面，講實際具
體「血氣心知」等論，與「氣本論」內容不無關係，只是清代新義理學
不是僅「氣本論」一語以概括之，其內容肯定「情欲」、講「經世致
用」，進而主「禮學經世」，由「理」至「禮」，天理轉向「情理」探
討，甚至可說是「以禮代理」盛行的時代，此「禮學」非「氣本論」可
以涵蓋，是清儒正視現實需要，所提出的「力軸[41]」。所以它亦未必賡
續宋明之氣學舊說，而是修正宋明理學而來，它所反映的是一時代學術
潮流之趨勢。

比王廷相走的更遠、更徹底。」收入於余英時先生等編：《中國哲學思想論
集》（清代篇），（臺北：牧童出版社，1976年），頁26；亦見於田富美
先生：《清代荀子研究》，（臺北：政大中文博論，2006年），頁143；張
立文先生：《氣》，（北京：中國人民出版社，1990年），頁132-139、
188-193、206-263、276-297；袁爾鉅先生：〈理學與心學考辨──兼論確認
「氣學」〉，（《甘肅社會科學》總期第49期，1988年5月），頁27-31；
日本學者：山井湧原先生、金谷治先生等著、張昭先生譯：《中國思想
史》，（臺北：儒林圖書公司，1981年），頁209-306；加藤長賢先生監
修、蔡懋堂先生譯：《中國思想史》，（臺北：學生書局，1978年），頁
174-177。對於氣的論述，稱為氣本論、氣學、氣的哲學，探討頗多。
40 詳見張麗珠先生：《清代的義理學轉型》，（義理三書之三），（臺北：里
仁書局，2006年），頁297-398。
41 「力軸」一語出自張壽安先生：〈禮教與情欲：近代早期中國社會文化的內
在衝突〉一文，強調的是：從事歷史文化研究的學者，不應是批評議論，而
是「深刻誠摯的反省這個文化轉型的『力軸』」，因為「任何社會的轉型都
不可能是全盤式的改變，也絕不可能是迎頭趕上。文化是一種生活，……生
活習俗不可能一刀切斷，文化也不可能一夜改變。文化，表現在每個人每日
生活言行的舉手投足之間。因此，作為轉型的力軸，就必須對傳統文化重新
給予其『實然』的地位。」同註12，頁736。

二、好惡為性，能知故善

性是善是惡？從古至今爭論不休，莫衷一是，可謂立場不同，各自有理。然在揚州儒者中，多不明顯表態性是善抑是惡的，不過，一致是以好惡等欲在性內，強調學習、復禮或智識以引導「性」向善；凌廷堪云：

> 好惡者，先王制禮之大原也。人之性受於天，目能視則為色，耳能聽則為聲，口能食則為味；而好惡實基於此，節其太過不及，則復於性矣。《大學》言好惡，《中庸》申之以喜怒哀樂。蓋好極則生喜，又極則為樂；惡極則生怒，又極則為哀；過則溢於情，反則失其性矣。先王制禮以節之，懼民之失其性也。然則性者，好惡二端而已。[42]

廷堪對人性而言，無所謂善惡分別，只簡單表示人性有二種素質：好與惡而已。正因人有好惡，是以道德建立、禮則制定，都得依據此人我之好惡，來建立出人我共遵循的禮則。[43]好惡則生喜怒哀樂等情緒，過與不及，皆失其本性，所以先王制禮以節性，源自於此矣。換句話說，先王制訂禮的目的，不是為了壓抑或滅除「情欲」好惡，而是在於「節其太過不及」，防止人民「失其性」，以「復其性」；然此「復性」與宋明理學家所論回復到沒有「情」、沒有「欲」駁雜的「天理」是不同的。[44]然凌廷堪以好惡論性，實已落入現象界，屬經驗層次，或「氣」之層次；和宋明理學主形上本體論性，大相逕庭。[45]

---

[42] 凌廷堪：〈好惡說〉上，《校禮堂文集》卷 16，（北京：中華書局，1998 年），頁 140。

[43] 張壽安先生：《以禮代理──凌廷堪與清中葉儒學思想之轉變》，（臺北：中研院近史所，1994 年），頁 46。

[44] 田富美先生：《清代荀子研究》，（臺北：政大中文所博論，2006 年），頁 171。

[45] 整理自張壽安先生：〈禮教與情欲：近代早期中國社會文化的內在衝突〉，同注 12，頁 748。

　　和淩廷堪在學術上前後相呼應的，尚有焦循、阮元、劉寶楠等人；焦循不主性善或性惡，其主「食色，性也」而「能知故善」乃「性善」；焦循云：

> 性無他，食色而已。飲食男女，與物同之。當其先民，知有母不知有父，則男女無別也。茹毛飲血，不知火化，則飲食無節也。有聖人出，示之以嫁娶之禮，而民知有人倫矣。示之以耕耨之法，而民知自食其力矣，以此示禽獸，禽獸不知也；禽獸不知，則禽獸之性，不能善；人知之，則人之性善矣。……人之性可引而善，亦可引為惡，惟其可引，故性善也。牛之性可以敵虎，而不可以使之哂人，所知所能，不可移也。惟人能移，則可以為善矣，是故惟習相遠，乃知其性相近。若禽獸，則習不能相遠也。[46]

又：

> 性何以善？能知故善。同此男女飲食，嫁娶以為夫婦，人知之，鳥獸不知之；耕鑿以濟飢渴，人知之，鳥獸不知之。鳥獸既不能自知，人又不能使之知，此鳥獸之性，所以不善。……人之不善者，不能孝其父，亦必知子之當孝乎己；不能敬其長，亦必知卑賤之當敬乎己。知子之當孝乎己，知卑賤之當敬乎己，則知孝悌矣。……故論性善，徒持高妙之說，則不可定，第於男女飲食驗之，性善乃無疑耳。[47]

其主食色，性也。焦循另於《孟子正義・告子章句上》亦強調：「飲食男女，人之大欲存焉。欲在是，性即在是。」[48]又〈格物解二〉亦云：「飲食男女，人之大欲存焉。」[49]以生養欲求是人性的基本內涵，此實與禽獸無別，但人與禽獸仍有所不同，不同端倪在於「人知」，人能

---

[46] 焦循：〈性善解一〉，《雕菰集》卷 10，同注 27，頁 127。

[47] 焦循：〈性善解三〉，同上注，頁 127-128。

[48] 焦循：〈告子章句上〉，《孟子正義》下冊，卷 22，（長沙：岳麓書社，1996 年），頁 772。

[49] 焦循：〈格物解二〉，《雕菰集》卷 9，同注 27，頁 131。

「知之」，所以為滿足飲食男女之欲求，則有嫁娶、耕鑿之禮儀與作為，來達成人生養欲求之滿足。然禽獸不知此也，以此「知」可引性向善，否則，性可引至善亦可引至惡，但人之「知」引性為善，所以性相近，習相遠也，亦在此。人：能知故善，此「知」之正確與否、充實與否，乃人性變好、變壞之關鍵，亦向善、向惡之鎖鑰，所以後天的努力與學習，是焦循力主「性」——引導為「善」的重要論據。然人為善則命運可改，所以讀書與學習是改變人命運的關鍵。

阮元亦云：

> 《孟子·盡心》亦謂耳目口鼻四肢為性也。性中有味色聲臭安佚之欲，是以必當節之。古人但言節性，不言復性也。[50]

又：

> 欲生於情，在性之內，不能言性內無欲，欲不是善惡之惡。天既生人之血氣、心知，則不能無欲，惟佛教始言絕欲。若天下人皆如佛絕欲，則舉世無生人，禽獸繁也。此孟子所以說味、色、聲、臭、安、佚為性也。欲在有節，不可縱，不可窮。……欲固不離性而自成為欲也。[51]

阮元視「情欲」為人性的內涵，亦人性有情有欲在，然欲非惡，所以性無所謂善或惡，更毋須禁欲，亦不能禁欲，因人性既是血、氣、心、知，就不可能無欲，畢竟「廩食足而知榮辱」，人世鬧饑荒時，遑論禮義廉恥？所以人欲不可禁，但不可縱，端在「節制」，故節欲亦節性矣。此「理欲論」乃向下發展，是為性情的範疇，然此欲是否一定是指各己之私欲而言？是否亦可為公為群體謀利之欲？若是為公之欲，則如張載（1020～1077）所云：「天下公欲，即理也；人人獨得，即公也。」[52]所以為人人謀求之福利——公欲可為天理，然畢竟私欲與天理

---

[50] 阮元：〈性命古訓〉，《揅經室一集》卷10，同注30，頁211。

[51] 同上注，頁228。

[52] 張載：〈中正篇〉，《張子正蒙注》卷4，（上海：上海古籍出版社，2000年），頁163。

不兩立，所以自我創發之欲，是為促進社會群體進步而言者，是為公欲；若是自我享受物質欲望的無限性，便是私欲。此私欲，人們必須加以節制，即節欲[53]。

後來，劉寶楠以「人性近於善，世所謂不善，是『習』造成」。所以其亦以為「性」可引，然引之端在「知」，亦即「學習」，故亦主「能知故善」說；其引焦循之語，對「性善」做一解釋：

> 焦氏循：「性善」解：「性無他，食色而已。飲食男女，人與物同之。當其先民知有母，不知有父，則男女無別也。茹毛飲血，不知火化，則飲食無節也。有聖人出，示之以嫁娶之禮，而民知有人倫矣。示之以耕耨之法，而民知自食其力矣。以此示禽獸，禽獸不知也。禽獸不知，則禽獸之性不能善。人知之，則人之性善矣。以飲食男女言性，而人性善不待煩言自解也。禽獸之性不能善，亦不能惡；人之性可引為善，亦可為惡。惟其可引，故性善也。……惟人能移，則可以為善矣。是故惟習相遠，乃知其性相近，若禽獸則習不能相遠也。」[54]

然人性究竟如何？以今社會學家觀點來看，可以發現到現今社會學家所分析的「人性」，是：

> 人性就是人所具有的性格，從全人類來說有其共同性，從每個人來說也有某些特殊性。但總的說，人的共性或個性都不同於獸性。依靠語言、思維能力羣聚而居，互通聲氣，維護生存，以圖發展。人類就是這樣依據自然條件不同和各自的努力，分別地由低等到高等，由簡陋到豐裕地前進，發展情況不盡相同，人性則都一樣。否則，不同種族民族之間，怎能交往？[55]

---

[53] 張立文先生：〈第七節　理欲向義利公私和仁義的轉化〉，《中國哲學範疇發展史（人道篇）》，同注23，頁315。

[54] 劉寶楠：《論語正義》，同注36，頁677。

[55] 王康先生著：《人與思想──社會學的觀點》，（臺北：自立晚報社文化出版部，1990年），頁194。

論人，只要是人均有人性，且不論種族、國別、地域不同，人性是一樣的。是人類所具有的基本性格，有共同性亦有個別性，如個性、性向之異，然此性絕不同於獸性，正因人有此共同性，所以不同類的人可以互相交往與溝通，尋圖發展，故人類可以由落後進展至前衛，改善人類生活品質，這亦是人之有欲求而來，若無「欲求」何以力圖改善與進步？然若是禽獸的話，就無法力求進步與改善，所以人性有知、有欲，可以判斷與追求，方以成一富而有禮的「人」的世界。

三、以禮代理

明清儒者重「情性」，清儒更是「尊情」。重視人情好惡的「情性觀」，實可以戴震、凌廷堪、焦循、阮元等人為代表。他們以情論性，情不可滅，但須節性，不同於宋明理學「性即理」，以「天理」論性，性（理）與情（欲）對立，欲須去除。清儒與宋明理學的「理」，不同在於清儒強調是「情理」，理學強調是「天理」、「性理」。所以清儒論道德實踐的重心落在「制禮節性」之禮學講求上[56]，肯定趙岐注孟所謂：「情禮相扶，以禮制情；人所同然，禮則不禁。[57]」因此，他們所重是實際之「禮」，非玄虛之「理」，強調是「以禮經世」，主「以禮代理」。

關於此，實自汪中（1744～1794）即已具有人民性的社會思想[58]。其反宋儒表彰的《大學》之「理」，甚至對清統治者視人命如草芥，表示了抗議。尤其對宋明以來，高唱天理道德等教條，棄人欲於不顧的情況下，對婦女弱勢者的封建束縛，更是反對，其所謂的「理」絕不是宋明儒「形上天理」，而是「夫婦之禮」，所謂：

> 夫婦之禮，人道之始也。……許嫁而婿死，適婿之家，事其父
> 母，為之立後而不嫁者，非禮也。……今也，生不同室，而死則

---

[56] 張麗珠先生：〈清代義理學轉型與《四書》詮釋〉，收入氏著《清代的義理學轉型》（義理三書之三），（臺北：里仁書局，2006年），頁194。

[57] 焦循：《孟子正義》，同注48，頁1025。

[58] 侯外廬先生：《中國思想通史》第5卷，（十七世紀至十九世紀四十年代），（北京：人民出版社，2004年），頁476。

> 同穴,存為貞女,沒稱先妣,其非禮孰甚焉!……先王惡人之以
> 死傷生也,故為之喪禮以節之,其有不勝喪而死者,禮之所不許
> 也,其有以死為殉者,尤禮之所不許也。……事苟非禮,雖有父
> 母之命,夫家之禮,猶不得遂也。……婚姻之禮,成於親迎,後
> 世不知,乃重受聘。以中所見,錢塘袁庶吉士之妹,幼許嫁於高
> 秀水,鄭贊善之婢幼許嫁於郭。既而二子皆不肖,流蕩轉徙,更
> 十餘年,婿及女之父母咸願改圖,而二女執志不移。袁嫁數年,
> 備受箠楚,後竟賣之,其兄訟諸官,而迎以歸,遂終於家;鄭之
> 婢為郭所窘,服毒而死。……若二女者可謂愚矣。本不知禮,而
> 自謂守禮,以隕其生,良可哀也![59]

以「夫婦之禮」為「人道之始也」,見汪中對夫婦之禮的重視。然其所謂
夫婦之禮,不是宋明理學教條下,夫死殉節的婦道,強調的是婚姻之禮,
成於親迎,而非受聘。甚者,對於「許嫁而婿死」,為夫殉節,或貞節守
寡,汪中以為都是不合禮的,畢竟先王惡「人死傷生」,而有「喪禮」節
之,更何況為亡者而殉,此乃先王制禮所不允許。汪中在此,又舉袁枚之
妹與鄭虎文的婢女為例,說明實不必為未婚夫守貞與堅執不移。執志嫁娶
的結果,終以喪失性命,悲劇收場。汪中以為此二女子「可謂愚矣」,禮
不當如此,其自謂守禮,「良可哀也!」畢竟古書中並沒有說「一受其
聘,終身不二」,也沒有說「不聘二夫」,而她們兩人卻以為不聘二夫為
守禮,實在是「不知禮而自謂守禮」[60]。又學者指出:

> 在他同情封建社會婦女被壓迫的悲劇生活之言論中,可以看出他
> 的近代男女婚姻自由的思想,這是在古老的「禮」的外衣之下表
> 明出來的。……他不但主張男女社交自由,而且反對封建禮教束縛
> 之下的夫死殉節的婦道,暴露了女子不改嫁的貞節守禮的惡果。[61]

---

[59] 汪中:〈女子許嫁而婿死從死及守志議〉,田漢雲先生等編《新編汪中
集》,(揚州:廣陵書社,2005年),頁376。

[60] 林慶彰先生:〈清乾嘉考據學者對婦女的關懷〉,收入氏等編:《乾嘉學者
的義理學》上冊,(臺北:中研院文哲所,2003年),頁222。

[61] 侯外廬先生:《中國思想通史》第5卷,(十七世紀至十九世紀四十年
代),同注58,頁476。

其所主「夫婦之禮，人道之始也」，個人以為無疑是「以禮代理」的先聲。之後，其子汪喜孫（1786～1848）更是主張：「道在六經，道在五倫。」[62]且強調是「經莫重於《禮》，《禮》莫重於〈喪服〉。[63]」回歸經典論道，不尚空談，重實際的「禮儀規範」，甚且以「禮」甚於「經」，「禮」之中又以「喪服禮」為重。在此，汪喜孫已清楚表明「道在六經」，「經又以禮為要」，是否可以這樣視之：道之精要在於「禮」？是「以禮代理」的闡明？

　　明顯表示「以禮代理」的學者，是淩廷堪，其云：

> 聖人之道，一禮而已。……蓋性至隱也，而禮則見焉者也；性至微也，而禮則顯焉者也。……三代聖王之時，上以禮為教也，下以禮為學也。……蓋至天下無一人不囿於禮，無一事不依於禮，循循焉日以復其性於禮而不自知也。……夫其所謂教者，禮也。即「父子有親，君臣有義，夫婦有別，長幼有序，朋有有信」是也。故曰學則三代共之，皆所以明人倫也。[64]

又：

> 〈復禮下〉曰：「聖人之道，至平且易也。」《論語》記孔子之言備矣，但恆言禮，未嘗一言及理也。……其所以節心者，禮為爾，不遠尋夫天地之先也。其所以節性者，亦禮焉爾，不侈談夫理氣之辨也。……聖人之道，本乎禮而言者也，實有所見也；異端之道，外乎禮而言者也，空無所依也。……夫仁根於性，而視

---

[62] 汪喜孫：〈與朝鮮金正喜書〉（一）云：「堯舜之道，不外孝悌；周公孔子之道，《詩》、《書》、《禮》、《樂》、《春秋》之文，不外倫常日用。道在六經，道在五倫，誦法先王者在此，平治天下者在此，垂教後世者在此，相在爾室者亦在此。」《汪孟慈集》卷5，（汪喜孫撰、楊晉龍先生主編：《汪喜孫著作集》上，臺北：中研院文哲所，2003年），頁200。

[63] 汪喜孫：〈與戴金溪先生書〉云：「《經》莫重於《禮》，《禮》莫重於〈喪服〉。」同上注，頁404。

[64] 淩廷堪：〈復禮〉上，《校禮堂文集》卷4，（北京：中華書局，1998年），頁27。

聽言動則生於情者也，聖人不求諸理而求諸禮，蓋求諸理必至於
師心，求諸禮始可復性也。[65]

開宗明義表示：「聖人之道，一禮而已。」回歸孔子所主張的「禮」乃
立身之本[66]。從人性、情等角度看，性中有「情欲」，是以必須有
「禮」以節制，所謂：「禮者，因人之情而為之節文。」[67]亦因性隱禮
顯，故可「安情」[68]。追溯上古時代，天下人皆以「禮」相守遵循，守
禮復性自然合理。畢竟：「飲食男女，人之大欲存焉。聖人知其然，制
禮以節之。……徐以復性而至乎道。周公作之、孔子述之，別無所謂性
道也。」[69]古聖先賢之理，即是如此，「蓋以先王之制禮也，本於君臣
父子夫婦昆弟朋友，皆為斯人之所共由，乃為天下之達道達德。舍禮實
無可別求」[70]。舉孔子為例，孔子恆言禮，未嘗一言及「理」也；是以
凌廷堪倡「以禮代理」，「禮」乃大經大法[71]，而「理」則是師心自用[72]。
雖「天地之上為何物」這個「物之本體」，一直是古人探索不已的，且視
為超越形而下的形而上者。[73]問題是這個抽象的道德概念，必須藉由具
體的典章禮儀形式表現出來，方為人們所體認與實踐。

---

[65] 阮元撰：〈次仲凌君傳〉，《揅經室二集》卷4，同注30，頁472-473。

[66] 見《論語‧衛靈公篇》云：「子曰『不學禮，無以立。』」，（朱熹：《四
書章句集注》，臺北：大安出版社，1991年），頁174。

[67] 漢鄭玄注、唐孔穎達疏：《禮記正義‧坊記篇》，（《十三經注疏本》
（5），臺北：藝文印書館，1997年），頁863。

[68] 關於安情，董仲舒：《春秋繁露‧天道施》云：「夫禮，體情而防亂者也。民
之情不能制其欲，使之度禮，目視正色，耳聽正聲，口食正味，身行正道，非
奪之情也。所以安其情也。」（見董仲舒著、清凌曙注、鍾肇鵬先生主編：
《春秋繁露校釋》卷17，石家庄：河北人民出版社，2005年），頁1095。

[69] 凌廷堪：〈好惡說下〉，《校禮堂文集》卷16，同注64，頁143。

[70] 王家儉先生：〈清代禮學的復興與經世禮學思想的流變〉，（《漢學研究》
第24卷第1期，2006年6月），頁282。

[71] 凌廷堪：〈復禮中〉云：「禮也者，不獨大經大法，悉本夫天命民彝而出
之。」《校禮堂文集》卷4，同注64，頁30。

[72] 凌廷堪：〈復禮下〉云：「蓋求諸理必至於師心，求諸禮始可復性也。」
《校禮堂文集》卷4，同上注，頁32。

[73] 張立文先生：《中國哲學範疇發展史》（天道篇），（北京：中國人民大學
出版社，1989年），頁537。

焦循承繼戴震「理為事物的條理、分理」之意義，提出「理者分也；義者宜也。[74]」之說。理有分，即有則，即是「禮儀尺度」，所以道之分，有理，得之理，有義；用於人事中，即是「禮」也。又焦循倡以「禮」制「情欲」與紛爭，是以隱約表明「以禮代理」，「禮」就是人事中「道之分」、「義之宜」的軌則，企圖以此建立一良好的社會秩序。其云：

> 禮論辭讓，理辨是非。知有禮者，雖仇隙之地，不難以揖讓處之。……今之訟者，彼告之，此訴之，各持一理，嘵嘵不已。為之解者，若直論其是非，彼此必皆不服，說以名分，勸以遜順，置酒相揖，往往和解。可見理足以啟爭，而禮足以止爭也。[75]

在此，焦循提出「理」與「禮」最大之殊異，即是「禮論辭讓，理辨是非」，又「理足以啟爭，而禮足以止爭也」。抽象之理，各憑主觀，莫衷一是，故是非不斷，彼一是非，此一是非，必爭論不休；然有「禮」則論長幼、尊卑、名分，即使仇隙，也得遜順、辭讓，所以欲求人世的和諧，必「以禮代理」。

阮元強調「理必附乎禮以行」，亦「以禮代理」之強調：

> 朱子中年講理，固已精實。晚年講禮，尤耐繁難。誠有見乎理必出於禮也。古今所以治天下者，禮也。五倫皆禮，故宜忠宜孝，即理也。然三代文質損益甚多。且如殷尚白，周尚赤，禮也，使居周而有尚白，若以非禮析之，則人不能爭；以非理析之，則不能無爭矣。故理必附乎禮以行，空言理則可彼可此之邪說起矣。[76]

亦如淩廷堪所云，講「理」易師心自用，無一客觀的標準，彼一是非，此一是非就此產生；然論「禮」則具體可行，一視同仁，共同遵守，且五倫之理：父子有親、君臣有義、夫婦有別、兄弟有義、朋友有信——

---

[74] 焦循：《孟子正義》，同注 48，頁 451-452。
[75] 焦循：〈理說〉，《雕菰集》卷 10，同注 27，頁 151。
[76] 阮元：〈書東莞陳氏學部通辨後〉，《揅經室續集》卷 3，同注 30，頁 1062。

皆由「禮」來，教忠教孝由「習禮」產生，由「習禮」以知「禮義」[77]，所以論「禮」不論理也，「理必附乎禮以行」。

　　後來重春秋學的凌曙（1775～1829）、儀徵劉氏，幾乎均主「禮治春秋」，以「禮」闡明其中的微言大義；凌曙云：「禮乃治亂之本。」又「六經之道，同歸禮樂之用。[78]」重的是「禮樂」教化[79]，以「禮」治天下，亦即禮學經世，即使治《春秋》，亦主禮明之，其侄劉文淇（1789～1854）則有所謂「釋《春秋》必以周禮明之」[80]說，文淇之孫：劉壽曾（1838～1882）主「區而秩之，無非禮也。[81]」回復戴震、焦循所謂的「理」，乃事物的條理、分理之意義。以見清儒學術趨勢，從戴震至劉壽曾等人，似乎在尋一合情合性的「理則」，相對於宋明理學而言，正如張壽安先生所云：「此一轉變為從『天理』到『情理』。[82]」或許這階段的學者，於「情理」覺醒，亦試圖不斷尋找當面對時移勢異，現實生活轉變後，適宜的「禮教」（禮制）為何？抑新的合情之理，該是如何？「禮

---

[77] 見《禮記・禮器篇》：「先王之立禮也，有本有文。忠信，禮之本也；義理，禮之文也。」（《禮記正義》，《十三經注疏本》（5），臺北：藝文印書館，1981年），頁449。可知聖人為民立禮法，即是為民立道。

[78] 凌曙：《春秋公羊禮疏・序》云：「觀乎古帝王之經理天下也，得禮治，失禮亂，得失之所關，治亂之所本，可不慎與？是以淫辟之罪多，昏姻之禮廢也；爭鬥之獄藩，鄉飲之禮廢也；骨肉之恩薄，喪紀之禮廢也；君臣之位失，朝聘之禮廢也。由是觀之，六經之道，同歸禮樂之用。」（收入於《叢書集成初編》第3674冊，北京：中華書局，1985年），頁12。

[79] 林安弘先生：《儒家禮樂之道德思想》云：「禮是介於法律與道德之間，它具有使道德規範易於實踐，使人倫的關係合乎常理，使社會秩序納於正軌的功能。禮樂教化是一種人文教養，它與我們日常生活、人際關係、社會規範、政治安定，都有密切而不可分的關係。禮猶如軌道，樂猶如動力，有禮有樂，然後團體生活才有紀律，團員間才有情感。」（臺北：文津出版社，1988年），頁3。

[80] 劉文淇等著：《春秋左氏傳舊注疏證・注例》，（北京：中國社會科學出版社，1959年），頁1。

[81] 劉壽曾：〈槃窩吟草序〉，《傳雅堂文集》卷2，劉壽曾著、林子雄先生點校、楊晉龍先生校訂：《劉壽曾集》，（臺北：中研院文哲所，2001年），頁87-88。

[82] 張壽安先生：《十八世紀禮學考證的思想活力──禮教論爭與禮秩重省》，（北京：北京大學出版社，2005年），頁4。

教」面對人情衝突時，該如何合理？學者指出：此時情感的發現與解放，不僅是解構傳統理念，也是建構新的理性的價值前提、準則與動力。或許感性的弘揚正是啟蒙主義的必經階段與有機組成部分。[83]

四、情欲不爽失謂之理

清儒思潮，走向「達情遂欲」之發展，視「情欲」無爽失，謂之理，此一趨勢，絕非空穴來風；誠如張壽安先生所云：

> 蓋明清間的「情欲覺醒」，不僅呈現在大眾文化上，如馮夢龍倡導的「情教」，主張用情字抒解禮教，或《金瓶梅》、《牡丹亭》一類言情論欲小說戲曲的大量出現；也反映在上層思想界。清儒自戴震（1723～1777）揭示理學「以理殺人」，主張「達情遂欲」，其後之思想界即一直向著這個方向發展。這表現在一方面思想界對「人性」內涵之重新界定，另方面對「規範」必須與「情欲」配合。正如焦循（1763～1820）、程瑤田所言：「理」絕非「此亦一是非，彼亦一是非」的「公說公有理，婆說婆有理」，而應該是合眾人之情理的「公是」和「公非」。[84]

所謂「理」已不是形上本體論之探討，而是即事言理，就人我之情言理。是一從「天理」至「情理」之轉向；「揚州學者」對於「情理」的看法亦如是，以「理原於情」而來。基本上，戴震的學生──段玉裁即主：「理乃情之無憾。」在其《說文解字注》：「理，治玉也。」有云：

> 《戰國策》，鄭人謂玉之未理者為璞，是理為剖析也。……凡天下一事一物必推其情至於無憾而後即安，是之謂天理，是之謂善治。……古人之言天理何謂也？曰理也者，情之不爽失也。未有

---

[83] 張光芒先生著：《啟蒙論》，（上海：上海三聯書店，2002年），頁16-17。

[84] 張壽安先生：〈嫂叔無服，情何以堪？──清代「禮制與人情之衝突」議例〉，收入熊秉真、呂妙芬等編：《禮教與情慾：前近代中國文化中的後／現代性》，（臺北：中研院近史所，1999年），頁171。

> 情不得而理得者也。天理云者，言乎自然之分理也；自然之分
> 理，以我之情絜人之情，而無不得其平是也。[85]

以見段玉裁於「理」之看法。一如戴震主張：「理也者，情之不爽失
也。」[86]「情欲」不失其則，就是天理。亦即「情至無憾」，俯仰無
愧，心安理得，就是「理」。「天理」不外自然之分理，在人與人之間
就是「不欠一分人情」，亦即段玉裁所謂「情至於無憾而後即安」，做
到如此，必須「以我之情絜人之情」，推己及人，將心比心，以同理心
的方式情同他人，同情互助，親愛愛人，以「愛」化解紛爭與不平；乃
至融化罪惡淵藪，做到人者（仁）愛人之本意[87]，彼此心安理得，便是
「理」；此已不再是宋明理學的「理欲二分」說法。宋明理學主「存天
理，去人欲」，其中的「去人欲」，即要克治人的私欲，至「一毫不
剩」的地步，畢竟對任何活著的人（包括聖人），都是無法達到的目
標。清儒正視此理之不合人性，故繼戴震之後，頗多主理源自情來，主
理（禮）在「情欲」之不爽失也。

　　凌廷堪倡「以禮代理」，亦認為「禮」即緣情順欲制訂而來，所謂：

> 好惡乃制禮之大原也。人之性受於天，目能視為色，耳能聽則為
> 聲，口能食則為味，而好惡實基於此。節其太過不及，則復於性
> 矣。……性者，好惡二端而已。……好惡生於聲色與味，為先王
> 制禮節性之大原。[88]

以好惡為人性的兩端，是以有視、聽、嗅、味、觸、覺等本能，亦是所
謂「情欲」，正如《禮記‧樂記》云：「人生而靜，天之性也；感於物
而動，性之欲也。物至智知，然後好惡形焉。」「喜、怒、哀、樂、
敬、愛六者，非性也，感於物而後動。[89]」人有情有欲，感於物而後動

---

[85] 東漢‧許慎著、清‧段玉裁注《說文解字注》，同注1，頁15-16。
[86] 戴震：《孟子字義疏證》卷上，《戴東原先生全集》，同注22，頁288。
[87] 見《論語‧先進篇》云：「樊遲問仁。子曰：『愛人。』」（朱熹《四書章
　　句集注》，臺北：大安出版社，1991年），頁139。
[88] 凌廷堪：〈好惡說上〉，《校禮堂文集》卷16，同注64，頁140。
[89] 見漢鄭玄注、唐孔穎達疏：《禮記正義‧樂記》，（《十三經注疏本》
　　（5），臺北：藝文印書館，1981年），頁666、679。

者，是一接受外物誘使之「觸媒」，無以自節，縱任發展，必有爭亂，所以須「禮」節制；如荀子所云：

> 禮起於何？曰：人生而有欲，欲而不得，則不能無求。求而無度量分界，則不能不爭。爭則亂，亂則窮。先王惡其亂也，故制禮義以分之，以養人之欲，給人之求。[90]

因人有欲望，必有所求，當求無止境時，就會產生紛爭，「爭則亂，亂則窮」，是以先王制「禮義」等「禮儀規範」，使人們遵循，以足人們的欲求。所以「禮」因人性本能制訂而來，嚴格說來，無疑是一種「戒律」，然「戒律」不是束縛人們的枷鎖，相反的，是人與人間相處的護身符。畢竟「知、情、意」三者是人類之「天性」，人是有情的眾生，「情欲」是與生俱來的，無法棄除，觀《禮記》載喪禮、祭禮，即可知此「禮」乃出自人的自然之情而來，如：「此孝子之志也，人情之實也，禮義之經也，非從天降也，非從地出也，人情而已矣。」[91]「三日而斂」、「服喪三年」之禮，絕非勉強訂定，宜是出自子女對父母的孝思與親子之情而來。所以荀子有云：「三年之喪，何也？曰：稱情而立文。」[92]所以「禮」乃源於人之性情，使「情欲」不爽失，做到合情合理的地步，就是先王當時制定「禮儀規範」的目的；在此，淩廷堪更加以強調。然對於宋明理學之「存理去欲」主張，誠如翟志成先生所云，實不可能達成；其云：

> 被宋明理學家詬病最多的「軀殼起念」，其實正是人所以能自我保存、自我發展、自我繁衍的憑藉，正是人的本能。即使我們願意完全承認宋明理學家的說法：人的仁義禮智的道德性是人與禽獸相異的本性（或本質），人的軀殼起念只不過是人與

---

[90] 見荀子：〈禮論篇〉，荀子著、唐楊倞注、清王先謙集解：《荀子集解》卷13，（臺北：藝文印書館，1958 年），頁 583。

[91] 見漢鄭玄注、孔穎達疏：《禮記正義‧問喪篇》又云：「哭泣無時，服勤三年，思慕之心，孝子之志也，人情之實也」，《十三經注疏本》（5），同注 89，頁 947-948。

[92] 荀子：〈禮論篇〉，同注 90，頁 617。

禽獸相同的動物性。理學家警告我們，若失去了人的本性，人就會變成了禽獸。這當然是正確的。但我們也願意提醒理學家：人若失去了動物性，人便不但會做不成人，而且還會連禽獸也做不成。由此可見，對於人類的存有而言，人的本能其實比人的本性更為根本。任何活著的人，其實都無法完全克去自己的「軀殼起念」。明白了這一點，我們就能明白，何以經過了長期五百多年的「滅私去公」，還未見到有任何一個宋明理學家能成功地把自己改造成聖人。過高的標準，雖然可挑激起人們見賢思齊的志氣，但在許多時候，卻會讓人們因無論如何努力都無法達到而乾脆放棄。[93]

主春秋《公羊》今文學的凌曙（1775～1829），於情於理，其認為是：

> 吾人為學自治經始，治經自三禮始。三禮書甚完具，二鄭、孔、賈發明其義甚明。且密推人情之所安，以求當於古先聖王制作之源，則莫不有合焉者。……禮本人情以即於安，故禮者治人之律，而春秋則其例也，春秋之旨，僅存於《公羊》，得何氏闡其說，然後知禮之不可頃刻使離於吾身。[94]

主「禮本人情以即於安」，即使《春秋》義例，亦是以「禮」為主軸，貫串全書；《公羊》今文大義，亦是以「禮義」為依歸，闡發其中的道德意涵，此道德意涵即是內在的仁心與外在的義行，而「禮」本人情之所安而來，所以其主治經應自三禮始，即可知古聖先王制定典章儀則之用意。「禮」實源於人之性情，將「知、情、意」的天性闡揚，發揮「智、仁、勇」三達德，便是「禮」的精義。然「禮」內在的意蘊，亦必須靠不斷薰習、實踐以悟得，絕非空談玄理而來。所謂的「禮」

---

[93] 瞿志成先生：〈宋明理學的公私之辨與現代意涵〉，收入於黃克武先生等編《公與私：近代中國個體與群體之重建》，（臺北：中研院近史所，2000年），頁56。

[94] 凌曙：《四書典故覈‧序》，（《續修四庫全書‧經部‧四書類》（169），上海：古籍出版社，1995年），頁3。

（理），儀徵劉毓崧（1818～1867）亦云：「理與禮其道一而已矣。」
且「天理不外人情也。」[95]

第二節 經驗界落實——情欲探討

一、情——實也

「情不知所起，一往而深。生者可以死，死可以生。」[96]究竟
「情」是何物？個人以為「情」是「真愛」的流露。據社會學家對「人
情」看法是：

> 所謂人情，就是人的感情在不同角色中，不同情境中的表現。
> 最寶貴的是同情心，為他人的幸福高興，為他人的不幸同情支
> 持；是正義感，能為不平的事，能對不合理的行為仗義直言。
> 可見，對人情既不要把它當作唯心的東西予以否定，也不要因
> 為在社會風氣不好的情境下所出現的消極現象，潑髒水連盆子
> 也扔掉了。一個羣體或一個社會裡，人們如果相對如冰，氣氛
> 冷冷清清，相互存有戒心，沒有同情心，沒有正義感，這就是
> 社會危機。[97]

又：

---

[95] 劉毓崧：〈法家出於理官說下篇〉云：「理字本義為治玉，引申其義則為事
理、物理之稱。而理之難明，莫若聽訟，故刑官謂之大理。蓋其剖析為至微
矣。然天理不外乎人情，故情理可以互訓。而理官治獄，首貴乎得情，能準
理以度情者，斯謂之忠恕，故法當以忠恕為心，能緣理而因情者，斯謂之
禮……儒家乃能精於法家，理與禮其道一而已矣。」《通義堂文集》卷 10，
（收入於嚴一萍先生編輯：《求恕齋叢書》（集部），《叢書集成續編》，
臺北：藝文印書館，1970 年），頁 17。

[96] 湯顯祖：〈牡丹亭記題詞〉，見湯顯祖著：《湯顯祖集》第 2 冊（上海：人
民出版社，1973 年），頁 1093。

[97] 王康先生著：《人與思想——社會學的觀點》，（臺北：自立晚報社文化出
版部，1990 年），頁 195-196。

人自身還有一個禁區，就是古人（告子）所稱的「食色性也」。可見被視為「封建」、「頑固」的古代，當時的人並不諱言食和色，而且認為是天性，類似近代所說的本能。……再看看經過孔子刪削過的《詩經》，仍可看到春秋時代及其以前，中原大地上的人民生活，是充滿浪漫色彩，饒有風趣的，即使很講究禮儀節制的孔子也刀筆留「情」。[98]

畢竟人是有思想又有感情的，所謂「人非木石，豈能不悲」？然這些喜怒哀樂等情，都是必須通過對他人、他事、他物才能反應出來。單獨一己，是無法傳情達意的，人己互動中，方能將「愛」傳播出去，由「情」的流通以行仁、愛人，達到和衷共濟，才是人與人相處意義。

清代，小學訓詁名家──王念孫曾云：「情，即誠字。」[99]返回經典考證，我們實可發現到先秦諸子對「情」，包括孔孟所謂的「情」，均非指情感之意，《論語》中「情」乃「誠實」、「情實」之意講[100]。

據葛瑞漢（Graham）先生研究，知：情在先秦文獻中是「質實」
（essential）或「情實」（genuine）之義，作為情感（passions）解的
「情」到宋代以後才出現。[101]

劉寶楠於《論語‧子路》：「上好信，則民莫不用情。」其《論語
正義》釋「情」亦為：

> 好惡之誠，無所欺瞞，故曰情實。[102]

以誠實之好惡，不自欺欺人，謂之「情實」。此「情實」即「情」也；
其「誠」，亦「忠也」。《論語‧里仁》：「曾子曰：『夫子之道，忠
恕而已矣。』」《論語正義》釋曰：

> 《禮‧中庸》曰：「子曰：『忠恕違道不遠。施諸己而不願，亦
> 勿施於人。君子之道四，丘未能一焉。所求乎子以事父，未能
> 也；所求乎臣以事君，未能也；所求乎弟以事兄，未能也；所求
> 乎朋友先施之，未能也。庸德之行，庸言之謹，有所不足，不敢
> 不勉；有餘，不敢盡。言顧行，行顧言。君子胡不慥慥爾！』」
> 二文言忠恕之義最顯。蓋忠恕理本相通；忠之為言中也。中之所
> 存，皆是誠實。《大學》：「所謂誠意，毋自欺也。」即是忠
> 也。《中庸》云：「誠者非自成己而已也，所以成物也。」《中
> 庸》之誠即《大學》之「誠意」。誠者，實也；忠者，亦實也。

的主體傾向的實然。《荀子》論情保留了《論語》、《孟子》中兩種「情」的
內涵，即實情的「情」和性情的「情」。荀子的轉化主要表現在他賦予「情」
另外兩個內涵，即具有道德主體內涵的「情」以及具有美學內涵的「情」。見
氏著：《儒家美學與經典詮釋》，（臺北：臺大出版中心，2005 年），頁 44、
46、50。；張立文先生：〈性者天就情者質〉亦云：「《論語》性字 2 見，情
字 2 見。……情是實情。……情指真情。兩處均非與性相應之情感。」見氏
著：《中國哲學範疇發展史》（人道篇），同注 23，頁 477。

[101] 詳見張壽安先生：〈我欲立情教，教誨諸眾生——跨越時空論「達情」〉一
文所引，收入於張壽安先生與熊秉真先生合編《情欲明清——達情篇》，
（臺北：麥田出版社，2004 年），頁 20。

[102] 劉寶楠撰、高流水點校：《論語正義》，同注 36，頁 525。

> 君子忠恕，故能盡己之性；盡己之性，故能盡人之性。非忠則無
> 由恕，非恕亦奚稱為忠也？[103]

以「忠恕」相通，皆作「誠實」講；所謂「誠實」即「毋自欺」，不自
欺欺人，此方能盡己之性，以至盡人之性。而「忠恕」，本在「誠實」
——「毋自欺」，此另一種說法即是：「忠於自己好惡的感受」，即劉
氏所謂：「好惡之誠，無所欺瞞。」亦是所謂「情實」。真實流露自
我，無所謂誇大、掩飾或扭曲，原原本本的表現，本來之我，便是「情
實」，「誠實」也。學者於此亦指出：「情實」、「質實」乃至性情之
情，有一相通的特色，就在於真誠，惟其如此，原始、真實、質樸、誠
信就成了他主要的內涵。[104]

二、以情旁通，推己及人

　　「以情旁通，推己及人」實就是「旁通以情，將心比心」。凡事
「無我想，先有他想」。先為別人設身處地著想，最後再想到自己，便
是「旁通以情」，推己及人。人總有一個強烈的我執，執於自我，則凡
事以我為中心，便是私己，是以見好吃、好用等好處，都為己奪取，人
人如此，則是紛爭、搶奪、擾攘之亂源；倘若「無我想，先有他想」，
一如焦循所主的「旁通以情」，以情相通，則紛擾之事不生，而是互相
禮讓；焦循云：

> 自理道之說起，人各挾其是非，逞其血氣。激濁揚清，本非謬
> 戾，而言不本於性情，則聽者厭倦。……思則情得，情得則兩相
> 感而不疑，故示之於民則民從，施之於僚友則僚友協，誦之於君
> 父則君父怡然釋。不以理勝，不以氣矜，而上下相安於正。[105]

---

[103] 劉寶楠：《論語正義》，同上注，頁153。
[104] 詳見歐陽禎人先生著：《先秦儒家性情思想研究》，（武漢：武漢大學，2005年），頁92。
[105] 焦循：〈毛詩鄭箋自序〉，同注27，頁272。

有情則以情通，可化解彼此的恩怨與紛爭，不以「理」在爭勝負。因同情反起慈愛之心，為他人設身處地著想，是以體諒、諒解而融化彼此之怨氣；相反的，彼此各堅執己「理」，則是是非非，僵持不下，則逞凶鬥狠之事產生。所以「情」是人與人間相處的潤滑劑，人因有情，互相幫助，故可成一有情世界。西方經濟學之父——亞當‧史密斯（Adam Smith）則以「同情感」乃道德之源（morality arises out of the feeling of sympathy in the human heart）[106]，藉由「同情」，可以自覺己與他人存在，創造出一個秩序來。[107]焦循在此主「理辨是非，禮論辭讓」，亦以同情為本，化解是非之爭，相安於情通。對於此，其又云：

> 人欲即人情，與世通，全是此情。「己所不欲，勿施於人」，「己欲立而立人，己欲達而達人」，正以所欲所不欲為仁恕之本。[108]

又其《論語通釋‧釋仁》：

> 克、伐、怨、欲，情之私也；因己之情，而知人之情，因而通天下之情。不忍人之心，由是而達；不忍人之政，由是而立，所謂仁也。[109]

人欲即人情，與世通全是此情。此相通以情，乃仁恕之本，亦是「絜矩」之道。此「旁通以情」之「情」，個人以為此「情」絕非屬於男女之間「愛情」之「情」，因「愛情」是無法與人分享的，那畢竟是兒女私情；而此「情」宜是「慈愛」之「情」，「慈愛」可以「博愛」，廣愛天下眾生，正因「博愛」所以「情通」，善心善行，方足以達成。也

---

[106] 亞當‧史密斯（Adam Smith）著、謝宗林先生譯：《道德情感論》（The Theory of Moral Sentiments）亦云：「情感或心理的感受，是各種行為產生的根源，也是品評整個行為善惡，最終必須倚賴的基礎。」（臺北：五南圖書出版公司，2006年），頁21；Knud Haakonssen：〈編者序〉云：「實務性想像創造出道德世界。這種型態的想像，史密斯稱之為『同情』（sympathy）。」頁22。

[107] Knud Haakonssen：〈編者序〉，同上注，頁25。

[108] 焦循：《孟子正義》卷22，同注48，頁771。

[109] 焦循：《論語通釋‧釋仁》，（臺北：藝文印書館，1966年），頁9-10。

正因「愛」，是對他人的處境感同身受。有了同理心，人與人的衝突會減少，取而代之的是：鼓勵、諒解，與相扶持。如此，人與人的相處自然會和諧、互助。然此「愛」的善行意義在哪？個人以為正可「離苦得樂」。真正永恆的快樂，想必絕不是「情欲」滿足所解決的，應是愛人、助人，立人達人以成，所謂「助人為快樂之本」道理在此。達賴喇嘛（Dalai Lama）曾云：

> 太著重於生活的表相並不能化解不滿足的問題。愛和慈悲，關懷他人才是歡喜的真源。心中充滿善念，即使身處困阨，也不覺得苦。但是，若是懷著憎恨，即使生活奢華，也不覺得樂。[110]

佛教講慈悲與智慧，重悲智雙運。其中，慈悲不外「無緣大慈，同體大悲」，慈愛、關愛他人，無有等差，頗似墨家的「兼愛」，雖如此，個人以為，其實在儒家所強調的「立人達人」上，焦循所主的「旁通以情」方面，是相通的，強調是那一念「愛心」、「仁心」，希望人好之心，不過，佛教主一視同仁，無遠弗屆。

儀徵劉毓崧曾云：

> 自來感恩而心悅者，以惠為重，惠者一人之私也；知己而誠服者，以德為重；德者，天下之公也。[111]

主「惠者一人之私也」，「德者，天下之公也」。亦強調為公眾服務，心悅誠服者，乃有德者行為，相對地，彼此私相授受，恩惠互往，不過是個人之私情罷了。事實上，凡事懂得為他人想，不總為己想，就是去私，就是「忠恕」。畢竟人與人的相處關係，沒有公式可言，只能以關心與愛為出發點。汪喜孫則以「忠恕」乃仁之用也。其云：

> 仁者純乎天道，誠者兼以人事，敬者純乎人事。忠恕者仁之用，恕者忠之用，敬恕者仁之用，知勇者亦仁之用。義者所以

---

[110] 翁仕傑先生：〈愛人即愛己〉（代導讀）所引，達賴喇嘛（Dalai Lama）著、傑佛瑞・霍普金斯（Jeffey Hopkins,Ph.D.）英文編譯、蔡嬑婷先生譯：《真愛無限》，（臺北：天下雜誌股份有限公司，2006 年），頁 7。

[111] 劉毓崧：〈郭光祿手札跋〉，《通義堂文集》卷 12，同注 95，頁 32。

> 行仁，禮者所以履仁，信者所以成仁。仁兼體用，言體而不言
> 用。[112]

推廣「忠恕」之道，乃盡仁之至，「仁」——禮義知勇等理均包涵在內。
簡單來說，「仁」即「愛人」，為仁之一即「忠恕」，盡己與推己及人。
而禮、義、知、勇，都是為實踐「仁」而產生的。「仁」乃孔子全德之意
義，由愛親至愛人，是吾人發自內心，由親擴及疏，從內到外的不容已的
情懷。[113]

三、欲發乎情，緣於性，乃制禮之源

　　清儒哲學是「氣本論」的思想，對於「情」與「欲」，是採正面肯
定的態度，大異於往昔傳統理學所主的「存天理，去人欲」，視「理」
與「欲」不兩立，有學者據此指出：這樣的轉變，是一「徹底的
（drastic）變化」，亦可謂由公轉向私的變化[114]。

　　揚州寶應學者劉臺拱（1751～1805），張舜徽先生指出其：承襲王
懋竑、朱澤澐等人，同宗朱子，講究義理之學。[115]然觀其著作，可以發
現到其所主的「心性論」，實不同於朱熹之理，而是主張「人性」有
「愛惡」欲之存在。其云：

> 人性之偏，愛惡為甚。內無知人之朋，外有毀譽之蔽，鮮有能至
> 當而不易者。[116]

---

[112] 汪喜孫：〈釋仁〉，《從政錄》卷 1，（汪喜孫撰、楊晉龍先生主編：《汪喜孫著作集》上，臺北：中研院文哲所，2003 年），頁 392。

[113] 趙中偉先生：〈「仁」的詮釋之轉化與延伸——以朱熹《論語集注》為例〉，（《輔仁國文學報》（抽印本），2006 年 1 月），頁 102。

[114] 溝口雄三先生著、林右崇先生譯：《中國前近代思想的演變》（臺北：國立編譯館，1994 年），頁 2-3。

[115] 張舜徽先生：《清人文集別錄》卷 19：「寶應自王懋竑、朱澤澐崛起清初，講求義理之學，同宗朱子，遂蔚為一邑之風氣。其後劉臺拱、朱彬、劉寶楠繼之，雖治樸學，而尤嚴飭躬行，不為漢宋門戶之爭。博文，約禮，實皆兼之。」（武漢：華中師範大學出版社，2004 年），頁 475。

[116] 劉臺拱：《論語駢枝》，（《續修四庫全書・經部・四書類》，上海：古籍出版社，2002 年），頁 296。

指「性」中有「愛惡」之欲，欲緣性而發。正因「愛惡」，是以凸顯「人性」之偏。在內無知人之明，於外，卻有「求全之毀」與「不虞之譽」，蒙蔽了本性，所以人有「愛惡」，必須修為，否則，鮮有不逾矩，至當之範行。江藩對此，提出：「聖人緣情制禮。」與「節性復禮[117]」說；凌廷堪更以「好惡」（愛惡）為人性的質素，乃聖人制禮之大源[118]。所以禮之由來，來自人情義理，故「緣情制禮」也。汪喜孫承父之志，強調：「欲發乎情，止乎禮義。」「大賢承三聖治世之心，見諸所欲也。」與「義利之辨，首在恆產與恆心。」[119]肯定「情欲」的價值，即使聖賢治國，亦須滿足人民富足之欲，畢竟有恆產方有恆心。然肯定人之「情欲」，須有「禮義」為人言行之矩，故亦主禮以制欲、節性也。

　　焦循對於「情欲」，不否認，但倡「緣情制禮」，焦循〈理說〉云：

---

[117] 江藩：〈書阮尚書性命古訓後〉：「蓋性以有五：木神則仁，金神則義，火神則禮，水神則信，土神則知，陽之施也。情有六：喜在西方，怒在東方，好在北方，惡在南方，哀在下，樂在上，陰之化也。聖人恐陰之疑於陽也，制禮以節之。……後人不求之節性復禮，而求之空有，云復其性，復其初，即法秀『時時勤拂拭，莫使受塵埃。』偈語之義。」又「聖人緣情制禮，名之「神宮」，別於祖廟，配以郊禖，同於郊禘，雖曰變禮，洵天之經，地之義也。」前者見《隸經文》卷4，收入於漆永祥先生整理《江藩集》，同注26，頁73-74；後者見《隸經文》卷2，頁27。

[118] 凌廷堪：〈好惡說〉上：「好惡者，先王制禮之大原也。人之性受於天，目能視則為色，耳能聽則為聲，口能食則為味；而好惡實基於此，節其太過不及，則復於性矣。《大學》言好惡，《中庸》申之以喜怒哀樂。蓋好極則生喜，又極則為樂；惡極則生怒，又極則為哀；過則溢於情，反則失其性矣。先王制禮以節之，懼民之失其性也。然則性者，好惡二端而已。」《校禮堂文集》卷16，同注42，頁140。

[119] 汪喜孫：〈甲午五月寶晉講院課程〉（二十七日）：「聖王人情為田，養欲給求……及時昏嫁，故內無怨女，外無曠夫，三代所以與民同欲也。……聖人極論人情，欲其發乎情，止乎禮義，故曰：『好色而不淫。』」又《抱璞齋時文》云：「大賢承三聖治世之心，見之於所欲矣。……孟子自明所欲，其所以承三聖者，不亦大與？……此我之欲由迫而起也。且事之縈於一心者曰欲，事之肩於一身者曰承。三聖之欲正人心也久矣，矧以邪說、詖行、淫辭，皆三聖之世所未有者哉？」及〈擬治平疏〉云：「欲令天下人，知義利之辨，不外孔、孟「富」、「教」兩言：「恆產、恆心」一語。……民無饑寒則廉恥生，廉恥生則盜賊息。」（汪喜孫撰、楊晉龍先生主編：《汪喜孫著作集》上，臺北：中研院文哲所，2003年），頁424-425、頁236-237、頁385。

> 君長之設，所以平天下之爭也。故先王立政之要，因人情以制
> 禮。……天下知有禮而恥於無禮，故射有禮，軍有禮，訟獄有
> 禮，所以消人心之忿，而化萬物之戾，漸之既久，摩之既深，君
> 子以禮自安，小人以禮自勝，欲不治得乎？[120]

舉出先王立國之要，不是憑空虛造的，而是因人情制禮而來。畢竟禮儀
不是人們的枷鎖，而是人們的護身符。使人們守禮進而知禮，端在：導
人「情性」使自覺悟而去非取是，積成君子之德也。[121]所以「禮儀規
範」乃是緣情制訂的，是人們可遵循之矩則。阮元據《說文解字》古訓
所載，以「情性」不可分，是以有「情發於性」、「情括於性」之論[122]。
亦因此，必須「制禮節性」；阮元進一步闡明：

> 《樂記》：「人生而靜，天之性也。」二句就外感未至時言之，
> 樂即外感之至易者也，即孟子所說，耳之於聲也，性也。孟子所
> 說有命焉，君子不謂性也，即《樂記》反躬節人欲之說也。欲生
> 於情，在性之內，不能言性內無欲，欲不是善惡之惡。天既生人
> 之血氣、心知，則不能無欲，惟佛教始言絕欲。若天下人皆如佛
> 絕欲，則舉世無生人，禽獸繁也。此孟子所以說味、色、聲、
> 臭、安、佚為性也。欲在有節，不可縱，不可窮。……欲固不離
> 性而自成為欲也。[123]

又：

> 惟其味色、聲臭、安佚為性，所以性必須節，不節則性中之情欲
> 縱矣。[124]

---

[120] 焦循：〈理說〉，《雕菰集》卷10，同注27，頁151。
[121] 桂馥撰：《說文解字義證》（上），（北京：中華書局，1987年），頁269。
[122] 阮元：〈性命古訓〉云：「《說文》曰：『性，人之陽氣性善者也；情，人
之陰氣有欲者也。』許氏之說，古訓也。味、色、聲、臭、喜、怒、哀、樂
皆本於性、發於情者也。情括於性，非別有一事，與性相分而為對。」《揅
經室一集》卷10，同注30，頁220-221。
[123] 同上注，頁228。
[124] 同上注，頁212。

畢竟追求快樂、出離痛苦是人天生的本能欲望。不論種族、性別、國籍、地位，或教育程度不同，只要是人沒有不想離苦得樂的。所以人生有「欲」，此「欲」本身無所謂對錯，更該沒有道德評斷在其中，所以人生而有「欲」是可以肯定的，有「欲」不是壞事，只是「欲」「不可縱」、「不可窮」，所以在此阮元主「性中有欲」但須「節欲」。「節欲」則須依「禮」以節制。

「情欲」之發展，至道光年間之劉毓崧時，則主「成婦」重於「成妻」之理，所謂「大夫以上，先廟見後成婚」[125]。家庭倫理等「禮儀規範」，乃重於各自私己的兒女之情。其子劉壽曾以為「施於民者易悅，取於民者易怒，民之恆情也。」[126]人之常情皆如是，上位者多開恩予人民百姓，予人民許多福利，當然，得民之心，相反的，苛徵重斂，則有苛政猛於虎之喻也。

人性既是血氣產生，則必有「欲」。劉寶楠對於「人欲」，亦以為「欲根於性而發於情」。聖凡智愚，同此「性」，同此「欲」，不過，聖智者能「節欲」、「寡欲」以安，所以劉寶楠亦主張「有欲但須節欲」。其在《論語・公冶長》：「子曰：『吾未見剛者。』對曰：『申棖』子曰：『棖也欲，焉得剛？』」《論語正義》釋云：

> 古無「慾」，有「欲」。欲根於性而發於情，故《樂記》言「性之欲」《說文》言「情，人之含氣有欲者」也。聖凡智愚，同此性情，即同此欲，其有異者，聖智皆能節欲，能節故寡欲也。若不知節欲，則必縱欲，而為性情之賊。故孟子曰：「養心莫善於寡欲。其為人也寡欲，雖有不存焉者，寡矣；其為人也多欲，雖有存焉者，寡矣。」[127]

---

[125] 劉毓崧：〈大夫以上先廟見後成婚說〉（上），《通義堂文集》卷 3，（收入於嚴一萍先生編輯：《求恕齋叢書》（集部），《叢書集成續編》，臺北：藝文印書館，1970 年）頁 3-8。

[126] 劉壽曾：〈杜刺史筱珊五十壽序〉，《傳雅堂文集》卷 4，（見劉壽曾著、林子雄先生點校、楊晉龍先生校訂：《劉壽曾集》，臺北：中研院文哲所，2001 年），頁 201-202。

[127] 劉寶楠撰、高流水點校：《論語正義》，同注 36，頁 182。

劉師培在其〈理學字義通釋・性情志意欲〉中亦不否認「欲」乃「緣情
而發」，而情生於性，以是觀之，「欲」在「情」中，「情」在「性」
裡；其云：

> 性情屬於靜，志意欲屬於動。人性秉於生初，情生於性，性不可
> 見。情者，性之質也；志意者，情之用也；欲者，緣情而發，亦
> 情之用也。無情則性無所麗，無意志欲則情不可見。[128]

又：

> 然古人又訓情為靜者，蓋人生之初，即具喜怒哀懼愛惡之情，有
> 感物而動之能，然未與外物相接，則情蓄於中，寂然不動，即
> 《中庸》所謂喜怒哀樂之未發謂之中，亦《易》所謂其靜也翕
> 也。……蓋人情之動，由於感物，情動為志，即《中庸》所謂已
> 發之中，亦《易》所謂感而遂通，《樂記》所謂應感物而動也。
> 心之所欲為者為志，心念之初起者為意。心念既起，即本其情之
> 所發者而見之於外，此志意所由為情之用，無意志則情不可見
> 也。欲生於情，感物既多，心念既起，則心有所注，心有所注，
> 則意有所求，意有所求，不得不思遂其志而欲念以生。故欲緣情
> 發，乃情之見諸實行者也。[129]

西方心理學家馬斯洛（Abraham H Maslow）指出人的需求至少有五個階
層，即：
(一) 生理需求（最低須層次），以維持生存、食物、飲水等。
(二) 安全需求，生命安全，免於恐懼。
(三) 社群需求，愛與被愛、家人、愛人、朋友、工作夥伴等的歸屬感。
(四) 受尊重需求，自我尊重與重視、受他人的尊敬、他人肯定自己的成
　　 就或威望。

---

[128] 劉師培：〈理學字義通釋・性情志意欲〉，《清儒得失論》，（北京：中國
人民出版社，2004 年），頁 114。
[129] 同上注，頁 115-116。

(五) 自我實現需求（最高層次），充實自我，持續成長與學習，不斷創新。[130]

人活著必有吃飽穿暖的需求與滿足，乃至心理、自我實現的理想，這些都可謂「欲」，即劉師培所謂的「欲望」，所謂「欲」有「嗜欲與欲望不同」[131]。嗜欲是基本求生之欲，而「欲望」是希望、願望，或者，是一崇高的理想、抱負，大至為拯救天下眾生，如：「地獄不空，誓不成佛。」如此，「欲」可以使人力爭上游，積極進取，對人類、社會，乃至全天下都是有益的，是以「欲」不當以偏蓋全，一概否定，如此進取之「欲」不當節，而是宜鼓勵的。而且除「欲」之外，人更應是有「情」的動物，活在有「情」的世界中，所謂：人的價值不在於他有知識、有智慧，而在於他有道德本性，這種道德本性本質上就是感情。使人完善的是情操而不是理性。要是一個人知識淵博，卻又冷酷無情、毫無內在靈性，他於一個幸福的社會到底又會有多少好處呢[132]？

四、以禮養情節欲

清儒肯定「情欲」的價值，但不主放任「情欲」，主「以禮代理」，「以禮節性」，是以「以禮養情節欲」，進而「禮學經世」。對「禮」推崇至極，其中，凌廷堪更以「禮本天地人三才而制也」（見下文）且為了配合情感、「欲望」不同類別，與不同場合的需要，而有衣、食、聲、色等「禮儀規範」。其云：

---

[130] 馬斯洛（Abraham H Maslow）著、許金聲先生譯：《動機與人格》，（北京：華夏出版社，1987 年），頁 92-93；另亦見於劉千美先生譯：《自我實現與人格成熟——存有心理學探微》，（臺北：光啟出版社，1989 年），頁 31-32。

[131] 劉師培：〈東原學案序〉云：「西人分欲為二種，一曰嗜欲，如男女飲食是也，是曰必得之欲；一曰欲望，如名譽財產是也，是曰希望之欲。……嗜欲之欲當節，而欲望之欲則人生所恃以進取者也，不當言節，惜戴氏未及知之。」《清儒得失論》，（北京：中國人民出版社，2004 年），頁 1760。

[132] 劉小楓先生：《詩化哲學》，（山東：文藝出版社，1986 年），頁 7。

案《左傳》昭公二十有五年，子太叔對趙簡子曰：「吉也聞諸先
大夫子產曰：『夫禮，天之經也，地之義也，民之行也。』」此
言禮本於天地人三才而制也。又云：「天地之經，而民實則之。
則天之明，因地之性，生其六氣，用其五行。氣為五味，發為五
色，章為五聲。淫則昏亂，民失其性。」此言性即食味、別聲、
被色者也。《大學》言「心不在焉，視而不見，聽而不聞，食而
不知其味」，即此義也。又云：「是故為禮以奉之，為六畜、五
牲、三犧，以奉五味；為九文、六采、五章，以奉五色；為九
歌、八風、七音、六律，以奉五聲。」此言聖人制禮，皆因人之
耳有聲、目有色、口有味而奉之，恐其昏亂而失其性也。《大
學》以好惡相反為拂人之性，即此義也。又云：「為君臣上下，
以則地義；為夫婦外內，以經二物；為父子、兄弟、姑姊、甥
舅、昏媾、姻亞，以象天明；為政事、庸力、行務，以從四時；
為刑罰威獄，使生畏忌，以類其震曜殺戮；為溫慈惠和，以效天
之生殖長育。」以因禮本於天經、地義、民行而發明之。[133]

廷堪舉《左傳》子產之言，說明禮本天經、地義、民行之理而來。天地間
有六氣、五行，是以有五味、五色、五聲等等現象。然匹夫百姓若不懂得
節制於心，發乎合理中節的話，淫蕩揮霍，則昏亂己視聽耳目，亦喪失本
性天良。所以聖人因人的眼、耳、鼻、舌、身、意，所需的視、聽、香、
味、觸、法，找其合理「管道」抒發，此便是「因性制禮」，或「禮本人
情」而定。「禮儀規範」就是這樣產生的，是以在不同時地、不同事景之
下，當有不同的禮儀節式，供百姓們遵循。此「緣情制禮」，亦在「以禮
養情節欲」。所以「禮」之制定，是合情合理的，是人們可遵循之軌則，
依守禮、知禮、達禮等過程，對人們應是一養成教育，於情操養成、人欲
控制，是自然而然形成，蔚為天經、地義、民行之理也。

　　焦循對此，亦云：

言仁可以賅禮，使無親疏上下之辨，則禮失而仁未得。且言義可
以賅禮，言禮可以賅義，先王之以禮教，無非正大之情，君子之

精義也。斷乎親疏上下，不爽幾微，而舉義舉禮，可以賅仁，又
無疑也。……就人倫日用，究其精微之極致，曰仁曰義曰禮，合
三者以斷天下之事，如權衡之於輕重。[134]

強調以禮節情（欲）。有禮則仁義不失，仁義雖可賅禮，但失禮則無所
謂仁義矣。所以先王以「禮教」，養人情與節人欲，彰顯上下尊卑親疏
之禮儀關係，以實現「仁」的涵義。其實，在先秦時，《呂氏春秋》即
表明：「欲有情，情有節，……故耳之欲五聲，目之欲五色，口之欲五
味，情也。」[135]肯定人的「情欲」，但亦以為「欲」是無止境的，必須
節制「情欲」，甚至強調所謂「性養」；其云：「譬之若肌膚形體之有
情性也，有情性則必有性養矣。」[136]主性養，養性矣；旨在不放縱「情
欲」，而擾亂心性的完善。人畢竟有選擇適宜己性的「欲望」，如其所
謂：「人之情，欲壽而惡夭，欲安而惡危，欲榮而惡辱，欲逸而惡勞。
四欲得，四惡除，則心適矣。」[137]「心適」即可，不宜過度，則合乎中
節以養性。

　　然禮重名分，所謂「名不正，則言不順；言不順，則事不成」。[138]
聖人制禮，必須「正名百物，類統人情」，所謂「雅言」意即在此。此
「雅言」亦在「養情節欲」。劉臺拱《論語駢枝》載：「子所雅言，詩
書執禮皆雅言也。」釋曰：

謹案雅言，正言也。……夫子生長於魯，不能不魯語，惟誦詩書
執禮三者，必正言其音，所以重先王之訓典。……上古聖人正名
百物，以顯法象別名，類統人情。壹道術名定而實辨，言協而志
通，其後事為踵起，象數滋生，積漸增加，隨時變遷。王者就一
世之所宜，而斟酌損益之，以為憲法，所謂雅也。然而五方之

---

[134] 焦循：《孟子正義》，同注 48，頁 139。
[135] 見呂不韋輯、漢高誘注、清畢沅點校：《呂氏春秋‧情欲》卷 2，（收入於
《四部備要‧子部》，臺北：中華書局，1979 年），頁 5。
[136] 見《呂氏春秋‧侈樂》卷 5，同上注，頁 5。
[137] 見《呂氏春秋‧適音》卷 5，同上注，頁 5。
[138] 見《論語‧子路篇》，（朱熹：《四書章句集注》，臺北：大安出版社，
1991 年），頁 142。

> 俗，不能強同，或意同而言異，或言同而聲異，綜集諸俗，釋以
> 雅言，比物連類，使相附近，故曰爾雅，詩之有風雅也亦然。王
> 都之音最正，故以雅名；列國之音不盡正，故以風名。[139]

典章制度絕非憑空虛造，必是聖人正名百物，類統人情而來。依此，而有
「禮儀規範」。所以名定則實辨，名實相符，則事事協定互通，道寓於其
中。王者就一世之所宜，訂立人們可遵守之禮法，即所謂「雅」，相對
地，地方風俗，則是「俗」、是「風」，所以詩有風雅之別，端在王者之
音為正統，即所謂國家頒定的語言，謂之「雅」，使天下百姓有一共通語
言以溝通，而地方列國之音，不禁，則有各地方言，此謂之「風」，所以
「詩書執禮皆雅言也」，是名正言順之制定而來，有此禮，則言行不悖逆
犯道，端重「情欲」，故亦是「養情節欲」。

第三節　實踐功夫──化情為理的實證功夫

清初，儒者們提倡經學，期「以經學之實，濟理學之虛」；另一方
面，他們針對明末時弊，研經治史，以透過學術研究找出治國安民之
道。於是，打著「通經致用」的口號，評古論今，力求與現實結合，追
求理想的政治社會制度。嗣後，講究「實事求是」精神的時代來臨，乾
嘉諸儒憑藉考據基礎，進求古書中的「義理」，建構了著眼於形下世界
通情遂欲的道德觀，以及邁向群學的社會化倫理[140]。

近人高翔先生在《近代初曙》一書中提到：十八世紀中國知識界的
觀念形態，就其分布，就其表現，是多元的。但其前提是一元的，這就
是求實的價值傾向。其云：

> 時代的變遷卻推動著新思想和新觀念不斷出現：商品經濟的興
> 盛、生產方式的變革導致了利益的多元，利益的多元導致了價值

---

[139] 劉臺拱：《論語駢枝》，（《續修四庫全書‧經部‧四書類》，上海：古籍
出版社，2002 年），頁 292-293。

[140] 莊家敏先生：《阮元仁學思想研究》，（彰化：彰師大國文所碩論，2004
年），頁 113。

觀念的多元，漢學的興起動搖了理學說教的權威，而理學內部的爭論又引發出新的靈感，多元化的學術發展更開展了人們的視野，而視野的開闊又進一步推動了觀念與思想的紛繁，這確實是一個充滿著知識靈光，洋溢著求實精神的繁榮時代。[141]

誠如曹聚仁先生所言：

> 說到清代學人，他們攻讀的雖是古典經典，所研究的卻是現實的社會問題，有著民族意識的政治問題。而且他們都精通天文、算學，和牛頓、達爾文的西方科學家同一途徑。[142]

這些「清代學人」，更明確言之，就是一群強調「經世致用」、以經驗基礎為要求，主張以實代虛，提倡實學、實踐、實證、實用之學，以切應世務的「實事求是」精神，直接介入社會實踐的「揚州學派」學者。[143]劉建臻先生提出：

> 注重實踐、關注現實的學術宗尚，正是清代經學發展到揚州學派時廣為學者倡導的經學宗旨。[144]

然他們道德修養的實踐功夫為何？正是本節所欲探討的。

一、重學習，多讀書

顧炎武倡「理學即經學也」[145]，視經學即理學之後，治經發展以經世實用、明道救世為主，不再高談闊論心性之理，主回歸經典文獻，

---

[141] 高翔先生：《近代的初曙》（北京：社會科學文獻出版社，2000 年），頁546-577。

[142] 曹聚仁先生：《中國學術思想史隨筆》，（北京：三聯書店，1986 年），頁305。

[143] 王章濤先生：〈商儒轉換中的揚州學派及其經世致用〉，（收入林慶彰先生、祁龍威先生主編：《清代揚州學術研究》上冊，臺北：學生書局，2001年），頁262。

[144] 劉建臻先生：《清代揚州學派經學研究》，（南京：揚州大學中國古代文學博論，2003 年 5 月），頁97。

[145] 顧炎武：〈與施愚山書〉云：「理學之傳，自是君家弓冶。然愚獨以為理學之名自宋人始有之。古之所謂理學，經學也，非數十年不能通也。故曰：君

「實事求是」，對於傳統以來，儒家所重視的道德修養，亦非以端坐靜默為主；對於人性，既視人有情有欲，就絕非縱欲可云，必須以禮節制，但亦道出：「情欲」之弊，正如戴震所謂：

> 人不能盡其才，患二：曰私，曰蔽。⋯⋯去私莫如強恕，解蔽莫如學。[146]

又：

> 欲不失之私則仁，覺不失之蔽則智；仁且智，非有所加於事、能也，性之德也。[147]

然去私在「絜矩」，去蔽則在「以學養智」。智識不足，故被蒙蔽，所以他們大倡增智解蔽，強調讀書、學習，是他們所主心性修養的必要功夫。「修行」到無私無蔽的狀態，便是仁且智者。這亦是戴震建構出自己一套實現理義的理論，即提出了「以情絜情」──和「以學養智」並列為道德實踐不可或缺的必要條件，來做為他實現「幾微無失」、「生生而條理」的「理」於社會的憑藉。[148]事實上，古人亦有云：「一命、二運、三風水、四讀書、五行善。」其中「勤讀書」可以改變命運。此理不外以讀書明理修身，改造自己，是以運途得以改善。

「揚州學者」──王懋竑（1668～1741），主「性理情用」[149]，但修為功夫非理學所謂：「端默靜坐」，而是主「下學上達」。強調是讀書、學習的重要。以讀書力行為主要實踐功夫。其〈答汪尚書〉云：

子之於『春秋』，沒身而已矣。今之所謂理學，禪學也，不取之五經，而但資之語錄，校諸帖括之文而尤易也。」《亭林文集》卷 3，（收入於清黃金鑑編：《學古齋金石叢書》（一），臺北：華文書局，1970 年），頁 161；後來，全祖望：〈亭林先生甚道表〉則云：「經學則理學也。自有舍經學以言理學者，而邪說以起，不知舍經學則其所謂理學者禪學也。」《鮚埼亭集》卷 12，（臺北：華世出版社，1977 年），頁 144。

[146] 戴震：《孟子字義疏證》卷下，同注 22，頁 293。
[147] 戴震：《孟子字義疏證》卷上，同上注，頁 315。
[148] 張麗珠先生：〈戴震「發狂打破宋儒《太極圖》的重智主義道德觀」〉，收入氏著：《清代義理學新貌》，（臺北：里仁書局，1999 年），頁 178。
[149] 王懋竑：《白田草堂存稿》卷 6，（臺北：漢華文化事業股份有限公司，1972 年 1 月），頁 269-270。

> 程朱子所謂善學者求之，必自近，易於近者，非知言者也。……
> 夫平易則是欲先上達而後下學。……今日為學用力之初，正當學
> 問思辨而力行之，乃可以變化氣質而入於道。顧乃先自禁切不學
> 不思以坐待，其無故忽然而有見，無乃溺心於無用地，玩歲愒
> 日，而不見其功乎！就使僥倖於恍惚之間，亦與天理人心敘秩命
> 討之，實了無交涉。其所自謂有得者，適足為自私自利之資而
> 已。此則釋氏之禍，橫流稽天而不可遏者，有志之士，所以隱憂
> 浩歎而欲火其書也。[150]

學問思辨功夫，可以變化氣質而入於道。整日不思不學，端坐靜默，忽
然有見解出現，亦是僥倖自得，是為維護自己自私自利的意見吧！此無
所用心，不過，玩歲愒日耳。其以為程朱理學，亦講究讀書窮理功夫，
所以格物致知，下學上達。

劉臺拱主：「樂道好禮者，學問之功夫。」[151]多讀書，重學習，亦
以通經明道、知書達禮為學習的指標。所以做學問，不僅是讀書而已，
尚在樂道好禮也。江藩（1761～1831）以為治學在明道，明道在修身，
修身在身體力行；尚實踐，方是確實之理，哪裡是光靠一張嘴爭論不休
而成？所謂：

> 儒生讀聖人書，期於明道，明道在於修身，無他，身體力行而
> 已，豈徒以口舌爭哉？……近今漢學昌明，遍於寰宇，有一知半
> 解者，無不痛詆宋學。然本朝為漢學者，始於元和惠氏，紅豆山
> 房半農人手書楹帖云：「六經尊服、鄭；百行法程、朱」，不以
> 為非，且以為法，為漢學者背其師承，何哉？藩為是記，實本師
> 說。……甚懼斯道之將墜，恥躬行之不逮也。惟願學者求其放
> 心，反躬律己，庶幾可與為善矣。至於孰異孰同，概置之弗議弗
> 論焉。[152]

---

[150] 王懋竑：〈答汪尚書〉，同上注，頁 311-312。
[151] 劉臺拱：《論語駢枝》，（《續修四庫全書‧經部‧四書類》，上海：古籍
出版社，2002 年），頁 289。
[152] 江藩：《國朝宋學淵源記》，收入江藩、方東樹著，徐洪興先生編校：《漢
學師承記》（外二種），頁 186-187。

不論漢學、宋學，重點在「六經尊服、鄭；百行法程、朱」。讀書求學志在明理，不僅明理，尚志在實行，反躬律己，方是聖賢所主之「道」；漢宋之爭，孰是孰非，不如躬身力行來得重要與切實。又江藩以為買書就是要讀書，做一飽學之士，非裝點門面用，這乃附庸風雅，愛慕虛榮之為，切不可行；所謂：「夫欲讀書，所以蓄書，蓄而不讀，雖珍若驪珠，何異空談龍肉哉？」[153]

黃承吉以「文字乃明道之關鍵」[154]，主返回經典，「實事求是」，從文字之聲韻訓詁下手，方是切實入理的治學方法。所以道不遠求，道在六經，「六經即習禮之典籍」[155]，重返經典尋禮得理也。

汪中之子——汪喜孫更是強調身體力行之重要，即使學習亦須力行達成。所謂「格物致知」，就是飽學多聞，多多益善，孔子「一貫」之旨，不外「多識」之謂；其云：

> 一貫始於多識，所謂「博我以文，約我以禮」也，此顏子聞一貫之旨也。……格物致知，多識之謂也。「壹是以修身為本」，此孔子言一貫之旨也。[156]

清儒重學習，重智識，以「充實自身」作修身之本，所謂：「格物致知，多識之謂也。」其實，至聖孔子對學習，則是相當重視的；其有所謂「六言六蔽」說：

> 好仁不好學，其蔽也愚；好知不好學，其蔽也蕩；好信不好學，其蔽也賊；好直不好學，其蔽也絞；好勇不好學，其蔽也亂；好剛不好學，其蔽也狂。[157]

---

[153] 江藩：〈石研齋書目序〉，《炳燭室雜文》，收入於漆永祥先生整理《江藩集》，同注 26，頁 109。

[154] 黃承吉：〈四元玉鑑細草序〉，《夢陔堂文集》，（收入於馬小梅先生主編：《國學集要初編十種》，臺北：文海出版社，1967 年），頁 194-195。

[155] 黃承吉：〈梅文學塾中祀曹憲徐鉉諸公記〉云：「古者六經之外，更無異學。……沿及晉宋去經日遠。……聖朝之文治，為其學者日進而不已也，則叔重昭明暨諸君之學，至今日而後盡顯也。」《夢陔堂文集》卷 9，同上注，頁 227-229。

[156] 汪喜孫：〈聞一貫說〉，《從政錄》卷 1，（汪喜孫撰、楊晉龍先生主編：《汪喜孫著作集》中，臺北：中研院文哲所，2003 年），頁 397。

美德如仁、智、信、直、勇、剛（強）等，徒喜好之，不去學習，以明
其理，則各有所蔽矣。所謂教養好亦是由教育中求得的。正如主「德性
資於學問」的戴震所強調：

> 惟學可以增益其不足而進於智，益之不已，至乎其極，如日月有
> 明，容光必照，則聖人矣！[158]

「以學養智」，增益己身不足，使我心知明理義，道德實踐方至於無失
無憾，如此，「進而聖智」。[159]清儒之重視智識，即使道德修養亦是所
謂「重智主義道德觀」，是由努力學習，以達道德實踐，至善之境；學
者指出：他們這般智識主義者，實不僅表現在學術上重實證的考據學而
已，同時更表現在指導理論的「德性必資於學問」的「義理思想」轉變
上[160]。這般重智識與學習，是否亦在強調教育的重要？《說文解字》
云：「教，上所施，下所效。」又「育，養子使作善也。」[161]據現今教
育體制而言，有一所謂的「道德教育」，道德教育的要素，據Lickona
指出理想的道德教育有三個構成要素，即道德認知、道德情感與道德實
踐，每個要素缺一不可，故實施道德教育時，應同時注意這三方面。如
圖一。[162]

　　以見道德倫理可以靠教育達成，然道德教育亦強調認知、實踐與
情感的重要。所謂道德認知，亦須多識與學習，瞭解自我與他人；道
德情感，不昧良心，自我尊重與同理心等，都是道德情感的要素；繼
而道德實踐，培養道德能力，意志貫徹，形成習慣，持之以恆，方是
道德實踐者。

---

[157] 見《論語・陽貨篇》，同注138，頁178。
[158] 戴震：〈理六〉，《孟子字義疏證》卷上，同注22，頁290。
[159] 戴震：〈理十四〉，《孟子字義疏證》卷上，同上注，頁296。
[160] 張麗珠先生：〈戴震「發狂打破宋儒《太極圖》的重智主義道德觀」〉，同
注148，頁168。
[161] 許慎著、段玉裁注：《說文解字注》，同注1，頁127、頁744。
[162] 見單文經先生：〈兼論道德氣質的成份與道德教育的策略〉中所引，《教育
資料集刊》卷1，25期，2000年，頁169-184。

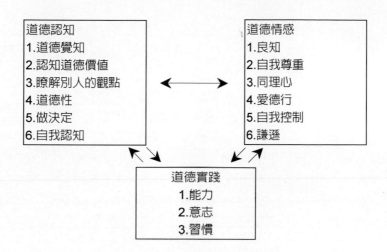

圖一:道德教育的構成因素

(取自單文經先生:〈兼論道德氣質的成份與道德教育的策略〉
一文所引 Lickona 之言,1991:53)

二、習禮為行仁之方

儒學思想由明入清的最大轉變,誠如張壽安先生所云,是捨棄理學而走向禮學。意即:儒學在擺脫以心性理氣之個人內在修為為主的理學形態之後,走上以禮學實踐為主之途。清代禮學者關心行為結果之善、行為終判之義,他們期望通過各種禮儀在鄉黨宗族間的實踐,以重整倫常、重建社會秩序[163]。

主「以禮代理」之倡導者,主要是:淩廷堪(1755~1809),淩氏主以禮復性,所謂:「習禮復性。」[164]實以《論語》之「克己復禮」為

---

[163] 張壽安先生:〈清儒的考證經世與禮制重建——從「以禮代理」談起〉,收入賀照田先生主編:《在歷史的纏繞中解讀知識與思想》(學術思想評論第十輯),(長春:吉林出版社,2003 年),頁 229。

[164] 淩廷堪:〈復禮上〉云:「夫人之所受於天者,性也;性之所固有者,善也;所以復其善者,學也;所以貫其學者,禮也。是故聖人之道,一禮而已矣。」《校禮堂文集》卷 4,同注 64,頁 27。

依歸。其所欲克制者，是人們的「情欲」，使其言行勿逾乎禮之範圍。學者指出：宋儒倡以天理滅人欲，而淩氏則倡以禮節欲。論點雖有不同，其終極目標並無二致。[165]

然關於「克己復禮」一教，朱熹注：「己，謂身之私欲。禮者，天理之節文。」以「克己」便是「克制私欲」。[166]蓋將「己字」作「私欲」解，復禮則「合於天理」釋。然淩廷堪依《論語》諸篇「己」字解釋與當時用語，發現「己」是指「自己」，在人我對稱中，用以稱呼自己，如此，「為仁由己，而由人乎哉？」等篇，方解釋得通。所以克己就是「約身」、「修身」之意解，「克己復禮」即是以禮修身，和克制私欲無關。其云：

> 前在甬上，聞閣下談及《論語》克己之己字不當作私欲解。當時即深以為然。……伏讀篇中論仁，以《中庸》「仁者人也」鄭氏注讀為相人偶之人為主，……試即以《論語・克己》章而論，下文云「為仁由己，而由人乎哉？」人己對稱，正是鄭氏相人偶之說，若如《集注》所云，豈可曰為仁由私欲乎？再以《論語》全書而論，如「不患人之不己知」、「夫仁者，己欲立而立人，己欲達而達人」、「己所不欲，勿施於人」、「古之學者為己，今之學者為人」、「修己以安人」、「君子求諸己，小人求諸人」，皆人己對稱。此外之己字，如「無友不如己者」、「人潔己以進」、「仁以為己任」、「莫己知也」、「恭己正南面」、「以為屬己」、「以為謗己」，若作私欲解，則舉不可通矣。……馬氏之注以克己為約身，此論最得經意。……竊以馬氏之注申之，克己即修身也。故「修己以敬」、「修己以安人」、「修己以安百姓」，直云修，不云克也。《中庸》云：「非禮不動，所以修身也。」動實兼視聽言三者，與下文答顏淵「請問其目」正相合，詞意尤明顯也。[167]

---

[165] 王家儉先生：〈清代禮學的復興與經世禮學思想的流變〉，同注70，頁283。

[166] 見《論語・顏淵篇》，同注138，頁131。

[167] 淩廷堪：〈與阮中丞論克己書〉，《校禮堂文集》卷25，同注64，頁234-235。

所謂「克己復禮為仁」，淩氏主踐「禮」，以禮行仁為仁，即禮為實功，做到「四勿」之功，即孔子答顏淵問仁的「非禮勿視」、「非禮勿聽」、「非禮勿言」、「非禮勿動」[168]，透過外在親身踐履「禮儀」儀則，與內在體認學習的雙向功夫，達到修身行仁的目的，行為至善完成。以禮約束自己，視、聽、言、動等欲求，都至合情合理的境界，就是為仁的表現。「人者，仁也」——至少為人處事達至「不傷人」、「不礙人」之舉，亦即「克己復禮為仁」。對於此，阮元亦有一番解釋；其云：

> 顏子克己，己字即自己之己，與下文「為仁由己」相同，言能克己復禮，即可併人為仁。一日克己復禮而天下歸仁，此即己欲立而立人，己欲達而達人之道。仁雖由人而成，其實當自己始，若但知有己，不知有人，即不仁矣。孔子曰：「勿謂仁者人也。」必待人而後并人，為仁當由己始，且繼上二「克己」字疊而申之曰：「為仁由己，而由人乎哉！」亦可謂大聲疾呼，明白曉暢矣。若以克己字解為私欲，則下文「為仁由己」之己，斷不能再解為私，而由己不由人，反詰辭氣與上文不相屬矣。顏子請問其目，孔子答以四勿，勿即克己之謂也。視聽言動專就己身而言，若克己而能非禮勿視、勿聽、勿言、勿動，斷無不愛人，斷無與人不相人偶者，人必與己并為仁矣。俚言之，若曰：「我先自己好，自然要人好；我要人好，人自與我同作好人也。」[169]

事實上，在孔子的儒學架構中，「仁」是其學說的主脈的終點，必須「攝禮歸義」，才能「攝義歸仁」[170]。所以《論語》中非常重「禮」，所謂：「恭而無禮則勞，慎而無禮則葸，勇而無禮則亂，直而無禮則

---

[168] 見《論語・顏淵篇》云：「顏淵問仁。子曰：克己復禮為仁。一日克己復禮，天下歸仁焉。為仁由己，而由人乎哉？顏淵曰：『請問其目』，子曰：『非禮勿視，非禮勿聽，非禮勿言，非禮勿動。』」同注138，頁131-132。

[169] 阮元：〈論語論仁論〉，《揅經室一集》卷8，同注30，頁181。

[170] 詳見勞思光先生：《新編中國哲學史》第1冊，（臺北：三民書局，2001年），頁108-118。

絞。」[171]恭謹、勇直必須有「禮」，言行方恰當無所偏差，否則，勞而無功、畏首畏尾、紛紛亂亂，乃至急急切切。在此，阮元亦指出：視聽言動是專對己身而言，克己在能非禮勿視、勿聽、勿言、勿動，能知有己，亦知有他人存在，就必須能為他人著想，便是為仁矣。所以為「仁」當由克己始。「克己復禮」方為仁。如俚語所謂：我好，亦要他人好，我要人好，自然與我同做好人。正如英語所謂「雙贏政策」：「I am O.K , You are O.K , We are O.K.」

於此，「禮儀規範」，不僅是做到「仁者」的地步，亦是「保定性命」之良方，阮元云：

> 以禮義為威儀，威儀所以定命。……能者勤於禮樂、威儀，以就彌性之福祿；不能有情於禮樂威儀，以取棄命之禍亂。是以周以前聖經古訓，皆言勤威儀以保定性命。[172]

「禮儀規範」，嚴謹的說法，便是「戒律」。「戒律」是人們的束縛之枷鎖嗎？在此，阮元指出：「勤威儀以保定性命。」「禮儀規範」約束自身，不悖理犯義，正可彌補性命所缺的「福祿」，畢竟庇佑人們的是「因果」，種何因得何果，是千古不變的定律，欲得好的果報，必先那麼栽！不是嗎？同理，不想受災殃、禍患，必須謹言慎行，所以在人性有情有欲下，「禮法」反而是人們保命的護身符。對於習禮儀，使之習慣，焦循還設計了一套「習禮格」，以「下棋」的方式讓人們易於學習禮的儀節，三省吾身，以成習慣[173]。

雖說「仁」是儒家哲學的中心，亦是我國哲學核心概念的中心[174]，歷來學者對「仁」的詮釋極為豐富，但「仁」的本意，實為平易近人，並非玄遠，由東漢鄭玄（127～200）注可知，其云：「仁，人也。讀如

---

[171] 見《論語・泰伯篇》，同注 138，頁 103。
[172] 阮元：〈性命古訓〉，《揅經室一集》卷 10，同注 30，頁 217。
[173] 詳見焦循：〈習禮格序〉，《雕菰集》卷 17，同注 27，頁 289。
[174] 趙中偉先生：〈「仁」的詮釋之轉化與延伸——以朱熹《論語集注》為例〉，同注 113，頁 100。

相人偶之人，以人意相存問之言。」[175]其中，「相人」即是「像人」[176]；
「偶」是「配合」[177]。可知「仁」不過是人我間的待人態度，要有人樣，
以恭敬的態度，與人相互配合；強調是親愛禮敬、互相友愛幫助的禮儀
形式。對於「相人偶」的禮儀，獨自一個人是無法完成的，清段玉裁闡
述云：「按人耦猶言爾我親密之詞，獨則無耦，耦則相親，故其字從人
二。」[178]表明「仁」字从二人，證實必須兩人或兩人以上，才能「相人
偶」，彼此才能親愛互助，表達出「仁」意來。阮元於「仁」的解釋，
即主「相人偶」為「仁」，其云：

> 所謂仁者，己之身欲立則亦立人，己之身欲達則亦達人。所以必
> 兩人偶而始見仁也。即如己欲立孝道，亦必使人立孝道，所謂不
> 匱錫類也。己欲達德行，亦必使人達德行，所謂愛人以德
> 也。……為之不厭，己立己達也，誨人不倦，立人達人也。[179]

又：

> 仁之篆體，從人二，訓為相人偶。……孟子曰：「仁也者，人
> 也。」……《孟子》此章「人也」，「人」字亦當讀如「相人
> 偶」之「人」。合而言之，謂合人與仁言之，即聖人之大道也。
> 孟子曰：「人皆有不忍人之心。」以此一人不忍彼一人，即二人
> 相人偶之實據也。[180]

「仁」是「為人」之本，然必須在與人互助中，方得以實現。獨自一人
如何行「仁」？所以立人達人，必在與他人互動中，表現愛人之舉，
「仁」方以彰顯。所以「仁」的詮釋層次基本上由禮儀層次始，進而愛

---

[175] 鄭玄著：《禮記注・中庸》，引見孔穎達（574～648）：《禮記注疏》卷
52，（臺北：藝文印書館，1981 年），頁 887。
[176] 清・朱駿聲：《說文通訓定聲》云：「相人者，像人也。」引見《中文大辭
典》第 3 冊，「偶字注」，（臺北：中國文化研究所，1963 年），頁 191。
[177] 唐・陸德明（550～630）：《經典釋文・禮記・曲禮上》，引見同上。
[178] 見氏著：《說文解字注》，同注 1，頁 369。
[179] 阮元：〈論語論仁論〉，《揅經室一集》卷 8，同注 30，頁 178。
[180] 阮元：〈孟子論仁論〉，《揅經室一集》卷 9，同上注，頁 201。

親、愛人，乃至全德層次，至形上層次[181]。不論如何，禮儀是行「仁」的基本功夫，依禮修身修心，即所謂「克己復禮為仁」，至視人如己，無我私累，公心全德顯發，便是「仁」道德實踐。清末康有為（1858～1927），對於「仁」，加以發揮云：

> 仁，從二人，人道相偶有吸引之意，即愛力也，實電力也。人具此愛力，故仁即人也。苟無此愛力，即不得為人矣。[182]

以「仁」乃人我相親的禮儀，禮儀熟習，可產生「仁」的親愛精神來，亦正因相親而有「愛力」，更是一種「電力」，是以引申「仁」具有「愛力」與「電力」兩大力量（POWER），具有此力量（POWER），便是「仁」。又「仁」即是「人」，所以成為真正的「人」，就一定具有「愛力」與「電力」，否則，就不是「人」了。在此，康有為將「仁」的本意，做了深入引申，更強調是踐履「相人偶」的禮儀，以實現「仁」，達到「求仁」、「行仁」、「得仁」之方。

三、絜矩力行，聖賢之道

凡事必親身經歷，才知個中滋味。阮元主「聖賢之道，無非實踐。」[183]「忠恕即實政實行」[184]，非常強調親身踐履之要，所以「格物即事事以五倫實踐之」[185]，同理，「仁義」之理，亦須身體力行，確實實踐，方是「求仁」、「得仁」的達成。在此，阮元非常強調，其以「為仁」必須「為」，絕非「端坐靜默即可曰仁也」。其云：

---

[181] 趙中偉先生：〈「仁」的詮釋之轉化與延伸——以朱熹《論語集注》為例〉，同注113，頁100。
[182] 見氏著：《中庸注》，（臺北：臺灣商務印書館，1968年），頁21。
[183] 阮元：〈大學格物說〉，《揅經室一集》卷2，同注30，頁54-55。
[184] 阮元：〈石刻孝經論語記〉，《揅經室一集》卷11，同上注，頁238。
[185] 阮元：〈大學格物說〉，《揅經室一集》卷2，同上注，頁55。

相人偶者，謂人之偶之也。凡仁，必於身所行者驗之而始見，亦必有二人而仁乃見，若一人閉戶齊居，瞑目靜坐，雖有德理在心，終不得指為聖門所謂之仁矣。[186]

又：

仁必須為，非端坐靜觀即可曰仁也。[187]

又：

聖賢之仁，必偶於人而始可見。……安懷若心，無所著便可言仁，是老僧面壁多年，但有一片慈悲心，便可畢仁之事，有是道乎？[188]

阮元主「仁」是「相人偶」──人與人間互敬互愛的作為，以實行、實踐為主，方是「仁」，那麼，「為仁」、「行仁」之首要何在？阮元指出，在「行孝」；其云：

孟子論仁，至顯明，至誠實，未嘗有一毫流弊貽誤後人也。一介之士，仁具於心，然具心者，仁之端也，必擴而充之，著於行事，始可稱仁。孟子雖以惻隱為仁，然所謂惻隱之心，乃仁之端，亦謂仁之實事也。孟子又曰：「仁之實，事親是也。」是充此心，始足以事親，保四海也。……乍見孺子將入井而不拯救，是皆失其仁之本心，不能充仁之實事，不能謂之為仁也。孟子論良能、良知，即心端也；良能，實事也。舍實事而專言心，非孟子本指也。孟子論仁，至顯明，至誠實，亦未嘗舉心性而空之，迷惑後人也。[189]

---

[186] 阮元：〈論語論仁論〉，《揅經室一集》卷 8，同上注，頁 176。
[187] 同上注，頁 180。
[188] 同上注，頁 185。
[189] 阮元：〈孟子論仁論〉，《揅經室一集》卷 9，同上注，頁 195-196。

又：

> 蓋惻隱為仁之端，充此端以行仁則孝。孝悌為仁之本，君子務本
> 為急，自天子至庶人，莫不以事親為首務。舜之事親，孔以言孝
> 為仁本，皆是道也。[190]

「仁」須「為」，腳踏實地「行仁」，才是「仁」；然「行仁」的事
實，即首在「事親」，亦孝悌踐履，是「行仁」的根本。在此，小學名
家——黃承吉亦主「絜矩」之道，不過其以「矩」、「曲」來說明「絜
矩」，所謂：「人事明矩正，所謂絜矩之道也。」[191]以算學數理運用於
待人、處事、接物上，執定「矩形」以明道，將「絜矩」之理，所謂惡
於此，勿施於彼，上下左右皆如是，則是「絜矩」，以達「諧齊」的目
的；在一團體中，要求人人「以公去私」，「克己復禮」，所謂：「矩
以成道，因禮以約己」，方維持團體的永續發展。各人好比各一隅，惟
各隅自立固定，無所互拉牽扯，方形成一有張力的矩形，亦一團體的正
向經營。這就是「人事明矩正，所謂絜矩之道也」。其以「絜矩」明
「仁」，實亦是做到「視人如己，淨除私累之境界」[192]。待人如己，
「己欲立而立人，己欲達而達人」、「己所不欲，勿施於人」。無私己
之偏執，無所私累，則能自覺「仁心」發用，充滿正義感，致見義必
為。然「仁」不是掛在嘴邊，當在實行踐履，才能見出「人心之全
德」[193]來，「仁」之全德，端在「立公心」，是「一個超越意義的大
公境界」[194]。私欲淨除，必得力行「克己復禮」，方為達成「人心全
德」的「仁」境。畢竟：「仁學」的核心是心志倫理學，是一門實踐的
倫理學，學者指出：實踐的內容包括「內實踐域」與「外實踐域」兩部
分，所謂「內實踐域」的涵攝有：品質培養、意志能力的養成與實踐技

---

[190] 同上注，頁 206。

[191] 黃承吉：〈四元玉鑑細草序〉，《夢陔堂文集》卷 7，同注 154，頁 188。

[192] 勞思光先生：《新編中國哲學史》第 1 冊，同注 170，頁 116。

[193] 見《論語‧泰伯篇》卷 4，同注 138，頁 140；另《論語‧顏淵篇注》亦云：
「仁者，本心之全德……為仁者，所以全其心之德也。」頁 182。

[194] 勞思光先生：《新編中國哲學史》第 1 冊，同注 170，頁 116。

術。在外實踐域中，涉及主體對實踐選擇的態度規定，即實踐者應如何
對待倫理價值、社會實踐和辨偽的經驗智慧。[195]

後來，汪喜孫亦提到：「絜矩之道」，不過，其強調是「平天下，
在絜矩」[196]。之所以如此，推本其源：「絜矩」在「忠恕」，「忠恕」
在「誠意」，「誠意」在「慎獨」，「慎獨」在「忠己之好惡」，人人
如此，皆本「誠意」為人處事，無異是推廣「忠恕之道」，亦即「誠」
之推廣，推己及人，是以「絜矩」平天下也。

劉文淇（1789～1854）以為：「天道遠，人道邇。」是以「求福於
天，不若求福於己」[197]，強調「人定勝天」的意義。反躬律己，自愛修
身，力行「絜矩」，就是求福於己，所謂「自求多福」也，端在自身作
為，不在膜拜天地；行善得善果，行惡得惡果，因果不爽也，方為千古
不移之定理。之所以善惡未報，不是不報，只是時候未到，或者，「行
善，福雖未至，禍已遠離；行惡，禍雖未至，福已遠離」。

四、修身在改過，改過以變通，變通以時行

明清時期，實學盛行，不論是啟蒙思想、「經世致用」思潮，乃
至乾嘉考據實學[198]，這一時期的社會思潮，學者們概括為「實學思

---

[195] 李幼蒸先生：《仁學解釋學──孔孟倫理學結構分析》，（北京：中國人民
大學，2004 年），頁 62。

[196] 汪喜孫：〈大學說序〉云：「後人不知『誠意』在『慎獨』，『慎獨』在
『好惡』，……夫惟孔子言仁言敬，自曾子始言誠，子思孟子因之。好惡在
心身，以及家國天下，皆本誠意，以愈推愈遠，是以平天下在『絜矩』。」
《汪孟慈集》卷 3，同注 156，頁 65-66。

[197] 劉文淇：〈重修玉皇閣記〉云：「謂天道遠，人道邇，求福於天，不若求福
於己，瞻禮膜拜，乃致敬之末節，非所以格天也。」《青溪舊屋文集》卷
2，（收入於《續修四庫全書‧集部‧別集類》，上海：上海古籍出版社，
2003 年），頁 13。

[198] 魏宗禹先生即以為十八世紀的乾嘉漢學是歷史的回流，不被包括在實學思潮
史的範圍內。詳見氏著：〈明清實學思潮的三個發展階段〉，（《晉陽學
刊》，1988 年 1 月），頁 68-70。另葛榮晉先生亦以為：實學思潮在乾嘉是
被樸學即考據學所取代，但不可否認考據學在某個程度上是「實事求是」的
「考證實學」。詳見氏著：〈明清實學簡論〉，（《社會科學戰線》，1989

潮」[199]。然「實學」除了是「實事求是」的治學態度、「訓詁考證」的治學方法，乃至「經世濟民」的理想抱負外，尚有一個重要的涵義是屬於道德層次的，只是在道德問題上，宋明儒和清儒所講的層次與稱謂不同。[200]如清初孫奇逢（1584～1675）即以「禮」教導弟子，主「忠信」為實學，反對在「無聲無形中問本體」[201]。這就是一道德實學的例子。重視是實際下功夫，在事上磨練，以修身養性，達至聖境。

年 1 月），頁 80。張壽安先生：〈乾嘉實學研究展望〉一文指出：「經史考證或訓詁說經的『實』，和明末清初側重經世實務的『實』，在含意上是相差頗遠的兩個概念，我們實在很難勉強把它們貫串在一個潮流下，而綜述之為『實學』。……畢竟『實事求是』只是治學的態度，而『訓詁考證』只是治學的方法。乾嘉學者在每自言其『實事求是』的同時，也一定說明自己治經說經的目的在明『經義』，求『聖人之道』。因此，惟有析究出乾嘉學者所明之經義與所求之聖道之實質內容，才可能正確掌握隱藏在訓詁說經背後的乾嘉學術的真貌。……『時務』部分之外，乾嘉學者的訓詁說經工作是否僅止於考證呢？抑或考證背後另有思想意義存在？1984 年中研院近史所召開『近世經世思想研討會』，會中張灝、劉廣京、陸寶千等教授都指出清學的經世走向，並提出要了解清學必得從清儒對禮教的態度以及清儒考證經書所得出之義理為何兩方面著手。……乾嘉學者所求之經義的重點……是制度和典章。在清儒作品中，……絕大多數是考辨制度，通過對當朝制度的爭議，以展現他們的思想和經世的方案。」收入於中國實學研究會主編《實學文化與當代思潮》，（北京：首都師範大學，2002 年），頁 370-371。

[199] 詳見陳鼓應先生、辛冠潔先生、葛榮晉先生等編：《明清實學思潮史·導論》，（濟南：齊魯書社，1989 年），頁 1。另丁冠之先生：〈明清實學的早期啟蒙思想〉指出：「『實學』是明清思想家自己經常使用的概念，他們針對理學空談心性，主張『崇實黜虛』，強調經世致用，倡導實學。因此，作為一種學風和治學方法的改變，把明清學者強調務實的思想和學風概括為實學思潮是可以成立的。但是也必須指出，用『實學思潮』概括這一時期的社會思潮並不能代替早期啟蒙思潮（或人文主義思潮）和經世致用思潮等概念的使用。……因此，寫明清實學思潮史自然要包括明清早期啟蒙思潮和經世致用思潮，但明清早期啟蒙思潮史和經世致用思潮史則不必包括實學思潮史的全部內容」，收入於中國實學研究會主編《實學文化與當代思潮》，同上注，頁 209。

[200] 何佑森先生：〈明末清初的實學〉，同上注，頁 204。在此文中，何先生又表明：「宋代的程頤和朱熹，以『理』為實學；在清初，孫奇逢（1584～1675）以『忠信』為實學，陳確（1604～1677）以『言行合一』為『實學』，顧炎武以『修己』為『實學』。」頁 205-205。

[201] 見拙著：〈清初聖人學實行──試論孫奇逢「戒心生」的修養功夫〉，（載於《輔大中研所學刊》第 18 期，2007 年 10 月），頁 103。

在「揚州儒學」中，對於道德修養亦主張必須著實做功夫，反對離開社會實踐的終日端坐的空悟論。以通過實修而進行心性修養，目的不在於空議，端在於實踐、實行。朱澤澐所謂的「格物」，主「用功於性情之修為」，所謂：

> 格物功夫須各項用工，不可有偏，然有本末先後輕重之序，不可顛倒。如程朱云：「求之性情固切於身，然一草一木亦有理，不可不察」一條，程子明言切於身是本而先者，草木之理雖末而後亦當察，非以性情與草木同列也。朱子有「格物須合內外始得」，此言本末也；有「緩急先後」一條，此言先後也；又有「六七分裡面理會，三四分外面理會」一條，此言輕重也。[202]

格物須知本末功夫，身為人當從切身性情論究，方是知本末、先後、輕重、緩急。性情有偏須格至正，方是下功夫處；此「格」，個人以為不當作「窮究事理」[203]解，宜為改善、改過講，所以性情有偏須改善、改過，所謂：「遷善改過，善莫大焉。」主小學治經的黃承吉以為「人性」充滿變化，亦非變化不盡，然變須以「曲」致至，方以盡性、盡人性、盡物性。萬物必本於「曲」而生，依「曲」而後有誠，誠則盡其性。其云：

> 惟曲而後能有誠，以盡其性。人性、物性，至誠者，自然而曲以明動變化。……性非變化不盡，變化非曲不盡。盡物性之必本於曲，即萬物不遺之，必本於曲。中庸之盡即繫傳之不遺，故其言曲者一也。[204]

個中的「曲」是否指「道」而言？「誠」由「道」出，誠於中，亦盡於性，無論性如何變化，至誠以明變，忠實變化，過與不及皆以誠改變，則

---

[202] 朱澤澐：〈朱子格物說辨一〉，《止泉先生文集》卷 2，收入《四庫全書存目叢書》本，（臺南：莊嚴出版公司，1997 年），頁 696。
[203] 朱熹：《大學章句集注》釋：「格，至也；物，猶事也。窮至事物之理，欲其極處無不到也。」（收入氏著《四書章句集注》，臺北：大安出版社，1991 年），頁 4。
[204] 黃承吉：〈四元玉鑑細草序〉，《夢陔堂文集》卷 7，同注 154，頁 183。

近於道矣。對於變的哲學，分析最透徹、論述最深入者，莫過於焦循，其視變為改過前提，所謂「窮則變，變則通，通則久」乃聖人之道也。「變」——不堅執，並非不好，有時「變」是解決社會矛盾、促進社會發展的唯一道路。畢竟「變」是宇宙的存在狀態。陽極則陰生，陰消則陽長，對立互變的過程永遠不會無法停息。甚至可以說，一切具體的存在是相對的、有限的；惟有變化才是絕對的、無限的。[205]無論「變」（無常）是否為世上永恆不變之真理，不可否認，「變」也可以指溝通體用與建構理論的手段[206]，[207]甚至可作「遷善改過」道德修養的功夫。焦循云：

> 《易》之道，大抵教人改過，即以寡天下之過。改過全在變通，
> 能變通即能行權，所謂使民宜之，使民不倦，窮則變，變則通，
> 通則久。聖人格致、誠正、修身、治平，全於此一以貫之，則
> 《易》所以名《易》也。[208]

以《易》為教人「改過」之書。在古聖先賢的《周易》則有所謂的「憂患九卦」，即〈履〉、〈謙〉、〈復〉、〈恆〉、〈損〉、〈益〉、〈困〉、〈井〉、〈巽〉等九卦，此可告訴我們如何以道德自律度過人生的起起伏伏[209]。推本溯源，吉凶善惡，不是神靈的安排，乃是我們自己身心的作為，所以吉凶、順逆的造成不是仙佛之意，而是我們所造就的「因果」，所以即使可以預測前途的凶險，但不懂如何「明哲保身」，亦未必可躲避凶險、劫難。因此，數不可逃，即理不可逃，預測占卜亦只是幫助我們反求諸己、正心誠意，作一反樸歸真的「照妖鏡」；若真要化險為夷、趨吉避凶，吾人還是只有反求自心，深植善

---

[205] 整理自張立文先生：《變》，（臺北：七略出版社，2000 年），頁 11-12。

[206] 朱熹：《大學章句集注》釋：「格，至也；物，猶事也。窮至事物之理，欲其極處無不到也。」（收入氏著《四書章句集注》，臺北：大安出版社，1991 年），頁 4。

[207] 同上注，頁 13。

[208] 焦循：〈與朱椒堂兵部書〉，《雕菰集》卷 13，同注 27，頁 201。

[209] 見拙著：〈憂患九卦的道德哲理研究〉，收入於《第八屆東亞漢學國際學術會議論文集》，（臺北：淡江大學漢語文化暨文獻資源研究所，2005 年），頁 3。

根，行仁持義，方可獲吉去凶，此應為正理。[210]《易》可使人趨吉避禍，但這是消極看法，積極意義，尚在於道德修養，改過向善，於此，焦循提出「變通」之理，人非聖賢，孰能無過？有過則改，改則變，是以命運則轉，則可否極泰來矣；所以焦循主張能變則能通，能變通，即為時行，適時而行，則元亨利貞也；其云：

> 《傳》云：變通者，趨時者也。能變通，即為時行。時行者，元亨利貞也。……孔門貴仁之旨，孟子性善之說，悉可會於此。大有二之五，為乾二之坤五之比例，故《傳》言元亨之義，於此最明。云大中而上下應之，大中謂二之五，為元，上下應則亨也，蓋非上下應，則雖大中，不可為元亨。《既濟・傳》云：利貞，剛柔正而位當也。剛柔正，則六爻皆完，貞也；貞而不利，則剛柔正而位不當。利而後貞，乃能剛柔正而位當。由元亨而利貞，由利貞而復為元亨，則時行矣。……能變通則可久，可久則無大過，不可久則至大過，所以不可久而至於大過，由於不能變通。變通者，改過之謂也。……後世學《易》者，舍此而言《易》，誰知《易》哉？[211]

又：

> 時行即變通以趨時，元亨利貞全視乎此。《易》者變通之謂，因變通而有大中上下應，有四象，故曰《易》有太極，《易》有四象。大中，元也；上下應，亨也；變通不窮，利也；終則有始，利而貞也。聖人教人存有餘而不可終盡，故如是乃宜，如是乃不窮。儀則宜也，象即似也，似者繼續也，繼善而續終，則長久不已矣。此當位之變通也。……聖人教人改過如此，皆於爻所之示之。蓋當位則虛其盈，盈不可久。不當位則憂其消，消亦不可久。故盈宜變通，消亦宜變通，所謂時行也。[212]

---

[210] 同上注，頁3。
[211] 焦循：〈時行圖序目〉，《易圖略》卷3，同注27，頁450。
[212] 焦循：〈寄王伯申書〉，《焦里堂先生軼文》，《鄦齋叢書本》，（收入於嚴一萍先生輯：《原刻景印叢書集成三編》，臺北：藝文印書館，1971年），頁6。

知其所謂「變通」，不是隨便改變、變通，乃據《易》理講變通之意義。畢竟：易之「義理」，惟在卦爻之變化行動中自見，固不在其文辭自身之涵義，故以為執辭以索義非為知易者[213]。若在爻位不當，非中為吉之「時」[214]，須有所變，才能轉危為安，化險為夷。原則上，陰陽、剛柔等須配位合時，方為吉，亦所謂元亨利貞也，然不當位，亦非適時承應，則須變通，方以時行，如此，能變通，才能長久，畢竟天地自然間本是盈虛消長，變化不已，否則，「肉腐出蟲，魚枯生蠹」[215]，有所改變、疏通，才能永續發展。於天地自然之理皆如是，據《易》理變通為則，人事性命上，亦不外如此。所謂「變通」亦即遷善改過之意，人非完美亦非先天皆具，必靠後天努力與學習而成，其中，必會遇到失誤或挫敗，必須檢討反省與改善，如此，方有進步至善的展望。所謂：「過而不改，是謂過矣。」[216]又「禮法」亦非永恆不變之則，時有意外情形發生，則必「權變」以行，如男子見女子溺水時，不趕緊伸手援救，還在乎「男女授受不親」嗎[217]？所以「權」相對於恆常不變的「經」而言，就是「變」——「變通」也。「變通」乃其思想的中心，

---

[213] 何澤恆先生：《焦循研究》，（臺北：大安出版社，1990 年），頁 26-27。

[214] 《周易》是一部講「變」的哲學之書，然「變」是有規律的，「時」即是變的規律之一。如：《易‧豐卦‧彖傳》云：「日中則仄，月滿則食，天地盈虛，與時消息。」《易‧損卦‧彖傳》云：「損剛益柔有時，損益盈虛，與時偕成。」又「時止則止，時行則行，動靜不失其時，其道光明。」見《十三經注疏本》（1），（臺北：藝文印書館，1981 年），頁 338、頁 262、頁 267。另王軍先生等編：《中國文化古典周易研究》亦云：「六十四卦不僅是一個系統，囊括了許多自然的規律，堪稱宇宙的一個科學圖式，就是一個卦，雖說只有六爻，其陰陽關係的『承』、『應』、『乘』、『比』、『據』的演變也是一個運動著的微型宇宙的抽象概括」，（北京：中國社會科學出版社，2003 年），頁 132。

[215] 見荀子：〈勸學篇〉，荀子著、唐楊倞注、清王先謙集解：《荀子集解》卷1，同注 90，頁 112。

[216] 見《論語‧衛靈公篇》，同注 138，頁 167。

[217] 焦循：〈說權六〉云：「《孟子》曰：『男女授受不親，禮也；嫂溺援之以手，權也。』又曰：『嫂溺不援，是豺狼也；豺狼，禽獸也。』禽獸不能轉移，人能轉移，自守於禮，而任嫂之死於溺，此害於禮者也；援則反乎禮而善矣。」《雕菰集》卷 10，同注 27，頁 146。

「反經行權論」乃運用其《易學》「時行」之理以說明。由《易》之卦爻縱通、橫通，而推廣於人事上，而無所不通，自邏輯言之，乃為「循環論證」。[218]總之，「『旁通』與『時行』既是構成焦循易學體系的二大支柱，也是焦循易學『通變』思想的主要體現者」[219]。

　　焦循以《易》理講變通之要，實則在道德修養上，強調是「改過向善」。人非十全十美，孰能無過，有過，勿憚改，改則是變，有變方能轉為善的可能，所以修身在改過，改過則變通，變通以時行也。

---

[218] 賴貴三先生：《焦循雕菰樓易學研究》所引：方東美先生《生生之德・易之邏輯問題》，見氏著《焦循雕菰樓易學研究》，（臺北：里仁書局，1994年），頁303。

[219] 陳居淵先生：〈論焦循《易》學的通變與數理思想〉，（《周易研究》總第20期，1994年第2期），頁24。

第肆章　縱向論述
──清儒揚州學派情理論的發展（一）

第一節　「天理」向「情理」的過渡者

一、朱澤澐情理論探索

（一）學者傳略

　　朱澤澐（1666～1732），字湘陶，號止泉，江蘇寶應人。生於康熙五年，卒於雍正十年，享年六十七歲。

　　澤澐與王懋竑同是寶應人。王氏之子：王箴傳（字洛師），曾受業於朱氏，且是朱氏女婿。朱氏之子：朱光進（字宗洛）。又問學於王氏。兩家易子而教，並是姻親，其關係相當親密。[1]其有志於「程朱理學」，以為：「道問學莫如朱子，尊德性莫如朱子。」[2]治朱學為終生職志，與王懋竑相似，但二人之議論主張，亦各有不同，大抵朱氏偏向陸王；王氏惟朱學是尊。[3]

　　雍正六年（1728AD），大吏以人才向朝廷舉薦，朱氏固辭。曾在無錫講學，與顧培交往甚密，遵高攀龍「靜坐法」，論及朱子涵養功夫，則歸於主靜。著有《朱子聖學考略》、《朱子誨人編》、《宗朱子

---

[1]　張舜徽先生：〈揚州學記〉，（《清儒學記》，濟南：齊魯書社，1991年），頁 394。

[2]　王箴傳：〈朱先生澤澐行狀〉，《碑傳集》卷 127，（《清代碑傳全集》上冊，上海：古籍出版社，1987 年），頁 650。

[3]　整理自張舜徽先生：〈揚州學記〉，同注 1，頁 394。

要法》、《王學辨》、《先儒辟佛考》、《陽明晚年定論辨》、《吏治集覽》、《師表集覽》、《保釐集覽》、《止泉先生文集》等書。[4]

（二）朱澤澐情理論

1.陰陽即太極，動靜即天理

朱澤澐一生治「朱學」，闡發朱子之教。但其主要在抉發朱子「尊德性」之說，與一般宗朱者之說頗異。[5]其尊朱子之「性即是理」，所以「性體」所在，即是「理」。且以詮釋朱子之「理」為「天理」。其云：

> 朱子涵養高出諸儒，直接孔孟者有數層。……四十歲悟本體未發，心統性情，此後隨事觀理，即物推明，皆必以此為本，又是一層，是主靜而御動。……至庚戌（1190年，朱子六十一歲）以後，純是天理發見，如太極在陰陽中，即陰陽即太極，即動靜即天理。……蓋朱子之學得力在四十歲前用力於格物致知，擴充克治，直向道理上窮究體驗；及其透悟未發之旨，深信天理體段是道理源頭，只在這裡透此主宰，方能御動；由此居靜窮理再加深入，覺語嘿動靜，總是一理。更加深入，隨動隨靜，其理皆感通於寂然不動之中。至於暮年，天性充滿洋溢，只見道理，無意於動靜界限。故其學以理始，以理終，此為朱子萬理渾然之涵養，而非諸儒比也。[6]

朱、陸異同，一直是歷來學者爭論不休的話題。一般以為朱熹偏重「道問學」，而陸象山則偏重於「尊德性」。但至明代中葉以後，路徑與陸學相近的王學盛行，陽明為了解決朱陸異同的問題，曾作《朱子晚年定論》一書，收集朱熹和陸象山意見相合的論學書牘三十多處，證明朱熹

---

[4]　同上注，頁 395-396。
[5]　楊菁先生：〈朱澤澐的朱子學〉，（楊師晉龍主編：《清代揚州學術》上冊，臺北：中研院文哲所，2005 年 4 月），頁 138。
[6]　朱澤澐：〈提要〉，《朱子聖學考略》，（收入於《四庫全書存目叢書‧子部‧儒家類》第 20 冊，臺南：莊嚴出版社，1995 年），頁 508-509。

晚年學問支離，漸有悔悟，也走向象山「尊德性」之途。[7]為了釐清朱熹晚年是否偏向陸王「尊德性」一說，清初學者亦議論紛紛。然朱澤澐考證朱子之學，由早年、中年至晚年，由疑而悟，悟而精進，發現到朱學實以涵養為依歸，終走向「尊德性」一途。[8]

　　上述《朱子聖學考略》〈提要〉，可看出朱子晚年，主動靜皆是「理」，所謂：「語嘿動靜，總是一理。」朱澤澐以為此乃朱子「居靜窮理」之結果，更進一步，即了悟「隨動隨靜，理皆感通於寂然不動之中」。殊不知：此和陽明所謂「『動亦定，靜亦定』，體用一原者也」[9]。主動靜皆見其體，即動即靜，即體即用，與「體用一原」之理相似。其又以朱子四十歲後，悟得本體，所謂「心體湛然，萬理皆備。」是以主「尊德性、道問學是相通功夫」[10]。

2. 理乃貫通於涵養未發之中

　　根據上述，我們可知其主朱熹之理，「理」乃「感通於寂然不動之中」。然所謂「感通於寂然不動之中」，實則就是「涵養於未發之中」。在其《止泉先生文集》亦載：

> 平日真識得性命根源，只有仁義禮智之渾然全具於心。守之之法，只是無思無為，兢兢業業，正大光明，常在這裡，毫不隨視聽言動、喜怒哀樂走作，這便是涵養未發氣象。一有思慮，一有視聽言動、喜怒哀樂，須提起看是是禮非禮，是禮者擴充力行；非禮者斬刈消滅，不損無思無為體段，尤當於習時認取，習時者無有事件，如食時睡時家人儔類，熟習晤對時，須主宰精明，常有把柄。[11]

[7] 楊菁先生：〈朱澤澐的朱子學〉，同注5，頁119。

[8] 朱澤澐：〈朱子格物說辨一〉、〈朱子格物說辨二〉、〈朱子未發涵養辨一〉、〈朱子未發涵養辨二〉，《止泉先生文集》卷7，與《朱子聖學考略》；前者見《四庫全書存目叢書》本，卷7，臺南：莊嚴出版社，1997年，頁768-776。後者見《四庫全書存目叢書・子部・儒家類》第20冊，頁515。

[9] 王陽明：〈答陸原靜第二書〉，葉紹鈞先生點注《傳習錄》，（臺北：臺灣商務印書館，1998年），頁218。

[10] 朱澤澐：〈提要〉，《朱子聖學考略》，同注6，頁510。

[11] 朱澤澐：《止泉先生文集》卷2，（《四庫全書存目叢書》本，卷7，臺南：莊嚴出版社，1997年），頁698。

所謂的「理」，就是仁義禮智，性命根源所在，全備「心」中。此「性體」涵養未發，須在「四端」體認。待涵養功深，未發氣象，便能時時呈露。所謂「未發氣象」即是「理」所在、「性體」所在，亦是「性命根源」所在。因此，必須在每日存養功夫上努力，由生而熟，至熟之境，便是無思無為，兢兢業業，正大光明常在這裡，則能體得「天理」渾融，有寂而常感氣象。即使一旦起心動念，亦合於理義，時時精進，使道理常在這裡流轉，學養功夫自會日益進步，而主宰便能常保精明通亮。

3. 人心理氣與天地理氣通為一

朱澤澐：《止泉先生文集》云：

> 天地純是一團理氣，包乎萬物，故人在理氣中。人心理氣與天地理氣通為一，只是要養得盛大，立得常久，中夜思之，亦覺手舞足蹈，會得時方知心無內外，理無內外。[12]

在此，可看出朱氏主「天地純是一團理氣」。理與氣不分，且「人在理氣」中，「人心理氣與天地理氣通為一」。非宋儒所主理氣二元論；「理」乃是形上至善之理，氣乃形下氣質之異[13]。此亦可看出由王懋紘純粹「程朱」之「道問學」主張，漸轉向「陸王」之「尊德性」主張，且朱氏視理與氣合一，天地純是一團理氣而已。

4. 格物以性情為本

朱氏：《止泉先生文集》又云：

> 格物功夫須各項用工，不可有偏，然有本末先後輕重之序，不可顛倒。如程朱云：「求之性情固切於身，然一草一木亦有理，不可不察」一條，程子明言切於身是本而先者，草木之理雖末而後亦當察，非以性情與草木同列也。朱子有「格物須合內外始

---

[12]　同上注，《止泉先生文集》卷2，頁700。
[13]　朱熹：〈答黃道夫〉云：「天地之間有理有氣。理也者，形而上之道也，生物之本也；氣也者，形而下之器也，生物之具也。」（收入朱熹：《朱子文集》，臺北：德富文教基金會，2000年），頁2799。

得」，此言本末也；有「緩急先後」一條，此言先後也；又有「六七分裡面理會，三四分外面理會」一條，此言輕重也。[14]

雖理氣不分，一團理氣運作，人心理氣與天地理氣為一，但朱澤澐對於涵養功夫，仍不離程朱之說法。「涵養須用敬，敬學在致知」，又「致知在格物」。[15]強調格物致知的功夫是有本有末、有輕重緩急的。以究「性情」為本，外在草木之理為末。切身之修養為當務之急，內涵提昇為本[16]，是以本末先後顯而易見。

　　朱澤澐的「情理思想」，是主理非純粹形上之理，是動靜語默皆是「理」，且將「理」下貫於氣中，主理氣合一，人心理氣與天地理氣相通。但對於性情方面，仍不失要有一番「格物窮理」之功夫在，其「深信朱子居敬窮理之學，為孔子以來相傳的緒，不可移易」[17]。

二、王懋竑情理論探索

（一）學者傳略

　　王懋竑（1668～1741），字予中，號白田，江蘇寶應人。後居白田，築白田草堂，是以有學者稱之「白田先生」。生於清康熙七年，卒於乾隆六年，享年七十四歲。

---

[14] 同注 8，《止泉先生文集》卷 2，頁 696。

[15] 朱熹：《朱子語類》卷 12：「學者當知孔門所指求仁之方，日用之間，以敬為主。不論感與未感，平日常是如此涵養，則善端之發，自然明著。」（北京：中華書局，1994 年），頁 140。又其《大學章句》云：「閒嘗竊取程子之意以補之曰：所謂致知在格物者，言欲致吾之知，在即物而窮其理也。蓋人心之靈莫不有知，而天下之物莫不有理，惟於理有未窮，故其知有不盡也。是以《大學》始教，必使學者即凡天下之物，莫不因其已知之理，而益窮之，以求至乎其極。至於用力之久，而一旦豁然貫通焉，則眾物表裡精粗無不到，而吾心之全體大用無不明矣。此謂格物，此謂知之至也。」（《四書章句集注》，大安出版社，1991 年），頁 7。

[16] 朱澤澐在此非常強調「居敬窮理」之涵養功夫，其云：「雜念一毫不生，萬善渾然具足，此是太極本色，須從居敬窮理，涵養體驗，至此方是。若只言本無一物，從靜入手，必趨寂靜，安能萬善具足？」同注 8，《止泉先生文集》卷 2，頁 704。

[17] 徐世昌：《清儒學案・白田學案》第 3 冊，卷 52，（臺北：世界書局，1979 年），頁 23。

　　懋竑四十一歲中舉，五十一歲進士，五十八歲致仕。之後，專意著述與教書。[18]其一生治學，主要精力在整理、研究朱子之學。[19]焦循指出：

> 他人講程朱理學，皆浮游剿襲而已。惟懋竑一生用力於朱子之書，考訂精核，乃真考亭功臣。[20]

其以訓詁、考據方式研究朱學。「實事求是」，不尚空談，重視生活上的切實實踐。

　　蓋一生精力，盡萃於《朱子年譜》一書。[21]《清儒學案》評此：

> 白田讀朱子書數十年，於朱子生平為學誨人次第本末，條析精研，訂為年譜四卷，俾有志朱學者不致為異說所迷眩。其有裨聖道較之《閑辟錄》、《學蔀通辨》二書，直遠出其上矣。[22]

當時朝廷雖尊崇理學，但王懋竑未躋身於「理學名臣」。其「嘗謂友人曰：『老屋三間，破書萬卷，平生志趣，於斯足矣。』」[23]又別有《朱子年譜考異》四卷，並附錄《朱子論學切要語》二卷於其後。尚有《白

---

[18]　清・國史館編《清史列傳》第 17 冊，卷 67（北京：中華書局，1993 年），頁 5366。

[19]　張舜徽先生：〈揚州學記〉載：「這一研究途徑的形成，乃是受了二大影響：一是家學濡染。他的叔父王式丹，是康熙四十二年癸未科的狀元，曾參加過修纂《朱子全書》的工作，對於朱子之學，素所講求，因而影響了他。二是友朋切磋。桐城方苞，推尊朱學，曾於年輕時來寶應喬家任塾師二年，和他結識後，往來甚密，受其影響也不小。」（《清儒學記》，山東：齊魯書社，1991 年），頁 382。

[20]　焦循：〈國史儒林文苑傳議〉，《雕菰樓集》卷 12，（臺北：鼎文書局，1977 年），頁 183。

[21]　王箴傳：〈行狀〉云：「蓋積二十餘年，四易其稿而後定。力疾成編，至易簣前數日，猶不忍釋手。」，（清・錢儀吉《清代碑傳全集》上冊，上海：古籍出版社，1988 年），頁 373；趙爾巽等編：《清史稿》，（北京：中華書局，1976 年），頁 13141。

[22]　徐世昌：〈白田學案〉，《清儒學案》第 3 冊，卷 52，（北京：中國書店，1990 年），頁 1。

[23]　錢大昕：〈王先生懋竑傳〉，《潛研堂文集》卷 38，（上海：上海古籍出版社，1989 年），頁 28。

田草堂存稿》二十四卷、《讀書記疑》十六卷、《續集》、《別集》、
《朱子文集注》、《朱子語錄注》等書。[24]

（二）王懋竑情理論

1.性體（理）情用

王懋竑〈玉山講義考〉云：

> 大凡天之生物，各付一性。性非有物，只是一箇道理之在我者
> 耳。故性之所以為體，只是仁義禮智信五字。……五者之中所謂
> 性者是箇真實無妄底道理。如仁義禮智皆真實而無妄者也。故信
> 字更不須說，只仁義禮智四字，於中各有分別，不可不辨。蓋仁
> 則是箇溫和慈愛底道理，義則是箇斷制裁割底道理，禮則是箇恭
> 敬撙節底道理，智則是箇分別是非底道理，此四者具於人心，乃
> 是性之本體。方其未發，漠然無形象之可見，及其發而為用，則
> 仁者為惻隱、義者為羞惡、禮者為恭敬、智者為是非。隨事發
> 見，各有苗脈，不相淆亂，所謂情也。……蓋一心之中仁義禮智
> 各有界限，而其性情體用又各自有分別。[25]

懋竑精研朱子之學，主「性即是理」。以性為體，內涵「仁義禮智信」
等道理。所以在其〈答何叔京書〉亦云：「天理只是仁義禮智之總名，
仁義禮智便是天理之件數。」[26]然本體未發，抽象之理，無形無象，了
無可得，須發乎「情」，是以顯見。「仁」情之彰顯是「惻隱」流露，
「義」情之表現則是「羞惡」自覺，「禮」之情意，是「恭敬」的表
態，「智」情顯發，便為「是非」之明辨，絕不混淆，或顛倒是非、黑
白、善惡之理，或口是心非，而是言行一致，裡外如一。

---

[24] 徐世昌：〈白田學案〉，《清儒學案》卷 52，同注 17，頁 1。

[25] 王懋竑：《白田草堂存稿》卷 6，（臺北：漢華文化事業股份有限公司，
1972 年 1 月），頁 269-270。

[26] 同上注，頁 292。

　　所以王懋竑於「情理論述」，宗宋明理學之論，主「性體情用」之說。此情是「理」之感物，所流露於外的顯現，正如孟子所謂：「乃若其情，則可以為善矣。」所以在其〈答方賓王書〉亦云：

> 仁義禮智同出於性而其體渾然，莫得而見，至於感物而動，然後見其惻隱、羞惡、恭敬、辭遜、是非之用，而仁義禮智之端，於此形焉，乃所謂情。……大抵仁、義、禮、智，性也；惻隱、羞惡、是非、辭遜，情也。心統性情者也。[27]

又：

> 凡物必有本根性之理，雖無形而端的之發，最可驗。故由其惻隱，所以必知其有仁；由其羞惡，所以必知其有義；由其恭敬，所以必知其有禮；由其是非，所以必知其有智。使其本無是理於內，則何以有是端於外？由其有端於外，所以必知有是理於內而不可誣也。故孟子曰：「乃若其情，則可以為善矣。」……蓋亦溯其情而逆知之耳。仁義禮智既知得界限分曉，又須知四者之中，仁義是簡對立底關鍵。蓋仁，仁也，而禮則仁之著也；義，義也，而智則義之藏。猶春夏秋冬，雖為四時，然春夏皆陽之屬也；秋冬皆陰之屬也，故曰：「立天之道，曰陰與陽；立地之道，曰柔與剛；立人之道，曰仁與義。」[28]

仁義禮智是性之「理」，但可總括於「仁義」之下。亦如天之道是陰陽，地之道是柔剛，人之道是仁義。雖說「性理情用」，無不是善，但其以為人受有「氣稟」之異，故情有「物欲」之累。所謂：

> 天之生此人，無不與之以仁義禮智之理，亦何嘗有不善？但欲生此物，必須有氣，然後此物有以聚而成質。而氣之為物，有昏濁清明之不同，稟其清明之氣而無物欲之累，則為聖；稟其清明而未純全，則未免微有物欲之累而能克以去之，則為賢；稟其昏濁

27　同上注，頁 285。
28　王懋竑：〈玉山講義考〉，同上注，頁 278-279。

之氣，又為務愁之所蔽而不能去，則為愚、為不肖，是皆氣稟物
欲之所為而其性未嘗不同也。……而凡吾日用之間，所以去人
欲，復天理者，皆吾分內當然之事。[29]

亦同「程朱之學」，「性」至善，無不同，皆是「理」，形上之本體。
然不同是形下之氣稟，有昏濁清明之別，是以受物欲之蔽亦有不同。故
主張「去人欲，復天理」，此乃吾人修行之要事矣。蓋王懋竑在戴震之
前，受其家學影響──治朱學為務，是以懋竑當以發揚「存天理，去人
欲」為宗。如何「復天理」？端在下功夫見得。其謂：

> 理本實有條理五常之體，不可得而測度。其用則為五教，孝於
> 親，忠於君，又曰：必有本如惻隱之類，知其仁中發；事得其
> 宜，知其自義中出；恭敬知其自禮中出；是是非非，知其自智中
> 出。信者，實有此四者，眼前無非是性，且於分明處作功夫。又
> 曰：體不可得見，且於用上著功夫，則體在其中。[30]

又〈答呂子約書〉云：

> 由乎中而應乎外，是推本視聽言動四者，皆是由中而出，泛言其
> 理之如此耳。非謂從裡面做功夫出來也，制乎外，所以養其中，
> 方是做功夫處。[31]

藉由外在克己的功夫，以涵養內在心性，方是修養功夫。如何克己？其
主張「下學而上達」，非「端默靜坐」也。其〈答汪尚書〉云：

> 程朱子所謂善學者求之，必自近，易於近者，非知言者也。……
> 夫平易則是欲先上達而後下學。……今日為學用力之初，正當學
> 問思辨而力行之，乃可以變化氣質而入於道也。顧乃先自禁切不學
> 不思以坐待，其無故忽然而有見，無乃溺心於無用地，玩歲愒
> 日，而不見其功乎！就使僥倖於恍惚之間，亦與天理人心敘秩命

---

[29] 同上注，頁 272-273。
[30] 王懋竑：〈答方賓王書〉，同上注，頁 289。
[31] 王懋竑：〈答呂子約書〉，同上注，頁 293。

> 討之，實了無交涉。其所自謂有得者，適足為自私自利之資而
> 已。此則釋氏之禍，橫流稽天而不可遏者，有志之士，所以隱憂
> 浩歎而欲火其書也。[32]

強調讀書窮理之要。學問思辨功夫，必力行之，實踐之，方可變化氣質
而入道。雖說「涵養須用敬」，但「敬學在致知」，所以絕非不學不思
般「靜坐」，可以了得，此不過是守株待兔、玩歲愒日耳。此可看出其
宗朱子之學，重「道問學」，實際讀書力行，方是功夫力道處。在此，
王懋竑強調篤志力學之要，方是確實修養功夫，否則，自謂有得，不過
是自利自足而已。

三、劉臺拱情理論探索

（一）學者傳略

　　劉臺拱（1751～1805），生於乾隆十六年，卒於嘉慶十年，年五十
五。字端臨，江蘇寶應人。小時即慕理學，「及長，見同里王懋竑、朱
澤澐書，遂篤志程朱之學」[33]。「乾隆三十五年舉人，屢試禮部不
第」[34]。「值開四庫館，海內方聞宿學雲集輦下，若朱竹君、戴東
原、任幼植、王懷祖輩，並為昆弟交。稽經考古，旦夕講論。君齒最
少，每發一議，諸先生莫不折服」[35]。後至丹徒縣訓導，竟以讀書教書
終其身。所謂「以敦品立行為先，暇則誦習古訓，親為講畫。取《儀
禮》十七篇，除〈喪服〉外，各繪為圖，與諸生習禮容。」[36]「然臺拱
以聖賢之道自繩，與人遊處，未嘗一字及道學也。卒以哀毀過情，臥病
不起。嘉慶十年卒，年五十五。」[37]

---

[32] 王懋竑：〈答江尚書〉，同上注，頁 311-312。
[33] 蔡若冠先生編著：《清代七百名人傳》下冊，（北京：中國書店，1987
　　年），頁 1637。
[34] 同上注，頁 1637。
[35] 支偉成：《清代樸學大師列傳》，（長沙：岳麓書社，1998 年），頁 107。
[36] 同注 18，頁 1638。
[37] 同上注，頁 1638。

臺拱慎於接物，而好誘掖後進，與王念孫及金壇段玉裁、江都汪中最稱莫逆。其學自天文、律呂至聲音、文字靡不該貫。考證名物，精研「義理」，未嘗離而二之。於漢宋諸儒之說，不專一家，惟是之求。精思所到，如與古作者晤言一室，而知其意指之所存。以《論語》、《禮經》為孔氏微言大義所在，用力尤深。[38]王念孫〈劉端臨遺書序〉云：「於天文、律呂、六書、九數，聲韻之學，莫不該洽。窮治諸經，於三禮尤深。精思卓識，堅確不疑。」[39]由於「生平無他嗜好，惟聚書數萬卷及金石文字，日夕冥搜，而不務著述，卒後稿多零落」[40]。

其治學嚴謹，矜慎太過，是以留下著述不多。身後經人搜集，僅得《論語駢枝》、《經傳小記》、《國語補校》、《荀子補校》、《淮南子補校》、《方言補校》、《漢學拾遺》、《文集》等八卷。[41]

（二）劉臺拱情理論

由於劉端臨先生「不務著述，稿多零落。」是以目前所見僅有《論語駢枝》一卷、《經傳小記》一卷等書。其有關「情理論述」，個人擇取《論語駢枝》一書，抽絲剝繭，提綱挈領，找出相關論述。

1. 樂道好禮者，學問之功夫

劉臺拱《論語駢枝》釋：「子貢曰：『《詩》云：如切如磋，如琢如磨。其斯之謂與。』」提出：

> 《三百篇》古訓古義，存者僅矣。獨此二句，則此章問答之旨斷可識矣。蓋無諂無驕者，生質之美；樂道好禮者，學問之功夫。子言十室之邑，必有忠信不如某之好學，而七十子之徒，獨稱顏淵為好學，顏淵而下，穎悟莫若子貢，故夫子進之以此，然語意

38　同上注，頁 1638。

39　王念孫：〈劉端臨遺書序〉，《王石臞先生遺文》卷 2，（收入於羅振玉輯印：《高郵王氏遺書》，南京：江蘇古籍出版社，2000 年），頁 130。

40　同注 18，頁 1638。

41　張舜徽先生：《清儒學記・揚州學記》，（濟南：齊魯書社，1991 年），頁 397。

渾融，引而不發。子貢能識此意而引《詩》以證明之，所以為告往知來。[42]

端臨先生以為此乃「孔子勸勉子貢好學深思之語」。所謂「如切如磋，如琢如磨」，即表示讀書求學，必像治玉切骨琢磨般，精益求精，深入鑽研，方能有所進展。然達至「樂道好禮」的境界，就是由治學功夫下得深而來。換句話說，讀書目的，在修養自身，使之舉止如儀。所謂稻穗愈飽滿，愈下垂；同理，詩書愈飽讀，更是謙謙君子，悟道達禮者。

2. 哀樂者，性情之極致，王道之權輿也

《論語駢枝》載：「子曰：『關雎樂而不淫，哀而不傷。』」劉臺拱則提出「哀樂者，性情之極致，王道之權輿也。」之見解，其釋曰：

> 謹案哀而不傷，舊說多異。……何得性情之正？又何以為聲音乎？推尋眾說，未得所安，因竊以己意妄論之。……樂亡而詩存，說者遂徒執〈關雎〉一詩以求之，豈可通哉？樂而不淫者，〈關雎〉、〈葛覃〉也；哀而不傷者，〈卷耳〉也。〈關雎〉樂妃匹也，〈葛覃〉樂得婦職也。〈卷耳〉哀遠人也。哀樂者，性情之極致，王道之權輿也。能哀能樂，不失其節，詩之教，無以加於是矣。[43]

《禮記·樂記》云：「凡音者，生人心者也。情動於中，故形於聲，聲成文，謂之音。是故治世之音安以樂，其政和；亂世之音怨以怒，其政乖；亡國之音哀以思，其民困。聲音之道與政通矣。」[44]可知凡音之起，由人心產生。為物所感而動情，則這心中的情感活動表現於外在聲音上，就是各種音聲。畢竟人非木石，看到哀傷之景，豈有不悲？此悲從中來，乃是最真摯的。所以端臨先生以「哀樂」乃性情自然流露與展現，絲毫作假不得，故亦可為王道之始也。況且古時尚以音聲歡樂、憤

---

[42] 劉臺拱：《論語駢枝》，（《續修四庫全書·經部·四書類》，上海：古籍出版社，2002 年），頁 289。
[43] 同上注，頁 291。
[44] 王文錦先生譯解：《禮記譯解》下冊，（北京：中華書局，2003 年），頁 526。

怒、哀傷與否，反映國家政治優劣與興亡。所以古時聲音的道理是與政治相通的。可由人民之音聲來反映國家治理之良窳！同理，依此看〈關雎〉「樂而不淫，哀而不傷」。劉臺拱解釋，可知其亦主「哀樂」產生，絕非矯情可生，必是從內心肺腑油然而生的，故此乃性情之致，王道之開端，自然之流露。有道之君是會特別注意底下升斗小民的心聲，至哀樂之情兩極化表現，當是須特別關照的，是以正是「王道」表現的時候。然哀樂亦非沒有節度，哀慟愈於人，或者，樂極而生悲，都是過分的哀樂。若是能哀能樂，合乎中節，想必深受《詩經》教化，所以《詩經》〈關雎〉列為第一篇，強調「哀而不淫，樂而不傷」——王道之始也。

3. 聖人正名百物，類統人情

《論語駢枝》載：「子所雅言，詩書執禮皆雅言也。」劉臺拱釋曰：

> 謹案雅言，正言也。……夫子生長於魯，不能不魯語，惟誦詩書執禮三者，必正言其音，所以重先王之訓典。……上古聖人正名百物，以顯法象別名，類統人情。壹道術名定而實辨，言協而志通，其後事為踵起，象數滋生，積漸增加，隨時變遷。王者就一世之所宜，而斟酌損益之，以為憲法，所謂雅也。然而五方之俗不能強同，或意同而言異，或言同而聲異，綜集謠俗，釋以雅言比物，連類使相附近，故曰爾雅，《詩》之有風雅也亦然，王都之音最正，故以雅名；列國之音不盡正，故以風名。[45]

雅言，正言也，乃王都、京師的官話。即使孔子長於魯，說魯語，但誦詩書執禮，亦言王都之語，所以如此，在其重視先王的訓典也。先王所流傳下來的「典籍」，乃是上古聖人為物「正名」、「別類」，乃至統合順乎「人情」而來。此所流傳下來的語言，亦是王者以當時情況，斟酌損益，所標定的共通共守的法則，這就是名之「正言」的意義。畢竟「名不正，言不順，則事不成」。

---

[45] 同注 42，頁 292-293。

由此以知，劉端臨以萬物之名，乃古時聖人求統乎人情，正其名義、擬定名聲而來。

4. 人性之偏，愛惡為甚

《論語駢枝》載：「愛之欲其生，惡之欲其死。既欲其生，又欲其死，是惑也。」劉臺拱解釋為：

> 愛之欲其生，惡之欲其死。言愛惡反覆無常，既欲其生又欲其死，覆舉上文而迫笮其詞以起惑字，非兩意也。凡言惑者，謂其顛倒瞀亂，若人有惑疾者然，故不直曰好惡無常，而曰既欲其生又欲其死；不直曰忿懥無節，而曰一朝之忿，忘其身以及其親，皆為惑字造端置辭。聖人之言，所以為曲而中也。人性之偏，愛惡為甚。內無知人之朋，外有毀譽之蔽，鮮有能至當而不易者。[46]

在此，可以看出劉端臨先生主「欲」在人性中。人性有所偏失，在「愛惡」之「欲」造成的，且以「愛之欲其生，惡之欲其死」為甚。如此「愛惡無常」，是謂「惑者」，亦即顛倒瞀亂之人。此性之理，絕非宋儒所謂「性即是理」，「性」純然至善，相反的，性中有「欲」——有「好惡」之「欲」；所謂「理者，存乎欲者也」[47]。聖人所以為聖，在其欲之不爽失，無過與無不及，適度中庸也，所以道此，聖人亦是由「曲」擇中。

四、小結

本節「天理向情理的過渡者」，列舉清初朱澤澐、王懋竑與劉臺拱等人作代表。從他們的「義理思想」來看，可以發現到他們雖尊「程朱理學」，但內容上已有所不同。

程朱理學主「理氣二分」，即「理欲二分」，但朱澤澐主「人心理氣與天地理氣通為一」，強調是「理氣合一」；王懋竑以為「性理情

---

[46] 同上注，頁295-296。
[47] 戴震：《孟子字義疏證》卷上，（《戴東原先生全集》，臺北：大化書局，1978年），頁292。

用」，以「性」為體，內涵「仁義禮智信」等理，但「情」為用，必須以「情」彰顯「仁義禮智信」等理；劉臺拱雖篤志「程朱之學」，以「敦品立行為先」，但強調「哀樂者，性情之極至，王道之權輿也」，視「情」真誠流露乃「王道」開端。

在「性理」上，朱澤澐、王懋竑仍主「性即是理」，「天理是道理之源頭」，但至劉臺拱時則不然，劉臺拱以人性有「愛惡」等偏失，不再以「性」是純然至善的「理」，以「性」有「愛惡」之「欲」，是以會「愛之欲其生，惡之欲其死」顛倒妄想，依「好惡」之「欲」決定「一己之見」，因此，「聖人正名百物，類統人情」。聖人依「人情之本」為物「正名」、「別類」，訂定共同遵守之則，為人民有所依循。故劉臺拱在此非常強調熟習「禮樂」功夫，所謂「樂道好禮者，學問之功夫」意即在此。

清初康、雍、乾時，視「程朱之學」為科舉必修的內容，但可貴是在學術上，已漸有學者正視「理學」之缺失，主「實事求是」的「漢學」為治學內容；在思想上，對形上抽象之「理」有所反省，宗程朱之學的朱澤澐、王懋竑、劉臺拱等人，對此皆主「理」在「氣」中，「理氣」不分，實與程朱理學強調「理氣二分」不同；對「性」之看法，亦偏向「性中有欲」之見，是以在此謂為「天理向情理的過渡者」。

第二節　「漢學為尊」的情理論者

一、段玉裁情理論探索

（一）學者傳略

段玉裁（1735～1815），字若膺，號茂堂、硯北居士、長塘湖居士、僑吳老人，江蘇金壇人。生於世宗雍正十三年，卒於仁宗嘉慶二十年，享年八十一歲。

　　二十六歲時（1760）中舉人後旋即赴京，讀顧炎武《音學五書》，頗受啟發，遂有志於音韻之學。乾隆二十六年（1761）會試不第，執教於景山官學。二年後師事戴震。乾隆三十二年（1767），治《詩經》，著《詩經韻譜》、《群經韻譜》（《六書音韻表》前身）。乾隆三十四年（1769），返京會試不第，隨東原赴山西，任教於壽陽書院。後轉徙任貴州玉屏，四川富順、南溪、巫山等地知縣。於四十五年辭官，赴南京訪錢曉徵於鍾山書院。五十四年（1789）八月，因避難赴北京，始與王石臞結交；是年冬，晤邵晉涵。翌年至湖廣總督畢沅（1730～1797）幕，晤得章實齋，稱其史學能得本源。[48]

　　乾隆五十七年（1792），段玉裁編《戴東原先生全集》。晚年隱居吳門，埋首著述。至嘉慶十二年（1803）完成鉅著《說文解字注》三十卷，晚歲親授外孫：龔定盦《說文》部目，許為俊才。其著作除了《說文解字注》外，尚有《經韻樓集》十二卷，均收入《經韻樓叢書》中。[49]

（二）段玉裁情理論

1. 理乃情之無憾

段玉裁釋「理」，在其《說文解字注》：「理，治玉也。」有云：

> 戰國策，鄭人謂玉之未理者為璞，是理為剖析也。……凡天下一事一物必推其情至於無憾而後即安，是之謂天理，是之謂善治。……古人之言天理何謂也？曰理也者，情之不爽失也。未有情不得而理得者也。天理云者，言乎自然之分理也；自然之分理，以我之情絜人之情，而無不得其平是也。[50]

---

[48] 整理自劉盼遂：《段玉裁先生年譜》，（香港：崇文書局，1971 年），頁 22-23。

[49] 支偉成《清代樸學大師列傳》云：「先生兼擅詩文，有《經韻樓集》十二卷，亦頗雅贍。合前數種及《東原集》、《聲韻考》，匯刊為《經韻樓叢書》。讀《說文解字注》別行」，（長沙：岳麓書社，1986 年），頁 163；清・國史館編《清史列傳》第 17 冊，68 卷，（北京：中華書局，1993 年），頁 5517-5518。

[50] 東漢・許慎著、清・段玉裁注《說文解字注》，（臺北：天工書局，1992 年 11 月），頁 15-16。

以此知段氏所謂的「理」，最初是指「玉之剖析」，進一步引申至天下事物，必推「情」之無憾，俯仰無愧，此方謂之「天理」。亦其師戴震所主的「情之不爽失，謂之理」[51]。「天理」——自然之分理也，在人事中，即是以我之情絜人之情，推己及人，將心比心，使人心悅誠服，而無不平之氣，此便是「理」也。此「理」在段玉裁心中，除了蘊涵「剖析」、「情之無憾」等意義外，尚有：「情實」之意。其〈戴東原集序〉云：

> 始玉裁聞先生之緒論矣，其言曰：「有義理之學，有文章之學，有考覈之學。義理者，文章、考覈之源也。孰乎義理而後能考覈、能文章。」玉裁竊以謂義理、文章，未有不由考覈而得者。自古聖人制作之大，皆精審乎天地民物之理，得其情實，綜其始終，舉其綱以俟其目，與其利以防其弊，故能奠安萬世。……夫聖人之道在《六經》。不於《六經》求之，則無以得聖人所求之義理，以行於家國天下；……凡故訓、音聲、算數、天文、地理、制度、名物、人事之善惡是非，以及陰陽氣化、道德性命，莫不究乎其實。……淺者乃求先生一物一名、一字一句之間，惑矣。先生之言曰：「六書、九數等事，如輿夫然，所以舁輿中人也。以六書、九數等事盡我，是猶誤認輿夫為輿中人也。」又嘗與玉裁書曰：「僕平生著述之大，以《孟子字義疏證》為第一，所以正人心也。」[52]

段氏所謂的「理」，必經訓詁考據證實以得，此「理」方實有，謂之「情實」。不論天地萬物，終究其實，此真實之內涵即是「理」。此「理」換句話解釋，即是上述「推情至無憾、無悔、無怨尤」，問心無愧，則是盡之「一天理」、「一善治」。

　　窮究真實，便是尋得「真理」，亦即「情實」也；應用在人倫中，便是指「情至深處無怨尤」，方是「理」。所以，其所謂「理」承襲師

---

[51]　戴震：《孟子字義疏證》卷上，（湯志鈞先生點校，《戴震集》，上海：上海古籍出版社，1980 年），頁 273。

[52]　段玉裁：《經韻樓集補編》卷上，（《段王學五種》，《原刻景印叢書集成續編》第 12 冊，臺北：藝文印書館，1970 年），頁 8。

之見而來[53]。然而段玉裁所謂的「情」，據其《說文解字注》：「情，人之陰氣有欲者也。」解釋：

> 董仲舒曰：「情者，人之欲也。人欲之謂情，情非制度不節」。
> 《禮記》曰：「何謂人情？喜怒哀懼愛惡欲，七者不學而能。」
> 《左傳》曰：「民有好惡喜怒哀樂，生於六氣。」《孝經援神
> 契》曰：「性生於陽以理執，情生於陰以繫念。」[54]

其「情」引據歷來諸多學者解釋，是一富有「情感」、「情緒」之意涵，和「情實」之理的意義不同。

雖說段玉裁以注《說文》為大家，鑽研文字訓詁考證之漢學，使學術走向專業化，但段氏亦識得漢學弊端。在總結已生平學術時，謂其生平：

> 喜言訓詁考核，尋其枝葉，略其本根，老大無成，追悔已晚。[55]

其晚年反以訓詁考核等為明道枝葉，「義理」方為明道根本，但晚年再追悔已晚。最後不得不承認「以義理為宗」，方是治學之正確方向。亦即發現到這訓詁文字、考證典章的方式使學術趨於專業化，與儒家「經世致用」的理想背道而馳，在此段氏發現此理，但為時已晚。所以就經世而言，實不可過崇漢學，而特抑宋學。陳壽祺引段玉裁與阮元的話說：

> 段君曰：今日大病，在棄洛、閩、關中之學，謂之庸腐，而立身苟簡，氣節敗，政事蕪，天下皆君子，而無真君子。故專言漢學，不治宋學，乃真人先世道之憂。而況所謂漢學者，如同畫餅乎。撫部（阮元）曰：近之言漢學者，知宋人虛妄之病，而於聖

---

[53] 戴震：〈與某書〉有云：「後儒不知情之至於纖微無憾，是謂理；而其所謂理者，同於酷吏之所謂法。酷吏以法殺人，後儒以理殺人，浸浸乎舍法而論理，死矣！更無可救矣！」同注51，頁188。

[54] 段玉裁：《說文解字注》，同注50，頁502。

[55] 段玉裁：〈博陵尹師所賜朱子小學恭跋〉，《經韻樓集》卷8，（收入《段玉裁遺書》下，臺北：大化書局，1977年），頁1011。

賢修身立行之大節，略而不談，以遂其不矜細行，乃害於其心其事。二公皆當世通儒，上紹許鄭。[56]

據陳壽祺引段玉裁與阮元的話，可知二公於當時已發現：學術上一片沉迷於考證訓詁，不過是鑽研於故紙堆中，於國家、社會、百姓，現實生活無所助益，更遑論最初之初衷：欲通經以明道以濟世，學術至此，只是走進死胡同了。然段氏與阮氏發現已晚，欲挽狂瀾之既倒，實不及矣。綜觀此時學術發展，美國學者艾爾曼（Bebjarnin A .Elman）先生說得好，其云：

> 漢學因與以宋學為基礎的正統儒學對立，至多處於科舉考試的邊緣位置，其支持者往往被排斥於朝廷之外，考據學發展的結果是儒學的專業化和職業化。漢學憑藉士紳階層提供的廣泛贊助，贏得並維持他們在江南學術共同體的位置，捍衛小學考證的特殊意義。[57]

漢學本為改變假道學之游談無根，倡求真務實的治學學風，然一味訓詁文字、考證典章，也背離最初的經世濟民目的，而漢學及實證方法，亦未能如宋學般，廣泛影響科舉考試[58]。這一群考據學家獨獨走向漢學專業化形勢，則變成是一種扭曲的學術專業化，無濟於世。

二、王念孫情理論探索

（一）學者傳略

　　王念孫（1744～1832），字懷祖，號石臞，高郵人。父王安國，官吏部尚書，學有經法，彊立不惑。[59]念孫八歲能屬文，十歲讀十三經

---

[56] 陳壽祺：〈孟氏八錄跋〉，《左海文集》卷 8，（收入於《續修四庫全書・集部・別集類》第 1496 冊，上海：上海古籍出版社，2002 年），頁 158。

[57] 艾爾曼（Bebjarnin A.Elman）著、趙剛先生譯：《經學、政治和宗族——中華帝國晚期常州今文學派研究》，（南京：江蘇人民出版社，1998 年），頁 67。

[58] 郭院林先生：〈樸學——追求淳樸的學風與世風〉，《清代儀徵劉氏《左傳》家學研究》，（北京：中華書局，2008 年），頁 242。

[59] 見徐世昌編：《清儒學案》第 4 冊，卷 100，〈石臞學案上〉，（北京：中國書店，1990 年），頁 1。

畢,旁涉史鑑,有「神童」之稱。[60]乾隆四十年進士,改翰林院庶吉士,散館,授工部主事,後升郎中,遷御史,轉吏科給事中。[61]

嘉慶四年,仁宗親政,疏陳剿教匪六事,首劾大學士和珅。是年,奉命巡淮安及濟寧漕,授直隸永河道。[62]在任六年,因引黃利運異議,召入都,決其是非。念孫奏引黃入湖,不能不少淤,然暫行無害,詔從之。之後永定河水復溢,是以念孫自引罪休致[63]。道光五年重宴鹿鳴,十二年卒,年八十有九。[64]

念孫初從學於休寧戴氏東原,受聲音文字訓詁,其治經熟於漢學之門戶,手編詩三百篇九經楚辭之韻,分古音為二十一部。官御時,始注釋《廣雅》,十年成書,名曰《廣雅疏證》三十二卷。其書就古音求古義,引申觸類,擴充於《爾雅》、《說文》,無所不達。然聲音文字部分之嚴,一絲不亂。學者比諸酈道元注《水經》,注優於經云。[65]又當時惠棟、戴震所未及。嘗語子引之曰:「訓詁之旨,存乎聲音,字之聲同聲近者,經傳往往假借。學者以聲求義,破其假借之字而讀本字,則渙然冰釋。[66]」

既罷官,以著述自娛,著有《讀書雜志》共八十二卷;於古義之晦,鈔之誤,寫校之妄改者,一一正之。又精於水利書,官工部時,著《導河議》上下篇,及奉旨纂《河源紀略》。

(二)王念孫情理論

晚近學者王國維先生論清代學術曾云:

> 國初之學大,乾嘉之學精,而道咸以來之學新。[67]

---

[60] 蔡冠洛先生編著:《清代七百名人傳》下冊,(北京:中國書店,1984年),頁1644。

[61] 同上注,頁1644。

[62] 同上注,頁1644。

[63] 同上注,頁1644。

[64] 同上注,頁1644。

[65] 同注59,頁1。

[66] 同注60,頁1645。

[67] 王國維先生:〈沈乙庵先生七十壽序〉,《觀堂集林》卷23,(收入於《王國維先生全集》(初編),臺北:大通出版社,1976年),頁1163。

其以一「精」字概括清乾嘉學術風貌。蓋乾嘉之學，由博而精，專家絕學，並時而興。然惠棟、戴震之後，「最能體現一時學術風貌，且以精湛為學而睥睨一代者，當屬高郵王念孫、王引之父子」[68]。

據史載，知王念孫師從戴震[69]，講求文字訓詁為治學方法，奉「由文字以通乎語言，由語言以通乎古聖賢之心志」[70]為圭臬，承襲顧炎武的「讀九經自考文始，考文自知音始」[71]之治學宗旨，欲以文字訓詁明經達道，如王念孫云：「訓詁聲音明而小學明，小學明而經學明。」[72]其子──王引之亦主「聖賢經世之方，莫備於經」，以文字音訓「正天下之理，平天下之氣」[73]。是以王氏父子於文字、音韻、訓詁、校勘方面，成就輝煌，其父子之《廣雅疏證》、《讀書雜志》、《經義述聞》、《經傳釋詞》，合稱「王氏四種」，博大精微，蔚為乾嘉學術之代表作。[74]

然可怪的是：其志在以文字訓詁等通經明道、「經世致用」，欲闡揚漢學家們共同堅持的明經主張。但觀其學術研究的表現，大多仍是以小學、校勘方面居多，而後人亦表彰或研究其小學、校勘等成果，於所謂「義理思想」方面，均不得見；其學術實踐上，似乎未致力於明經達道，難道他們忘了治學的初衷？誠如章學誠所謂：「以襞績補苴謂足盡天地之能事」或者「近日學者風氣，徵實太多，發揮太少。有如蠶食桑

---

[68] 陳祖武先生、朱彤窗先生等著：《乾嘉學派研究》，（石家莊：河北人民出版社，2005 年），頁 410。

[69] 清國史館編：《清史列傳》卷 68，〈王念孫〉，（北京：中華書局，1988年），頁 5534。

[70] 戴震：〈古經解鉤沉序〉，《戴震文集》卷 10，（收入於《戴東原先生全集》，臺北：大化書局，1978 年），頁 1102。

[71] 顧炎武：〈答李子德書〉，《亭林文集》卷 4，（收入於《叢書彙編》第一編，臺北：華文書局，1970 年），頁 188。

[72] 王念孫：〈段若膺說文解字讀序〉，《王石臞先生遺文》卷 2，（收入羅振玉輯印：《高郵王氏遺書》，南京：江蘇古籍出版社，2000 年），頁 133。

[73] 王引之：〈道光元年辛巳恩科浙江鄉試前序〉，《王文簡公文集》卷 3，（收入羅振玉輯印：《高郵王氏遺書》，南京：江蘇古籍出版社，2000年），頁 203。

[74] 王俊義先生、黃愛平先生等著：《清代學術與文化》，（瀋陽：遼寧教育出版社，1993 年），頁 307。

葉而不能抽絲。」[75]然王念孫師從戴東原先生，戴先生的「達情遂欲」說，致力於「天理於人欲中見」理論，大肆批判宋學的「存天理，去人欲」之論，且視之為「以理殺人」意見，這些論述，難道都未影響其得意門生：王念孫嗎？此頗令人困惑。王念孫於《廣雅疏證・自序》云：

> 竊以訓詁之旨，本於聲音，故有聲同字異、聲近義同，雖或類聚群分，實亦同條共貫。……故曰：本立而道生，知天下之至，而不可亂也。此之不寤，則有字別為音、音別為義。或望文虛造而違古義；或墨守成訓而少會通，易簡之理既失，而大道多歧矣。[76]

知其以訓詁產生是奠立於經學的基礎上營造而來。所謂：「本立而道生，知天下之至，而不可亂也。」不可亂的本源在語言，亦即音聲，此亦是道之本；所謂字別為音，音別為義。而古音分部是以經書的語言現象為據，以此，「實事求是」，近聖人之道也；亦其欲藉由語言現象之具體表現來表達聖賢之道。或許其以為古音訓詁等分析，可做到經學「義理」闡明的完成。相較於宋學理氣二分，純粹在觀念上立論，若要以文獻實證時，便露出破綻；此則不會。濱口富士雄先生說：

> 對於王念孫而言，他認為這個聖人的意思，是在透過客觀的古音分部二十一部之原理性而使之深入的經學意識中被領會，這作為一種先行理解而朝向個別的經文，藉由與其文章脈絡中所反映的經意產生共鳴，而來面對經意、汲取經意。亦即「全──個」即是「文脈──訓詁」之關係並非是形式理論上的對立，而是在一個訓詁中展開「全」的聖人之志，在根據「個」所構成的文脈中，志被表現出來的這個緊張循環，這被認為是在獲得了以古音分部為根底的經學意識之後才使解釋成為可能。[77]

---

[75] 章學誠：〈博約中〉，《文史通義・內篇》，（收入於葉瑛校注：《文史通義校注》上冊，臺北：里仁書局，1984 年），頁 429；〈與汪龍莊書〉，《章氏遺書鈔本》卷 4，（臺北：漢聲出版社，1973 年），頁 185。

[76] 王念孫：《廣雅疏證・自序》，（南京：江蘇古籍出版社，2000 年），頁 1。

[77] 濱口富士雄先生著、盧秀滿先生譯：〈王念孫訓詁之意義〉，（《中國文哲研究通訊》第 10 卷第 1 期，2000 年 3 月），頁 127。

據濱口富士雄先生的闡述，知王念孫的訓詁是一解經式的訓詁，是為經
學領域所營造的。為具體得到真實之理，故從書中的基本元素──語言
文字理解。由「個別」之文脈通「全經」大義。如此，理解過程絕不會
形成主觀的認定。經由濱口富士雄先生闡述，知王念孫的訓詁學，並非
是為考據而考據者，只是王念孫闡述經學的思想方式不同一般義理學
家，王念孫以訓詁小學之精湛，實是作為經學上的實踐而來，所以濱口
富士雄先生謂其：「訓詁成就皆是思想的活動」，「若捨去思想的部分
便脫離了王念孫訓詁的本質」[78]。又學者指出：王氏父子治學的
「通」，不在兼治百科的「通」，而在思想觀念上的「通」和匯納百科
知識為其訓詁和校勘服務方面。他們父子二人平日治學，不迷信古人，
不盲從時賢，不拘泥成說，不隘守門戶，求真求實，敢於創新。[79]

　　個人遂將王氏父子所有諸作一一披閱，發現於小學、校勘精湛，頗
為後人稱述的「王氏四書」外，散見其書信、文章方面，仍有「義理思
想」等蛛絲馬跡。在此，針對王念孫，就其訓詁、校勘成績尋其「義
理」之思：

1. 情即誠字

王念孫曰：

> 今天下王公大人士君子中，情將欲為仁義，求為上士；上欲中聖
> 王之道，下欲中國家百姓之利，故當尚同之說而不可不察。念孫
> 按：情即誠字，言誠將欲為仁義，則尚同之說，不可不察也。
> 〈尚賢篇〉曰：且今天下之王公大人士君子中，實將欲為仁義，
> 實亦誠也。〈非攻篇〉曰：情不知其不義也。故書其言以遺後
> 世，若知其不義也，夫奚說書其不義以遺後世哉！情不知，即誠
> 不知。凡《墨子》書中誠情通用者，不可枚舉。又〈齊策〉：臣
> 知誠不如徐公美，劉本誠作情；《呂氏春秋・具備篇》：三月嬰

[78] 同上注，頁 129。
[79] 董恩林先生：〈論王念孫父子的治學特點與影響〉，（《古籍整理研究學
刊》第 3 期，2007 年 5 月），頁 73。

> 兒，慈母之愛諭焉，誠也；《淮南・繆稱篇》誠作情；《漢書・
> 禮樂志》：正人足以副其誠，《漢紀》誠作情，此皆古書誠情通
> 用之證。[80]

念孫以訓詁方式證明古書中：「誠」與「情」二字通用。《墨子》諸
篇，誠情相通，不勝枚舉。其他古書中，如《戰國策・齊策》、《呂氏
春秋・具備篇》、《淮南・繆稱篇》、《漢書・禮樂志》等載，都可發
現，情以誠解、誠以情解。

　　事實上，「情」在《論語》中，亦是指「誠實」與「實情」的意
思，與我們現在所理解的作為「感情」、「情感」、「情緒」的「情」
是有距離的。[81]葛瑞漢（Graham）先生對此亦強調：「情」在先秦文獻
中是「質實」（essential）或「情實」（genuine）之義，作為情感
（passions）解的情到宋代以後才出現。[82]知古時的「情」字作「情
實」、「質實」之意解，所以王念孫用訓詁求此「情」意，是正確的。
情，實也，信也，誠也[83]。然我們所主的情、禮、敬等表現，事實上也
就是儒家所謂「誠」的內涵；主體的真實表現[84]。

2. 仁與人通

王念孫曰：

> 體恭敬而心忠信，術禮義而情愛人，引之曰：人，讀為仁。言其
> 體則恭敬，其心則忠信，其術則禮義，其情則愛仁也。愛仁猶言

[80] 王念孫：〈情〉，《讀書雜志・墨子雜志》，（南京：江蘇古籍出版社，
2000 年），頁 571。
[81] 陳昭瑛先生：〈「情」概念從孔孟到荀子的轉化〉，（收入氏著：《儒家美
學與經典詮釋》，臺北：臺大出版中心，2005 年），頁 44。
[82] 詳見張壽安先生：〈我欲立情教，教誨諸眾生──跨越時空論「達情」〉一
文所引，收入於張壽安先生與熊秉真先生合編《情欲明清──達情篇》，
（臺北：麥田出版社，2004 年），頁 20。
[83] 東漢・許慎著、清・段玉裁注：《說文解字注・言部》：「誠，信也。從言
成聲。」（臺北：天工書局，1992 年），頁 92。
[84] 沈順福先生著：《儒家道德哲學研究》，（濟南：山東大學出版社，2005
年），頁 178。

仁愛，恭敬忠信禮義愛仁，皆兩字平列，……古字仁與人通，此
人字即仁愛之仁，非節用而愛人之人。[85]

事實上，於《禮記・中庸》云：「仁者人也，親親為大；義者宜也，尊
賢為大；親親之殺，尊賢之等，禮所生也。」[86]知古時已將「仁」字之
意，釋為「人」也。以「人」為「仁」的最基本涵義，發揮「以人為
本」的思想。鄭注：「人也，讀如相人偶之人，以人意相存問之
言。」[87]因古人耦耕而人相偶，是以有此「仁」也。由此「仁」字來
看，知其「從二人」也，所以意為「相人偶」，實無不可也，此後來阮
元則有更進一步闡釋，即「仁」：乃你我親愛之詞[88]。落實在群體中，
實踐「親愛」、「慈愛」之「仁」意義。

　　在此王念孫以「術禮義而情愛人」中之「人」字，解為「仁」也，
即運用「仁」之古義：「人」來闡述，所以此「術禮義而情愛人」即
「其術則禮義，其情則愛仁也」。仁即人也；人亦仁也，無別。其是否
亦在強調「仁」是「人」的核心價值，「身為人」的「基本概念」、
「基本品德」？《說文解字注・人部》亦云：「仁，親也。從人從
二。」於「仁者」，孔子亦云：「愛人。」[89]既然仁從人從二，所以不
離人群關係，「仁」必是在人與人之間發揮與展現的。所以「仁者」亦
「人」也。而孔子則以「愛」為「仁」的內在要求；「愛人」即是「仁
者」的外在表現。強調是對於「人」的反思，人類精神應有的自覺[90]，

---

[85] 王念孫：〈愛人〉，《讀書雜志・荀子雜志》，（南京：江蘇古籍出版社，
2000年），頁637-638。

[86] 鄭玄注、孔穎達疏：《禮記正義》，《十三經注疏本》（5）（臺北：藝文
印書館，1981年），頁887。

[87] 同上注，頁887。

[88] 阮元：〈孟子論仁論〉，《揅經室一集》卷9，（北京：中華書局，1993
年），頁201。

[89] 朱熹：《論語章句集注・顏淵篇》：「樊遲問仁，子曰：『愛人』」，（朱
熹：《四書章句集注》，臺北：大安出版社，1991年），頁139。

[90] 舒大剛先生、彭華先生著：《忠恕與禮讓——儒家的和諧世界》，（成都：
四川大學出版社，2008年），頁79。

也是孔子心目中「人的最高道德品質」[91]。此念孫以文字聲訓等方式證明：「仁者」：「人也」，仁與人通，實則蘊涵古時既有的哲理。

三、江藩情理論探索

（一）學者傳略

　　江藩（1761～1831），字子屏，號鄭堂，晚號節甫老人。江蘇甘泉人。生於清乾隆二十六年，卒於清道光十一年，享年七十一歲。

　　其父學佛有年，明於去來，嘗曰：「儒自為儒，佛自為佛。何必比而同之，學儒學佛，亦視其性情之所近而已。儒者談禪，略其跡而存其真，斯可矣。必曰儒佛一本，亦高明之蔽也。」[92]然江藩守庭訓，少讀儒書，亦不敢佞佛。

　　其少長吳門。於乾隆三十七年時，從薛相聞先生受句讀，諭以涵養功夫。後又從汪愛廬先生游。於乾隆四十年，從余古農先生游，始知風、雅之恉。且始著《乙丙集》。四十一年，則受學於朱笥河先生。[93]四十三年，余古農先生歿，江藩遍讀諸子百家，如涉大海，茫無涯涘。後江民庭先生教之讀七經、三史及許氏《說文》，並從民庭受惠氏《易》。[94]於四十五年，其弱冠時，與汪中交，並以梅氏書贈之，先生自以知志位布策，皆容甫所教也。[95]後又與阮文達友善。於四十九年，在揚州，汪中介紹淩廷堪與之結交，次仲為之作〈周易述補序〉。惠棟著《周易》未竟而卒，闕的部分，則由江藩補之。於乾隆五十年時，頻遭喪荒，以所聚書易米，書倉一空，作〈書窩圖〉以寓感。至五十一

---

[91]　馮友蘭先生：《中國哲學史新編》第 1 冊，（北京：人民出版社，1982年），頁 153。

[92]　閔爾昌編：《江子屏先生年譜》，收入於漆永祥先生整理《江藩集》附錄，（上海：上海古籍出版社，2006 年），頁 372。

[93]　同上注，頁 372-374。

[94]　同上注，頁 374。

[95]　同上注，頁 375。

年，歲大饑，日日作詩讀之，完成《乙丙集》。五十二年，客遊江西，
在謝蘊山處，交胡雒君。冬，在揚州，與葉英訪焦理堂先生。與里堂皆
以淹博經史，為藝苑所推，時有「二堂」之目。之後，又稱「江、焦、
黃、李」。（謂黃承吉、李鍾泗也。）於六十年時，與徐心仲親善，講
習經史。心仲著《論語疏證》，先生為之序。[96]

　　嘉慶四年，從王昶先生游垂三十年，論學談藝，多蒙鑑許。十五
年，著〈節甫字說〉、〈詞源跋〉等文。嘉慶十六年，著有《漢學師承
記》，一本漢學之書，仿唐陸德明《經典釋文》之例，作《經師經義目
錄》一卷，附於記後。十七年，汪孟慈為之作〈國朝漢學師承記跋〉。
十八年，受阮元之聘，授講於山陽麗正書院，以布衣為諸生師。[97]二十
三年時，阮元延請先生纂輯《皇清經解》等書，是年，阮元為之作〈國
朝漢學師承記序〉。

　　道光二年，長白達三為之作〈國朝宋學淵源記序〉。道光五年，退
息里門，窮老益甚。[98]道光九年，其侄順銘等請於先生，將所刻書板修
補而薈萃之，曰《節甫老人雜著》。道光十一年辛卯，七十一歲卒。[99]

　　計江藩所著書有：《周易述補》五卷、《國朝漢學師承記》八卷、
《經師經義目錄》一卷、《國朝宋學淵源記》二卷附記一卷、《隸經
文》四卷、《續隸經文》一卷、《樂縣考》二卷、《炳燭室雜文》一
卷、《禮堂通義》、《乙丙集》、《伴月樓詩鈔》等書。[100]

（二）江藩情理論探索

　　我們知道，嘉慶年間，江藩撰《國朝漢學師承記》後，則有方東樹
的《漢學商兌》與之抗衡，於當時而有所謂「漢宋之爭」。然江藩《國
朝漢學師承記》雖宗漢抑宋，但繼之又撰有《國朝宋學淵源記》，時人

---

[96]　同上注，頁 375-380。
[97]　同上注，頁 381-384。
[98]　同上注，頁 388。
[99]　同上注，頁 388-389。
[100]　同上注，頁 390-391。

長白達三先生作〈序〉表明無所謂「門戶之見」。[101]然朱維錚先生以為他在「瞎捧」。[102]不論江藩的治學立場是如何，有無崇漢絀宋？有無門戶之見？但觀江氏其他著作，如：《隸經文》、《炳燭室雜文》等書，卻有「聖人緣情制禮」之說[103]，相關「情」、「性」、「禮」之論述亦不勝枚舉[104]；學者指出：其「緣情制禮」論，與戴東原「達情遂欲」說契合。如此而論，江藩並非是無思想之人，其「義理」之論或許是認同戴震的理學批判思想。[105]

　　朱維錚先生云：

> 乾嘉間揚州學派的佼佼者。但追溯他們的學術傳承，多半非戴震
> 即惠棟。再深究呢？卻又發現他們雖然個人風格差異很大，有的

---

[101] 長白達三撰：《國朝宋學淵源記・序》云：「詳閱其書，無分門別戶之見，無好名爭勝之心」，收入江藩、方東樹著，徐洪興先生編校：《漢學師承記》（外二種），（香港：三聯書店，1998 年），頁 185。

[102] 朱維錚先生云：「達三先生序後書，則簡直在瞎捧，表明他或他的捉刀人，似乎從未讀過前書，也似乎沒有看懂後書。」同上注，《漢學師承記・導讀》（外二種），頁 1-2。

[103] 如江藩：〈姜嫄廟論〉云：「考之禮，婦人無廟，何以周、魯皆有姜嫄廟邪？此周之變禮也。……姜嫄，人鬼也。而周人以神道祀之，故又謂之『神宮』。……聖人緣情制禮，名之以『神宮』，別於祖廟，配以郊禘，雖曰變禮，洵天之經，地之義也。」《隸經文》卷 2，（收入清・江藩著、漆永祥先生整理：《江藩集》，上海：上海古籍出版社，2006 年），頁 27。

[104] 江藩：〈畏厭溺殤服辨〉：「先王制禮，焉有為違禮者又制禮服之事哉？」《隸經文》卷 2；〈原名〉云：「生之所以然者謂之性，散名之在人者也。凡民雖有恆性，然民者瞑也。……古聖王起而率其所以然之性，而教養之，名之曰禮。」《隸經文》卷 4；〈徐心仲論語疏證序〉：「至於有宋一代，竊漢儒仁義禮智之緒餘，創為道學性理之空談，其去經旨彌遠。」《隸經文》卷 4；〈書阮尚書性命古訓後〉云：「聖人恐陰之疑於陽也，制禮樂以節之。……後人不求之節性復禮，而求之空有，……是不知此義在彼法中已為下乘」《隸經文》卷 4；〈與阮侍郎書〉：「揆之情禮，斯為得矣」，《炳燭室雜文》，一一見漆永祥先生整理《江藩集》，頁 19、66、71、74、105。

[105] 王應憲先生：〈論《漢學師承記》的尊戴思想〉亦云：「在《師承記》中，圍繞著《孟子字義疏證》所展開的一系列論述，尤其反映著江藩的『尊戴』思想」，（《淮北煤炭師範學院學報》（哲學社會科學版）第 27 卷第 5 期，2006 年 10 月），頁 2。

謹慎，有的狂放，有的專精，有的求通，有的宣志在復古，有的
不諱愛好西學，但不論是行跡怪誕的汪中，居鄉橫暴的焦循，曾
為傭褓的凌曙，致身公卿的二王，以及餘人，在學術上都有不同
程度的非宋非漢趨向。[106]

不能否認，「揚州學者」受到惠棟、戴震影響頗多，因他們或者有著師
徒關係、或者是學友關係，或者是親戚關係，或者是私塾關係，所以治
學路數走著是小學以治經，「實事求是」、「通經致用」，均是惠、戴
治學之路；不過，「揚州學者」治經亦有其特色，如通、如博均是異於
惠、戴之治學特色；而江藩，「早年從余蕭客、江聲學，受惠氏
《易》」[107]，所以其治學路數不可否認是：通過名物訓詁考證以達事實
真相，依經立說。言必有據，是典型經學古文學家的治學路徑。[108]

　　據江藩的《國朝漢學師承記》卷一云：

漢興，乃出。……自茲以後，專門之學興，鄭氏之儒起，六經五
典，各信師承，嗣守章句，期乎勿失。……元、明之際，以制義
取士，古學幾絕，而有明三百年，……以講章為經學，以類書為

---

[106] 朱維錚先生：〈漢學與反漢學──江藩的《漢學師承記》、《宋學淵源記》
和方東樹的《漢學商兌》〉，（朱維錚先生：《中國經學史十講》，上海：
復旦大學出版社，2002 年），頁 130。

[107] 趙航先生著：《揚州學派概論》，（揚州：廣陵書社，2003 年），頁 90。

[108] 王應憲先生：〈江藩論今文經學〉云：「對今文一派這一論斷，江藩斥之
『太謬不言』、『無稽之談』，認為『其言不可信』。……值得注意的是，
對《公羊傳》的引述，江藩的關注目光仍停留在名物訓詁上。《隸經文》所
收錄的〈公羊迎親解〉、〈化我解〉、〈寶石解〉、〈膚寸說〉諸文均為考
究古代湮晦事跡及禮儀制度的文字」，（《華夏文化》2006 年 4 月），頁
58。見其不主今文經學，重視古文經學；又高明峰先生〈江藩《國朝漢學師
承記》、《國朝宋學淵源記》述論〉亦云：「當《國朝漢學師承記》撰成之
後，龔自珍在肯定的同時，對其『漢學』之名提出了批評，並建議改為『經
學』，以免激化漢宋之爭，江藩也不予採納，仍堅持以漢學名之，這與其強
烈的表彰欲望當不無關係」，（《求索》2005 年 2 月），頁 175。知其宗漢
學，即使為避免漢宋之爭，江藩亦堅持以漢學名之。劉建臻先生《清代揚州
學派經學研究》亦云江藩之著作：「分別受到任大椿、阮元和凌廷堪的影
響，表現為通識和專論；在學術宗旨上，……江藩更留意於現實社會。」
（南京：揚州大學中國古代文學博論，2003 年 5 月），頁 97。

> 博聞，……然皆滯於所習，以求富貴，此所以儒罕通人，學多鄙
> 俗也。……至高宗純皇帝御極六十年，久道化成……於《易》則
> 不涉虛渺之說與術數之學，觀象則取互體，以發明古義。於
> 《詩》則依據毛、鄭，溯孔門授受之淵源。事必有徵，義必有
> 本，臆說武斷，概不取焉。……於是鼓篋之士、負笈之徒，皆知
> 崇尚實學，不務空言，游心六藝之囿，馳騁仁義之塗矣。[109]

再觀其對宋學的看法是：

> 宋初，承唐之弊，而邪說詭言，亂經非聖，殆有甚焉。如歐陽修
> 之《詩》，孫明復之《春秋》，王安石之《新義》是已。至於
> 濂、洛、關、閩之學，不究禮樂之源，獨標性命之旨。義疏諸
> 書，束置高閣，視如糟粕……。蓋率履則有餘，考鏡則不足也。[110]

以見江藩對漢儒經說是信守勿失，堅持不貳，且以為獨此方是走上仁義
之途；但對宋，歐陽修的《詩》、孫明復的《春秋》、王安石的《新
義》，則視為「邪說詭言，亂經非聖」；對宋儒之學亦是以「率履則有
餘，考鏡則不足」加以批判。如此以觀，我們是否可以肯定地說，江藩
之治學宗旨始終是主漢學，否認宋學的[111]？但是為何他又針對宋學流弊
而著有《國朝宋學淵源記》？據其《國朝宋學淵源記》卷上載：

> 漢興，儒生……傳遺經於既絕之後，厥功偉哉！東京高密鄭君集
> 其大成，肆故訓，究禮樂。以故訓通聖人之言，而正心誠意之學

---

[109] 江藩：《國朝漢學師承記》卷 1，（清・江藩纂、漆永祥先生箋釋《漢學師
承記箋釋》（上），上海：上海古籍出版社，2006 年），頁 3-25。

[110] 同上注，江藩：《國朝漢學師承記》卷 1，頁 12。

[111] 尚小明先生：〈門戶之爭，還是漢宋兼采──析方東樹《漢學商兌》之立
意〉云：「江藩撰《漢學師承記》有著極深的門戶之見。……僅從他對顧炎
武、黃宗羲兩人學術的評價，就可以看得很清楚了。……江藩有門戶之見，
不難理解。……學界風氣已有變化，漢宋兼采的苗頭正在出現。江藩刊刻此
書，表明他的門戶之見並沒有絲毫的改變。」（《雲南大學人文社會科學學
報》第 27 卷第 1 期，2001 年 1 月），頁 139。又漆永祥先生：《江藩與《漢
學師承記》研究》亦云：「江藩編纂《漢學師承記》的目的，就是為了彰顯
漢學，打擊宋學，以確立漢學的學術統系與地位。」（上海：上海古籍出版
社，2006 年），頁 270。

自明矣；以禮樂為教化之本，而修齊治平之道自成矣。爰及趙宋、周、程、張、朱所讀之書，先儒之義疏也。讀義疏之書，始能闡性命之理，苟非漢儒傳經，則聖經賢傳久墜於地，宋儒何能高談性命耶？後人攻擊康成，不遺餘力，豈非數典而忘其祖歟？……然而為宋學者，不第攻漢儒而已，抑且同室操戈矣。為朱子之學者攻陸子，為陸子之學者攻朱子。……竊謂朱子主敬……；陸子主靜……；姚江良知，《孟子》「良知」「良能」也。其末節雖異，其本則同，要皆聖人之徒也。陸子一傳為慈湖楊氏，其言頗雜禪理，於是學者乘隙攻之，遂集矢於象山。詎知朱子之言又何嘗不近於禪耶？蓋析理至微，其言必至涉於虛而無涯涘，斯乃「賢者過之」之病，中庸之所以為難能也。儒生讀聖人書，期於明道，明道在於修身，無他，身體力行而已，豈徒以口舌爭哉？……近今漢學昌明，遍於寰宇，有一知半解者，無不痛詆宋學。然本朝為漢學者，始於元和惠氏，紅豆山房半農人手書楹帖云：「六經尊服、鄭；百行法程、朱」，不以為非，且以為法，為漢學者背其師承，何哉？藩為是記，實本師說。……甚懼斯道之將墜，恥躬行之不逮也。惟願學者求其放心，反躬律己，庶幾可與為善矣。至於孰異孰同，概置之弗議弗論焉。[112]

由此可以清楚看出江藩仍未脫尊漢抑宋之窠臼，其著書欲為調停漢宋，但對宋學仍多貶抑。所謂：「其心目中的宋學仍離不開漢學的」[113]，不然，豈有「苟非漢儒傳經」，「宋儒何能高談性命耶」之說？以漢儒之學為依據，而後始闡有性命之理；後人攻擊鄭玄云云，乃視為「數典忘祖」之為！這是其一；於宋學，亦彼此互相攻擊，於口舌爭論，不過均是談禪也，這是其二，可看出其對宋學不滿所在；其三，江藩之所以著此書，乃在從其師說——惠棟之言：「六經尊服、鄭；百行法程、朱」，亦強調「實行」之要。所謂：「明道在於修身，無他，身體力行而已。」於漢學

---

[112] 江藩：《國朝宋學淵源記》，收入江藩、方東樹著，徐洪興先生編校：《漢學師承記》（外二種），同注101，頁186-187。

[113] 李帆先生：〈論清代嘉道之際的漢宋之爭與漢宋兼采〉，（《求是學刊》第33卷第5期，2006年9月），頁126。

家鑽研考據，不尚身體力行，亦表不滿，所以其著《國朝宋學淵源記》之目的，不在為宋學高唱性命之理，相反的，表明治學態度，在實行、實踐、力行，亦本漢學師說而來。所以此書旨在表彰修身明道之實踐者，並非專為宋學立言表態。不過是：倡以知行合一，方為大儒。對於宋學的立身制行之長，是予以肯定的，然於宋儒性命之學，則予否定。所以伍崇曜先生為其《國朝宋學淵源記》作〈跋〉亦云：「鄭堂專宗漢學，而是書記宋學淵源，臚列諸人，多非其所心折者，固不無蹈瑕抵隙之意。」[114]且有學者亦指出：其是以漢學家立場為宋學家立傳的。[115]

由上述可知，江藩之思想根本不是漢宋兼采，不然，後來龔自珍勸其將《國朝漢學師承記》之「漢學」改為「經學」，以避漢宋之爭，其為何不改，仍堅持一己的《國朝漢學師承記》？這是否表明其宗主漢學之立場是不動搖的[116]？然其思想，尊其師惠氏之說，亦不乏有東原所主之「緣情制禮」的「義理」在，個人以為錢穆先生說得好，其思想應是「惠、戴兼采」之思[117]。在此，從其著作等做一論析：

---

[114] 伍崇曜：《國朝宋學淵源記·跋》，收入江藩、方東樹著，徐洪興先生編校《漢學師承記》外二種，頁231。

[115] 李帆先生：〈論清代嘉道之際的漢宋之爭與漢宋兼采〉，同注113，頁126。

[116] 在其《國朝漢學師承記》中，可以看出其收錄標準，是依漢人之說研治名物制度、小學訓詁者為主，而對於開清代風氣之先的黃宗羲、顧炎武，則屏之不錄，且其云：「兩家之學，皆深入宋儒之學，但以漢學為不可廢耳，多騎牆之見，依違之言，豈真知灼見者哉？」按：是否黃、顧主漢宋兼采，不專宗漢學，所以不取之作乾嘉漢學之先導？又是否其以此表明獨尊漢學之意圖是非常堅定的？見江藩、方東樹著，徐洪興先生編校：《漢學師承記》（外二種），同注101，頁158。

[117] 錢穆先生云：「江藩《國朝漢學師承記》〈洪榜傳〉稱榜為『衛道之儒』，又全錄其與朱笥河發明東原論學一書，可證其時不徒東原極推惠，而為惠學者亦尊戴，吳、皖非分幟也。」見其《中國近三百年學術史》，（臺北：臺灣商務印書館，1996年），頁354。這方面，亦有清·李斗《揚州畫舫錄》論曰：「江藩字子屏，號鄭堂。幼受業於蘇州余仲林，遂為惠氏之學。又參以江慎修、戴東原二家。」（清李斗撰、汪北平先生、涂雨公先生等點校：《揚州畫舫錄》卷9，北京：中華書局，1997年），頁194。又高明峰先生〈江藩《國朝漢學師承記》、《國朝宋學淵源記》述論〉亦云：「他師承吳派余蕭客、江聲，得惠氏之學；又與王念孫、阮元等交游，得聞皖派之說；而作為『揚州學派』的重要成員，與揚州學人如汪中、焦循等交往密切，於揚州一派的學說更是瞭如指掌。」（《求索》2005年2月），頁175。

1. 生之所以然者謂之性

江藩云：

> 名，命也。天以四德，與人名之曰性，生之所以然者謂之性，
> 散名之在人者也。凡民雖有恆性，然民者瞑也。瞑之言冥
> 也。……古聖王起而率其所以然之性，而教養之，名之曰
> 禮。……設庠序使之絃誦，名之曰學宮，則明倫矣。覺民之
> 瞑，而天下後世治。[118]

江藩以「生之所以然者，謂之性」，知其同告子所謂「生之謂性」[119]，
亦如焦循、阮元承襲戴震之說，以「血氣心知」為「性」也。此「性」
非宋儒的先天道德性，而是形下氣化之實體實性。正因是生生不息、
「血氣心知」之「性」，故有飲食男女之欲，所謂「食色性也」；因此
「性」昏暗迷茫不覺，縱之，則肆無忌憚，故有聖人制禮以教養之，以
啟發其自覺能力，以明瞭人倫之理也。

2. 節性復禮

據江藩以性乃生之謂「性」，是以其主「節性復禮」，以禮之實治
人之「性」；其云：

> 宋儒所謂性命之學，自謂直接孔孟心原，然所謂因其所發而遂明
> 之以復其初，實本李翱《復性書》，以虛無為指歸，乃佛氏之圓
> 覺，不援墨而自入于墨矣。其謂反求之六經者，不式古訓，獨騁
> 知識，亦我用我法而已，與陸子靜「六經皆我注腳」之言何以異
> 乎？蓋性以有五：木神則仁，金神則義，火神則禮，水神則信，
> 土神則知，陽之施也。情有六：喜在西方，怒在東方，好在北

---

[118] 江藩：〈原名〉，《隸經文》卷 4，收入漆永祥先生整理《江藩集》，（上
海：上海古籍出版社，2006 年），頁 66。

[119] 朱熹：《孟子章句集注》，（朱熹著《四書章句集注》，臺北：大安出版
社，1991 年），頁 326。

方，惡在南方，哀在下，樂在上，陰之化也。聖人恐陰之疑於陽也，制禮以節之。《召誥》曰：「節性」。《中庸》曰：「喜怒哀樂之未發，謂之中；發而中節，謂之和。」是已。……後人不求之節性復禮，而求之空有，云復其性，復其初，即法秀「時時勤拂拭，免使受塵埃。」偈語之義。是不知此義在彼法中已為下乘，今竊其說而津津乎有味言之，豈不謬哉？[120]

此乃江藩見阮元〈性命古訓〉之後，而寫下其見解。其以「性」配陰陽五行，依金、木、水、火、土之性，而有義、仁、信、禮、知之德性。亦以許慎《說文解字》：「性，人之陽氣性善者也；情，人之陰氣有欲者也」[121]，以性乃陽氣所生，情乃陰氣所化，而「情」即所謂「喜、怒、哀、樂、好、惡」而言（含「欲」），分佈於東、西、南、北四方與上、下之間，聖人畏「情欲」之勝德性之理，懼陰化於陽，而陽氣不免為之所動，故有「制禮節性」之論。

　　然宋儒所謂性命之學，以虛無為指歸，似佛教「圓覺」之說，求之空有，而云復其「性」，此乃釋氏之論，江藩以為此義屬下乘矣。蓋江藩仍以「性」為血氣之「性」，是人之生存之性，非虛空之性理，故「性」有「情欲」，贊同阮元之說，主「復禮節性」，方是！又其〈與阮侍郎書〉亦云：

　　見示所著〈墓表〉，敬讀再三，句無可削，字不得減。……古人居喪不文，所以行狀與述，或求之達官長者，或乞之門生故吏，無子狀父者，有之自唐人始。……迄今末俗相沿，古風難返，若不自為行狀，則必羣起而非之，飲狂井之水，以不狂為狂，良可慨也。然行狀，分送弔者而已，未必能傳之久遠；若墓表，則勒之貞珉，以垂不朽，豈可事不師古耶？……藩以為墓表，不可建

---

[120] 江藩：〈書阮尚書性命古訓後〉，《隸經文》卷 4，收入於漆永祥先生整理《江藩集》，頁 73-74。

[121] 東漢·許慎著，清·段玉裁注：《說文解字注》，（臺北：天工書局，1992年），頁 502。

於下壙之時，當立於禮祭之後，既不悖「惟而不對」之經，又得盡發於言語之哀，揆之情理，斯為得矣。[122]

又：

以故訓通聖人之言，而正心誠意之學自明矣，以禮樂為教化之本，而修齊治平之道自成矣。[123]

前者，以墓表可行，行狀不可行。然作墓表亦須依古禮以行之，不可師心自用也。且墓表當立於祭祀之後，而非立於入土之時，以揆之情理，方為得矣。然行狀之不可行，其〈行狀說〉亦有云：「且生不能養，喪不盡禮，欲以虛文表揚其親以為孝。不得請諡而為狀，干踰禮之典，偽妄繆作，又陷其親於不義。其罪加於不孝一等矣。」[124]強調是父母生前之孝行，而非事後之揄揚。所以江藩對人死後，要寫所謂「行狀」，來記述、歌頌死者的一番事蹟，深表不以為然。其指出：子為父狀，多是「虛假掩飾」之言，為了歌頌自己祖上之美德，誇大其詞，或者以非為是、以黑為白，這樣做的結果，必是「明以鑠亂清史，幽以欺漫鬼神」[125]。又近時風氣尚此，此乃古人所不從者，然今若不為死者寫「行狀」，必遭世人所罵，亦如：在大家均飲狂水，陷於瘋狂時，則會以「不狂者為狂也」。此乃積非成是時，要改正則怨聲不止矣。趙航先生闡釋：此從孝道而言，他們對祖輩，「生不能養，喪不盡禮」，於死後才大肆表揚，似乎是為祖上貼金，實際是在抹黑，這在不孝的基礎上，徒又增加「不義」的罪名。因此，以虛辭飾美的「行狀」，對其親來說有百害而無一利。這種針砭在當時具有振聾發聵之力，令人耳目一新。[126]

---

[122] 江藩：〈與阮侍郎書〉，《炳燭室雜文》，收入於漆永祥先生整理《江藩集》，頁104-105。

[123] 江藩：《國朝宋學淵源記》卷上，收入江藩、方東樹著，徐洪興先生編校：《漢學師承記》（外二種），（香港：三聯書店，1998年），頁186。

[124] 江藩：〈行狀說〉，《炳燭室雜文》，收入於漆永祥先生整理《江藩集》，頁103-104。

[125] 趙航先生：《揚州學派概論》，（揚州：廣陵書社，2003年），頁94。

[126] 同上注，頁94-95。

　　後者，其以為必須以文字訓詁通群經之理，亦通聖人之言，則誠意正心之學，自可明矣。可以看出其秉持漢儒之治學宗旨，強調修養功夫，亦如為學之功，必須「實事求是」，有一分證據說一分話者，依實事、實情實行，絕不是宋儒之「天理，是自家體貼出來的」[127]主觀臆斷的內在道德虛空之理。且強調「以禮樂為教化之本」，則修齊治平之道，皆可自學而成。

3. 聖人緣情制禮

江藩云：

> 考之《禮》，婦人無廟，何以周、魯皆有姜嫄廟邪？此周之變禮也。姜嫄為出妻，后稷為棄子。……蓋稷處人倫之變，禮文亦不得不變矣。……因姜嫄祈於郊禖而生子，遂以人鬼配天神，祭郊禖之日以姜嫄配焉，故孟仲子謂之神宮。姜嫄，人鬼也，而周人以神道祀之，故又謂之「神宮」。……聖人緣情制禮，名之「神宮」，別於祖廟，配以郊禖，同於郊禘，雖曰變禮，洵天之經，地之義也。[128]

以《禮》所載，自古以來，婦人無廟以祀；然先秦周、魯之時，卻有姜嫄廟祀。江藩以為這是禮之權變也。禮非永亙不變的，而是依時依地，隨時可變，如姜嫄廟便是一例。蓋「姜嫄祈於郊禖而生子」一事，在今看來，雖是神話，但此亦非今人所能為，故視為人鬼也，故以天神配之，所以有「神宮」以祭祀。此亦是聖人「緣情制禮」而來，名之「神宮」，亦別於祖廟，雖是變禮，但是合乎天經地義也。

4. 明道在修身，無他，身體力行而已

江藩《國朝宋學淵源記》卷上載：

---

[127] 程顥：《二程遺書》卷2上，（上海：上海古籍出版社，2000年），頁83。
[128] 江藩：《隸經文》卷2，收入漆永祥先生整理《江藩集》，頁27。

> 蓋析理至微，其言必至涉於虛而無涯涘，斯乃「賢者過之」之
> 病，中庸之所以為難能也。儒生讀聖人書，期於明道，明道在於
> 修身，無他，身體力行而已，豈徒以口舌爭哉？……近今漢學昌
> 明，遍於寰宇，有一知半解者，無不痛詆宋學。然本朝為漢學
> 者，始於元和惠氏，紅豆山房半農人手書楹帖云：『六經尊服、
> 鄭；百行法程、朱』，不以為非，且以為法，為漢學者背其師
> 承，何哉？藩為是記，實本師說。……甚懼斯道之將墜，恥躬行
> 之不逮也。惟願學者求其放心，反躬律己，庶幾可與為善矣。至
> 於孰異孰同，概置之弗議弗論焉。[129]

主張即使如宋儒講求「明道」，亦須「力行」達成。所以其以為「明道
在於修身，無他，身體力行而已」，不在「口舌之爭辯」。最好是訓詁
通經，明道致用，並配以力行修身，反躬律己，確實實踐，則止於至善
也。徒口舌之論，無益於事矣。

又：

> 近日士大夫，藏書以多為貴，不論坊刻惡抄，皆束以金繩，管以
> 玉軸，終身不寓目焉。夫欲讀書，所以蓄書，蓄而不讀，雖珍若
> 驪珠，何異空談龍肉哉？……乾隆乙巳、丙子間，頻遭喪荒，以
> 之易米，書倉一空，自我得之，自我失之，夫復何恨？[130]

以見蓄書是為了讀書，並非擺在櫃中，給人家看的；蓄而不讀，是附庸
風雅，不切實際，倘若聚書而不讀書，還不如拿去「易米」充飢，來得
實惠。可看出其實學主張亦用在此，蓄書就要讀書，方是身體力行，對
當時那些徒好虛榮，藏書富而讀之甚尟之輩，予以諷刺與輕蔑。

---

[129] 江藩：《國朝宋學淵源記》，收入江藩、方東樹著，徐洪興先生編校：《漢
學師承記》（外二種），頁 186-187。

[130] 江藩：〈石研齋書目序〉，《炳燭室雜文》，收入於漆永祥先生整理《江藩
集》，頁 109。

四、黃承吉情理論探索

（一）學者傳略

黃承吉（1771～1842），字謙牧，號春谷，生於清乾隆三十六年，卒於道光二十二年，享年七十二歲。

承吉乃歙縣黃生之族孫，寄籍於江都。與揚州之江藩、焦循、阮元、王引之友善，相互切磋問學。尤與焦循過從甚密，在治學方法上，亦相互影響。[131]然其治學成就乃淵源於家學，其〈字詁義府合按後序〉云：

> 憶承吉幼時，側聞先大夫晨夕企溯公學業之頤，品誼之醇，確乎堅貞，為古逸民通人之儔輩。每嘆書多失傳，勖令承吉異日必當訪求遺帙，計垂久遠，以為吾家之光。[132]

所謂公乃黃承吉的族祖，亦是專研訓詁有成的黃生。黃生二書：《字詁》、《義府》後由承吉抄錄、校讎、並綴按語以申公意。至道光十九年，承吉六十九歲，以古稀之年，親自過錄，凡十餘萬言，並請校勘學家劉文淇校正脫誤。至道光二十二年，是書告竣，承吉亦謝世。

其著作傳世有：《文說》、《經說》、《讀周官記》、《續毛詩記》、《夢陔堂文集》《夢陔堂詩集》、《字詁義府合按》等書。學者指出：其著作尤以「說字」方面最為突出，既包括了他關於文字學方面的理論造詣，也反映了他運用科學方法所做出的結論及所達到的學術高度。[133]

---

[131] 清國史館編：《清史列傳》第 18 冊、卷 69，（北京：中華書局，1993 年），頁 5611。

[132] 黃承吉：〈字詁義府合按後序〉，《夢陔堂文集》，（收入於馬小梅先生主編：《國學集要初編十種》，臺北：文海出版社，1967 年），頁 136。

[133] 趙航先生：《揚州學派概論》，（揚州：廣陵書社，2003 年），頁 204。

（二）黃承吉情理論

　　據趙航先生的《揚州學派概論》指出：「比較集中地研究字義源流的，在『揚州學派』中當首推黃承吉。」[134]在學術界，大體均視黃承吉為語言文字學研究有成的學者。尤其黃承吉的〈字義起於右旁之聲說〉，學者以為是：繼王聖美「右文說」而起，乃「近一百多年來研究聲義之學的不祧之祖」。[135]楊樹達先生亦以為：

> 自清儒王懷祖、郝蘭皋諸人盛倡聲近則義近之說，於是近世黃承吉、劉師培先後發揮形聲字義實寓於聲，其說亦既圓滿不漏矣。蓋文字根於言語，言語托於聲音，言語在文字之先，文字第是語言之徽號。以我國文字言之，形聲字居中國文字數十分之九，謂形聲字義但寓於形而不在聲，是直謂中國文字離語言而獨立也，其理論之不可通，固灼灼明矣。[136]

蓋黃承吉於語言文字學上，提出了明確的聲義關係，字義寓於聲音，字之義必起於聲音等論述，已為現今語言文字學家實證所認可。然學術界中，多注意其小學方面的貢獻與成就[137]，殊不知其在「義理思想」上亦多有所創新之見解。

---

[134] 趙航先生：《揚州學派概論》亦云：「黃承吉，……他是歙縣黃生的族孫，……黃承吉的治學成就，首先應該歸於家學淵源。……訓詁尤有專長的黃承吉的族祖黃生，……他著的《字詁》、《義府》二書，當時學者雖未之見，然黃生之名卻膾炙人口，家弦戶誦。至於黃生的《字詁》、《義府》得以傳世，則又得力於戴震。……並列之於《四庫全書》。……章太炎先生則認為『其言精確，或出近世諸師之上。唯小學，亦自黃氏發之。』這些精神均為黃承吉所承繼了。……『承吉於己亥春，就文宗閣鈔出二書，荏苒三載。近以重為讎校，遂於下間綴按語，申明公意，藉稱〈合按〉，免使二書相離。』……從繼承家學來說，『以體先大夫葛藟本根之志；從光輝學術來說，以副同學者先睹為快之心』，黃承吉確實是完成了一件既垂家乘且益儒林的大事」，（揚州：廣陵書社，2003 年），頁 202-203。

[135] 趙航先生：《揚州學派概論》，同上注，頁 204。

[136] 楊樹達先生：《積微居小學金石論叢》（上海：上海古籍出版社，2007 年），頁 392。

[137] 張如青先生：〈讀黃承吉「字義起於右旁之聲說」有感〉云：「黃承吉《字詁義府合按》，……考證經、史、子、集古書字辭，於六書多所發明，每字皆有新義，而根據博奧精確，鑿鑿有憑，與晚明空疏穿鑿學風迥

　　個人查其《夢陔堂文集》中，發現黃承吉於「情理思想」方面，並非乏善可陳，有頗多在學界上無人發現之論述；尤其黃氏以數理論道，並運用聲義同源的語言學原理貫連，推至《中庸》、《大學》之性理，與做人處事之理，這方面，至今學界中，無人研究。個人在此做一披露，以見在清代哲學思想方面有一新的源頭活水：

1. 數之外無所謂道

據劉文淇：〈夢陔堂文集序〉云：

> 吾鄉黃春谷先生，早負重名，與焦里堂、江鄭堂、鍾保歧、李濱石諸先生，聲應氣求，極一時之盛。……先生天資過人，為漢儒之學，篤志研究得其精微，通曆算能辨中西之異同，又工詩古文，自出機杼，空無依傍，寓神明於規矩中，不屑為世俗詩文者也。……先生固深於文者，集中諸作多直抒胸臆，無不達之辭，亦無不盡之意，融會古人神理而不規規然襲其跡象。江氏所謂空無傍者，誠哉！其無依傍也。[138]

知黃承吉不僅通文字聲音訓詁之學，亦精天文曆算之學，所以當時有所謂「江、焦、黃、李」之稱[139]，將精於天文曆算者並稱；而其中的「黃」即是黃承吉。此外，由此〈序〉亦可知，黃承吉工詩文，多直抒胸臆之作，無所依傍因循或抄襲，但卻能寓神明之理於文中，發人深省。

　　觀黃氏之書，可以發現到其論「理」、論「道」，均與「數」有關，尤其在〈四元玉鑑細草序〉中屢屢談及；不然，則與音聲有關；在此，各舉幾則加以說明。黃承吉云：

異。其書堪稱清考據學之先聲。……而其精論確詁，又每每與乾嘉諸老如戴震、錢竹汀、高郵王氏父子之說合。」（《學海泛舟》2007 年第 4 期），頁 30。

[138] 清·劉文淇：〈夢陔堂文集·序〉，見清·黃承吉著：《夢陔堂文集》，（收入於馬小梅先生主編：《國學集要初編十種》，臺北：文海出版社，1967 年），頁 1-2。

[139] 見閔爾昌編：《江子屏先生年譜》，收入於漆永祥先生整理《江藩集》附錄，（上海：上海古籍出版社，2006 年），頁 375。

天道變化，即天地之數，自然之變化，無非曲也，即無非矩也。
孟子以聖人為人倫之至，而以規矩方圓喻之者。……要之矩原是
曲規，亦是曲規之聲義出於曲，此實無暇更明，然惟曲盡乎方圓
之至，乃以為規矩；曲盡乎人倫之至，乃以為聖人。……方員外
無所謂規矩，人倫外無所謂聖道二者。……孔孟之言矩，乃實以
算數明道法天，夫豈漫然相譬？是故數之外亦無所謂道。形而上
者謂之道，即以此數形而上之則道也；形而下者謂之器，亦即以
此數形而下之則器也；化而裁之謂之變，即以此數為曲之變化
也；德成而上，即以此數成而上之則道也；藝成而下，即以此數
成而下之則藝也。器與藝依乎數，道與德亦依乎數，故曰：參天
兩地而倚數，天地間皆一數字盡之，即一曲字盡之，故數與曲亦
一聲義。[140]

又：

諸書寓小學以明道，實即寓算數以明道。以數者，天地之曲即
數，而即是道。故聖人體數之曲，而即所以體道之曲，皆合數與
道而一。[141]

又：

聖道比於絜矩，絜矩之事，屬於算數，算數之隅，即句股之角，
邱隅之聲義即曲句股之聲義。即曲數即道，道即數；道無形而數
有形，故聖人即數以明道，且道無聲無形而文字有聲有形，故聖
人即文字以明道。[142]

又：

裁制萬物者，即〈繫辭〉之曲成萬物，惟成萬物之必由曲，故
矩以曲而能裁制萬物，故〈中庸〉亦以曲而成物。〈大學〉取

[140] 黃承吉：〈四元玉鑑細草序〉，《夢陔堂文集》，同注138，頁187。
[141] 黃承吉：〈四元玉鑑細草序〉，同上注，頁192。
[142] 黃承吉：〈四元玉鑑細草序〉，同上注，頁194-195。

喻於邱隅以絜矩平天下而亦成物。明乎聲義者，則知道與數一也。[143]

又：

天地間皆數，數即是道，數之外無所謂空道。天一地二，即以成天尊地卑，數也，即道也。天地以此數曲成萬物，聖人體此數曲盡人倫充之，而亦曲成萬物，此之謂以達德。……道在人倫，即是數。……聖人曲盡人倫道也，而本於數術者，曲盡方圓數也，而近於道。[144]

又：

其所以有定者，音繫於聲，聲統乎音也。聲出於天地萬物自然之道，成文為音，比音為樂，文字之故莫不由之。[145]

知其以「道」即自然之「數」；人倫之「理」亦是由「數」產生的。然「數」之外，承吉在此一再重覆提出一「曲」字，且以為萬物之生成必由「曲」而來，又「曲數」即是「道」，天地之道亦與「曲」有關；然其所謂的「曲」究竟是何？許慎的《說文解字》云：「曲，象器曲受物之形也。凡曲之屬，皆从曲；或說曲，蠶薄也。」段注云：「ㄈ象方器受物之形，側視之。曲象圜其中受物之形，正視之。引申之為凡委曲之稱，不直曰曲。」或「曲見〈月令〉、《方言》，《漢書‧周勃傳》。詳艸部薄下。其物以萑葦為之。〈七月〉傳曰：豫畜萑葦，可以為曲也。」[146]知「曲」字之意原是象凹物之形謂之曲，引申是委屈之意講，不然，就是古時的「蠶薄也」，即「蠶筐」[147]；今《漢語大辭典》釋

---

[143] 黃承吉：〈四元玉鑑細草序〉，同上注，頁196。

[144] 黃承吉：〈四元玉鑑細草序〉，同上注，頁215。

[145] 黃承吉：〈字詁義府合按後序〉，同上注，頁137。

[146] 漢‧許慎著、清‧段玉裁注：《說文解字注》，（臺北：天工書局，1992年），頁637。

[147] 黃承吉〈顏程二君得文昌帝君陰騭文石刻移奉焦山碑記〉云：「曲為蠶薄，即是蠶筐，蠶吐文章以衣被萬物」，《夢陔堂文集》卷9，同注138，頁241。

「曲」字意大體上有：一是古時養蠶的器具（n），一是彎曲不直（adj），一是：樂歌（n），一是：鄉僻之士，如曲士（n），一是周遍，多方面而言（adj），一是表敬之詞（n），一是偏僻處所（n），一是姓氏之意（n），一是指軍隊的編制單位（n），一是「麯」字之簡化；或者，作細事、小事、局部、部分等意。[148]然據〈四元玉鑑細草序〉中云：「凡算數之變化，莫外於句股，以字言之句股二字之聲義，皆即曲字之聲義。」[149]意以「曲」字聲義即「句股」聲義也；然皆不是《說文》或《辭典》所解釋的「彎曲」、「委屈」、「蠶筐」、「樂歌」或「鄉僻」之意；為何耶？

在〈四元玉鑑細草序〉一文中闡釋，篇幅非常長，頗多以聲訓方法考證「曲」字。關於此，黃氏以為：在古代諸書中，「句、邱、區、曲」諸字常有互用之跡，古時之所以可通用，關鍵在其聲音；因「聲在即義在」，又以為「字主聲音不主形跡」，且「聲同即義同」[150]，故字因聲同則義同也，甚而可「因聲求義」，義以聲為主，同聲「皆可通用」[151]，所以聲音是一連繫的關鍵。而「曲、區、句」等字，古時不是同一字，就是為「音韻同部」[152]，所以「曲」字可代換成「句」，因聲同，故義是切近相關的；而為何亦與「股」字相關？承吉以為：「股字以殳為聲，殳在虞部，猶區曲句之在虞麌遇也。」[153]蓋亦「同部」關係，是以「曲」也可作「股」字來看，如其云：

---

[148] 羅竹風先生等編：《漢語大辭典》（5），（上海：漢語大辭典出版社，1995年），頁562-575。

[149] 黃承吉：〈四元玉鑑細草序〉，同注138，頁183-184。

[150] 黃承吉：〈字詁義府合按後序〉，同上注，頁138。

[151] 黃承吉：〈字詁義府合按後序〉，同上注，頁138-139。

[152] 黃承吉：〈四元玉鑑細草序〉云：「如左傳盟於曲池，公羊作歐蛇，非兩家之詭異也。以曲與歐同聲，故歐即是曲。古者凡字主聲音不主形跡，即凡古書之歐字猶曲字也。歐以區為聲即以為義，則歐即是區。《集韻》侯訓以區與句為一字，引《說文》云句曲也，或作區。……區句二聲之字，或在虞麌遇等屬部，或在尤有宥等鼠部。古者原皆一聲一義，初無分別，後世分別，正由於錯雜互流，故曲字亦原在集韻虞部，與區句之在虞遇為同部」，同上注，頁184。

[153] 黃承吉：〈四元玉鑑細草序〉，同上注，頁184。

> 古之制字以股即曲之聲義，故謂之股。凡古書之言殳、言觚、言
> 股者，猶曲字也。以上諸字之聲義皆曲是字之綱，而字體之殊與
> 偏旁之異，則所以分別記識，其為何等何物之由，乃字之目。諸
> 字皆主於曲者以盈天地間皆是數，即皆是曲；凡物象非曲不成，
> 非數不生，數非曲不著，故諸字偏於一象之曲，而曲字則統乎眾
> 曲，是以諸字之聲義主之，且象數非曲不能盡，不能不遺。[154]

知凡從曲、區、句、股，或邱、九、殳、觚等字為偏旁者，事實上，皆
與「曲」有關係，又因古時「聲義同源」關係[155]，所以凡與曲字聲同者
或聲近者，皆義同義近，如其所謂：「皆由曲字通聲而通義。」[156]由此
看來，與「曲」聲同者頗多字，而又從這些字作偏旁者，不勝枚舉，是
以承吉認為「曲」乃統乎眾曲，充滿天地之間，皆是「曲」，皆是數
（句股、九、殳、觚皆是表算學數理之字也，而句股弦即畢氏定理），
萬物之象亦由「曲」而成，因物多形聲字，聲乃為義之所在，而加之
「形目」是不同物之表徵。是否因此，承吉以「曲」表數之所在，數即
是道之所在，所以推「曲」則為「道」之所在，亦曲→數→道。所以其
亦強調「文字以明道」即在此也。

在此，可以清楚看出承吉以聲通則義同之語言關係，將「曲」與算
學數理，如「句、股、觚」等字聯繫，視「曲」是一天地自然之數的象
徵，非承襲傳統字義解釋為委屈、樂曲之意；是以此「曲」亦為承吉作

---

[154] 黃承吉：〈四元玉鑑細草序〉，同上注，頁185。

[155] 陳新雄先生：《文字聲韻論叢》云：「文字之基，在於語言，文字之始，則
為指事、象形，指事、象形既為語根，故意同之字，即形不同者，其音亦必
相同。」（臺北：東大圖書公司，1994年），頁401。

[156] 黃承吉：〈四元玉鑑細草序〉云：「句之聲即丩，丩之聲，即九；《說文》
云：九象屈曲究竟之形，舍曲無以解九，以聲在則義在也。然則九之聲義亦
曲也。數之極於九者極於曲也，極於曲者，極於句也。古者制字以九與句皆
即曲之聲義，故謂之句、謂之九、謂之曲也。股字以殳為聲，殳之在虞部，
猶區曲句之在虞麌遇也。殳聲之投等字在侯部，猶句區邱九之在尤有部也，
猶句聲區聲之在侯厚候部。若是則殳與句九為一聲，斯為一義，即可見殳與
曲為一聲義，故《說文》云：禮，殳以積竹八觚，觚者，正句股相交隅折之
曲象，與曲亦一聲義，惟其為曲，是以為觚；惟其為觚，是以為殳；惟其
為殳，是以股，無非皆由曲字通聲而通義」，同注138，頁184-185。

「道」之代表，雖虛實質也。如其云：「蓋凡實必以虛運，凡虛必以實憑，而一皆立於數極之破載聲臭靡屆，不有用者資之為藝，聖人倚之為道。」[157]

然為何「絜矩」亦與「曲」有關？「矩」即謂之「曲」？所謂「自然之變化，無非矩也，即無非曲也」，何也？據承吉〈四元玉鑑細草序〉解釋：

> 而《集韻》麌部之曲字與句聲之跔及與矩同巨聲之勮，列為一讀，即可見曲與句與矩皆一聲一義也。矩之象方，故曰方出於矩，矩折則曲，故曰句出於矩，矩者，雖方亦曲。《史記索隱》以矩為曲尺，正是 ⌐ 字之象，曲尺所以為方，而中央四方則必有隅，故矩原是曲，然而有中央、有四方，則正矩之象矣。[158]

暫且不論承吉所解釋之是否正確，針對其所述，知其以「曲」與「句」、與「矩」，皆聲同義近之關係，則視「曲」可與「矩」字相通；又以形來看，矩方，折曲，所以「曲」亦由「矩」而來，據《史記》所載，知「矩」即是「曲尺」，「曲尺」宜是衡量之具，規矩方圓固是一定，中央四方必有隅「角」，即「⌐」，如古「曲」字，是以「矩」亦是由「曲」而來。[159]

2. 人事明矩正，所謂絜矩之道也

承吉云：

> 〈大學〉絜矩一節，驟讀所惡於上四句，意其為專指人道分位之上下，及讀前後左右則不能通，何也？君子之道，有何惡左、惡

---

[157] 黃承吉：〈四元玉鑑細草序〉，同上注，頁183。
[158] 黃承吉：〈四元玉鑑細草序〉，同上注，頁188。
[159] 黃承吉：〈四元玉鑑細草序〉云：「古曲字作⌐，原即折矩，……方出於矩，矩出於九九八十一，故折矩以為句、為股，是則句股乃出於矩。其曰矩出於九九者，正是出於九曰折為句股者，正即是曲為句股，此矩九句股諸字於象則為曲，象於義則為曲義，要惟其聲，皆為曲聲，故諸字皆循聲而制，聲之所在即義」，同上注，頁186。

> 右？何況前後？由是之其上下前後左右，悉是就矩言。……夫矩
> 形正方，故有上下左右之位，惟上下左右有定位，故不能相侵相
> 越；所惡於上者，言惡上之侵己，毋以使下者，言己在上而亦不
> 可侵下，推之左右亦然。……執定矩形以明人道，正是倚數言
> 道。惡於此而即毋於彼，矩象分明，則即顯然上下分層，左右分
> 行，正如四元之定名，布位其曰惡曰使曰事者，乃是以人事明矩
> 正，所謂絜矩之道也。[160]

《大學》以「絜矩」之道是：

> 所惡於上，毋以使下；所惡於下，毋以事上；所惡於前，毋以先
> 後；所惡於後，毋以從前；所惡於右，毋以交於左；所惡於左，
> 毋以交於右；此之謂絜矩之道。[161]

將孔子所謂「恕」——「推己及人」之修為推廣；「己所不欲，勿施於
人也」。不喜長上對我傲慢無禮，我則以此將心比心——「度下之
心」，想必下屬亦惡之，所以己亦不以此傲慢無禮對待下屬；不欲下屬
對我不忠，則亦以此度上者之心，則己亦不以此不忠事長上[162]。同樣
的，不論上下、前後、左右皆然，這就是「絜矩」之道。

　　承吉以矩形之方位、上下左右皆有定位論之，則不可相侵相越，
否則，此矩便不成形。所以執定矩形以明道，以算學數理用於人事倫
理中，說明惡於此，勿於彼，如此方上下分層、左右分明，四元（天
地人物）與（太極）（五位）之定名，自然之理，清清楚楚，條理井
然，於人事中亦須各有所司，各盡本分，不宜損人利己，或仇以怨
報，這對一團體、社會（一如其所謂矩形），皆是有所破壞的。

---

160 黃承吉：〈四元玉鑑細草序〉，同上註，頁 188。
161 朱熹：《大學章句集注》，（朱熹：《四書章句集注》，臺北：大安出版
　　社，1991 年），頁 10。
162 朱熹：《大學章句集注》注云：「如不欲上之無禮於我，則必以此度下之
　　心，而亦不敢以此無禮使之。不欲下之不忠於我，則必以此度上之心，而亦
　　不敢以此不忠事之。至於前後左右，無不皆然，則身之所處，上下、四旁、
　　長短、廣狹、彼此如一，而無不方矣。彼同有是心而興起焉者，又豈有一夫
　　之不獲哉？」朱熹：《四書章句集注》，同上註，頁 10。

「矩」必四角定而正，即所謂「矩正」，一角不正，則不成「矩」；以「矩正」之理，用於人事中亦然；上下、四方、左右、前後之關係都很重要，任一使壞不可，所以明此推之，即「絜矩」之理，亦顧全大體著想，亦是明道以修身；毋以惡上而使下也，其他，左右、前後亦然。

又：

> 夫絜者，絜齊也；數多則不易齊而不得不齊，故其必須神明變化以盡乎絜之用者為曲，及乎一一神明變化，而即一一使其數之要歸於齊，同以成乎曲之功者，則為絜。若是以體而論，則一矩字盡之；以用而論，則非絜矩二字不能盡之。要之，非用不足以成其體，非變化不足以盡其用。[163]

「絜矩」之理目的在何？承吉以為「諧齊」也。其以「曲」做一引申；畢竟社會中或一個團體中，不可能每個人都與己一樣，同理，意見亦參差不齊，但必須團結一致，是以皆須去私為公，諧齊也；其之不齊亦承吉的「數之不齊」，勢必有所改變以歸於「齊」。然就體用來說，矩即是體；「絜矩」即是用。體用合一，缺一不可。蓋以「絜矩」之道，將心比心，推己及人，改變自己，成就大我，便是「曲」之抽象「義理」。畢竟「改變自己是自救，影響別人是救人」。

3. 惟曲以盡其性

承吉曰：

> 惟曲而後能有誠，以盡其性。人性、物性，至誠者，自然而曲以明動變化。……性非變化不盡，變化非曲不盡。盡物性之必本於曲，即萬物不遺之，必本於曲。〈中庸〉之盡即〈繫傳〉之不遺，故其言曲者一也。[164]

---

[163] 黃承吉：〈四元玉鑑細草序〉，同注 138，頁 194。

[164] 黃承吉：〈四元玉鑑細草序〉，同上注，頁 183。

又：

> 乘除升降進退之理，乃為盡性窮神之學。其盡性乃明明，即曲誠
> 之盡性；其窮神乃即〈繫辭〉之窮神知化。原即由曲誠而能化之
> 化也。……即《易》之發揮，旁通其曲盡，乃原即曲能盡性之曲
> 盡也。[165]

以曲而後才有誠，方以盡「性」也。「性」，不論人性、物性，至誠則
能明道變化。此「曲」不作動詞解，宜作名詞，作「道」的表示。故
「變化非曲不盡」，所以盡「性」必本於「曲」，「道」也；不論〈中
庸〉或〈繫傳〉之意旨，盡或不遺皆是本於「曲」，一也，「道」也。

　　然道在數中顯，所以算學之乘冪升降加減之理，亦是盡性窮神之學。
然不論盡性窮神之玄之化，人都須由誠以達「曲」、以達「道」。即
《易》之旁通，則能「曲」盡也，所以惟「曲」（道）以盡「性」在此。
按：在此似乎與焦循所論易之六爻發揮，在「旁通以情」上相近似。

4. 夫子所謂不踰矩者，即不踰曲

承吉曰：

> 夫子所謂不踰矩者，即不踰曲。能有誠之曲也，從容中道之曲，
> 即從心所欲不踰之矩也。成己成物之曲，即成萬物不遺之曲也。
> 天道變化，聖人效之，即曲能有誠之變化也。[166]

又：

> 修身所以立命，不憂所以樂天，故壽世之具，非取資於熊鳥，延
> 年之方，不希榮乎！[167]

由上述知承吉以「曲」解釋道、性、「絜矩」之理；此亦強調所謂「不
踰矩」，即「不踰曲」也。以「矩」即「曲」也。曲——矩——道，在

---

[165] 黃承吉：〈四元玉鑑細草序〉，同上注，頁 214-215。

[166] 黃承吉：〈四元玉鑑細草序〉，同上注，頁 187。

[167] 黃承吉：〈李慎卿比部六十壽序〉，同上注，頁 178。

人來說，是否「誠」是成道、達道之關鍵；所以有誠之矩、從容中道之矩，即可從心所欲不踰矩也。所以成就萬物之矩，在有誠之變化。

此亦談到修身以立命，不伎不求，樂以忘憂，不憂所以樂天知命也，故欲長壽者，不在尋鳥獸之補，而在必須拋棄榮祿，得以立命長生也。

觀承吉所論述，可以發現到其以文字聲韻語言學之理，講天道、人事、性命，乃至處事之方；此中關鍵在一「曲」字，此「曲」可作名詞解，亦可作動詞解，其以「曲」論數，即以數論「道」，以此推之，是否「曲」作「道」之象徵？故當名詞解，「曲」當「道」講；然作動詞解，是否可將「曲」視如「道」之變化講，亦變化也？如此，其亦強調變，有所變方能改，但亦非隨便，而是有「矩」以成，亦「絜矩」之道衡估，可不可行？用在人事中，即是如焦循所謂「旁通以情」[168]，將心比心，推己及人，為他人著想，乃至為社會、國家、團體著想，取一「諧齊」之理，和平共處，此世界得以和諧；然承吉以矩論「絜矩」，亦以「曲」論「絜矩」，用曲之古字：「乚」，謂矩之四隅，缺一不可，論「絜矩」之道，故上下、左右、前後、四方，都須自律定位以成，亦是「絜矩」之說。

然不論如何，在此亦可發現承吉雖以語言學觀點論理，但亦不離所謂變與「絜矩」之說。這是否亦表示其受到「揚州學者」：淩廷堪、焦循、阮元等論述之影響而來；承吉所謂「矩」是否亦是「禮」？因「矩」以成「道」，亦因「禮」以約己，亦是「克己復禮為仁」也。

五、小結

在「『漢學為尊』的情理論者」這一節中，舉段玉裁、王念孫、江藩與黃承吉等人論述。這些學者有一共同特色，均是有深厚的小學根柢或淵源（甚至是小學名家），不主「宋學」，宗「漢學」，治學上皆以文字、聲韻、訓詁、校勘等方法，「實事求是」，闡述經典字、詞義的

---

[168] 焦循：〈寄朱休承學士書〉云：「《易》道但教人旁通，彼此相與以情。己所不欲，勿施於人；己欲立達，則立人達人。此以情求，彼以情與。自然保合太和，各正性命。」（《雕菰集》卷13，臺北：鼎文書局，1977年），頁203。

內涵。即使「義理思想」，亦強調訓詁以求「義理」。所謂：「訓詁聲音明而小學明，小學明而經學明。」（王念孫語）

　　他們雖宗「漢學」，但並非為考據而考據，相反的，他們是以考據進求「義理」，其「義理思想」是他們經由「實證」經典上的意思而來；如王念孫以訓詁方式證明古書中：「情」與「誠」二字通用，所謂：「情即誠字」（王念孫：〈情〉）。「情」在先秦文獻中具有「質實」、「真實」之意義，是「誠」的自然流露，並非作「感情」、「情緒」等意思講。又「仁」與「人」通，強調「仁」是「為人」的「核心價值」，身為人的基本概念便是「仁」，所謂：「其情則愛仁也。」「愛仁猶言仁愛。」（王念孫：〈愛人〉）旨在發揮孔子「仁者愛人」的思想。又黃承吉主「以聲求義」的方式研究字義的源流，依此闡述道理。黃氏〈四元玉鑑細草序〉以「曲」字與「句、股、九、爻、觚」等字有「聲近韻同」的關係，是以「曲」字聲義與「句股」等字聲義通；又「句、股、九、爻、觚」等字皆是表算學數理之字（句股弦乃畢氏定理），是以「曲」字亦表「數」之所在，而「天地間皆數，數即是道」，又「天地間皆是數，即皆是曲」（黃承吉：〈四元玉鑑細草序〉）因此，「曲」亦是「道」之所在。亦曲→數→道。以「曲」表天地之「理」，是以進一步闡述「矩」之理，亦「曲」、「矩」聲近相通，所以「人事明矩正」亦「絜矩之道也」。人事之「理」便在「絜矩」之「理」。所謂：「不踰矩者，即不踰曲」。

　　段玉裁乃戴震的學生，強調「理」是「情之無憾」，其據許慎：《說文解字》：「理，治玉也」的意思進一步引申，是以「凡天下一事一物必推其情至於無憾而後即安，是之謂天理，是之謂善治」，強調「情之不爽失」謂之「理」，一如戴震的說法。

　　而江藩以「漢儒之學」為依據，闡述性命之「理」；其堅持不改《國朝漢學師承記》之「漢學」為「經學」，意在表明己的立場是宗主「漢學」，絕不動搖。論「性理」主「生之所以然者，謂之性」，視「性」為一形下氣化的實體實性，一如戴震的說法，是一「血氣心知」之「性」（食色之「性」），因此，必須「以禮節性」。然何以可「以禮節性」？關鍵在「禮」乃聖人「緣情制禮」而來，是人們可依循的準

則。其以「性」——「生性」，進一步表示「情欲」是人本具有的，不可否認，因此，說明「復禮節性」之要。

　　他們以文字聲韻訓詁的方式進求「義理」，在「情理思想」上，皆是實證考據，有憑有據，謂其「漢學」的「義理思想」，亦是他們的特色所在。

第三節　現實關懷的情理經世者

一、汪中情理論探索

（一）學者傳略

　　汪中（1744～1794），字容甫，江都人。其一生歷盡坎坷，汪喜孫《容甫先生年譜》云：

> 計先君生五十有一年，少苦孤露，長苦奔走，晚苦疾疢，終先君之世，未嘗有生人之樂焉。[169]

七歲喪父，家境清寒，「不能就外傅，母鄰授以小學、四子書」[170]。十四歲時以書肆中書佣為生，邊工作邊讀書，「借閱經史百家，於是博綜典籍，諮究儒墨」[171]。乾隆二十八年（1763），李因培督學江蘇，汪中以試〈射雁賦〉為揚州府第一，入學為附生，得到主持「安定書院」者——杭世駿之賞識。[172]這是促使他走上「治經之路」的一個重要關鍵。[173]

---

[169] 清・汪喜孫：《容甫先生年譜》，（汪中著、田漢雲點校：《新編汪中集》附錄一，揚州：廣陵書社，2005年），頁1。
[170] 蔡冠洛先生編著：《清代七百名人傳・汪中傳》，（北京：中國書店，1984年），頁1793。
[171] 江藩：〈汪中傳〉，江藩著、錢鍾書先生主編：《漢學師承記》（外二種）卷7，（香港：三聯書店，1998年），頁133。
[172] 陳鼓應先生等主編：〈第五十三章　汪中的「用世之學」〉《明清實學簡史》，（北京：社會科學文獻出版社，1994年6月），頁776。

之後，乾隆三十六年（1771），便在當塗入朱筠學使幕。乾隆三十七年（1772），寓泰州幼竹庵，與劉臺拱結交；在維州應試，結識李惇；此年冬，於朱筠幕中又與王念孫定交。乾隆三十八年（1773）秋，在朱筠府中結識賈田祖。乾隆四十二年（1777），汪中三十四歲，選拔貢生，從此絕意仕進。次年結識程瑤田、洪榜，是以對戴震之學，多有所聞。[174]乾隆五十五年（1790），被推薦參加《四庫全書》的校書工作。歷時四年之久，於乾隆五十九年（1794）客死在西湖葛嶺園僧舍，享年五十一歲。[175]

著作上，子汪喜孫輯成《江都汪氏叢書》，計有《述學》內、外篇六卷、《廣陵通典》十卷、《孤兒篇》三卷、《從政錄》四卷、《大戴禮記正誤》一卷、《經世知新記》一卷、《春秋列國官名異同考》一卷、《國語校文》一卷、《喪服答問紀實》一卷、《遺詩》一卷等等。今詳見田漢雲先生等編《新編汪中集》。[176]

（二）汪中情理論

清代可謂中國社會思想史的重要時期。康乾盛世，更是中國封建社會的繁榮時期。在此期間，隨著社會的穩定、物質之充裕，以及作為主

---

[173] 據劉建臻先生研究指出：杭世駿是禮學專家，曾經修纂《三禮義疏》。建議汪中要認真研讀《十三經注疏》。見氏著：《清代揚州學派經學研究》，（南京：揚州大學古代文學博士論文，2003 年 5 月），頁 36。另田漢雲先生亦提及此：「汪中十九歲時入江都縣學為附生，得到任職於安定書院的杭世駿賞識。……他熱心地鼓勵汪中研習經史，還把《十三經注疏》借給汪中閱讀。接下來的幾年，汪中銳意治經，並確定了以此立名的人生理想。」見楊晉龍先生主編《清代揚州學術》上，（臺北：中研院文哲所，2005 年），頁 175。汪喜孫：《容甫先生年譜》〈與泰西巖書〉亦云：「某始時止習詞章之學，數年略見涯涘；《三禮》、《毛詩》，以次研貫，且有志於古人立言之道。蓋挫折既多，名心轉熾，不欲使此生為速朽之物也。」同注 169，頁 5。

[174] 汪中：〈己亥與劉先生書〉云：「去年交程舉人瑤田、洪中書榜，二君與金殿撰（榜）於戴君之學皆可云具體。又長夏客江寧，與錢少詹事相處，日夕談論甚契。」見汪喜孫：《容甫先生年譜》，同注 169，頁 20。

[175] 汪喜孫：《容甫先生年譜》，同注 169，頁 38。

[176] 汪中著、田漢雲先生點校：《新編汪中集》，揚州：廣陵書社，2005 年。

流意識型態的「理學」日漸衰微，思想觀念已出現所謂的多元化趨向。學者指出：隨著思想觀念的多元化，此時的社會思想也隨之發生了巨大的變化，雖然少有人對社會思想作系統論作，但仍不乏具有真知灼見的學者，汪中即是其中的優秀代表。[177]他上承黃宗羲、王夫之、顧炎武，下啟龔自珍和魏源，在清代社會思想的發展史上具有承先啟後的重要地位，尤其是他的社會福利思想具有十分鮮明的時代色彩。[178]然關於汪中的社會福利思想，個人歸納出有以下幾點：

1. 養生送死，恤老慈幼，以周萬民艱阨也
汪中曰：

> 竊以為虛文無濟，未足以充子之志也。……國家法紀明備，百度具舉，若養濟院、育嬰堂、漏澤園，蓋皆養生送死，恤老慈幼，以周萬民艱阨也。[179]

汪中以為，一個制度完善的國家應建立一系列的社會福利機構，以扶老助幼，解決弱勢群體的生活問題，如是，方是一個太平盛世的國家社會。然具體措施，在汪中看來，首要宜建立一「苦貞堂」，為寡婦建立一社會的保障機構才是！其又曰：

> 議曰：凡州縣察其寡婦之無依者，造屋一區，為百間，間各戶，使居之，命之曰：「苦貞堂」。外為門，有守門者。門左為塾，凡其兄弟親戚之男子來省者，待於其所。以其名族召之，則出見之。非是，不得入。婦有姑者若子女三人者，月給米一石，錢二百，終歲綿六斤，布五匹，其多少以為是差，任以女工絲枲之事，而酬其直。[180]

---

[177] 張敏先生、聶長久先生等著：〈汪中的社會福利思想探析〉，（《廣西社會科學學報》總第133期，2006年第7期），頁155。
[178] 同上注，頁155。
[179] 汪中：〈與劍潭書〉，汪中著、田漢雲先生點校：《新編汪中集》（揚州：廣陵書社，2005年），頁441。
[180] 同上注，頁441。

其設想的「苦貞堂」，根本上是專收寡婦無依者為主。然並不強迫，而是「必良家謹願者」[181]。觀其「苦貞堂」之設施，可以看出是相當封閉的，寡婦一旦進入，就似乎與外界隔離了，甚至連兄弟親戚之男子，也不可隨意進入，以見此「苦貞堂」既是改善寡婦經濟情況的福利設施，也是捍衛傳統貞節觀的「淨土」。汪中雖不贊成強制寡婦守節，但此一「苦貞堂」設立，似乎亦限制寡婦的人性自由，彷彿是寡婦的「牢籠」，所以學者指出：此「苦貞堂」的特點，亦反映了汪中婦女思想的矛盾性[182]。

　　除了強調要設置「苦貞堂」收容無依無靠的寡婦外，亦主張設立一「孤兒社」，以濟社會上孤兒生養問題；其云：

> 門外為社，有師一人，凡孤子五歲至十歲者學焉。命之曰：「孤兒社」。三年視其材分志趣，而分授以四民之業。然而必通《孝經》，解字體。至十六，度其能自食其力，以次減其廩。至二十則舉而遷之於外，其賢者、能者，既老則使掌其堂之事，各修其業，以教社之子弟。其富且貴者，十分其貲而三入之堂，訖於其身。凡民雜犯，自杖以下，視其輕重而要之，使入其財於堂。遠鄉若有屋不入堂者，聽之。廩之如在堂者。此其大略也。[183]

可見汪中的福利制度的想法，大多以周濟社會上的弱勢者為主。對於「孤兒」亦有周到之想；小時孤兒亦從其學，《孝經》為必通之書，並以小學為主。且視其才能、興趣、性向等分授四民（士、農、工、商）之業；孤兒學成長大後，必須以其學識財富回饋社會。而此福利機構的經費來源就是來自富者、貴者的捐獻，和官府對罪犯的懲罰金。總之，汪中以為，不論「苦貞堂」或「孤兒社」等的建立，皆旨在樹立社會的

[181] 同上注，頁440。
[182] 張敏先生、聶長久先生等著：〈汪中的社會福利思想探析〉云：「他一方面希望適當改善婦女地位，反對將傳統貞節觀極端化，強調女子特別是未婚女子『禮不可過』；另一方面，又不願意拋開男女之別，否定貞節觀念，而是主張維護和弘揚這種觀念」，同注177，頁156。
[183] 汪中：〈與劍潭書〉，同注179，頁441。

良好風尚，培養人才與解決國家問題為主，實為社會國家帶來積極影響。所謂：「少蓄其力則老而不衰，而孝子得以終其養矣。幼有所養而督之以恆業，則夫人思自備而才智出矣。[184]」又「惟茲堂之設而風化以屬，人才以起。[185]」畢竟汪中貧苦出身，又身歷悲慘之遇，所以對於可憐者，特別有所同情，並想辦法解決。然其以為僅靠政府號召是不夠的，必須如其所設計的福利模式，靠政府的力量大力推動，才能收到好的成效。

2. 夫婦之禮，人道之始也

汪中治學重在「經世致用」，其《述學・別錄》云：「少日問學，實私淑顧寧人處士。故嘗推六經之旨，以合於世用。」又《廣陵通典・跋》亦云：

> 服膺顧處士炎武為經世之學，既因羸病不為世用，輒思著書以發揮所業。[186]

以見汪中主「用世實學」，循顧炎武的「經世」思想，以考據惟實，治學惟用，以用世之學為宗旨。其云：

> 中嘗有志於用世，而恥為無用之學。故於古今制度沿革，民生利弊之事，皆博問而切責之。以待一日之遇，下至百工小道，學一術以自托，平日則自食其力，而可以養其廉恥，即有飢饉流散之患，亦足以衛其生，何苦耗心勞力飾虛詞以求悅世人哉！[187]

汪中用世之學的核心是「民生」，講求「造福百姓」為主，舉凡殘害人民等制度、「禮教」、思想等，皆是其極欲推翻的。尤其明清以來，專制統治橫行，禁欲主義束縛人們的言行更為嚴酷，其中又以婦女受到的壓抑、迫害為多。在此，汪中針對當時的婚姻制度，對婦女受到嚴重的

---

[184] 同上注，頁 441。
[185] 同上注，頁 441。
[186] 汪中著、田漢雲先生點校：《新編汪中集》，同注 169，頁 119。
[187] 汪中：《述學・別錄・與朱武曹書》，同上注，頁 442。

歧視與傷害狀況,鄭重提出:「夫婦之禮,人道之始也。」[188]並且主張:「私奔不禁」、「女子許再嫁」與「道義為之根」等觀點,強調婦女婚姻應自主外,凡事宜以講求合乎「道義」為主,毋須拘泥於既有的「禮儀規範」。

(1) 私奔不禁

「夫婦之禮,人道之始也」,即表明夫妻關係的合理準則,乃是人類社會所有法則、事理等開端。所以夫妻齊一也,絕無所謂「男尊女卑」的差別,當然,在婚姻中,男女都應受到同等重視,是以論嫁娶,應尊重當事人「雙方」之見;倘若男女雙方皆過適婚年齡,願意結合,應鼓勵其「成親」。其云:

> 凡男女自成名以上,……其有三十不取,二十不嫁,雖有奔者不禁也。非教民淫也,所以著之令,以恥其民,使及時嫁子取婦也。[189]

自古以來,男大當婚,女大當嫁,即使有「媒妁之言,父母之命」,若無合適對象,亦是強求不來的。畢竟強摘的果實不甜,強求的緣分不圓。所以男女到成婚年齡而未婚者,只要雙方表明「願意」,「私奔」是可以不禁的,端在使男女雙方及時結合。並且進一步指出,此「非教民淫也」,而是「以恥其民」。

在此,可以看出汪中肯定男女自然之情,並非視「私奔」為傷風敗俗之事。順著人情發展,當是如此,可謂突破傳統「禮教」的束縛,於近代強調「自由婚戀」等民主思潮,有推進之功。

(2) 女子許再嫁

宋明以來,特別在清代,所謂「一與之齊,終身不二」、「烈女不事二夫」、「餓死事小,失節事大」等禮法,相當盛行,甚至尚有「以死為殉者」之「殉節」、「守節」觀念。在此,汪中以為:

---

[188] 汪中:〈女子許嫁而婿死從死及守志議〉,同上注,頁376。
[189] 汪中:《述學・釋媒氏文》,同上注,頁373。

> 許嫁而婿死，適婿之家，事其父母，為之立後，而不嫁者非禮
> 也。……其有以死為殉者，尤禮以所不許也。雖然父母之親，君
> 臣之義，夫婦之恩，不可解於心過而為之。死君子猶哀也，苟未
> 嘗以身事之，而以身殉子則不仁矣。[190]

可以看出汪中對於守節、殉節等不合「情理」者，進行了駁斥。其首先
指出，如果夫婦猶如君臣、父子之禮，未見君死、父死，臣與子亦從
死，為何獨夫死而婦殉節？又「女子之嫁，其禮有三，親迎也，同牢
也，見姑舅也」[191]。既然夫死，不能行此禮，因「六禮不備」，何以婦
以此守節、殉節？又「女子未有以身許人之道」[192]，所以女子宜有獨立
人格與人身自由，應有「身為人」的基本權利！況「制為是禮」，即在
使人們受到法制上的保護。以身殉死，不僅不合禮，亦不仁矣。

倘若女子出嫁後，其夫不善，亦應讓她們有改嫁的自由。汪中云：

> 錢塘袁庶吉士之妹，幼許於高；秀水鄭贊善之婢，幼許嫁於
> 郭。既而二子皆不肖，流蕩轉徙更十餘年，婿及女之父母，咸
> 願改圖，而二女執志不移。袁嫁數年，備受箠楚，後竟賣之，
> 其兄訟諸官，而迎之歸，遂終於家。鄭之婢為郭所窘，服毒而
> 死。[193]

文中的這兩位女子遇人不淑而無意自救，這在封建社會是常見的現象。
她們甘願無條件地忍辱負屈，更是封建「禮教」戕害的結果。[194]關於
此，汪中以為：

> 好仁不好學，其蔽也愚。若二女子可謂愚矣。本不知禮，而自謂
> 守禮，以隕其生，良可哀也。[195]

---

[190] 汪中：〈女子許嫁而婿死從死及守志議〉，同上注，頁 376。
[191] 同上注，頁 375。
[192] 同上注，頁 376。
[193] 同上注，頁 376。
[194] 劉建臻先生：《清代揚州學派經學研究》，同注 173，頁 43。
[195] 汪中：〈女子許嫁而婿死從死及守志議〉，同注 169，頁 376。

依禮，女子應當恪盡為人妻之責，但男子在婚姻上不能依禮而行，即使有「父母之命，夫家之禮」，女子應站出來進行反抗，而雙方的父母與地方上官府亦應予支持。

　　汪中舉袁枚之妹與鄭虎文之婢，所遭受到禮教的迫害，正是宋以來鉗制婦女的歪理邪說造成的。亦揭示人們若不能了解原始儒家「禮教」之意義，其影響是非常深遠的！所以汪中強調「解經」必須「原其始」。[196]雖然儒家強調「臣事君以忠」、「君使臣以禮」、「妻與己齊」，乃至「父慈子孝」等等，但問題是隨著封建專制之強化，儒家後學者僅片面強調尊者、長者、男性的權利，卻忽略卑賤者、幼者、女性的權利。所以汪中治經，主「原其始」，即回歸原始儒家經典，「實事求是」，向變相的儒家教條挑戰。可謂繼戴震痛斥宋儒「以理殺人」之後，對於「禮教」趨於專制之途，又一個大膽的駁詰。

　　或許汪中出身貧苦，因此，對社會下層人士，或弱勢者（婦孺等），受到不公平待遇，均立求一公道、一符合人情之理。以見其所主張社會的「禮儀制度」應是要「合人之常情與常理」才行，否則均可推翻。

(3) 道義為之根

子曰：

> 父在，觀其志；父沒，觀其行。三年無改於父之道，可謂孝矣。[197]

汪中對此不以為然。其以為如果父親之作為頗合乎「道」（理），則長期奉為準則，效法實踐，乃「孝行」表現也；如果父親之所作所為，不合「道」（理），「朝沒而夕改，可也」[198]。又最高境界的「孝」，是指當父母在世時，能夠勸導父母遵循「道」[199]。以見其思想不再守「父

---

[196] 汪中：《述學‧別錄‧釋夫子》，同上注，頁 353。

[197] 朱熹：《論語章句集注》，（《四書章句集注》，臺北：大安出版社，1991年），頁 51。

[198] 汪中：〈曾子事父母第五十三　曾子第五〉，同注 169，頁 74。

[199] 汪中：〈曾子事府母第五十三　曾子第五〉云：「夫禮，大之由也，不與小之自也。……辱事不齒。」，同上注，頁 74。

尊子卑」之見，是以「道義」為依據的，只論義不義，合不合理，不論父尊子卑的「禮教」。

同理，對「君臣之義」，傳統「禮教」所強調的「君要臣死，臣不得不死」，臣民對君主無條件的誓死效忠，在汪中眼裡，並不盡然。其〈女子許嫁而婿死從死及守制議〉云：

> 女事夫，猶臣事君也。仇牧、荀息，君亡與亡，忠之盛也。其君苟正命，而終於寢，雖近臣猶不必死也。若使巖穴之士，未執贄為臣，號呼而自殺，則亦不得謂之忠臣也。[200]

臣民理應對君主盡忠，但盡忠的表現，不宜是隨君主下葬。所謂「忠」應是對國家而言，倘若國君是一昏亂淫蕩之君，是否仍應對其盡忠？這點頗值得我們深思。

在此，我們可以發現到汪中的學術思想，講求實際，強調現實人生的因應之道，但乏「理論的思維與邏輯思維」。[201]章學誠云：

> 大抵汪氏之文，聰明有餘，真識不足，觸隅皆悟，大體範然。[202]

即是對汪中學術上「理論思維」不足之批判。

二、汪喜孫情理論探索

（一）學者傳略

汪喜孫（1786～1848），汪中之長子，清揚州甘泉縣（今江蘇省揚州人）。以避九世祖汪太孫之諱，更名喜荀，字孟慈，號荀叔，生於乾

---

[200] 汪中：〈女子許嫁而婿死從死及守志議〉，同上注，頁376。

[201] 陳鼓應先生等主編：《明清實學簡史》中指出：「汪中用世之學也有一定侷限，理論思維與邏輯思維還嫌缺乏，僅有一些可貴命題的片論。」同注172，頁789。

[202] 章學誠：〈述學駁文〉，《文史通義・外篇一》，（收入於葉瑛先生校注：《文史通義校注》下冊，臺北：里仁書局，1984年），頁491。

隆五十一年七月十六日（1786年8月9日），卒於道光二十八年八月三日（1848年8月31日），享年六十三歲。[203]

喜孫「生而異穎，六歲入家塾，先大父手寫〈弟子職〉、《急就章》授讀，又校正今文《尚書》衛包未改本授讀，過目成誦。先大父〈自序〉云：『商瞿生子，一經可遺』」。[204]於乾隆五十九年十一月二十日，父喪，喜孫「哀毀如成人禮」。[205]「未入塾，先大母朱太恭人，親為課讀。比長，延同里通儒魏先生彝群、丁先生瀚、韋先生佩金、授府君以根底之學，年十六，究心金石書畫，就正江鄭堂先生藩。」後入家塾，「受業於甘泉鍾先生懷，始治經，著《羽勵錄》。」[206]喜孫「性至孝，侍食於鍾先生，思以石首魚供先大母，不得，淚下沾襟。先生贈詩，有『今日客居能憶母，汪倫垂涕食鮻魚』之句」。[207]

喜孫「嘉慶丁卯舉人」[208]，但於嘉慶十三年至道光三年間，曾八試禮部而不第。於嘉慶十九年第三次試禮部不第後，受鮑勛茂之助，入皆為內閣中書。[209]後「升戶部員外郎」。「丁母憂，服闋。道光癸巳入都，奉命往東河學習，河督栗毓美，深倚重之，奏保用知府，賞加道銜。」「乙巳，補河南懷慶府知府。」[210]其任職間，賑濟災民，多所盡心，「暇輒巡行郊野間，問民疾苦」。曾「修葺敷文書院，課士首以經

---

[203] 楊晉龍先生：〈導言：汪喜孫著作述論〉「一、汪喜孫之生平」，（汪喜孫撰、楊晉龍主編：《汪喜孫著作集》上，臺北：中研院文哲所，2003 年），頁 1-2。

[204] 汪保和等著：〈皇清誥授中憲大夫覃恩例晉通奉大夫欽加道銜河南懷慶府知府加三級紀錄四次顯考孟慈府君行述〉，（汪喜孫撰、楊晉龍先生主編：《汪喜孫著作集》下（附錄），臺北：中研院文哲所，2003 年），頁 1268-1269。

[205] 同上注，頁 1269。

[206] 同上注，頁 1269。

[207] 同上注，頁 1269。

[208] 徐世昌：《清儒學案‧容甫學案》第 3 冊，卷 102，（北京：中國書店，1990 年），頁 1853。

[209] 楊晉龍先生：〈導言：'汪喜孫著作述論〉「一、汪喜孫之生平」，同注 203，頁 1。

[210] 支偉成：〈汪中附傳〉，《清代樸學大師列傳》卷 4，（長沙：岳麓書社，1998 年），頁 111。

史，文風稱盛」。又「濬濟河，使復故道；又引沁流至王曲村，溉田數百畝，民稱之曰：『新開汪公河』。會值大旱，步行赴白龍潭取水，歸，大雨立霈，亦因以積勞病卒」[211]。

喜孫「與人交，不拘往還，人多以『狂士』目之」。[212]又「博覽群籍，於文字、聲音、訓詁，多所究心，政治沿革得失，留心講求，為文皆有關世用」[213]。著有《國朝名臣言行錄》、《經師言行錄》、《尚友記》、《從政錄》、《孤兒編》、《且住庵詩文稿》若干卷。子保和，通《左氏春秋》，能傳家學。[214]（今欲見其完整著作，可見楊晉龍先生點校：《汪喜孫著作集》（上中下）三冊，臺北：中研院文哲所出版，2003年。）

（二）汪喜孫情理論

喜孫乃汪中之子，其一生的學問大多以發揮、傳播其父之學為主要目的。[215]據田漢雲等學者考察，喜孫治學不離其父學術研究的範圍，並對其父之學非常深入探索，志在將父的「經世致用」理念發揚光大，並結合考據與「義理」等思想，實際應用在現實社會中。[216]觀汪喜孫的著

---

[211] 同上注，頁112。

[212] 清·桂文燦：〈汪喜孫傳〉，《經學博采錄》卷9，（合肥：黃山書社，2008年），頁302。

[213] 清·英傑修、晏端書等纂：〈汪喜孫傳〉，《續纂揚州府志·人物府志一》，《中國地方志叢書·華中地方二》第2冊，卷9，（北京：新華書局，1997年），頁508。

[214] 同上注，頁508。

[215] 據楊晉龍先生闡述，汪喜孫的學問與治蹟，雖頗受當代師友輩之推崇，但多為鼓勵、讚美的人情因素為主，殊未見當時學者對其學術之批判與引用研究成果者，以見汪喜孫在當時學術界未受到特別的重視。推論其原因有：一則是痛其父早逝而未盡其學，欲於學術上為其父爭一席之地，故喜孫一生多以發揮、傳播其父之學為目的；再則是其本身無足以凌駕他人的特殊學術成就，多為零碎的研究成績；三則心力亦多投注在政績的表現上，學術上較不被看重。詳見楊晉龍先生：〈導言：汪喜孫著作述論〉，（汪喜孫撰、楊晉龍先生主編：《汪喜孫著作集》上，臺北：中研院文哲所，2003年），頁6-7。

[216] 參見田漢雲先生：《中國近代經學史》，（西安：三秦出版社，1996年），頁100-111；另楊晉龍先生：〈考證與經世——汪喜孫研究初探〉亦云：「其

作，實可發現到其主張「由名物通大義」[217]，考據中闡揚「義理」，非為考據而考據。是以「義理，才是其終生之業」[218]。總之，其「義理思想」是非常豐富的，惜其不為當世學者所重，因此，流傳不廣。[219]

在此，個人針對其零碎著述，將其有關「情理」思想做一整理：

1. 道在六經，道在五倫

汪喜孫所謂的「道」，非形上空疏之理，是指在「六經」、在「五倫」之理。其云：

> 堯舜之道，不外孝悌；周公孔子之道，《詩》、《書》、《禮》、《樂》、《春秋》之文，不外倫常日用。道在六經，道在五倫，誦法先王者在此，平治天下者在此，垂教後世者在此，相在爾室者亦在此。[220]

又〈與戴金溪先生書〉云：

> 道外無書，書外無道。周公、孔子之道在《六經》。[221]

重視義理之發揮，希望達到『通經致用，經明行修』的理想終極目標，而反對『純考據而無實用』的經世立場」，（《清代揚州學術》（下），臺北：中研院文哲所，2005 年），頁 568；楊晉龍先生：〈導言：汪喜孫著作述論〉，同上注，頁 7。

[217] 見汪喜孫：〈與劉孟瞻書〉（四），《汪孟慈集》卷 5，（汪喜孫撰、楊晉龍先生主編：《汪喜孫著作集》上，臺北：中研院文哲所，2003 年），頁 168；另在其〈與劉孟瞻書〉（二）亦強調：「無裨於家國天下，何以經明行修、通經致用耶？」頁 165。

[218] 楊晉龍先生：〈導言：汪喜孫著作述論〉，同注 203，頁 23。

[219] 楊晉龍先生云：「由於無人加以表彰，並未受到當代與後人的注意與重視，當然也就影響到著作的刊刻與流傳。再者，喜孫本身既不顯赫，後代亦無特殊成就者；也缺乏像阮元（1764〜1849）一類熱心文化的達人顯要之青睞；再加上喜孫花了極大的心力，在蒐集整理校刊其父的著作上，因而是否還有餘力刊刻己作，恐怕也是值得考慮的因素之一。」同上注，頁 7。

[220] 汪喜孫：〈與朝鮮金正喜書〉（一），同注 217，頁 200。

[221] 見氏著：《從政錄》卷 1，（汪喜孫撰、楊晉龍先生主編：《汪喜孫著作集》中，臺北：中研院文哲所，2003 年），頁 403。

「道」──堯舜、周孔之道，不外人倫日用之「理」，而「理」皆記載在書中，亦即《六經》中，所以道外無「書」，書外無「道」。是以求「道」在《詩》、《書》、《易》、《禮》、《樂》、《春秋》中求。而《六經》中尤以《禮》為要，《禮》又以〈喪服禮〉為重。

(1)　經莫重於《禮》，《禮》莫重於〈喪服〉

汪喜孫〈與戴金溪先生書〉云：

> 《經》莫重於《禮》，《禮》莫重於〈喪服〉。[222]

又其〈與江飲吉書〉亦云：

> 吾輩肄經，莫大於禮，禮莫大於喪祭。……夫讀《禮》非口誦而已，必將發悟於心；非發悟而已，必將踐履於行。……《三禮》之學，莫重於《儀禮》；《儀禮》莫重於〈喪服〉，講〈喪服〉之書，莫精於程易疇《足徵記》。……士大夫居喪不能守禮，他無足觀矣。[223]

「道」在《六經》，然《六經》之理，以《三禮》為要，《三禮》中又以《儀禮》為重，《儀禮》中尤以〈喪祭〉為第一分量，必先通達禮儀。所謂的「理」以「禮」為重，是強調惟有踐履力行，徹底實踐，方是「通經致用」。畢竟「禮儀規範」必以實踐、力行，方能達成，所以「士大夫居喪不能守禮，他無足觀矣」。

然汪喜孫以道在禮中，是以其主張「禮」必本於「太一」而來，絕非子虛烏有，憑空虛造的。

(2)　禮必本於太一

汪喜孫〈易問〉曰：

> 蓋禮必本於太一，分而為天地，轉而為陰陽，其降曰命，故知《易》者禮象也。天之道主陽，獨陽不能生，故《易》一陰一

---

[222] 同上注，頁 404。
[223] 汪喜孫：〈與江飲吉書〉，同注 217，頁 169-170。

陽，以窮消息之變，變而皆陽；人之道主治，盈治不可久，故
《易》一治一亂，以寓世運之變，變而皆治。古之君子，其自
命，皆有以天下為任之心；其為學，皆有以禮樂為治之志。由人
事以推天道，由天道以準人事，往來盈縮之理，禮樂刑政之具，
古人所謂「通經致用」者，其在斯乎![224]

《易》云：「太極，是生兩儀，兩儀生四象，四象生八卦，八卦定吉
凶，吉凶生大業。」[225]以「太極」為宇宙的開端，創造萬物之始。喜孫
在此主「禮」代「理」，是以「禮」之本，亦本於「太極」（太一）。
由《易》可知人情世理，治亂之源，然《易》理寄寓天道之「理」，高
遠難解，勢必從人事以推天道，而人事之「理」，應從「禮樂」學習
起，如此，天道人事、古往今來之「理，方能循序漸進、了然於胸，然
後，將「理」實際應用在日常生活中，即是古人所謂「通經致用」矣。

(3) 禮政刑一以貫之，可為終古不變之良法美意

汪喜孫〈議禁曳刀手紅鬍子鹽梟強盜教匪會匪械鬥惡棍銅船糧船幫
水手不用肉刑說〉云：

> 喜孫議：凡殺人者，抵死。為從者，使大指折損，不能持刀。既
> 可以全生，復可以弭亂。從此不禁自絕，化奸為良，豈非三代上
> 德，禮政刑一以貫之，可為終古不變之良法哉![226]

人情與理法是否可融合而一？中國人一向是重視「人情」的民族，所謂
「見面三分情」即是一例。然當人情與理法衝突時該如何？順從人情抑是
堅執理法？在此，喜孫以「禮」入「刑政」中，以達成「情理」兼顧之美
意。凡殺人者，一般人均認為：應以死謝罪，一命償一命也；但是喜孫認
為不妥，主張以剉其大指，讓其永不能持刀，永不能重操舊業，亦可保住

---

[224] 汪喜孫：〈易問〉，《汪孟慈集》卷2，同注217，頁25-26。
[225] 見魏・王弼注、唐・孔穎達疏：《周易正義・繫辭上傳》，《十三經注疏
本》（1），（臺北：藝文印書館，1981年），頁156-157。
[226] 汪喜孫：〈議禁曳刀手紅鬍子鹽梟強盜教匪會匪械鬥惡棍銅船糧船幫水手不
用肉刑說〉，同注217，頁22。

性命，豈不是兩全其美的辦法？如此，使之覺醒，化奸為良，比「死刑」更易教化人心，以「禮政刑」貫徹始終，乃是終古不變的良法也！

(4) 禮以義為要

喜孫〈甲午五月寶晉講院課程〉（二十六日）曰：

> 誠門下士。古人所謂小學者，禮、樂、射、御、書、數而已。朱子《小學》一書，祇是從《三禮》內，摘出小學功夫。禮之不可斯須去身也。……自《禮》廢《樂》亡以後，學者講論禮制，考證禮器，而於禮之大義，則杳冥莫知其原。終身肄《禮》，著書考《禮》，而所言所行，多有出於禮之外者，此豈先王制禮之意哉？是故禮義不失，禮制、禮器可以亡；禮義不失，樂與射、御可以亡；禮義不失，六書、九數，講之於幼學，不必治之以終身。如是忠信可學，小大可由，顏子之復禮、孔子之問禮、周公之制禮，先聖後聖其揆一也。……禮制雖殊，禮義無別；禮器雖異，禮義未湮。所以救人身心，固人筋骸，今古豈有二致哉？是故禮之大者，不可求之，今之童子灑掃應對進退，日用所習焉者也。[227]

「禮儀規範」的產生，目的為何？旨在使人們在待人接物、應對進退上，有一具體規則可循。然除了規則可循外，最高境界應是進一步了解其中的「道理」。所以在「禮以義為尊」下，儀則、規範、典章、制度不過是一形式而已。所以喜孫在此以「禮義不失」為前提下，認為禮制、禮器隨著時代不同而有不同，是隨時可以更換、去除的。重點是「禮義」大原則之把握，終身受用。然此「禮義」了達，必須從日常生活中的灑掃應對開始做起，從做中悟，以體會其中的深意。

2. 仁兼體用

(1) 有用必先有體

喜孫〈釋仁〉：

---

[227] 汪喜孫：〈甲午五月寶晉講院課程〉（二十六日），《從政錄》卷 1，同上注，頁 422-423。

> 仁存於心，而義禮知信，見諸言行，則仁之為用大矣。若其心本
> 乎仁，而不裁之以義、履之以禮、辨之以知、成之以信，則幾於
> 釋氏之慈悲矣！此仁之必兼乎體用也。[228]

以「仁」為「人」之本，然「仁」存心中，言行上無疑是欲做到知禮達
義、忠信智慧之境；否則，無義、無禮、無知、無信，與佛教所謂「無
緣大慈，同體大悲」沒有不同，不講義禮知信，是一味的「慈悲」，與
儒家思想是不同的，所以「以仁存心」，亦將「義禮知信」充分發揮，
便是「仁」之用。因此，「仁」是兼有體有用的。

　關於體用、本末探討，其主「有用必先有體」[229]、「先當有體，用即
隨之」[230]。當以「本體」為主，用為末，所以為人處事上，宜懂得本末、
先後、緩急之順序；進德修業為先，其次是立功、立言；畢竟「不朽之
業，非一朝一夕所能成；多口之憎，非一人一身所能禦，世有志在不
朽」。[231]「不朽」首在「立德」也，當聞人之毀謗，不必強為己辯、或黨
同伐異、或沮喪失神，貴在自立自強，有過則反改，無過則省也。[232]

(2) 忠恕者仁之用

喜孫〈釋仁〉：

> 仁者純乎天道，誠者兼以人事，敬者純乎人事。忠恕者仁之用，
> 恕者忠之用，敬恕者仁之用，知勇者亦仁之用。義者所以行仁，
> 禮者所以履仁，信者所以成仁。仁兼體用，言體而不言用。……
> 三代以前之民，未有爭心，是以言仁而不言義。三代以後之霸
> 術，未違禮教；三代以後之法術、刑名，未嘗學問，是以言知而

---

[228] 汪喜孫：〈釋仁〉，同上注，頁392。
[229] 見汪喜孫：〈叔孫豹如晉論〉，同上注，頁400-401。
[230] 見汪喜孫：〈與舅氏朱光祿書〉（一），《汪孟慈集》卷5，同上注，頁176。
[231] 同注229，頁401。
[232] 汪喜孫：〈與舅氏朱光祿書〉（一）云：「自惟求為可知，信而後諫，先當
有體，用即隨之。故聞人之毀，而破觚為圓，不為也；聞人之毀，而黨同伐
異，不可也；聞人之毀，而喪氣沮神，不必也。所貴自立耳，遑問人之知不
知哉？」，同注230，頁176

不言仁。聖賢言仁而必繼之以義，言知而必繼之以仁，所以防其
流失也。[233]

「道」以「禮」為要，但「禮」之本體在「仁」，是以「仁」為體，由
「仁」出發，則有「忠恕」、「敬恕」、「知勇」之用。不論是「忠
恕」、「敬恕」或是「知勇」，皆是「義」、「禮」、「信」、「知」
的表現。而「義」、「禮」、「信」、「知」不外是「仁」的彰顯，所
以「仁」亦兼體用。其關係如圖所示：

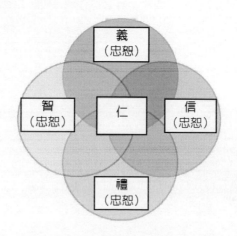

圖二：汪喜孫的「仁兼體用」圖

(3) 性無所明，於仁、知見之

喜孫《抱璞齋時文》於「成己，仁也；成物，知也。性之德
也。」釋：

> 夫成己者，誠之體也，體之存者為仁；成物者，誠之用也，用之
> 發者為知。仁、知本於心，謂非性之德乎？
> 嘗思天下至誠，能盡性，以盡人物之性。己與物胥盡其誠，亦己

---

[233] 汪喜孫：〈釋仁〉，同注 217，頁 391-392。

> 與物各率其性已。顧率乎天者為性，本諸性者為德。德無可見，
> 於性徵之。性無所明，於仁、知見之。仁、知無所著，於成己、
> 成物驗之。[234]

喜孫對時文的題目：「成己，仁也；成物，知也。性之德也。」詮釋
是：以成己者，為「誠」之本體，然本體存於「仁」之中（如前述以
「仁」為體，兼體用）；而成就萬物的做法便是「誠」之用，用的顯揚
便是「知」的發用。然不論如何，至誠者，能盡人之「性」，及物之
「性」。所以「成己」、「成物」在於「誠」，而「誠」亦是「仁」的
展現，亦是盡到「本性之德」。然而「性」為何？「德」為何？喜孫以
為「人性」——本於天而來，內富蘊「道德義涵」，是以「道德義涵」
本諸「人性」而來，看不見，須由「人性」表徵；然「人性」無法彰
明，則由「仁」、「知」以見，而「仁」、「知」抽象德性，無法顯
著，因此，由「成己」與「成物」驗證。

(4) 仁，為誠之體；知，為誠之用也

喜孫《抱璞齋時文》於「成己，仁也；成物，知也。性之德也。」釋：

> 天命之性，天下之達德也。是故首言性，次言德，而於仁、知不
> 嘗至再、而至三焉。仁之義通乎存，溫良者仁之貌，敬慎者仁之
> 心，孫接者仁之用，仁所以為誠之體也。知之義通乎決，行遠者
> 知為文之輿，察物者知為民之輔，敷教者知為言之善，知所以為
> 誠之用也。……仁也，知也，性之德也。聞之性者，生也，所以
> 生者謂之性；德者，得也，得其性者謂之德。建生為德，得人為
> 德，化育萬物亦為德。分言之則仁也，知也，合言之則德也。[235]

對於「成己，仁也；成物，知也。性之德也。」尚有進一步解釋：成己
者，為誠，但「誠」之體是「仁」；「誠」之用在「知」。畢竟須有
「知」方曉明大義，言行舉止上依所知理行事，方合情合理。不論行遠

路者、體察萬物者、施教者都須有「知」（智識或智慧），才能成就所行之事，所以「知」是「誠」為用的出發點。

不論如何，「仁」、「知」乃「德性」之一。「性」亦是「天道」生生不息而來，所以「生者」亦是「性」（生性）；有所得者，是「德」也。總之，人之所以為人，異於禽獸的關鍵在於人有「德性」，「德性」是「仁」、「知」等「義理總合」，分言之，謂「仁」或「知」，所以「成己，仁也；成物，知也。性之德也」。

又「成己」（仁）、「成物」（知）——誠之體用。換句話說，心由「至誠」出發，亦能達到「成己」、「成物」境界；所謂「誠至則偏私化，偏私化則才智生。」[236]

3. 欲發乎情，止乎禮義

喜孫〈甲午五月寶晉講院課程〉（二十七日）：

> 聖王人情為田，養欲給求，使三十而娶，二十而嫁，霜降逆女，冰泮殺止，及時昏嫁，故內無怨女，外無曠夫，三代所以與民同欲也。孔子言：「好德如好色。」……聖人極論人情，欲其發乎情，止乎禮義，故曰：「好色而不淫。」[237]

喜孫在此，可看出其肯定人之「情欲」，不過「欲發乎情，止乎禮義」。主聖人順乎人情、欲求，不違逆人的本能本欲。是以適時論嫁娶，但亦非放縱「人欲」至漫無止盡，而是以「禮義」為節。

(1) 氣相聯斯情相合，性相感斯命相通

汪喜孫〈育嬰議〉：

> 嬰兒之於慈母，聯以一氣。嬰兒啼哭，而慈母知其飢寒；嬰兒呻吟，而慈母審其疾苦；嬰兒熟睡逾時，慈母諦視之；嬰兒側身失

---

[236] 見顧蒪：〈壽母小記・贊〉，《壽母小記》，《汪喜孫著作集》（下），同注221，頁1054。
[237] 汪喜孫：〈甲午五月寶晉講院課程〉（二十七日），同注217，頁424-425。

> 足，慈母提攜之。……已未茹葷，兒先飲血；身即抱病，兒尚盈
> 懷。氣相聯斯情相合，性相感斯命相通，自非然者，強他人而顧
> 復之，宜乎若越人視秦人之肥瘠矣。[238]

進一步，喜孫究人「私情」之源，源自母子親情相連，性命相依，氣血
一貫而來。此情此義是自然產生，永遠無法割捨的。否則，拿他人之子
試驗，即可知，是無法產生出那種「打在兒身，痛在娘心」的骨肉之情
來的，就如越國人去看秦國人田地肥沃或貧瘠般，與己無切身的關係，
就沒有切身感覺一樣。另外，汪喜孫〈甲午五月寶晉講院課程〉（二十
七日）亦云：

> 若其人不必幽嫻貞靜，何色之有？其人不能潔淨精微，何好之
> 有？人之於飲食燕處也，見有惡人，則必掩鼻過之，不與共
> 食。凡寢處之物，不可與人共；婢僕之屬，不可借人役，人情
> 大抵如是。[239]

人同此心，心同此理。人之常情，大抵如是。非幽嫻貞靜、潔淨精微的
美女，何愛之有？當然，與人吃飯相處時，看到噁心的人，一定是掩鼻
而過，不敢與之共食；自己私密之物，是不能與人共用的；屬於自己的
婢女、僕人，是無法借予他人役使的。諸如此類，都是人之常情展現，
何能而免？

(2) 大賢承三聖治世之心，見諸所欲也

汪喜孫《抱璞齋時文》於「我欲正人心、息邪說、距詖行、放淫
辭，以承三聖者」釋：

> 大賢承三聖治世之心，見之於所欲矣。夫必人心正，而後邪說、
> 詖行、淫辭無不正。孟子自明所欲，其所以承三聖者，不亦大
> 與？……此我之欲由迫而起也。且事之縈於一心者曰欲，事之肩

---

[238] 汪喜孫：〈育嬰議〉，《從政錄》卷2，同上注，頁431。
[239] 同注237，頁425。

於一身者曰承。三聖之欲正人心也久矣，矧以邪說、詖行、淫辭，皆三聖之世所未有者哉？三聖之所抑、所兼、所驅、所作者不一轍，而自我合觀焉，皆前事之可師。使三聖而生今日，豈必以此徒縈夙夜之憂思？而人心補救之方，諒有持之於息之、距之、放之始者。我於三聖，固前後同揆也。以息為正，而邪說之亂人心者滅；以距為正，而詖行之害人心者退；以放為正，而淫辭之蕩人心者遠。力任仔肩，三聖分承之而不見有餘，我統承之而不自謂不足也，我何敢諉諸異人也？[240]

在「我欲正人心、息邪說、距詖行、放淫辭，以承三聖者」中，喜孫表明：「大賢承三聖治世之心，見諸所欲也。」聖人是有所欲的，此「欲」是「欲望」──希望治國平天下也。如是「欲」，則變成一使命與承擔的重任。相信只要是賢明的人，當上一國之君，沒有不欲國泰民安、風調雨順，國家欣欣向榮的。此「欲」便是林全先生所謂：「是社會進步的動力」。[241]

對於世道人心，端正之方就是「息邪說、距詖行、放淫辭。」這三點。平息邪說等妖言禍行，抗拒、抵抗偏頗害人的行為，放逐那些淫蕩人心、散播謠言者。如此，世風日上，治安轉好。所以改變風氣，以改變「人心」為始。

(3) 平天下，在絜矩

喜孫〈大學說序〉：

> 後人不知「誠意」在「慎獨」，「慎獨」在「好惡」，……夫惟孔子言仁言敬，自曾子始言誠，子思孟子因之。好惡在心身，以及家國天下，皆本誠意，以愈推愈遠，是以平天下在「絜矩」。[242]

---

[240] 汪喜孫：《抱璞齋時文》，同注 217，頁 236-237。

[241] 詳見林全先生：〈創造均富的遊戲規則〉云：「如果欲望較財富低，比較容易得到幸福；但如果每個人都清心寡欲，並不一定就都能幸福，因為欲望是社會進步的動力」，（《遠見論壇》第 206 期，2005 年 4 月），頁 1。

[242] 汪喜孫：〈大學說序〉，《汪孟慈集》卷 3，同注 217，頁 65-66。

「絜矩」之道出自《大學》[243]，強調是「推己及人」之道。「己所不欲，勿施於人」、「己欲立而立人，己欲達而達人。」將心比心，替人著想；己有此「好惡」，他人亦有此「好惡」，所以去除自私自好就好的心態，也為他人謀求福祉，則就無所謂紛爭擾攘的情形。所謂「雙贏政策」──「I am O.K , You are O.K，We are O.K.」

又〈與朝鮮嘉湖侍郎書〉：

> 《大學》平天下之道，終以「好惡」、「絜矩」，為仁者「能愛人、惡人」，何也？本之以誠意，持之以修身，善善而舉，惡惡而退，……以人事君，大臣之道備矣，「闢門」、「明目」、「達聰」，堯舜之所以為堯舜也；以堯舜事其主，非禹臯之臣哉？[244]

又〈聞一貫說〉：

> 修身以恕為用，所謂：「所藏不恕，而能喻諸人者，未之有也。」誠意者何？誠也者，忠也。好惡、戒欺、求慊，非忠之謂乎？是以《大學》者，釋忠恕一貫之旨也。《傳》言：好惡始於誠意，終於平天下。絜矩同好惡者，恕之謂也。非言用人理財也。孔子告仲弓以「如見大賓，如承大祭」，敬亦忠也。「己所不欲，勿施於人」，仁藏恕也。……子貢他日問「一言可以終身」，孔子告以「己所不欲，勿施於人」，已顯告以一貫之旨矣；子思受業曾子之門人，其言曰：「忠恕違道不遠。」三十三篇統之以誠，誠亦忠之謂也。忠為體，恕為用，體包用也，子思亦聞一貫之義也。[245]

---

[243] 見漢・鄭玄注、唐・孔穎達疏：《禮記正義・大學》：「所惡於上，毋以使下；所惡於下，毋以事上；所惡於前，毋以先後；所惡於後，毋以從前；所惡於右，毋以交於左；所惡於左，毋以交於右：此之謂絜矩之道」，（《十三經注疏本》（5），臺北：藝文印書館，191 年），頁 10。

[244] 汪喜孫：〈與朝鮮嘉湖侍郎書〉，《汪孟慈集》卷5，同注217，頁 193-194。

[245] 汪喜孫：〈聞一貫說〉，《從政錄》卷1，同注221，頁 397-398。

「平天下」之道在「絜矩」。首要在己「誠實的好惡」，如仁者「能愛人，惡人」。秉持誠意修身，方能識真。所以「舉直錯諸枉，能使枉者直」，否則，「舉枉錯諸直，能使枉者不直」[246]。端正自己，「好惡」於「誠」，推己及人，方達「絜矩」之境。孔子以「忠恕」為一貫之道，殊不知「忠恕」正是「盡己」與「推己及人」，就是要做到「誠」於「好惡」，待人如己。不論忠為體、恕為用，總之，「忠恕」便是「誠」的推廣，「絜矩」以平天下也。

(4) 人情乃「尊、親、賢」

喜孫《海外墨緣》第五則曰：

> 《春秋》謂上本天道，中用王法，下順人情。天道者：一曰時、二曰月、三曰日。王法者：一曰譏、二曰貶、三曰絕。人情者，一曰尊、二曰親、三曰賢。[247]

所謂「人情」是何？喜孫在此表明：「人情」就是「尊」、「親」、「賢」。尊敬長上，親愛親人，識賢於人。「人情」並非一己之私情、情感、情緒而言。

(5) 情之不得已，則形於言

喜孫《海外墨緣》第十四則曰：

> 太史公曰：「《詩》三百篇，大都皆不得志於時之所為作也。」又〈屈原傳〉曰：「人窮則返本，故憂愁幽思而有〈離騷〉，離騷者，猶離憂也。」蓋臣不見信於君，窮也；子不見愛於親，窮也；己不見諒於友，窮也；懷才抱奇而不見用於世，窮也。故情所不得已者，形之於言，言所不得已者，形之於詩。〈虞書〉曰：「詩言志。」「《詩序》曰：「發乎情，止乎禮義。」皆詩之教也。[248]

---

[246] 朱熹：《論語章句集注》，（朱熹：《四書章句集注》，臺北：大安出版社，1991年），頁139。

[247] 汪喜孫：《海外墨緣》，《汪喜孫著作集》（下），同注217，頁1239-1240。

[248] 同上注，頁1259。

人之常情表露，就是「情所不得已」，則「形於言」、「發於聲」，所謂「不平則鳴」矣。故《詩‧序》云：「詩者，志之所之也。在心為志，發言為詩，情動於中，而形於言，言之不足，故嗟嘆之，嗟嘆之不足，故詠歌之……情發於聲，聲成文，謂之音。」[249]所謂「詩窮而後工」，「窮」乃不得志矣。舉凡臣下不被君王信任、重用；孩子不被雙親所喜；己不被朋友接受、寬容；懷才不遇，不被重用，千里馬未遇見伯樂等，都是「窮困」的表徵。當陷「窮困」時，不免情之抑鬱難伸，是以形於言，成於詩。此詩亦特別真誠表露，故「詩言志」也。

(6) 義利之辨，首在「恆產與恆心」

喜孫〈擬治平疏〉云：

> 欲令天下人，知義利之辨，不外孔、孟「富」、「教」兩言：「恆產、恆心」一語。……民無饑寒則廉恥生，廉恥生則盜賊息，盜賊息則刑罰清，於是始興學校。

又〈與李蘭卿觀詧書〉：

> 比以歲荒，流離載路，救死不贍，禮義奚施？……士民易於教化，有恆產有恆心，此其時矣。

又〈上唐鏡海先生書〉：

> 義田不如義學，義倉不如義田。儻於治下淮、揚二郡，勸捐義學、義田，教養之法兼施，使愚民重士而輕商。既富而後教，三代仁政，未嘗不可行於今日。井田學校之制不必復，其義要不可廢，喜孫為司徒之屬，以此存古。[250]

---

[249] 毛亨傳、鄭玄箋：〈毛詩序〉，《毛詩鄭箋》，（臺北：新興書局，1981年），頁1。

[250] 汪喜孫：〈擬治平疏〉、〈與李蘭卿觀詧書〉、〈上唐鏡海先生書〉，分見於《從政錄》卷1，同注221，頁385、頁405；《從政錄》卷3，頁514。

鬧饑荒時，有誰還會想到禮義廉恥？所以富而後教，方有禮，「倉廩足而後知禮義」；欲令天下人，知義利之辨，必先足其生活所需，有「恆產」，方有「恆心」，教養兼施，方得國治。所以國必富而教，足民基本「情欲」，非禁欲，教化士民方有成效。

三、小結

　　「現實關懷的情理經世者」這一節，以汪中、汪喜孫父子為代表。汪中壽短，著作不多，而其子──汪喜孫承繼其父思想，並將之發揚光大，是以在此節中，對汪喜孫的論述較多。

　　乾嘉時期，學術上瀰漫著「考據」的氣氛，競求名物、典章等考證蔚然成一風氣；難能可貴是：汪中在此卻注意到現實社會的需求，而非鑽研故紙堆中閉門造車。尤其對弱勢者──婦女、孤兒等，提出許多社會福利措施，如建「苦貞堂」收容「寡婦」；建「孤兒社」救濟社會上的「孤兒」。誠如其所云：「養生送死，恤老慈幼，以周萬民艱阨也。」（汪中；〈與劍潭書〉）實際對社會百姓盡到實質的利益，方是汪中的「經世致用」之理。

　　尤其汪中對婦女特別關照，反對「禮教」束縛下對婦女的制約、婚姻制度下對婦女的戕害；其主張：「夫婦之禮，人道之始也。」（〈女子許嫁而婿死從死及守志議〉）因此，夫婦同等重要，絕無所謂「男尊女卑」的差別。對封建專制「禮教」下，要婦女「守節」、「殉節」、「從一而終」等規定，凡不合「情理」者，皆進行全面的駁斥。在當時，汪中即主張「女子許再嫁」乃至「私奔不禁」等觀點；奠立在男女自然之「情理」上，突破傳統「禮教」變本加厲的束縛，可謂對後來學者們大力倡導「婦女解放」等訴求，有頗大影響。

　　其子──汪喜孫承繼父親「經世致用」的理念，治學上強調「由名物通大義」（〈與劉孟瞻書〉）。其主要的「義理思想」有：「道在六經，道在五倫」、「仁兼體用」、「欲發乎情，止乎禮義」。「道在六經，道在五倫」──強調「理」不外人倫日用之「禮」，所謂：「經莫重於《禮》，《禮》莫重於〈喪服〉。」（〈與戴金溪先生書〉）雖如

此，但「禮以義為要」（〈甲午五月寶晉講院課程二十六日〉）。藉由日常生活中的灑掃應對，進一步體會其中「道理」，方是最高境界。在「仁兼體用」上，其主「忠恕者仁之用」（〈釋仁〉）。「仁」乃「為人」之本，但必須實踐，方成「仁」（人），是以「人」為本，「忠恕」為「用」，則有「仁、義、禮、智、信」的表現。在「欲發乎情，止乎禮義」上，其強調「骨肉性命之情」是無法分割的，端此，人的「私欲私情」是不可避免的，因此，聖賢治世，必是滿足人民的「欲望」，所謂「有恆產有恆心」（〈擬治平疏〉），富而後教也。然欲不可縱，勢必「發乎情，止乎禮義也」（〈甲午五月寶晉講院課程二十七日〉），所謂「情」即「尊、親、賢」而言；「行為舉止」終回歸於「禮」。有「禮」走遍天下，且「平天下，在絜矩」；「禮」之作用端在制止「人自私自利」之行為，界定人我彼此間的「分際」，進而由「守禮」熏習成良好習慣，進一步做到「己所不欲，勿施於人」、「推己及人」之境。

第伍章　縱向論述

——清儒揚州學派情理論的發展（二）

第一節　光大戴震情理思想者

一、淩廷堪情理論探索

（一）學者傳略

　　淩廷堪（1757～1809），字仲子，又字次仲，生於乾隆二十二年乙亥（1757），卒於嘉慶十四年己巳（1809）[1]，安徽歙縣人。六歲，父卒，家貧以無立錐之地，不能自給，賴兄長；致堂，營生養母，次年廷堪始就塾師讀書，然因家貧，十三歲便棄書學賈。[2]又因困窮至極，父

---

[1]　據商瑈先生考究：關於淩廷堪生年有二說，一說是生於乾隆二十年，一說是生於乾隆二十二年，兩者相差兩年。見其《一代禮宗——淩廷堪之禮學研究》第一章注釋 5，（臺北：萬卷樓圖書公司，2004 年），頁 76。依據淩廷堪：〈學齋二箴序〉云：「乾隆乙巳歲（五十五年），余在京師，寓居天津牛次原齋中，學為制舉之文，明年將以應京兆試，時余年己二十有九矣。」，推知淩廷堪之生年當為乾隆二十二年。（《校禮堂文集》卷 13，北京：中華書局，1998 年），頁 104。

[2]　據張其錦：《淩次仲先生年譜》卷 1，乾隆三十四條，載廷堪之言：「先生昔嘗曰：『某六齡而孤，貧無立錐，賴兄致堂營生養母，次年始就塾讀書，十三歲即以家貧棄書學賈，六經未之全讀也。』」（《安徽叢書》第 18 冊，收入於《叢書集成三編》，臺北：藝文印書館，1971 年），頁 5。（以下略稱《年譜》）又據其〈辨志賦序〉云：「廷堪春秋二十有三，托跡溟海，抱影窮巷，為賈則苦貧，為工則乏巧，心煩意亂，靡所適從，用是慨然有嚮學之志焉。《學記》曰：『一年視離經辨志。』計余之時，則過矣。懼勤苦而難成也，乃為〈辨志賦〉以自廣。」《校禮堂文集》卷 2，同上注，頁 11。

喪家中（停柩海州），無以入土為葬，直至廷堪二十四歲時（父亡後之十八年），乾隆四十五年（1780），方得將父之靈柩歸葬故里「歙」之祖塋。[3]

　　於學賈之中，仍能偶讀詩詞，進而通詩及擅寫長短句。[4]錢塘張賓鶴先生至海州板潽，寓楊銕星「鍈」書屋，見其詩詞大奇，則示之以詩法。[5]因此，廷堪十八歲時始編《詩集》。後因母懼其習賈無成，便鼓勵其游四方，請就師友以向學。其云：

> 汝為賈而恥與人爭利，恐難成，宜從事於學。然學非蘄為博士弟子之謂也，必通經立行，為古之儒焉。且獨學無友，則孤陋而寡聞，吾有汝兄侍養，汝其游四方就師友以成之。[6]

於是乾隆四十六年，遊揚州，慕其鄉江慎修、戴東原兩先生之學。「以國子生應京兆試，不售，南還。阮相國元時尚未達，因與訂交。」[7]四十八年，至京師，始多交遊。[8]在此，廷堪二十六歲頗得大興翁方綱先生（1733～1818AD）所重，授其《四書》文，[9]並薦其入四書館任校職，始習舉子業。[10]後往返北京、海州、揚州、南昌等地，所交皆當時

3　據《年譜》卷 1，乾隆四十五條言：「冬十月回海州板浦，與兄扶亡父柩歸歙。」
4　見江藩：《漢學師承記》卷 7 云：「棄書學賈，偶在友人家見《詞綜》、《唐詩別裁集》，攜歸，就燈下讀，遂能詩及長短句。」（江藩著、漆永祥先生箋釋：《漢學師承記箋釋》下冊，上海：古籍出版社，2006 年），頁 763。另支偉成：《清代樸學大師列傳》亦云：「稍長，工詩及駢散文，兼為長短句」，（長沙：岳麓書社，1998 年），頁 83。《年譜》卷 1，乾隆三十六年條載：「先生十五歲，能詩及詞。」注云：「先生乙巳年〈學古詩〉有云『十五歲吟詩』。」
5　據《年譜》卷 1，乾隆三十九年載：「錢塘張先生賓鶴至海州板浦，寓楊銕星鍈書屋，見先生詩詞，大奇之，示以詩法。」
6　見阮元：〈凌母王太孺人壽詩序〉中凌廷堪對元所云。（《揅經室三集》卷 5，北京：中華書局，1993 年），頁 680。
7　支偉成：《清代樸學大師列傳》，（沙：岳麓書社，1998 年），頁 83。
8　阮元：〈次仲凌君傳〉，《揅經室二集》卷 4，同注 6，頁 465。
9　同上注，頁 465。
10　詳《年譜》卷 1，乾隆四十七年條載。另據漆永祥先生考證：「凌氏於乾隆四十七年入都，至五十三年中舉。此期間先是得程晉芳、翁方綱薦，佐校

名儒，互相資益，名噪一時，都中莫不知有先生者。四十九年，作〈七戒〉，專志於《禮》。五十二年，撰《禮經釋例》初稿，規模粗具。雖兩應京兆試不第，然學問之基，由此始矣。[11]

乾隆五十三年秋，三應順天鄉試，始中副榜，南歸。五十四年，應江南鄉試，中式。隔年，成進士，出朱文正、王文端二公之門，蓋與洪君亮吉等皆以宏博見拔也。殿試三甲例授知縣，君投牒吏部，自改教授，曰：「必如此，吾乃可養母治經。」[12]

選寧國府教授，則奉母之官，孝弟安貧，畢力著述。久之，丁母憂去，主講敬亭、紫陽書院。免喪，阮公撫浙，延訓其子，歸卒於家，年五十三。[13]

廷堪之學，可謂「貫通群經，而尤深於禮經，著《禮經釋例》十三卷」[14]。其謂：「禮儀委曲繁重，不得其經緯塗徑，雖上哲亦苦其難；苟得之，中材可勉赴焉。經緯之塗徑之謂何？例而已矣。」又著《燕樂考原》、《元遺山年譜》、《校禮堂集》等書。及《魏書音義》，惜未成而卒。[15]

（二）凌廷堪情理論

凌廷堪的「情理論」，在諸多學者研究，皆以其「以禮代理」為主要論說。[16]甚者，學者指出凌廷堪禮學思想的重要性，不在他對禮儀內

《四庫》書，入成均館肄業。」參《校禮堂文集》卷8〈七戒〉、張《譜》卷1、陳《譜》等。（詳江藩著、漆永祥先生箋釋：《漢學師承記箋釋》下冊，上海：古籍出版社，2006年），頁767。

[11] 見江藩：《漢學師承記箋釋》卷7〈凌廷堪〉注釋7，（江藩著、漆永祥先生箋釋：《漢學師承記箋釋》下冊，（上海：古籍出版社，2006年），頁767。

[12] 阮元：〈次仲凌君傳〉，《揅經室二集》卷4，同注6，頁465。

[13] 同注7，頁83。

[14] 同注6，頁466。

[15] 同上注，頁466、468。

[16] 如錢穆先生：《中國近三百年學術史》云：「以禮代理，尤為戴氏以後學者所樂道。如凌廷堪、焦循、阮元其著者也。」（臺北：臺灣商務印書館，1966年），頁255；張壽安先生：《以禮代理——凌廷堪與清中葉儒學思想之轉變》云：「凌廷堪從文獻考據上，證明先秦儒家只重禮而不言理，故儒者之學

容有何創新，而是他「以禮代理」此一主張所透露的清代儒學在思想上的走向。從學術思想史發展的角度觀察，廷堪此說之最大特色，乃是把道德問題放在社會秩序的層面上討論。[17]

凌廷堪最主要的禮學著作：一是以考據論證禮學的《禮經釋例》，二是發揮禮學思想於其中的《校禮堂文集》，即頗受當時學者稱述。阮元於所撰的〈次仲凌君傳〉中，附載其禮論〈復禮〉三篇，並稱其「唐宋以來儒者所未有也」[18]。江藩直以「一代禮宗」稱之[19]；錢大昕以為《禮經釋例》一書，可使學者「得指南車矣」[20]。至清末，梁啟超更稱其《禮經釋例》為禮學中「登峰造極」之作[21]。在此，綜合凌廷堪等著述與上述學者之見，進一步整理其「情理論」，可以發現除了其有「以禮代理」之主張外，尚有如下觀點：

1. 聖人之道，一禮而已矣

凌廷堪在其〈復禮〉一文中指出：「聖人之道，一禮而已矣。」以「禮」關係一切，一切皆自「禮」而出。其云：

> 夫人之所受於天者性也，性之所固有者善也，所以復其善者學也，所以貫其學者禮也。是故聖人之道，一禮而已矣。……蓋性至隱也，而禮則見焉者也；性至微也，而禮則顯焉者也。……三代盛王之時，上以禮為教也，下以禮為學也。……蓋至天下無一人不囿於禮，無一事不依於禮，循循焉日以復其性於禮而不自知也。……夫

應為禮學而非理學」，（臺北：中研院近史所，1994 年），頁 33；張麗珠先生：〈凌廷堪「以禮代理」的禮治理想暨乾嘉復禮思潮〉亦云：「凌廷堪之從事於禮經研究，是緣自他對禮的重視，同時經由研究禮經，他提出了自己的禮學主張──「學禮復性」、「制禮節性」、和「以禮代理」等思想。」見氏著《清代義理學新貌》，（臺北：里仁書局，1999 年），頁 272。

[17] 張壽安先生：《以禮代理──凌廷堪與清中葉儒學思想之轉變》，（臺北：中研院近史所，1994 年），頁 34。

[18] 阮元：《揅經室二集》，（北京：中華書局，1993 年），頁 468。

[19] 江藩：〈序〉，《校禮堂文集》，（北京：中華書局，1998 年），頁 3。

[20] 錢大昕：〈錢辛楣先生書〉，《校禮堂文集》，同上注，頁 4。

[21] 梁啟超先生：〈清代學者整理舊學之總成績（一）〉，《中國近三年學術史》，（臺北：中華書局，1987 年），頁 190。

其所謂教者，禮也。即「父子有親，君臣有義，夫婦有別，長幼有序，朋有有信」是也。故曰學則三代共之，皆所以明人倫也。[22]

在此，廷堪主張聖賢之道，是重實際的「禮則」而不在口說的一番「道理」的，儒者之學應為「禮學」而非「理學」。蓋人的道德自主性（「性」、「理」）是隱而難見的，然「禮」之儀文節目，無一不具「理」，是以「理」寓於「禮」，據「禮」以顯，有具體的典章制度，則可供所有人依循實踐，所以三代聖王之時，上下均以「禮」為學習的典範，而非言「理」。一旦習禮為常後，理性、性理的彰顯則自然而然而不自知矣。又：

> 聖人之道至平且易也。《論語》記孔子之言備矣，但恆言禮，未嘗一言及理也。……其所以節心者，禮焉爾，不遠尋夫天地之先也；其所以節性者，亦禮焉爾，不侈談夫理氣之辨也。是故冠昏飲射，有事可循也，揖讓升降，有儀可案也，豆籩鼎俎，有物可稽也。使天下之人少而習焉，長而安焉，其秀者有所憑而入於善，頑者有所檢束而不敢為惡，上者陶淑而底於成，下者亦漸漬而可以勉而至。聖人之道所以萬世不易者此也。聖人之道所以別於異端者意亦此也。……聖人之道本乎禮而廣者也，實有所見也；異端之道外乎禮而言者也，空無所依也。……聖人舍禮無以為教也，賢人舍禮無以為學也。詩書，博文也，執禮，約禮也，孔子所雅言也。……聖人不求諸理而求諸禮。蓋求諸理必至於師心，求諸禮始可復性也。[23]

可以看出，淩廷堪一再強調聖人之道，是平易近人的。至聖先師——孔子，整部《論語》常見其言「禮」，未嘗言「理」也。可見聖人之道是依乎「禮」而推廣，非依抽象言談之「理」也。故其大聲疾呼：「聖學禮也，不云理也。」[24]依先秦儒家典籍所載，可知上古聖人是以「禮」

---

[22] 淩廷堪：〈復禮〉上，《校禮堂文集》卷 4，（北京：中華書局，1998年），頁 27。
[23] 淩廷堪：〈復禮〉下，同上注，頁 31。
[24] 淩廷堪：〈復禮〉下，同上注，頁 32。

掛帥，據「禮」行事，依「禮」教之，故是「以禮代理」的。因此，其欲徹底棄「理」以「復禮」。畢竟依據人倫日常生活習慣，「實事求是」，所立的禮儀法則，是有其規範可循的，較易踐履實行，且有所依據，然幽渺玄奧之理，可能各依所思，憑空虛造，是以造成此亦一理，彼亦一理也，各自「師心自用」，空無所依，無一客觀公正的標準，不過是造成是是非非的紛爭罷了。所以對此，焦循亦有云：「理足以啟爭，而禮足以止爭也。」[25]

　　然重要的還在於：廷堪主「習禮復性」。蓋其以為藉由外在的反覆練習禮規儀式，能使外鑠的禮節儀則，內化成為內在的道德根源。[26]孔子云：「人而不仁如禮何？人而不仁如樂何？」[27]心中的「誠敬」才是「禮」的真正意義，而非徒具虛文的外在儀則。所以「禮」之尊，尊其「義」也。然如何知曉「禮義」？則必須藉由習禮、學禮，外在禮儀實踐等薰陶，來完成「禮教」內化，闡揚「禮義」的精神來。此內化的「禮義」，就是廷堪所強調的「人性固有者善也」——「善」的部分。

2. 好惡乃制禮之大原

凌廷堪〈好惡說〉載：

> 好惡者，先王制禮之大原也。人之性受於天，目能視則為色，耳能聽則為聲，口能食則為味；而好惡實基於此，節其太過不及，則復於性矣。《大學》言好惡，《中庸》申之以喜怒哀樂。蓋好極則生喜，又極則為樂；惡極則生怒，又極則為哀；過則溢於

---

[25] 焦循：〈理說〉，《雕菰集》卷10，（臺北：鼎文書局，1977年），頁151。

[26] 張麗珠先生在此，則指出：廷堪認為「學禮」，就是為了要「復」吾人所秉受於天、性中所本然固有的「善」。其例舉顏淵「其心三月不違仁」之例，就是做到「復其性」境界；而其所以能復其性，就是經由「學禮」的途徑。然學禮可復性，並非一蹴可幾的，是經由不斷演練之習行而著，而達到自然內化的進路。整理自張麗珠先生：《清代義理學新貌》，（臺北：里仁書局，1999年），頁275-276。

[27] 朱熹：《論語章句集注》，《四書章句集注》，（臺北：大安出版社，1991年），頁61。

情，反則失其性矣。先王制禮以節之，懼民之失其性也。然則性
者，好惡二端而已。[28]

廷堪以為，人性受之於天，是以有視聽臭味等本能，因此，有所好惡，
如好好色、惡惡臭等，此皆是「性」的呈顯。所以人性不過就是好惡兩
端。正因「欲亦性之所有」，廷堪則更強調「禮」之「節其不善」功
能，能「節其太過不及」，以復其性善之本原。所以先王制禮的根本，
就在人的「好惡」之情（欲）。其云：

> 然則人性初不外乎好惡也。愛亦好也，故正心之忿懥、恐懼、好
> 樂、憂患，齊家之親愛、賤惡、敬畏、哀矜、教惰，皆不離乎人
> 情也。《大學》性字祇此一見，即好惡也。[29]

以「好惡」之欲的顯現，如愛惡、喜怒、敬畏、憂慮、怠慢等等，亦不
外是人情之表現。所以其又云：

> 夫人有性必有情，有情必有欲。故曰：飲食男女，人之大欲存
> 焉。聖人知其然也，制禮以節之，自少壯以至耆耄，無一日不囿
> 於禮而莫之敢越也。制禮以防之，自冠昏以逮飲射，無一事不依
> 乎禮而莫之敢瀆也。[30]

以人性內是具有「情」與「欲」的。正因如此，避免「情欲」之偏，過
與不及，是以聖人制禮以節制，預為防範，使人行止，能中庸、合理而
不逾舉也。其又進一步強調：

> 夫性見於生初，情則緣性而有者也。性本至中，而情則不能無過
> 不及之偏。非禮以節之，則何以復其性焉。[31]

情緣性生，是本具之能，不可能無，亦無法禁止。但「情欲」有過與不
及時，則須節制。如何節制？廷堪以為聖人制禮以節性。聖人從人性的

28　淩廷堪：〈好惡說〉上，《校禮堂文集》卷 16，同注 22，頁 140。
29　淩廷堪：〈好惡說〉上，同上注，頁 141。
30　淩廷堪：〈荀卿頌〉，同上注，頁 76。
31　淩廷堪：〈復禮〉上，同上注，頁 27。

「好惡」之情出發，在兼顧人情又不失矩度的情形下，制禮以節性，進而復其本性之善原。所以在此，可以看出淩廷堪以「好惡之情，就是制禮之大原」。

3. 養情節欲

由於人性有「好惡」之「情欲」，是以制禮之本在於此。淩氏把人性與禮儀緊緊扣住。因此，「禮」之修為功夫，則在於「養情節欲」。所謂：「緣情遂其欲，依禮定其分，本天命民彝，是大經大法。」這就是禮的「養情節欲」的功能。[32] 廷堪論「禮」，主張禮以「養情節欲」。

所謂人性秉天而生，有聲色味臭之欲，也有仁義禮智信之德，二者皆人性之所好，忤逆之或扭曲之不使滿足，必將為人所共惡。但人在訴求滿足的過程中，往往無法自行中節，遂有過與不及的現象出現。「禮」之制作，就在順乎人性「好惡」的同時，為之節制，不使「好惡」「佚於情」，亦不使「好惡」「失其性」。[33]

對此，廷堪於人之「情欲」，並不否認，相反的，其肯定「情欲」之存在價值。只是縱其「情欲」，永無滿足，勢必無法自行中節，而有爭奪、紛亂情形。一如荀子云：

> 禮起於何也？曰：人生而有欲，欲而不得，則不能無求。求而無度量分界，則不能不爭。爭則亂，亂則窮。先王惡其亂也，故制禮義以分之，以養人之欲，給人之求。[34]

是以廷堪主「制禮節性」，然「制禮節性」的根本做法就是「養情節欲」。「養情節欲」的另一詮釋便是「克己復禮」。然其對「克己」之「己」的解釋，非如朱熹所注解：「己，謂身之私欲。禮者，天理之節

---

[32] 詳張壽安先生：《以禮代理──淩廷堪與清中葉儒學思想之轉變》，同注17，頁53。

[33] 同上注，頁51。

[34] 荀子：〈禮論篇〉，荀子著、清‧王先謙集解《荀子集解》，（臺北：藝文印書館，1958年），頁417。

文。」以「克己」便是「克制私欲」也。[35]廷堪以阮元所謂「約身」之解為是[36]。其云：

> 前在甬上，聞閣下談及《論語》克己之己字不當作私欲解。當時即深以為然。……伏讀篇中論仁，以《中庸》「仁者人也」鄭氏注讀為相人偶之人為主，……試即以《論語‧克己》章而論，下文云「為仁由己，而由人乎哉？」，人己對稱，正是鄭氏相人偶之說，若如《集注》所云，豈可曰為仁由私欲乎？再以《論語》全書而論，如「不患人之不己知」、「夫仁者，己欲立而立人，己欲達而達人」、「己所不欲，勿施於人」、「古之學者為己，今之學者為人」、「修己以安人」、「君子求諸己，小人求諸人」，皆人己對稱。此外之己字，如「無友不如己者」、「人潔己以進」、「仁以為己任」、「莫己知也」、「恭己正南面」、「以為屬己」、「以為謗己」，若作私欲解，則舉不可通矣。……馬氏之注以克己為約身，此論最得經意。……竊以馬氏之注申之，克己即修身也。故「修己以敬」、「修己以安人」、「修己以安百姓」，直云修，不云克也。《中庸》云：「非禮不動，所以修身也。」動實兼視聽言三者，與下文答顏淵「請問其目」正相合，詞意尤明顯也。[37]

以「克己」為「修身」，「修己」以「安人」，和《中庸》所謂：「非禮不動，所以修身也。」意義相當，所以「克己復禮」是指「修己復

---

[35] 詳朱熹：《論語‧顏淵篇》，《四書章句集注》，（臺北：大安出版社，1991 年），頁 131。

[36] 阮元：〈論語論仁〉釋：「顏子克己，己字即自己之己，與下為仁由己相同。言能克己復禮，即可並人為仁。……此即己欲立而立人，己欲達而達人之道。仁雖由人而成，其實當自己始。……若以克己字解為私欲，則下文為仁由己之己，斷不能再解為私，而由己不由人反詰辭氣，與上文不相屬矣。顏子請問其目，孔子答以四勿，勿即克之謂也。視聽言動，專就己身而言，若克己而能非禮勿視勿聽勿言勿動，斷無不愛人。……一部《論語》，孔子絕未嘗於不視不聽不言不動處言仁也。」《揅經室集》卷 8，（北京：中華書局，1998 年）頁 161-165。

[37] 淩廷堪：〈與阮中丞論克己書〉，《校禮堂文集》卷 25，同注 22，頁 234-235。

禮」、「約束自己，凡事合理」。如此，視、聽、言、動，皆以「禮」為準則，非禮則勿視、聽、言、動，這樣，便是「養情節欲」，非遏止「情欲」也。所謂「養情」是指順乎人情，毋乖戾矯作之為，進而培養高尚情操，做到「己欲立而立人，己欲達而達人」的境界；「節欲」是節制「欲望」，非禁欲或縱欲也，畢竟少欲多安，「養心莫善於寡欲」[38]，不是嗎？為此，廷堪以為：「禮本天地人三才而制也。」（見下文）且為了配合情感、「欲望」不同類別與不同場合的需要，而有衣、食、聲、色等「禮儀規範」。其云：

> 案《左傳》昭公二十有五年，子太叔對趙簡子曰：「吉也聞諸先大夫子產曰：『夫禮，天之經也，地之義也，民之行也。』」此言禮本於天地人三才而制也。又云：「天地之經，而民實則之。則天之明，因地之性，生其六氣，用其五行。氣為五味，發為五色，章為五聲。淫則昏亂，民失其性。」此言性即食味、別聲、被色者也。《大學》言「心不在焉，視而不見，聽而不聞，食而不知其味」，即此義也。又云：「是故為禮以奉之，為六畜、五牲、三犧，以奉五味；為九文、六采、五章，以奉五色；為九歌、八風、七音、六律，以奉五聲。」此言聖人制禮，皆因人之耳有聲、目有色、口有味而奉之，恐其昏亂而失其性也。《大學》以好惡相反為拂人之性，即此義也。又云：「為君臣上下，以則地義；為夫婦外內，以經二物；為父子、兄弟、姑姊、甥舅、昏媾、姻亞，以象天明；為政事、庸力、行務，以從四時；為刑罰威獄，使生畏忌，以類其震曜殺戮；為溫慈惠和，以效天之生殖長育。」以因禮本於天經、地義、民行而發明之。[39]

廷堪舉《左傳》子產之言，說明禮本天經、地義、民行之理而來。天地間有六氣、五行，是以有五味、五色、五聲等等現象。然匹夫百姓若不懂得節制於心，發乎合理中節的話，淫蕩揮霍，則昏亂己視聽耳目，亦

---

[38] 孟子云：「養心莫善於寡欲」，（朱熹：《孟子章句集注》，收入於朱熹：《四書章句集注》，臺北：大安出版社），頁374。

[39] 凌廷堪：〈好惡說〉上，同注22，頁141。

喪失本性天良。所以聖人因人的眼、耳、鼻、舌、身、意，所需的視、聽、香、味、觸、法，找其合理「管道」抒發，此便是「因性制禮」或「禮本人情」而定。「禮儀規範」就是這樣產生的，是以在不同時地、不同事景之下，而有不同的禮儀節式，供百姓們遵循。如祭祀神靈則有九歌之樂，而各地風俗有別，遂有八風之樂。當然，「吉凶軍賓嘉等不同典禮，就有不同的音樂，而舞蹈和犧牲也因事、因地而異，以期不偏不失地表達情欲。即使五倫關係之矩則和立國之典制刑罰，也都是依據人性之好惡而訂立的。」[40]

總之，廷堪正視人的「情欲」功能與需求，但不可肆無忌憚，逾越道德規範，是以主「以禮代理」，以「禮」制「防」與「節」「情欲」之不當。是以其以為「禮」是一種可以依賴或藉助外在規範、身心之矩，來達到約束身心、內化道德的根源，再由「理悟」，使行止自然中規中矩，達至合理的德性行為。所以「制禮節性」、「養情節欲」外，進而尚須「習禮復性」，才是完成「聖人之道」。

4. 習禮復性

淩廷堪：〈復禮〉上云：

> 夫人之所受於天者，性也；性之所固有者，善也；所以復其善者，學也；所以貫其學者，禮也。是故聖人之道，一禮而已矣。[41]

又：

> 夫性具於生初，而情則緣性而有者也，夫婦當別也，長幼當序也，朋友當信也，五者根於性者也，所謂人倫也。而其所以親之、義之、別之、序之、信之，則必由乎情以達焉者也。非禮以節之，則過者或溢於情，而不及者則漠焉遇之，故曰：「喜怒哀樂之未發謂之中，發而中節謂之和。」其中節也，非自能中節

---

[40] 詳張壽安先生：《以禮代理——淩廷堪與清中葉儒學思想之轉變》，同注17，頁52。
[41] 淩廷堪：〈復禮〉上，同注22，頁27。

也，必有禮以節之，故曰：「非禮何以復其性焉？」……蓋性至
隱也，而禮則見焉者也；性至微也，而禮則顯焉者也。[42]

於此，廷堪以人性本有者，是善也。然性善隱而未見，因此，要「復」
吾人所秉受於天、性中所本然固有的「善」，是必須靠「學禮」而成。
藉由學習「禮儀規範」，以達到性善之呈顯。然五倫的親親、尊尊、恩
恩、義義等表現，是由「人情」達成，「人情」抒發，未必合理，過與
不及，皆非「中節」也，畢竟「性本至中，而人情不能自發及於至
中」[43]，所以必須有「禮」以中節，以「禮儀」薰陶，使百姓「循循焉
以復其性於禮，而不自知也」。如此，則「上者陶淑而底於成，下者亦
漸漬而可以勉而至」[44]的落實道德實踐於日用倫常之間。正如蔡元培先
生所謂：「禮儀能造就習慣，而習慣是人的第二天性。」[45]

廷堪強調「習禮」之重要，以「學禮成習」，則可復至中之性，甚
至可「化性」，變化「情性」之偏執。對於宋儒闡釋《大學》的修身功
夫──「格物致知」等「八正道」，則有不同看法。其云：

禮也者，不獨大經大法悉本夫天命民彝而出之，即一器數之微，
一儀節之細，莫不各有精義彌綸於其間，所謂「物有本末，事有
終始」是也。格物者，格此也。《禮器》一篇皆格物之學
也。……蓋必先習其器數儀節，然後知禮之原於性，所謂致知
也。知其原於性，然後行之出於誠，所謂誠意也。若舍禮而言誠
意，則正心不當在誠意之後矣。《記》曰：「自天子以至於庶
人，壹是以修身為本。」又曰：「非禮不動，所以修身也。」又
曰：「修身以道，修道以仁。」即以仁義而申言之。曰「禮所生
也」，是道實禮也。然則修身為本者，禮而已矣。蓋修身為平天
下之本，而禮又為修身之本也。……《曲禮》曰：「道德仁義，

[42] 同上注，頁 27-28。
[43] 彭林先生：〈禮經釋例·前言〉，（凌廷堪著、彭林先生點校：《禮經釋
例》，臺北：中研院文哲所，2004 年），頁 15。
[44] 凌廷堪：〈復禮〉下，同注 22，頁 31。
[45] 詳蔡元培先生：《蔡元培全集》第 2 冊，（北京：中華書局，1984 年），頁 175。

非禮不成。」此之謂也。是故「君子尊德性而道問學，致廣大而盡精微，極高明而道中庸，溫故而知新，敦厚以崇禮。」[46]

所謂「格物」在細查所有禮之器數儀節，而以〈禮器〉一篇為格物之學也；「致知」則是從「熟習器數儀節」中領悟「禮」的真義，洞明「禮」本於人之性情，所謂「親親、尊尊、恩恩、義義」之情義，皆是人性之本然需求與流露，悟到此，則是做到「致知」功夫；明瞭禮之本原，然後出於「誠意」實踐之、履行之，便是「誠意」；進而「堅守人我的同好同惡，不落入偏私，就是正心。」[47]依此修行，將「禮」之內理外儀，學習之通透，達此兼修功夫，便能成就修齊之事，一旦事事如理而行，實效可驗，即能達成治平的境界。所以在此，可看出廷堪非常強調「禮以修身」的功夫，故其又有：

> 自天子以至於庶人，少而習焉，長而安焉。禮之外，別無所謂學也。[48]

又：

> 顏子由學禮而後有所立，於是馴而致之，其心三月不違仁。其所以不違仁者，復其性也。其所以復其性者，復其禮也。故曰「一日克己復禮，天下歸仁焉。」[49]

如何修身？自天子以至於庶人，皆以「習禮」修身。舉顏淵為例，其所以可「三月不違仁」，因「習禮有成」而來。因學禮成習，進而復其性而不自知，復其性，則仁義禮智等道德之理，莫不通達了悟，自然而然以「理」（禮）行之，所以「習禮復性」也。又：

---

[46] 淩廷堪：〈復禮〉中，同注 22，頁 30。
[47] 見張壽安先生：《以禮代理——淩廷堪與清中葉儒學思想之轉變》，同注 17，頁 61。
[48] 淩廷堪：〈復禮〉上，同注 22，頁 27。
[49] 淩廷堪：〈復禮〉下，同上注，頁 32。

> 良材之在山也，非輪人之規矩不能為轂焉，非輈人之繩墨不能為
> 輈焉。禮之於性也，亦猶是而已矣。如曰舍禮而可以復性也，是
> 金之為削為量，不必待鎔鑄模範也，材之為轂、為輈，不必待規
> 矩繩墨也。[50]

廷堪以為：行為之善並非單憑本體之「性」即可達成，一如黃金、良材
若無規矩、繩墨或鎔鑄模範等器皿鍊造，則皆不能成其有用之途。人性
亦是，若無學習「禮儀規範」，亦不能成其善也。

　　總之，廷堪倡「禮」，是由「小學」至「大學」之步驟而來。透過
「小學之教」之教童蒙以灑掃應對、長幼之節，至「大學之教」教以君
臣之禮、治平之道；並且經由不斷演練之習行而著，而達到自然內化的
進路。[51]

　　畢竟「禮」，在上為典章制度，在下為風俗教化。有事可循，有儀
可案，有物可稽，非區區鉤沉炫博以媚古者可比，亦非斤斤辯爭理氣異
同之玄談者可知。[52]廷堪「習禮復性」，乃是強調「德目」必須在實踐
上驗證，惟有有效應可資課責者，才是道德之完成，否則，只是內存於
心的道德狀態，無法落實。[53]所謂：

> 道無跡也，必緣禮而著見，而制禮者以之；德無象也，必藉禮為
> 依歸，而行禮者以之。[54]

依此可知，道德之理，必須藉由實踐踐履，方可落實展現，否則，如不
徵諸行為之效應，又該如何證明道德仁義？總之，淩廷堪極力主張「復
禮」，以禮節制人的情、性，進而「復性」以達於道。[55]

---

[50]　淩廷堪：〈復禮〉上，同上注，頁 28。

[51]　張麗珠先生：《清代義理學新貌》，同注 26，頁 276。

[52]　張壽安先生：《以禮代理──淩廷堪與清中葉儒學思想之轉變》，同注 17，
　　　頁 68。

[53]　同上注，頁 68。

[54]　淩廷堪：〈復禮〉中，同注 22，頁 30。

[55]　黃愛平先生：〈淩廷堪學術述論〉，（黃愛平先生、王俊義先生等編：《清
　　　代學術文化史論》，臺北：文史哲出版社，1999 年），頁 193。

二、焦循情理論探索

（一）學者傳略

　　焦循（1763～1820），清代乾嘉時「揚州學派」的重要代表人物之一，其經學、算學蜚聲宇內，譽為名家。[56]其生於清乾隆二十八年二月三日，逝於嘉慶二十五年七月二十七日，享年五十八歲。蔚為「揚州學派」第二期之雄傑，一代經儒若錢辛楣大昕、王西莊鳴盛、程易疇瑤田皆甚推敬之，阮芸臺稱先生為博大精深，不愧「通儒」。[57]

　　里堂六歲即入塾讀書，受業於表兄范秋帆先生；八歲至公道橋阮氏家，與賓客辨壁上「馮夷」二字，阮公賡堯奇之，後遂妻以女。十四歲承家學，幼即好《易》；十六歲習為詩、古文辭。十七歲，劉文清公取補學生員，秋應省試；十八歲，娶婦阮·十九歲，究《毛詩》、《爾雅》。二十歲，肄業安定書院，吉渭巖來主講席，勉以經學；同舍生顧超宗傳其父之經學，先生就而問難，始用力於經。此年其子：廷琥誕生。[58]

　　二十二歲時，謝金圃督學歲試揚州，得補為廩膳生。二十三歲，父蕙、嫡母謝孺人先後卒，遂輟舉子業，乃徧求說《易》之書閱之。二十五歲，授徒城中壽氏宅；顧超宗以《梅氏叢書》贈，始用力於算學；又考釋《毛詩地理》，並改定《毛詩鳥獸草木蟲魚釋》。二十八歲，館於深巷卞氏宅，嘗撰《群經宮室圖》；是冬嘔血幾死，遂梓之。二十九歲，館於牛氏；三十歲，館於郡城鄭氏。此數年中，先生皆館郡城，得與郡城中積學之士，如汪容甫輩，時共詩酒，晨夕相見。此年次子：廷繡誕生。[59]

　　三十二歲，究心算學，創《加減乘除釋》一書，至三十五歲補成八卷。三十八歲，阮元督學山東，招先生往；秋，隨阮元赴浙；是年，撰

[56] 賴貴三先生：〈序例〉，《焦循年譜新編》，（臺北：里仁書局，1994年），頁1。
[57] 賴貴三先生：〈楔子——揚州北湖焦氏世系記〉，同上注，頁2。
[58] 賴貴三先生：〈第一章　啟蒙就學期（一歲－二十歲）〉，同上注，頁21。
[59] 賴貴三先生：〈第二章　村居授徒期（二十一歲－三十歲）〉，同上注，頁55。

《釋弧》三篇、《乘方釋例》五卷。三十四歲,於浙撰《釋輪》二篇;三十五歲,村居訓蒙。三十六歲,家居授徒;省試落第,歸家,刪訂《釋弧》舊稿。三十七歲,刻《詩品》,寫定《毛詩鳥獸草木蟲魚釋》、《天元一釋》。三十八歲,復遊浙,撰《開方通釋》。三十九歲,中式舉人。四十歲,北上會試,下第歸里;復遊浙,撰《禹貢鄭注釋》。冬,還揚州,閉門不出。[60]

四十以後,焦循以母疾,不果出遊;八年專於學《易》,始悟得「旁通」之旨。四十一至四十四歲,村居授徒;其四十二歲,撰《易通釋》初稿,又撰《論語通釋》。四十三歲,撰《劇說》;而孫貴齡殤,生母殷孺人卒。四十四歲,兼與纂《揚州圖經》、《揚州文粹》。四十五歲時,病危,幸而得癒,遂家居專心注《易》。除喪後,遂託疾村居,閉戶著書;四十八歲,改訂《易通釋》;四十九歲,誓於先聖先師,盡屏他務,專理《易》。五十歲,《易學三書》漸有成,又撰《周易補疏》二卷。[61]

五十一歲,注《易》,自立一簿,《易通釋》成,復提其要為《易圖略》,次《易通釋》之後。五十二歲,《易學三書》初稿就,又撰《毛詩補疏》。賴貴三先生指出:「先生自四十八歲至今五年,一切功名仕宦,交遊慶弔,俱不以擾先生心志,而日進有功,撰述有成。」[62]五十三歲,治《易》兼及他經;五十四歲,《易學三書》、《論語補疏》撰成;冬,纂《孟子長編》。當五十五歲時,先生自訂《雕菰集》,纂《孟子成編》,成《春秋左傳補疏》。五十六歲,刪訂《群經補疏》,撰《易話》、《易廣記》,又始撰《孟子正義》。其五十七、八歲,纂《孟子正義》,兼刪訂諸舊稿,但夙疾——足病疾甚,且病瘖,遂卒。[63]

---

[60] 賴貴三先生:〈第三章　遊幕教授期(三十一歲—四十歲)〉,同上注,頁 99。

[61] 賴貴三先生:〈第四章　家居著《易》期(四十一歲—五十歲)〉,同上注,頁 211。

[62] 賴貴三先生:〈第五章專志著述期(五十一歲—五十八歲)〉,同上注,頁,309。

[63] 同上注,頁 309。

　　計焦循一生著述蓋有：《雕菰樓易學三書》、《易話》、《易廣記》、《論語通釋》、《論語補疏》、《周易補疏》、《尚書補疏》、《毛詩補疏》、《春秋補疏》、《禮記補疏》（合為《六經補疏》）、《群經宮室圖》、《禹貢鄭注釋》、《孟子正義》、《加減乘除釋》、《天元一釋》、《釋弧》、《釋輪》、《釋橢》、《北湖小志》、《雕菰集》、《仲軒詞》、《里堂家訓》、《揚州足徵錄》、《易餘籥錄》、《開方通釋》、《花部農談》、《劇說》、《毛詩鳥獸草木蟲魚釋》、《詩話》、《唐賦選》、《孫子算經注》等等約有六十一種著作。[64]

　　然焦循治經，廣治博收，「無所不治，無所不卓然有成」，尤其《孟子》學和《易》學，更可謂卓然自成一家。在清代，焦循以數理的方法治《易》，獨具特色；焦循的《孟子正義》在《孟子》研究領域成就最為顯赫。[65]何澤恆先生指出：里堂之治易，重在熟讀全經而求其通義。其治易的宗旨，一言以蔽之曰，在求經傳之合一。[66]對於孟子所謂「性善」之說，即專致辨人類心知之異於禽獸之所在，斯皆明承東原之宗旨而來。[67]

（二）焦循情理論

　　錢穆先生《中國近三百年學術史》云：「里堂論學極重戴東原。」[68]焦循亦云：「循讀東原戴氏之書，最心服其《孟子字義疏證》。」[69]為此，焦循仿《孟子字義疏證》體例，著《論語通釋》，並

---

[64] 詳見賴貴三先生：《焦循年譜新編・附錄一》，同上注，頁 475-481。

[65] 劉瑾輝先生〈善的宣言──焦循《孟子正義》研究之一〉，（《蘇州大學學報》（哲學社會科學版）第 2 期，2005 年 3 月），頁 66。

[66] 何澤恆先生：《焦循研究》，（臺北：大安出版社，1990 年），頁 80。

[67] 同上注，頁 208。

[68] 錢穆先生：《中國近三百年學術史》亦云：「是里堂論學，亦主以訓故明義理，仍是『經學即理學』之見也。」（臺北：商務印書館，1996 年），頁 500。

[69] 焦循：〈寄朱休承學士書〉，《雕菰集》卷 13，（臺北：鼎文書局，1977 年），頁 203。

在《論語通釋・自序》闡明：「《孟子字義疏證》於理道天命性情之名，揭而名之如天日。」[70]焦循晚年作有《孟子正義》一書，梁啟超先生評其：「新疏家模範作品，價值是永永不朽的」[71]錢穆先生亦云：「其立說最明通者，為其發明孟子性善之旨。」[72]總之，其晚年之作《孟子正義》，學者視為「完整地延續了戴震的治學思路」[73]。使其成為能「跳出樸學的圈子而做點有系統的思想的人」。[74]在此將焦循的「義理思想」，「情理」部分做一整理與闡述：

1. 理者，分也；義者，宜也

焦循於「理」，是以「分」釋「理」，所謂：

> 理者，分也；義者，宜也。其不可通行者，非道也。可行矣，乃道之達於四方者，各有分焉，即各有宜焉。趨燕者行乎南，趨齊者行乎西，行焉而弗宜矣。……弗宜則非義，即非理。故道之分有理，理之得有義，……惟分故有宜不宜。理分於道，即命分於道，故窮理盡性以致於命，……後儒言理，或不得乎孔孟之旨，故戴氏詳為闡說是也。說者或併理而斥言之，則亦茫乎未聞道矣。[75]

---

[70] 焦循：《論語通釋・自序》，（臺北：藝文印書館，1966 年），頁 1。

[71] 梁啟超先生：《中國近三百年學術史》，（臺北：中華書局，1987 年），頁 220。

[72] 錢穆先生：《中國近三百年學術史》，同注 68，頁 502。

[73] 朱松美先生：〈焦循《孟子正義》的詮釋風格〉，（《齊魯學刊》第 187 期，2005 年第 4 期），頁 23。這方面，張舜徽先生亦說：「焦循對於戴氏的《孟子字義疏證》，極其推服。他的《論語通釋》，無疑是仿效那書而作；《孟子正義》，也是在那書的基礎上發展起來的。」（《清儒學記・揚州學記》，山東：齊魯書社，1991 年），頁 440；陳居淵先生亦云：「焦循著《孟子正義》，論者每每以戴震《孟子字義疏證》續作視之，而焦循本人也表示『循讀東原戴氏之書，最心服其《孟子字義疏證》』。因此，論定焦循編撰《孟子正義》深受戴震思想的影響，那是不爭的事實。」（《焦循阮元評傳》，南京：南京大學，2006 年），頁 381。

[74] 劉夢溪先生：《中國現代學術經典》（胡適卷），（石家庄：河北教育出版社，1996 年），頁 339。

[75] 焦循：《孟子正義》，（長沙：岳麓書社，1996 年），頁 451-452。

承襲戴震「理為事物的條理、分理」之意義，以否定宋代理學以「理」
為萬物本源與主宰的形上本體論，進而提出「理，乃分也」的觀念。強
調物物各有其分理，行其所當宜，則是「理」，則是「義」也。另外，
焦循於「理」也特別指出：「非真空真宰耳」。[76]所以「道」之分，有
「理」，得之「理」，有「義」；用於人事中，即是「禮」也。戴震亦
云：「禮」——「亦聖人見於天地之條理，定之以為天下萬世法」。[77]
焦循則倡以「禮」制「情欲」與紛爭，是以隱約表明「以禮代理」，
「禮」就是人事中「道之分」、「義之宜」的軌則，企圖建立一良好的
社會秩序。

(1) 禮論辭讓，理辨是非

焦循〈理說〉云：

> 後世不言理而言禮，……先王恐刑罰之不中，務於罪辟之中求其
> 輕重，析及豪芒，無有差謬，故謂之理。其官即謂之理官，而所
> 以治天下，則以禮不以理也。禮論辭讓，理辨是非。知有禮者，
> 雖仇隙之地，不難以揖讓處之。……今之訟者，彼告之，此訴
> 之，各持一理，嘵嘵不已。為之解者，若直論其是非，彼此必皆
> 不服，說以名分，勸以遜順，置酒相揖，往往和解。可見理足以
> 啟爭，而禮足以止爭也。[78]

強調以「禮」取代「理」，其原因即在於「理足以啟爭，而禮足以止爭
也」。因「禮論辭讓，理辨是非」。然此一是非，彼一是非，是是非
非，非非是是，如何定奪？無疑是公說公有理，婆說婆有理。所以主觀
認定之「理」，易產生是非之爭，無如客觀的「禮儀」規矩，為眾所遵
行，不易滋生是非之擾攘。

---

[76] 同上注，頁 752。

[77] 戴震：《孟子字義疏證》，《戴東原先生全集》，（臺北：大化書局，1978
年），頁 200。

[78] 焦循：《雕菰集》卷 10，（臺北：鼎文書局，1977 年），頁 151。

(2) 禮以時為大

「禮」一直被奉為「千古不易之則」的先王之道，默默地執行而無疑義。但以歷史事實證明，聖人制禮，雖萬世不變，但並非是古今一律的。[79]漢代揚雄說過：「夫道有因有循，有革有化。因而循之，與道神之；革而化之，與時宜之。」[80]清初，王夫之闡述更透徹：「夫聖人之於禮，未嘗不因變矣。數盈則憂患不生，乃盈則必溢而變在常之中。數虛則憂患斯起，乃虛可以受而常亦在變之中。」[81]關於此，焦循則以為：

> 《禮記》，萬世之書也。《記》之言曰「禮以時為大。」此一言也，以蔽千萬世制禮之法可矣！《周官》、《儀禮》固作於聖人，乃至惟周之時用之。……設令周公生趙宋，必不為王安石之理財。何也？時為大也。且夫所謂時者，豈一代為一時哉？開國之君，審其時之所宜，而損之益之，以成一代之典章度數，而所以維持此典章度數者，猶以時時變化之，以挽民之偏而息民之詐。……通其變而又神而化之，所為民可使由之，不可使知之，殺之而不怨，利之而不庸，民日遷善，而不知所以為之者，治之極也。禮之經也，明明德矣，又必新民知止，而歸其要於絜矩。……於大有為而見其恭已無為，於必得名而見其民無能名。[82]

所謂「時」，《易・文言・乾》謂：「隨時之義大矣。」又《易・繫辭傳下》云：「變通者，趨時也。」[83]焦循的「時時變化」思想，實

---

[79] 陳居淵先生闡述焦循〈古經意義的新探索〉論及《禮》所云，見陳氏著《焦循阮元評傳》，（南京：南京大學出版社，2006 年），頁 91。

[80] 揚雄：〈太玄經瑩第十〉，《揚子雲集》卷 2，（收入於《景印文淵閣叢書》第 1063 冊，北京：商務印書館，2006 年），頁 37。

[81] 清・王夫之：〈繫辭下傳〉第七章，《周易外傳》卷 6，（收入於明・王夫之著：《船山全書》第 1 冊，長沙：岳麓書社，2000 年），頁 1058。

[82] 焦循：〈禮記補疏自序〉，同注 69，頁 274-275。

[83] 見魏・王弼注、唐・孔穎達疏：《周易正義・繫辭傳下》，《十三經注疏本》（1）（臺北：藝文印書館，1981 年），頁 165。

淵於此《易學》。[84]在此對於「禮制」，其強調是「禮制」並非千篇一律，永遠不變的；相反的，君王制禮，宜「審其時之所宜」，增損減益等，因時因地而有所變化，以成一代的典章制度才是！所以焦循對於社會制度，是充滿著變革之理想，所謂：「禮義之中又有權焉。」[85]畢竟「人不能漠視現實的變化和具體情況，死守傳統觀念和行為方式」[86]。然禮依何而變？並非說變就變，焦循指出「緣情制禮」之要。

(3) 緣情制禮

焦循云：

> 自理道之說起，人各挾其是非，逞其血氣。激濁揚清，本非謬戾，而言不爭。甚而假宮闈、廟祀、儲貳之名，動輒千百人哭於朝門，自鳴忠孝，以激其君之怒，害及其身，禍及全國。全戾乎所以事君之道。余讀《明史》，每嘆詩教之亡，莫此為甚。夫聖人以一言蔽三百曰思無邪。聖人以詩設教，其去邪歸正奚待言？所教在思，思者，容也；思則情得，情得則兩相感而不疑，故求之於民則民從，施之於僚友則僚友協，誦之於君父則君父怡然釋。不以理勝，不以氣矜，而上下相安於正。[87]

以《明史》所載，東林黨爭即是以一是非之理爭，化為所謂朝臣與君主之抗爭。在此，焦循舉此一史實，說明惟「以禮代理」，才能平息此一類的爭執。然何以「禮」可以息爭訟？關鍵在「情」。動之以情，則不厭倦；化干戈為情通，搏以交情則感動不疑，如此，「情」乃息爭之鑰，是以「禮」之制訂，宜順人之常情，自然律則以訂定，「禮」方為人所遵從。《管子・心術》云：

---

[84] 詳見陳居淵先生：《焦循阮元評傳》焦循部分，（南京：南京大學出版社，2006 年），頁 92。

[85] 焦循：〈說權五〉，《雕菰集》卷 10，同注 69，頁 146。

[86] 劉瑾輝先生：《焦循評傳》，（揚州：廣陵書社，2005 年），頁 167。

[87] 焦循：〈毛詩鄭箋自序〉，同注 69，頁 272。

> 禮者，因人之情，緣義之理，而為之節文者也。故禮者，謂有理
> 也。理也者，明分以喻義之意也。故禮出乎義，義出乎理，理因
> 乎宜者也。[88]

知自古以來，即主「禮」緣情、「義理」而來。禮之尊在「義理」也，
是以「禮」因「義」生，「義」由「理」見。故「禮」可為人言行舉止
的規範。《禮記・禮運》篇云：

> 聖人耐以天下一家，以中國為一人者，非意之也。必知其情，辟
> 於其義，明於其利，達於其患，然後能為之。何謂人情？喜、
> 怒、哀、懼、愛、惡、欲，七者弗學而能。何謂人義？父慈、子
> 孝、兄良、弟悌、夫義、婦聽、長惠、幼順、君仁、臣忠，故聖
> 人之所以治人七情，修十義，講信修睦，尚辭讓、去爭奪，舍禮
> 何以治之？[89]

聖人因「情」與「義」講「禮」，是以「禮」治天下。然清儒有鑑於宋
明理學之空疏，是以反形上之「理義」，而重形下之「禮」則。此於凌
廷堪倡「以禮代理」時，即強調「禮」的道德意義，普遍蔚為風尚。在
此，焦循主「禮」為人事之則，無異是在此一學術潮流之下所產生的。
其〈理說〉：

> 君長之設，所以平天下之爭也。故先王立政之要，因人情以制
> 禮。……天下知有禮而恥於無禮，故射有禮，軍有禮，訟獄有
> 禮，所以消人心之忿，而化萬物之戾，漸之既久，摩之既深，君
> 子以禮自安，小人以禮自勝，欲不治得乎？[90]

再次強調「先王立政之要」在「因人情制禮」而來。以「禮」教化人
心，使人人以無禮為恥，則「道之以德，齊以之禮，有恥且格」。否

[88] 詳見春秋・管子著、清・戴望校：《管子》，（臺北：臺灣商務印書館，1956年），頁64。
[89] 漢・鄭玄注、唐・孔穎達疏：《禮記正義・禮運》篇第9、卷22，（《十三經注疏本》（5），臺北：藝文印書館，1981年），頁431。
[90] 焦循：〈理說〉，《雕菰集》卷10，同注69，頁151。

則，「道之以政，齊以以刑，民免而無恥矣」[91]。如此，在「知書達禮」的風氣下，君子可以自安，小人以「禮」作行為準則，以「禮」不逾矩，戰勝己之投機取巧之念，如此，天下得以善治矣。

2. 性無善惡，能知故善

關於「人性」如何？自古以來一直是學者們爭論不休的話題。孟子主「性善」，但對於「人性為何能善」，以及「人性善從何來」等問題，尚無確切論證以解決。對此，至清代，戴震提出「血氣心知」之說，試圖由此入手以解答上述問題。但是，由於戴震關注的是「理欲」問題，因而對「性善」的來源問題便是淺嘗輒止，尚無深入論證。然焦循接續戴震的「血氣心知」之說，對「人性何以能善」問題進行縝密的論證與發揮。學者指出其對於「人性何以能善」的問題所進行論證的路徑便是：人之性善在於有智，智之表現在於能變通，啟智之途在於學習。[92]在此，做一探究：

(1) 惟其可引，故性善也

焦循〈性善解一〉：

> 性無他，食色而已。飲食男女，與物同之。當其先民，知有母不知有父，則男女無別也。茹毛飲血，不知火化，則飲食無節也。有聖人出，示之以嫁娶之禮，而民知有人倫矣。示之以耕耨之法，而民知自食其力矣，以此示禽獸，禽獸不知也；禽獸不知，則禽獸之性，不能善；人知之，則人之性善矣。……人之性可引而善，亦可引為惡，惟其可引，故性善也。牛之性可以敵虎，而不可以使之呕人，所知所能，不可移也。惟人能移，則可以為善矣，是故惟習相遠，乃知其性相近。若禽獸，則習不能相遠也。[93]

---

[91]　見朱熹：《論語章句集注》，（朱熹：《四書章句集注》，臺北：大安出版社，1991年），頁54。

[92]　朱松美先生：〈焦循《孟子正義》的詮釋風格〉，（《齊魯學刊》第187期，2005年第4期），頁25。

[93]　焦循：〈性善解一〉，《雕菰集》卷10，同注69，頁127。

焦循以為「性」是人與物同具有的，而人所獨具、禽獸則無的，在於「人之性可引而善」。「惟其可引，故性善也」、「惟人能移，則可以為善矣」。然引之端在於「知」——「智性」。此「知」是禽獸所無的，否則，試以人倫大義、禮節儀則示之於禽獸，禽獸不知也，此即禽獸之所以不能為善的主因。所以人的「心知之明」是人之所以能為善的致果因素。[94]因「知」可引人性向善，而人性是可移的，有塑造性的，是以人性可被引導為善，則證明「性相近，習相遠」之說。人可以藉由學習來改變不良習性，但禽獸不知，又無法教之使之知而習，是故焦循在此得到了「人之性善，其關鍵在於人之有知」的結論，而開出了所謂「能知故善」的命題。

　　按：「人性可移」、「可引為善」——亦有學者指出：由於這種「知」，人性不像禽獸之性那樣，完全由食色之「欲」所決定，故不僅可以引而為善，亦可以引而為惡；借用康德的用語來說，即人擁有「實踐的自由」（Praktische Freiheit）。[95]

(2) 能知故善

焦循〈性善解三〉：

> 性何以善？能知故善。同此男女飲食，嫁娶以為夫婦，人知之，鳥獸不知之；耕鑿以濟飢渴，人知之，鳥獸不知之。鳥獸既不能自知，人又不能使之知，此鳥獸之性，所以不善。……人之不善者，不能孝其父，亦必知子之當孝乎己；不能敬其長，亦必知卑賤之當敬乎己。知子之當孝乎己，知卑賤之當敬乎己，則知孝悌矣。……故論性善，徒持高妙之說，則不可定，第於男女飲食驗之，性善乃無疑耳。[96]

---

[94] 張麗珠先生：〈焦循發揚重智主義道德觀的「能知故善」說〉，《清代義理學新貌》，（臺北：里仁書局，1999 年），頁 210。

[95] 李明輝先生：〈焦循對孟子心性論的詮釋及其方法問題〉，（《臺大歷史學報》第 2 期，1999 年 12 月），頁 84。

[96] 焦循：《雕菰集》卷 9，同注 69，頁 127-128。

焦氏以「食色，性也」，以「能知故善」說明「人性之所以為善」之因。畢竟因事設教，因勢利導，便可啟性行善。然此「能知如何是好」便是人異於禽獸的關鍵。雖人與鳥獸同有「男女飲食」之「欲」，但人懂得「嫁娶之禮」為「夫婦」，懂得「自食其力」以飽「口腹之欲」，鳥獸則不知這麼做，由此以知人「性善」之端，在於「能知」。「能知」如何是好，以行之，所以「能知故善」也。在此焦循進一步說明：

> 知知者，人能知而又知，禽獸知聲不能知音，一知不能又知。故非不知色，不知好妍而惡醜也；非不知食，不知好精而惡疏也；非不知臭，不知好香而惡腐也；非不知聲，不知好清而惡濁也。惟人知之，故人之欲異於禽獸之欲，即人之性異於禽獸之性。[97]

強調人與禽獸在「欲」中，對其所欲的對象，是皆有所「知」的，在此人與禽獸無異；然人之所以異於禽獸的關鍵，端在於：人還可以進一步反省此「知」。其所謂「知而又知」，據李明輝先生指出：以現代哲學用語來說，即是「反省之知」（reflexive knowing）。在焦循認為：在這種「反省之知」之中寓有價值判斷（即色之妍醜、食之精疏、臭之香腐、聲之清濁），此即「性善」之徵。[98]縱使人淫昏無恥，貪饕殘暴，內心亦知「禮義」之宜；縱使下愚，亦勝鳥獸之無知。但所謂「能知故善」，「能知」是指人具有可被開發的智慧，而非不學而能之知。[99]其〈性善解五〉引《淮南子》之言，又再次強調「能知故善」此理；其云：

> 惟人心最靈，乃知嗜味好色，知嗜味好色，即能知孝悌忠信，禮義廉恥，故禮義之悅心，猶芻豢之悅口，悅心悅口，皆性之善。《淮南・泰族訓》云：「民有好色之性，故有大昏之禮；民有飲

---

[97] 焦循：《孟子正義》卷22，同注75，頁739。
[98] 李明輝先生：〈焦循對孟子心性論的詮釋及其方法問題〉，（《臺大歷史學報》第2期，1999年12月），頁82。
[99] 蔡馥穗先生：〈焦循的人性論〉，《清儒人性論研究》，（高雄：中山大學中文碩論），頁119。

食之性，故有大饗之誼；有喜樂之性，故有鐘鼓莞弦之音；有悲哀之性，故有衰経哭踊之節。先王之制法，因民之所好而為之節文者也。」皆人之所有於性，而聖人之所匠成也。故無其性，不可教訓；有其性，無其養，不能遵道修務。……此蓋孔門七十之子遺言，故善言性者，孟子之後，惟淮南子。[100]

芻豢之悅口，本無所謂對錯、善惡、是非可云。然「芻豢悅我口」與「惡惡臭，好好色」是感性上的愛好，而「理義悅我心」與「誠意」卻是一種具有道德內涵的意向。二者在焦循否定超越性的「心性論」，此「內在一元論」的前提下，「悅」與「好惡」自然不具有雙重意涵[101]。「食色之欲」並非是「可惡」的，而里堂以「知」貫通此「欲」與「理」；所謂「禮義之悅心，猶芻豢之悅口」。原來一切典制禮文，無非是因民固有之性訂立起來的。也就是因事設教、因勢利導的具體內容。里堂舉《淮南子》論性之理，以說明：正因人有好色、飲食的「性」（情欲），所以才會有「大昏」、「大饗」與「鐘鼓」等文化成就。本於人性，聖人以此相通，而成就禮儀典範。所根據是「性」（情欲），無此「性」（情欲），則人無法教導；但無教誨與培養，則自然之「性」（情欲）也無法修成正果。然相通的關鍵，尚在能「推己及人」。[102]其〈性善解二〉云：

> 聖人何以知人性之善，以己之性推之也。己之性既能覺於善，而人之性亦能覺於善。第無有之者耳，使己之性不善，則不能覺；己能覺則己之性善，己與人同此性，則人之性亦善。[103]

聖人如何知人性本善？在於其以己之「性」推及他人。聖人之「性」，自覺為「善」，推之於人，亦應是「善」；因同為人也，有此性通也。只不過是聖人之所以為聖，端在其能自覺為善，凡人則無法達成，是以

---

[100] 焦循：《雕菰集》卷9，同注69，頁128-129。
[101] 李明輝先生：〈焦循對孟子心性論的詮釋及其方法問題〉，同注98，頁81。
[102] 張舜徽先生：《清儒學記·揚州學記》，（濟南：齊魯書社，1991年），頁442。
[103] 焦循：《雕菰集》卷9，同注69，頁127。

強調須「先覺覺後覺」，一般人需靠後天學習與教養，以啟發其本然之
善性。

(3) 性善如性靈，啟智能變通，能變通，故性善

焦循以為人類的進化，是人類智慧不斷變通的結果，所謂「善」即
是具有美好的意蘊，因人能變通，知善從流，故啟發其智慧，能知變
通，所為便是善，亦將「性善」彰顯；如其云：

> 蓋人性所以有仁義者，正以其能變通，異乎物之性也。以己之
> 心，通乎人之心，則仁也；知其不宜，變而知乎宜，則義也。
> 仁義由於能變通，人能變通，故性善，物不能變通，故性不
> 善。[104]

從結果以逆推，實際作為以推，人性本善，因「可引」、「能移」，故
能變通，加上能「知曉」何者可為？何者不可為？何者是對己有利，何
者是對己有害的？所以在趨善避惡、求福辭禍之下，人性所為，可以行
善，藉由行善以得利。而人性之所以可變通而行善，端在於「性靈」；
焦循云：

> 善之言，靈也。性善猶性靈，惟靈則能通，通則能變，故習相
> 遠。[105]

因「性善」即「性靈」，靈活之性故能變通，所以「人能變通，故性
善」。如數學邏輯程式：A（性善）=B（性靈），B（性靈）=C（變
通），則C（變通）=A（性善）。亦如其所謂：「惟人能移，則可以為
善矣。」強調是「人性」有此一「引」、「移」之端，所以人可以改
變，可以受後天教育與禮儀薰陶而變，因此，焦循在此則非常強調
「知」之重要，所謂「知而能變通」。[106]變好變壞之關鍵在「知」，亦
即「學習」之良莠，所以又呼應孔子的「性相近，習相遠」之說。張麗

---

[104] 焦循：《孟子正義》，同注75，頁489。
[105] 焦循：〈性善解四〉，同注69，頁128。
[106] 焦循：《孟子正義》，同注75，頁489。

珠先生進一步指出：人因有此智慧，故能變通、能趨利，而變通所得之利，即是善也——這是焦循「義理」的最重要基礎。[107]

　　畢竟世間既無天生的樂善好施者，也無天生的強取豪奪之徒。惟在現實中，智愚可以轉變，善惡可以轉化。所謂：「愚者習於善，亦可遠於本然之愚；智者習於惡，則可遠於其本然之智。」[108]所以「習相遠」是一轉捩點，與環境教育息息相關。所謂：「不仁不義之人，並不是由於太愚昧，而是由於不良的環境影響和教育所致，也就是人的性情才智與環境教育未能天合。」[109]在此，焦循強調「性善」之發揚，端在「學習」，惟有不斷努力學習，充實內在，啟迪智慧，方可向善；其云：

> 賢不肖皆有為立事之後所分別之品行，而智愚則據性之所發而言。人初生，便解飲乳，便解視聽，此良知也。然壯年知識，便與孩提較進矣；老年知識，便與壯年較進矣；同為此人，一讀書，一不讀書，其知識明昧又大相懸絕矣；同為受業，一用心，一不用心，其知識多寡又大相懸絕矣。則明之與昧，因習而殊，亦較然矣。[110]

所以「人之性可因教而明，人之情可因教而通」[111]。教育對一個人是非常重要的，因為教育，可使愚者趨賢，賢者更賢；又能使身處惡劣環境中的人明辨善惡是非，棄惡從善。否則，愚者永愚、惡者永不知善，漸與智者、賢者大相懸殊。所以不論智愚賢不肖者，都要受教育與不斷學習。所以在某程度上說，教育的作用就是努力變「習相遠」為「習相近」。[112]將善性發揚，則是將人的性情與環境教育順應自然規律、相互

---

[107] 張麗珠先生：〈焦循發揚重智主義道德觀的「能知故善」說〉，《清代義理學新貌》，（臺北：里仁書局，1999 年），頁 210。

[108] 同上注，頁 502。

[109] 劉瑾輝先生：〈焦循教育思想發微〉，（《揚州大學學報》（高教研究版），第 8 卷第 2 期，2004 年 4 月），頁 34。

[110] 焦循：《孟子正義》，同注 75，頁 489。

[111] 同上注，頁 489。

[112] 劉瑾輝先生：〈焦循教育思想發微〉，同注 109，頁 34。

作用的結果。所以焦循在其〈性善解二〉亦云：「人之性不能自覺，必待先覺者覺之，是故非性無以施其教，非教無以復其性。」[113]

(4) 以利為善

畢竟人有「見利而就，避害而去」的本能，這也是焦循反覆論述「人性」之理。所以人知變通以趨利，而禽獸則不知，在此，便是人與禽獸的區別。因此，「以利為善」亦形成焦循道德學說的一項基礎命題。以「知」是前提性條件，而「利」是決定性條件。[114]因為在焦循的理論系統中，一切「內聖」修身的仁義之道，與「外王」的治國平天下之道，都是由「變通」而產生，如果無其「知」，人便不能知此變通而趨利得善。所以「知」是涵養道德的首要條件，是實現「善」的不可或缺要素。人就是以其神明之知，在知孝悌忠信、禮義廉恥之餘，還能夠衡諸現實，知宜與不宜，而變通之於宜，而得其利。[115]所謂「利」，在焦循看來，是指「宜」，因利避害之故，所以向善。因此，「利」又是「知」的決定性因素。焦循云：

> 人之所以異於禽獸者，在此利不利之間。利不利即義不義，義不義即宜不宜。能知宜不宜，則智也；不能知宜不宜，則不智也。智，人也；不智，禽獸也。幾希之間，一利而已矣，即一義而已矣，即一智而已矣。[116]

在以「利」為前提下，焦循以此為人與禽獸之異所在。其以為「利」是指「宜」，「宜」即是「義」也。所謂「利不利」即「義不義」也；「義不義」即「宜不宜」也，意即「應該不應該」之自省──該不該這麼做？這樣做適宜不適宜、恰當不恰當？有無可「趨利避害」？如此，

---

[113] 焦循：《雕菰集》卷9，同注69，頁127。

[114] 張晚林先生：〈是合法性，而不是道德性──綜論焦循的道德哲學〉，（《船山學刊》2003年第2期），頁66。

[115] 張麗珠先生：〈焦循發揚重智主義道德觀的「能知故善」說〉，同注107，頁210-211。

[116] 焦循：《孟子正義》，同注75，頁586。

「利」便是有意義的、便是善的。對於「應該」、「義」與「宜」的關係，傅佩榮先生說得好：

> 「應該」這兩個字，自古以來就被界定成是人類與其他動物差別的所在，其他生物只有實然的存在，人類則有個「應該」。……中國人把「應該」這個詞當成「義」，所謂的「義」與「宜」是同樣的意思：「義」就是適宜的，但什麼叫「適宜」呢？
>
> 基本上，我肯定儒家的見解──儒家認為一個人應當設法做到人與人之間維持適當的關係。
>
> 「適宜」就是「義」，做到「適宜」需要考慮三個因素：第一、內心的真誠感受，第二、對方的期許，第三、社會規範。[117]

事實上，胡適先生亦云：「儒家說『義也者』，宜也。宜就是『應該』。凡是應該如此做的，便是『義』。」[118]《管子・牧民》云：「倉廩實而知禮節，衣食足而知榮辱。」[119]《孟子・梁惠王》（上）亦云：「若民，則無恆產，因無恆心。苟無恆心，放僻，邪侈，無不為已。……樂歲終身苦，凶年不免於死亡。此惟救死而恐不贍，奚暇治禮義哉？」[120]焦循在此，也提出所謂「儒生以治生為要」[121]的見解。其以為「一切不善多由於貧」[122]，所以對傳統道德教育的主張：「君子謀道不謀食」，「不計家人生產」的做法，焦循認為是不義的。因為自古以來，沒有人會心甘情願挨餓至死，這是人之天性使然，因此，「不甘其餓，則有不能自守者矣」，「無所入則餓，餓則無所不為」[123]。所以焦

---

[117] 傅佩榮先生：〈由人生哲學的觀點看抉擇與負責〉，（傅佩榮等著《抉擇與負責》，臺北：洪健全文教基金會，1998 年），頁 53-54。

[118] 胡適先生著、耿雲志導讀：《中國哲學史大綱》，（上海：上海古籍出版社，1997 年），頁 71。

[119] 春秋・管子著、清・戴望校：《管子》，同注 88，頁 1。

[120] 朱熹：《孟子章句集注》，（朱熹著：《四書章句集注》，臺北：大安出版社，1991 年），頁 211。

[121] 焦循：《里堂家訓》，（周秀才先生等編：《中國歷代家訓大觀》（下），大連：大連出版社，1997 年），頁 786。

[122] 同上注，頁 786。

[123] 同上注，頁 786、787。

循追求道德完善，是不能脫離物質基礎──「利」的。儒者謀生是符合人性天理的，並非不光彩之事。畢竟人人皆有滿足自己生存的「欲望」、追求完美生活的權利，這種權利是「天所分畀諸人而不私於一人」[124]的。儒者謀生是當為之事，因為「自食其力，以全其天」。[125]此乃儒者保持獨立人格與守己修身必為之事，只有獲得獨立自足的經濟保證，儒者方能治學修身，方能真正喻義行仁，乃至肩負治國平天下的重責大任。所以焦循在此強調：

> 聖人治天下首在於養。孟子曰：「無恆產而有恆心，惟士為能。」士無恆產，假舌耕以為俯養之資，不能愛惜此資，何恆心之是云？[126]

又：

> 《易傳》稱：「崇高莫大乎富貴。」富貴非聖人所諱言也，但有可求不可求耳。……苟以其道得之，何不可求之有？[127]

又：

> 惟小人喻於利，則治小人者，必固民之所利而利之，故《易》於君子孚於小人為利，君子能孚於小人為利，而後小人乃化於君子。此教必本於富，驅而之善，必先使仰足事父母，俯足畜妻子。……儒者知義禮之辨而舍利不言，可以守己，不可以治天下，天下不能皆為君子，則舍利不可以治天下之小人。[128]

---

[124] 焦循：〈答由人己對示二李生〉，《雕菰集》卷 12，同注 69，頁 191。
[125] 焦循：〈答由人己對示二李生〉云：「君子讀書稽古，一畝之宮，可以宅身，自食其力，以全其天。雖有貪夫，其何我迫？即或抱用世之才，資格而進之，屈伸之間，聽其自至，於彼何求？於我何脅？」，《雕菰集》卷 12，同上注，頁 192。
[126] 焦循：《里堂家訓》，同注 121，頁 792。
[127] 焦循：《論語補疏》上（《皇清經解本》（16），臺北：復興書局，1972 年），頁 12367。
[128] 焦循：〈君子喻於義，小人喻於利解〉，《雕菰集》卷 9，同注 69，頁 137。

以見其肯定「教必本於富」之要；當儒者生活境遇每況愈下時，是否就
該束手待斃，以「謀道不謀食」呢？焦循以為不然，其以為儒者更應該
主動去改變自己的命運，自謀生路，尋求富貴。所以里堂舉《易》說明
「富貴」重要，無所謂善惡的價值判斷，只要「以其道得之，何不可求
之有？」所以其主張：儒者治學修身，必先謀生。而教育不僅是引導人
的道德完善，還「必使之有業」，為士人謀生創造條件，使他們懂得
「士農工商四者皆可為，……執其一業，歲必有所入，有所入而量以為
出，可不餓矣。」[129]

　　在治國平天下方面，亦是必先使民富足，富而後教，民方有「禮
義」。對於君子，或許捨「利」，勉強可修身守己；但對於小人，惟利
是圖，無利引導，是難以接受禮義廉恥的教誨。所以治天下，需以
「利」治小人也，以「利」化小人為君子也。

3. 旁通以情，乃聖聖相傳大經大法

焦循云：

> 大抵聖人之教，質實平易，不過欲天下之人各正性命，保合太和
> 而已。……《易》道但教人旁通，彼此相與以情。己所不欲，勿
> 施於人；己欲立達，則立人達人。此以情求，彼以情與。自然保
> 合太和，各正性命。……孔子謂之仁恕，《大學》以為絜矩。此
> 實伏羲以來聖聖相傳之大經大法。[130]

其以《易》的「旁通」運用在人事上，凸顯「情」的重要。所謂「旁通
在《周易》為卦爻的旁通，此為學術上的意義；在《孟子》為人情的旁
通，此為道德倫理的價值──『己欲立而立人，己欲達而達人』」[131]。
以「己欲立人達人」的觀點出發，則此「情欲」是善的，倘若無此「好
惡」之情，則所謂「立人達人」皆子虛烏有。事實上，此情與「情」相

---

[129] 焦循：《里堂家訓》，同注 121，頁 787。

[130] 焦循：〈寄朱休承學士書〉，《雕菰集》卷 13，同注 69，頁 203。

[131] 賴貴三先生：〈孟子的《易》教──清儒焦循《孟子正義》與《易》學詮釋
觀點的綜合說明〉，（《孔孟月刊》第 41 卷第 5 期，2003 年 1 月），頁 7。

通，正是孔子所謂的「仁恕」、推己及人之道；《大學》之「絜矩」，古聖先賢以來相傳的「人與人」相處之理。又：

> 人之情能旁通，即能利貞，故可以為善；情可以為善，此性所以然。禽獸之情何以不可為善，以其無神明之德也。人之情何以可以為善，以其有神明之德也。神明之德在性，則情可旁通；情可旁通，則情可以為善。[132]

又焦循《易通釋》云：

> 六爻發揮，旁通情也。成己在性之各正，成物在情之旁通。非通乎情，無以正乎情。情屬利，性屬貞，故利貞兼言性情。而旁通則專言情，旁通以利也，所謂感於物而動，性之欲也。[133]

以「情」之「旁通」，可以為善也。然人何以可「情通」、「為善」？焦循指出關鍵在「人有神明之德」。然何謂「神明之德」？據經濟學之父——亞當·史密斯（Adam Smith）（1723～1790AD）《道德情感論》云：

> 人，不管被認為是多麼的自私，在他人性中顯然還有一些原理，促使他關心他人的命運，使他人的幸福成為他的幸福必備的條件，儘管他從他人的幸福得不到任何好處，除了看到他人幸福他自己也覺得快樂。屬於這一類的原理，是憐憫或同情。……我們時常因為看到他人悲傷而自己也覺得悲傷，……因為這種同情的感覺，就像人性中所有其他原始的感情那樣，絕非僅限於仁慈的人才感覺得到，……即使是最殘酷的惡棍，最麻木不仁的匪徒，也不至於完全沒有這種感覺。[134]

---

[132] 焦循：《孟子正義》卷 22，同注 75，頁 755。

[133] 焦循：《易通釋》，（收入清·焦循著、李一忻先生點校：《易學三書》，北京：九州出版社，2003 年），頁 117。

[134] 亞當·史密斯（Adam Smith）著、謝宗林先生譯：《道德情感論》〈第一章論合宜感〉，（臺北：五南圖書出版有限公司，2007 年），頁 3。

人是無法獨居的動物，人必須活在人的群體，與人互動，方感受到人「活著」的意義。孔子亦云：「鳥獸不可與同群」[135]，不是嗎？在團體中，我們總是會有關心他人之想，是否這一念就是焦循所謂「情通」之源？

(1) 人欲即人情，與世通全是此情

焦循云：

> 人欲即人情，與世通，全是此情。「己所不欲，勿施於人」，「己欲立而立人，己欲達而達人」，正以所欲所不欲為仁恕之本。[136]

又《論語通釋・釋仁》：

> 克、伐、怨、欲，情之私也；因己之情，而知人之情，因而通天下之情。
> 不忍人之心，由是而達；不忍人之政，由是而立，所謂仁也。[137]

又《易通釋・性情才》：

> 性為人生而靜，其與人通者，則情也，欲也。[138]

可看出焦循以「情欲」為「行善」的基礎。因「情」可「與世相通」，由此通，則可以「立人達人」。所以由「不忍人之心」之情相通，則「己所不欲，勿施於人」。己立己達外也欲立人達人，「仁恕」之行皆以「情欲」為本。

(2) 格物者，旁通情也

焦循〈使無訟解〉：

[135] 朱熹：《論語章句集注》云：「夫子憮然曰：『鳥獸不可與同群，吾非斯人之徒與而誰與？天下有道，丘不與易也。』」，（朱熹著：《四書章句集注》，臺北：大安出版社，1991年），頁184。
[136] 焦循：《孟子正義》卷22，同注75，頁771。
[137] 焦循：《論語通釋・釋仁》，（臺北：藝文印書館，1966年），頁9-10。
[138] 焦循：《易通釋・性情才》，同注133，頁117。

格物者，旁通情也。情與情相通，則自不爭。所以使無訟者，在此而已。聽訟者以法，法愈密而爭愈起，理愈明而訟愈煩。吾猶人也，謂理不足持也，法不足恃也。旁通以情，此格物之要也。……忿懥恐懼好樂憂患，情也，不得其正者，不能格物也，不能通情也；能格物則能近取譬矣。親愛賤惡，畏敬哀矜敖惰，亦情也，而譬焉，則好而知其惡，惡而知其美矣，而物格矣。所藏乎身，既恕則身修，因而喻諸人，則絜矩之道。行於天下，天下之人，皆能絜矩，皆能恕，尚何訟之有？好人之所惡，惡人之所好，則不能恕，不能絜矩，是謂拂人之性，性拂而情不通，物不格矣。己所不欲，勿施於人。則在家無怨，在邦無怨，無怨則不爭，不爭則無訟，情通於家則家齊，情通於國則國治，情通於天下則天下歸仁，而天下平矣。……《易傳》曰：各正性命，保合太和，乃利貞。又曰：利貞者，性情也，保合太和則無訟，而歸其本於性情。夫人皆相見以情，而己獨無情，志乃畏矣。……王符《潛夫論》云：「上聖不務治民事而務治民心。」引必使無訟之文，而解之曰：導之以德，齊之以禮，務厚其情，而明則務義。民親愛則無相害傷之心，動思義則無姦邪之心，厚其情而明恕也，恕則克己，克己則復禮，克己復禮，則天下歸仁。民志畏則有恥，有恥且格，格即格物也。上格物以化其下，天下之人，亦皆格焉。格則各以情通而無訟，而天下平。[139]

何謂「格物」？在此，可以清楚看到焦循的「格物」，絕非宋明理學所謂「窮究事物之理」謂之「格物」以致其知。焦循提出：「格物者，旁通情也。」以情之「旁通」為格物之意旨。以人情相通，平息人與人的紛爭。希能「易地而處」，「將心比心」地為他人著想，這就是「情通」；當然，以己之所欲推諸他人，則是相同、相通的，如己畏苦欲樂，他人何嘗不是？所以我們為何不能設身處地站在他人立場，為他人想想？是否他人正因「痛苦」過，怕「苦」來嘗，所以才會凡事以自我為重，忽略他人？所以他（她）對人惡言相向，以抒己不快之氣；對任何事，都以自我為

---

[139] 焦循：〈使無訟解〉，《雕菰集》卷 9，同注 69，頁 138-139。

重，恐怕「失去」，欲爭功諉過，或者，行小人之計，設陷害人。若我們「旁通以情」，就不會與之計較，反會覺得他（她）可憐，不忍其苦使之為惡，反而會想辦法欲助他（她）脫離苦海。誠能如此，推諸他人則無怨，己則不自私。若用現代觀點來看，焦循在此是否欲激起人們的「同理心」與「同情心」？所謂「同理心」是「與生俱來能瞭解他人想法與感覺的能力，同時它也是一種內在的能量驅力，鼓勵我們創造親密友誼與溝通關心。」「可促使我們表現同情憐憫與利他助人，使得我們能用心瞭解，身為人的存在意義為何？」[140]亦藉由設想與易地而處，我們才會對他人的感受有所感知，他人的感受也才會影響我們。[141]此「同理心」與「同情心」是我們本身具有的「本能」，如孟子所謂「四端之心」，是不學而能、不求而有的。看到不幸者、受難者，自然而然就會升起憐憫與關心，就在於此，即人飢己飢、人溺己溺之感受；若能將他人的感受想到是自己的感受，便能感受到他人的想法，為他人著想，設法幫助他，或者辭讓與他。有時轉一念頭，想想必是他（她）有所苦處，不如我們，才會這樣對我們，這時，內心富足之我們，更應藉此機會感化之，方能化敵為友，化暴戾為祥和。畢竟人人有「情」有「欲」，何我獨有？將心比心，推己及人，方能退一步，海闊天空。相反的，能吃別人所不能吃的苦、忍人所不能忍之苦，亦是菩薩。[142]人人如此，則做到焦循所謂「各以情通而無訟，而天下平」之境界。

　　這方面，里堂論述頗多，以見其強調「情通」以助人、息亂之作用。在此盡量彙整，以見其觀點：

> 自理道之說起，人各挾其是非，逞其血氣。激濁揚清，本非謬戾，而言不本於性情，則聽者厭倦。[143]

---

[140] 亞瑟・喬拉米卡利（Arthur P. Ciaramicoki）、凱薩琳・柯茜（Katherine Ketecham）等著，陳豐偉先生、張家銘先生譯：《同理心的力量》，（臺北：麥田出版社，2005年），頁216。

[141] 亞當・史密斯（Adam Smith）著、謝宗林先生譯：《道德情感論》〈第一章論合宜感〉，同注134，頁5。

[142] 見拙著：〈菩薩與眾生〉，（《青年日報》第10版，2008年1月14日，星期一）

[143] 焦循：〈毛詩鄭箋自序〉，《雕菰集》卷16，同注69，頁272。

又：

> 格物者何？絜矩也。格之言來也，物者對乎己之稱也。《易傳》
> 云：遂知來物。物何以來？以知來也；來何以知？神也；何為
> 神？寂然不動，感而遂通也。何為通？反乎己以求之也。己所不
> 欲，勿施於人，則足以格人之所惡；己欲立而立人，己欲達而達
> 人，則足以格人之所好。為民父母，不過民之所好好之，民之所
> 惡惡之，用之於家則家齊，用之於國則國治，用之於天下，則天
> 下平。物格則知所好惡，誠意者誠此好惡也。故曰如好好色，如
> 惡惡臭。好而知其惡，惡而知其美，能格物以致知也。……格物
> 者，絜矩也；絜矩者，恕也。[144]

又：

> 飲食男女，人之大欲存焉。聖人於己之有夫婦也，因而知人亦欲
> 有夫婦，於己之有飲食也，因而知人亦欲有飲食。安飽先以及父
> 兄，因而及妻子，人人親其親，長其長，而天下平矣。於是與人
> 相接也，以我之所欲所惡，推之於彼，彼亦必以彼之所欲所惡，
> 推之於我，各行其恕，自相讓而不相爭，相愛而不相害，平天
> 下，所以在絜矩之道也。孟子稱公劉好貨，太王好色，與百姓同
> 之，使有積倉而無怨曠，此伏羲、神農、黃帝、堯舜以來，修己
> 安天下之大道。[145]

又：

> 感於物而動，性之欲也。故格物不外乎欲己與人同此性，即同此
> 欲。舍欲不可以感通乎人，惟本乎欲以為感通之具，而欲乃可
> 窒。人有玉而吾愛之，欲也；若推夫人之愛玉，亦如己之愛玉，
> 則攘奪之心息矣。能推則欲由欲寡，不能推則欲由欲多。[146]

144 焦循：〈格物解一〉，同上注，頁131。
145 焦循：〈格物解二〉，同上注，頁131-132。
146 焦循：〈格物解三〉，同上注，頁132。

理學家以天理、人欲相對立，主張「去人欲」；焦循則不然。在此，以見
其肯定「情欲」之要。以自己的利欲之心為準，以「通乎人之心」的「情
之旁通」為途徑，建立起「能推則欲由欲寡，不能推則欲由欲多」的一家
之論。惟其知道他人亦有此利欲之心，故不奪乎人之情，則其「欲」可
窒，這就是所謂「欲由欲寡」。否則，如理學家徒教人「遏其欲」，然而
天下之「欲」可盡遏乎？何況絕己之「欲」，不通天下之情也！是故以我
之情通乎他人之情；以我好利之心，通乎他人好利之心，然後「義」可得
也。總之，焦循以「情之旁通」來釋「格物」；用外向的恕道、「絜矩」
之情，取代理學家的「內省」之「格、致、誠、正」之說。[147]

(3) 以禮節欲（情）

焦循云：

> 言仁可以賅禮，使無親疏上下之辨，則禮失而仁未得。且言義可
> 以賅禮，言禮可以賅義，先王之以禮教，無非正大之情，君子之
> 精義也。斷乎親疏上下，不爽幾微，而舉義舉禮，可以賅仁，又
> 無疑也。……就仁倫日用，究其精微之極致，曰仁曰義曰禮，合
> 三者以斷天下之事，如權衡之於輕重。[148]

在此，可看出焦循雖肯定人之「情欲」之理，但非放縱「情欲」；主以
「禮」節「欲」。雖有仁、義、理、智之心，但無禮以表達，亦無法將
「仁義」之理推廣。所以「言仁可以賅禮」但「禮失而仁未得」也。

4. 古學大興，道在求其通

焦循云：

> 國初，經學萌芽，以漸而大。近時數十年來，江南千餘里中，雖
> 幼學鄙儒，無不知有許、鄭者，所患習為虛聲，不能深造而有

---

147 張麗珠先生：〈焦循發揚重智主義道德觀的「能知故善」說〉，同注 107，
頁 220-221。
148 焦循：《孟子正義》，同注 75，頁 139。

> 得。古學未興，道在存其學；古學大興，道在求其通。前之弊，
> 患乎不學；後之弊，患乎不思。證之以實，而運之以虛，庶幾學
> 經之道也。[149]

焦循治學，可謂考據與「義理」並重。清代樸學家的學術理想，是由辭通道，在這一方面，焦循是做得最為出色的學者之一。他既是考證學家，也是思想家。[150]不論如何，經學研究的目的，旨在發揮聖人思想。在焦循之前的戴震即強調：「故訓明則古經明，古經明則聖人賢人之義理明。」「賢人聖人之理非他，存乎典章制度者是也。」[151]由字義名物制度等考證，以求其古經的「義理」，這才是治經、研經的正確途徑。焦循在此提出「證之以實而運之以虛」的研經方法，以求實證與貫通合一，以闡明經中「義理」為主。對於為考據而考據，其尖銳指出：

> 述孔子而持漢人之言，惟漢是求而不求其是，於是拘於傳注，往
> 往扞格於經文。是所述者漢儒也，非孔子也。[152]

將孔子的經學與漢代經師傳注相區別，從而否定當時「惟漢是求而求其是」的考據積習，表明治經的正確態度宜是「學求其是，貴在會通」。然何謂「證之以實而運之以虛」？在焦循看來，就是將學與思融為一體，「博覽眾說而自得其性靈」。[153]考證以「實事求是」，本是治學方法，腳踏實地以求其無誤，但惟漢是求，不論是非，則是考據學家的弊病，此乃焦循所欲抨擊的。學者指出：「焦循的經學思想無異是乾嘉漢學的一個批判性總結。它標誌著漢學的鼎盛局面已經結束，以會通漢宋去開創新學風，正是歷史的必然。」[154]然而實測以求

---

[149] 焦循：〈與劉端臨教諭書〉，《雕菰集》卷13，同注69，頁215。

[150] 田漢雲先生：《焦循著述新證·序》，（劉建臻先生：《焦循著述新證》，北京：中國社會文獻出版社，2005年），頁4。

[151] 戴震：〈題惠定宇先生授經圖〉，《戴震文集》卷11，（收入於《戴東原先生全集》，臺北：大化書局，1978年），頁1114。

[152] 焦循：〈述難四〉，《雕菰集》卷7，同注69，頁105。

[153] 陳祖武先生：〈談乾嘉時期的思想界〉，收入於中山大學中文系編：《第五屆清代學術研討會論文集》，（高雄：中山大學中文系，1997年11月），頁13。

[154] 陳祖武先生：〈談乾嘉時期的思想界〉，同上注，頁16。

真知,而真知的目的為何?個人以為當是把握聖賢之道,並貫徹在應對進退的生活中。所以聖學真諦,焦循之見,應該是在經文實測貫通的基礎上繼往開來。[155]

(1) 能變通,即為時行,時行者,元亨利貞

「通」,是焦循論學中使用最為頻繁的一個詞。如「旁通」、「類通」、「變通」、「情通」、「通核」、「貫通」等等,它們各自都代表特定的意義。[156]然而,在清代經學家中,焦循夙以算學邏輯形式以及小學訓詁「義理」,以求通《周易》,又進而貫通《周易》「義理」及於《孟子》。[157]而在焦循的易理著作中,尤以《易學三書》──《易章句》、《易通釋》與《易圖略》,在清儒經注中,乃屬上乘之作。[158]阮元曾讚其:

> 深明九數正負比例,六書之假借轉注,聖人執筆本意,數千年後始得豁然。誠聞所未聞,驚其奇。誠見所未見,服其正。卓然獨闢,確然不可磨滅。[159]

---

[155] 陳居淵先生:《焦循阮元評傳》中指出:焦循對真知的渴求之外,其目的還是希望經學研究與實測之學的貫通。在實證基礎上,「不執於一」,富有創見,才能使聖賢之學「日新而不已」,為了達到此一境界,焦循強調經學研究當重在「貫通」。對於「據守」,不為焦循所取,其理想的經學研究方式便是「通核」。(南京:南京大學,2006 年),頁 141-143。

[156] 同上注,頁 142。

[157] 賴貴三先生:〈孟子的《易》教(一)──清儒焦循《孟子正義》與《易》學詮釋觀點的綜合說明〉,(《孔孟月刊》第 41 卷第 5 期,2003 年 1 月),頁 3。

[158] 岑溢成先生:〈焦循《易圖略》的系統研究〉(摘要)指出:《易章句》是對《周易》經傳文句做的簡明注釋;《易通釋》是對《周易》經傳中的基本概念和命題的詮釋;《易圖略》則是對《周易》卦變條例所做的綜述與圖解,並批判了漢易和宋易中象數流派所提出的解經體例。在這三書中,最能系統地表述焦循易學體系的,應推《易圖略》。(《鵝湖學誌》第 31 期,2003 年 12 月),頁 64。

[159] 阮元:《雕菰樓易學‧序》,(《雕菰樓易學》,《焦氏叢書》本,收錄於《續修四庫全書》第 27 冊,上海:上海古籍出版社,1995 年),頁 1。

運用數學之理與小學轉注假借之理，以通《易》理，殊為創新奇特之見。然其治《易》不在訓詁考證，乃在闡揚聖賢之理[160]。由此治《易》，其提出了「變通」的易學思想。其自述研究《周易》心得：

> 余學《易》，所悟得者有三：一曰旁通，二曰相錯，三曰時行。[161]

在此三例中，「旁通」為其一貫之基礎，相錯則為「旁通」的補充增益；而「時行」一義，可謂在「旁通」、相錯基礎上說明剛柔交易之總過程。[162]學者指出：「『旁通』與『時行』既是構成焦循易學體系的二大支柱，也是焦循易學『通變』思想的主要體現者。」[163]其中「時行」不外乎「趨時而行」，亦是焦循「變通」的內在理路，亦即由此以通《論語》與《孟子》的思想要旨；焦循云：

> 《傳》云：變通者，趨時者也。能變通，即為時行。時行者，元亨利貞也。……孔門貴仁之旨，孟子性善之說，悉可會於此。大有二之五，為乾二之坤五之比例，故《傳》言元亨之義，於此最明。云大中而上下應之，大中謂二之五，為元，上下應則亨也，蓋非上下應，則雖大中，不可為元亨。《既濟·傳》云：利貞，剛柔正而位當也。剛柔正，則六爻皆定，貞也；貞而不利，則剛柔正而位不當。利而後貞，乃能剛柔正而位當。由元亨而利貞，由利貞而復為元亨，則時行矣。……能變通則可久，可久則無大

---

[160] 焦循曾云：「聖人作《易》，教人改過也。改過者，改言動之過也。」又「余學《易》，稍知聖人之教，一曰改過，一曰絜矩，兩者而已。」見其《易話》上、《易章句·繫辭下》，（《雕菰樓易學》，《焦氏叢書》本，收錄於《續修四庫全書》第 27 冊，上海：上海古籍出版社，1995 年），頁 378、頁 380。

[161] 焦循：〈易圖略序目〉，《易圖略》，（收入清·焦循著、李一忻先生點校：《易學三書》，北京：九州出版社，2003 年），頁 432。

[162] 賴貴三先生：《焦循雕菰樓易學研究》，（臺北：里仁書局，1994 年），頁 243。

[163] 陳居淵先生：〈論焦循《易》學的通變與數理思想〉，（《周易研究》總第 20 期，1994 年第 2 期），頁 24。

過，不可久則至大過，所以不可久而至於大過，由於不能變通。
變通者，改過之謂也。……後世學《易》者，舍此而言《易》，
誰知《易》哉？[164]

又：

時行即變通以趨時，元亨利貞全視乎此。《易》者變通之謂，因
變通而有大中上下應，有四象，故曰《易》有太極，《易》有四
象。大中，元也；上下應，亨也；變通不窮，利也；終則有始，
利而貞也。聖人教人存有餘而不可終盡，故如是乃宜，如是乃不
窮。儀則宜也，象即似也，似者繼續也，繼善而續終，則長久不
已矣。此當位之變通也。……聖人教人改過如此，皆於爻所之示
之。蓋當位則虛其盈，盈不可久。不當位則憂其消，消亦不可
久。故盈宜變通，消亦宜變通，所謂時行也。[165]

里堂以「時行」，為其「變通」說之進一步發揮。其當位之行即為通，通
則元亨利貞，元亨利貞則生生不息，行健自強也。[166]「時行」亦在趨時而
行，應時而變，變有所改也；當剛柔爻象於交易中，處於失利不當位時，
則須從不通求「變通」。亦如身處惡劣的環境無法改變時，則需從自身改
變起以適應之、改變之；或者與其要求別人改變，不如先改變自己的思想
言行，較快、較好。所謂：「改變自己是自救，影響別人是救人。」

　　「時行」一詞，原出自於《周易‧大有‧象傳》云：「〈大有〉柔
得尊位，大中而上下應之，曰〈大有〉。其德剛健而文明，應乎天而時
行之，是以元亨。」[167]此里堂以「變通」為「時行」矣。而「時行」的
目的，在於六十四卦經過爻位轉換，以避免出現兩個重覆的〈既濟

---

[164] 焦循：〈時行圖序目〉，《易圖略》卷 3，同注 161，頁 450。

[165] 焦循：〈寄王伯申書〉，《焦里堂先生軼文》，《鄦齋叢書本》，（收入於
嚴一萍先生輯：《原刻景印叢書集成三編》，臺北：藝文印書館，1971
年），頁 6。

[166] 賴貴三先生：《焦循雕菰樓易學研究》，同注 162，頁 244。

[167] 見魏‧王弼注、唐‧孔穎達疏：《周易正義》，（臺北：藝文印書館，1981
年），頁 46。

卦〉。對此，焦循以「大中上下應」稱之。所謂「大中」，是指每卦中的「六二」爻辭與「九五」爻辭。由於「六二」、「九五」兩爻分別居於上卦與下卦之中，所以有「居中」與「得中」之稱。[168]凡二五先行，初四應之為「下應」；三上應之為「上應」；二五得中，而上下應之，乃為「元亨」。「元亨」而「利貞」，「利貞」而「元亨」，則為「時行」矣。「時行」的關鍵在「變通」，能變能通，方可轉禍為福也；而「二五先行為元，大中之元性善也；元亨而利貞，則仁也」。[169]其以卦爻易之當位、失道，求「變通」，則可使反復趨時，變通不窮者也。故凡二五先行，而初四、三上從之者為得、為吉；反之，二五不先行，而初四、三上先行者為失、為凶。但惟《易》道變動不居，於吉可變凶，逢凶可化吉，故無論其當位、失道，必變通則盡其利，反而復之使不困窮也。[170]其旨在闡述《易》道，在「變通」，即使卦爻間上下不相應，但能「變通」，仍是大中上下應，此即謂「時行」。所以焦循《易》學，教人改過之書也；改過之道在「變通」，故一部《周易》乃教人「變通」之道者也。故有學者論及焦循的思想，則以「變通哲學」名之，如王永祥先生說：

---

[168] 陳居淵先生：《焦循儒學思想與易學研究》，（濟南：齊魯書社，2000年），頁205。

[169] 賴貴三先生：《焦循雕菰樓易學研究》，同注162，頁245。

[170] 同上注，賴貴三先生在此對於其變通時行之卦爻，尚有進一步解析：（一）二五先行，當位，變通不窮之時行圖解。如〈乾、坤〉、〈坎、離〉各以二之五而得〈同人、比〉二卦；於〈同人、比〉無大中之道，若以〈同人〉上之〈比〉三，更繼之以〈同人〉四之〈比〉初，則成〈既濟〉，是為道窮。故必須變而通之，〈同人〉通〈大有〉，如是則〈師〉之二五，雖不能與〈同人〉相孚，但〈師〉二可以通五；〈大有〉二亦可以通五，是為由反而復乎二五之道。（二）初四先行，不當位，變而通之，仍大中而上下應之時行圖解。此有〈乾〉、〈坤〉、〈震〉、〈巽〉等三十二卦。第三排之〈小畜、豫、復、姤〉等三十二卦則不能行之。（三）三上先行，不當位，變而通之，仍大中而上下應之時行圖解。如有〈乾、坤、艮、兌〉等三十二卦，而第三排之〈夬、剝、謙、履〉等三十二卦則不能行之。（四）凡二五先行，初四應之為下應，三上應之為上應，二五得中而上下應之，乃得元亨之時行圖解。其結果不出〈家人、屯、革、蹇、咸、益、既濟（重出）〉七卦。同上注，見其《焦循雕菰樓易學研究》，頁251-268。

里堂一生的思想可以變通二字盡之，所以他的哲學直可以叫做變通哲學。[171]

而亦有學者，謂之「時行哲學」，如賴貴三先生云：

里堂《易》學三例──旁通、相錯、時行；旁通（當位失道）、相錯（比例），所以為變通之具也；而時行則變通也。故不明旁通、相錯之用，則不知所以變通之道；不明時行之義，則雖變通而亦不能至於無過，此里堂《易學》又可以「時行哲學」名之者也，故一部《周易》六十四卦三百八十四爻，皆教人時行之道也。[172]

牟宗三先生對里堂於「性、道、仁、教」於時行、變通中發揮，讚之曰：

性、道、仁、教皆於通中見之，皆於時行中顯之，是何等氣魄！而焦氏能從《周易》方面以幾個數學形式的公理推演出全部的道德思想，則名之謂中國的斯賓諾沙（Spinoza），誰曰不宜？[173]

世事本變動不定，《易》學宗旨端在顯現「變」、「動」之關係，以示人趨善避惡，改過向善也。此亦焦循所謂：「能變通則可久，可久則無大過矣。」（見所上引）然里堂之「旁通」、相錯與「時行」之義例，其剛柔相推，皆以二五交易為其基準，且又歸結為二五是否當位。此所以里堂之《易學》，其總原則乃「二五變通」為《易》也。[174]不論如何，世事多變，沒有永遠的好與壞，「月有陰晴圓缺，人有悲歡離合，此事古難全」，福禍相倚，所以恃福不可久，畏禍不可常，若一味「執一」與「據守」，又如何能適應變遷的社會？重點是須懂得「有過則

[171] 王永祥先生：〈戴東原的繼承者焦里堂〉，（《東北叢刊》第 1 卷第 12 期，1930 年 12 月），頁 24。
[172] 賴貴三先生：《焦循雕菰樓易學研究》，同注 162，頁 270。
[173] 牟宗三先生：〈清焦循的道德哲學之易學〉，《周易的自然哲學與道德涵義》，（臺北：文津出版社，1988 年），頁 273。
[174] 賴貴三先生：《焦循雕菰樓易學研究》，同注 162，頁 271。

改」，「改過向善」，此改過便是改善，能有所轉變，變而為好，即是
「時行」矣。

(2) 絜矩與改過，則能變通，變通則能行權

　　從里堂的「變通」之道可以發現到：不但於《易》理，言之有據，
且在《論語》、《孟子》中亦見其有發揮之憑藉，其「行權」理論由是
生焉。[175]焦循云：

> 余學《易》，稍知聖人之教，一曰改過，一曰絜矩，兩者而已。
> 絜矩則能通，改過則能變，惟能絜矩，乃知己過，惟知改過，乃
> 能絜矩。[176]

其《易》學宗旨，非常明確，就是「改過遷善」[177]。以改過為變，有所
轉變，創造新契機；而運用《大學》的「絜矩」為「通」立說。是以能
「改過」與「絜矩」，在為人處事上，則能「變通」，則能與聖人之道
相應。我們知曉，「絜矩」之道乃是孔子所謂的「恕」道──「推己及
人」之道[178]，是以這方面，焦循以「己知」通於「他人之知」，以得其
通，故強調「推己及人」以達聖人一貫之道，並通天下之志矣；其云：

> 孔子言吾道一以貫之，曾子曰：「忠恕而已矣！」然則，一貫者
> 忠恕也。忠恕者何？成己以及成物也。……舜於天下之善，無不
> 從之，是真一以貫之，以一心容萬善，此所以大也。……貫者，
> 通也，所為通神明之德，類萬物之情也。……夫通於一而萬事

[175] 賴貴三先生：《焦循雕菰樓易學研究》，同上注，頁 282。
[176] 焦循：《易章句·繫辭傳下》，同注 160，頁 378。
[177] 劉建臻先生指出：這一思想貫穿在《易學三書》之中。如《易通釋》卷一：
「《易》者，聖人教人改過之書也」；卷二：「《易》之為書也，聖人教人
遷善改過」；《易圖略》卷三：「《易》之一書，聖人教人改過之書也」；
卷六：「《易》者，聖人教人改過之書也」；《易章句》卷七：「伏羲設卦
觀象，教人改過也」；卷八：「《易》以窮則變為教，窮則衰，明《易》為
改過之書也」等等，皆表明焦循整個學術思想的一根主線。詳見氏著：《焦
循著述新證》，（北京：社會科學文獻出版社，2005 年），頁 228。
[178] 朱熹：《論語章句集解》云：「孔子言吾道一以貫之。曾子曰：『忠恕而已
矣！』其注：『盡己之謂忠，推己及人之謂恕也』」，（朱熹：《四書章句
集注》，臺北：大安出版社，1991 年），頁 72。

畢，是執一也，非一以貫之也，貫則不執矣，執則不貫矣，執一
則其道窮矣！一以貫之，則能通天下之志矣！……多識於己，而
又思以通之於人，此忠恕也，此一貫之學也。[179]

以儒學真諦在「以一心容萬善」，容「各有所當」，便能貫通以成其
「大知」也。若以一理窮盡萬事，非「一貫之道」，那是「執一」；若
「執一」則不通矣。畢竟「一種米養百萬人」，無法要求每個人都跟自
己一樣，正如韋政通先生說得好，其云：

人生之路所以獨特，因為每個個體的生命都是獨特的。哲學家萊
布尼茲說：「天下沒有兩滴水是相同的。」何況是人？每個人的
生命或多或少都具有創造性，這就是所謂潛能。[180]

「此一是非，彼一是非也」，如此，就是是非非而論，則世上紛爭不
斷，紛爭之源在於「己執」，所以里堂在此強調：不執一端，有容乃
大，依時而用，趨時而一貫之，則「恕」、「權」、「一貫」可變通時
行，所謂：「互有是非，則相觀而各歸於善。」[181]互相觀摩學習，以
「它山之石可以攻錯」學習，則能益己之學，化解不平之氣，多一切磋
琢磨之友，可共同精進向善之道。

　　對於九流二氏之說，漢魏南北朝經師門戶之爭，與宋明朱陸陽明之
學，焦循以為：「其始緣於不恕，不能舍己克己，善與人同，終遂自小
其道，近於異端，使明於聖人一貫之指，何以至此？」[182]賴貴三先生指
出：里堂「一以貫之」之主張，實為其把握事物發展之總規律而提出
者，故稱為「大知」，反對「執一」與「據守」，而「變通」以行權之
義，隱然為其「時行」之張本也。[183]焦循云：

---

[179] 焦循：〈一以貫之解〉，《雕菰集》卷9，同注69，頁132-134。

[180] 韋政通先生：〈青年的人生觀〉，（收入於傅佩榮先生等著：《抉擇與負
責》，臺北：洪健全文教基金會出版，1998年），頁103。

[181] 焦循：〈攻乎異端解上〉又云：「是以我之善觀彼，以摩彼之不善；亦以彼
之善觀我，以摩我之不善也。」《雕菰集》卷9，同注69，頁135。

[182] 焦循：〈一以貫之解〉，同上注，頁133。

[183] 賴貴三先生：《焦循雕菰樓易學研究》，同注162，頁281。

> 《易》之道，大抵教人改過，即以寡天下之過。改過全在變通，
> 能變通即能行權，所謂使民宜之，使民不倦，窮則變，變則通，
> 通則久。聖人格致、誠正、修身、治平，全於此一以貫之，則
> 《易》所以名《易》也。[184]

視聖人格致、誠正、修身、治平之道，全在此「一以貫之」；此「一以貫
之」是指「變通」，而「變通」端在「改過」，因「改過」則能「變」，
「變」則能「通」，「通」則「長久」也，此亦為《易》之道也。

又：

> 《春秋公羊傳》曰：權者何？反於經然後有善者也。……經者，
> 法也，法久不變則弊生，故反其法以通之，不變則不善，故反而
> 有善。不變則道不順，故反而後至於大順。如反寒為暑，反暑為
> 寒，日月之行，一寒一暑，四時乃為順行。恆寒恆燠，則為咎
> 徵。禮減而不盡則消，樂盈而不反則放。禮有極而樂有反，此反
> 經所以為權也。[185]

「權」相對於恆常不變的「經」而言，就是「變」──「變通」也。
「變通」乃其思想的中心，「反經行權論」乃運用其《易學》「時行」
之理以說明。由《易》之卦爻縱通、橫通，而推廣於人事上，而無所不
通，自邏輯言之，乃為「循環論證」。[186]然里堂所謂「權」，不在辨理
欲之執一而無權，而是闡明社會之變，明其變，通其變，行「時行」之
理，當為行事的原理與原則。所謂：

> 聖人以權運世，君子以權治身。權然後知輕重，非權則不知所立
> 之是非，鮮不誤於其所行，而害於其所執。《周易》以「易」名
> 書，……學《易》何以無大過？以其能變通也。……《孟子》曰
> 「男女授受不親，禮也；嫂溺援之以手，權也。」又曰：「嫂溺

[184] 焦循：〈與朱椒堂兵部書〉，《雕菰集》卷13，同注69，頁201。
[185] 焦循：〈說權三〉，同上注，頁144。
[186] 見賴貴三先生：《焦循雕菰樓易學研究》所引：方東美先生《生生之德・易之邏輯問題》，同注162，頁303。

不援，是豺狼也；豺狼，禽獸也。」禽獸不能轉移，人能轉移，
自守於禮，而任嫂之死於溺，此害於禮者也；援則反乎禮而善
矣。[187]

里堂例舉《孟子》之言，以闡明「權變」之要。本來男女授受不親，是
「禮儀規範」也，但見嫂嫂溺水，豈可見死不救？當以手援救之，此雖
違於「禮」，但是「權」也；否則，與豺狼虎豹等禽獸有何不同？因人
可引，性可移，所以人性與禽獸異也；此援救之舉，雖反「禮教」，但
是善也，值得效法。此運用之理，就是《易》的「通權達變」。在此可
謂：焦循以《孟子》中「嫂溺不援，是豺狼也」來揭露那些「自守於禮
而任嫂之死於溺」的正人君子的虛偽性，批評了宋儒「執理無權」的做
法，重視反經為權。[188]

總之，焦循以《易》變通之理，衍繹出三項，便是「旁通、相錯、時
行」。三者互相為用，並以之落實在道德、社會與政治等論述上。可謂
「經、權」相用之均衡論，依時而用之，則變通之義自見。[189]而焦循自身
治學立場，一言以蔽之，就是「一貫」與「貫通」。[190]牟宗三先生說：

里堂《易學》之根本發明為「旁通、相錯、時行」三原則，此三
根本原則相輔相成，成為里堂《易學》中道德哲學之總觀點；旁
通是空間之擴大，注重團體性、整個性與社會性；時行是時間之
擴大，注重活動性、革命性與向上性；相錯則為時間與空間之參
伍錯綜與互相關聯，注重關係性、互依性與相對性。而此一總觀
點，以變通生成為主，可見人間倫理之世界也。[191]

最後，引用何澤恆先生所論述，做此一「變通」之結語：

---

[187] 焦循：〈說權六〉，《雕菰集》卷10，同注69，頁146。
[188] 見劉瑾輝先生：《焦循評傳》，（揚州：廣陵書社，2005年），頁167。
[189] 賴貴三先生：《焦循雕菰樓易學研究》，同注162，頁296。
[190] 坂出祥伸著、廖肇亨先生譯：〈焦循的學問〉，（《中國文哲研究通訊》第10卷第1期，2000年3月），頁156。
[191] 牟宗三先生：〈清焦循的道德哲學之易學〉，《周易的自然哲學與道德涵義》，（臺北：文津出版社，1988年），頁277。

> 焦循學問之根柢惟在治易，其所用心，則盡在易參伍錯綜引申觸
> 類之互相發明處，而謂論語一書，亦所以發明伏羲文王周公之
> 恉，而其文簡奧，孟子則詳為之闡發，是其不惟以語孟為一，即
> 於易與論語亦不為分辨，乃本其治易旁通之所悟，而縱橫貫穿於
> 群經中以求其互通發明之所在，其得在此，其失亦在此也。[192]

焦循學問的基礎在於《易》學，發明《易》中卦爻參差變化之理，再以此理推諸它經，《論語》、《孟子》皆為闡發伏羲、周公之旨，可謂焦氏治《易》，悟其「旁通」之理，務求貫通群經中，求得互通融會之所在，其得失優缺，何先生以為焦氏所得在此，其失亦在此矣。

三、阮元情理論探索

（一）學者傳略

阮元（1764～1849），字伯元，號雲臺，一號芸臺，又號雷塘庵主，晚號詒性老人，卒諡文達。江蘇儀徵人。生於乾隆二十九年正月二十日（1764年2月21日），卒於道光二十九年十月十三日（1849年11月27日），享年八十六歲。[193]

乾隆三十六年阮元師從甘泉名儒胡廷森，授予元《昭明文選》。此奠立阮元後來成為乾嘉著名的文選家與駢文家。三十七年，元拜喬椿臨為師，亦時時受父：阮承信教導；乾隆三十九年訓元：「讀書當明體達用，徒鑽時藝，無益也。」[194]至四十五年，受業於李道南先生，始確立研究經學之方向，並結識同窗學友鍾襃、淩廷堪等人。尤與淩氏情深意篤，所謂「合志同方，誼若兄弟」[195]；並至京師拜謁翁方綱為師。五十

---

[192] 何澤恆先生：《焦循研究》，同注 66，頁 209。

[193] 此詳細的生卒年月日，見陳祖武先生：〈孔子仁學與阮元的《論語論仁論》〉（一、阮元學行述略）部分，（《漢學研究》第 12 卷第 2 期），頁 39。

[194] 見清·張鑑撰《雷塘庵弟子記》卷 1，（收入於黃愛平先生點校：《阮元年譜》，北京：中華書局，1995 年），頁 1-4。

[195] 阮元：〈淩母王太夫人壽詩序〉，《揅經室三集》卷 5，（北京：中華書局，1993 年），頁 679-680。

年，元參加科試，為一等第一名，補廩膳生員。場中經解策問，條對無遺，文亦冠場。考官謝墉贊其：「余前任在江蘇得汪中，此次得阮某矣。」[196]後五十一年元至江陰謝墉幕府，開始其幕僚生活。在此，結識學者：錢大昕。二人一老一少結為忘年之交，蔚為學界佳話。於五十一年九月九日中舉人，十一月至京師，識王念孫、任大椿、邵晉涵等人，元於語言文字方面受益頗多，其云：「先生（王念孫）之學，精微廣博，語元，元略能知其意，先生遂樂以為教。元之稍知聲音、文字、訓詁者得於先生也。」[197]元於五十二年，完成《考工記車制圖考》一書；梁啟超先生讚其「精核」。[198]乾隆五十四年考中進士，並「選庶吉士，散館第一，授編修。」「逾年大考，高宗親擢第一，超擢少詹事。」「五十八年，督山東學政，任滿，調浙江。歷兵部、禮部、戶部侍郎。」[199]五十九年，元請畢沅領銜主編《山左金石志》一書。並撰寫《積古齋鍾鼎彝器款識》，開啟近代考古學之風氣。[200]後轉任浙江學政、巡撫等，其文化活動便蓬勃發展，成為乾嘉時最負盛名的學者型官僚。[201]

　　元分別於嘉慶元年，撰《小滄浪筆談》；三年，修《淮海英靈集》成，並注釋《曾子十篇》成，八月時，《經籍纂詁》一百十六卷成。五年，任浙江巡撫。時海寇擾浙歷數年，「元徵集群議為弭盜之策，造船礮，練陸師，杜接濟。」六年，設立詁經精舍。先生親自督學，並集諸生輯《經籍纂詁》一書，奉祀許叔重、鄭康成先生，延請王述庵、孫淵如等先後講席其中。此僅課經解史，策古今體詩，不用八比文、八韻詩。元並親擇詩文之優者為集，刻之。[202]

[196] 清・張鍵撰《雷塘庵弟子記》卷1，同注194，頁6。
[197] 阮元：〈王石臞先生墓誌銘〉，《揅經室續集》卷2，同注195，頁1057。
[198] 梁啟超先生：〈第十三　清代學者整理舊學之總成績（一）〉《中國近三百年學術史》，（臺北：中華書局，1987年），頁224。
[199] 見清・張鍵等撰、黃愛平先生點校：《阮元年譜》附《清史稿》卷364，（北京：中華書局，1995年），頁268。
[200] 陳居淵先生：〈第二章　阮元的宦海生涯和文化學術活動〉，《焦循阮元評傳》阮元部分，（南京：南京大學，2006年），頁425。
[201] 同上注，頁425。
[202] 清・張鍵撰《雷塘庵弟子記》卷2，同注194，頁41。

　　至嘉慶十年，元「丁父憂去職」。[203]於十一年，冬十月，纂刊《十三經注疏校勘記》二百四十三卷成。[204]十二年十月，元服闋入都，並於是月，娶寶應劉氏（乃劉臺拱之女）。並相繼任河南巡撫、浙江巡撫等職。[205]於浙江巡撫時，平定海寇、勦賊之事有功，是以《清史列傳》云：「元兩治浙，多惠政，平寇功尤著云。」[206]至十五年十月，兼國史館總輯，輯《儒林傳》。又與李銳商撰《疇人傳》，至是寫定。而於十六年，又編《四庫未收百種書提要》以成。然「方督師寧波時，奏請學政劉鳳誥代辦鄉試監臨，有聯號弊，為言官論劾，遣使鞫實，詔斥徇庇，褫職，予編修，在文穎館行走」[207]。十九年，元再度出任封疆大使，授予江西巡撫。在此刊刻成《十三經注疏附校勘記》一書。至二十二年，元奉旨出任兩廣總督兼署廣東巡撫。於二十五年，繼浙江杭州詁經精舍後，於廣州亦設立一著名學府──學海堂。學術研究風氣滋盛，以經學研究為主，師生尚可進行合作研究與撰寫學術論文，並自編刊物。於此促進嶺南地區文化發展。[208]

　　道光五年，阮元延請門人嚴杰、夏恕修等主持編輯刊刻《皇清經解》，一名《學海堂經解》。此乃彙集清代學者之經學著作。於道光九年刻成，計一千四百卷，收書有一百八十三種，作者七十四家。此書被譽為「漢學之鉅觀，經生之鴻寶」[209]。後王先謙任江蘇學政時亦設立一南菁書院，仿《皇清經解》體例彙刻《皇清經解續編》，一名《南菁書院經解》。晚清皮錫瑞云：「《皇清經解》、《續皇清經解》二書，於國朝諸家搜集大備。」[210]道光十五年，元七十二歲，加封為「體仁閣大學士兼管刑部事務」，回京供職。十八年因足疾復發，告假回揚州故

[203] 整理自《清史稿》卷364，同注199，頁268-269。
[204] 見清‧張鑑等撰、黃愛平點校：《阮元年譜》，同注194，頁65。
[205] 詳見自清‧張鑑等撰、黃愛平點校：《阮元年譜》，同上注，頁67-76。
[206]《清史稿》卷364，同注199，頁269。
[207]《清史稿》卷364，同上注，頁269。
[208] 整理自陳居淵先生：〈第二章　阮元的宦海生涯和文化學術活動〉，《焦循阮元評傳》阮元部分，同注200，頁451-458。
[209] 同上注，頁458。
[210] 皮錫瑞：〈經學復興時代〉，《經學歷史》，（北京：中華書局，1981年），頁344。

里。八月十九日皇帝恩准致休，支食半俸，著加太子太保銜，從茲怡志林泉，善自靜攝。[211]榮歸故里之阮元，身在江湖，心繫朝廷。道光二十年（1840）鴉片戰爭，清廷被迫簽定《廣州合約》，此時阮元提出「以夷制夷」之建議。此外，元自訂《揅經室集再續集》，並以〈穀梁傳學序〉冠其首。[212]二十一年時，成《詩書古訓》一書。二十二年，元命弟亨刊刻《文選樓叢書》，以保存中國古代文獻。此叢書中，大半刊刻「揚州學者」之著作，蔚為「揚州學者」的學術精華。[213]至道光二十九年（1849）十月十三日逝。

　　史稱其「身歷乾嘉文物鼎盛之時，主持風會數十年，海內學者奉為山斗焉」。[214]黃愛平先生云其：

> 乾隆五十四年（1789）考中進士，歷官乾隆、嘉慶、道光三朝，多次出任地方督撫、學政、充兵部、禮部、戶部侍郎，拜體仁閣大學士。在長期的仕途生涯中，阮元始終堅持學術研究，不僅於官跡所到之處，提倡經學，獎掖人才，整理典籍，刊刻圖書，而且勤奮不懈地鑽研學問，撰寫了大量的著作，在經學、史學、金石、書畫乃至天文曆算方面，都有相當造詣。[215]

其一生可謂：「九省疆吏，三朝閣老，一代名儒。」是融「政事、要位、學績」為一體。如聯系世譜、學史言之，或可謂「儒商其後，科舉發軔，經世之學，學官雙楫，致知中西，皖學衍脈，學派領軍，文化哲學」八言。[216]不論如何，阮元雖不以專學名家，但主持風會，倡導扶助，其學術組織之功實可睥睨一代。其一生或治理封疆，或為官卿貳，

---

[211] 柳興恩編：《雷塘庵弟子記》卷 8，同注 194，頁 199。

[212] 柳興恩編：《雷塘庵弟子記》卷 8，同上注，頁 201。

[213] 陳居淵先生：〈第二章　阮元的官海生涯和文化學術活動〉，《焦循阮元評傳》阮元部分，同注 200，頁 466-467。

[214] 《清史稿》卷 364，同注 199，頁 271。

[215] 黃愛平先生：〈點校說明〉，清‧張鑑等撰、黃愛平點校：《阮元年譜》，同注 194，頁 1。

[216] 李開先生：《阮元評傳‧序》，（王章濤：《阮元評傳》，揚州：廣陵書社，2004 年），頁 1。

清廉勤政，多有惠聲。歷官所至，究心學術，振興文教，嘉慶、道光間，儼若一時學壇盟主。[217]錢穆先生譽之為：「清代經學名臣最後一位重鎮。」[218]

（二）阮元情理論

徐世昌《清儒學案・儀徵學案》云：

> 清乾嘉經學之盛，達官耆宿，提倡之力為多。文達（阮元）早躋通顯，揚歷中外，所致敦崇實學，編刻諸書，類多宏深博奧，挈領提綱。《揅經室集》說經之文，皆詁釋精詳，宜乎為萬流所傾仰也。[219]

阮云治學以小學為工具，「義理」為目標，即如其云：「聖人之道，譬若宮牆，文字訓詁，其門徑也。門徑苟誤，蹞步皆歧，安能升堂入室乎？」又「但求名物，不論聖道，又若終年寢饋於門廡之間，無復知有堂室矣。」[220]通過語言文字的研究，明白文字本義，以達到漢宋兼采、「通經致用」的目的。所以阮元雖崇漢信古，但其治學思想，事實上是以音訓考據為一種手段，而治經之目的主要仍在於「聞道」。不僅如此，其尚「實踐」，主張「學以致用」。[221]胡適先生說他：「雖然自居於新式的經學家，其實他是一個哲學家。他很像戴震，表面上精密的方法，遮不住骨子裡的哲學主張。[222]」知戴震、阮元等人，雖主訓詁考證，「實事求是」，

[217] 陳祖武先生：〈孔子仁學與阮元的《論語論仁論》〉，同注193，頁41。
[218] 錢穆先生：〈焦里堂阮芸臺綾次仲〉，《中國近三百年學術史》第10章，（臺北：商務印書館，1996年），頁529。
[219] 徐世昌：《清儒學案・儀徵學案》卷121，（北京：中國書店，1990年），頁3。
[220] 阮元：〈擬國史儒林傳序〉，《揅經室一集》2卷，（北京：中華書局，1993年），頁37、38。
[221] 鍾玉發先生：〈阮元調和漢宋學思想析論〉，（《清史研究》第4期，2004年11月），頁20。
[222] 胡適先生：〈戴學的反響〉，《戴東原的哲學》。文中胡適認為：「戴震、焦循、阮元，都是從經學走上哲學路上去。」（臺北：遠流出版社），頁100、101。

但不拘囿於考據小學的範圍，而是力圖在經學上闡發深刻的哲學思想。用今天的學科分類而言，即建立一「新的哲學體系」。[223]

在此就其輔以社會學，重視實用所創的「新道德哲學」做一論述：

1. 聖賢之道，無非實踐

阮元提倡「實學」，主張「實行」，其許多見解皆體現了這一傾向。如其解「格物」、「一貫之道」與「忠恕」之理皆是。

(1) 格物即事事以五倫實踐之

阮元云：

> 物者，事也。格者，至也。事者，家國天下之事，即止於五倫之至善、明德、新民皆事也。格有至義，即有止意，履而至，止於其地，聖賢實踐之道也。……格物者，至止於事物之謂也。凡家國天下五倫之事，無不當以身親至其處而履之，以止於至善也。格物與止至善、知止止於仁敬等事皆是一義，非有二解也。必變其文曰格物者，以格字兼包至止，以物字兼包諸事，聖賢之道，無非實踐。[224]

在此可見「聖賢之道，無非實踐」，為實學找到一「聖人之說」的理論依據。「格物」一說，就程朱理學而言，是志在窮究天下之物所顯的「天理」，以印證吾心固有之理。如朱熹所謂：「即凡天下之物，莫不因其已知之理而益窮之。」[225]然阮元「格物」不同於此，其旨在「履而至止於其地，聖賢實踐之道也」，強調「實踐」的重大意義。其「物」指「事」，而「格」是「至」也，所以「格物」即「行事」，以「五倫」行之於「事」中，親自實踐，以止於至善，此方謂之「格物」也。清初顧炎武亦云：

---

[223] 王章濤先生：《阮元評傳》，（揚州：廣陵書社，2004 年），頁 233。

[224] 阮元：〈大學格物說〉，同注 220，頁 54-55。

[225] 朱熹：《大學章句集注》，（朱熹：《四書章句集注》，臺北：大安出版社，1991 年），頁 7。

致知者知止也。知止者何？為人君止於仁，為人臣止於敬，為人子止於孝，為人父止於慈，與國人交止於信，是之謂止，知止然後謂之知至。[226]

將五倫之理——「父子有親、君臣有義、夫婦有惠、兄弟有悌、朋友有信」等理，應用在應對進退、待人接物中，此就是顧炎武乃至阮元所謂的「格物」。其「格物」不再是「即物窮理」，印證心性「天理」之道德形上意義，相反的，他強調將「理」「落實」在事上，切身「實踐」之，此方謂「格物」。

(2) 一貫乃行事之謂

對於「一貫之道」，其深以為「壹是皆以行事為教。」阮元分析道：

《論語》「貫」字凡三見，曾子之一貫也，子貢之一貫也，閔之言仍舊貫也。此三「貫」字，其訓不應有異。元按：貫，行也，事也。三者皆當訓為行事也。孔子呼曾子告之曰：「吾道一以貫之。」此言孔子之道皆於行事見之，非徒以文學為教也。「一」與「壹」同，壹以貫之，猶言壹是皆以行事為教也。……若云賢者因聖人一呼之下，即一旦豁然貫通焉，此似禪家頓宗冬寒見桶底脫大悟之旨，而非聖賢行事之道也。[227]

為何「貫」作「行事」解？阮云云：

《爾雅》：「貫，事也。」《廣雅》：「貫，行也。」《詩·碩鼠》：「三歲貫汝。」《周禮·職方》：「使同貫例。」《論語·先進》：「仍舊貫」。《傳》、《注》皆訓為事。《漢書·谷永傳》云：「以此貫行。」《後漢書·光武王傳》云：「奉承貫行。」皆行事之義。[228]

---

[226] 顧炎武著：《原抄本日知錄》，（臺北：明倫書局，1970 年），頁 376。
[227] 阮元：〈論語一貫說〉，同注 220，頁 53-54。
[228] 阮云：〈論語一貫說〉，同注 220，頁 53。

依訓詁考證，闡明「貫」之意：「事也。」「行也。」據此阮元以「貫」是「行也」、「事也」解，否定了宋明理學將「貫」訓為「通徹」之意。可看出阮元所謂「聖賢之道」，惟實行，身體力行，「實事求是」以獲得，非僅讀書、講學以得。故阮元又有「聖人之道，未有不於行事見，而但於言語見」[229]的論斷。志在表明所謂「一貫之道」即是「實踐」之道，徹底實行實事也。所以芸臺又於〈石刻孝經論語記〉亦言：「所謂一貫者，貫者行也，事也，言壹是皆身體力行見諸實行實事也。」[230]

(3) 忠恕即實政實行

阮元云：

> 《論語》、《孝經》之學，窮極性與天道而不涉於虛，推極帝王治法而皆用乎中，詳論子臣弟友之庸行而皆歸於實，所以周秦以來子家各流皆不能及，而為萬世之極則也。……曾子之學，孔子曰：「吾道一以貫之。」曾子曰：「夫子之道，忠恕而已矣。」忠恕者，子臣弟友自天子至於庶人之實政實行。……《曾子》十篇皆由此出。其實皆盡人所同之庸行，忠恕而已。[231]

「忠恕」一詞乃是儒家的倫理道德原則。謂竭盡己心真實，並以此推己及人。出自《論語‧里仁》：「曾子曰：『夫子之道，忠恕而已矣。』」朱熹注：「盡己之謂忠，推己之謂恕。」[232]其弟子陳淳《北溪字義》云：「忠是就心悅，是盡己之心無不真實者。恕是就待人接物說，只是推己心之所真實者以及人物而已。」[233]然阮元的「忠恕」以「實學」思想解之，強調是「忠恕」乃「天子至於庶人之實政、實

---

[229] 阮元：〈大學格物說〉，同注 220，頁 55。
[230] 阮元：《揅經室一集》卷 11，同注 220，頁 238。
[231] 阮元：〈石刻孝經論語記〉，同上注，頁 238。
[232] 朱熹：《論語章句集注》，（朱熹：《四書章句集注》，臺北：大安出版社，1991 年），頁 72。
[233] 陳淳：《北溪字義》，（收入《近思錄‧北溪字義》，臺北：世界書局，1975 年），頁 24。

行」，以「忠恕」是實行「仁」的方法，就是「實政」。所以徹地實踐
「仁」之道，便是「忠恕」之旨。終歸以「實踐」，以「通經致用」，
經世濟民。

2. 理必附乎禮以行

由上述，可知阮元論聖賢之道，是以「實踐」為宗，其學術是以
「有用」為目的。[234]而「實踐」之具體內容就是履而至止於五倫之至
善，其途徑就是用體現五倫的「禮」來治性，最終在行事中將「仁」表
現出來。所以其論「理」（天理、道理），不是一如宋儒的形上玄虛之
本體，相反地，其以為「理」必附乎「禮」以行，把「禮」作為判斷
「理」之是非的最後根據。[235]

(1) 五倫皆禮

阮元云：

> 朱子中年講理，固已精實。晚年講禮，尤耐繁難。誠有見乎理
> 必出於禮也。古今所以治天下者，禮也。五倫皆禮，故宜忠宜
> 孝，即理也。然三代文質損益甚多。且如殷尚白，周尚赤，禮
> 也，使居周而有尚白，若以非禮析之，則人不能爭；以非理析
> 之，則不能無爭矣。故理必附乎禮以行，空言理則可彼可此之
> 邪說起矣。[236]

其以程朱之理是虛理，而「禮」是三代以來相傳衍的經驗事實，不玄
空，所以在阮元看來，應是「理出於禮也」。以具體可據的「禮儀規

---

[234] 吳通福先生：《清代新義理觀之研究》指出：「阮元論學，總體上仍然沿著
戴震的思路，即仍然遵循戴震論學的要點。他認為學術必須以實用為目
的。……而經世濟用又必須以聖人之道為基礎」，（南昌：江西人民出版
社，2007年），頁128。

[235] 余新華先生：〈阮元的學術淵源與宗旨〉，（《中國人民大學學報》1998年
第3期），頁44。

[236] 阮元：〈書東莞陳氏學部通辨後〉，《揅經室續集》卷3，同注220，頁
1062。

範」取代空疏言談的「理」；畢竟這種經驗性的事實，更「易於率循」，同時還可以使人們避免「以格物為心靈窮理」、「致知際內之言，非修身際內之事」[237]的弊端。並以古今聖人治天下，平天下之道，在於「禮」也；以「禮」繩之百姓，是以天下太平。所謂「五倫」──君臣、父子、夫婦、兄弟、友朋等關係，亦是以「禮」訂定，是以君臣有義、父子有親、夫婦有惠、兄弟有悌、友朋有信等「義理」在，所謂「忠孝」之理，皆是因「禮」之實行而來，因實踐「禮」而具體落實內在之「道理」。所以「理必附乎禮以行」就在此，否則，人人言理，便是落入此一是非，彼一是非，是是非非糾纏不清中；或者，便是長者、尊者、貴者，皆有理，而幼者、賤者、卑者，皆無理可尋[238]。

(2) 事事有禮，皆歸實踐

然「禮」者何謂？阮元進一步解釋：

> 禮者何？朝覲聘射，冠昏喪祭，凡子臣弟友之庸行，帝王治法，性與天道，皆在其中。《詩》、《書》即文也，禮也。《易象》、《春秋》亦文也，禮也。其餘言存乎〈大學〉、〈中庸〉諸篇。……其事皆歸實踐，非高言頓悟所可掩襲而得者也。[239]

「禮」不外是「朝覲聘射」、「冠昏喪祭」等內容，於人之應對進退，待人接物方面，均有一規則典範以示人遵循。以「禮」與「理」比較，在阮元看來，則是以「禮」較實際，然「禮」則必須親身「實踐」、身體力行，方是做到了「禮」。

---

[237] 阮元：〈大學格物說〉云：「若以格物為心靈窮理，則猶是致知際內之言，非修身際內之事也。要之『壹是皆以修身為本』。」《揅經室一集》卷 2，同上注，頁 56。

[238] 如戴震所謂：「以理殺人」；其云：「今之治人者視古賢聖體民之情，遂民之欲，多出於鄙細隱曲，不措諸意，不足為怪；而及其責以理也，不難舉曠世之高節，著於義而罪之，尊者以理責卑，長者以理責幼，貴者以理責賤，雖失，謂之順；卑者、幼者、賤者以理爭之，雖得，謂之逆。於是下之人不能以天下之同情、天下所同欲達之於上；上以理責其下，而在下之罪，人人不勝指數。人死於法，猶有憐之者；死於理，其誰憐之？」《戴震全書》第 6 冊，（合肥：黃山書社，1997 年），頁 216。

[239] 阮元：〈石刻孝經論語記〉，《揅經室一集》卷 11，同注 220，頁 238。

(3) 修道之教，即〈禮運〉之禮

阮元云：

> 修道之教，即〈禮運〉之禮。禮治七情十義者也。七情乃盡人所
> 有，但須治以禮而已，即〈召誥〉所謂節性也。……中者，有形
> 有質，有血氣心知，特未至喜怒哀樂時耳，發而中節，即節性之
> 說也。有禮有樂，所以既節且和也。[240]

阮元反對向內的「心學」[241]，畢竟「心學」涉於虛，任人師心自用，隨
意發揮，和古聖先賢之道背道而馳。在詮釋《中庸》：「天命之謂性，
率性之謂道，修道之為教」中，即強調以「禮治」為天下法。是以「修
道之教」，即是「禮治七情十義者也」。遵循《禮記·禮運》篇所云：

> 何謂人情？喜、怒、哀、樂、愛、惡、欲，七者弗學而能。何謂
> 人義？父慈、子孝、兄良、弟悌、夫義、婦聽、長惠、幼順、君
> 仁、臣忠，十者謂之人義。講信修睦，謂之人利。爭奪相殺，謂
> 之人患。故聖人之所以治人七情，修十義，講信修睦，尚辭讓，
> 去爭奪，舍禮何以治之？飲食男女，人之大欲存焉。死亡貧苦，
> 人之大惡存焉。故欲惡者，心之大端也。人藏其心，不可測度
> 也。美惡皆在其心，不見其色也。欲一以窮之，舍禮何以哉？[242]

知古有明訓，於《禮記·禮運》中，即表明「飲食男女，人之大欲存
焉」，人皆有所欲（愛）、所惡（厭惡）之事，然放縱「欲求」，卻是如
「無底洞」，永無止境的，如巴蛇吞象，貪求無厭，所以必須有「禮」以
節制；而聖人治人七情六欲，修十義（父慈、子孝、兄良、弟悌、夫義、
婦聽、長惠、幼順、君仁、臣忠）者，皆是以「禮」治之，是以「禮」除

---

[240] 阮元：〈性命古訓〉，《揅經室一集》卷10，同上注，頁226。

[241] 郭明道先生：〈阮元的學術淵源和治學宗旨〉指出：「『實學』在阮元的學
術思想中佔有極重要的地位。……其最反對向內的心學。」（《揚州大學學
報》（人文社會科學版），第9卷第5期，2005年9月），頁90。

[242] 鄭玄注、孔穎達疏：《禮記正義·禮運篇》第9、卷22，（《十三經注疏
本》（5），臺北：藝文印書館，1981年），頁431。

作為外在的制度規矩外，還在於「禮」以「節性」也。節制人的情感與「欲望」之作用。阮元看出此理，故強調以「禮」取代「理」也。此論點一如淩廷堪、焦循之論，可看出當時學風趨勢，勢在「以禮代理」也。

3. 勤威儀以保定性命

傅斯年先生於其《性命古訓辨證》之〈序〉表示，性命之說於中國古代思想史上具有重要地位，通過此一問題研究，對中國古代思想會有一個清晰的認識。[243]然〈性命古訓〉，早於清代儀徵阮元即有所作。傅斯年先生對此，也指出：

> 阮氏別有〈論語論仁論〉、〈孟子論仁論〉諸篇，又有論性、命、仁、智諸文，均載《揅經室集》中，要以〈性命古訓〉一書最關重要。[244]

阮元的性命論述，主張「性」，是以「血氣心知」為「性」也，肯定「情」、「欲」在「性」之內，肯定味色聲臭安佚為「性」，食色為「性」。然人生而後即限定於君臣、父子、長幼、夫婦、朋友等關係中，這種關係是人無法逃脫的，即所謂「命定」。[245]因此，所謂人的仁義禮智之「性」，只是說人能通過社會行為來「成就」仁義禮智而已，並非是先天本具的。所以阮元反對以先天來論「性」，只就經驗的觀察來論「性」，強調「性」、命應是「質實可據，不必索奧妙於不可詰之鄉」，又「商周人言性命多在事，在事，故實而易於率循。晉唐人言性

---

[243] 傅斯年先生：〈序〉，《性命古訓辨證》，（桂林：廣西師範大學，2006年），頁1。

[244] 傅斯年先生：〈引語〉亦云：「此中包有彼為儒家道德論探其原始之見解，又有最能表見彼治此問題之方法，故是書實為戴震《原善》、《孟子字義疏證》兩書之後勁，足以表顯清代所謂漢學家反宋明理學之立場者也。」《性命古訓辨證》，同上注，頁1。

[245] 據吳通福先生研究，此說亦或有本於戴震。戴震曾謂：「君臣父子夫婦昆弟朋友五者，自有身而定也，天地之生生而條理也。」又謂：「有是身，而君臣父子夫婦昆弟朋友之倫具。」詳見氏著《清代新義理觀之研究》，（南昌：江西人民出版社，2007年），頁139。

命多在心，在心，故虛而易於傅會」。[246]在此，針對其〈性命古訓〉內容，做一整理與探析：

(1) 性即血氣心知也

關於性與命[247]，阮元先引《孟子》之言以探討：

> 孟子曰：口之於味也，目之於色也，耳之於聲也，鼻之於臭也，四肢之於安佚也，性也；有命焉，君子不謂性也。仁之於父子也，義之於君臣也，禮之於賓主也，知之於賢者也，聖人之於天道也，命也，有性也，君子不謂命也。[248]

對此，阮元進一步闡發「性」與「命」之不同；其云：

> 性字從心，即血氣、心知也。有血氣無心知非性也，有心知無血氣非性也。血氣心知皆天所命，人所受也。人既有血氣、心知之性，即有九德、五典、五禮、七情、十義，故聖人作禮樂以節之，修道以教之。因其動作，以禮義為威儀，威儀所以定命。……能者勤於禮樂、威儀，以就彌性之福祿；不能有惰於禮樂威儀，以取棄命之禍亂。是以周以前聖經古訓，皆言勤威儀以俾定性命。[249]

又阮元為孫星衍《問字堂集》作〈贈言〉，亦云：

> 漢人言性與五常，皆分合五藏、極確，似宜加闡明之。而宋儒最鄙氣質之性，若無氣質血氣，則是鬼非人矣，此性何所附麗？[250]

---

[246] 阮元：〈性命古訓〉，《揅經室一集》卷 10，同注 220，頁 225、235。

[247] 據陳居淵先生研究，指出：阮元論性命之論文，主要是〈性命古訓〉與〈節性齋銘〉這兩篇；〈性命古訓〉一文，羅列四十條古代經籍中有關「性命」的記載，其中據以發揮的主要是《尚書・召誥》和《孟子・盡心》等篇。詳見其《焦循阮元評傳》阮元部分，（南京：南京大學，2006 年），頁 513。

[248] 阮元：〈性命古訓〉，《揅經室一集》卷 10，同注 220，頁 211。

[249] 同上注，頁 217。

[250] 孫星衍：《孫淵如先生全集》，（影印《國學基本叢書本》，臺北：臺灣商務印書館，1968 年），頁 8。

又：

> 《召誥》所謂「命」，即天命也。若子初生即祿命福極也。哲與
> 愚、吉與凶，歷年長短，皆命也。哲愚受於天為命，受於人為
> 性，君子祈命而節性，盡心而知命，故《孟子・盡心》亦謂耳目
> 口鼻四肢為性也。性中有味色聲臭安佚之欲，是以必當節之。古
> 人但言節性，不言復性也。[251]

首先，就「性」字而言，「性」從心、從生，即說明它與「生」有密切
關係。如告子曾說過：「生之謂性」。孟子對此則闡述「性」實質上具
有兩種涵義：一是味、色、聲、臭、安、佚，另一則是仁、義、禮、
智、聖兩種。前者是指人所具有的本能，後者是指人的道德性。因這兩
種性都是上天所賦予人的，所以二者均具有「性」與「命」的性質。

　　然在此，阮元以「性」是指人所具有的本能，偏向以味、色、聲、
臭、安、佚之「生性」，故其以「血氣心知」為「性」之本意。（學者
指出：阮元講的「性」，實際上是指人的自然欲望[252]。）且其心目中的
人性是包括人欲在其中，換句話言之，人欲就是人心之血氣，心知之
「性」，「性」即血氣、心知，除此之外，本沒有「性」。正因為
「性」中有「欲」，所以人須以禮儀節制人性，並以此定性。所以阮元
一再強調「節性」，而非「復性」的原因在此；且以為「若無氣質血
氣」，則是鬼非人矣。

　　而所謂「威儀」即是指「禮儀細節」。據《禮記・中庸》云：「禮儀
三百，威儀三千」[253]，所以「勤威儀以保定性命」即是以「禮儀規範」奠
立人們的性命軌則，使之有欲行，但不出軌，以保住性命。所以阮元強
調：「威儀乃為性命所關，乃包言行在內，言行即德之所以修也。」[254]

---

[251] 阮元：〈性命古訓〉，同注220，頁211。
[252] 陳居淵先生：《焦循阮元評傳》阮元部分，（南京：南京大學，2006年），
　　　頁515。
[253] 鄭玄注、孔穎達疏：《禮記正義・中庸》，（《十三經注疏本》（5），臺
　　　北：藝文印書館，1955年），頁897。
[254] 阮元：〈性命古訓〉，同注220，頁216。

然人之初生，恆有其富貴福祿，如俗語所云：「人都是帶著自己的糧草而來。」由於：此富貴福祿秉之於天，即謂之命也，所以哲愚、吉凶、壽夭，都是命，天註定，無法改也，所謂「生死有命，富貴在天」；但承之於人，即謂之「性」也，故君子者，在祈命而「節性」也；而此「性」與道德仁義之「性」不同，乃口目耳鼻四肢之「性」，亦即味色聲臭安佚之「欲」，以諸「性」易因外物染飾而丕變放肆，故當敬德以節之，節其「性」也，是以安其「性」也。

(2) 欲生於情，在性內，欲在有節，不可縱

由於阮元據《說文解字》古訓所載，以「情性」不可分，是以有「情發於性」、「情括於性」之論[255]。阮元於此進一步闡明：

> 《樂記》：「人生而靜，天之性也。」二句就外感未至時言之，樂即外感之至易者也，即孟子所說，耳之於聲也，性也。孟子所說有命焉，君子不謂性也，即《樂記》反躬節人欲之說也。欲生於情，在性之內，不能言性內無欲，欲不是善惡之惡。天既生人之血氣、心知，則不能無欲，惟佛教始言絕欲。若天下人皆如佛絕欲，則舉世無生人，禽獸繁也。此孟子所以說味、色、聲、臭、安、佚為性也。欲在有節，不可縱，不可窮。……欲固不離性而自成為欲也。[256]

又：

> 惟其味色、聲臭、安佚為性，所以性必須節，不節則性中之情欲縱矣。[257]

---

[255] 阮元：〈性命古訓〉云：「《說文》曰：『性，人之陽氣性善者也；情，人之陰氣有欲者也。』許氏之說，古訓也。味、色、聲、臭、喜、怒、哀、樂皆本於性、發於情者也。情括於性，非別有一事，與性相分而為對。」同上注，頁 220-221。

[256] 同上注，頁 228。

[257] 同上注，頁 212。

阮元主張「節性」，但非無欲，所反對是「縱欲」而不是「絕欲」。正如其所云，「欲」本身無所謂善惡之惡。僅不過是「欲」由情生，情在「性」內，而「性」必須節，否則，「性」中之「情欲」縱矣。

據阮元所述「性」、「情」與「欲」之關係，則如圖示：

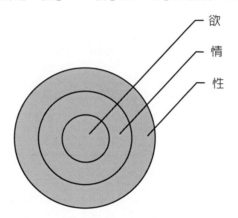

圖三　阮元的「性、情、欲」之關係圖

(3) 命必須敬德，德即仁、義、禮、智、聖也

阮元云：

> 惟其仁、義、禮、智、聖為命，所以命必須敬德，德即仁、義、禮、智、聖也。且知與聖，即哲也。[258]

又：

> 周初《召誥》，肇言節性。周末孟子，互言性命。性善之說，秉彝可證。命哲命吉，初生既定。終命彌性，求至各正。邁勉其德，品節其行。復興說興，流為主靜。由莊而釋，見性如靜。考之姬孟，實相徑庭。若合古訓，尚曰居敬。[259]

---

[258] 同上注，頁 212。
[259] 阮元：〈節性齋銘〉，《揅經室續集》卷 4，同注 220，頁 1075。

又：

> 蓋敬者，言終日常自警肅，不敢怠逸放縱也。……非端坐靜觀主
> 一之謂也。故以肅警無逸為敬。惟聞孔子閒居，未聞孔子靜坐。
> 惟聞孔子曲肱而枕，孟子隱几而臥。未聞孔孟瞑目而坐。……蓋
> 靜者，敬之反也。年衰養神者，每便於靜，乃諱其所私便，而反
> 借靜字以立高名，乃計之兩得者也。[260]

學者指出：阮元在此所釋的「命」實有兩種涵義：一為上述的「命」，
即「祿命」，指的是人的福祿富貴之命運，由天所主宰；另一是「德
命」，即是此人受天之「命」——仁義禮智聖之「命」。孔子曾說過：
「不知命，無以為君子。」此「德命」主要體現在「節性」與「敬德」
兩方面。[261]

整體歸納來看，阮元以「性」乃「生性」之意，對於是否可享有
味、色、聲、臭、安佚之多寡，則以「祿命」決定；而關於孟子一再
強調的仁義禮智信的內在道德性，其以「節性」、「敬德」為代表，
乃仁義禮智信之命。以天命以人自身之德降臨，故「節性」、「敬
德」以達仁義禮智信之道德領域。關於此，阮元舉《春秋成公十三年
左傳》劉子之言：「勤禮莫如致敬，盡力莫如敦篤。敬在養神，篤在
守業。」進一步闡明：以動作「禮義」威儀之則，可以定命，可以
「彌性之福祿」[262]。

然所謂「敬德」，一如「威儀」，非虛靜思索之謂，而是指嚴謹敬
肅之謂。亦言行舉止常常恭敬如儀，敬慎嚴謹。關於此「敬」意義，徐
復觀先生云：

---

[260] 阮元：〈釋敬〉，《揅經室續一集》卷1，同上注，頁1016。

[261] 陳居淵先生：《焦循阮元評傳》阮元部分，同注252，頁514。

[262] 阮元：〈性命古訓〉云：「血氣心知皆天所命，人所受也。人既有血氣心知
之性，即有九德、五典、五禮、七情、十義，故聖人作禮樂以節之，修道以
教之，因其動作以禮義為威儀。威儀所以定命，……能者勤於禮樂威儀，以
就彌性之福祿。不能者惰於禮樂威儀，以取棄命之禍亂。」《揅經室一集》
卷10，同注220，頁217。

一個敬字，實貫穿於周初人的一切生活之中。這是直承憂患意識的警惕性而來的精神斂抑、集中，及對事的謹慎、認真的心理狀態。這是人在時時反省自己的行為，規整自己的行為的心理狀態。周初所強調的敬的觀念，與宗教的虔敬，近似而實不同。……敬的原來意義，只是對外來侵害的警戒，這是被動的直接反應的心理狀態。周初所提出的敬的觀念，則是主動的、反省的，因而是內發的心理狀態。這是自覺的心理狀態，與被動的警戒理有很大的分別。[263]

總之，阮元〈性命古訓〉旨在闡明：原始儒家之「性」，乃得之於天，與「情欲」一體，須受「禮」的節制；「命」是天命，哲愚吉凶壽夭授於天者為「命」，受於人者為「性」。但性從心則包仁義禮智等在內，從生則包味色聲臭等在內，故經典只講「節性」、「復禮」，其內容則為勤威儀而保定性命，威儀包括言行表現於外者，在內則為道德修養，即非常平易質實的「禮」。[264]

4. 必兩人偶始見仁

「仁」學，不但是孔子思想的核心，亦是孔孟思想一脈相承的關鍵。不過，至宋明理學，則以「仁」建構一形上學的理論依據。理學家以儒學最高人格修養的「仁」轉化為天命流行、萬物生生之理的根源──本體化的「道體」。這個「道」，即是「天理」，絕對至善，乃最

---

[263] 徐復觀先生：《中國人性論史》（先秦篇），（臺北：臺灣商務印書館，1990 年），頁 22。

[264] 關於阮元性命論，不沿襲前人將性與情分開，以性為至善，情欲為惡，而是強調情欲在性之內，須以禮節之，以顯仁義禮智信之天命。這一說法，據劉德美先生：《阮元學術之研究》亦云：在阮元看來，韓愈的原性將人之才性分為三品，以下愚為惡，已是錯誤；李翱以性為至靜至明，而暢論復性，更屬違悖經說，但是積非成是，理學家所論性、情、欲等皆失儒家本義，而倡言復性禁欲，乃失之毫釐，謬以千里；再者，其本身理論亦有矛盾不妥，靜觀寂守如何復性？根本絕欲，則舉世無生人，禽獸繁矣，因此阮元不憚詞費，以一卷的篇幅推明性命古訓，恢復了儒家性、命二字的實義。《阮元學術之研究》，（臺北：臺灣師大歷史所博論，1986 年 7 月），頁 78-79。

高權威的化身，而道德修養的最終目標就是「存天理，滅人欲」。因此，人不容許有個人情愛等私欲，一切須以「理」為前提；如二程強調：「愛自是情，仁自是性，豈可以愛為仁？」[265]又「仁者，天之所以與我。」[266]「仁者，天下之正理。失正理則無序而不和。」[267]南宋陸王哲學，更是強調：「仁，人心也。心之在仁，是人之所以為人，而與禽獸草木異焉者也。」[268]「人皆有是心，心皆具是理，心即理也。」[269]又王陽明所謂：「若良知之發，更無私意障礙，即所謂充其惻隱之心，而仁不可勝用矣。」[270]又「心猶鏡也，聖人心明如鏡，常人心如昏鏡。常人須磨鏡而使之明。」[271]陸王之說，亦強調「存天理，去人欲」的內心自省功夫，不須向外實踐於事。學者指出：不論是程朱、陸王之「仁學」，其理論上著眼點皆是以「仁」立一先天的宇宙本體，或強調個人的內心世界，服從於其「天理論」、「心性論」的主旨。然不切人事，高妙玄遠[272]。阮元在此「論仁」則不然，其云：

> 許叔重《說文解字》：「仁，親也，从人二。」段若膺大令注曰：「見部曰：『親者密至也，會意。』」《中庸》曰：「仁者，人也。」注：「人也，讀如相人偶之人，以人意相存問之言。」《大射儀》：「揖以偶。」注：「言以者，耦之事成於此，意相人偶也。」《聘禮》：「每曲揖。」注「以人相人偶為

---

[265] 程顥、程頤著：《二程遺書》卷 18（上海：上海古籍出版社，2000 年），頁 230。

[266] 朱熹著、黃坤先生點校：《四書或問》卷 6，（上海：上海古籍出版社，2001 年），頁 218。

[267] 程頤，《伊川易傳》卷 6，（收入於《文津閣四庫全書・經部・易類》，北京：商務印書館，2006 年），頁 2 下。

[268] 陸九淵：〈語錄上〉，《象山全集》卷 34，（收入於《四部叢刊正編》第 56 冊，臺北：臺灣商務印書館，1979 年），頁 259。

[269] 陸九淵：〈與李宰〉，《象山全集》卷 11，同上注，頁 106。

[270] 王陽明：《王文成全書》卷 1，（收入於《文津閣四庫全書・集部・別集類》第 1269 冊，北京：商務印書館，2006 年），頁 1269-23。

[271] 王陽明：《王文成全書》卷 1，同上注，頁 1269-18。

[272] 郭明道先生：〈阮元的經學〉，《阮元評傳》，（北京：社會科學文獻出版社，2005 年），頁 257。

敬也。」《公食大夫禮》:「賓入,三揖。」注:「相人偶。」
《詩·匪風》箋:「人偶能烹魚者。人偶能輔周道治民
者。」……以上諸義,是古所謂人耦,猶言你我親愛之辭。獨則
無偶,偶者相親,故其字從人二。[273]

在此,阮元本著「推明古訓,實事求是而已,非敢立異」的治學態度,
由古代聖人典籍,如《說文解字》、《中庸》、《大射儀》、《聘
禮》、《公食大夫禮》、《詩經》等記載,辨章學術,考鏡源流得出
「仁」,以「仁」的涵意應是以鄭玄注「相人偶為仁」才對!主張在
「仁心」、「仁德」、「仁人」、「仁政」等諸種意義中,強調「仁
行」,抑遏「仁心」[274]。是以阮元進一步闡明「仁」是「以此一人與彼
一人相人偶而盡其敬、禮、忠、恕等事之謂也」[275]。在此,清楚地告訴
我們:「仁」,就是人與人的相敬相愛。凡是人與人之間彼此親愛、互
相關問,即是「仁」的表現。以見阮元的「仁學」,是從平易的人事出
發,強調「實踐」,落實在經驗領域裡,不涉玄遠。志在建立一重視人
際關懷、群己關係、社會化的「義理」新論。學者指出阮元的「仁
學」:「已非理學家所謂的形上價值,可以經由內省以默識了。」「而
是一種走入人群的姿態──『必於身所行者驗之而始見』、『必有二
人,而仁乃見』,亦即必以經驗領域講人我、重實踐的社會關係」的哲
學進路[276]。阮元又云:

> 所謂仁者,己之身欲立則亦立人,己之身欲達則亦達人。所以必
> 兩人偶而始見仁也。即如己欲立孝道,亦必使人立孝道,所謂不
> 匱錫類也。己欲達德行,亦必使人達德行,所謂愛人以德
> 也。……為之不厭,己立己達也,誨人不倦,立人達人也。[277]

---

[273] 阮元:〈論語論仁論〉,《擘經室一集》卷9,同注220,頁178-179。
[274] 岑溢成先生:〈阮元哲學思想中的「性」與「仁」〉,(《鵝湖學誌》第39
　　期,2007年12月),頁171。
[275] 阮元:〈論語論仁論〉,《擘經室一集》卷8,同注220,頁177。
[276] 張麗珠先生:《清代義理學新貌》,(臺北:里仁書局,1999年),頁
　　325。
[277] 阮元:〈論語論仁論〉,《擘經室一集》卷8,同注220,頁178。

又：

> 仁之篆體，從人二，訓為相人偶。……孟子曰：「仁也者，人
> 也。」……《孟子》此章「人也」，「人」字亦當讀如「相人
> 偶」之「人」。合而言之，謂合《丑》人與仁言之，即聖人之大
> 道也。孟子曰：「人皆有不忍人之心。」以此《寅》一人不忍彼
> 一人，即二人相人偶之實據也。[278]

我們知道，在過去傳統中國社會裡，人與人之間的關係，主要是以血緣
關係為主的家族制度、宗法制度為基礎而開展。因此，透過家族道德
──「孝」的實踐，以及從孝道中衍出的道德標準，如三綱、五倫，都
是以「家族」規範的延伸，以家族作為道德實踐的基本單位，是以較偏
重「私德」涵養，學者指出：在過去這種傳統社會、傳統「義理」中，
是鮮少有人際關係的社會道德標準出現的。儒學雖以「外王」、「行道
天下」為其終極目標，但最後往往也都走上了「獨善其身」的「內聖」
修身之路去，就這樣造成了我國長期以來缺乏社會、群己關係道德標準
的現象。[279]針對傳統中國此一現象，梁啟超先生表示：「舊道德標準
中，私德居十分之九，而公德不及其一焉。」[280]

隨著晚明「義理」空疏，政局變異，清儒不再以空談玄遠「心性
論」為主，相反地，是務實絀虛，致力於經世之學。於孔孟千古傳衍的
「仁」鑽研尤深，在此，阮元不以朱熹的《四書章句集注》為主，而是
遠紹漢儒平實之學，據鄭玄注為主，闡發出「仁」的現實意義。所謂
「仁」不再是玄虛的道德本體，而是人與他人的互動，必有二人始見
「仁」也。是以有學者指出：「其為仁學開闢了一條從傳統過渡到近代
──由『仁學』邁向『群學』的異於理學進路。」[281]

此外，阮元擴大了「仁」學內容，因在阮元看來，「仁」不僅是一
個道德範疇，同時也是一個實踐過程。據學者研究指出，其「仁」的內

[278] 阮元：〈孟子論仁論〉，《揅經室一集》卷9，同上注，頁201。
[279] 張麗珠先生：《清代義理學新貌》，同注276，頁314。
[280] 梁啟超先生：〈論公德〉，《新民說》，（收入其《飲冰室專集》（第3
冊），臺北：中華書局，1978年），頁15。
[281] 張麗珠先生：《清代義理學新貌》，同注276，頁322。

容大致有：（1）己欲立而立人，己欲達而達人（2）克己復禮為仁（3）無求生以害仁，有殺生以成仁。（4）為仁之道，若不明其過，必失之愚。共四項。[282]（個人僅作參考而有所擇取。）可以看出每一項均是要躬身力行以達成「仁」的。其中，「己立立人，己達達人」之道，便是「相人偶」的推展。[283]所謂「仁」者，是能夠處理好群體中種種存在的「二人」關係，如君臣、父子、夫婦、長幼、朋友、師生等，推而廣之，亦即人與社會群體的關係。可以看出阮元的「仁」論，由傳統「私德」，走向群體社會的「公德」。有學者指出：

> 如果說宋儒的仁道論側重於個人的心性修養，是「小仁政」的話，那麼，阮元的仁道論則更注重社會功澤，是「大仁政」。當然，這種「大仁政」並不排斥「小仁政」，只是兩者難以雙全的時候，當取其大者而略其小節。……因為在「相人偶」的旗幟之下，天子也要「愛及天下臣民」，要以天下生民為重。[284]

阮元的「仁道論」無疑是社會的救濟思想。由「小我」擴大至「大我」，己立立人，己達達人也；應用在政治上，則是強調一國之君應以百姓為重，以謀澤百姓的福利，方是「仁政」。

(1) 為仁當由克己始

阮元云：

> 顏子克己，己字即自己之己，與下文「為仁由己」相同，言能克己復禮，即可併人為仁。一日克己復禮而天下歸仁，此即己欲立而立人，己欲達而達人之道。仁雖由人而成，其實當自己始，若但知有己，不知有人，即不仁矣。孔子曰：「勿謂仁者人也。」

---

[282] 詳見李成良先生：《阮元思想研究》，（成都：四川人民出版社，1997年），頁60-66。

[283] 莊家敏先生：《阮元仁學思想研究》，（彰化：彰化師大國文所碩論，2004年），頁72。

[284] 余新華先生：〈阮元〉，《中國歷代思想家》，（臺北：臺灣商務印書館，1999年），頁256-266。

必待人而後并人，為仁當由己始，且繼上二「克己」字疊而申之曰：「為仁由己，而由人乎哉！」亦可謂大聲疾呼，明白曉暢矣。若以克己字解為私欲，則下文「為仁由己」之己，斷不能再解為私，而由己不由人，反詰辭氣與上文不相屬矣。顏子請問其目，孔子答以四勿，勿即克己之謂也。視聽言動專就己身而言，若克己而能非禮勿視、勿聽、勿言、勿動，斷無不愛人，斷無與人不相人偶者，人必與己并為仁矣。俚言之，若曰：「我先自己好，自然要人好；我要人好，人自與我同作好人也。」[285]

在闡述孔子「克己復禮為仁」時，阮元指出：「己」即「自身」，相對於別人而言；「克己」謂「修身」，即馬融所解釋的「約身」[286]，就是以禮來約束自己，非宋儒所謂的「禁欲」。程、朱都以「私欲」解「己」字，但阮元引淩廷堪〈與阮中丞論克己書〉證實，若是「己」作「私欲」講，那麼「為仁由己」不就成「為仁由私欲乎」？所以「克己復禮為仁」之「己」不應解為「私欲」也。亦見程、朱解釋乃是對孔子原義的曲解。[287]

　　阮元「克己」致力於修身，即強調是以「禮」為皈依，一切視聽言行均以「禮」為主，是以連結孔子所謂：「非禮勿視，非禮勿聽，非禮勿言，非禮勿動」之旨，如此，「克己復禮為仁」矣。用現代話言，亦即己自身行事，須時時想到他人，不因己所欲所為而妨礙到他人，亦即將心比心，替人著想，在有限自由的範圍內，行己之自由，或者，己欲立而立

---

[285] 阮元：〈論語論仁論〉，《揅經室一集》卷 8，同注 220，頁 181。

[286] 阮元〈論語論仁論〉云：「毛西河檢討《四書改錯》曰：『馬融以約身為克己，從來說如此。』」同上注，頁 182。

[287] 淩廷堪：〈與阮中丞論克己書〉云：「前在甬上聞閣下談及《論語》『克己』之己字，不當做私欲解，當時即深以為然。……即以《論語・克己》章而論，下文云：『為人由己，而由人乎哉？』人、己對稱，正是鄭氏『相人偶』之說。若如《集注》所云，豈可云為仁由私欲乎？再以《論語》全書而論，如『不患人之不己知』、『夫仁者，己欲立而立人，己欲達而達人。』『己所不欲，勿施於人。』『古之學者為己，今之學者為人』、『修己以安人』、『君子求諸己，小人求諸人。』皆人己對稱。此外之『己』字，如『無友不如己者』、『人潔己以進』……若作私欲解，則舉不可通矣。」《校禮堂文集》，（北京：中華書局，1998 年），頁 234-235。

人,己欲達而達人,不光是自己好,也想要別人一樣好,就是阮元所強調的「仁」;亦如英語所謂:「I am O.K,You are O.K,We are O.K.」

(2) 仁必須「為」,非端坐靜觀即可曰仁也

阮元云:

> 相人偶者,謂人之偶之也。凡仁,必於身所行者驗之而始見,亦必有二人而仁乃見,若一人閉戶齊居,瞑目靜坐,雖有德理在心,終不得指為聖門所謂之仁矣。[288]

又:

> 仁必須為,非端坐靜觀即可曰仁也。[289]

又:

> 聖賢之仁,必偶於人而始可見。……安懷若心,無所著便可言仁,是老僧面壁多年,但有一片慈悲心,便可畢仁之事,有是道乎?[290]

畢竟離開了人群,缺乏實踐的對象與基礎,又如何能「為仁」呢?所以阮元在此呼應「相人偶」所強調的「仁」,必是己與他人有所關聯的經驗行為,且必須是人與人互相對待的社會關係中,把內心的關懷、敬意,化為外在的揖讓、親熱等種種具體實踐行為——這才是「仁」的實踐。所以「仁」絕不是理學家所言,經由獨自一人之默坐澄心而達到的。所以老僧縱有滿腔慈悲心,滿懷仁德修行功夫,但一味面壁思過、閉關修行,如何實踐「仁」?無異於「畫餅充飢」矣!所以「仁」不只是內在的「親切人意」,更應外化為人際間相互流通的彼此關懷。總之,「仁」必須根據「仁之實事」來要求,必須是「著於行事」的行為實踐,才是「仁」的表現。

---

[288] 阮元:〈論語論仁論〉,同注285,頁176。
[289] 同上注,頁180。
[290] 同上注,頁185。

在此可以看出阮元是一位很重視實踐、身體力行的學者。其所謂「仁」絕不是內在的道德形上本體，而是落實在現實中「行善」的具體作為。強調人與人外在行為顯現出敬愛、關懷的表態，則是「仁」的展現。

(3) 仁，以事親為首務

既然阮元主「仁」是「相人偶」──人與人間，互敬互愛的作為，以實行、實踐為主，方是「仁」，那麼，「為仁」、「行仁」之首要在何？阮元指出，在「行孝」；其云：

> 孟子論仁，至顯明，至誠實，未嘗有一毫流敝貽誤後人也。一介之士，仁具於心，然具心者，仁之端也，必擴而充之，著於行事，始可稱仁。孟子雖以惻隱為仁，然所謂惻隱之心，乃仁之端，亦謂仁之實事也。孟子又曰：「仁之實，事親是也。」是充此心，始足以事親，保四海也。……乍見孺子將入井而不拯救，是皆失其仁之本心，不能充仁之實事，不能謂之為仁也。孟子論良能、良知，即心端也；良能，實事也。舍實事而專言心，非孟子本指也。孟子論仁，至顯明，至誠實，亦未嘗舉心性而空之，迷惑後人也。[291]

又：

> 蓋惻隱為仁之端，充此端以行仁則孝。孝悌為仁之本，君子務本為急，自天子至庶人，莫不以事親為首務。舜之事親，孔以言孝為仁本，皆是道也。[292]

又：

> 夫孝，天之經也，地之義也，人之行也。君子務本，本立而道生。孝悌也者，其為仁之本與！……孝以心體本根為先，可無訟也。[293]

---

[291] 阮元：〈孟子論仁論〉，《揅經室一集》卷9，同注220，頁 195-196。
[292] 同上注，頁 206。

又：

> 夫人二致同源，總率百行，非復銖兩輕重，必定前後之數也。而
> 如欲分其大較，體而名之，則孝在事親，仁施品物。施物則功濟
> 於時，事親則德歸於己。於己則事寡，濟時則功多，據此以言，
> 仁則遠矣。[294]

可看出阮元舉孟子之理說明；孟子雖主「仁」端具於「心」，但更強調
是落實在行的層面。所謂：「仁之實，事親是也。」然這點，阮元更是
大張旗鼓，闡明：只有通過「實事」，見之於「實行」，成為「事實」
的「仁」，才是現實的「仁」。所以基本上，以「孝悌」出發，畢竟
「孝悌也者，其為仁之本與！」且「未有仁而遺其親者也。」可見行
仁，當下可為，當下可行，基本從「事親」始。所謂：「修己以敬」、
「修己以安人」、「修己以安百姓」。修身（修己、克己）對內言就是
「孝」，對外言就是「仁」（相人偶）。[295]

　　亦由此以見阮元特重《論語》與《孝經》；所謂：「孔子之道，在
於《孝經》。《孝經》取天子、諸侯、卿、士大夫、庶人最重要之一
事，順其道而布之天下，封建以固，君臣以嚴，守其髮膚，保其祭祀，
永無奔亡弒奪之禍。」[296]由《孝經》以論「順」之重要意義，且撰〈釋
順〉一文，以為「順之時義大矣哉」、「順字為聖經最要之字，曷可不
標而論之也」、「《孝經》之所以推孝弟以治天下者，順而已矣」、
「《春秋》三傳、《國語》之稱順字者最多，皆孔子《孝經》之義」，
推而論之，「聖人治天下萬世，不別立法術，但以天下人情順逆敘而行
之而已」[297]。學者說：「這已將孝由事親擴展到『順天下』，這正可與

[293] 阮元：〈論語解〉，《揅經室一集》卷2，同注220，頁52。
[294] 同上注，頁52。
[295] 殷善培先生：〈從相人偶到達——論阮元的仁學〉，（收入於張壽安先生、
林慶彰先生等編《乾嘉學者的義理學》（下），臺北：中研院文哲所，2003
年2月），頁618。
[296] 阮元：〈論語解〉，同注293，頁50-51。
[297] 阮元：〈釋順〉，《揅經室一集》卷1，同注220，頁26-29。

仁由『相人偶』始，格物致知，見諸行事歸結於一『達』相輝映。」[298]
王茂先生《清代哲學》特別強調這一「仁」→「相人偶」→「事親」→
「順」之論述，可謂「從『相人偶』到『順』，是阮元思想中最有價值
的部分」[299]。

　　由「親親而仁民，仁民而愛物」之序，阮元強調「仁」是「實行實
為」，始於「孝親」，進而「以友輔仁」，擴展至「大愛天下萬物」，
這一進階，沒有形上本體之論，而是躬己實踐之道。口說無憑，一切以
「實行」為主。學者指出：阮元闡述「仁」的這一進路，可謂：「從克
己復禮為仁，實行實事為仁，到孝悌為仁之本，阮元較為完整地論述了
儒家關於仁的這一基本命題。」[300]

　　然阮元是由文字訓詁論「仁」，以闡明「克己」、「為仁」、「事
親」、「愛物」之「義理思想」。這一哲學思想，正如王章濤先生所
謂：漢學家的哲學思想是通過語義分析以求文字本義，而推闡其理論，
戴震發其端，阮元繼之，並取得較突出的成就。其〈論語論仁論〉、
〈孟子論仁論〉均熟練地運用此法。[301]然由文字訓詁探求「義理」等思
想，算不算得上是哲學思想？卻有爭議，如侯外廬先生就認為：「我們
讀芸臺的《揅經室集》，除了接受東原的一些思想外，絲毫找不出他自
己的哲學思想。……如果說他的方法論可以代表哲學，那麼，他在方法
論上的具體業績，正是文化史或思想史的貢獻。」[302]然張麗珠先生卻指
出：「阮元從考據進求義理，……也為「仁」學開闢了一條從傳統過渡
到近代──由『仁學』邁向『群學』的異於理學進路。」[303]究竟阮元的
「由訓詁求義理」思想，是不是哲學思想？據殷善培先生研究，發現到
阮元的闡述，是有一定的「義理」進路，如下圖示：

[298] 殷善培先生：〈從相人偶到達──論阮元的仁學〉，同注295，頁619。
[299] 王茂先生：《清代哲學》，（合肥：安徽人民出版社，1992年），頁750。
[300] 陳居淵先生：《焦循阮元評傳》阮元部分，（南京：南京大學，2006年），頁512。
[301] 王章濤先生：《阮元評傳》，（揚州：廣陵書社，2004年），頁259。
[302] 侯外廬先生：《近代中國思想學說史》，（臺北：明文書局，1986年），頁537。
[303] 張麗珠先生：《清代義理學新貌》，（臺北：里仁書局，1999年），頁322。

圖四　阮元的義理思路圖

　　就「哲學」上所謂「三史六論」[305]來看，強調「邏輯思路」這一「理則學」之論，阮元以文字訓詁為方法、為工具，這一邏輯思路探求聖賢的思想，應算是哲學之「思想」；傅斯年先生亦表示：阮元以語言學的觀點解決思想史中之問題，此一方法足為後人治思想史者所「儀型」也[306]。不過，個人認為其哲學應是「實學」才是！如程鋼先生所云：

> 阮元的哲學為實學，以現實人生為最終的基礎。他有一個樸素的信念：一切哲學範疇，都來源於最現實的生活，任何現實的生活，都可以引申出豐富的義理。在這一觀念指導之下，他的思想史研究表現出兩種相反相成的趨向：一種趨向是經宋明理學的抽象範疇還原為現實生活……另一種趨勢是，阮元相信，實際生活中的大多數常用字詞，在長期的使用中，與生活建立了緊密的聯繫，它們被逐漸賦予了義理的或倫理的涵義。通過辨別細微的意義差別，可以使得這一類涵義重新凸顯出來，從而豐富了思想史的研究。[307]

---

[304] 殷善培先生：〈從相人偶到達——論阮元的仁學〉同注295，頁617。

[305] 鄔昆如先生：〈緒論〉云：「在哲學系的課程中，通常有三史六論，也就是指九門的必修課。因為就哲學的對象而言，以它的問題的深和廣去看的話，可以濃縮為三種知識：知物、知人、知天。……人如何去認識世界、人、天呢？用根本的方法，從根本著手，也就分成下命的『六論』：1、邏輯 2、知識論 3、形上學 4、倫理學 5、價值哲學 6、哲學概論。……至於三史部分，有三種哲學史需要加以研究：1、中國哲學史 2、西洋哲學史 3、印度哲學史。」《哲學概論》，（臺北：五南圖書公司，2002年），頁5-6。

[306] 傅斯年先生：〈引語〉亦云：「以語言學的觀點解釋一個思想史的問題之一法，在法德多見之」，《性命古訓辨證》，同注244，頁1、頁2。

[307] 程鋼先生：〈阮元〈性命古訓〉威儀說的初步研究〉，（收入於彭林編：《清代經學與文化》，北京：北京大學出版社，2006年），頁335。

阮元的哲學可謂是一「實學」理論，是一以現實人生作終極關懷，不同於宋明理學強調形上抽象本體，而是落實於經驗界，要求是社會群體的幸福而言，由個己內在修德，擴大為謀求社會群體的福利。不僅己好就好，亦要人人都好，將「仁」意涵落實與擴充，緊密與吾人倫理觀、現實生活結合，而將中國儒家思想豐富許多。

四、劉寶楠情理論探索

（一）學者傳略

劉寶楠（1791～1855），字楚楨，號念樓。其父履恂，乾隆五十一年舉人，著有《秋槎雜記》一卷，收入於阮氏《經解》。寶楠道光二十年進士，歷任直隸文安、寶坻、固安、元氏、三河等地知縣。[308]

幼年喪父，在母親督教下刻苦向學，又向兄：劉寶樹請益、切磋，十二歲在家塾從劉臺拱治學。而劉臺拱居鄉里，不輕易講學，惟接見劉寶楠等弟子，「輒娓娓不倦」。[309]

嘉慶末年，劉寶楠始於寶應城中課徒授業。於揚州設館授徒，多識名流，與儀徵劉文淇交往甚密。其子劉恭冕云：

> 道光八年，寶楠應省試時，與儀徵劉文淇、江都梅植之、涇縣包慎言、丹徒柳興恩、句容陳立討論治學，相約各治一經，加以疏證，寶楠發策得《論語》。自是屏棄他務，專精致思。依焦循著《孟子正義》之法，先為長編得數十巨冊，次為薈萃而折衷之。不為專己之學，亦不欲分漢、宋門戶之見，凡以發揮聖道，證明典禮，期於實事求是而已。[310]

---

[308] 支偉成著：《清代樸學大師列傳》，（長沙：岳麓書店，1998年），頁107。

[309] 徐世昌主編：〈端臨學案〉，（《清儒學案》卷106，第3冊，中國書店，1990年），頁36。

[310] 劉恭冕：〈後敘〉，（劉寶楠著、高流水先生點校：《論語正義》，臺北：文史哲出版社，1990年），頁434。

為學反對門戶之見。著《論語正義》，廣羅漢儒舊說、宋儒之言與清代諸家之論，未竟業，命子恭冕成之。另著有《釋谷》四卷、《漢石例》六卷、《愈愚錄》六卷、《韞山樓詩文集》若干卷、《寶應圖經》六卷、《清芬集》十卷等書。[311]

（二）劉寶楠情理論

　　劉寶楠經學代表作：《論語正義》，大約草創於道光末年而成書於同治初年。[312]成績斐然，蔚為清代專研《論語》的殿軍之作。[313]然《論語正義》的編撰方法，依《清史稿》載，可知：

> 病皇、邢《疏》蕪陋，乃搜集漢儒舊說，益以宋人長議，及近世諸家，仿焦循《孟子正義》例，先為長編，次乃薈萃而折衷之。[314]

劉寶楠撰述《論語正義》，不僅搜集「漢儒舊說」，並附有「宋人長議」等論述，且仿焦循《孟子正義》體例編撰而來。張舜徽先生亦云：

> 寶應自王懋竑、朱澤澐崛起清初，講求義理之學，同宗朱子，遂蔚為一邑之風氣。其後劉臺拱、朱彬、劉寶楠繼之，雖治樸學，而尤嚴飭躬行，不為漢宋門戶之爭。博文，約禮，實皆兼之。[315]

劉寶楠治學，亦如其子劉恭冕所云：「不為專己之學，亦不欲分漢、宋門戶之見。」[316]沒有所謂漢宋門戶之見，但觀其《論語正義》書中內

---

[311] 支偉成：《清代樸學大師列傳》，同注 308，頁 108。

[312] 有關《論語正義》成書過程，詳見於陳鴻森先生：〈劉氏論語正義成書考〉，（收入於《中央研究院歷史語言研究所集刊》第 65 卷第 3 期，1994 年 3 月），頁 477-508。

[313] 勞悅強先生：〈劉寶楠《論語正義》中所見的宋學〉，（收入於彭林先生編：《清代經學與文化》，北京：北京大學出版社，2005 年），頁 193。

[314] 趙爾巽等編：《清史稿》卷 482、〈列傳〉卷 269，（北京：中華書局，1976 年），頁 13290。

[315] 張舜徽先生：《清人文集別錄》卷 19，（武漢：華中師範大學出版社，2004 年），頁 475。

容，與諸多研究[317]，個人發現劉氏於宋學形上虛玄的「性理」論述並不全面，反而是承襲戴震考證求「義理」等觀點較多。如其論「理」指的

---

[316] 戴望：〈故三河縣知縣劉君事狀〉所引，其亦云：「其學不堅持門戶」，見《續碑傳集》卷 73，儒學三，（收入周駿富先生主編：《清代傳記叢刊》119，臺北：明文書局，1985 年），頁 258。

[317] 如其子：劉恭冕：〈《論語正義》凡例〉指出：「漢人解義，存者無幾，必當詳載，至皇氏疏、陸氏音義所載魏、晉人以後各說，精駁互見，不敢備引。唐、宋後著述益多，尤宜擇取。」又「鄭注久佚，近時惠氏棟、陳氏鱣、臧氏鏞、宋氏翔鳳咸有輯本，於集解外，徵引頗多，雖拾殘補闕，聯綴之迹，非其本真，而舍是則無可依據。今悉詳載，……」知劉氏對鄭玄注解、與當時學者詳實考證等言，是非常重視的，甚至是整個古文經學傳統。其〈後敘〉對先父治學，也說：「凡以發揮聖道，證明典禮，期於實事求是而已。」按：其中「典禮」就是《論語》書中有關的禮儀和名物制度等。詳見《論語正義》，（臺北：文史哲出版社，1990 年），頁 1、2、798；清‧陳立〈《論語正義》序〉指出：《論語正義》中：〈八佾〉、〈鄉黨〉二篇所說禮制，皆至詳備。（見《續四庫全書‧經部‧四書類》第 156 冊，上海：古籍出版社，2003 年），頁 2；高流水先生：〈《論語正義》點校說明〉一文亦指出：劉寶楠《論語正義》有幾個顯著特點，即是：一、充分吸收前人的研究成果，尤其是清人的注釋考證。二、發揚了乾嘉學風，在注釋中注重文字訓詁、史實考訂和闡發義理。三、不但保留漢魏古注，且對這些古注作了詳細疏解，從而豐富了《論語》的注釋內容。又「經學家周予同先生認為「其詳博超於舊疏」，可說是《論語》舊注中水平最高的」，（臺北：文史哲出版社，1990 年），頁 3-5；班吉慶先生：〈劉寶楠《論語正義》徵引《說文解字》略論〉一文研究，指出：劉寶楠《論語正義》引用《說文解字》多達一千處，所謂「或追根溯源，不限形體；或旁稽博考，兼采備錄；或多方參照，舍短從長，均能持論嚴謹，實事求是。對《說文》傳本中某些異文、脫文以及其他存疑之處理，《論語正義》也做了校訂和說明」，（《揚州學報》（人文社會科學版）第 6 期，2001 年），頁 67-71；丘培超先生：《劉寶楠《論語正義》研究》也指出，劉寶楠雖不算是經師，但從其生平來看，他的抱負應該在「經世致用」。其解經的原則與態度，即是「實事求是」。（中壢：中央大學中文所碩論，2002 年），頁 9、10。還有勞悅強先生：〈劉寶楠《論語正義》中所見的宋學〉一文，就「劉寶楠的治學及學術立場」而言，從各方面考證，得知：劉氏雖曰兼采折衷，但畢竟還是宗主漢儒；就「劉寶楠徵引宋人書目」考證，發現到有三個特點：一是《論語正義》全書徵引書目約有四百種，但宋人著作僅佔十分之一。二是有關宋代經部著作，《論語正義》原則上僅只收採程朱一系的學說，且主要還是朱熹（1130-1200）和與他同時的齊名的張栻（1133-1180）。三是與經學有關的書目，幾乎全是清代書目，與宋代經學書目無關。有關引用「朱熹」說，大都也是片言支語，完全沒有引用朱熹闡說義理的見解，其對朱熹的興

是「陰陽之道」；「性」乃引戴震「血氣以生」之「性」做解釋，指的是一形下氣化實體的「性」[318]。這方面，也有學者指出：「劉寶楠注疏《論語》的方法似乎對戴震的主張亦步亦趨。也許在一定程度上這暗中反映了劉氏本人對宋學的立場。」且「從劉氏一生的著述來看，他關心的主要是經世實用之學，而未嘗注意虛玄義理之談。」[319]

　　依「實事求是」的治學宗旨，個人不採張舜徽先生之見：將劉寶楠的論述歸屬於承自寶應——王懋竑等學者，宗程朱理學之列。個人就其《論語正義》中之觀點，與後人研究成果評估，覺得其「情理思想」，承自戴震之說頗多，是以歸入此：「光大戴震情理思想者」一節中。闡述如下：

趣只集中在校勘異文和解釋字詞上。且對朱熹說法的選取態度可謂「買櫝還珠」。總之，勞先生表明：劉寶楠「對宋儒的看法恐怕只是時代風氣所致以及他個人學識上的限制和盲點，而並不是出於一己的意氣之爭，更沒有非毀朱熹的意圖。他的《論語正義》總算做到『薈萃而折衷之』。」同注313，頁193-212。另外，如陳曉華先生：〈論劉寶楠論語正義的訓詁方法及特點〉，（《安徽教育學報》（人文社會科學版）第6期，2001年），頁61-71；葉小草先生：〈《論語正義》例誤一則〉，（《江海學刊》第2期，2001年）；楊向奎先生：〈讀劉寶楠《論語正義》〉，（《孔子誕辰2540周年紀念與學術研討會論文集》，上海：上海三聯書店，1992年），頁2076-2096；封恆先生：〈劉寶楠《論語正義》之特性〉，（《藝術學報》第40期，1986年10月）；李紹戶先生：〈劉寶楠《論語正義》評述〉，（《建設》第24卷第5期，1975年10月）；劉文興先生：〈劉楚楨先生年譜〉，（《輔仁學誌》第4卷第1期，1933年）；藤川熊一郎先生：〈劉家の論語家學上論語正義〉，（《斯文》第14卷第9-11期，1932年）等論文，皆未見論述劉寶楠之學術宗宋學趨向，相反的，一致強調其據考證求義理，實事求是，進而經世致用。所以個人認為將之歸入同王懋竑一類不妥。

[318] 如劉寶楠：《論語正義》云：「性者，分於陰陽五行，以為血氣、心知、品物，區以別焉。……氣化生人，生物以後，各以類滋生久矣。……在氣化曰陰陽，曰五行，而陰陽五行之成化也，雜揉萬變，是以及其流形，不特品物不同，雖一類之中又復不同。凡分形氣於父母，即為分於陰陽五行，人物以類滋生，皆氣化之自然。」，（臺北：文史哲出版社，1990年），頁676；一如戴震：〈天道一〉，《孟子字義疏證》（中）云：「血氣心知，性之實體也」，又〈性一〉《孟子字義疏證》（上）：「天道，陰陽五行而已矣。人物之性，咸分於道，成其各殊者。」（《戴東原先生全集》，臺北：大化書局，1978年），頁300。

[319] 勞悅強先生：〈劉寶楠《論語正義》中所見的宋學〉，同注313，頁198-199。

1. 情實乃誠

劉寶楠於《論語・子路》：「上好信，則民莫不用情。」其《論語正義》釋：

> 好惡之誠，無所欺瞞，故曰情實。[320]

其「誠」，亦「忠也」。《論語・里仁》：「曾子曰：『夫子之道，忠恕而已矣。』」《論語正義》釋曰：

> 《禮・中庸》曰：「子曰：『忠恕違道不遠。施諸己而不願，亦勿施於人。君子之道四，丘未能一焉。所求乎子以事父，未能也；所求乎臣以事君，未能也；所求乎弟以事兄，未能也；所求乎朋友先施之，未能也。庸德之行，庸言之謹，有所不足，不敢不勉；有餘，不敢盡。言顧行，行顧言。君子胡不慥慥爾！』」二文言忠恕之義最顯。蓋忠恕理本相通；忠之為言中也。中之所存，皆是誠實。《大學》：「所謂誠意，毋自欺也。」即是忠也。《中庸》云：「誠者非自成己而已也，所以成物也。」《中庸》之誠即《大學》之「誠意」。誠者，實也；忠者，亦實也。君子忠恕，故能盡己之性；盡己之性，故能盡人之性。非忠則無由恕，非恕亦奚稱為忠也？[321]

所謂「情實」，即毋欺，即誠。而「誠」依《大學》、《中庸》解釋，就是忠。因「誠」之意是「實」，「忠」之意亦是「實」，所以「誠」與「忠」實是一意，皆「情實」也。而「忠恕之道」依《中庸》解釋，不外乎是「己所不欲，勿施於人」。是己所不欲為、所不欲受的，則不當施於他人身上，如此盡己之「性」，亦盡人之「性」，推己及人，便是修為的功夫。《論語・里仁》：「子曰：『參乎吾道一以貫之。』」《論語正義》釋曰：

---

[320] 劉寶楠撰、高流水先生點校：《論語正義》，（臺北：文史哲出版社，1990年），頁 525。
[321] 劉寶楠：《論語正義》，同上注，頁 153。

> 「一以貫之」者，焦氏循《雕菰樓集》曰：「孔子曰：『吾道一
> 以貫之』，曾子曰：『忠恕而已矣』，然則一貫者，忠恕也。忠
> 恕者何？成己以成物也。」[322]

知「一貫之道」──「忠恕」也。所謂「忠恕」就是「成己成物」。己
欲立而立人，已欲達而達人。

2. 宇宙乃一陰一陽之道

對於「道」，《正義》曰：

> 包氏汝翼《中庸說》：天道陰陽，地道柔剛，陰陽合而剛柔濟，
> 則曰中。中者，天地之交也。天地交而人生焉，故曰人者，天地
> 之心也。天以動闢，地以靜翕，一闢一翕，氤氳相成，交氣流
> 行，於是有寒暑、風雨、晦明。[323]

主天地宇宙創生之理，就是《易・繫辭傳》所謂：「一陰一陽之謂道。
繼之者善，成之者性也。」《易・繫辭傳》云：

> 夫乾，其靜也專，其動也直，是以大生焉。夫坤，其靜也翕，其
> 動也闢，是以廣生焉。廣大配天地，變通配四時，陰陽之義配日
> 月，易簡之善配至德。[324]

劉寶楠所主張的「道」，依《易經》的「一陰一陽之謂道」而來。以氣
化流行觀點論「天下之道」。從「一陰一陽之謂道」生生變易的創生，
展開了天地萬物的大化流行。而此道流注於萬物個體，即成萬物之
「性」。正如《中庸》所謂：「乾坤變化，各正性命。」[325]所以天地、
日月、寒暑、剛柔、翕闢、男女、陰陽、乾坤等事物，都在變化中有所
發展，而顯示「生生之道」。

---

[322] 同上注，頁 151。
[323] 同上注，頁 185。
[324] 魏・王弼注、唐・孔穎達疏：《周易正義・繫辭傳上》，《十三經注疏本》
（1），（臺北：藝文印書館，1981 年），頁 149-150。
[325] 鄭玄注、孔穎達疏：《禮記正義・中庸》，《十三經注疏本》（5）（臺
北：藝文印書館，1981 年），頁 900。

事實上，劉氏這一說法，戴震即有論述，其云：

> 天道，陰陽五行而已矣。人物之性，咸分於道，成其各殊者。[326]

所謂「道」是陰陽二氣之化生，並且人之「性」，亦是由此陰陽五行之
氣化而來。劉寶楠承此一說，以「道」是落在經驗界、形氣中實體實事
為主，絕非宋儒所謂「抽象之形上之理，理氣二分，或理一分殊之說
法」。[327]

3. 人物各受血氣以生

《正義》言「性」之生，乃因一陰一陽的變化而成，可知其所謂
「性」，絕非形上抽象之理，而是氣化流行之「性」。其云：

> 然言「性與天道」，則莫詳於《易》，今即《易》義略徵之。
> 〈繫辭上傳〉：「一陰一陽之謂道。繼之者善，成之者性也。」
> 又曰：「成性存存，道義之門。」〈文言傳〉：「乾道變化，各
> 正性命。」又曰：「利貞者，性情也。」〈說卦傳〉：「窮理盡
> 性以至於命。」又曰：「昔者聖人之作《易》也，將以順性命之
> 理。」此言性也。〈臨・象傳〉：「大亨以正天之道也。」……
> 〈繫辭傳〉，言天道尤多。凡陰陽、剛柔、法象、變化、健順、
> 易簡，皆天道之說。又〈无妄・象傳〉：「大亨以正，天之命
> 也。」……則天命即是天道也。又〈乾・象傳〉、〈蠱・象傳〉
> 〈剝・象傳〉〈復・象傳〉所言天行，亦即天道，是並言天道

---

[326] 戴震：〈性一〉，《孟子字義疏證》上，（《戴東原先生全集》，臺北：大
化書局，1978 年），頁 300。

[327] 張麗珠先生云：「在程朱理學中，理氣是被析為二層的，其中動態、有作
用的氣，是被劃歸為形下的；至於形上之理，則只是寂然不動、無形體、
本身不能有作用的。是故宋儒雖也講體用一源、理一分殊、其實也只能從
理論上來講，因為只要一落到現象界，就統統是屬於形下之氣了。所以凡
一切作用流行，都不是形上寂然不動、至善的純『理』，而是蘊涵不善根
源在其中的氣化了。是以在程朱的性、情分判架構中，只有形上純理的
『性』是至善的，情、欲都是駁雜不純，而有善、有不善的。」《清代義
理學新貌》，（臺北：里仁書局，1999 年），頁 148。

也。鄭注此云:「性謂人受血氣以生,有賢愚。」案:受血氣則有形質,此「性」字最初之誼。……包氏汝翼《中庸說》:「性也者,天地之交氣也。天氣下降,地氣上升,交在於中,故〈傳〉曰:『人受天地之中以生』。性之於字,從心生,從生,人生肖天地,而心其最中者也。」案:包說即鄭《注》「人受血氣以生」之旨。血氣受之父母,父母亦天地之象也。孟子云:「形色,天性也。」形色即型質。人物各受血氣以生,各有形質,而物性不能皆善,惟人性則無不善。[328]

以《易》解釋「性與天道」。在「性」方面,主鄭玄注解,以「性」是受血氣以生而來的。所以其所謂「性」是一「血氣心知」的「氣質之性」。一如戴震的說法。其《正義》引戴震《孟子字義疏證》進一步解釋:

性者,分於陰陽五行,以為血氣、心知、品物,區以別焉。……氣化生人,生物以後,各以類滋生久矣。……在氣化曰陰陽,曰五行,而陰陽五行之成化也,雜揉萬變,是以及其流形,不特品物不同,雖一類之中又復不同。凡分形氣於父母,即為分於陰陽五行,人物以類滋生,皆氣化之自然。[329]

所謂「性」乃承自陰陽五行之氣化,因氣化之雜揉萬變,故有血氣、心知、品物之別。人因所承之氣有偏全、厚薄、清濁、昏明之異,所以各成之「性」亦不全同。然「性善」與否?對於此,劉氏以為「人性近於善,世所謂不善,是『習』造成」。所以「性」——「食色之性」,乃自然本能。然人與禽獸不同,在「人知」,而禽獸「不知」。人能知,故可引導、可知如何是好、可改變,是以可為善也。但禽獸無知,「性」不可移,則「習」亦枉然,無所謂相遠也,所以人能知,故「性」相近於「善」,因「習」而遠;而禽獸則「習」亦不能相遠,因其「性」不可移,不能知,故不能言善也。

---

[328] 劉寶楠:《論語正義》,同注 320,頁 185。
[329] 同上注,頁 676。

4. 欲根於性而發於情

人性既是血氣產生，必有「欲」。劉氏對於「人欲」，於《論語‧公冶長》：「子曰：『吾未見剛者。』對曰：『申棖』子曰：『棖也欲，焉得剛？』」《論語正義》云：

> 古無「慾」，有「欲」。欲根於性而發於情，故《樂記》言「性之欲」《說文》言「情，人之侌氣有欲者」也。聖凡智愚，同此性情，即同此欲，其有異者，聖智皆能節欲，能節故寡欲也。若不知節欲，則必縱欲，而為性情之賊。故孟子曰：「養心莫善於寡欲。其為人也寡欲，雖有不存焉者，寡矣；其為人也多欲，雖有存焉者，寡矣。」[330]

正視「情欲」，乃承襲「戴震」的說法。以「欲」為人之本有，乃是「根於性而發於情」的，無論聖、凡、智、愚者，皆一同有情有欲。然聖、愚不同在：聖者能「節欲」，故能「寡欲」；相反的，不知「節欲」者，則「縱欲」，無所不為，是為性情之賊。又舉：子貢之例，其謂：「我不欲人之加諸我也，吾亦欲無加諸人。」《論語‧公冶長》。畢竟人皆有欲有情，無異於我，只是凡人皆喜逞己欲，而枉顧他人感受，如此，便是自私逞欲，傷人之舉；相反的，若能反躬自省，以己之性情通他人之性情，以己推諸人，人同此心，心同此理，為他人著想，思其感受，如此，便是「克己復禮」，依乎天理之行為。

據孟子之言，我們知道「物之不齊，物之情也」。天下萬物各有不同，此乃自然之實情，無法改變的；正如「一種米養百樣人」，也無法要求他人所有（包括想法、見解）與自己是一模一樣的，明乎此理，就不能要求別人雷同自己的標準、想法、性情等。明己有欲求，他人亦有欲求，己之所能，他人亦是其所能，是以凡事不能只知有己，而無他人；相反的，更要推己及人，思己通人，如此，則無逞慾以禍害於人。聖人之所以為聖，在其能盡己之「性」以盡人之「性」，因材施教，使

---

[330] 同上注，頁182。

人人各因其才性而得其所用，是以天下人共涵於天地化育中，致中和，位天地，育萬物，各得其所而至太平之境。

五、劉師培情理論探索

（一）學者傳略

劉師培（1884～1919），江蘇儀徵人，字申叔，又名光漢，別號左盦。據蔡元培先生〈劉君申叔事略〉與陳鐘凡先生〈劉先生行述〉所載，曾祖劉文淇、祖父劉毓崧、伯父劉壽曾、父親劉貴曾，多以經術名世，且擅長《春秋左氏》，競起於清末道光、咸豐、同治、光緒年間。祖父劉毓崧「以治《春秋左氏傳》有聲於時」[331]。劉氏十二歲「即讀畢《四子書》與《五經》」，十八歲「補縣學生員」中秀才；十九歲「領鄉薦」中舉人；二十歲「赴京會試，歸途，滯上海，晤章君炳麟及其他愛國學社諸同志，遂贊成革命，時民國紀元前九年也」[332]。後更名為「光漢」，「著《攘書》，昌言排滿復漢矣。」一年後，又與林獬主持《警鐘日報社》，是年冬，與萬福華謀刺王之春，不遂。又過一年，《警鐘日報》被封，劉氏與陳獨秀、章士釗等在蕪湖皖江中學任教員，發行《白括報》。次年，亡命日本，與妻何班同往。「時為《民報》撰文，與炳麟甚相得。」[333]

是年夏，其創《天義報》。秋，其與張君繼設「社會主義講習會」。一年後，其又創《衡報》，皆主社會主義與無政府主義。是年，其與炳麟齟齬，「有小人乘間運動何班，劫持君為端方用，君於是年冬歸國，依端方於江南」[334]。

是時端方任兩江總督。次年，端方銜命入四川，遇刺而死，劉氏獲免，辛亥革命成功，劉氏講學於四川國學院，因消息斷絕，「炳麟不念

---

[331] 蔡元培先生〈劉君申叔事略〉、陳鐘凡〈劉先生行述〉，（南桂馨先生等編：《劉申叔先生遺書》，南京：江蘇古籍出版社，1997 年），頁 23、頁 19。

[332] 同上注，頁 20。

[333] 同上注，頁 21。

[334] 同上注，頁 22。

舊惡，甚思君，乃約余（蔡元培）共登一廣告於上海各報，勸君東下」。「民國二年，君赴山西；三年，赴北京；四年，君忽為楊度等所勾引，加入籌安會，袁世凱死，君留滯天津。」[335]劉氏兩度為外誘所擾，一次為端方所用，一次為袁世凱所用，但均為時甚暫。[336]

蔡元培先生云：

> 余長北京大學後，聘君任教授，君是時病療已深，不能高聲講演。然所編講義，元元本本，甚為學生歡迎。八年十一月二十日，君卒。年三十有六。[337]

劉師培任北大教授後，已病入膏肓，不久，於民國八年十一月二十日逝世，年僅三十六歲。生病期間，雖不能講演，但其所編的講義，頗受學生歡迎。

（二）劉師培情理論

1. 在物在心，皆是理

劉師培論「理」，其〈理學字義通釋〉云：

> 文理、條理為理字最先之訓。特事物之理必由窮究而後明，條理、文理屬於外物者也，窮究事物之理，屬於吾心者也。……理也者，即由比較分析而後見者也。而比較分析之能，又即在心之理也。心理由物理而後起，物理亦由心理而後明，非物則心無所感，非心則物不可知，吾心之所辨明者，外物之理也，吾心之所以能辨別外物者，即吾心之理也。在物在心，總名曰理。[338]

---

[335] 同上注，頁 22。
[336] 陳克明先生：〈試論劉師培的經學思想〉，（《中國文化》第 15、16 期，1997 年 12 月），頁 253。
[337] 蔡元培先生：〈劉君申叔事略〉，同注 331，頁 23。
[338] 劉師培：〈理學字義通釋・理〉，《清儒得失論》，（北京：中國人民出版社，2004 年），頁 112-113。

有學者強調「促使戴學漸成顯學，主要因素是清末民初章太炎、劉師培、梁啟超等人大力闡揚的結果」。所謂：「章太炎有首倡之功，劉師培有完善之力。」[339]就「理」而言，可看出劉氏繼戴震的「事理」、「在物之理」外，進一步強調「心理」之重要性。畢竟「事物之理，心能別之」，方是得「理」，所以心中所悟的「理」，亦是「理」。因此，「理」對劉師培而言，「在物在心，皆是理」。

對於戴震的「理欲觀」，劉師培以為「非宋儒可及」。所謂：

> 宋儒以蔽為欲，復誤解《樂記》之文，以為天理與人欲不兩立，以天理為公，以人欲為私，惟斷私克欲，天理乃存。然宋儒之說貴公去私，近於逆民，東原之說推私為公，近於順民，又慮民之恣情縱欲也，故復於順欲之中隱寓節欲之意。[340]

又：

> 東原之解理字也，以為理生於欲，情得其平，是為循理。是則理也者也，人心之所同然者也，情欲之不爽失者也，故能戒偏私以公好惡，舍名分而論是非，言為世則其利溥哉。蓋東原解理為分，確宗漢詁，復以理為同條共貫也，故以理字為公例，較宋儒以渾全解理字者，迥不同矣。[341]

劉氏以為宋儒「以天理為公，以人欲為私」，為公而斷私去欲，不近人情，相反的，戴震主推廣天下人之私，足民之欲，此天下為公，才是「公理」，才近乎人情。所以從前那種「普天之下，莫非王土」上位者的「公」已被推翻。畢竟人欲是無法去除的，但亦非縱人人之欲，而是要有禮法「節欲」。

---

[339] 李帆先生：〈章太炎、劉師培、梁啟超與近代的戴學復興〉，（《安徽史學》2003 年第 4 期），頁 53。

[340] 劉師培：〈東原學案序〉，《劉申叔遺書》，（南京：江蘇古籍出版社，1997 年），頁 1759-1760。

[341] 劉師培：〈東原學案序〉，同上注，頁 1759。

又劉氏以為宋儒僅知「義理」而不知訓詁，而戴震之論「義理必衷訓詁，則功正名；講學不蹈空虛，則學趨實用」[342]。以訓詁求「義理」，方可「正名」，有憑有據，絕不穿鑿附會，是以劉氏以戴震之「理欲觀」較能「言為世則其利溥哉」，勝過宋明理學。

劉氏所主張的「理」，非形上抽象之理，是承襲戴震的「理欲觀」而來，不過，除了主張「理在事中」外，但亦強調「心悟」的功能，引證日本哲學家──井上圓了的著作，富涵西方心理學與唯心論的觀點。[343]

2. 性體情質，欲緣情發

劉師培〈理學字義通釋・性情志意欲〉云：

> 性情屬於靜，志意欲屬於動。人性秉於生初，情生於性，性不可見。情者，性之質也；志意者，情之用也；欲者，緣情而發，亦情之用也。無情則性無所麗，無意志欲則情不可見。[344]

又：

> 血氣心知即性之實體。古代性字與生字同，性字從生，指血氣之性言也。性字從心，指心知之性言也。性生互訓，故人性具於生初。《禮記・樂記》篇云：「人生而靜，天之性也。」……然古人又訓情為靜者，蓋人生之初，即具喜怒哀懼愛惡之情，有感物而動之能，然未與外物相接，則情蓄於中，寂然不動，即《中庸》所謂喜怒哀樂之未發謂之中，亦《易》所謂其靜也翕也。……蓋人情之動，由於感物，情動為志，即《中庸》所謂已發之中，亦《易》所謂感而遂通，《樂記》所謂應感物而動也。心之所欲為者為志，心念之初起者為意。心念既起，即本其情之

---

[342] 劉師培：〈東原學案序〉云：「欲通義理之學者，必先通訓詁之學矣。昔宋儒之言義理者，以心字理字為絕對之辭，凡性命道德仁義禮智皆為同物而異名……此則宋儒不明訓詁之故也。」同上注，頁 1759、1763。

[343] 李帆先生：〈章太炎、劉師培、梁啟超對戴震理欲觀的評析〉，（《北京師範大學學報》（社會科學版），第 188 期，2005 年第 2 期），頁 82。

[344] 劉師培：〈理學字義通釋・性情志意欲〉，同注 338，頁 114。

> 所發者而見之於外，此志意所由為情之用，無意志則情不可見
> 也。欲生於情，感物既多，心念既起，則心有所注，心有所注，
> 則意有所求，意有所求，不得不思遂其志而欲念以生。故欲緣情
> 發，乃情之見諸實行者也。[345]

劉氏以「情」從「性」中生，「情」乃「性質」也，而志、意、欲，情
之用也。「欲」更是緣情而發，感物而動。依此，整理出劉氏對「性、
情、志、意、欲」有如下之見：

(1) 人性秉於生之初，以血氣心知為其實體。正如戴震《孟子字
義疏證》云：「血氣心知，性之實體也。」[346]

(2) 「情」由「性」生，乃「性」之質也，亦在人生之初，即具
有喜怒、哀懼、愛惡之情。「情」、「性」皆靜也；蓋感物
而動，是以有志、意、欲等產生。此志、意、欲皆「情」之
用也。所謂未與外物相接，則情蓄於中，寂然不動，即《中
庸》所謂喜怒哀樂之未發謂之中。此未發之中即是「性」
——「情」之體也，而已發即是「情」之用也。

(3) 志乃物感情動而來。是「情」之發用顯現。亦如《樂記》所
謂應感物而動也。亦是心之所欲為者為志。

(4) 意，乃心念之初起。

(5) 欲即心有所注，則意有所求，遂思其志時，是以欲念滋生。
所以「欲」與志、意同，皆是情之發用。故欲緣情發，乃
「情」的顯發實現。

總之，性、情、志、意、欲，劉氏總括而言：

> 未與物接，空無一物，謂之性。既與物接，而為心念所從起者，
> 謂之情；心念既發，謂之意；意有所注，謂之志；意所專營，謂
> 之欲。[347]

---

[345] 同上注，頁 115-116。

[346] 戴震：《孟子字義疏證》卷上，（湯志鈞先生點校，《戴震全集》，上海：
古籍出版社，1980 年），頁 299。

更可看清楚，劉氏以為「性、情、志、意、欲」的關係，則是：性情乃一體兩面，情之體，是「性」也；「性」之質，是情也。其內容即是「血氣心知」。未受外物刺激時，寂然不動，性情本靜也，當與外物接觸後，無不感發，觸景傷情皆應驗產生。最初心念之發端是意，心意執取，謂之志，進一步，志之所專，汲汲營營，便是「欲」之生。不論志、意、欲等，都是「情」之感物而發用。若以圖示，即：

| 性 體 | 情 質 | →外物觸發後→意→意念執取→志→志之所專→欲。 |

圖五　劉師培的「性、情、志、意、欲」關係發展圖

3. 欲有嗜欲與欲望之別

劉師培對於「欲」，以為：

> 西人分欲為二種，一曰嗜欲，如男女飲食是也，是曰必得之欲；一曰欲望，如名譽財產是也，是曰希望之欲。……嗜欲之欲當節，而欲望之欲則人生所恃以進取者也，不當言節，惜戴氏未及知之。[348]

劉氏對「欲」之解說，不同於戴震的說法，其將「欲」分兩種解釋，一是指人身之「欲」，如飲食男女，人之大欲存焉。食色，「性」也之「欲」，不可避免之「欲」；另一則是指人的理想、抱負，是一種進取之希求，亦謂之「欲」，此乃希望之「欲」。此希望之「欲」。不必節制，應當鼓勵。畢竟「欲望」是社會進步的動力！

六、小結

　　「光大戴震情理思想者」這一節舉：凌廷堪、焦循、阮元、劉寶楠、劉師培等人為代表。他們共同的思想特色，皆是大力闡揚與傳承「戴震情理論」的思想為主。

---

[347] 劉師培：〈理學字義通釋・性情志意欲〉，同注338，頁116。
[348] 劉師培：〈東原學案序〉，同注338，頁1760。

於「理」上，強調事事物物皆有「理」，此「理」不再是宋明理學中「形上抽象之本體」，而是戴震所主「理為事物的條理、分理」之意義。是以人倫上有「理」可行，此可行之「理」便是「禮儀規範」，淩廷堪首倡「以禮代理」，以為「禮」──「有事可循」、「有儀可案」、「有物可稽」，具體可行，然「求諸理必至於師心」，而「求諸禮始可復性也」。端此，淩氏「棄理以復禮」也，強調是可使人們踐履實行的儀則，方是「理」，而非各自「師心自用」之「理」。

焦循以「理者，分也；義者，宜也」解釋物物各有其分理，行其所當行，則是「理」，則是「義」也。因此，人們行其所當行的「理」便是「禮」，是以焦循主「禮論辭讓，理辨是非」又「理足以啟爭，而禮足以止爭也」。不直說「以禮代理」，但實際上，焦循是非常強調以「禮」作人事中的「準則」，以「禮儀規範」建立一良好的社會秩序。阮元認為「事事有禮」，「皆歸實踐」，以天下事必至於五倫之至善，方是「理」，如何做到五倫至善之境，關鍵在「踐禮」，且以為「理必附乎禮以行」，強調實踐「禮儀規範」之要。所謂：「五倫皆禮，宜忠宜孝，即理也。」便是其所強調的以具體之「禮」實行抽象之「理」，「理出於禮也」的意義。劉寶楠以《易‧繫辭傳》：「一陰一陽之謂道。」主「理」是形下氣化之「理」，是以「道」是落在現實經驗界中，萬事萬物都有其「理」，而為人之「理」便是盡到「人」之本分，安分守己，循規蹈矩也。劉師培乃儀徵劉氏第四代，乃清末民初時期的人，但重點是「近代戴學復興」的關鍵人物之一便是劉師培（另二人是章太炎與梁啟超），劉氏是揚州人，是以這位「揚州儒學的殿軍者」（張舜徽先生語）當在此闡明。劉師培以「在物在心，總名曰理」承繼戴震的「事理」、「物理」之意，但劉氏進一步強調「心理」的重要。以為「事物之理，心能別之」，方是得「理」，所以心中所悟的「理」，亦是「理」。

於「人性論」上，皆主「性」乃「生理之性」，是一「血氣心知」之「性」。淩廷堪以「人性初不外乎好惡也」，因人性「好惡」兩端，所以是「先王制禮之大原」。焦循主「性無他，食色而已。飲食男女，與物同之」，承襲戴震「血氣心知之性」說，主「性」乃「食色之

性」，雖如此，但其提出「人性可引」、「能知故善」說。以人「能知如何是好」這一秉賦，所以焦氏依此作人異於禽獸的關鍵。所以人性可引以為善，關鍵在「能知」，基於此，焦氏進一步強調「學習」與「變通」之要。阮元從「性」字解析，以為「性字從心，即血氣、心知也」。一如戴震之說，又以為「若無氣質血氣，則是鬼非人矣，此性何所附麗？」因此，阮元的「人性論」是強調「血氣心知」之「性」，是有「欲」在其中的，正因「性中有欲」，所以阮氏亦主張以禮儀節制人性，並以此「定性」。劉寶楠言「性」之生，乃因一陰一陽的氣化變來，所以其以為「人物各受血氣以生」是一形下氣化之「性」。劉師培即主「血氣心知即性之實體」。因此，「性」中有「情」有「欲」，再經過外物觸發後，便成了「意」，「意念」一旦執取，便是「志」，而志之所專，即形成「欲」。

　　於「情欲論」言，他們均視「情欲」在「性」中，然「情欲」本身無所謂「善惡」等價值判斷，只是上天既賦予人們「血氣心知」之「秉性」，「欲」則是不可能「無」的，亦無法「禁欲」、「絕欲」，但「欲」必須節，「節欲」在「禮」。淩廷堪主「夫人有性必有情，有情必有欲」。是以必須以「禮」「養情節欲」，「習禮復性」。焦循除主張「以禮節欲」外，其強調「情」的「互通」意義，所謂：「人欲即人情，與世通，全是此情。」又「旁通以情，格物之要也。」主人必須活在人的群體中，互通情意，關懷他人，方能共締造「和樂美善」的世界。阮元以「欲生於情，在性內，不能言性內無欲」但必須「欲在有節，不可縱」，所以主「勤威儀以保定性命」，以「禮儀規範」節制「情欲」。劉寶楠主「欲根於性而發於情」，而「情」當作「情實」講，亦是所謂「好惡之誠」。劉師培以「性體情質，欲緣情發」解釋「情欲」，又視「欲」有兩種，未必都要節制，即「嗜欲」與「欲望」兩種，當是「嗜欲」時，必以禮節制，但當是「欲望」時，卻是一種進取之希求、抱負、理想與動機，如此，「欲望」便是社會進步的動力。

　　另外，他們強調「實踐」，尤以阮元為要。阮元主「仁」是「相人偶」之「仁」，是以「仁」必落實在人我相親、互愛互助上，方可謂

「仁」,絕非「端坐靜默可曰仁也」。此「仁」說對後來「社群意識」
的高漲,有很大的影響。

第二節　春秋學情理論者

一、凌曙情理論探索

(一)學者傳略

　　凌曙(1775~1829),字曉樓,一字子昇,號蜚雲閣主(或蜚英閣
主),江都(今江蘇揚州)人,生於清乾隆四十年,卒於道光九年,享
年五十五歲。[349]

　　小時家貧,雜作傭保,但好學不倦,喜讀《四子書》。年二十,為
童子師。問學與治業於包世臣。[350]「其有甥,儀徵優貢生劉文淇,少貧
如君,君愛其穎悟,不忍棄之。逐末自課之,且教且學。[351]」

　　「曙乃稽典禮、考古訓,為《四書典故覈》六卷,歙洪梧甚稱之。
既治鄭氏學,得要領,又從吳沈欽韓問疑義,益貫穿精審。後聞武進劉
逢祿論何氏《公羊春秋》而好之。」[352]

---

[349] 清・國史館編:《清史列傳》第 18 冊、69 卷,(北京:中華書局,1988
年),頁 5612-5613;趙爾巽等編:《清史稿》489 卷,列傳 269 卷:〈儒林
傳〉第三〈凌曙傳〉,(北京:中華書局,1976 年),頁 13264。

[350] 包世臣:〈清故國子監生凌君墓表〉云「江都有生於孤露、不假師資,自力
學以成名者二人;曰拔貢生汪中容甫、國子生凌曙曉樓。予以嘉慶六年遊揚
州,則汪君卒,及十年再至,乃識凌君。君生貧而居市,十歲就塾年餘,讀
四子書未畢,即去香作雜傭保。然停作則默誦所已讀書,苦不明話解。……
年二十,乃棄舉業,集童子為塾師,稍稍近士人,然或儗陋不足當君意。故
君學為世俗制舉文無尺度,同人亦莫肯為言者。而童子嘗從君遊,則書必
熟,作字正楷。以故信從眾,修脩入稍多,益市書。……君初識予,問所當
業,予曰:『治經必守家法,專治一經,以立其基,則諸家可漸通。然心之
為用,苦則機窒、樂則慧生,機窒者常不卒其業。凡讀書不熟,則心以為
苦。君自取熟者治之可也。』」,《藝舟雙楫》卷 4,(收入於《續修四庫
全書・子部・藝術類》,上海:上海古籍出版社,1995 年),頁 659。

[351] 同上注,頁 659。

[352] 同注 349,頁 660。

後入都，為阮元校輯《經郛》，盡見魏、晉以來諸家《春秋》說，「深念《春秋》之義，存於公羊。」[353]而《公羊》之學傳自董仲舒，董氏《春秋繁露》「原天以尊禮、援比以貫類，旨奧詞頤，莫得其會通。」凌氏乃「博稽旁討、承意儀志，梳其章、櫛其句，為《注》十七卷。[354]」「又別為《公羊禮疏》十一卷、《公羊禮說》一卷、《公羊問答》二卷。」後阮公「延君入粵課諸子。」凌氏以《禮》「喪服」為人倫大經，然「後儒舛議、是非頗謬」，故作《禮論》百篇，引申鄭義。[355]

凌氏夙患風痺，養痾於董子祠之南偏道院。遂於道光九年五月二十六日卒於寓廬，年五十有五。[356]包世臣以其乃汪君後之大學者，其刻苦向學，始終不渝，乃過於汪君，故特誌銘曰：

> 凌氏之先，泰州著籍。儒歷險憲，明史稱直。
> 曾祖曰裏，武長千夫。祖鷟父鸑，乃寄江都。
> 君宴且魯，好學根性。自知讀書，不隰而正。
> 古有都養，抑聞牧豬。十五年所，其精不遹。
> 吁嗟凌君，遠與為儔。名則既振，福迺不皆。
> 抉經之心，以一何鄭。排斥詖辭，章明先訓。
> 粵有慶允，泣抱遺書。修德必報，成此黃諸。[357]

（二）凌曙情理論

凌曙乃治今文《公羊》學之學者，亦是引《公羊》學入禮學之先導[358]。其著作，今學者大多較注意是其《公羊》學、禮學與《春秋繁

---

[353] 包世臣：〈清故國子監生凌君墓表〉，同注350，頁660。

[354] 同上注，頁660。

[355] 同上注，頁660。

[356] 同上注，頁660。

[357] 同上注，頁660。

[358] 鄭卜五先生：《凌曙公羊禮學研究》云：「其《公羊問答》、《群書答問》皆以公羊學之精神加以闡發，其《公羊禮說》、《公羊禮疏》、《禮說》、《禮論略鈔》、《儀禮禮服通釋》更是公羊與禮學之結合，尤其《春秋繁露注》更開啟研究公羊學的另一門徑。」（高雄：高雄師範大學國文所博論，1997年），頁6-7。

露》等論述,然多將之列為常州《公羊》學之開山祖師[359];殊不知其
亦是江都──揚州人,乃儀徵劉文淇之舅父,與儀徵劉氏關係匪淺
矣。在「揚州學派」之學者而言,其亦屬之,但可怪的是論述「揚州
學派」之學者,如張舜徽先生、趙航先生等均未將之列入且對其專門
論述[360]。在此,個人以為凌曙應列為「揚州學者」,一者因其是江都
揚州人,有著地緣因素;二者因其與儀徵劉氏有親戚關係,既然儀徵
劉氏皆為「揚州學者」,凌曙是其舅父(劉文淇)、舅公(劉毓崧
等),為何不是「揚州學者」?學者指出:「揚州學派儼然成為乾嘉
樸學由訓詁、考據之學,走上「義理」、致用之學的橋樑,終於常州
今文學派,共同推衍出晚清《公羊》學者今文經學的改革浪潮。為通
經致用的傳統學統,畫下句點[361]。」不是嗎?

於此,個人將其著作一一翻閱,見其「義理」──「情理」之思
想,藏於《公羊禮疏》與《四書典故覈》等書之片言隻語中,此至今皆
不為人所重視與研究過,殊不知其正因有此思想,而有著《公羊》學與
禮學融合一體的《公羊禮疏》等著作;在此,將其思想做一披露:

1. 六經之道,同歸禮樂之用

凌曙云:

---

[359] 蕭曉陽先生、羅時進先生:〈常州庄氏之學與近代疑古思潮之發生〉云:
「據《清史列傳》載,凌曙曾轉益多師,『後聞武進劉逢祿論何氏《公羊春
秋》而好之。』……陳立『師江都凌曙、儀徵劉文淇受《公羊春秋》,自是
劉氏學術之嫡派。』故近代湘學、蜀學中尚今文之風,可上溯至凌曙、魏
源,皆源於常州之學。」,(《衡陽師範學院學報》第 29 卷第 1 期,2008
年 2 月),頁 82。

[360] 張舜徽先生:《清儒學記・揚州學記》於「凌曙」未有專門論述,僅在
「己、劉文淇 附劉毓崧、劉壽曾、劉師培」部分略提,張氏云:「劉文
淇,……在經學研究方面,卻為當時學術界所推重。特別是研究《春秋左氏
傳》,是他一生專門之學,有大名於當時。談到他的學術淵源,必然要聯系
到江都凌曙。」,(濟南:齊魯書社,1991 年),頁 459-460;趙航先生:
《揚州學派概論》亦未對凌曙論述,其第十章,即:「三世通經──劉文淇
劉毓崧 劉壽曾」而已,(揚州:廣陵書社,2003 年),頁 186-201。

[361] 李幸長先生:《凌曉樓學術研究》,(高雄:高雄師範大學國文所博論,
1998 年),頁 1。

> 觀乎古帝王之經理天下也，得禮治，失禮亂，得失之所關，治亂
> 之所本，可不慎與？是以淫辟之罪多，昏姻之禮廢也；爭鬥之獄
> 蕃，鄉飲之禮廢也；骨肉之恩薄，喪紀之禮廢也；君臣之位失，
> 朝聘之禮廢也。由是觀之，六經之道，同歸禮樂之用。[362]

以「禮」治天下之關鍵。所謂：得禮則治，失禮則亂也，故「治亂之
本」在於「禮」。畢竟有「禮」走遍天下；「禮」一如「交通規則」，
馬路如虎口，但有「交通規則」之訂立，則使行駛者有「禮」可循，依
「禮」而行，交通則暢行無阻，不致癱瘓，動彈不得；亦避免有意外發
生，此皆因「禮」（規則）之制定，使人們可以遵循之。此凌曙亦談
到：天下之所以有殺、盜、奸、淫、篡、寡等事產生，皆因「禮廢」造
成，所以天下之治在於一「禮」也；有「禮」則天下治矣；故道不外
求、不遠求；六經之道，看似繁複、深奧，實則一「禮」也。

2. 禮本人情以即於安

凌曙云：

> 吾人為學自治經始，治經自三禮始。三禮書甚完具，二鄭、孔、
> 賈發明其義甚明。且密推人情之所安，以求當於古先聖王制作之
> 源，則莫不有合焉者。……禮本人情以即於安，故禮者治人之
> 律，而《春秋》則其例也，《春秋》之旨，僅存於《公羊》，得
> 何氏闡其說，然後知禮之不可頃刻使離於吾身，故不通鄭氏書
> 者，不知何氏之平凡，不通何氏書者，不知鄭氏之精當也。[363]

凌曙在此說明為學由治經始，治經自三禮始。古聖先王之「理」均在三
禮中，後人之注釋如：鄭玄、孔穎達等所闡發之「義理」，非常明瞭易
曉。且「禮」不玄遠，乃依「人情」所制定，「人情」之所安而來，合

---

[362] 凌曙：《春秋公羊禮疏・序》，（收入於《原刻景印百部叢書集成初編》
（71），臺北：藝文印書館，1967 年），頁 12。

[363] 凌曙：《四書典故覈・序》，（收入於《續修四庫全書・經部・四書類》
（169），上海：上海古籍出版社，1995 年），頁 3。

於古聖先王定立典章制度之初衷，所以「禮本人情以即於安」也。「禮儀規範」本於「人情義理」而來，符合人性人情，是人們皆可為之，可實行的，如此，人人依「禮」而行，天下安定，共造一禮治社會。故凌曙強調「禮」乃「治人之律」，以「禮」作人們之繩墨，《春秋》乃禮之義例也；畢竟「道之以德，齊之以禮，有恥且格」，否則，「道之以政，齊之以刑，民免而無恥。」[364]

二、劉文淇情理論探索

（一）學者傳略

劉文淇（1789～1854），字孟瞻，清揚州儀徵人。父錫瑜，以醫名世，與當時學者包世臣交好。[365]文淇八歲時，即出外就學，努力不輟。[366]少年家貧，舅氏凌曉樓喜其穎悟，親自教之。後經包世臣推薦，入梅花書院，從洪梧學習。[367]十九歲時，受知於倉場侍郎莫晉，與薛傳均同補博士弟子生員。於嘉慶己卯年（1819AD）科與劉寶楠一同拔取優貢生，並獲得「二劉」之稱號。[368]此後十四次禮闈不售，道光二十年後，因父棄養，遂不復試，以校讎為業[369]。此後，文淇命名文集並題署門楣「青溪舊屋」，取義南齊劉子圭家青溪，聚徒授書，不期榮進。[370]

---

[364] 朱熹：《論語章句集注》，（收入於朱熹：《四書章句集注》，臺北：大安出版社，1991年），頁54。

[365] 包世臣：〈劉國子家傳〉，《藝舟雙輯》卷8，（收入於《續修四庫全書‧子部‧藝術類》，上海：上海古籍出版社，1995年），頁661。

[366] 劉文淇：〈先府君行略〉、〈先母凌孺人行略〉，《青溪舊屋文集》卷10，（收入於《續修四庫全書‧集部‧別集類》第1517冊，上海：上海古籍出版社，2003年），頁73、75。

[367] 包世臣：〈清故國子監生凌君墓表〉，《藝舟雙輯》第2冊、卷4，同注365，頁660。

[368] 劉毓崧：〈先考行略〉，《通義堂文集》卷6，（收入於嚴一萍先生編輯：《求恕齋叢書》（集部），《叢書集成續編》，臺北：藝文印書館，1970年），頁54。

[369] 劉文淇：〈戲作別席號舍詩，再疊別號舍詩舊韻序〉，《青溪舊屋文集》卷11，同注366，頁78。

[370] 汪士鐸：《青溪舊屋文集‧序》，《青溪舊屋文集》卷首，同上注，頁1。

　　然文淇少年志學，稍長，即精研古籍，貫串群經，於毛、鄭、賈、孔之書及宋、元以來學說，均博覽冥搜，「實事求是」。初好《毛詩》，後習《左傳》，於《左傳》致力尤勤。曾與劉寶楠等相約，為諸經各作新疏，淇爰輯《春秋左氏傳舊注疏證》一書，草創四十年，長編八十卷雖具，未及寫定，遽爾遺世。惟抉剔孔氏義疏所襲取劉炫《述議》別為表著，成《左傳舊疏考正》八卷僅存。[371]

　　細繹劉文淇學術歷程，大致可分為三階段：1、從淩曙學習；2、至梅花書院跟隨洪梧等學習；3、校書治學。治學興趣始好詩，治《毛詩》，校勘朱子《詩集傳》，而後依次校勘《十三經》，終以專注《左傳》為職志。[372]

（二）劉文淇情理論

　　提及儀徵劉氏，學界多以其能世代相傳，共治一經而讚嘆不絕，與吳門惠氏三傳，揚州二王，甚或嘉定九錢相比[373]。劉氏家學，始自劉文淇研《左傳》起，繼而子劉毓崧以「禮」通《左傳》等群經，終劉師培集大成[374]。馮煦云：

---

[371]（日）小澤文四郎：《儀徵劉孟瞻（文淇）先生年譜》，（收入於《近代中國史料叢刊》804冊，臺北：文海出版社，1972年），頁40。

[372] 郭院林先生：《清代儀徵劉氏《左傳》家學研究》，（北京：中華書局，2008年），頁27-28。

[373] 同上注，頁73。又陳秀琳先生：〈評劉文淇《左傳舊疏考正》〉亦云：「儀徵劉氏為《左氏》世家，世代相繼之作《左傳舊注疏證》，雖非完稿，久為治《左氏》者之主臬，可謂絕學巨著。」（《中國文哲研究通訊》第10卷第1期，2000年3月），頁161。

[374] 劉氏四代除了治《左傳》有成外，事實上，於《十三經注疏》方面，亦用功卓著。據林慶彰先生：〈劉文淇《左傳舊疏考正》研究〉云：「除焦循手批《十三經注疏》、阮元校勘和刻印《十三經注疏》外，劉文淇祖孫三代是對《十三經注疏》中的注和疏下最多功夫的學者。劉文淇著有《左傳舊疏考正》，條舉《左傳正義》中的義疏，證明是出自劉炫《述議》。其子劉毓崧有《周易舊疏考正》、《尚書舊疏考正》，研究方法和目的都和其父劉文淇相同。文淇之孫劉壽曾，雖沒有舊疏考證之類的著作，但他曾比較《十三經注疏》中各家義疏的優劣得失，作〈十三經注疏優劣考〉一文，今收入《傳雅堂文集》卷一中。」（見楊晉龍先生編：《清代揚州學術》下冊，臺北：中研院文哲所，2005年），頁598。

儀徵劉氏自孟瞻先生以經術顯海內，三世相承……百餘年淮揚間一作手也。嗚呼！經世之系世運深矣。士不通經，不足為治，得之則昌，失之則亡。……夫乾嘉道間，一盛世也。淮揚治經之家，並劉氏而起者，有高郵王氏、寶應劉氏、朱氏、淮安潘氏、丁氏，而尤以王與劉為父子儼若師友，一書之成，敝數世精力而為之。何其休也。[375]

汪士鐸亦云：

國家以文德化成海內，百年來尤重經術。江淮間推儀徵劉氏，自孟瞻先生以經學純德，師表儒術，余同年伯山繼之，其良子恭甫又繼之，三世通經精博，學者企若吳門惠氏。[376]

知起始劉氏家學的開創者是劉文淇，美國恆幕義（Heng Mui）先生稱劉文淇是「清代第一位著手研《左傳》的學者。」[377]郭院林先生云：

總的說來，劉文淇一生治學自學習古文，研讀《毛詩》開始，繼而跟隨凌曙習《公羊》，而後校書授徒之餘，專治《左傳》，考證《左傳》舊疏、輯錄舊注並為之疏證，開啟了劉氏家學四代持續的治經事業，在方法上與體例上有開創之功，啟迪後人。[378]

劉文淇的成名作：《左傳舊疏考正》與《春秋左氏傳舊注疏證》，可謂集研究《左傳》之大成。尤以《春秋左氏傳舊注疏證》，取著廣博，資料豐富。「上稽先秦諸子，下考唐以前史書，旁及雜家筆記文集，皆取為佐證。期於「實事求是」，俾左氏之大義炳然復明。」[379]見此書於學

---

[375] 馮煦：《傳雅堂文集・序》，收入於清・劉壽曾著、林子雄先生點校、楊晉龍先生校訂：《劉壽曾集》，（臺北：中研院文哲所，2001 年），頁 1。

[376] 汪士鐸：〈劉恭甫墓誌銘〉，《傳雅堂文集》卷首，收入於清・劉壽曾著、林子雄先生點校、楊晉龍先生校訂：《劉壽曾集》，同上注，頁 11。

[377] 美・恆幕義（Heng Mui）先生：《清代名人傳略》下冊，（新疆：青海人民出版社，1990 年），頁 73。

[378] 郭院林先生：《清代儀徵劉氏《左傳》家學研究》，同注 372，頁 74。

[379] 劉毓崧：〈先考行略〉，《通義堂文集》卷 6，（收入於嚴一萍先生編輯：《求恕齋叢書》（集部），《叢書集成續編》，臺北：藝文印書館，1970年），頁 54。

術上的地位與價值。然更重要的是，劉文淇發明揚州學人面向人事與面向實踐的特點[380]，重視「經世致用」。此《疏證》內容，據張惠貞先生研究，可知內容廣泛，舉凡文字訓詁、名物解說、禮制內涵、傳文旨意、人名、經傳國名、地名、人名世襲、與曆法等等，均有包括；計文字訓詁有七十五例、名物解說十一例、禮制十九例、傳文旨意一百四十四例、經傳國名、地名有四十三例、人名解說有九例。[381]然不論此書內容如何，劉文淇以此建立古文經家法的傳統於不墜，是可以肯定的，而其亦為後人奠立治《左傳》的根本。然其治《左傳》，非如劉逢祿強調「義例」，如《公羊》學之義例以論《春秋》義例；劉文淇乃是以《禮》注《左》，闡明義例之不可靠。學者指出：其這一思路恰恰來自劉文淇向今文經學學習而取的策略[382]。其舅父凌曙專治今文《公羊學》，或許受其影響而來[383]；其《春秋公羊禮疏·序》云：

> 觀乎古帝王之經理天下也，得禮治，失禮亂，得失之所關，治亂之所本，可不慎與？是以淫辟之罪多，昏姻之禮廢也；爭鬥之獄蕃，鄉飲之禮廢也；骨肉之恩薄，喪紀之禮廢也；君臣之位失，朝聘之禮廢也。由是觀之，六經之道，同歸禮樂之用。[384]

見凌曙一再強調：經綸世道莫過於「禮」，所以「得禮治，失禮亂」。聖賢之垂教，「實事求是」，皆歸於「禮樂」為用，方是實際。凌曙諸作，如：《春秋公羊禮疏》十一卷、《公羊禮說》一卷、《公羊問答》

---

[380] 祁龍威先生：〈清乾嘉後期揚州三儒學術發微〉，（《揚州大學學報》（人文社會科學版）第 4 卷第 2 期，2000 年 3 月），頁 68-73。

[381] 張惠貞先生：《劉文淇春秋左氏傳舊注疏證體例之研究》（臺中：逢甲大學中文所碩論，1991 年），頁 68-74。

[382] 郭院林先生：《清代儀徵劉氏《左傳》家學研究》，同注 372，頁 118。

[383] 盧明東先生：〈論《春秋左氏傳舊注疏證》中的尊王思想〉云：「除了受凌曙以外，劉文淇受沈欽韓（1775-1831）的影響也不少，兩人還經常有書信往來。沈欽韓治《春秋》專明《左傳》義，尤勤於禮學，著《春秋左氏傳舊補注》十二卷；在致沈欽韓信中，劉文淇坦然稱『《疏》中所載，尊著十取其六。』這說明《疏證》的內容不少取自《補注》」，（《南京曉庄學院學報》第 3 期，2006 年 5 月），頁 58。

[384] 凌曙：《春秋公羊禮疏》，（收入於《原刻景印百部叢書集成》（71），臺北：藝文印書館，1967 年），頁 12。

二卷，亦將《公羊》之「義理」援入禮學之中，使其論據有原。[385]是否這一思路啟發了劉文淇，畢竟《公羊》之「義理」可援入禮學中，那麼，《左傳》闡發《春秋》的微言大義，是否亦可從禮學意義上進行論證？若其以禮注《左》，那麼，在為人處事等思想方面，是否會受其左右？據學者研究指出：如果說劉文淇學術可歸於漢學家考據一類，則他的品行確可歸於理學一類。[386]不論其言行舉止表現，頗似理學家之修為，但觀其著作，所闡述的「情理思想」如何？則是本書所欲探究的；個人據其著作，一一披閱，發現其「情理思想」有：

1. 釋《春秋》必以《周禮》明之

劉文淇云：

> 釋《春秋》必以《周禮》明之；周禮者，文王基之，武王作之，周公成之。《周禮》明，而後亂臣賊子乃始知懼。若不用《周禮》，而專用從殷，《公羊》家言《春秋》，變周之文，從殷之質，殊誤。則亂臣賊子皆具曰：「予聖」！而借口於《春秋》之改制矣。《鄭志》曰：「《春秋》經所譏所善，皆於禮難明者也。其事著明，但如事書之，當按禮以正之。」所謂禮，即指《周禮》。[387]

---

[385] 鄭卜五先生：《凌曙公羊禮學研究》，（高雄：高雄師範大學國文所博論，1997 年），頁 3。

[386] 郭院林先生：《清代儀徵劉氏《左傳》家學研究》亦云：「其生平學行仍近乎惠氏的『六經尊服、鄭，百行法程、朱』。即使在漢學最盛、宋學頹敗之際，於二者仍然兼顧不失，一方面是治學之器，一方面是修身條則。二者並不如以往的研究那樣對立，而是相輔相成。劉文淇這種學行並重，關注社會現實問題的學術風格對其後代產生了一定影響」，同注 372，頁 28-29。其並引馮乾於揚州人對宋學態度論與述有三，作一說明，其云：從事漢學兼取宋學；對宋學不聞不講，心存抵制；由訓詁上求義理，與宋分途（氏著博士論文《揚州學派研究》）。但郭氏以為清代學人在治學方法取徑或有不同，但在倫理道德上多依據宋學為準則。

[387] 劉文淇等著：《春秋左氏傳舊注疏證‧注例》，（北京：中國社會科學出版社，1959 年），頁 1。

此即開宗明義指出：釋《春秋》必以周禮明之。知其《春秋左氏傳舊注疏證》大抵尊「禮義」以疏證《左傳》。其之所以不尚《春秋》義例，以禮治《春秋》，旨在以「禮」可貶黜亂臣賊子，尚「禮」以蓋括《春秋》之「義理」也。王國維先生云：「周之制度典禮乃道德之器械，乃尊尊、親親、賢賢、男女有別四者之結體。」[388]以見周禮建構中，含尊尊、親親、賢賢、男女原則之定立，規定了社會人際關係的雙重要求。是以上下、尊卑、老幼、男女，均意蘊「禮」制精神。所以文淇倡周禮治《左傳》乃及《春秋》是有其道理的！畢竟周禮乃周公遺制、垂法，是經國之常制，古有明訓，不宜隨易變更，較《公羊》「義理」，變周禮制，則使亂臣賊子個個「稱聖」，是來得有禮治與法度！此一注《左傳》之方式，可謂別開生面，為其注《左傳》的創新思想。然其標舉《春秋》與周禮的關係，駁斥《公羊》家言，並非否定《公羊》義理，而是意在：闡發漢代《春秋》左氏學與《春秋》《公羊》學在學術起點上有著重大差別。[389]如此，其《春秋左氏傳舊注疏證》則具有內可正本清源，外有捍衛邊境、安社稷之大功。然劉氏子孫於此義又加以闡揚，精闡層出。可謂建構起劉氏《左傳》學的經學體系。[390]又禮樂制度乃周文化之特色，亦是其治國法則，其中「禮」包括政教制度及禮制儀文，劉文淇以所稱「以禮釋春秋」亦兼二者。[391]

　　宏觀清代治學風尚，劉文淇去例言「禮」，直尋《春秋》尊王大義，以「禮」釋《春秋》，這並非個別現象。此具有深刻的時代意義[392]。

---

[388] 王國維先生：〈殷周制度論〉，《王國維論學集》，（北京：中國社會科學出版社，1997年），頁13。

[389] 徐興無先生：〈釋《春秋》必以周禮明之──讀劉文淇《春秋左氏傳舊注疏證·注例》〉，（《南京曉庄學院學報》第3期，2006年5月），頁50。

[390] 同上注，頁50。

[391] 曾聖益先生：《儀徵劉氏春秋左傳研究》，（臺北：臺灣大學中文所博論，2005年7月），頁377。

[392] 盧明東先生：〈論《春秋左氏傳舊注疏證》中的尊王思想〉，同注383，頁65。另郭院林先生：〈劉文淇學行考略〉亦云：「乾嘉經學家一個理想的經學觀：經學完美無缺，萬理俱備其中，欲理後世清亂，必復經學舊觀。清代義疏之學大昌，劉文淇之前有郝懿行《爾雅義疏》、邵晉涵《爾雅正義》、孫星衍《尚書今古文注疏》、洪亮吉《春秋左傳詁》、焦循《孟子正義》、陳奐《詩毛氏傳疏》。道光戊子（1828年）劉文淇與梅植之、包慎言、柳興恩、陳立為著書之約，疏證群經，廣江、孫、邵、郝、焦、陳諸家所未備。

事實上，以「禮」釋經已是清代乾嘉以來，經學發展的趨勢；清儒鑑於明末理學空談心性，故轉向典章名物、訓詁考證上，採取「實事求是」的治學態度，已普遍為學者們的治學方法。然就清代《左傳》學而言，則體現在清儒輯存漢人舊注的基礎上，對《左傳》釋讀方法的重新審視。[393]劉文淇創以禮釋《左》，亦禮治《春秋》，志在揭示《春秋》大義。其治經方法由後代子孫傳承，故光大禮學治經的治學方向。

　　然劉文淇以「禮」治《左》，學者研究指出：此是承繼戴震以來否定宋代的理學，尤其是凌廷堪「以禮代理」的思想，這是一種哲學意義上的方法論了[394]。想必劉文淇不該志在做一考據學家而已，在為《左傳》爭一席之地時，對於時代變遷，繁華不再，朝廷屢屢挫敗辱國，似有責無旁貸挽狂瀾於既倒之意。所謂：江南的經學家可能介乎霍爾默先生和米爾斯先生所說的理想型職業和行業性二者之間。他們掌握了外行無用的特殊知識，屬於自己研究領域的專家。他們作為研究者和教師，其專業活動具有社會影響，他們的職業也是社會組織和結構的具體部分。又：他們在學術上反對迷信權威，追求更高層次的一致性，渴望消除語言混亂，以此奠定人類永恆秩序的基礎。他們認為，只要正確研究並恢復古代經典的純潔語言，就會建立這種永恆秩序。[395]或許劉文淇的治經宗旨正基於此。

2. 求福於天，不若求福於己

　　劉文淇以治《左傳》成名於世，後人對此亦研究居多，然劉氏的札記──《青溪舊屋文集》，至今尚無人注意與研究；殊不知此書可進一步瞭解其以「禮義」治《左傳》的思想。據個人觀其《青溪舊屋文集》，發現其思想重「實踐」，不尚迷信，亦強調凡事須身體力行，確

　　劉文淇任《左傳》、劉寶楠任《論語》、柳興恩任《穀梁》、陳立任《公羊》。由此可見，學界重新疏證經典，乃一時風氣所向」，（《雲夢學刊》第 27 卷第 2 期，2006 年 3 月），頁 24。

[393] 同注 383，頁 65。

[394] 郭院林先生：《清代儀徵劉氏《左傳》家學研究》，同注 372，頁 250。

[395] 艾爾曼（Bebjarnin A. Elman）著、趙剛先生譯：《從理學到樸學中華帝國晚期思想與社會變化面面觀》，（南京：江蘇人民出版社，1995 年），頁 65、頁 5。

實修為，方是真理、天道；又其非常重視「禮」，雖以「禮」為行事之則，但有不得已時，可權變，從其私，並非永遠是謹遵「重義輕利」的教條；劉文淇曰：

> 余按錢少詹事大昕亦嘗有《嘉定集・仙宮玉皇殿記》其文有云：釋氏奉佛為天人師，而諸天乃在護法之列。其言誕而難信；惟道家以玉皇上帝為天神之至貴者，玉以言乎德之至；純皇以言道之至大，與《書》稱惟皇上帝《詩》稱有皇上帝者，若合符節。而復選高敞清幽之地，築室而事之，巍巍峨峨，昭布森列，使人有所敬畏，以謹其修而寡其過，則與吾儒敬天之學相資而不相悖焉。又謂天道遠，人道邇，求福於天，不若求福於己，瞻禮膜拜，乃致敬之末節，非所以格天也。然三洞立教為平等說法，崇奉有所齋醮，有儀使人知天之當敬，而從事於善；知天之可畏而預遠於不善，可以保身，可以善俗，其言尤為篤實平近，可謂感人而易入矣。[396]

其據錢大昕之文論釋氏，奉佛為天人師，諸天乃護法神之說，文淇以錢氏之說不可信。相反的，中國的道家以玉皇大帝為天神之貴者，實與儒家經典《尚書》所稱，若合符節。然敬天畏神，重要的不在頂禮膜拜，有所祈求，此乃致敬的末節，相反的，宜法天、效天之精神，自強不息，自求多福，方是致敬於天理。所謂「求福於天，不若求福於己。」際遇之順逆好壞，不在天帝神明庇佑，端在自己所造的因果；如是因如是果，欲求福分，則靠自己努力而來，實踐修為而來，不是訴諸不可及之天帝鬼神，實表明「知難行易」的力行思想，強調是「人定勝天」。所以劉文淇在此表明，見其重視己身修為，身體力行之功效。亦如《禮記・中庸》所謂：「文武之政，布在方策，其人存，則其政舉；其人亡，則其政息。」[397]與人事息息相關。儒家所謂的「為政在人」思想，想必劉文淇亦承襲之。

---

[396] 劉文淇：〈重修玉皇閣記〉，《青溪舊屋文集》卷2，（收入於《續修四庫全書・集部・別集類》）（1517），上海：上海古籍出版社，2003年），頁13。
[397] 見漢・鄭玄注、唐・孔穎達疏：《禮記正義・中庸》，（臺北：藝文印書館，1981年），頁28。

3. 國人之私而止於禮，法之正也

文淇曰：

> 杜君卿說曰：《穀梁》云：秦人來歸成風之襚，秦不云夫人也。
> 就外不云夫人而見正也。夫身為國君而母為妾庶，子孫所不忍，
> 臣下所不安，故私稱於國中，不加境外。此人子之情，國人之私
> 而止於禮，法之正也。[398]

若由人性出發，人總會不停地追求自我物欲的滿足，在此過程中，必會因爭奪而引起紛爭，從而破壞人類的群體和諧。為了平息紛爭，維持社會秩序的穩定，聖人制定了「禮」，力圖將社會成員的個體自然欲望與作為外在社會倫理規範的「禮」統一起來。[399]雖「禮」以定人倫秩序，使上下、尊卑、男女、老幼各有其分、各有其則以相待，方不致有衝突、攻擊等破壞性行為產生，以達到社會群體之和諧。然「禮教」規範若與人情事理相抵觸時，此何去何從？尊禮失親抑或是從私枉法？劉文淇於〈書惲子居林孺人墓志後〉一文即探討：嫡夫人死，而以庶妾之子立為國君的話，那麼，是否須立其母（妾庶的身分）為夫人？這一問題，文淇之友惲君以為：嫡夫人死，娣得升為夫人。然文淇據班固之《漢書》、《公羊傳》義、《穀梁傳》、《左氏義》等載，證實：夫人死，實不得立妾為夫人。蓋防「篡位」殺奪之事茲生，否則，朝廷不固，天下不安，人民則陷於水深火熱矣。其云：

> 假有庶子數人並為三公，欲各尊其母，將何以止之？非聖人無
> 法，此大亂之道也。杜氏蓋亦從《穀梁》而用徐邈之說[400]

---

[398] 劉文淇：〈書惲子居林孺人墓志後〉，《青溪舊屋文集》卷 7，同注 366，頁 50。

[399] 王穎先生：《荀子倫理思想研究》，（哈爾濱：黑龍江人民出版社，2006年），頁 189。

[400] 劉文淇：〈書惲子居林孺人墓志後〉，《青溪舊屋文集》卷 7，同注 366，頁 50。

又：

> 蓋本《穀梁》義徐邈答徐乾書云：母以子貴，《穀梁》亦有其
> 義，但名雖夫人而實殊同體。故庶母為夫人上之不得以干宗廟，
> 外之不得以接侯伯。惟國內申其私而崇其義，亦如侯伯子男之臣
> 於內稱君曰公耳。雖人君肆情行服而卿大夫不從，所以知上有天
> 王也。[401]

知即使子貴為君，為庶母身分者，不管如何，實與元嫡夫人有別。此乃
「禮義」之分際，所謂：「禮也者，貴者敬焉，老者孝焉，長者弟焉，
幼者慈焉，賤者惠焉。」又「貴貴、尊尊、賢賢、老老、長長，義之倫
也。」[402]上下、長幼、尊卑、男女有別，方顯尊尊、貴貴、親親、賢賢
之人倫意義。否則，無禮便可以下犯上、以賤欺貴，或以惡辱善。雖我
中華以「禮教」立國，至明清時愈趨嚴苛，有所謂「禮教吃人」的情
形，然縱觀中國歷來朝代皆是以「禮儀規範」來維護社會秩序，人際和
諧，所以「禮」亦有其重要性，不該全部抹煞。

　　然朝廷中，面對子為君王、母為庶妾時，其母亦須遵禮法，雖位
同夫人，但實際行權上，仍不可以干涉宗廟社稷之大事，對外也不能
接待諸侯伯夷等卿臣。然母為妾庶，非為夫人，在名不正、言不順之
下，妾庶之子為君王，如何謂其母為庶妾？此親情如何能忍之？如何
能不孝敬其母？是以「禮」亦須緣情順理，亦有權宜之變，即是「於
國境內私己處稱夫人」，「於外不稱夫人」亦即「國內申其私」可，
此亦做到「崇其義」的地步；此非不通人情義理，只是法必有其別，
其別以尊其義也，以防其亂也。然禮法與人情事理矛盾衝突時，
「禮」亦須緣情變通，合於人情事理，方不致忤逆自然之「情理」。
然「禮」須權宜變通，並非可悖禮犯紀，於違禮法者，亦須受到制裁
才行。蔡元培先生云：

---

[401] 同上注，頁 50。
[402] 二者僅見荀子：〈大略〉，荀子著、李滌生集釋《荀子集釋》，（臺北：學
生書局，1979 年），頁 429、421。

> 禮以齊之，樂以化之，而尚有冥頑不靈之民，不師教化，則不得
> 不繼之以刑罰，刑罰者非徒懲已著之惡，亦所以慴斂人之膽而遏
> 乎惡於未然也[403]

禮樂教化端在啟發人心，啟發人道德自覺自發，如此，內在的自由意志自然行於「理」；但未必人人如是，冥頑不靈者，禮樂無法教化時，就需要藉助「刑罰」，以「刑罰」慴屬頑民，亦警醒百姓，防患未來也。

三、劉毓崧情理論探索

（一）學者傳略

劉毓崧（1818～1867），字伯山，號松崖，文淇之子。其上承孟瞻，下開四子（壽曾、貴曾、富曾、顯曾）。[404]

小時束髮受學，不好戲弄。八九歲時，閱《資治通鑑》，習其句讀，父執驚畏，目為奇童。汪小城奇賞之，將女兒許配予之。[405]年十二師從劉寶楠，以史論見賞之，時有「年甫一周，才堪八斗」之譽。[406]十七歲時，見山陽丁儉卿先生的《毛詩》、《三禮》釋注，即籤商數事，丁先生激賞不已，謂：「不愧名父之子。」[407]道光丙申府試，太守劉鑑泉先生，以其時藝有根柢，取列第一。丁酉，受知於仁和龔季思尚書，取入縣學。戊戌，以經解受知於壽陽祁相國，拔置第一，歲試一等二名，補廩膳生。[408]之後，毓崧前後十年鄉闈，已未科報罷後，遂絕意進

---

[403] 蔡元培先生：《中國倫理學史》，（上海：上海書店，1984 年），頁 28。

[404] 郭院林先生：《清代儀徵劉氏《左傳》家學研究》，（北京：中華書局，2008 年），頁 29。

[405] 劉壽曾：〈先妣汪太宜人行述〉，《傳雅堂文集》卷 3，（收入於清·劉壽曾著、林子雄先生點校、楊晉龍先生校訂：《劉壽曾集》，臺北：中研院文哲所，2001 年），頁 111。

[406] 劉壽曾：〈先考行狀〉，《傳雅堂文集》卷 3，同上注，頁 105。

[407] 同上注，頁 105。

[408] 同上注，頁 106。

取。[409]同治乙丑年，前署廣東巡撫郭芸仙中丞，保舉人才，以其「覃思博覽，崇尚樸學，宜置之八旗官學，責以講課」，疏入報聞。其於中丞，無一日之雅，蒙登薦牘，自以分不克當，卒未上書陳謝。[410]

　　毓崧生活的時代，可謂：揚州已淪為官匪劫掠，非同往日繁榮可比[411]。於此，劉氏便開始於游幕生涯，先依郭沛霖，入幕教子；後轉徙金陵，為書局校書，與曾國藩相處甚歡。天不假年，毓崧未滿甲子一週，所承家學未及紹明，即撒手人寰。[412]

　　其學術亦博通諸經史百家，「實事求是」，尤致力於《左傳》，著有《左傳疏證》一書，並采集秦、漢以來，發明左氏一家要義者，均甄錄之，擬編為《春秋左氏傳大義》[413]。毓崧曾云：「《春秋》責備賢者之說，不當用以繩人，止可用以律己。」[414]見其處世平和，躬己律嚴者。其著述，據學者研究計有：《周易舊疏考正》、《尚書舊疏考正》、《春秋左氏傳大義》、《王船山年譜》、《王船山叢書校勘記》、《通義堂文集》、《通義堂筆記》等書，並編有《古謠諺》一百卷。[415]

（二）劉毓崧情理論

　　由於劉毓崧曾與曾國藩於校書期間相處甚歡，想必其學術思想亦受曾國藩影響頗巨。郭院林先生云：

---

[409] 同上注，頁 106。

[410] 同上注，頁 106。

[411] 郭院林先生：《清代儀徵劉氏《左傳》家學研究》，同注 404，頁 30。

[412] 程畹：〈劉先生家傳〉，《續碑傳集》卷 74，（《清代碑傳全集》，上海：上海古籍出版社，1987 年），頁 2886；劉恭冕：〈清故優貢生劉君墓志銘〉，《廣經室文鈔》，（收入於《叢書集成續編》第 196 冊，臺北：新文豐出版社，1989 年），頁 545。

[413] 劉壽曾：〈先考行狀〉云：「生平涉學至博，旁通諸經史百家之書，不尚墨守，惟是之求，一事一義，必洞悉古今異同之故，析及精微。凡所寓目，略能闇誦，廣座中有聞先考談論，或私取原書核之，皆無有誤。先祖湛深經術，尤致力於《左氏春秋》，所著《左傳疏證》一書，長編已具，先考思竟其業，謂『左氏是非不謬於聖人，學術最正。』因歷采秦、漢以來，發明左氏一家要誼者，咸甄錄之，擬編為《春秋左氏傳大義》。」同注 405，頁 107-108。

[414] 同上注，頁 110。

[415] 郭院林先生：《清代儀徵劉氏《左傳》家學研究》，同注 404，頁 58-62。

劉毓崧、劉壽曾所呈現出來的學術特點，實與曾國藩有密切關
係。十八世紀中葉以後，清廷漸呈衰弱徵兆，社會變動在即，講
求經世致用成為當務之急。曾國藩時期，士大夫多喜言文術政
治，乾嘉考據之風稍稍衰矣。嘉道時期，面對西學的衝擊，以及
太平天國運動帶來的「名教之奇變」，傳統學術各派的匯通調和
亦成為當時清王朝鞏固統治所必需。嘉道兩朝的統治者一改過去
推崇漢學的舊調，轉而大力提倡程朱理學。在道光年間，理學出
現了迴光返照的狀態。[416]

然曾國藩欲「博返約」，「格物以正心」，「從事禮經」考核與研究，
以「禮」是「先王經世之遺意」，[417]漢宋兼采。其所謂的經世是「根據
現實需要，經營世務」[418]。是以曾國藩重視禮學家所謂的「經濟之
學」，並將孔門四科，釋為：「義理、辭章、經濟、考據之學」，以實
現「漢宋會通」。此兼容漢宋之學不同於阮元之調合，在於以理學出
發，欲以「禮」通漢宋二家之結，並強調中學內部融合以抗西學浸染。

然劉毓崧處於這內憂外患頻仍的時代，又曾國藩大力提倡以「禮」
經世之漢宋會通，在此，其思想是否會受其影響？若受其影響，則會有
什麼理論出現？或是劉毓崧承襲家學之故，堅定其家學之治學理念，自
有其一家之言？學者指出：劉毓崧精研三禮，其以禮學貫穿群經，並以
《左傳》家學作重點研究對象。[419]然劉毓崧的「義理思想」究竟是如
何？個人批閱劉毓崧的《通義堂文集》來看，發現其「義理思想」有下
列幾項：

1. 天理不外乎人情

劉毓崧曰：

---

[416] 郭院林先生：《清代儀徵劉氏《左傳》家學研究》，同注404，頁46。
[417] 曾國藩：〈復復彌甫〉，《曾文正公文集‧書札》卷13，（收入於《曾國藩全集》，長沙：岳麓書社，1992年）頁2336。
[418] 郭院林先生：《清代儀徵劉氏《左傳》家學研究》，同注404，頁47。
[419] 同上注，頁81。

理字本義為治玉，引申其義則為事理、物理之稱。而理之難明，
莫若聽訟，故刑官謂之大理。蓋其剖析為至微矣。然天理不外乎
人情，故情理可以互訓。而理官治獄，首貴乎得情，能準理以度
情者，斯謂之忠恕，故法家當以忠恕為心，能緣理而因情者，斯
謂之禮……儒家乃能精於法家，理與禮其道一而已矣。[420]

其以「理」字本義為治玉，引申義為事理、物理之稱，據許慎《說文解
字》與段注闡釋「理」之意義而來。且以為「天理不外乎人情」，以
「情理」可互訓；亦情即理也，理即情也。劉毓崧此論既出，可以看出
頗雷同戴震的「情之不爽失謂之天理」，以「理」為「事理、物理、分
理、條理」[421]等論述。然不同於曾國藩以理學為發端，融合漢宋為宗之
論述。如此其學術思想，其淵源宜不限於凌曙，可上溯到徽學江永、戴
震而來。其子劉壽曾云：

揚州以經學鳴者凡七八家，是為江氏再傳。先大父早受於江都凌
氏，又從文達問故，與寶應劉先生寶楠切劘至深，淮東有二劉之
目。並世治經者又五六家，是為江氏之三傳。先徵君承先大父之
學，師於劉先生，博綜四部，宏通淹雅，宗旨視文達為尤近。其
游先大父之門下，而與先徵君為執友者，又多綴學方聞之彥，是
為江氏之四傳。[422]

---

[420] 劉毓崧：〈法家出於理官說下篇〉，《通義堂文集》卷10，（收入於嚴一萍
先生編輯：《求恕齋叢書》（集部），《叢書集成續編》，臺北：藝文印書
館，1970年），頁17。

[421] 戴震：〈理〉云：「理者，察之而幾微必區以別之名也，是故謂之分理；在
物之質，曰肌理、曰腠理、曰文理；得其分則有條不紊，謂之條理。」，
《孟子字義疏證》卷上（《戴東原先生全集》，臺北：大化書局，1978
年），頁288。又其云：「理也者，情之不爽失也，未有情不得而理得者
也。凡有所施於人，反躬而靜思之：『人以此施於我，能受之乎？』凡有所
責於人，反躬而靜思之：『人之以此責於我，能盡之乎？』以我絜之人，則
理解，天理云者，言乎自然之分理也；自然之分理，以我之情絜人之情，而
無不得其平是也。」《孟子字義疏證》上，頁265-266。

[422] 劉壽曾：〈漚宦夜集記〉，《傳雅堂文集》卷1，（收入於清‧劉壽曾著、
林子雄先生點校、楊晉龍先生校訂：《劉壽曾集》，臺北：中研院文哲所，
2001年），頁54。

可見劉氏家學淵源，推算起，亦是戴學的流衍，其先大父即：劉文淇先生，除受舅凌曙影響外，亦從文達（阮元）問學，且與劉寶楠切磋至深，此阮氏與寶楠之學皆深受戴學而來，以見儀徵劉氏也不例外。

　　不過，劉毓崧在此，強調是身為刑獄的理官，須秉於「情理」以審判，方謂之「忠恕」，以「忠恕」為心，才能緣理順情，合於禮法，亦即「理」也，「理」與「禮」其道一也；有「禮」（理）才公正，不枉法。其並舉蘇軾：〈刑賞忠厚之至論〉為例，加以說明：

> 賞之過乎仁，罰之過乎義；過乎仁不失為君子，過乎義則流而入於小人，是故疑則舉而歸之於仁，使天下相率而歸於君子，長者之道，故曰：忠厚之至也。[423]

知何謂「忠恕」？即忠厚之道；而忠厚之道用在賞罰上，即是寧錯放一壞人亦不能枉死一個好人。過乎仁不失為君子，但過乎義則流入小人而不自知，所以不可重刑而不重賞，相反的，宜是重賞而輕罰，方合「忠恕」之理。在待人處事上，其亦言：「君子律己貴嚴，而論人貴恕，與人為善者，何必更加責備之詞哉？」[424]

　　此〈法家出於理官說〉（下）一文，也駁斥凌廷堪的「學者言禮不言理」、焦循的「治者以禮不以理」的片面性[425]。法制雖不足，但劉毓崧以為：不能僅僅憑人倫之「禮儀規範」，來達到社會秩序之維護。須「禮以存位，理以正位，皆治天下之要道也。」又「理可明分，禮可定

---

[423] 同注 420，頁 18。

[424] 劉毓崧：〈唐摭言跋中篇〉，同上注，頁 21。

[425] 劉毓崧：〈法家出於理官說下篇〉云：「凌氏廷堪復禮下云：『後儒之學，或出釋氏，故謂其言之彌近理，而大亂真，不然聖學禮也，不云理也。』其道正相反，何近而亂真之有哉？……不得謂聖學言禮不言理也，凌氏謂言理者出於釋氏，未免矯枉過正。」又「焦氏循理說云：『治天下則以禮不以理也，禮論辭讓，理辯是非，可知理足以啟爭而禮足以止爭也。』今按坤六五〈文言〉云：君子黃中通理正位居體。虞注云：坤為理。〈繫辭上傳〉云：禮言恭，致恭以存其位者也。虞注云：坤為禮。據此則理與禮皆取象於坤，禮以存位，理以正位，皆治天下之要道也。況《禮記·禮運》云：禮達而分定。〈喪服四制〉云：理者義也。《管子·心術篇》云：理也者，明分以諭義之意也，是理可明分，禮可定分，皆足以止爭矣。焦氏謂理足以啟爭，亦未免於偏執」，同上注，頁 19-20。

分，皆足以止爭矣。」亦「禮」與「理」須並行不悖，光靠「禮儀規範」制定，然人並不心誠守禮，知曉理義之關切，亦是枉然；亦如「法」不足以徒行。又往昔獄官施行酷刑，無明確的法律條文，或者，執法者依據私情利益，皆會造成不公或枉死的情形，所以劉毓崧以為：欲求法家之無弊，必在理官之得人也。而荀子所謂：有治人無治法者，誠千古不易之論也夫。[426]

2. 惠者一人之私也；德者天下之公也

劉毓崧曰：

> 蓋感恩者，感其惠；感恩而知己者，感其惠兼服其德；誠服者，服其德；心悅而誠服者，服其德兼感其惠，故感恩者，未必盡知己，而知己者，未有不感恩；心悅者，未必誠服，而誠服者，未有不心悅；自來感恩而心悅者，以惠為重，惠者一人之私也；知己而誠服者，以德為重；德者，天下之公也。[427]

所謂「感恩」，其以為有兩種：一是感其恩惠於我者，另一是知己，而誠服其德者。然心悅而誠服其德者，兼感其惠，然此感恩，未必是知己；然知己者，沒有不感其恩也。心悅者，未必誠服；誠服者，則必心悅，所以惟心悅感恩者，是一己之惠，此惠乃私己之恩也；然知己而誠服者，則以德為重，服其德也；以德，則是天下之公也。

3. 大夫以上，先廟見後成婚

劉毓崧曰：

> 《禮記·郊特牲》云：無大夫冠禮而有其昏禮。鄭康成據此謂：天子諸侯大夫昏禮與士昏禮不同。賈服釋：左氏隱八年傳，鄭公子忽逆婦媯先配而後祖，以為禮齊，而未配。大夫以

上，無問舅姑在否，皆三月見廟之後始成昏。後儒多不謂然，以為別無可證。今按先廟見後成昏之禮見於《列女傳》者，莫著於宋恭伯姬。《春秋》於成公九年特書伯姬歸於宋季孫行父，如宋致女，三傳之舊注皆主此義。次之者則有齊孝孟姬，其事雖未載於《春秋》，然所述送女之誡詞與《穀梁》恆三年傳略同。是必《穀梁》家相傳古義而子政采以《左傳》考之。魯僖公十八年齊孝公即位，二十七年齊孝公薨。孝公即位乃立孟姬為夫人。核其時代在鄭嬀之後、宋伯姬之前。伯姬所配者、宋公孟姬所配者，齊侯即位，皆諸侯夫人而所行如此，則賈服所謂大夫以上，先廟見後成昏者，信有徵矣。……亦不過出自一時權宜，其不俟廟見而成昏，正猶舜之不告父母而先娶，所謂非常之事，不可以常禮論也。何得執此而謂大夫以上之昏禮本若是哉！[428]

其據《列女傳》：「宋共伯姬，齊孝孟姬條。」以為大夫以上娶妻，必得三月見廟，祭祀後，始成婚。與〈昏義〉所言士昏禮當夕成婚者不同。旨在針對當時經學家爭議頗大的昏禮議題，作一辯駁，其依據古注，提出士大夫以上的婚禮，宜是先廟見後方成婚，志在強調：「成婦」的家庭責任意義重於「成妻」的個人情感意義。然古時有「先配而後祖」者，不過是一時權宜之計，如舜當時不告父母而先娶，亦是一例！然非一般常禮也。畢竟成婚是兩家族之大事，非小兒女之遊戲，所以必慎重不可，當以先祭告祖宗，為成婚之首要之務。這一據經典闡釋之治學方法，學者贊其：體現了經學家的眼光，在學術研究上「實事求是」，不依現實需要而篡改經典。[429]

---

[428] 劉毓崧：〈大夫以上先廟見後成婚說〉（上），《通義堂文集》卷3，同上注，頁3-8。
[429] 郭院林先生：《清代儀徵劉氏《左傳》家學研究》，同注404，頁82。

四、劉壽曾情理論探索

（一）學者傳略

劉壽曾（1838～1882），字恭甫，又字雲芝，江蘇儀徵人。生於清道光十八年七月朔，卒於清光緒八年七月十六日，享年四十五歲。

壽曾四歲時「病幾死，母調護忘寢食。」[430]六歲入家塾，母汪氏管教嚴厲，在其監督下，恭甫除常背誦文章外，尚負責教導三個弟弟：貴曾、富曾、顯曾。恭甫於清咸豐六年（1856）參加科考，次年，補儀徵附學生員。後又為東臺知縣掌書記，並協助父親替杜文瀾編輯《古謠諺》及詞學諸書。[431]

清同治三年（1864）副榜貢生，之後，分別於江南鍾山書院與惜陰書院肄業，為兩院翹材生。同時又在金陵書院從事編務，頗受曾國藩器重。[432]

清光緒二年（1876）中副榜第一，以籌餉得知縣晉同知銜。[433]之後，陸續撰諸文，皆收錄其《傳雅堂文集》四卷《詩集》一卷中。於清光緒八年（1882）四十五歲卒。著作有《傳雅堂文集》四卷《詩集》一卷（1937出版）、《昏禮重別論對駁義》（《皇清經解續編本》），清光緒十四年（1888）出版《臨川答問》（《積學齋叢書本》），清光緒間南陵徐乃昌刊，其餘《南史校義集平》等著作，至今未見有刊本行世。[434]

其祖父劉文淇（1789～1845）始治《春秋左傳》之學，父親劉毓崧（1818～1867）及壽曾本人，乃至堂侄劉師培（1884～1919）研究經學不輟，故「儀徵劉氏」為後人稱頌不已。特別是文淇、毓崧、壽曾祖孫

---

[430] 劉壽曾：〈先妣汪太宜人行述〉，清·劉壽曾撰、林子雄先生點校、楊晉龍先生校訂：《劉壽曾集》卷3，（臺北：中研院文哲所，2001年），頁112。

[431] 林子雄先生：《劉壽曾集·前言》，同上注，頁4。

[432] 林子雄先生：《劉壽曾年譜簡表》，同上注，頁348-352。

[433] 林子雄先生：《劉壽曾集·前言》，同上注，頁4。

[434] 同上注，頁4-5。

三代共著《春秋左氏傳舊注疏證》一書。[435]可看出其承襲家學，祖父至父輩，皆研《左傳》不輟，此壽曾承續光大也。馮煦：《傳雅堂文集・敘》云：「儀徵劉氏，自孟瞻先生以經術顯海內，三世相承，至恭甫而益遠。」[436]除此之外，劉氏祖孫三代亦擅於校勘之學，如劉文淇校勘《舊唐書》、《輿地紀勝》與《南北史》等書；劉毓崧出掌金陵書局時，受到曾國藩倚重；恭甫早年便協助其父編輯《古謠諺》及詞學諸書[437]。張舜徽先生云：「儀徵劉氏祖孫父子除湛深經學外，尤特長校勘。」[438]

（二）劉壽曾情理論

　　儀徵劉氏四世治經，據守《左傳》，蔚為家學傳承。然觀劉氏四世學，大抵是：劉文淇致力於《左傳》學，奠定家學之基礎，劉毓崧以家學為基礎，貫串群經諸子，擴充家學內涵，劉壽曾兄弟傳承家學事業，至劉師培融會先人學說，發揮家學之精義。若論四代之治學風格，則劉壽曾兄弟承劉文淇之精醇篤實，劉師培則近於劉毓崧之廣闊通達。然劉氏四代立基皆是訓詁考據，致力於文獻梳理，兼及義理詞章，是其家學之共同特色。[439]

　　壽曾為毓崧長子，下有弟三人，名為貴曾、富曾、顯曾，雖皆紹繼祖業，然學術思想仍以壽曾最能繼承先世之學，於《清史傳列》、《清史稿》與其祖、父同列於〈儒林傳〉。[440]雖說如此，壽曾賡續祖業，續編《春秋左氏傳舊注疏證》，然壽曾並不忽略書中「義理」之闡述，相

---

[435] 同上注，頁1。

[436] 馮煦：《傳雅堂文集・敘》，《傳雅堂文集》，（收入於清・劉壽曾撰、林子雄先生點校、楊晉龍先生校訂：《劉壽曾集》，臺北：中研院文哲所，2001年），頁1。

[437] 林子雄先生：《劉壽曾集・前言》，同注431，頁14。

[438] 張舜徽先生：《張舜徽學術論著集》，（長沙：岳麓書社，1992年），頁337。

[439] 曾聖益先生：《儀徵劉氏春秋左傳學研究》，（臺北：臺灣大學中文所博論，2005年），頁17。

[440] 同上注，頁11。

反的，其一改其祖：劉文淇之重視訓詁考證，而略其《春秋》微言大義
之做法。在此，個人觀觀劉壽曾著作，發現其「義理思想」有：

1.〈中庸〉忠恕之道，即《春秋》忠厚之道

劉壽曾曰：

> 賢者之微眚小過，必委曲保全而不忍輕斥，此聖人忠厚之旨也。
> 宋人說《春秋》，始頌言責輩賢者。後儒或信或疑，迄無定
> 論。……今夫古之君子，其責己也重以周，其責人也輕以約。重
> 以周，故責己之心必不妨求備；輕以約，故責人之善不必求全。
> 蓋在賢者，反己自修，嘗畏清議，未嘗不懼人之責備，而先求其
> 備於己也。然亦曷嘗以是求諸人哉？昔者孔子嘗曰：「吾之於人
> 也，誰毀誰譽？如有所譽者，其有所試矣。」說者謂：聖人所謂
> 「譽」，即《春秋》之「襃」；而所謂「毀」，非即《春秋》之
> 「貶」。蓋獎人則從重，襃詞不嫌於譽也；責人則從輕，貶詞不
> 涉於毀也。……〈中庸〉忠恕之道，即《春秋》忠厚之道，蓋孔
> 子修《春秋》，夷考當代之事，遇有當責之人，必先反躬自責。
> 雖不肖者，且不肯責之已甚也，何獨於賢者而責備之乎？顧或
> 謂：不肖者不足責，而賢者足責，故《春秋》不責不肖而責賢。
> 審如此言，是善人不可為，而惡人轉逞志也。是謹厚者難容身，
> 而縱肆者得藉口也。是為神姦巨滑疏其防，而為仁人君子沮其進
> 也。此非《春秋》忠厚之旨也。……善乎！〈秦誓〉之言曰：
> 「責人斯無難，惟受責俾如流，是惟艱哉！」士君子誠知責己重
> 於責人，無求備於一人，惟求備於一己，庶幾德業日修，可免捨
> 己芸人之誚。[441]

壽曾以為：群經之理，實可互通；〈中庸〉主「忠恕」之道，即《春
秋》的忠厚之理。亦「己所不欲，勿施於人」。賢者有過，亦馴言勸
之，不忍斥責，此即聖人忠厚之旨也。隱惡揚善，不揭人隱私，亦即

---

[441] 劉壽曾：〈春秋責備賢者說〉，《傳雅堂文集》卷1，同注430，頁33-34。

「忠恕」之理。畢竟修身在己，貴律己嚴，待人寬，所謂：「古之君子，其責己也重以周，其責人也輕以約。重以周，故責己之心必不妨求備；輕以約，故責人之善不必求全。」責己嚴苛，方能勵精圖治，止於至善；於他人有過，何須拿他人過錯懲罰自己？不妨寬恕、原諒之，亦顯自身修養厚道，所以君子皆責己重於責人，不會求全責備於他人，惟求全責備於自己。如此德業方以日修精進，免於人云亦云之是非。

　　然所謂：「不肖者不足責，而賢者足責，故《春秋》不責不肖而責賢。」壽曾以為：若是如此，則天下無人做好人，而壞人則可肆無忌憚；善良者，無所容身之處，而此理便成為奸邪者，投機取巧之把柄，此乃本末倒置也。絕非《春秋》所謂忠厚之理，〈中庸〉「忠恕」之道。然修身乃己身事，當求全至善，責無旁貸，他人之是非，盡友朋之道，勸善之，即可。楊晉龍先生對此，有一番深得己心之理，其云：

> 推壽曾此論，則知儒家的道德規範，是用來「律己」，而不是用來「責人」的，蓋用來「律己」，則是自我內在的自由選擇；若用來「責人」，則不免變成外在的強制要求，把「內在自由選擇」變成「外在強制要求」，這就完全違背了道德的基本原則，最後也就不免出現諸如戴震所謂「以理殺人」的流弊；如果再繼之以刑罰的逼迫來約束，終不免導致清末民初反傳統者口中的所謂「以禮殺人」的可怕後果。這種利用道德的理由進行最不道德的行為，如果沒有人加以必要的點醒，最後變成人們評判是非的常態，則冷漠冷血而毫無仁心社會的出現，也就不必覺得奇怪了！劉壽曾的點醒，值得自許為儒家正統者、關心世教者、擔任教育工作者，好好的深入思考，千萬不要因為「責人也過重」，而造成反效果。[442]

儒家的道德規範為「律己」之準繩，強調個人道德修養，達到成聖至善之境界。亦人人皆自愛自重，行所當行，以道德自律，就不需要繁複的禮法約束；問題是人人皆能以道德自律？若人無法以道德自律時，則須

---

[442] 楊晉龍先生：〈點校本劉壽曾集跋〉，劉壽曾著、林子雄先生點校、楊晉龍先生校訂：《劉壽曾集》，（臺北：中研院文哲所，2001年），頁362-362。

藉助外在的「禮儀規範」或律法作遵守之則。倘若將自律的道德原則作為「外在強制要求」，就違背道德自律的意義，亦形成利用道德的理由進行自欺欺人等最不道德的行為，即戴震所謂「以理殺人」；若繼以刑罰約束，則變成所謂「吃人禮教」，亦「以禮殺人」。道德應是人人心中的「尺」，當在自覺自省自制，實踐力行，自能做到一有道德規範的君子；而非以道德規範作約束他人之則，以合我意，那便是「自私自利」行為，就不合儒家道德規範訂定的初衷。

2. 區而秩之，無非禮也

壽曾曰：

> 說者謂《三百篇》所采后、夫人、卿、大夫、庶士妻之作，多原於禮。古之婦學，其在是歟！然稱《詩》以明禮，非禮之精微者也。……禮之大者，蟠天際地，措施於民物；其細則寓於一室酒漿米鹽之中。區而秩之，無非禮也；章而明之，無非禮之精微也。視儒者之學，庸有殊乎？……然《吟草》中存〈刺繡十詠〉，由裁本以迄熨幅，凡繡事畢具，其伐材隸事也工，其興象也深以微，其所標託引喻，則求諸性道、學術、政事無不貫，斯即太君學禮之說乎。條目節次，粲然秩然，所謂道寓於藝者乎。春秋以來，婦學之盛，如鄧曼、穆姜、魯穆伯妻、柳下惠妻、齊銳司徒妻、杞梁妻，其人皆深於典禮，出言有章，文人學士或不及。……因推太君之習禮以達詩者，以見婦學之猶未墜失，有待人而興者矣。[443]

據《詩三百》內容而言，可知其詩旨多原於「禮」而來。古之婦學，亦在此。稱詩以明「禮」，知「禮義」乃人倫日常之道，非精微邈遠之理，反是切近人事的。「禮」之義大至祭天祀地，小則柴、米、油、鹽、醬、醋、茶之處，都有「禮」（理）也，不可不仔細。所謂「禮」，壽曾以為：無非就是「區而秩之」——事事分明，別列有序，條理井然，如此，條理之事理、物理，井然有序，便是「禮」；守禮、

---

[443] 劉壽曾：〈榮窗吟草序〉，《傳雅堂文集》卷2，同注430，頁87-88。

行禮，無非就是做到此地步。而「道」不遠人，於藝於器中，皆可知有理有道。所以習禮稱詩，知書達禮，亦從小處著手，不可不慎！

3. 施於民者易悦，取於民者易怨，民之恆情也

壽曾曰：

> 公之言曰：「為治之要，貴以明濟寬，則事舉而心安。」跡公之用心，蓋兼寬大綜覈而善持其平者歟！夫施於民者易悦，取於民者易怨，民之恆情也。公所蒞皆理財之政，取於民而民不怨，且能使民悦，……《詩》曰：「樂只君子，民之父母。」傳曰：「悦以使民，民忘其勞。」如吾公者，足以當之矣。[444]

依民之常情，身為治國之君，必懂得施於民，惠於民之理，所謂「施於民者易悦」；反之，壓榨百姓、苛稅重斂，必得民怨，即「取於民者易怨」。治國要道，不外乎是順民情，使民安居樂業，方以國泰民安、國富圖強。

4. 《春秋》者，禮義之大宗也

壽曾於《左傳》：「宣公四年傳：凡弒君，稱君，君無道也；稱臣，臣之罪也。」杜注：「稱君，謂惟書君名，而稱國以弒，言眾所共絕也；稱臣者，謂書弒者之名。」釋：

> 杜氏此說，責君太重，責臣轉輕，雖終謂弒君之罪不可赦，然已謂君臣無父子之恩，例於路人，語意悖謬。致說《左氏》者集矢此例，謂出漢人復益，皆杜說所昭也。疏謂臉見其義，語最無弊。劉恭冕《春秋說》申其說云：《左氏傳》凡弒君，稱君，君無道也；稱臣，臣之罪也。此《春秋》最要之義，而解者未明其義，故近世通儒，若顧氏棟高、焦氏循皆疑其悖謬。實則《左傳》說不誤也，蓋無道者，謂不知禮義，失其為君之道也。……

---

[444] 劉壽曾：〈杜刺史筱珊五十壽序〉，同上注，頁 201-202。

故有國者不可以不知《春秋》，前有讒而弗見，後有賊而不知；
為人臣者不可以不知《春秋》，守經事而不知其宜，遭變事而不
知其權，為人君父而不通於《春秋》之義者，必蒙首惡之名；為
人臣子而不通於《春秋》之義者，必陷篡弒之誅死罪之名。又
云：夫不通禮義之旨，至於君不君，臣不臣，父不父，子不子。
夫君不君，則犯；臣不臣，則誅；父不父，則無道；子不子，則
不孝；此四行者，天下之大過也。以天下之大過予之，則受而弗
敢辭。故《春秋》者，禮義之大宗也。[445]

可看出壽曾以《春秋》，乃「禮義」之大宗。《春秋》之作，不僅使亂
臣賊子懼，亦在戒為人君、父等，當守「禮義」也。至於君不君、父不
父、臣不臣、子不子，皆不通「禮義」，即不明《春秋》義法，亦無道
也。所以為人君、父、臣、子，皆須通《春秋》之「義理」，方能守經
而知其宜，遭變而知其權，所作所為，方辨乎「禮義」。《左傳》所
載，亦是本於「禮義」而來。倘若君不君、父不父時，為人臣、為人子
更應守為人臣、為人子之「禮」，非君父無道，則臣子所以弒也。如
是，弒君，稱臣，罪也。壽曾身處太平軍起，清廷內憂外患連連，其所
以大力倡揚《春秋》義法，以《春秋》，乃「禮義」大宗，想必以此力
圖挽狂瀾於既倒，故極欲宣揚君臣、父子之義。

五、小結

「春秋學情理論者」這節主在探究「揚州儒學」發展至後來，最為
人津津樂道、有所成就者，則是儀徵一地治《春秋》的學者：一是主今
文《公羊》學的「凌曙」，另一則是治古文左傳學的「劉氏三代」。

在「情理思想」上，不論治今文或古文，他們皆主「以《禮》治
《春秋》」。這是他們共有的思想。凌曙以「六經之道，同歸禮樂之
用。」是以治天下在於「禮」，所謂：「得禮治，失禮亂。」又「禮」

---

[445] 劉文淇等著：《春秋左氏傳舊注疏證》，（北京：中國社會科學出版社，
1959 年），頁 642。

乃聖人「緣情之安」制訂而來，以「禮本人情以即於安」，「故禮者治人之律，而《春秋》則其例也」。以「禮儀規範」作約束人們言行之則，《春秋》亦是孔子治天下之書，依此，治天下同歸於「禮」也。凌曙之侄──劉文淇則強調：「釋《春秋》必以《周禮》明之。」所謂：「《周禮》明，而後亂臣賊子乃始知懼。」主《禮》可貶黜亂臣賊子，去例言「禮」，直尋《春秋》大義，是治《春秋》之要。劉文淇之子──劉毓崧則主「天理不外人情，故情理可互訓」。所謂「天理」並非高高在上，而是人情不失其則，便是「理」，所以「情」：「理也」；「理」：「情也」。劉毓崧之子──劉壽曾以「〈中庸〉「忠恕」之道，即《春秋》忠厚之道。」又「《春秋》乃禮義之大宗也。」強調「忠」以盡己，「恕」以待人，此便是忠厚之道。畢竟修身在己，貴嚴以律己，寬以待人。責己嚴苛，方能勵精圖治，止於至善，對於他人，又何須拿他人過錯，懲罰自己？不妨寬恕對待，亦顯示自修養厚道。

　　於「情欲」上，劉毓崧主「惠者一人之私也；德者天下之公也」。予「公私」有不同看法，以私是一己之惠，而公是天下之德。劉壽曾以為：「施於民者易悅，取於民者易怨，民之恆情也。」主治國之君當以百姓為重，為百姓謀福利為要。當曉得「施於民，惠於民」之理，即所謂「施於民者易悅」，反之，壓榨百姓，苛徵重稅，必得民怨。所以治國要道，不外乎順民情，使民安居樂業也。劉壽曾在此可謂將百姓之心態表露無遺，以「民生」為要，作為治國之本。

第陸章　清儒揚州學派情理論的影響

趙中偉先生曾云:

> 在一個大變動的時代裡,我們總喜歡引用英·狄更斯(Charles
> Dickens 1812～1870AD)《雙城記》的一段名言:「那是最美好
> 的時代,那是最糟糕的時代;那是智慧的年頭,那是愚昧的年
> 頭;那是信仰的時期,那是懷疑的時期;那是光明的季節,那是
> 黑暗的季節;那是希望的春天,那是失望的冬天;我們全都在直
> 奔天堂,我們全都在直奔相反的方向。」十九世紀中期的中國,
> 正遭逢歷史上兩個最大的轉變之一(據馮友蘭在《中國哲學史新
> 編》指出,另一個是春秋戰國時期),是因循守舊,還是革故鼎
> 新?是走向衰敗,或是迎向新生?這是當時知識份子面臨最大的
> 抉擇,且寓有責無旁貸的責任與使命。[1]

這段滿目瘡痍的時代,知識份子之所以能自覺改革,除了西力東漸的刺
激外,最主要的轉折,則是清儒思想的變遷。關鍵人物——戴震(1724
～1777AD),是中國在邁向現代化過程中,使儒學從長期以來偏重的
「形上價值」,轉向了「經驗價值」的思想變革者。[2]其最重要的影
響,還在於後繼者的闡揚,這股綿延不絕的汩流——「揚州儒學」,將
其思想傳衍散播,似乎已為封建的中國將走向民主的新生,埋下因果之
種子。「揚州學者」對後世之影響,不可謂不多矣。

---

[1] 趙中偉先生:〈書評:張麗珠《清代新義理學——傳統與現代的交會》〉摘
要,(《哲學與文化》第 32 卷第 11 期,2005 年 11 月),頁 135。
[2] 同上注,頁 135。

第一節 「相人偶」之仁學傳播

　　清末黃式三（1788～1862）於〈阮氏仁論說〉指出：「阮公集，以〈仁論〉、〈性命古訓〉諸作為大。」[3]李慈銘（1803～1894）亦盛讚：「〈論語論仁論〉、〈孟子論仁論〉、〈性命古訓〉、〈論語一貫說〉諸篇，卓識精裁，獨出千古。」[4]足證對當時影響頗大。

　　學者解釋：阮元的「仁學」思想迥異於前人之處，在於增添了近代意識，所以被稱為向近代思想過渡的一座橋樑。因此阮元的「仁學」思想為後人重視，愈至晚近愈為人認可。[5]在揚州儒者中，影響晚清至近代思潮最巨者，莫過於阮元，尤其阮氏的「仁學」說，更是後來學者加以闡揚、發揮最多所在。

　　主變法、維新、保皇的康有為（1858～1927）以為「仁」是：

> 仁，從二人，人道相偶有吸引之意，即愛力也，實電力也。人具此愛力，故仁即人也。苟無此愛力，即不得為人矣。[6]

康氏以「仁」乃二人相偶相助，散發出相愛之力，此乃電力也，此謂之「仁」。具此愛力者，即人亦「仁」也，否則，非人矣。更進一步，康有為主張「必去其抑壓之力，令人人自主而平等」[7]。自主而平等，方是人道之至。康氏的「仁道」思想，可以看出繼阮元「相人偶」之「仁學」後，宗鄭玄所解「相人偶」之意，加以闡發，為其「大同世界」的理論依據[8]。強調是人人民主、自由、平等時，人人彼此尊重，方可言

3　黃式三：〈阮氏仁論說〉，《儆居集‧經說五》第 2 冊，（清道光戊申刊本，1848 年），頁 20。

4　李慈銘：〈復桂浩亭書〉，《越縵堂文集》，（臺北：華文出版社，1971年），頁 125。

5　王章濤先生：《阮元評傳》，（揚州：廣陵書社，2004 年），頁 258。

6　見氏著：《中庸注》，（臺北：臺灣商務印書館，1968 年），頁 21。

7　康有為：《春秋筆削大義微言考》卷 1，（收入《康南海先生遺著彙刊》（七），臺北：宏業出版社，1976 年），頁 19。

8　梁啟超先生指出：「先生之哲學，博愛派哲學也。先生之論理，以仁字為唯一宗旨。以為世界之所以立，眾生之所以生，家國之所以存，禮義之所以

「仁」。畢竟「仁」,「貴於能群」,至完全實現民主,所謂「太平世」時,才算是「人道之至」[9]。

主「衝決一切網羅」[10]的譚嗣同(1865～1898)《仁學》一書釋「仁」:

> 〈自敘〉:「仁」,從二從人,相偶之義也。[11]

又:

> 七節:漢儒訓仁為相人偶。人於人不相偶,尚安有世界?不相人偶,見我切也,不仁矣,亦以不人。[12]

其解釋一仍阮元。主「仁」乃人我相親之意;必二人以上始為盡「仁」。人必「相人偶」始為人,亦始有世界產生。其《仁學》進一步闡釋,強調「通」之意義,其云:

> 仁以通為第一義,以太也,電也,心力也。皆指出所以通之具。……智慧生於仁。仁為天地萬物之源,故惟心,故惟識。仁者寂然不動,感而遂通天下之故。……徧法界,虛空界,眾生界,有至大之精微,……無以名之,名之曰以太。其顯於用也,孔謂之仁,謂之元,謂之性。墨謂之兼愛,佛謂之性海,謂之慈

起,無一不本於仁。苟無愛力,則乾坤應時而滅矣。……先生之論政、論學,皆發於不忍人之心。」見氏著:《康南海先生傳》,(舊金山:世界日報,1955 年),頁 28。

[9] 康有為:《孔子改制考》卷 12,收入《康南海先生遺著彙刊》(三),同注 7,頁 459。

[10] 譚嗣同:《仁學·自敘》云:「竊揣歷劫之下,度盡諸苦厄,或更語以今日此士之愚之弱之貧之一切苦,將笑為狂語而不復信,則何可不千一述之,為流涕哀號,強聒不舍,以速其衝決網羅,留作券劑耶!網羅重重,與虛空而無極,初衝決利祿之網羅,次衝決俗學若考據若詞章之網羅,次衝決全球羣學羣教之網羅,次衝決君主之網羅,次衝決倫常之網羅,次衝決天之網羅,終將衝決佛法之網羅。然其能衝決,亦自無網羅,真無網羅:乃可言衝決……」見氏著《仁學》,(北京:華夏出版社,2002 年),頁 2。

[11] 譚嗣同:《仁學·自敘》,同上注,頁 1。

[12] 譚嗣同:《仁學》,同上注,頁 21。

悲。耶謂之靈魂，謂之愛人如己，視敵如友。格致家謂之愛力，
吸力，咸是物也。[13]

譚氏以宇宙本體，就是物理學中所謂「以太」（Ether）[14]。「以太」充滿
宇宙，看不見、聽不到、聞不著，所以「寂然不動」。雖如此，但卻是一
切現象生生之源，產生方式即是「通」，「通」的表現，便是「仁」。不
過，思想家、哲學家、宗教家，對此宇宙本體有不同說法，孔謂「仁」，
墨謂「兼愛」，佛謂「慈悲」，耶謂「靈魂」，格致家謂「愛力」、「吸
力」，不論如何說辭，實則一也，就是「以太」，亦就是儒家所謂的
「仁」。然「仁」必須實行出、表現出，方是「行仁」，而「行仁」之
方，在於「通」，此「通」亦如焦循（1763～1820）所強調之「旁通」[15]，
藉由「旁通」方知己及人，仁民愛物，立人達人；譚氏於此又云：

> 仁不仁之辨，於其通與塞。通塞之本，惟其仁不仁。通者如電線
> 四達，無遠弗屆，異域如一身也。故易首言元，即繼言亨。元，
> 仁也；亨，通也。苟仁自無不通，亦惟通而仁之量乃可完。由是
> 自利利他，而永以貞固。[16]

以仁不仁之分別，在於「通」與「塞」。能通達他人，傳達愛力、電
力，才是「仁」的表現，所謂《易》「元亨利貞」，元即是「仁」，但
「仁」須「亨通」，方能利貞，利益眾生。此說亦如焦循所謂：

> 《易》道但教人旁通，彼此相與以情。己所不欲，勿施於人；己
> 欲立達，則立人達人。此以情求，彼以情與。自然保合太和，各

---

[13]　氏著《仁學》，同上注，頁3。

[14]　姜林祥先生云：「『以太』，原是近代物理學關於物質的假說，用以解釋光
　　　的現象。『以太』理論十九世紀傳入中國，一些先進思想家便用來充實自己
　　　的哲學思想。」見氏著：《中國儒學史》（近代卷），（廣州：廣東教育出
　　　版社，1998年），頁183。

[15]　焦循：《論語通釋・釋仁》：云：「克、伐、怨、欲，情之私也；因己之
　　　情，而知人之情，因而通天下之情。不忍人之心，由是而達；不忍人之政，
　　　由是而立，所謂仁也。」（臺北：藝文印書館，1966年），頁9-10。

[16]　氏著：《仁學》，同注10，頁5。

正性命。……孔子謂之仁恕，《大學》以為絜矩。此實伏羲以來
聖聖相傳之大經大法。[17]

所謂「仁」，簡單言之，就是「愛人」。彼此相愛不外就是彼此情通，
相與以情，因愛，所以己所不欲，勿施於人；己欲達而達人，己欲立而
立人。這就是孔子所謂「仁」，《大學》之「絜矩」之道，亦聖聖相傳
之大經大法。譚氏《仁學》第三十節又云：

> 方孔之初立教也，黜古學，改今制，廢君統，倡民主，變不平等
> 為平等，亦汲汲然動矣。豈謂為荀學者，乃盡亡其精意，而泥其
> 粗糙，反授君主以莫大無限之權，使得挾持一孔教以制天下！彼
> 為荀學者，必有倫常二字，誣為孔教之精詣，不悟其為據亂世之
> 法也。[18]

又：

> 荀乃乘間冒孔之名，以敗孔之道。曰：「法後王，尊君統。」以
> 傾孔學也。曰：「有治人，無治法。」「陰防後人之變其法
> 也。」又喜言禮樂政刑之屬，惟恐箝制束縛之具之不繁也。一傳
> 而為李斯，而其為禍亦暴著於世矣。[19]

可看出譚氏不認同荀學，批評荀學乃是偽孔學，而其樹立的孔學在《仁
學》一書中，學者指出：所宣揚是西方進化論與儒家民本思想相結合的
一種民主意識。此乃大大發展了阮元的「仁學」思想。創造了新的民主
思想，步入近代思想的新階段。[20]譚氏抬出孔子立說，闡明孔子力教目
的在於「變不平等為平等」。身逢中國危亂不安時，道德淪喪彷彿使人
置身於世紀末的邊緣，此亦是封建專制名教所導致的結果。譚氏有鑑於

---

[17]　焦循：〈寄朱休承學士書〉，《雕菰集》卷 13，（臺北：鼎文書局，1977
　　　年），頁 203。

[18]　氏著：《仁學》，同注 10，頁 99。

[19]　氏著：《仁學》，同上注，頁 99。

[20]　王章濤先生：《阮元評傳》，同注 5，頁 259。

此，強調是必用心力以挽劫運，以成就一個倫理學命題[21]。譚氏所主的不僅是「相人偶」之「仁學」發揚；更要的是：「務除一己之私心，以振奮人人之慈悲心」，所謂：「先去乎自己機心，重發一慈悲之念，……使心力驟增萬萬倍，天下之機心不難泯也。」[22]又「以感一二人而一二化；則以感天下而劫運可挽也。」[23]還有，譚氏認為「仁學」普及，應是人人平等之世界，然所以造成中國不平等之因，就是以「名教」相標榜的一整套封建倫理綱常與等級森嚴的封建制度。因此，他主張「衝決網羅」，即衝決「名教」的網羅，所謂「三綱」的網羅──「君為臣綱」：「無復人理」；「父為子綱」：「父非人所得而襲取也」；「夫為婦綱」：「束縛、壓迫婦女的封建綱常。」[24]

　　譚氏除主張「相人偶」之「仁學」外，實際上，其亦繼承王夫之、戴震等人對程朱理學的批判精神。其反對理學家的性善情惡論（或存天理滅人欲論），主張性善情亦善也，其云：

> 言性善，斯情亦善。生與形色又何莫非善？故曰：皆性也。世俗小儒，以天理為善，以人欲為惡，不知無人欲，尚安得有天理！……天理，善也；人欲，亦善也。王船山有言曰：天理即在人欲之中；無人欲，則天理亦無從發見。[25]

公開表示人的感性「欲望」（欲、情、形色）是合法性、是善的。理學家「窒欲」的說法，無疑是為統治者駕馭、禁錮人民之法；人正常的「欲望」是不該剝奪的，所謂「天理在人欲之中」，「無人欲」，「天理亦無從見也」。所以譚氏主張應大力發展工商業，以滿足人們物質生活的欲求。胡適先生（1891～1962）於《先秦名學史》的〈導論〉曾預

[21] 高瑞泉先生：《天命的沒落──中國近代唯意志論思潮研究》，（上海：上海人民出版社，2007年），頁28。
[22] 氏著：《譚嗣同全集》，（北京：中華書局，1981年），頁357。
[23] 同上注，頁358。
[24] 整理自陳君聰先生：《現代化先鋒──中國近代啟蒙思想家》，（臺北：萬卷樓圖書公司，1999年），頁171-173。
[25] 氏著：《譚嗣同全集》，同注22，頁301。

言說：「中國哲學的未來，有賴於從儒學的道德倫理和理性的枷鎖中得到解放。」[26]

　　事實上，阮元（1764～1849）所處之時代，已是中國逐漸走下坡的衰弱時期，不能沉湎於玄虛而應務求真實，於此似乎啟蒙曙光綻現，「天朝透出了廢墟般的荒涼」[27]，其所倡「仁學」──「相人偶」之說，雖前有所承，但無異是鑑於時勢的務實之方、強國團結之道；楊尚奎先生說得好，其云：

> 阮元之「周人始因相人偶之恆言，而造為仁字」的說法。頗有道理，因耦耕而人相偶，相偶而有「仁」字之創造，固因事實而生也。阮元的思想及方法，實在是上紹亭林與東原。……他注重實踐，頗有清初顏、李作風。蓋訓詁考據，亦實踐之一，原則也是實事求是，不弄玄虛。乾嘉以後，至道咸時代，中國封建社會之病癥漸入膏肓，於是有識之士為救亡計而務實，理學一蹶不振，漢學家亦求新學以救國，孫詒讓、章太炎皆愛國人士而思改革者，今文學派更以政治改革為生命，康有為固大張《公羊》者。然則玄虛者，固承平世之點綴歟！[28]

在此，以見阮氏「仁學」強調實踐，乾嘉以後，有志之士紛紛力圖改革以救亡圖強。所要的「仁學」，已不再是「仁本禮用」的思想模式，如康有為、譚嗣同等嘗試改造儒學之舊體舊用，欲轉化成一新體新用的新「仁學」，以應時勢危局，吳光先生稱之為「維新仁學」。[29]此「維新仁學」就奠基於阮元的「相人偶」之說，轉化成一融合古今中外的「新學」，強調「會通」世界各家各派學說的根本大法，誠如梁啟超先生（1873～1929）所云：

---

[26] 胡適先生：《先秦名學史》，（收入氏著：《胡適全集》（6），北京：北京大學出版社，1998 年），頁 10。

[27] 高瑞泉先生：《天命的沒落──中國近代唯意志論思潮研究》，同注 21，頁 35。

[28] 楊尚奎先生：《清儒學案新編‧儀微學案》，（濟南：齊魯書社，1985 年），頁 398。

[29] 氏著：〈從道德仁學到民主仁學〉，收入於吳光先生主編：《當代新儒學探索》，（上海：上海古籍出版社，2003 年），頁 62。

　　《仁學》為何而作也？將以會通世界聖哲之心法，以救全世界之
　　大眾生也。南海之教學者曰：以求仁為宗旨，以大同為條理，以
　　救中國為下手，以殺身破家為究竟。《仁學》者，即發揮此語之
　　書也。而烈士者，即實行此語之人也。[30]

此「維新仁學」之特色，就是融合西方理論外，尚在求變與改革；以
「善變而能久」，變法以圖強為他們的宗旨所在。除變與通外，在本體
論而言，西方近代自然科學知識亦須融入傳統儒學的「元」、「性」、
「氣」、「仁」等範疇，統合精神與物質之道，是一近似西方二元論的
本體學說；還有更需要將此「仁學」應用在政治上，就是要將西方的平
等、自由、博愛、民主與法治思想融入儒家的「仁學」體系，成為具有
西方民主色彩的儒家人文主義。[31]

　　歷史發展至近代前夕，阮元的「仁論」被大大闡揚，不可否認，是
一社會發展的思潮使然。這是否也反映出乾嘉時期已具備新意識的學
者？前有戴震——正視人之「情欲」發展，推翻程朱以理壓制人性的封
建教條，後有阮元——重新規定儒家「仁」的定義，要求在封建社會階
級中實行「相人偶」式的平等。戴震、阮元等論，表現出「人」的意識
的覺醒，對晚清學術之影響，想必是尤巨的；誠如王茂先生所云：

　　阮元的「仁」重新定義，與戴震之為「理」重新定義，在清代中
　　期意識型態上都起了轉換革新的作用，並在鴉片戰爭的近代思想
　　的過渡中，起了橋樑作用。[32]

「仁」不再是玄遠之理，而是可切實用於人際關係中的範疇。在互惠平等
上有博愛之意義，至晚近時，康有為、譚嗣同等人，結合中西，大講「仁
學」，方以致用阮元之「仁論」，並加以闡發與務實於救亡圖強中。

---

[30]　梁啟超先生：〈仁學敘〉，收入譚嗣同先生：《譚嗣同全集》，同注22，頁
　　　393。
[31]　整理自吳光先生：〈從道德仁學到民主仁學〉，同注29，頁62-63。
[32]　見氏著：〈第十二章　阮元的仁學新義〉，王茂先生等著《清代哲學》，
　　　（安徽：人民出版社，1992年），頁752。

第二節　古文經學家傳衍與今古文之爭學術流變

尹炎武先生《劉師培外傳》云：

> 揚州學派盛於乾隆中葉。任、顧、賈、汪、王、劉開之；焦、
> 阮、鍾、李、汪、黃繼之。凌曙、劉文淇後起，而劉出於凌。師
> 培晚出，席三世傳經之業，門風之盛，與吳中三惠、九錢相望。[33]

尹先生論述「揚州學派」晚期的發展時，特別指出凌曙，此乃劉文淇之
舅舅兼塾師。誠如張壽安先生云：凌曙的重要性在其位居「揚州學術」
中、晚期的轉接點。嘉道間，經學漸起今古文之爭，揚州經學所取路數
與常州異，不可不視為一重要關鍵。[34]執教於揚州師範大學的徐復先
生，論及揚學後衍，亦云：

> 凌廷堪以歙人居揚州，與焦循友善，阮元問教於二人，遂別創揚
> 州學派，聲譽因以崛起。此後，浙江詁經精舍、廣東學海堂諸
> 彥，大都不惑於陳言，以知新為主，樹阮元為標幟焉。[35]

指出「揚州學派」的三位代表人物，即：凌廷堪、焦循與阮元。此外，
亦表示：因詁經精舍與學海堂建立，隱然有一所謂「阮元學圈」產生，
還有書院教育的發展，使「揚州學術」流衍至粵中。在此，有一問題頗
發人深省，張壽安先生說得好，其云：清中期的乾嘉考證學如何與晚清
學術銜接，除了普遍為人知的《公羊》學之外，這道咸間的學術流衍到
底是怎樣一番脈絡？[36]「揚州學術」在此是否扮演一重要的關鍵？亦即
阮元所創立的詁經精舍、學海堂等，所培育、造就出的人才，這些人才
「不惑陳言」，「以知新為主」，他們的學術成就，是否就是道咸間學

---

[33] 氏著：《劉師培外傳》，（石家庄：河北教育出版社，1996年），頁7。
[34] 見氏著：〈清代揚州學派研究展望〉，（《漢學研究通訊》第 19 卷第 4
期，總第 76 期，2000 年 11 月），頁 621。
[35] 氏著：〈揚州學派新論・序〉，（收入趙航先生《揚州學派新論》，南京：
江蘇文藝出版社，1991年），頁 1。
[36] 同注34，頁 621。

術流衍之代表？繼「揚州儒學」之後的發展，便是這些學者學術趨向為
主流，加上儀徵劉氏四傳，所謂：揚州劉氏致力於古文經典籍《左傳》
的研究，與常州今文經學呈現對峙之勢。[37]又是否這些學者的學術趨
勢，正是與常州今文經學互別苗頭，是以有所謂今古文之爭？這些問題
頗值得我們深入探究。

一、古文經學家傳衍

　　我們知道，自阮元創立詁經精舍，歷經嘉慶、道光、咸豐、同治、
光緒五朝，有一百餘年之久，此中，培育出許多優秀人才[38]，影響到後
來的學術思潮，既深且巨。著名的經學大師──俞樾，即在此（同、光
年間）講學長達三十一年之久。[39]而俞樾遵阮元之教學宗旨，以「學
古」為原則，重訓詁之法，「實事求是」於「聖賢之經」[40]，這方面，
俞樾正作一承前啟後者，由他所影響的學者，即有：黃式三、黃以周父
子、孫詒讓、崔適、戴望、章太炎、王國維等人，是為「揚州學派」在
浙江的影響與傳承[41]。

[37] 見（美）艾爾曼（Benjamin A. Elman）著、趙剛先生譯：《經學、政治和宗
　　教──中華帝國晚期常州今文學派研究》，又云：「今文學者康有為與古文
　　學者劉師培的爭論聞名於 20 世紀。這場爭論起源於揚州劉氏與常州庄、劉
　　兩族的學術對立，這一點長久以來為人忽略了。」（南京：江蘇人民出版
　　社，2005 年），頁 7。
[38] 據阮元手訂：《詁經精舍文集》卷首載，可知此詁經精舍培育出數以百計的
　　浙江英才，如陳鴻壽、方觀旭、徐養原、洪頤煊、洪震煊、金鶚、陳鱣、張
　　廷濟、端木國湖等人。孫星衍：〈詁經精舍題名碑記〉亦云：「登甲科舉成
　　均，牧民有善政及撰述成一家者，不可勝數，東南人材之盛，莫與為比。」
　　（收入趙所生先生、薛正興先生等編《中國歷代書院志》（15），南京：江
　　蘇教育出版社，1995 年），頁 2。
[39] 劉建臻先生：《清代揚州學派經學研究》，（揚州：揚州大學古代文學博士
　　論文，2003 年 5 月），頁 143。
[40] 阮元：〈西湖詁經精舍記〉即表示「詁經精舍學術宗旨」是：「奉許、鄭木
　　主於舍中，群拜祀焉，此諸生之志也。……謂有志於聖賢之經，惟漢人之詁
　　多得其實者，去古近也。」《揅經室二集》，（北京：中華書局，1993
　　年），頁 548。
[41] 王章濤先生：〈第二章　揚州學派的活動和影響〉，收入氏著：《阮元評
　　傳》，同注 5，頁 45。

　　俞樾（1821～1906），治學遵「高郵二王」；在其《曲園自述詩》即表明：

> 十年春夢付東流，尚冀名山一席留。此是孳求經義始，瓣香私自奉高郵。[42]

俞氏的《群經平議・序目》亦云：

> 本朝經學之盛，自漢以來未之有也。余幸生諸老先生之後，與聞緒論，粗識門戶。嘗試以為治經之道大要有三：正句讀、審字義、通古文假借。由經以及諸子，皆循此法，冀不背王氏之旨。……三者之中，通假借為尤要。諸老先生惟高郵王氏父子發明故訓，是正文字，至為精審。[43]

可看出俞樾治學一本「揚州學派」，傳王氏父子訓詁之法——「正句讀」、「審字義」與「通古文假借」；尤以「通假借」更是其主孳經的鎖鑰，此例乃傳承王念孫、王引之（高郵二王）而來。俞氏著作，皆收在《春在堂全書》計五百卷；中又以《群經平議》與《諸子平議》為俞氏成名作。此二書可謂其仿照王氏《經義述聞》與《讀書雜志》的形式寫成；據其《群經平議・序目》云：「余之此書，竊附王氏《經義述聞》之後」[44]又其《春在堂全書錄要・諸子平議》云：「是書繼《群經平議》而作，竊附王氏《讀書雜志》之後」[45]，毫不避諱表明是仿王氏之書而來。

　　除了「高郵二王」外，「揚州學者」的治學精神對俞樾學術著作之影響，尚有劉臺拱、阮元等人。據學者研究，發現在俞樾《群經平議》卷二、卷十五、卷二十等文中，還不時引阮元主纂的《十三經注疏校勘記》，《春在堂全書・雜文四編》之六〈照印十三經小字本序〉一文更是

---

[42] 俞樾：《曲園自述詩》，（收入氏著：《東瀛詩紀》卷2，清光緒23年石印本），頁3。

[43] 俞樾：《群經平議・序目》，（北京：學苑出版社，2005年），頁3。

[44] 俞樾：《群經平議・序目》，同上注，頁3。

[45] 俞樾：《春在堂全書錄要・諸子平議》，收入氏著：《東瀛詩紀》，同注42，頁1。

盛讚阮元校勘之功。[46]又《俞樓雜纂》第十四卷:《續論語駢枝》一書,乃是仿效劉臺拱《論語駢枝》之體例寫成[47]。其《續論語駢枝·序》云:

> 實應劉端臨先生有《論語駢枝》一卷,雖止數十條,而皆精鑿不磨,學者重之。余湖樓無事,讀《論語》有所得,輒筆之於書,其體例與劉氏書相近,因題是名焉。[48]

可看出俞氏仿揚州儒者之書,而成己著者頗多。此外,俞樾「自同治七年主講詁經精舍」[49]起,長達三十一年之久,沿襲阮元之教學方法與學術宗旨,亦造就出許多英才,這方面,在治學方法上,講究「實事求是」,返經求聖賢之道,受阮元影響必多。

　　戴望(1837~1873)——乃俞樾的表弟,與劉恭冕曾在金陵書局做校書工作,過從頗密,是以俞樾透過戴望與劉恭冕結識交往,時保持書信往來。[50]而戴望乃戴震三傳弟子[51],論性論理,尚實行,一主戴震之說,這方面,俞樾治學主漢學、樸學之風;思想上,是否融合戴、阮之思?這點頗值我們反思。

　　總之,俞樾與「揚州學者」關係頗密切,是王氏親家[52]、是劉氏之密友,學承高郵二王與阮氏,又是阮元所辦「詁經精舍」之講師,想必俞氏對揚州後期必有著重要影響。

46　見劉建臻先生:《清代揚州學派經學研究》,同注39,頁142。

47　同上注,頁142。

48　俞樾:《續論語駢枝·序》,(臺北:藝文印書館,1966年),頁1-2。

49　俞樾:《春在堂全書錄要·詁經精舍自課文》云:「余自同治七年主講詁經精舍,閱諸生月課之作,教學相長,偶有觸發,輒亦自作焉。昔阮文達公刻《詁經精舍文集》,附刻程作其後,皆因之。」同注45,頁2。

50　整理自劉建臻先生:《清代揚州學派經學研究》,同注39,頁145-146。

51　許蘇民先生:《戴震與中國文化》載:「清咸豐同治年間,又有一位貧病交困的窮秀才,叫戴望,是戴震的三傳弟子。——戴震傳段玉裁,段玉裁傳陳奐,陳奐傳戴望」,(貴陽:貴州人民出版社,2000年),頁289。

52　據劉建臻先生:《清代揚州學派經學研究》指出:「俞樾與揚州學派淵源期人物之一:王懋竑,頗有點關係;蓋俞樾與寶應的王凱泰是「同年」,後來又成為親家;其長女俞錦孫嫁與王凱泰之子王豫卿;而王凱泰即是王懋竑的玄孫」。同注39,頁144。

　　黃式三（1788～1862），清乾隆五十三年至同治元年。著有《周季編略》、《論語後案》與《儆居集經說》等書。章太炎先生論其：「始與皖南交通。」[53]在黃氏《儆居集》中，可以發現到許多「申戴」篇章，如〈申戴氏氣說〉、〈申戴氏理說〉與〈申戴氏性說〉，專門闡揚戴震哲學思想，包含性、理、氣論，一反宋儒理學的理氣二分，天理人欲不兩立，主滅「情欲」說；而是主戴震的「情之不爽失，是謂理」[54]。可謂繼「揚州學者」：凌廷堪、焦循、阮元後，於道咸間闡揚戴震思想一位不遺餘力的學者。

　　學者指出：在嘉慶六年（1801）時，阮元創建詁經精舍於杭州，延王昶（1725～1807）、孫星衍（1753～1818）等學者任講席。舍中講學規定即分十二項，其中「義理」一項規定就是：完全不可循宋明儒說，必須闡揚戴震、凌廷堪重視「情欲」，倡導復禮的主張，並兼抒阮元、焦循、孫星衍的觀點。[55]當時禮學披靡天下，江浙徽間的菁菁學子皆棄理學而歸之。後來則與方東樹（1772～1851）、夏炘、夏炯等當時程朱理學的擁護者展開辯論。是以所謂漢宋學之爭，事實上從戴震提出一套新義理學之後，就已經不再是考據、「義理」之爭，而成為兩種「義理思想」間的爭辯。[56]

　　黃式三崇戴震之學，承繼之、發揚之，實其來有自，除受詁經精舍講學之影響外，亦是當時江浙徽地區一帶，禮學風氣所披靡使然。然其治學，據其〈求是室記〉自言：「天假我一日，即讀一日之書，以求其是。」[57]主「實事求是」為宗旨，承繼戴、阮治學之方；治經外，亦重心性修養，嘗作〈畏軒記〉云：「治經而不治心，猶將百萬之兵而自亂

---

[53]　氏著：〈清儒〉，《訄書》，《章太炎全集》（三），（上海：上海人民出版社，1986 年），頁 474。

[54]　黃式三：〈申戴氏理說〉云：「理，謂人情之不爽失也，非指潔淨空闊之一物也。」《儆居集・經說三》第 1 冊，同注 3，頁 6。

[55]　見張壽安先生：〈黃式三對戴震思想之回應〉，收入國立中山大學中文系編印：《第五屆清代學術研討會論文集》，（高雄：國立中山大學中文系，1997 年 11 月），頁 25。

[56]　同上注，頁 50。

[57]　黃式三：《儆居集・雜著四》第 8 冊，同注 3，頁 26。

之。」[58]生平著述甚豐，最重要者為《論語後案》一書。此書不專漢、宋，所謂：「分門別戶之見，不受存也。」[59]但摒除空疏詰曲之談，務實考據，重要是對戴震、凌廷堪、阮元等說多有闡發。黃氏有〈復禮說〉，即闡揚凌廷堪復禮以復性的主張，其云：

> 惟其順性而立制，則凡民之遵道遵路，莫能外。亦惟順性而立
> 制，儒者之希賢希聖，不出乎此。孔聖之門，顏子大賢，問仁而
> 教以復禮，後之儒敢訾禮為粗跡哉。[60]

強調「禮」之制本諸人性，順人性人情之自然而訂定，一如人觀見長者有或站或坐之情，然後才有拜跪裳衣之制。正因人有恭敬、辭讓、是非之心，制作中才具有上下尊卑之序。[61]所以「禮」之制乃順人之性情，示民以應遵的道路以行，莫能例外。黃氏治學以「禮」為宗，且對前儒治「禮」，更有著青出於藍，更勝於藍的特色。學者指出：

> 黃式三崇禮，並且是第一個直接且詳盡地對揚州學派凌廷堪的
> 《復禮》三篇作出回應的學者，此一回應包括矯正廷堪言論之過
> 激處和進一步闡揚此一復禮思想之內在基礎。[62]

其子：黃以周（1788～1862），治經傳家學，著《禮書通故》百卷。尤對凌廷堪、阮元的禮學思想，深表贊同與承襲，黃以周曾云：

> 學者欲求孔聖之微言大義，必先通經。經義難明，必求諸訓詁聲
> 音，而後古人之語言文字乃憭然於心目。不博文能治經乎？既治

---

[58] 黃式三：〈畏軒記〉，同上注，頁 28。

[59] 黃式三：《論語後案原敘》云：「夫近日之學，宗漢、宗宋，判分兩戒。是書所采獲，上自漢魏，下逮元明，以及時賢。意非主為調人，說必備乎眾是。區區之忱，端在於此。而分門別戶之見，不受存也。」同上注，《微居集・雜著一》第 1 冊，頁 6。

[60] 黃式三：〈復禮說〉，《微居集・經說一》第 1 冊，同上注，頁 17。

[61] 張壽安先生：《以禮代理──凌廷堪與清中業儒學思想之轉變》，（臺北：中研院近史所，1994 年），頁 148。

[62] 同上注，頁 141。

> 經矣，當約之以禮。又謂：禮者，理也，天理之秩然者也。考禮
> 即窮理。後儒舍禮而言理，禮必實徵往古，理可空談任臆也。欲
> 挽漢、宋學之流弊，其惟禮學乎！[63]

表明求孔聖之道，必先通經；欲通經，必先訓詁聲韻明，亦即小學明。
此一說正如戴震所主：

> 《經》之至道者也，所以明道者其詞也，所以成詞者未有能外小
> 學文字者也。由文字以通乎語言，由語言以通乎古聖賢之心者，
> 譬之適堂壇必循其階，而不可以躐等。[64]

明道在於詞；明其詞在於文字訓詁，此乃明道之方，不可躐等。所學不
僅在訓詁，而在訓詁以明道。實則後來焦循、阮元之治學理念亦不外乎
如是。不過，在此，黃以周更強調的是：除瞭解古人語言文字以通經明
道外，所謂治經，更須約之以「禮」。「禮」者，乃是「天理」之秩然
也，考「禮」即窮「理」。「禮」可徵實往古，不虛假妄造，然言
「理」，則流於空談臆斷，師心自用，變成各是其是各非其非，難有絕
對是非。所以黃以周在此，強調是「欲平漢、宋之流弊，惟禮學乎！」
可看出其發揚禮學之思想更勝於其父：黃式三；而有「以經學為禮學，
以禮學為經學，得顧氏之意」[65]的美譽。父子皆倡禮學，實亦將淩廷堪
的「以理代禮」說更加以闡揚至極，故有「東南稱經師者，必尊黃氏」
之說[66]。

　　清儒治「禮」，蔚為風尚，對《儀禮》、《禮記》，乃至《大戴
禮》做專門研究、注解，或就古禮總論通考者頗多；但專治《周禮》者

---

[63] 黃以周：《禮書通故·自敘》，（收入王文錦先生點校：《禮書通故》
（六），北京：中華書局，2007 年），頁 2722。

[64] 戴震：〈古經解鉤沉序〉，《戴震集》，（上海：上海古籍出版社，1980
年），頁 192。

[65] 詳見〈黃式三傳略〉，清繆荃孫編：《續碑傳集》卷 75，（書入周駿富先生
編輯：《清代傳記叢刊》第 119 冊，臺北：明文書局，1985 年），頁 323；並
參徐世昌編：《清儒學案》卷 154，（臺北：世界書局，1962 年），頁 2。

[66] 同上注，頁 5。

卻很少。[67]至光緒年間孫詒讓（1848～1908），著《周禮正義》一書，
《周禮》研究方燦然昌盛。梁啟超先生云：「《周禮》一向很寂寞，最
後有孫仲容一部名著，忽然光芒萬丈。」[68]孫詒讓治《周禮》，在其
《周禮正義》卷首〈略例十二凡〉中表明己治此書之立場；其云：

> 此經在漢為古文之學，與今文家師說不同。先秦古子及西漢遺
> 文，所述古制，純駁雜陳，尤宜精擇。今廣徵群籍，甄其合者，
> 用資符驗；其不合者，則為疏通別白，使不相淆混。[69]

畢竟《周禮》一書，以記周時的職官制度尤詳，在漢時，列入古文經，
與當時今文經講微言大義不同，所以孫氏必做務實功夫，客觀驗證，將
各古代文獻所見職官，與《周禮》做一比較，方為踏實的治學路徑。

孫詒讓，雖蔚為擎治《周禮》大家，但他亦是清末傑出的經學家暨
文字學家，章太炎先生曾讚其：「三百年絕等無雙」[70]的一代大師。其
治學成就輝煌，關鍵在其幼好六藝古文，從小即服膺段、王之學，尤嗜
考據，秉著小學、訓詁「實事求是」的功夫，故奠立良好的學術研究基
礎。其《劄迻·敘》云：

---

[67] 麻天祥先生：《中國近代學術史》云：「宋元明三朝，禮學衰息。入清以
後，先有顧、黃兩宗師的提倡，繼有乾嘉諸大老的發奮，禮學漸次復興。以
治禮名家的清儒，或者對《儀禮》、《禮記》、《大戴禮》各作專門研究，
或者就古禮而有通叡總論，至於專治《周禮》的人，卻是很少。《皇清經
解》及《續皇清經解》雖收錄有江永《周禮疑義舉要》、沈彤《周官祿田
考》、段玉裁《周禮漢讀考》、庄存與《周官記》、徐養原《周官故書
考》、王聘珍《周禮學》等著作，但多為局部研究，並非貫通全書之作。」
（武漢：武漢大學出版社，2007年），頁110。
[68] 氏著：《中國近三百年學術史》十三，（臺北：中華書局，1987年），頁
190；另李學勤先生：〈讀孫詒讓《周禮正義·天官》筆記〉一文亦表明：
「孫詒讓《周禮正義》一書，夙為經學史家推為有清一代經學殿軍之作，受
到學術界普遍推崇。」收入於彭林先生主編：《清代經學與文化》，（北
京：北京大學出版社，2005年），頁34。
[69] 孫詒讓：《略例十二凡》，《周禮正義》，（收入氏著：《孫籀廎先生集》
第6冊，臺北：藝文印書館，1963年），頁16。
[70] 章太炎先生著、湯志鈞先生等點校：《章太炎全集·太炎文錄初編》第4
冊，（上海：上海人民出版社，1985年），頁213。

年十六七，讀江子屏《漢學師承記》及阮文達公所集萃《經解》，始窺國朝通儒治經史小學家法。……深善王觀察《讀書雜誌》及盧學士《群書拾補》，……間竊取其義法以治古書。[71]

又：

王文簡《述聞》、《釋詞》釋古文辭尤為究極微眇，余少治《書》，於商、周《命》、《誥》，輒苦其不能盡通，遂依段、王義例，以正其讀，則大致文從字順。[72]

知其治學受高郵二王、段氏、阮元、江藩與盧文弨等啟迪，遂能取其義法以通古書，亦治學方法上，強調是正文字、審字義與通古文假借，以通經明古。表明是以小學證經並廣徵博引、援史證經等治學方法；進而「發疑正讀」以著作諸書，其所採的正是古文經治學的家法而來。其《古籀拾遺》即仿王念孫的《漢隸拾遺》而求「發疑正讀」的產物。其《古籀拾遺・敘》即表明：「余有所寤，輒依高郵王氏《漢隸拾遺》例，為發疑正讀，成書三卷。[73]」此外，承繼「揚州學者」闡釋名物制度與語源詮經的方法，孫詒讓尚有《籀廎述林》卷三的〈釋冀〉、〈釋疇〉與〈釋驪〉等文，即是對任大椿、王念孫治經方法承繼與學習。姜亮夫先生對此有云：「《籀廎述林》、《劄迻》，有如《讀書雜誌》、《經義述聞》。」[74]

我們知道，孫詒讓除在《周禮》研究上有成外，在掌治《墨子》而言，亦是一位大家，其《墨子閒詁》便是其代表作。然在《墨子閒詁・附錄・墨子舊敘》中，可發現到孫氏轉錄汪中的《墨子序》、《墨子後序》與王念孫的《墨子雜誌・序》等見解頗多[75]。從其著作中闡明、徵引等來看，其治學特色實與「揚州學者」之傳承，有著密不可分的關係。

---

[71] 孫詒讓：《劄迻・敘》，（北京：中華書局，2006年），頁3。

[72] 孫詒讓：《尚書駢枝・敘》，（收入氏著：《大戴禮記斠補》，山東：齊魯書社，1988年），頁4-5。

[73] 孫詒讓：《古籀拾遺・敘》，（臺北：華文出版社，1971年），頁3。

[74] 姜亮夫先生：〈孫詒讓學術檢論〉，《姜亮夫文集》第20冊，（昆明：雲南人民出版社，2002年），頁549。

[75] 見孫詒讓：《墨子閒詁・附錄・墨子舊敘》，收入氏著：《孫籀廎先生集》第5冊，同注69，頁1214-1215。

另在孫氏《籀𢈪述林》與《古籀拾遺》等書中，可發現到其實與寶應劉恭冕與儀徵劉壽曾等「揚州學者」過從甚密[76]。如在其《古籀拾遺》卷末有劉恭冕的〈跋〉，讚孫氏金石學，堪與阮元、莊述祖相提並論。可謂：劉恭冕是第一個對孫詒讓以古文字為「義據」而證「經傳」給予肯定的前輩學者[77]。章太炎先生：〈孫詒讓傳〉亦表示：

> 從父宦於江寧，是時德清戴望、海寧唐仁壽、儀徵劉壽曾，皆治樸學，詒讓與遊，學益進。[78]

可看出孫詒讓即使後來因應時勢潮流，轉向經世救亡一途，與康有為等托古改制變法如出一轍，以「稽古論治」為主，倡《周禮》作政論依據[79]，但不可否認，此一「稽古論治」源頭，來自孫氏古文經學，其古文經學之擅長，實受「揚州學者」治學與𢀳經的影響有密切關係。

章太炎先生（1869～1936），這位在清末極力鼓吹反清以圖強的學者，在其〈清儒〉一文中，將「揚州學者」劃分於吳、皖派之下[80]，且對焦循、劉文淇、劉寶楠，乃至位居人臣的阮元皆絕口未提。後來學者對此劃分，亦以為與事實不盡符合，劉建臻先生云：

> 如汪中的關注民生與重視子學，劉臺拱的由宋而漢，江藩的深於學術史等等，與吳派的宗旨尚相距甚遠，同樣，也與江藩專篇以述揚州學者且以之為學派的情形有著明顯的差異。[81]

---

76 孫詒讓：〈大戴禮記斠補敍〉云：「同治癸酉，侍先太僕君在江寧，余方草創《周禮疏》，而楚楨丈子叔俛孝廉恭冕適在書局刊補《論語正義》亦甫成，時相過從，商榷經義，偶出《大戴》顧本示餘，手錄歸之。……今者甄錄諸家舊顧，亦以學劉君相示之意。」《籀𢈪述林》卷 4；另一〈周虢季子白盤拓本跋〉云：「此紙儀徵劉副貢壽曾所詒，猶出土時拓本也。」《籀𢈪述林》卷 7，收入氏著：《孫籀𢈪先生集》第 2 冊，同注 69，頁 234、頁 411。

77 劉建臻先生：《清代揚州學派經學研究》，同注 39，頁 150。

78 見氏著：《章太炎全集》第 4 冊，同注 70，頁 212。

79 詳見麻天祥先生：《中國近代學術史》，同注 67，頁 114。

80 章太炎先生：〈清儒〉中，將揚州學者隸屬於吳派有：汪中、劉臺拱、李惇、賈田祖、江藩。而列屬於皖派，則有：王念孫、王引之、任大椿。見氏著：《訄書》（修訂本），（梁濤先生評注：《訄書評注》，西安：陝西人民出版社，2003 年），頁 120、122-123。

81 劉建臻先生：《清代揚州學派經學研究》，同注 39，頁 153。

先不論章太炎先生對「揚州學者」的劃分是否正確，乃至將重要人物
——阮元割捨，甚而藐視阮元崇高的學術地位[82]，這或許與章氏排滿、
革命意圖有關，是其政治取向[83]，但殊不知其治學淵源，卻是與「揚州
學者」有莫大關係，尤其是創詁經精舍的「阮元」。在章太炎《自定年
譜》即云：

> 初讀唐人《九經義疏》，時聞說經門徑於伯兄籛，乃求顧氏《音
> 學五書》、王氏《經義述聞》，郝氏《爾雅義疏》讀之，即有
> 悟。自是壹意治經，文必法古。[84]

主學術必須「壹意」，專心一意以治經，且「文必法古」；尚古文經學
家法從事經學研究，亦即文字訓詁小學方式讀經、掌經，治經，乃方為
有成。此舉到王氏《經義述聞》，可知對此書，章氏是頗推舉的。在其
〈自述學術次第〉曾云：「讀《經義述聞》，始知運用《爾雅》、《說
文》以說經。」[85]可知王氏父子之治學方法，對章太炎先生治學掌經影

---

[82] 章太炎先生：《太炎文錄初編‧說林下》即對阮元所編《國史儒林傳》大肆
批評：「說經先顧棟高諸賤儒，講學亦錄諸顯貴人，仁鄙個陋，涇清無
序。」同注 70，頁 120。

[83] 姜義華先生著：《章炳麟評傳》指出：「《訄書》初刻本所致力的思想解
放，已經對於兩千年來支配著人們思想與行為的範式提出了挑戰。但是，最
終還要承認孔子為『獨聖』，表明《訄書》初刻本還沒有下決心從根本上顛
覆自西漢罷黜百家、獨尊儒術以來佔支配地位的傳統範式。這決定性的飛
躍，是在《訄書》修訂本中完成的。《訄書》修訂本對兩千年來的範式，作
了全面性的顛覆。作出全面性的顛覆的政治基礎，是八國聯軍之役後，章炳
麟旗幟鮮明地倡導革命，公開同清王朝在政治上完全決裂，同企圖繼續在清
王朝統治體制內進行改革的康有為一派完全決裂。」又「修訂本第一部分，
包含〈原學〉、〈訂孔〉等十五篇。與初刻本相較，刪去了〈尊荀〉而代之
以〈原學〉與〈訂孔〉；於原〈儒墨〉、〈儒道〉等比較先秦儒學與諸子學
說得失的五篇文章外，新增〈學變〉、〈學蠱〉、〈王學〉、〈顏學〉、
〈清儒〉、〈學隱〉等一組述評漢晉以來思想學術的文章」，（南京：南京
大學出版社，2002 年），頁 348、頁 352。

[84] 氏著：《太炎先生自定年譜》，（收入《叢書年譜》，臺北：廣文出版社，
1971 年），頁 3。

[85] 章太炎先生：〈自述學術次第〉，收入劉夢溪先生主編：《章太炎卷》，
（石家庄：河北教育出版社，1996 年），頁 647。

響頗大。然對於章太炎先生之經學成就，影響既深且遠的，應是進入詁經精舍之後的學習與聽講，尤其師從「高郵二王」的俞樾，其對章氏的影響更是不可言喻[86]。學者亦指出：章太炎本是經學大師俞樾的學生，早年跟隨俞樾在杭州詁經精舍埋頭「稽古之學」，走的是戴震所倡導的「由字以通詞，由詞以通道」的治學道路，堪稱是戴震的四傳弟子。[87]

在詁經精舍研習期間，章太炎先生撰寫了大量的學術箚記，如：《膏蘭室札記》與《詁經札記》。對劉逢祿等今文派的學說，章太炎先生頗不以為然[88]，即著有《春秋左傳讀》、《春秋左傳讀續編》、

---

[86] 《詁經精舍課藝》第七第八集中所載的三十八箚記，皆見於章太炎先生著：《詁經札記》，收入《章太炎全集》第 1 冊；據湯志均先生：〈編者說明〉云：「《詁經札記》，是光緒十六至十九年間（1890 年-1893 年），章太炎肄業詁經精舍時的『課藝』，主要是對《易》、《書》、《詩》、《禮》、《春秋左傳》、《論語》等經籍文字音義的詮釋，輯入《詁經精舍課藝》七集和八集。」見氏著：《章太炎全集》第 1 冊，同注 70，頁 1。另氏著《太炎先生自訂年譜》「光緒 16 年 1890 年 23 歲條」載：「肄業詁經精舍，時德清俞陰甫先生主教，因得從學。」又「光緒 22 年 1896 年 29 歲條」載：「余始治經，獨求通訓故知典禮而已；及從俞先生游，轉益精審。……二十四歲，始分別古今文師說。」同注 84，頁 4、頁 5；另劉夢溪先生主編：《章太炎卷》附〈章太炎先生學術年表〉亦云：「1890 年 22 歲 父親去世，赴杭州入詁經精舍從俞樾受業，並就高學治問經，譚獻問文辭法度。」同上注，頁 656。

[87] 見許蘇民先生：〈用國粹激動種性，增進愛國的熱情——章太炎及國學保存會對戴震思想的宣傳〉，《戴震與中國文化》，（貴陽：貴州人民出版社，2000 年），頁 304。

[88] 見氏著：《太炎先生自訂年譜》「光緒 22 年 1896 年 29 歲條」載：「遷居會城。作『左傳讀』。……與穗卿交，穗卿時張公羊、齊詩之說，余以為詭誕。專慕劉子駿，刻印自言私淑。其後徧尋荀卿、賈生、太史公、張子高、劉子政諸家左氏古義，至是書成，……獨以『敘錄』一卷、『劉子政左氏說』一卷行世。初，南海康祖詒長素著『新學偽經考』，言今世所謂漢學，皆亡新王莽之遺；古文經傳，悉是偽造。其說本劉逢祿、宋翔鳳諸家，然尤恣肆。……祖詒嘗過杭州，以書示俞先生。先生笑謂余曰：『爾自言私淑劉子駿。是子專與劉氏為敵，正如冰炭矣。』……有為弟子新會梁啟超卓如與穗卿集資就上海作『時報』，招余撰述，余應其請，始去詁經精舍，俞先生頗不懌。然古今文經說，余始終不能與彼合也。」同注 84，頁 5。又章太炎先生所著《春秋左傳讀》、《春秋左傳讀續編》、《春秋左傳讀敘錄》與《駁箴膏肓評》等書，皆見氏著：《章太炎全集》第 1 冊；又梁濤先生：〈《清儒》第十二〉提及：「需要指出的是，章太炎是站在古文經學的立場來評論清代學術發展的」，見梁濤先生評注：《訄書評注》，同注 80，頁 110。

《春秋左傳讀敘錄》與《駁箴膏肓評》等書加以批評。可看出章氏治學方向是從古文經學反今文經學的，甚至對主今文經學者，如劉逢祿等亦深表不滿。可謂其根柢之學源於詁經精舍，源於「揚州學派」，乃至戴震。治學方法同於乃師俞樾，是以「揚州學派」人物的學術成果為依托，而有所發明與創造。若再溯其本源，可進一步發現章氏治學之方，亦是秉承阮元遺法而來。主以文字訓詁為基點，從校訂經書，至史書、諸子書等；並從解釋經文涵意至考證經、史、地理、天文曆法等。從章氏的〈清儒〉、〈釋戴〉等篇，即可看出他闡揚清代學術，總結考據學派精神，不外是主「審名實、重佐證、戒牽妄、守凡例、斷情感、汰華辭」與「六者不具而能經師者，未之有也」等說[89]。學者指出：這正是「揚州學派」所主張的「實事求是，無徵不信」的治學方法。[90]

　　王國維先生（1877～1927），清末著作等身的國學大師。然在其〈國朝漢學派戴、阮二家之哲學說〉一文中[91]，即可發現到王國維先生極其重視阮元的學術，將阮元與戴震並列為清代哲學的興起者，推翻所謂「清代無哲學」之謬論。

　　在其〈王靜安先生年譜〉[92]中，我們可知其學術根柢是出自「揚州學派」。王氏早年曾讀江藩的《國朝漢學師承記》，即有欲於此求修學治經途徑。後結識羅振玉，獲得羅氏贈予的戴震、程易疇、錢大昕、汪中、段玉裁、高郵二王諸家書，其深厚的國學根柢的奠定，想必是無法排除與此中有密切的關係。

---

[89] 詳見章太炎先生：〈說林下〉，《太炎文錄初編》卷 1，《章太炎全集》第 3 冊，同注 70，頁 119、120。

[90] 王章濤先生：〈第二章　揚州學派的活動和影響〉，收入氏著：《阮元評傳》，同注 5，頁 47。

[91] 王國維先生：〈國朝漢學派戴、阮二家之哲學說〉，（收入《王國維先生全集初編》第 5 冊，臺北：大通出版社，1976 年），頁 1784。

[92] 見趙萬里先生撰：「光緒 24 年戊戌 22 歲條」、「光緒 29 年癸卯 27 歲條」、「宣統 3 年辛亥 35 歲條」、「宣統 4 年壬子 36 歲條」、「宣統 5 年癸丑 37 歲條」，《王靜安先生年譜》，（收入《年譜叢書》第 61 冊，臺北：廣文書局，1971 年），頁 4、頁 6、頁 15、頁 16。

　　還有王國維先生所發明的考據法，即「二重證據法」，強調是考古發掘資料與傳世文獻並重。然而早在乾嘉年間，阮元即以金石碑等文物證史論經，可看出王國維先生所創「二重證據法」，其來有自矣。

　　上述所列舉的人物，不論是否來自詁經精舍的學者，或是私淑戴震、王氏父子、焦循、阮元等，或是中途轉換跑道者，他們治學精神、方法，實與「揚州學者」有著密切關係；誠如郭明道先生所云：晚清正統派經學大師，從俞樾、孫詒讓到章太炎、劉師培、王國維，都曾經從「揚州學派」的治學思想和方法中受過啟發。[93]

二、今古文之爭學術流變

　　乾隆、嘉慶年間，可謂清代漢學發展至鼎盛時，但實際上，隨著乾隆中葉以後中國社會的變化，學術的經世思潮實也在潛滋暗長。尤以今文經學的復興乃至發皇，最為引人注目。然今文經學是如何興起？如何產生今古文之爭？想必絕非是空穴來風！據大谷敏夫先生分析，清代揚州與常州的學術生活，發現到：徽商對江南學術活動產生過至關重要的影響；所謂商業聯繫是徽學向揚州（通過戴震）、常州（通過戴震的弟子）傳播的社會背景[94]。所以綜觀乾嘉時期今文經學興起的特徵，我們的確可以發現到今文經學興起仍有著漢學的影子，二者之間似乎存有著深厚的淵源關係。誠如黃愛平先生所云：表面看來，今文經學的出現，似乎是對漢學的背離，但實際上直接脫胎於漢學，從漢學派生出來，走上了一條新的途徑。如孔廣森甚至用樸學方法研治今文經學的經典，構建自己的體系。[95]可看出今文經學興起至發展的內在理路，實是以漢學為基礎發展而來，是一種復古方式，表現出思想內容上的某種創新。由

---

[93] 氏著：《阮元評傳》，（北京：社會科學文獻出版社，2005年），頁229。

[94] 見（日）大谷敏夫先生著、盧秀滿先生譯：〈揚州、常州學術考——有關其與社會之關連〉，（《中國文哲研究通訊》第10卷第1期，2000年3月），頁97。

[95] 黃愛平先生：〈論乾嘉時期的今文經學〉，收入於王俊義先生等編：《清代學術文化史論》，（臺北：文津出版社，1999年），頁261。

乾嘉如日中天的漢學而走向今文經學以致今古文之爭，正彷彿是一個學術史的變化[96]——如在明末清初社會大動盪時，學術界是以對宋明理學的唾棄和對漢代經學的回歸，來表現學術發展的新趨勢；那麼，在乾嘉時期社會或將發生變化的轉型階段，有識之士同樣以對傳統的回歸——從東漢的古文經學回溯到西漢的今文經學，以此傳遞出學術界某種新的內容，開啟出一個新的學派[97]。

事實上，乾嘉之際，漢學已趨末流，盡顯頹勢之象，流弊叢生。所謂：藉鄭注數章，許書一冊，即可附庸漢幟，而於治學之本原，立身之經緯，概置不講。[98]對於學術上瀰漫飣餖、考據，不問天下蒼生、國家大事之現象，「揚州學者」焦循於當時亦看出埋首於考據之弊；其云：

> 近之學者，無端而立一考據之名，群起而趨之。所據者漢儒，而漢儒中所據者又惟鄭康成、許叔重。執一害道，莫此為甚。[99]

又：

> 近時數十年來，江南千餘里中，雖幼學鄙儒，無不知有許、鄭者，所患習為虛聲，不能深造而有所得。古學未興，道在存其學；古學大興，道在求其通。……證之以實，而運之以虛，庶幾學經之道也。[100]

---

[96] 關於此，凌廷堪即已表明：「蓋嘗論之，學術之在天下也，閱數百年而必變。其將變也，必有一二人開其端，而千百人嘩然攻之，其既變也，又必有一二人集其成，而數百人靡然從之。……及其變之既久，有國家者繩之以法制，誘之以利祿，童秩習其說，毫釐不知非，而天下相與安之。天下安之既久，則又有人焉思起而變之，此千古學術之大較也。」見氏著：〈與胡敬仲書〉，《校禮堂文集》卷 23，（北京：中華書局，1998 年），頁 203。

[97] 黃愛平先生：〈論乾嘉時期的今文經學〉，同注 95，頁 261。

[98] 楚金先生：〈道光學術〉，（收入周康燮先生主編：《中國近三百年學術思想論集》（第一編），香港：崇文書店，1971 年），頁 318。

[99] 焦循：《里堂家訓》卷下，（周秀才等著：《中國歷代家訓大觀》（下），大連：大連出版社，1997 年），頁 862。

[100] 焦循：〈與劉端臨教論書〉，《雕菰集》卷 13，（臺北：鼎文書局，1977 年），頁 215。

對於專治考據，所尊尚惟漢代許慎、鄭玄的學問，未能廣博多識，拘泥於「惟漢是求」的學風，深表不滿，視為「執一害道，莫此為甚」。重要是為此名所患，以為埋首故紙堆中，便能有所學，實際上，是狹窄的眼界，治學上無法深造有得的。在古學未興時，當努力於傳承古學，但大興時，則在求其通，而非拘執一端，所以焦循在此提出治經之道，便是「實事求證，進而靈活運用」，有所變通，學以致用才行！所以焦循以為「治經當以經學名之」，不可以考據混淆其間，「考據之名不可不除」[101]。阮元對此，亦有相同看法，其云：

> 聖人之道，比若宮牆，文字訓詁，其門徑也。門徑苟誤，跬步皆歧，安能升堂入室乎？學人求道太高，卑視章句，譬猶天際之翔出於豐屋之上，高則高矣，戶奧之間，未實窺也。或者但求名物，不論聖道，又若終年饋於門廡之間，無復知有堂室矣。……但立宗旨，即居大名，此一蔽也。精校考博，經義確然，雖不逾閑，德便出入，此又一蔽也。[102]

阮元以「宮牆」、「門徑」之喻，比考據與「義理」，考據如門徑，「義理」即宮牆；門徑以通宮牆，考據進求聖賢「義理」，方是正確治學途徑。門徑方法一誤，則無法登堂入室矣。偏執一方，皆是治學之蔽；惟求聖道，輕視基本功夫──小學治經，則是好高騖遠、海市蜃樓的做法，虛而不實，所謂「登高必自卑，行遠必自邇」的道理在此；相對的，自限於名物考據，不論聖道，亦如井底之蛙，所見僅門廡之間，無法知其「百官之富，宗廟之美」。焦循、阮元雖主「實事求是」為治學方法，但不偏一隅，主以考據求「義理」為明經達道之途徑，對於為考據而考據，皆是相當反對的。

　　尤其當時江藩著《國朝漢學師承記》，嚴立漢宋門戶，而自詡承繼程朱理學衣缽的方東樹為護宋學，是以著《漢學商兌》以抗衡，於是又開啟激烈的漢宋之爭。方東樹抨擊漢學：

---

[101] 焦循：〈與孫淵如觀察論考據著作書〉，《雕菰集》卷13，同上注，頁213。
[102] 阮元：〈擬國史儒林傳序〉，《揅經室一集》卷2，（北京：中華書局，1993年），頁37-38。

> 漢學諸人，言言有據，只向紙上與古人爭訓詁、形聲，傳注駁
> 雜，援據群籍，證佐數百千條，反之身心己行，推之民人國家，
> 了無益處，徒使人狂惑失守，不得所用。然則雖實事求是，而乃
> 虛之至也。[103]

以漢學家陷入一個悖論，主張客觀實證，然佐證數百，對自身身體力行、國計民生無涉，倡言「實事求是」，實又落入另一玄虛之窠臼，無關乎「經世致用」。[104]對於此，實亦導致阮元重申經學研究必兼顧漢宋，致力於訓詁與道義的融通，漢宋之調合。主說經不廢考據，考據不失微言大義。然此一影響頗大，據學者研究，指出：道光以降，學術發展，在「經世致用」的社會心理預期下，終走向漢宋調和之勢[105]。尤其晚清理學復興的曾國藩（1811～1872），為學取向更是主「兼取二者之長」的「漢宋兼采」[106]，主張：「有義理之學、有詞章之學、有經濟之學、有考據之

---

[103] 方東樹：《漢學商兌》卷中之上，收入朱維錚先生導讀：《漢學師承記》（外二種），（北京：三聯書店，1998 年），頁 276。

[104] 關於此，詳見王汎森先生：〈方東樹與漢學的衰退〉云：「為何考據學如此發達，出版的書這麼多，而現實世界如此齟齬混亂？這個現象顯然與清初大儒的主張相違背。……為什麼將三代社會的真相弄得愈清楚，似乎也愈不可能實行？……簡言之，這時候產生了一個深刻的『知識與現實世界斷裂』的危機感。」收入氏著：《中國近代思想與學術的系譜》，（石家莊：河北教育出版社，2001 年），頁 4。

[105] 劉玉才先生：《清代書院與學術變遷研究》指出：「道光以降，面對前所未有的社會變局，作為主流學術存在的漢學，因為缺乏經世應變的能力，備受有識之士的詬病，漸趨式微；而具有提倡道德氣節作用的宋學，在桐城文派和湖湘集團勢力的倡導之下，獲得了復興的契機。但是經史考據之學畢竟綿延百年，學術根基深厚，而講求身心性命的程朱理學，歷史已經證明，也無法承擔起經世的責任。於是漢學與宋學，在『通經致用』的主題之下，走向融合，漢宋兼采成為道光以降普遍的學術風氣。無論出身漢學陣營的陳澧，還是宋學陣營的曾國藩，實際都把漢宋調和作為自己的學術崇尚。」（北京：北京大學出版社，2008 年），頁 153、161。

[106] 曾國藩先生從唐鑑問學時，寫予弟弟的信中提及：「蓋自西漢以至於今，識字之儒約有三途：曰義理之學、曰考據之學、曰詞章之學。各執一途，互相詆毀。兄之私意，以為義理之學最大。義理明則躬行有要而經濟有本。詞章之學，亦有以發揮義理者也。考據之學，吾無取焉矣。此三途者，皆從事經史，各有門徑。吾以為欲讀經史，但當研究義理，則心一而不紛。」見氏著：《曾文正公全集・書札》卷 1；又：「僕竊不自揆，謬欲兼取二者之長，見道既深

學。……此四者闕一不可。」[107]是以在漢學陣營下,提倡漢宋調和,已成
為學術大勢。然阮元當時,力持學術之平,調和漢宋,不主門戶之見,無
異是開風氣的關鍵人物。但問題是學術史的發展並未在此停滯不前,而告
終攏,而是在漢宋融合時,亦在漢學陣營中,相繼萌生出「今文經學」之
因子,之後,逐漸爆發出所謂的「今古文之爭」。

　　清代今文經學復興,倡始者當推乾隆時期的莊存與(1719~
1788)[108]。然莊存與生活年代,正處漢學極盛時,受當時風氣影響,
莊存與治學亦由漢學入手,博通六藝,學貫群經,「幼誦六經,尤長
於《書》」[109]。但也受理學影響,曾自題齋聯云:「玩經文存大體理
義悅心,若已問作耳聞聖賢在坐。」[110]然在莊存與諸多經學著述中,最
重要並對後世影響最大者,當推《春秋正辭》一書,學者謂其乃清代今
文經學的第一部著作。[111]本著「研經求實用」的治學宗旨,在《春秋正
辭》中,以《公羊傳》為本,雜採他說,對《春秋》微言大義做多方闡
釋。尤其「大一統」思想,歷來被視為春秋《公羊》學的核心,寄寓著
孔子的政治理想。然莊存與釋為:

> 天無二日,民無二王,郊社宗廟,尊無二上。治非王則革,學非
> 聖則黜。[112]

且博,而為文復臻於無累,……於漢、宋二家構訟之端,皆不能左袒,以附一
哄;於諸儒崇道貶文之說尤不敢雷同而苟隨。」《曾文正公全集‧書信》卷
1,(長春:吉林人民出版社,1995 年),頁 1858、頁 1860。

[107] 曾國藩先生:〈求闕齋日記類鈔〉卷上,《曾文正公全集》第 8 冊「辛亥七
月條」,同上注,頁 4873。

[108] 王裕明先生:〈莊存與經學思想淵源簡論〉云:「乾隆中葉後,莊存與重啟
研究治今文經學之先河,開創了常州學派」,(《學海》第 1999 年第 4
期),頁 106。

[109] 龔自珍:〈資政大夫禮部侍郎武進莊公神道碑銘〉,《龔定庵全集類編》,
(收入《近代中國史料叢刊本》第 713 冊,臺北:文海出版社,1971 年),
頁 296。

[110] 清繆荃孫編:《續碑傳集》卷 3,同注 65,頁 230。

[111] 黃愛平先生:〈論乾嘉時期的今文經學〉,同注 95,頁 244。

[112] 莊存與:〈奉天辭第一〉,《春秋正辭》,(收入《續修四庫全書‧經部‧
春秋類》第 141 冊,上海:上海古籍出版社,2002 年),頁 3。

表明尊其王權、崇拜初祖，但對不合王道者，主張變革以棄，撥亂反正也。其變革思想可謂後來《公羊》之學變革精神的先導[113]。承繼其學而發揚光大者，後來有孔廣森、莊述祖與劉逢祿。

　　孔廣森（1752～1786）[114]，其春秋《公羊》學，深受莊存與的影響，更加顯揚《公羊傳》的精神。所謂：「知《春秋》者，其惟公羊子乎！」[115]極力強調是「《春秋》重義不重事」，然「《左氏》之事詳」，「《公羊》之義長」，故「斯《公羊傳》尤不可廢」。據何休的《春秋公羊經傳解詁》作《春秋公羊經傳通義》十一卷，並〈敘〉一卷，以為「凡諸經籍義有可通於《公羊》者，多著錄之」[116]，以闡發《春秋》及《公羊傳》之微言大義。

　　與孔廣森同時，但生活年代略晚的莊述祖（1750～1816），在今文經學復興中扮演著承先啟後的重要人物。然其治學先從《說文解字》入手，以為：

> 學者苟通古字古音，於書無不可讀，雖復真偽雜揉，編簡亂脫，以倉籀定其文，以聲均辨其句，要不遠於人情。[117]

一如主漢學學者，主訓詁以通經明道。除受漢學影響外，最直接是受到其伯父莊存與為學的薰陶。十分推崇《公羊傳》；其云：

---

[113] 蕭曉陽先生、羅時進先生：〈常州莊氏之學與近代疑古思潮之發生〉，（《衡陽師範學院學報》第 29 卷第 1 期，2008 年 2 月），頁 80。

[114] 孔廣森治學，可謂既有漢學、理學之師承，又受其家學及座主莊存與的影響。據《清史列傳》卷 68 載：「嘗受經戴震、姚鼐之門。」（臺北：明文書局，1985 年），頁 5528；另黃愛平先生：〈論乾嘉時期的今文經學〉亦強調：「其治經既沿襲了漢學重視訓詁考據的途徑，又不廢經書的微言大義。他精研《三禮》、《詩經》、《周易》、《尚書》、《論語》、《孟子》、《爾雅》各經，尤深於《大戴禮記》和《公羊春秋》，著有《禮學卮言》、《經學卮言》、《詩聲類》、《大戴禮記補注》、《春秋公羊經傳通義》等書。」同注 95，頁 247-248。

[115] 孔廣森：《公羊春秋經傳通義》卷 11，收入《續修四庫全書·經部·春秋類》第 129 冊，同注 112，頁 179。

[116] 阮元：〈春秋公羊通義序〉，孔廣森：《公羊春秋經傳通義》卷末，同上注，頁 185。

[117] 莊述祖：《漢鐃歌句解·自序》卷首，（臺北：廣文書局，1978 年），頁 1。

> 《春秋》之義，以三傳而明，而三傳之中，又以《公羊》家法為
> 可說。其所以可得而說者，實以董大中綜其大義，胡毋生析其條
> 例，後進遵守不失家法，至何邵公作《解詁》，悉隱括就繩墨，
> 而後《春秋》非常異議可怪之論，皆得其正。凡學《春秋》者，
> 莫不知《公羊》家，誠非《穀梁》所能及，況《左氏》本不傳
> 《春秋》者哉！[118]

視《公羊傳》深得《春秋》大義。由董仲舒綜其大義至胡毋生析其條
例，到何休《經傳解詁》，皆能釋《春秋》隱微之理，凡歷來論《春
秋》之怪論異議等，在此，皆得其正。所以莊述祖強調釋《春秋》，皆
非《公羊傳》所及。上述莊存與、孔廣森至莊述祖，我們可發現到他們
皆具備漢學文字聲韻訓詁的堅實基礎，在此漢學基礎上，進而強調的是
今文經的微言大義。然隨著時代轉變，社會政治的由盛轉衰，各種社會
矛盾出現，學術界上有識之士，不再滿足於文字、音韻、訓詁、校勘、
考據的純學術研究，極力講究「經世致用」，關注社會現實，力求通過
各途徑，尋求維護封建秩序、解決社會危機的方案。在此背景下，今文
經學得以進一步發皇，其代表人物即是劉逢祿。

　　劉逢祿（1776～1829），承繼家學，學者指出：承常州今文經學精髓
而使之影響於學術界者，有二人至關重要，即莊述祖之二甥，劉逢祿與宋
翔鳳。由於二人的影響，莊氏之學得以影響到近代學術，成為變革思想的
先導[119]。劉逢祿在此危蕩時代下，可謂不遺餘力地推崇今文經學，貶斥古
文，進一步嚴立今文、古文界限，分清今古門戶之別；其云：

> 嘗怪西京立十四博士，《易》則施、孟、梁丘氏，《書》則歐
> 陽、大、小夏侯氏，《詩》則齊、魯、韓氏，《禮》則大、小戴
> 氏，《春秋》則公羊、顏、嚴氏，《穀梁》江氏，皆今文家學。
> 而晚出之號古文者，十不與一。夫何家法區別之嚴若是，豈非今
> 學之師承，遠勝古學之鑿空，非若《左氏》不傳《春秋》，逸

---

[118] 莊述祖：《明堂陰陽夏小正經傳考釋·自序》卷首，收入《續修四庫全書·
　　經部·群經總義類》第 173 冊，同注 112，頁 229。
[119] 蕭曉陽先生、羅時進先生：〈常州莊氏之學與近代疑古思潮之發生〉，同注
　　113，頁 81。

《書》、逸《禮》絕無師說，費氏《易》無章句，《毛詩》晚
出，自言出自子夏，而《序》多空言，《傳》罕大義，非親見古
序有師法之言與！[120]

極力排斥古文，推崇今文。視晚出的古文經學，皆不如西漢時的今文經
學。今文經家法嚴謹遠勝古文經學之鑿空。若釋《春秋》之《左傳》、
《易》之費氏《易》、《詩》之《毛詩》，還有逸《書》、逸《禮》等
出現，於釋經、傳義、師說、章句等方面，皆無可觀，而《毛詩序》多
空言，《毛傳》少言大義，皆是古文經學之弊。在此斥古文，崇今文同
時，劉氏極力褒揚《春秋》，推崇《公羊》；其云：

撥亂反正，莫近《春秋》，董、何之言，受命如響，然則求觀聖
人之志，七十子之所傳，舍是悉適焉！[121]

重點在此，乾嘉時期常州今文經學在漢學——古文經學的籠罩下，仍是
隱微不顯，但經劉逢祿大力推崇今文、排斥古文，其傳播之力可謂既深
且遠。關鍵人物：凌曙（1775～1829），（誠如前張壽安先生所云）
——道光年間，《公羊》學集大成者。凌曙受劉逢祿之學影響，大大闡
揚今文經學，而分派於龔自珍（1792～1841）、魏源（1794～1857）諸
人，晚清今文經師：陳立（1809～1869）、王闓運（1833～1916）、戴
望（1837～1873）、皮錫瑞（1850～1908）、廖平（1852～1932）、康
有為（1858～1927），均假今文經以議政論事，反對漢學僅埋首於故
紙，主張「經世致用」。《公羊》學的暗流甚至成為光緒中葉之後的理
論指導。[122]然我們知道，主今文《公羊》學之凌曙，其甥：劉文淇，卻
是主古文經《左傳》之學，其儀徵劉氏四代（至劉師培亦是），均傳承
古文經《左傳》學，四代治《左傳》，欲完成一部《春秋左氏傳舊注疏
證》，但傳至劉師培時，仍未成，正當今文經勢頭強猛，康有為大力鼓
吹經世改革時，劉師培承繼《左傳》家學，勢必為《左傳》正名，力挽

[120] 劉逢祿：〈詩古微序〉，《劉禮部集》卷9，收入《續修四庫全書·集部·
別集類》第1501冊，同注112，頁169-170。
[121] 劉逢祿：〈春秋公羊釋例序〉，《劉禮部集》卷3，同上注，頁59。
[122] 劉玉才先生：《清代書院與學術變遷研究》，同注105，頁154。

頹瀾。因此，可看出今古文兩派對立壁壘分明，除儀徵劉氏恪守傳統，推崇古文經漢學外，另前有所承揚州漢學學者，如俞樾、孫詒讓、章太炎等學者，無疑便是主古文經學一派，各有所主，互不相讓，所謂「今古文之爭」於焉產生；其中，尤以今文學者康有為與古文學者劉師培的爭論，最持久、最激烈，聞名至二十世紀。[123]

另外，在常州除今文經學盛行外，常州漢學學者亦是層出不窮。據學者研究，指出：十八世紀中葉，一個新的常州士紳團體形成。即東林黨人孫慎行的曾孫孫星衍、洪亮吉及其好友黃仲剛、趙懷玉、趙翼等，在家鄉武進、陽湖形成一個由漢學家與文人組成的團體。尤其孫星衍（1753～1818）、洪亮吉（1746～1809）、李兆洛（1769～1841）既是常州一流學者，又是漢學運動的積極參與者。他們在許多方面代表著常州古文經學的主張，形成了一股與北面的揚州、南面的蘇州相似的學術文化思潮。[124]所以是否在常州本地，漢學興起與今文經學產生，亦發生一場今古文之爭？是以主今文經學的魏源，對於漢學底子深厚的李兆洛、洪亮吉等人，亦不得不表佩服，所以魏源對常州學者，綜合而言，亦表示：常州學者折衷「義理」、考證，綜匯訓詁、經世之學於一體。[125]

然另一引發今古文之爭的因子，尚在於評論者的視域，他們對清儒諸多著作，似乎存有著朦朧的盲點，舉凡古文經學著述，皆視為考據之漢學著作，如孫詒讓《周禮正義》便是一例，在其〈自序〉已清楚表明，此書實與他的政教思想有關[126]，但後來學者均將之歸宿在文獻整

---

[123] 見（美）艾爾曼（Benjamin A. Elman）著、趙剛先生譯：《經學、政治和宗教──中華帝國晚期常州今文學派研究》，同注 37，頁 7；另錢穆先生對於康有為《新學偽經考》中主東漢以來的古文經，皆劉歆偽造之說深做考查，著有《劉向歆父子年譜》證實劉歆古文經非偽也，而抨擊康有為之說謬也；另見拙著：〈試論錢穆的經學致用之道──從其對龔自珍之評論談起〉，（收入第二屆《錢穆先生思想研究論文發表會論文集》，2007 年 11 月），頁 222。
[124] 見（美）艾爾曼（Benjamin A. Elman）著、趙剛譯：《經學、政治和宗教──中華帝國晚期常州今文學派研究》，同上注，頁 85。
[125] 魏源：《古微堂內外集》第 4 冊，（臺北：文海出版社，1966 年），頁 27-30。
[126] 孫詒讓：《周禮正義·自序》云：「其閎意眇恉，通關常變，權其大較，要不越政教二科。政則自典法刑禮諸大端外，凡王后世子……官府一體，天子不以自私也。而若國危、國遷、立君等非常大故，無不曲為之制，預為之防。……

理，考據之漢學中，此實與孫詒讓之初衷相違，或許亦是孫詒讓始料未及的。亦正因旁人不解，即使本身富有極深刻的經世濟民意圖，但亦會被誤解，所謂今古文之爭亦相繼而起，主要原因即在於：《周禮》出自西漢末年劉歆等古文家之手，所以今文家一直斥之為偽經，推之於現實政治就更遭攻詰抨擊。咸同年間，邵懿辰（1810～1861）於《禮經通論》即表示：「後世用《周官》者，未嘗不誤國事。」[127]對此，孫詒讓為《周禮》爭辯，更為自己「稽古論治」尋其現實的可行性；其云：

> 或謂戰國瀆亂不經之書，或謂莽歆所增傅。其論大都逞臆不經，學者率知其謬，而其抵巇索瘢，至今未已者，則以巧辭邪說附托者之為經累也。蓋秦漢以後，聖哲之緒，曠絕不續，此經雖存，莫能通之於治。劉歆、蘇綽托之以佐王氏、宇文氏之篡，而卒以踣其祚；李林甫托之以修《六典》而唐亂，王安石托之以行新法而宋亦亂。彼以其詭譎之心，刻覈之政，偷效於旦夕，校利於黍杪，而謬於托古經以自文，上以誣其君，下以杜天下之口，不探其本而飾其末，其僥倖一試，不旋踵而潰敗不可振，不其宜哉！而懲之者遂以此經詬病，即一二閱覽之士，亦疑古之政教不可施於今，是皆膠柱鍥舟之見也。[128]

在此，孫詒讓別有見地指出，《周禮》之遭受訕誣，是因後人的巧辯邪說，附托於它，而汩沒了《周禮》興治的經中真義。然聖賢之意，皆存於古經中，如此被後世謬論不彰，此經雖存，但聖哲之意，則無法延

大司寇、大僕樹肺石，建路數，以達窮遽。誦訓、士訓夾王車，道圖志，以詔觀事辨物。所以宣上德通下情者無所不至，君民上下之間，若會四肢百脈而達於囱，無或壅閼而弗暢也。其為教，則國有大學、小學，自王世子公卿大夫士之子，……鄉遂所進賢能之士咸造焉。旁有宿衛士庶子、六軍之士，亦皆肄作肄學，以德行道藝相切劇。……其政教之備如是，故以四海之大，無不受職於民，無不造學之士，不學而無職者則有罷民之刑，賢秀挾其才能，愚賤貢其忱悃，咸得以自通於上，以致純太平之治，豈偶然哉？」同注69，頁1-7。
[127] 邵懿辰：《禮經通論》，（收入《叢書集成續編》第42冊，臺北：新文豐出版社，1989年），頁560。
[128] 孫詒讓：《周禮正義，自序》，同注69，頁8-9。

續、流廣。加上劉歆、蘇綽托古改制以佐王氏等例，在史上皆為失敗之例，或者，是為篡政之例，因此，造成後人對古文經誤解，視為對上以誣其君，對下以杜民之口，殊未探其本源而謬說於末，後世亦承其謬說，到處詆病古文經，甚者，以為「古之政教不可施於今」，這些說法，無異是膠柱鼓瑟、刻舟求劍、緣木求魚之論。

孫詒讓治《周禮》，《周禮》雖為古文經，但他不囿於古文之限，立志將其精髓用於立學興國之中，以《周禮》之制作政論張本，圖以「經世致用」，經世濟民。以見即使古文經學，亦可富強救國。

總之，常州今文經學興起，而有所謂今古文之爭，這亦表示學術史是不斷在演變進化的，是為應世局潮流，所興之經世圖強之途。然為十八、十九世紀的常州今文經學的社會、政治主張提供學術基礎的，無疑是來自揚州、蘇州反宋學的漢學運動。[129]道光以降，國家危亡不安，在此之時，想必不論是治漢學、宋學、古文經學、今文經學學者，或引發漢宋之爭、今古文之辯，或是同光時期的中西之論，實際上他們均有一共同主題，就是為解脫現實困境尋求出路；劉玉才先生說得好，其云：

> 經世致用的治學取向成為不同學術派別之間的最大公約數，顧炎武成為跨越學派界限的共同偶像。宗尚漢學者，高揭「通經致用」的旗幟，於禮經中推演理想制度的範式，於名物中尋找致用的佐證。推尊宋學者，則賦予程朱理學提倡道德，砥礪品節，挽救世道人心的歷史使命。迷信今文學者，以經學附會政治，希圖通過春秋微言大義的探索，達致托古改制的目的。如果說乾嘉時期，世運太平，可以專注於經典的客觀研究，那麼，道光以降，學術的主流不得不轉而服務於現實，所謂：平世之學易流於為人，而亂世之學不得不為己。[130]

---

129 見（美）艾爾曼（Benjamin A. Elman）著、趙剛譯：《經學、政治和宗教──中華帝國晚期常州今文學派研究》，同注37，頁87。

130 劉玉才先生：《清代書院與學術變遷研究》，同注105，頁154-155。

清楚表明亂世之中，不論學術主張是漢、宋、今、古，他們均有一個共同理念，就是要「經世致用」。不過，各家路數不同，如主漢學的學者，即欲於《禮經》中尋其一理想的治國模式與符合現實的「禮教」制度，且進一步欲在名物典制中找其佐證；治宋學的學者，則高揭程朱理學的道德倫理，砥礪人品，要求做到「博學於文，行己有恥」的目的；信今文經學的學者，更圖以《春秋》之微言大義圖救亡富強。以經學之理用於政事中，即使托古改制亦在所不惜。可以看出學術面對時代變遷，時勢盛衰，而有因應對策，乾嘉時，世運太平，專注於研治經典，做客觀研究，以「實事求是」，明白事理；道光以後，國勢日趨下沉，則有識之士自然不再以治小學、埋於古經典籍為要，學術當以如何為現實服務為宗旨，如何力挽狂瀾、救亡圖存為學者們思慮的重心。

第三節　禮教重整，婦女解放之聲浪高漲

一、婦女禮教禁錮之反省

以現今觀點回顧中國「禮教」的轉變，我們可以發現到：相對於西方法治而言，中國是一個禮治的社會。中國所謂的法律，根本上是以「情」為本的結構；這種結構下，「情」是「禮」（理）根本的道德核心，也同樣是「法」的基礎。[131]所以中國相對於西方國家，是一重「人情」的國家，而「禮教」制訂本源於「情」，所謂「緣情制禮」。但弔詭的是近世中國社會文化出現的衝突與混亂，也源自於「情」，所謂「情欲解放」[132]。尤其十九世紀以降，受到西方自由、

---

[131] 林郁沁先生著、郭汎徹先生譯：〈公德或私仇——1930 年代中國「情」的國族政治〉，（收入於黃克武先生等編：《公與私：近代中國個體與群體之重建》，臺北：中研院近史所，2000 年），頁 234。
[132] 張壽安先生：〈禮教與情欲：近代早期中國社會文化的內在衝突〉提及「情欲解放」，引起探討的就是情與禮之間的背馳力，包括此一背馳力出現的原因、內容與如何調解平衡等問題。（收入於洪國樑先生等編：《張以仁先生七秩壽慶論文集》，臺北：學生書局，1998 年），頁 737。

民主、法治、平等、個人主義等觀念衝擊，1918年中國知識界對傳統文化進行了全面的反思，而興起所謂「五四運動」、「新文化運動」等。其中，「反禮教」就是對傳統文化重重的一擊。「反禮教」中又以「婦女解放」聲浪最為高漲，所訴求與大力宣揚的，就是要「男女平等」。[133]。不僅有學者們自覺之倡導，更有女性群體對自由、平等之嚮往與大力宣揚，所謂：

> 不自由，毋寧死；不自立，毋寧亡，精神所至，金石為開。起－起－起，我女界當樹獨立之幟，而爭平等之幸福也。興－興－興，我女界當撞自由之鐘，而掃歷史之穢史也。[134]

這時女權思想盛行，並對婦女各項權利進行廣泛探討；具體說來，有五方面要求：一是要求女子身體健康，首在鏟除纏足陋習；二是要求女子有受教育的權利，所謂：「欲倡平等，烏可不講求女學？女學不興，則平等永無能行之日。」[135]三是要求婚姻自由權，視中國傳統婚姻制度實為買賣婚姻、專制婚姻；欲平男女之權、夫婦之怨，必須「自婚姻自由始也」[136]；四是要求女子經濟獨立權，她們認識到，婦女經濟不獨立，便是失去人格獨立的關鍵，是女子受壓迫的一個重要原因，所謂：「不能自食，必食於人；不能自衣，必衣於人。[137]」；五是要求女子政治參與權，她們深信，婦女參政是解決婦女問題的先導，欲求社會之平等，必先男女之平權；欲求男女之平權，非先與女子以參政權不可。在十九、二十世紀時，先進女性們亦掀起一場規模空前的志在爭自由、復女權的各項社會活動。戒纏足、興女學、辦實業，乃至投身反清革命，進而要求女子參政權，要求選舉與被選舉權，一幕接一幕，一浪高一浪，正是這一認識的具體實踐與深化。[138]

---

[133] 詳見陳文聯先生：〈西學東漸與中國近代女權思想的形成〉，（《中南大學學報》（社會科學版）第 9 卷第 6 期，2003 年 12 月），頁 816-821。
[134] 中國婦聯編：《中國婦女運動歷史資料》（1840-1918），（北京：中國婦女出版社，1991 年），頁 214。
[135] 同上注，頁 302。
[136] 同上注，頁 256。
[137] 同上注，頁 246。
[138] 陳文聯先生：〈西學東漸與中國近代女權思想的形成〉，同注 133，頁 819-820。

　　清末民初，女權高漲，其來有自，除了受到西方思想刺激外，最大
變革的內在淵源，來自十七、十八世紀，明清之際，早有學者正視到婦
女受到不平等待遇等問題[139]，表示「禮教枷鎖」的迫害，主反「禮
教」，尤其是反對婦女之禮教束縛；他們反思理學之「理」的發展，愈
趨強制人性——加速「禮教」思想變本加厲，尤對婦女更是戕害，所謂
婦女之纏足、對貞節之推崇，是以守節、守寡、殉夫，裹腳皆是要婦女
嚴加遵守的。理學家方苞（1668～1749）更是大量撰文表彰貞女節婦不
遺餘力。所謂褒揚包括：「殉夫」、「貞女」與「割股療病」者。[140]對
於此封建道德與程朱理學專制，「揚州學者」如汪中、凌廷堪、焦循、
阮元等人，均是相當反對的，不同是有的以考據來闡發自己的哲學觀點

---

[139] 這方面，據林慶彰先生：〈清乾嘉考據學者對婦女問題的關懷〉一文表明：
「明末歸有光作〈貞女論〉、清初毛奇齡作〈禁室女守志殉死文〉，都反對
室女守節。乾嘉學者錢大昕曾作〈記湯烈女事〉、〈夏烈女傳〉，認為室女
守節或殉節是不合理的事。汪中更作〈女予許嫁而婿死從死即守志議〉一
文，批評袁枚之妹和鄭虎文之婢為未婚夫守節，是『不知禮而自謂守禮』，
以致喪失寶貴的生命，非常不值得。對於婦女改嫁問題，……臧庸作〈夫死
適人及出妻論〉一文，認為喪服禮有『繼父出妻』，既有繼父這一名稱，可
見夫死妻得再嫁。……在婦女纏足問題方面，像李汝珍、袁枚等人都反對纏
足。」（收入林慶彰先生、張壽安先生主編：《乾嘉學者的義理學》上冊，
臺北：中研院文哲所，2003 年），頁 21。

[140] 殉夫方面，如褒美張姓烈婦殉夫，云：「義烈動家人，眾視其雉經，不敢曲
止。……其死也，嗣子灼幼孩號踴如不欲生。」方苞稱其乃「天地之正
氣。」在貞女方面，也就是「望門寡」，指未婚守節而言。這類女子有殉死
者、有嫁入夫家奉養公婆者。方苞稱美：「貞女為祖之光，人紀之大者。」
於割股療病方面，指婦為夫、或為公婆，自割其股作羹以為病者療病。方苞
稱其：「非篤於愛者不能，是婦德之順修。」上述轉引自張壽安先生：〈禮
教與情欲：近代早期中國社會文化的內在衝突〉所引，（清）方苞：《方苞
集》卷 5、〈廬江宋氏二貞婦傳〉，卷 8、〈康烈女傳〉，卷 18、〈方曰昆
妻李氏墓〉，卷 13、〈書孝婦魏氏詩後〉，卷 5，同注 132，頁 745；關於
列女者，據陳東原先生：《中國婦女生活史》載：「《二十四史》中的婦
女，連《列女傳》及其他傳中附及，《元史》以上，沒有及六十人的。《宋
史》最多，只五十五人；《唐書》五十四人；而《元史》竟達一百八十七
人。……明朝人提倡貞節，所以搜羅的節烈較多，……到清朝人修《明
史》，所發現的節烈傳記，竟『不下萬餘人。』」（臺北：臺灣商務印書
館，1994 年），頁 180-181。

或政治思想，對人正當「欲望」之認可與宏揚；在婦女方面，影響所及，尤以反守節、殉夫、守寡與纏足等最大。於茲，做一說明。

（一）反對室女守節（反殉葬等）

宋明以來，特別在清代，所謂「一與之齊，終身不二」、「烈女不事二夫」、「餓死事小，失節事大」等禮法，相當盛行。甚至尚有「以死為殉者」之「殉節」、「守節」觀念。在此，「揚州學者」──汪中（1744～1794）以為：

> 夫婦之道，人道之始也。……許嫁而婿死，適婿之家，事其父母，為之立後，而不嫁者非禮也。……先王之惡人以死傷生也，故為之喪禮以節之，其有不勝喪而死者，禮之所不許也，其有以死為殉者，尤禮以所不許也。雖然父母之親，君臣之義，夫婦之恩，不可解於心過而為之。死君子猶哀也，苟未嘗以身事之，而以身殉子則不仁矣。[141]

可以看出汪中對於守節、殉節等不合「情理」者，進行了駁斥。其首先指出：「夫婦之道，人道之始也。」此說源於《易‧序卦》：「有天地然後有萬物，有萬物然後有男女。有男女然後有夫婦，有夫婦然後有父子。有父子然後有君臣，有君臣然後有上下。有上下然後禮義有所錯。」[142]知夫婦尤比君臣、父子之禮重要，因有夫婦即有「生養」，有「生養」才有親子孝悌人倫，進而有社群禮法，所以夫婦為人倫之端；然未見君死、父死，臣與子亦從死，為何獨夫死而婦殉節？又「女子之嫁，其禮有三，親迎也，同牢也，見姑舅也。」[143]既然夫死，不能行此禮，因「六禮不備」，何以婦以此守節、殉節？又「女子未有以身許人

---

[141] 汪中：〈女子許嫁而婿死從死及守志議〉，田漢雲先生等編《新編汪中集》，汪中著、田漢雲先生點校：《新編汪中集》（揚州：廣陵書社，2005年），頁376。

[142] 魏‧王弼注、唐‧孔穎達疏：《周易正義‧序卦》卷9，《十三經注疏本》（1），（北京：北京大學出版社，1999年），頁336。

[143] 汪中：〈女子許嫁而婿死從死及守志議〉，同注141，頁375。

之道」[144]，所以女子宜有獨立人格與人身自由，應有「身為人」的基本
權利！況「制為是禮」，即在使人們受到法制上的保護。制「禮」之
初，即「惡人以死傷生」，當「不勝喪而死者」，尤「禮」之所不容許
之事；況以身殉死，不僅不合「禮」，亦不「仁」矣。對於夫死殉節之
婦道，汪中是相當反對的，亦揭示出程朱理學之所謂「餓死事小，失節
事大」說教之非人道性質。

繼之，有俞正燮（1775～1840），對男尊女卑之不公，亦做出大力
反擊；張舜徽先生云：「近世提倡男女平等之說，而正燮已先揭斯義於
百數十年之前，其識卓矣。」[145]俞氏〈貞女說〉，即控訴了封建「禮
教」強迫女子「節烈」之暴行；其云：

> 《列女傳》云：「丹陽羅靜者，廣德羅勤女，為同縣朱曠所聘，
> 昏禮未成，勤遇病喪沒，鄰比斷絕，曠觸冒經營，尋復病亡。靜
> 感其義，遂誓不嫁。有楊祚者，多將人眾，自往納幣，靜乃逃
> 竄。祚劫其弟妹，靜懼為祚所害，乃出見之曰：『實感朱曠為妾
> 父而死，是以託身亡者，自誓不貳。辛苦之人，願君哀而捨之。
> 如其不然，請守之以死。』乃捨之。」後世女子，不肯再受聘
> 者，謂之貞女，其義實有難安。未同衾而同穴謂之無害，則又何
> 必親迎，何必廟見，何必為酒食以召鄉黨僚友，世又何必有男女
> 之分乎？此蓋賢者未思之過。必若羅靜者，可云女士矣，可云貞
> 女矣。[146]

蓋此舉《列女傳》羅靜的故事說明。羅靜為感念朱曠的恩義，發誓不嫁
他人，是以後來楊祚派人納幣，挾持其弟妹，羅靜亦表明不嫁，乃因感
念朱曠為羅家而死。此羅靜守節是有理由的，但後世之女子沒有這種背

---

[144] 同上注，頁 376。
[145] 張舜徽先生：《清人文集別錄》卷 13，亦云：「自古重男輕女之見，深入人
心，牢固而不可破。正燮猶大聲疾呼，為不平之鳴，……其皆議論精闢，發
前人所未發，……皆足為婦權張目，固非拘墟者所能夢見。」（北京：中華
書局，1963 年），頁 336、337。
[146] 俞正燮：〈貞女說〉，《癸巳類稿》卷 12，諸偉奇先生、于石先生等點校
《俞正燮全集》（一），（合肥：黃山書社，2005 年 9 月），頁 631。

景，也為男方守貞，「其意實有難安」。因完成「六禮」，始結成親家。否則，漠視「六禮」權威，混淆婚姻「六禮」程序，以不婚為婚，實為褻瀆聖典。所以強求女子為未婚夫守節或殉節，以為「未同衾而同穴」無所影響或傷害的話，那麼，結婚亦可草率、簡單，何須這麼隆重、這麼多繁複的程序──要納采、問名、納吉、納徵、請期、親迎[147]，既要納幣，亦須廟見，更要請酒食召鄉黨友朋呢？又女子「守節」為的是什麼？為求旌表嗎？求旌表又為的是什麼？為使族人引以為傲、引以為榮嗎？如此貞節是為他人沽名釣譽嗎？然犧牲掉性命換此一榮耀的意義何在？俞正燮在此聲明：

> 嘗見一詩云：「閩風生女半不舉，長大期之作烈女。婿死無端女亦亡，鴆酒在尊繩在梁。女兒貪生奈逼迫，斷腸幽怨填胸臆。族人歡笑女兒死，請旌籍以傳姓氏。三丈華表朝樹門，夜聞新鬼求返魂。」嗚呼！男兒以忠義自責則可耳，婦女貞烈，豈是男子榮耀也！[148]

或許女兒還想存活，無奈被迫殉節作貞女，然此一貞女之表揚，無異是作給活的族人看的，殊不知正當他們興高采烈為此旌表慶祝時，枉死之冤魂有多委屈不平！所以男子當以忠義自勉，婦女之貞烈並非表示男子之光榮[149]。惟沒出息之男子無以顯耀自己，才會以逼迫女子自殺來獲取官府的旌表，這是何等虛偽與殘忍！宋恕（1862～1910），這位清同治至宣統年間的學者，繼承了戴震的反理學精神，更有著「著書專代世界苦人立言」[150]的口碑。對道學家加諸婦女的錮籠，宋恕更是強力批駁與推翻；並明白指出女子之所以受到不自由之對待，關鍵源自傳統的「節烈」觀念，所以宋恕主張宜廢止旌表「貞節」這種反人道的政策法規；其云：

---

[147] 漢・鄭玄注、唐・孔穎達疏《儀禮注疏・士婚禮》，（臺北：藝文印書館，1997年8月），頁39。
[148] 同注146，頁631。
[149] 關於此，詳見拙著：〈公與私的詮衡──試論俞正燮「人權平等」思想〉，（《義守大學人文與社會學報》第2卷第3期，2008年12月），頁174。
[150] 詳見許蘇民先生：《戴震與中國文化》，同注87，頁297。

> 自儒者專以貞、節、烈責婦女，於是號稱貞者、節者、烈者，多
> 非其本心而劫於名義，而為婦女者，人人有不聊生之勢矣。……
> 今宜永停旌表夫亡守志貞女、節婦；夫亡自盡烈女、烈婦例，以
> 救婦女之慘。[151]

宋恕實從俞樾受業，承襲戴震反理學的主張與思想[152]，反對程朱理學之專
制主義與禁欲主義。尤其對婦女而言，宋恕對所謂程朱理學之「餓死事極
小，失節事極大」的謬論，予以痛斥與反駁。冠以婦女不自主與不公平，
就是宋儒所強調的女子「貞節」問題，宋以後，社會不允許棄婦再嫁，或
者，在家庭受虐待的婦女，亦無法有離婚、改嫁之自由權。所謂換得畢生
的貞女、節婦或烈婦之名稱等旌表，又如何？自身享受不到，獨留給後人
歌功頌德，有何意義？為此名譽，犧牲多少青春年華，飽受多少虐待與痛
苦，甚至可貴的性命，僅是為換得一浮名，對婦女而言值得嗎？唯一制止
此虛榮風氣的做法，就是廢除「旌表」這一政策法規。

（二）贊成婦女改嫁

　　關於婦女改嫁等問題，乾嘉學者也有不少開明的論述。錢大昕
（1728～1804）〈答問五〉云：

> 夫父子兄弟，以天合者也；夫婦，以人合者也。以天合者，無所
> 逃於天地之間；而以人合者，可制以去就之義。[153]

表明父子兄弟是血緣關係之結合，則無所遁逃於天地間；然夫婦是人為
的婚姻關係，是可以變更的。暗示夫妻可以離異，男可再娶，女可再
嫁。倘若女子出嫁後，其夫不善，亦應讓她們有改嫁的自由。汪中對此
舉袁枚之妹：袁機、鄭虎文之婢為例，說明不必「一受其聘，終身不
二」——不必執守婚姻的承諾，其云：

---

[151] 宋恕：〈六字課齋卑議（初稿）・變道篇・婚嫁章第三十〉，《宋恕集》卷
　　1，（北京：中華書局，1993 年），頁 33。
[152] 詳見《宋恕年譜》「清光緒 16 年庚寅 1890 年 29 歲條」，《宋恕集》下
　　冊，同上注，頁 1096-1099。
[153] 錢大昕：《潛研堂集》卷 8，（上海：上海古籍出版社，1989 年），頁 108。

> 錢塘袁庶吉士之妹，幼許於高；秀水鄭贊善之婢，幼許嫁於
> 郭。既而二子皆不肖，流蕩轉徙更十餘年，婿及女之父母，咸
> 願改圖，而二女執志不移。袁嫁數年，備受箠楚，後竟賣之，
> 其兄訟諸官，而迎之歸，遂終於家。鄭之婢為郭所窘，服毒而
> 死。[154]

二者既許聘給兩位玩世不恭的浪蕩子，十多年後，雙方父母皆同意她們
改嫁，就不須執意。然執意嫁娶之結果，袁女備受折磨，竟被賣為婢，
後由兄告之官府，才把妹帶回。而鄭氏之婢，被丈夫折磨，終服毒而
死。關於此，汪中以為：

> 傳曰：「好仁不好學，其蔽也愚。」若二女子可謂愚矣。本不知
> 禮，而自謂守禮，以隕其生，良可哀也。傳曰：「一與之齊，終
> 身不二。」不謂一受其聘，終身不二也。又曰：「烈女不事二
> 夫。」不謂不聘二夫也。[155]

此二女子「可謂愚矣」。古書中強調夫妻宜齊心同力，舉案齊眉也；並
無所謂「一受其聘，終身不二」，也無「不聘二夫」，所以此二女子以
「不聘二夫為守禮」，實在是「不知禮而自謂守禮」，以致喪失寶貴的
生命。此可謂繼戴震痛斥宋儒「以理殺人」之後，對於「禮教」趨於專
制之途，又一個大膽的駁詰。

臧庸（1767～1811）〈夫死適人及出妻論〉，主夫死妻可再嫁說：

> 作禮教以教天子後世者聖人，聖人之於人，原之於情，斷之以
> 法，行之無弊而可久，而非鰓鰓一節之末，遇變而潰決大敗焉
> 者。周公，聖之集大成者，手定喪服禮，有繼父出妻之文。父者
> 子之天也，天可繼乎？然備繼父之道，從而繼父之，明夫死妻得
> 適人也。若夫死妻稺子幼，又無大功之親，而不許其適人，必母
> 子交斃矣。人生本乎天，故為天民，聖人不輕責人死，匹夫匹婦

---

[154] 汪中：〈女子許嫁而婿死從死及守志議〉，同注141，頁376。
[155] 同上注，頁376。

> 無罪而禁之，窮餓以至隕滅，是謂夭夭之民，聖人之心不若是之忍也。[156]

以為周公所訂定禮儀，有「繼父出妻」之文，既有「繼父」之稱，可見古時有夫死妻得再嫁的條例；從人情義理而言，丈夫逝世，妻子稚幼，又無較近之親屬，若不允准寡婦再嫁，母子可能都會餓死，所以臧庸以為古聖人是絕無禁止寡婦再嫁之理。對此，臧庸又引其弟臧禮堂的話云：

> 再嫁之事，古多有之，不聞以為深詬。後世節義廉恥，事事不逮古人，而諱忌再嫁之失，乃獨過於古人，於是有名為守節而實不守節者，其亦知聖人原人情之意，固不若是之刻，以至有病而不可救歟！[157]

古時多有再嫁之事，對於女子再嫁從未有所詬病。後人謹守禮義廉恥，卻事事不如古人周到；尤忌諱女子「再嫁」之誤，卻獨獨超過古人之舉，為名守節實乃未必守節矣；殊不知古聖賢者重視人情本意，視「再嫁」亦是人情之常，絕無堅決反對之意。

關於婦女改嫁一事，俞正燮〈節婦說〉，更有相當激進言論，其云：

> 《禮・郊特牲》云：「一與之齊，終身不改，故夫死不嫁。」《後漢書・曹世叔妻傳》云：「夫有再娶之義，婦無二適之文。故曰夫者，天也。」按：「婦無二適之文」，固也，男亦無再娶之儀！聖人所以以不定此儀者，如「禮不下庶人，刑不上大夫。」非謂庶人不行禮，大夫不懷刑也。《禮》意不明，苛求婦人，遂為偏義。古禮，夫婦合體同尊卑，乃或卑其妻。古言「終身不改」，言身，則男女同也。七事出妻，乃改七矣。妻死再娶，乃改八矣。男子理義無涯矣，而深文以罔婦人，是無恥之論

---

[156] 臧庸：《拜經堂文集》卷 1，收入《續修四庫全書・集部・別集類》第 1491 冊，頁 492。

[157] 同上注，頁 492。

也。……是女再嫁，與男再娶者等。……則古事屈抑者多。其再
嫁者，不當非之；不再嫁者，敬禮之斯可矣。[158]

在此以見俞正燮的男女平等觀。再嫁與再娶一事亦應男女平等，婦無二
適，男亦不該再娶。據古禮就是「夫婦合體同尊卑也」。夫婦一致，理
應同心同德，同甘共苦；若夫可再娶，則妻可再嫁也。否則，男子為所
欲為，七事出妻，妻死再娶，亦可八改了，「理義無邊」，但對女子則
深文周納，片面苛求婦女，求全責備，如此，不公之論是所謂無恥之論
矣[159]。又女子是否再嫁？完全是其個人之事，當尊重其抉擇，不當非
議，然不再嫁者，則對其表示崇高敬意。

　　宋恕，更是極力主張改革傳統的婚姻制度，鮮明地提出「男女自相
擇偶」的婚姻自由的主張，其云：

夫夫婦者，人倫之端也。故欲平兩間之怨氣，挽人倫之大壞，必
由使民男女自相擇偶始矣。[160]

只有建立在男女雙方自主、自願的婚姻基礎上，才能蕩平幾千年來兩
者之間不平的怨氣；人倫之壞，始於夫婦不平等，必使男女自由選擇
對象，才能改善所謂曠夫怨女之氣。宋氏主張男女「自相擇偶」的結
婚自由外，也主張男女都有所謂「離婚」的自由。他認為古代儒家所
規定的「七出之禮」，是站在男子單方面而言，相對地，對於女子是
不公平的；加上宋儒提出「餓死事極小，失節事極大」後，婦女們更
不被社會大眾允許改嫁或再嫁，因此，在家庭中若受虐待的婦女，更
無自主權以離異。針對這種情形，宋恕斟酌古今，一方面修正古代
「七出之禮」，改為「三出」，以限制男子單方面的離婚特權；另一
方面，又「另設五去禮」，賦予婦女在五種情況下可以提出離婚的權
利。其云：

<hr>

[158] 俞正燮：〈節婦說〉，《癸巳類稿》卷3，同注146，頁629-631。
[159] 見拙著：〈公與私的詮衡──試論俞正燮「人權平等」思想〉，同注149，
頁175。
[160] 宋恕：〈六字課齋津談‧政要類第九〉，《宋恕集》卷2，同注151，頁74。

> 今宜改定三出禮：舅姑不合，出；夫不合，出；前妻男女不合，
> 出；皆由夫作主。欲出妻者，備禮致詞，送回母家，請其改適，
> 不得下貶語。另設五去禮：其三與「三出」同，其二則一為妻妾
> 不和，一為父母無子，歸養，皆由妻妾作主。欲去者，向該舅
> 姑、該夫禮辭而去。蓋不設「五去禮」，則為婦女者，不幸而遇
> 盜賊、滅倫之夫，惟有身與之俱死、名與之俱臭，斯乃數千年來
> 第一慘政也；豈宜仍行於盛世哉！[161]

男子有離婚的權利，女子也應有此一權利，離婚不應當是由男方決定
的，女子自覺不適合，也應可提出離婚之見；依宋恕的觀點是，男子只
有在三種情況下才能提出離婚，即與公婆不合、丈夫不合、前妻男女不
合三種情形；但是女子有「五去禮」，比男子多兩條，即與眾妻妾不
合、父母無子，須回家孝養父母，若是如此，妻妾可自做決定，離異與
否？然在儒家倫理觀下，特別是程朱理學之庇蔭，男子再娶是天經地
義，但婦女再嫁，則易被人視為失節、不貞，若不改變觀點，受壓迫的
婦女又如何敢提出離婚？對於此，宋恕進一步提出：

> 然近世婦人太偏重「節」，欲行此條，必須與「停旌」條並舉；
> 令被出者、自去者易於改適，如館師、署友、店伙然，適者不以
> 為恥，娶者不以為賤；然後可免輕生自盡之多耳。[162]

為了解放婦女受公婆和丈夫虐待的苦難，使她們敢提出離婚，並且離婚後
可便於再嫁，宋恕極力打破傳統的「節烈」觀念，主廢止「旌表」這反人
道之政策，方是唯一辦法。在宋恕看來，夫婦關係一如是一種建立在自願
基礎上、來去自如的契約關係，婦女應像學校的教師、官府的幕僚或者商
店的夥計般，有人身自由，必要時可請辭離去，另覓己滿意之處。所謂：
「適者不以為恥，娶者不以為賤」，根本不可有再嫁為失節、為可恥，娶
再嫁之女則為失節、為下賤的想法，這樣，有開闊眼界、寬懷的心胸，方

---

[161] 宋恕：〈六字課齋卑議（初稿）‧變通篇‧婚嫁章第三十〉，《宋恕集》卷
1，同上注，頁32。
[162] 宋恕：〈六字課齋卑議（初稿）‧變通篇‧婚嫁章第三十〉，《宋恕集》卷
1，同上注，頁32。

免再有輕生自盡的慘劇發生。學者指出：宋恕的這一觀念，對於當時中國社會受壓迫婦女的解放，具有十分重大的進步意義。[163]

（三）反對婦女纏足

　　纏足是嚴重戕害中國婦女身心健康的陋習。自宋元以來，統治者把纏足視作婦德、婦容的內容，實嚴重地阻滯著婦女身心的發展。纏足發展至明清時，更是盛行；然纏足對婦女的殘害，是痛苦不堪，且羸弱身心。據李汝珍（1763～1830）《鏡花緣》描述，可知：

> 始纏之時，其女百般痛苦，撫足哀號，甚至皮腐肉敗，鮮血淋漓。當此之時，夜不成寐，食不下嚥，種種疾病，由此而生。小子以為此女或有不肖，其母不忍置之於死，故以此法治之；誰知系為美觀而設，若不如此，即不為美。試問鼻大者削之使小，額高者削之使平，人必謂為殘酷之人，何以兩足殘缺，步履艱難，卻又為美？即如西子王嬙，皆絕世佳人，彼時又何嘗將其兩足削去一半？況細推其由，與造淫具何異？此聖人之所以必誅，賢者之所以不取。惟世之君子，盡絕其習，此風自可漸息。[164]

李汝珍的《鏡花緣》藉君子國中一位君子之口，訴說了纏足對女子的殘害；以小說方式表達纏足之痛苦，纏足抑制足部成長，使女子痛苦萬分，且不健康，是種種疾病產生之源。明清「禮教」以絕「淫風」為由推行纏足，是極不仁道的；後世文人以纏足作為對女子審美要求，頌之為「香鉤」，譽之為「金蓮」，產生無數的「小腳癖」[165]。然李汝珍斥之為「造淫具」，相對地，削鼻、平額，人皆視為殘廢，何以使兩足殘廢，步履艱難，反視為美？此無異是「聖人所必誅」之行，必得「盡絕其習」，方可。然李汝珍的思想，實受到「揚州學者」凌廷堪的影響最深。據學者研究，指出：李汝珍曾拜凌廷堪為師，所謂「論文之暇，旁及音韻」。又李氏在海州所娶之妻許氏，與凌廷堪的母親是同宗同親

---

[163] 許蘇民先生：《戴震與中國文化》，同注 87，頁 300。
[164] 李汝珍著：《鏡花緣》第 22 回，（臺北：華正書局，1978 年），頁 50。
[165] 許蘇民先生：《戴震與中國文化》，同注 87，頁 270。

戚。[166]受淩廷堪影響之外，李汝珍常與「揚州學者」往來，而「揚州學者」頗多是戴震學生或私淑者，所以李汝珍之學術宗旨、社會批判的思想傾向，皆具有戴震的影子[167]。

袁枚（1716～1797），在其《牘外餘言》亦表明纏足之不仁道：

> 女人足小有何佳處，而舉世趨之若狂？吾以為戕賊兒女之手足以取妍媚，猶之火化父母之骸骨以求福利，悲夫！[168]

積極反對纏足，視之乃戕害兒女之手足以取媚，猶如燬傷父母骸骨以求福利，真是十分可悲的事！俞正燮對此亦十分厭惡。其〈書舊唐書輿服志後〉一文中，引據大量資料，表明：

> 迨後婦人弓足於南唐，漸成風俗，此為實書矣。南唐裹足，亦僅聞宮娘。……《夢溪筆談》云：「王綸家，紫姑神謂其女履下有穢土，雲不能載，女子乃襪而登雲。」李清照〈點降唇〉云：「見客人來，襪剗金釵溜。」則北宋亦自有不裹足者。……而元時南人亦有不弓足者，《湛淵靜語》云：「伊川先生後人居池陽，其族婦人不纏足。」蓋言其族女子，不肯隨流俗纏足也。……其弓足小而銳者，求之於古，亦有所出。出於古之舞服。……本朝崇德三年七月，有效他國裹足者重治其罪之制。後

---

[166] 詳見張蕊青先生：〈乾嘉揚州學派與《鏡花緣》〉，（《北京大學學報》（社會科學版），第36卷，總第195期，1999年第5期），頁104；另張慧劍先生：《明清江蘇文人年表》徵引《淩次仲年譜》等文獻，可發現到李汝珍於1788年（乾隆五十三年）橋居板浦時，「因兄李汝璜交淩廷堪，此際從廷堪學。」（上海：上海古籍出版社，2008年），頁1244。

[167] 詳見李汝珍：《鏡花緣》〈第16回　紫衣女殷勤問字／白髮翁傲慢談文〉、第17回〈因字聲粗談切韻／聞雁唳細問來賓〉、第18回〈辟清談幼女講義經／發至論書生尊孟子〉等，可看出借「紫衣女子」之口來宣傳戴震學術主張；另一方面，又借主人公之口唐敖發表一篇「尊戴的言論」，如第17回：「婢子聞得要讀書必先識字，要識字必先知音。若不將其音辨明，一概似是而非，其義何能分別？」所宣揚的正是戴震所主「由字以通其詞，由詞以通道」的治學主張；同注164，頁109、頁111、頁124。

[168] 袁枚著、王中點校：《牘外餘言》卷1，收入王英志先生主編：《袁枚全集》第5冊，（南京：江蘇古籍出版社，1993年），頁11。

又定順治二年以後所生女子禁裹足。康熙六年，弛其禁。古有丁
男丁女，裹足則失丁女，陰弱則兩儀不完。又出古舞屣賤服，女
賤，則男賤女子心不可改者，由不知古人大足時，有貴重華美之
履。徒以理折之，不服也，故具分析言之，非以歷證談者之短，
亦庶為讀古史好學深思者之一助焉。[169]

知古代「弓足小而銳者，出於古之舞服」，亦即「古舞鞋」。所謂裹足
是源自南唐「窅娘」而來。然窅娘裹足者，是職之所在：「舞人」也，
然一般女子是不裹足的。宋時，《夢溪筆談》等記載均可證明當時女子
是不纏足的，且清廷法律亦制定：禁止女子裹足，凡裹足者反而重治其
罪。然此律至清康熙六年時弛禁。

　　又古時女子纏足，則是視其失此女子也，蓋因「陰弱則兩儀不完」。
所以纏足乃是對女子人性之摧殘，是極不人道的。又男子獎誘女子裹
腳，則是鼓勵「女子舞屣」，然舞屣在古代是一種賤服；所以女賤則男賤，即
表明：連自己的配偶都視為卑賤玩物，如此不尊重女子的男子，其人格必
然是卑下的。男子如此作賤女子，其實是男子自己作賤自己。殊不知古時
以「大足」有貴重華美之履為尚。所以以古書、古人、古習為證，古人並
未有纏足之習，纏足是後來明清受到理學影響造成的，然此纏足實對女子
摧殘至極，種族之殘害為甚，畢竟「陰弱則兩儀不完」。

　　晚清維新運動人士大力倡導婦女解放，所積極開展的就是戒纏足
與興女學活動[170]。在維新派看來，女子纏足是國貧、種弱、兵窳的根
源之一，正如康有為先生所謂纏足使女性們「成廢疾之徒，置無用之
地」[171]，大大削弱自己的力量；如梁啟超先生所云：「足疾易作，上
傳身體或流傳子孫。」[172]造成民族羸弱。因此，「欲救國，先救種，

[169] 同注 146，《俞正燮全集》第 1 冊，頁 634-643。

[170] 陳文聯先生：〈晚清婦女解放思潮興起的原因及特點〉，（《衡陽師範學院
學報》（社會科學版），第 24 卷第 1 期，2003 年 2 月），頁 96。

[171] 康有為：〈請禁婦女裹足摺〉，《康有為政論集》，（北京：中華書局，
1981 年），頁 336。

[172] 梁啟超先生：〈變法通議：論女學〉，《飲冰室合集》（文集之一），（北
京：中華書局，1989 年），頁 37。

欲救種，先去害種者而已，夫害種之事，孰有纏足乎？」[173]所以只有戒纏足才能強國強種。

二、批判禮教的小說，大受歡迎

事實上，自有理學來，就有反理學思想，晚明尤著[174]。反對理學家矯情拂性的道德約束，肯定人「情欲」的合理性，李卓吾、徐渭、湯顯祖、袁宏道即其代表。[175]「泰州學派」即以「多體仁，少制欲」為所強調[176]；袁宏道（1568～1610）亦重「趣」地說道：「世人所難得者惟趣。趣如山上之色、水中之味、花中之光、女中之態。」[177]原本重「禮教」道學權威的社會，亦逐漸轉向注重個體生命之情調，對人生價值的選擇已不再是程朱謹嚴的道德標準，而是從倫理之善轉向自然之真的表露。至清代前期（道光以前），學者對宋明理學的批評，可以用兩句話加以概括：用徵實之學批評理學家的空談性理，用漢以前的儒學（經學）來糾正理學的偏頗。[178]清代前期的反理學思想實與晚明不同，重要是「經世致用」之學興起，對人性問題的關心為對社會政治問題的關心所替代，對道德理論的關心為對道德踐履的關心所取代，強調的學問是實用之學；尤其戴震對理學家所謂理、心、性、氣、欲等論題，一一據考證方式加以辯駁、釐正，在一定程度上恢復了較切近人情的早期儒學面貌，揭露出宋儒「以理殺人」之「禮教」束縛，予理學以致命的打擊。

---

[173] 金一先生：〈女界鐘〉，收入《中國婦女運動歷史資料》（1840-1919），同注 134，頁 174。

[174] 馬積高先生：《清代學術思想的變遷與文學》，（長沙：湖南人民出版社，2002 年），頁 218。

[175] 同上注，頁 218。

[176] 詳黃宗羲：〈泰州學案三〉，《明儒學案》卷 34，（收入《黃宗羲全集》第 7、8 冊，臺北：里仁書局，1987 年），頁 760-761。

[177] 袁宏道：〈敘陳正甫會心集〉，《袁中郎文鈔》，（《袁中郎全集》，臺北：清流出版社，1974 年），頁 1。

[178] 馬積高先生：《清代學術思想的變遷與文學》，同注 174，頁 219。

　　清代學術界如此，在文學界上，尤以戲曲、小說更富含反理學或反封建的思想，強調的是平等的男女觀與自由戀愛的婚姻觀[179]。實際上，在明朝時，就有《金瓶梅》為那時代風氣的小說代表。而清代小說，如《聊齋誌異》、《儒林外史》、《紅樓夢》，亦前有所承，幾乎是以反理學的人生價值觀的演變為重點，兼及倫理道德觀、愛情婚姻觀等。在《聊齋誌異》中，情癡最多，「癡」不僅是於情「癡」，於世事也「癡」[180]；蒲松齡（1640～1715）於〈阿寶〉的評論云：

> 性癡，則其志凝。故書癡者文必工，藝癡者技必良。世之落拓而無成者，皆自謂不癡者也。且如粉花蕩產，盧雉傾家，顧癡人事哉？以是知慧黠而過，乃是真癡，彼孫子何癡乎？[181]

蒲氏對情「癡」是肯定的，但對「漁色」則不贊成。「癡」於女色而蕩產，「癡」於博奕而傾家，是極力反對的。以「癡」至「專一」，「慧黠而過」，方是「真癡」者，如此，「書癡者文必工」、「藝癡者技必良」。此外，據學者指出：《聊齋誌異》中頗多愛情故事是志在表明反對封建「禮教」束縛，宣達自由愛戀的幸福，且與「揚州學者」所倡導

---

[179] 馬積高先生：《清代學術思想的變遷與文學》指出：「《紅樓夢》的反封建思想當然有其現實的依據，而其思想的淵源則應追索到晚明。不僅《紅樓夢》，清前期許多戲曲小說中的反理學或反封建的思想也要追溯到晚明的異端思想，才能找到其繼承與發展的脈絡。……在晚明的異端思想中，平等的男女觀和自由戀愛的婚姻觀是很重要的組成部分。」同上注，頁 220。

[180] 馬積高先生：《清代學術思想的變遷與文學》云：「在《誌異》中，情癡最多，其最著者如〈嬰寧〉中的王子服、嬰寧，〈阿寶〉中的孫子楚、阿寶，〈魯公女〉中的魯公女、張于旦，〈連城〉中的喬生，〈小二〉中的丁生，……在三十餘人以上，如果再加上情而俠、情而義者如〈紅玉〉中的紅玉，〈小翠〉中的小翠，〈喬女〉中的喬女等，則鍾於情者更多。這些人物形象同過去戲曲的鍾情的形象相比，有其一脈相承之處。如其中許多人為情而死，又為情而生，顯然與〈離魂記〉中離魂的倩女、〈碾玉觀音〉中的璩秀秀與〈牡丹亭〉中的杜麗娘有某種聯繫。但《誌異》中癡情者更為豐富多采，且有異於以前此類形象之處。首先，《誌異》中許多癡情的人物天真、樸訥，不通所謂『人情世故』，即在不同程度上具有李卓吾所說的『童心』。換言之，《誌異》中的癡情人物的『癡』不僅是於『情癡』，於世事也『癡』」，同上注，頁 223-224。

[181] 蒲松齡：《聊齋誌異》卷 4，（濟南：齊魯書社，2006 年），頁 75。

的自由戀愛思想有關，所謂：「無疑是對揚州現實愛情生活中新生因素的集中與昇華，真切地表達了廣大的（當然包括揚州地區）青年男女對自由愛情的憧憬與渴望。」[182]且故事發生的背景以「揚州」地域者亦多，如〈嫦娥〉便是一例[183]；所以在思想上，蒲松齡的《聊齋誌異》與「揚州學者」所提倡的，有不謀而合之處；且創作故事背景又常舉繁華之「揚州」城為例。

　　吳敬梓（1701～1754）的《儒林外史》，更是對熱中科舉功名之士，與假道學之名教、腐儒、劣官士紳做一諷刺至極的刻劃。正如張麗珠先生說得好，其云：

> 《儒林外史》則不留情地掀開了儒林的黑暗面紗，並且透露出清初社會對於理學淪為虛偽名教的高度不滿、人心渴望新價值的追求。……以社會寫實的手法，充分反映了此時士人對於名教束縛長久以來桎梏人心之不耐，以及對新價值之嘗試性探索，可視為十八世紀批判封建道德的虛偽性、程朱道德標準不適應性的大眾文化代表。[184]

在傳統社會「惟有讀書高」的價值觀下，士人皆以「儒學仕進」視為神聖而崇高的努力目標，即使「十年寒窗苦讀無人問，一舉成名天下知」，亦是值得進取與努力的。但伴隨晚明王學末流之空疏，道德形上之決堤潰敗、明朝之滅亡，乃至資本主義萌芽、新四民觀出現、治生

---

[182] 潘寶明先生：《維揚文化概觀》，（南京：南京師範大學出版社，1997年），頁62。
[183] 蒲松齡：〈嫦娥〉載：「太原宗子美，從父游學，流寓廣陵。父與紅橋林媼有素。一日父此過橋，遇之，固請過諸其家，淪茗共話。有女在旁，殊色也。翁極贊之，媼顧宗曰：『一言千金矣！』先是媼獨居，女忽自至，告訴孤苦。問其小字，則名嫦娥。媼愛而留之，實將奇貨居之也。」《聊齋誌異》卷8，同注181，頁156-158。又潘寶明先生：《維揚文化概觀》云：「〈嫦娥〉……該題材取自揚州，作者開篇言明『太原宗子美，從父游學，流寓廣陵』，『父與紅橋下林媼有素』，挑明該故事發生在揚州大紅橋。」同上注，頁62。
[184] 見氏著：《清代的義理學轉型》，（臺北：里仁書局，2006年），頁243-244。

論、氣本論、人「情欲」之肯定等等，瀰漫在社會上的思想，就不再是中國傳統「道德至上」，「學而優則仕」的思潮。相對地，對於陽奉陰違、心口相違、言行不一的「假道學」風氣，《儒林外史》更有著淋漓盡致之諷刺[185]；對於當時譾陋學風與迂腐的儒學，科舉進仕之本末倒置等，荒謬之極，昭然若揭[186]；而貪官污吏對廣大市民之欺壓，惡形惡狀的無恥官紳與市井棍徒，《儒林外史》著墨更多[187]，當時的儒教社會，

---

[185] 詳見吳敬梓：〈第四回　薦亡齋和尚吃官司／打秋風鄉紳遭橫事〉，《儒林外史》，（臺北：三民書局，1973 年），頁 30-33；對於此，張麗珠先生：《清代的義理學轉型》有一精采的闡述：第四回范進於丁母憂中投帖拜見湯知縣，知縣設席，范進坐定以後對著銀鑲杯箸或象牙箸，皆侷促地表現居喪盡禮，「退前縮後的不舉杯箸」，直待換上白色竹筷後他才肯舉箸；不過此時知縣看見他「在燕窩碗裡揀了一個大蝦圓子送在嘴裡」。其表裡不一不言而喻。同上注，頁 246。

[186] 詳見吳敬梓：〈第十三回　蘧駪夫求賢問業／馬純上仗義疏財〉；〈第十五回　葬神仙馬秀才送喪／思父母匡童生盡孝〉；〈第四十九回　翰林高談龍虎榜／中書冒佔鳳凰池〉，《儒林外史》，同上注，頁 97、114、366。在第四十九回中，選書家馬純上與高翰林對話，更可看出儒學理想與科舉仕進的本末倒置，理學淪為揣摩以備臨文模擬之用；馬純上云：「本朝用文章取士，這是極好的法則。就是夫子在而今，也要念文章、做舉業，斷不講那『言寡尤，行寡悔』的話。何也？就日日講究『言寡尤，行寡悔』，哪個給你官做？夫子的道也就不行了。」高翰林接著說：「『揣摩』二字，就是這舉業的金針了。小弟鄉試的那三篇拙作，沒有一句話是杜撰，字字都有來歷的，所以才得僥倖。若是不知道揣摩，就是聖人也是不中的。」可看出儒學本以傳聖道為主，但此時孔子亦要念文章，否則道不行，又若不懂「揣摩」作文，將亦會被摒諸科舉之外。

[187] 見吳敬梓：〈第十七回　匡秀才重遊舊地／趙醫生高踞詩壇〉；〈第十九回　匡超人幸得良朋／潘自業橫遭禍事〉；〈第二十回　匡超人高興長安道／牛布衣客死蕪湖關〉，《儒林外史》，同上注，頁 124、137-145。匡超人（匡迥）——本是寒士出身，其父臨終諄諄告誡：「功名到底是身外之物，德行是要緊的。我看你在孝悌上用心，極是難得；卻又不可因後來日子略過得順利些，就添出一肚子裡的勢利見識來。」但匡迥在考取樂清縣秀才與潘三為伍後，則利慾薰心將此話拋諸腦後，利令智昏的行起不法勾當。如「勾串提學衙門，鎗手代考」：「學道點出名來，點到童生金耀，匡超人遞個眼色與他，那童生是照會定了的，便不歸號，悄悄站在黑影裡。匡超人就退下幾步，到那童生跟前，躲在人背後，把帽子除下來與童生戴著，衣服也彼此換過來……匡超人捧卷歸號，做了文章」，果然發案時，金耀高高進了。又「攀附權勢，停妻再娶」：匡超人在師李給諫之助下，補廩進了太學，於是

誠如梁啟超先生言，到處是挾著一部《性理大全》作舉業秘本的小人儒。[188]

　　然此與「揚州儒學」有何關係？殊不知此《儒林外史》一書中不少人物的活動是以「揚州」為背景的；如第二十八回「季葦蕭揚州入贅」，表明封建社會中「小人」的惡德惡行[189]；書中赫赫有名的「封建守財奴」──嚴監生，據潘寶明先生指出：此典出自於「揚州」[190]；又「范進中舉」中的「范進」，這個受到封建科舉制度戕害的知識份子，也是以「揚州」民間廣為流傳的「呆舉人」為原型的[191]。

　　曹雪芹（1715～1763）的《紅樓夢》對封建倫理的虛偽性、腐朽性的揭露比《儒林外史》深刻得多[192]，有著強烈反理學與反傳統的傾向；尤其集中於賈寶玉這一人物明顯突出的反映出來。對於封建所謂君臣、良將，父子兄弟傳統意識均一概否定；在〈第三十六回　繡鴛鴦夢兆絳雲軒／識分定情悟梨香院〉中，寶玉道：

> 人誰不死？只要死得好。那些鬚眉濁物，只知道文死諫、武死戰這二死是士大夫死名死節，竟何如不死的好。必定有昏君，他方諫；他只顧邀名，猛拼一死，將來棄君於何地！必定有刀

─────────────

隱瞞娶妻之事實，再取恩師的外甥女，並思「戲文上說的蔡狀元招贅牛相府，傳為佳話，這有何妨？」此匡超人，後來還是禮部旌表沉抑人才，採訪已故儒修，榜賜第三甲，得享賜祭的賢智士。

[188] 梁啟超先生：〈王陽明知行合一之教〉云：「陽明那時代，『假的朱學』正在成行，一般『小人儒』都挾著一部《性理大全》作舉業的秘本，言行相違，風氣大壞。」（《飲冰室專集》第9冊，臺北：中華書局，1978年），頁4。

[189] 見吳敬梓：〈第二十八回　季葦蕭揚州入贅／蕭金鉉白下選書〉，同注185，頁203-211。

[190] 潘寶明先生：《維揚文化概觀》，同注182，頁63。此書指出：「再如書中有名的人物嚴監生，是個封建守財奴。此典可能即出於揚州。清人阮葵生《茶餘客話》中有這樣一則故事：揚州商人某，家資百萬，而居處無異寒人。彌留之際，口不能言一字，親友環視，至夜忽手豎二指，攢眉不止，其子曰：『父恐二郎年幼，不治生耶？』搖首不然。子又曰：『慮二叔欺兒凌孤耶？』搖首不然。眾皆愕然。其妻後至，回顧室中，說道：『欲挑去油燈碗中雙燈草耳。』富翁縮手點頭，瞑目而逝。」

[191] 同上注，頁63。

[192] 馬積高先生：《清代學術思想的變遷與文學》，同注174，頁234。

兵，他方戰；他只顧圖汗馬之名，將來棄國於何地！所以這皆非正死。[193]

尤其對科舉功名，寶玉更是厭惡至極，時與主正統進身的父親「賈政」（諧音：假正經）起衝突[194]；當寶釵勸其讀正經書時，則是寶玉與寶釵鬧彆扭時[195]。畢竟寶玉是一「鍾情主義」者，其情又有濃厚的「博愛」、「泛愛」的特質，對所有年輕女子都一往情深，鍾情於女子不僅是他的一種人生理想，更是他全部的人生價值。他的名言是：「女子是水做的骨肉，男子是泥做的骨肉」又：「凡山川之精秀，只鍾於女兒，鬚眉男子不過是些渣滓而已。」[196]所以在大觀園中，我們可以看到寶玉與一群年輕女子天真浪漫的玩耍，可以嬉笑怒罵，可以牽手遊蕩，可以飲酒賦詩，甚至可以與黛玉躺在床上聊表心意；為何寶玉可以？在此作

---

[193] 見曹雪芹：〈第三十六回　繡鴛鴦夢兆絳雲軒／識分定情悟梨香院〉，馮其庸等校注：《紅樓夢校注》第 1 冊，（臺北：里仁書局，1984 年），頁 551。

[194] 見曹雪芹：〈第三十三回　手足耽耽小動唇舌／不肖種種大受笞撻〉，《紅樓夢校注》第 1 冊，同上注，頁 511-513。在這回中，可以看出寶玉與父親的誤會衝突之大，幾被父打死；蓋當仕宦傳家、一心指望兒子寶玉繼承衣缽的賈政，因兒子的表現不如預期，又受到庶子賈環的挑撥，誤信寶玉在外流連優伶、表贈私物，在家荒疏學業、逼淫母婢，導致金釧兒投井自盡時，他便不分皂白地「只喝命：『堵起嘴來著實打死！』」且「冷笑道：『我養了這不肖的孽障，……不如趁今日結果了他的狗命，以絕將來之患！』說著，便要繩來勒死。」其後在王夫人的搶救下，寶玉逃過一死，但也已被打得「一片皆是血漬，……由腿看至臀脛，或青或紫，或整或破，竟無一點好處。」曹雪芹在此對理學家標榜的「父為子綱」的殘酷無情，做了極深刻的描述。亦見張麗珠先生：《清代的義理學轉型》，同注 184，頁 238。

[195] 見曹雪芹：〈第三十六回　繡鴛鴦夢兆絳雲軒／識分定情悟梨香院〉載：「或如寶釵輩有時見機勸導，反生起氣來，只說：『好好一個清淨潔白女兒，也學的釣名沽譽，入了國賊祿鬼之流。這總是前人無故生事，立言堅辭，原為導致後世的鬚眉濁物。不想我生不幸，亦且瓊閨琇閣中亦染此風，真真有負天地鍾靈毓秀之德！』因此禍延古人，除四書外，竟將別的書焚了。眾人見他如此瘋癲，也都不向他說這些正經話了。獨有林黛玉自幼不曾勸他去立身揚名等語，所以深敬黛玉。」《紅樓夢校注》，同上注，頁 545。

[196] 前者見曹雪芹：〈第二回　賈夫人仙逝揚州城／冷子興演說榮國府〉，《紅樓夢校注》第 1 冊，同上注，頁 31；後者見〈第二十回　王熙鳳正言談妒意／林黛玉俏語謔嬌音〉，頁 319。

者是否藉由寶玉所為，以反映出對「禮教」束縛之抗議？亦以傳達另一層面的嚮往：男女之自由戀愛、自由交往？甚至可以無拘無束、浪漫的玩在一起？而非傳統「禮教」所主的「男女授受不親」與婚姻大事必得「媒妁之言，父母之命」？

　　相對於「大觀園」之外的「禮教」世界，作者所描述的卻是一現實、骯髒、殘忍、墮落的世界[197]，可笑的那卻是成人「禮教」的社會；如第十一回，在會芳園中，賈瑞見王熙鳳起淫心；第十三回，秦可卿淫喪天香樓；第四十六回特立專章，詳寫賈赦強納鴛鴦為妾的醜事；第七十五回，賈珍諸人在天香樓聚賭、說髒話和玩變童等事[198]。這齷齪不堪的地方便是現實裡榮府的舊園與東府的會芳園，正如柳湘蓮所云：「你們東府裡，除了那兩個石獅子乾淨，只怕連貓兒、狗兒都不乾淨。」[199]然卻是後來大觀園這清淨理想世界所在的現實的基址。或許淨土也必須建在骯髒的現實世界中，所以第二十三回，黛玉葬花，為何葬花？「只因這裡的水乾淨，只一流出去，有人家的地方髒的臭的混倒，仍舊把花糟蹋了。……拿土埋上，日久不過隨土化了，豈不乾淨。」[200]原來大觀園裡面是乾淨的，但是出了園子就是髒的、臭的了。落花葬在此，才永

----

[197] 關於此，余英時先生：〈紅樓夢的兩個世界〉一文中分析道：「曹雪芹在《紅樓夢》裡創造了兩個鮮明而對比的世界。這兩個世界，……分別叫它們作烏托邦的世界和現實的世界。這兩個世界落實到《紅樓夢》這部書中，便是大觀園的世界和大觀園以外的世界。作者曾用各種不同的象徵，告訴我們這兩個世界的分別何在。譬如說，『清』與『濁』，『情』與『淫』，『假』與『真』，以及風月寶鑑的反面與正面。我們可以說，這兩個世界是貫穿全書的一條最主要的線索。」又「大觀園是《紅樓夢》中的理想世界，自然也是作者苦心經營的虛構世界。」收入氏著：《紅樓夢的兩個世界》，（臺北：聯經出版公司，1978年），頁41、47。
[198] 詳見曹雪芹：〈第十一回　慶壽辰寧府排家宴／見熙鳳賈瑞起淫心〉、〈第十三回　秦可卿死封龍禁衛／王熙鳳協理寧國府〉、《紅樓夢校注》第1冊，同注193，頁177-188、199-210；〈第四十六回　尷尬人難免尷尬事／鴛鴦女誓絕鴛鴦偶〉、〈第七十五回　開夜宴異兆發悲音／賞中秋新詞得佳讖〉，《紅樓夢校注》第2冊，同注193，頁703-716、1171-1188。
[199] 見曹雪芹：〈第六十六回　情小妹恥情歸地府／冷二郎一冷入空門〉，《紅樓夢校注》第2冊，同上注，頁1040。
[200] 見曹雪芹：〈第二十三回　西廂記妙詞通戲語／牡丹亭艷曲警芳心〉，《紅樓夢校注》第1冊，同上注，頁366。

保清潔。「花」在此是否是園中女子的象徵？未婚年輕之女子惟永駐在
此理想之園中，才能永保乾淨、清潔乃至天真爛漫；一旦嫁出或到外面
的現實世界，就被污染了。或許曹雪芹在大觀園中是只寫「情」而不寫
淫的，而他把外面世界的淫穢渲染得特別淋漓盡致，便正是為了和園內
淨化的情感生活做一個鮮明的對照[201]。「大觀園」是曹雪芹所寄寓的
「烏托邦」，明顯表示所謂的理想世界是自由、浪漫、民主的，但須落
實在現實社會中，方以實踐（如大觀園是建立在骯髒的基址上）；但在
那個「禮教」枷鎖下的世界，是難以實現的，所以寄寓一個理想的烏托
邦以達成他美麗的夢想，亦以此對「天理」結合的綱常「禮教」做一反
撲與諷刺。亦可看出曹雪芹所重視的是「情」，而非「禮教」，其所謂
的「情」是純真、潔白、乾淨的，惟有在「純情」的領域，方有理想的
世界，凡被現實「禮教」扭曲的人情世界，都是變形人格的展現[202]。所
謂金妝玉砌的賈府，賈政、王夫人等一干男僚婦道儼然正統，然卻槁木
死灰、身心並錮；與此同時，亦有賈璉、賈珍、薛蟠、孫紹祖等「皮膚
濫淫」、玩男狎女、性虐變態，夏桂花、多姑娘等流蕩嫵媚、淫心畢
露。若前者是以生命作三綱五常之工具的話，那麼，後者便是生命之畸
形變態。之所以有如此生命兩極的病態，即根源於儒家形而上學的文化
預設與歷史實踐[203]。所謂歷史實踐即從孔子「克己復禮」到荀子「性
偽」至理學「存天理，滅人欲」，在克、偽、滅歷史中建起「義理」絕
對之命令，亦是「理」與「欲」存在於緊張對峙的歷史辯證輪迴中。一
方面男女生命的自然形式必以生養方式為歷史的延續，但一方面，男女
生命自然亦以反生養之畸變形式來展現歷史的文化。[204]

---

[201] 余英時先生：〈紅樓夢的兩個世界〉，同注 197，頁 57。

[202] 胡健先生：〈人情　詩情　悲情——論《紅樓夢》的「情」〉云：「曹雪芹
寫活了人物的各各不同的情欲個性，展示人情世界的具體多樣與鮮活流動，
特別是通過具體的日常生活顯示不平常的社會蘊含，展現封建綱常無處不在
的對人性人格的扭曲。」（《固原師專學報》（社會科學版）第 23 卷第 4
期，2002 年 7 月），頁 25。

[203] 梅向東先生：〈「遂欲達情」與「古今之情」——戴震與曹雪芹對生命存在
及其意義之不同思考〉，（《安慶師範學院學報》（社會科學版）第 19 卷
第 2 期，2000 年 4 月），頁 31。

[204] 同上注，頁 31。

　　觀此，重情的曹雪芹嘗以文學筆法找一「情欲」的宣洩出口，亦諷刺在「禮教」禁錮的社會下，人格的變形與本性之扭曲，反而是道德淪喪與紛亂的來源。

　　不可諱言，曹雪芹的《紅樓夢》與「揚州」此地有相當的密切關係；據潘寶明先生等研究，可知：雪芹在江南共度了十三個春秋。他除了生活於南京外，還隨家人到過蘇州、鎮江、揚州等地。揚州是他祖父曾經任職與活動之地，而且還有房產在此。而《紅樓夢》所敘述之景地，則先從「姑蘇」引端，再表「金陵」老宅，再轉記「維揚」，這三處都是曹家任職與足跡所履之地。[205]在《紅樓夢》一書中，我們實可發現到作者將其所見所聞等素材，頗多融入作品中，如第二回「賈夫人先逝揚州城」，黛玉之父林如海即為巡鹽御史，任所即在「揚州」；而黛玉起行，孤女投奔外祖母，也是從「揚州」出發；第十九回「意綿綿靜日玉生香」中，寶玉以「揚州」有一座「黛山」，山上有個林子洞開場，排列出「揚州人」過臘八的故事來，與黛玉開玩笑，題意新穎，又扣緊「揚州」的風俗民情。而八十七回「感秋深撫琴悲往事」中，黛玉感時悲秋，想到的是「父母若在，南邊的景緻，春花秋月，水秀山明，二十四橋，六朝遺跡……香車畫舫，紅杏青簾……」等等[206]，均可見曹雪芹除了在思想上，與「揚州學者」同主「情理」自由，反對「理學」之禁梏外，其對「揚州」的一切，實富涵深情意蘊的。或許與他在「揚

---

[205] 潘寶明先生：《維揚文化概觀》，同注 182，頁 64。另據馬瑞芳先生：《從《聊齋誌異》到《紅樓夢》》亦云：「揚州人很自豪地稱揚州是曹雪芹的第二個故鄉。曹雪芹的祖父曹寅和揚州的關係非同尋常。曹寅是皇帝的家奴，又是有成就的文人。根據皇帝的安排，在揚州主持了書局，刊印了《全唐詩》和《佩文韻府》。他自己有《棟亭集》行世。……論者皆以為曹寅的創作活動直接影響到了曹雪芹的《紅樓夢》。」可知「揚州」與曹雪芹的關係，（濟南：山東教育出版社，2004 年），頁 578。

[206] 見曹雪芹：〈第二回　賈夫人仙逝揚州城／冷子興演說榮國府〉、〈第三回　賈雨村夤緣復舊識／林黛玉拋父進京都〉、〈第十四回　林如海捐館揚州城／賈寶玉路謁北靜王〉、〈第十九回　情切切良宵花解語／意綿綿靜日玉生香〉，同注 193，《紅樓夢校注》第 1 冊，頁 25-42、43-64、211-224；〈第八十七回　感秋深撫琴悲往事　坐禪寂走火入邪魔〉，《紅樓夢校注》第 3 冊，頁 1369-1384。

州」的生活遭遇有關。所以在《紅樓夢》書中，故事發生的背景頗多以「揚州」為主。

又據學者研究，可發現到《紅樓夢》書中的「口語」語音，實保存了「揚州」一地的江淮方音；例舉第三十三回　寶玉被父「大承笞撻」，急盼有人給賈母送信，好容易盼了個「老嬤嬤」，豈知「老嬤嬤」耳背，竟將寶玉的「要緊！要緊！」聽成「跳井！跳井！」值得注意是「緊」讀音為「jîn」，「井」讀音為「jîng」，這種前後鼻韻不分的情況在北方話中是很少誤用的，而在揚州方言中則一直不分。[207]

然受到「揚州儒學」思想方面影響最多的小說，主要仍是以《鏡花緣》、《老殘遊記》為代表。李汝珍《鏡花緣》，除前述反對婦女纏足，將纏足造成女子痛苦做一淋漓盡致的描述外，對於男女之不平等、「禮教」加諸婦女的許多禁錮，均以小說文學的筆法，做出大力抨擊。如幾千年來「男子納妾」的問題，在此，李汝珍主張男子應反求諸己，將心比心；所謂「己所不欲，勿施於人」，男士們宜先反躬自問：是否願意讓妻子取討男妾，若不願意的話，男子同樣也不可去討女妾。在《鏡花緣》五十一回中，「兩面國」的山大王欲娶唐國臣等三姐妹作妾，引起他的押寨夫人大怒，痛打他四十大板，且教訓一番：

> 婦人道：既如此，為何一心只想討妾？假如我要討個男妾，日日把你冷淡，你可歡喜？你們作男子的，在貧賤時原也講些倫常之

---

[207] 潘寶明先生：《維揚文化概觀》，同注 182，頁 161。此書尚云：「揚州話屬江淮方言，發音時聲母中舌尖後音 zh、ch、sh 都發成舌尖前音 z、c、s；舌尖中音 n、l 和舌尖後音 r 不分，皆發為 l 音；韻母中鼻韻母的前鼻母 in、en 與後鼻母 ing、eng 不分，多讀為前鼻韻母 in、en；ong 則往往與 eng 或 en 混讀。這些江淮語音在《紅樓夢》中皆有明顯的反映。先看韻母。如《紅樓夢》曲，開篇引子：『開闢鴻蒙（eng），誰為情種（ong），都只為風月情濃（ong）。奈何天，傷懷日，寂寥時，試遣愚衷（ong）。因此，上演出這悲金悼玉的紅樓夢（eng）。』現今揚州方言中，『蒙』與『夢』的韻母都是『ong』。第二支曲〈終身誤〉：『都道是金玉良緣，俺只念木石前盟（eng）。空對著，山中高士晶瑩雪，終不忘，世外仙姝寂寞林（in）。嘆人間，美中不足今方信（in）；縱然是齊眉舉案，到底意難平（ing）。』揚州方言裡，『盟』和『平』的韻母都是『in』。曹雪芹童年時期在揚州度過，童年的口音直到壯年也未完全改變，所以在巨著中留下大量江淮方音，這是值得紅學界注意的。」頁 161-162。

道，一經轉到富貴場中，就生出許多炎涼樣子，把本來面目都忘
了。不獨疏親慢友，種種驕傲；并將糟糠之情也置度外。這真是
強盜行為，已該碎屍萬段！你還只想置妾，哪裡有個忠恕之道？
我不打你別的，我只打你「只知有己，不知有人」；把你打得驕
傲全無，心裡冒出一個忠恕來，我才甘心。……總而言之，你不
討妾則已，若要討妾，必須替我先討男妾，我才依哩。我這個男
妾，古人叫作面首。面哩，取其貌美；首哩，取其髮美。這個故
典並非是我杜撰，自古就有了。[208]

傳統中國自古以來，男子可三妻四妾，但女子卻要從一而終；在此，李
汝珍對男子「納妾」問題做一反思。講了幾千年的「己所不欲，勿施於
人」的「忠恕之道」，套在男性「納妾」上，是否他們也該反躬自問：
願意自己的夫人去找「面首」？若不願意，那麼，男子們應將心比心，
也不許納妾。此強盜頭子卻遭到壓寨夫人痛打與責罵，實也要男子反思
「忠恕之道」；此「忠恕之道」實也是戴震的「絜矩」、焦循的「旁通
以情」、阮元的「我好，你也好」之理。李汝珍在此問題上發揮至盡，
所擯除的是「只知有己，不知有人」，這自私自利行為。同理，「納
妾」亦是，是千古以來為鬚眉所享，女子備受迫害、虐待之源，更是造
成女子相處彼此妒嫉不和的關鍵，如此男女不公平之事，勢必去除方
是。或許這亦是後來婦女解放者主張一夫一妻之前導。

　　在《鏡花緣》中的女子，我們可以發現到她們已不再是愛情主角或
是男性社會的附屬品。她們有自身獨立的存在價值，亦是社會活動積極
參與者。一如男子，有接受教育的權利，甚至可以參與考試、參與政
事，所作所為，可謂聰慧絕倫，才識超群，不亞於男子[209]。為此，李氏
在書中虛構一個「女兒國」，在那兒是「男子反穿衣裙，作為婦女，以

<hr/>

[208] 李汝珍著：《鏡花緣》〈第五十一回　走窮途孝女絕糧／經生路仙姑獻
稻〉，同注164，頁375。
[209] 這方面，觀李汝珍：《鏡花緣》〈第四十二回　開女試太后頒恩詔／篤視情
性人盼好意〉，同注164，頁31-312。其中，「天地英華原不擇人而異」與
「今日靈秀不鍾於男子」二句，可看出李氏從男女智慧平等這一前提出發，
女子亦可列名高科、做官、封王，並不比男子遜色。

治內事；女子反穿靴帽，作為男人，以治外事」[210]。借此表達其尊重女子權利，要求男女平等的思想。

晚清著名的譴責小說，劉鶚（1857～1909）的《老殘遊記》，其主要思想亦是承襲戴學的「理欲觀」，志在宣揚戴學的「情欲理論」，直斥鼓吹理欲之辨的宋儒為「自欺欺人，不誠極矣」的偽君子；其云：

> 申子平聽了璵姑關於程朱陸王之爭的一席話以後，連連讚嘆，說：今日幸見姑娘，如對明師。但是宋儒錯會聖人意旨的地方，也是有的，然其發明正教的功德，亦不可及。即如「理」、「欲」二字，「主敬」、「存誠」等字，雖皆是古聖之言，一經宋儒提出，後世實受惠不少，人心由此而正，風俗由此而醇。那女子嫣然一笑，秋波流媚，向子平睇了一眼。子平覺得……似有一陣幽香，沁入肌骨，不禁神魂飄蕩。那女子伸出一只白如玉、軟如綿的手來，隔著炕桌子，握著子平的手。握住了之後，說道：「請問先生：這個時候，比你少年在書房裡，貴業師握住你手，『撲作教刑』的時候何如？」子平默無以對。女子又道：「憑良心說，你此刻愛我的心，比愛貴業師何如？」聖人說的：「所謂誠其意者，毋自欺也。如惡惡臭，如好好色。」孔子說：「好德如好色。」……子夏說：「賢賢易色。」這好色乃人之本性。宋儒要說好德不好色，非自欺而何？自欺欺人，不誠極矣！他偏要說「存誠」，豈不可恨！聖人言情言理，不言理欲。刪《詩》以〈關雎〉為首；試問：窈窕淑女，君子好逑，求之不得，至於輾轉反側，難道可以說這是天理，不是人欲嗎？……〈關雎序〉上說道：「發乎情，止乎禮義。」發乎情，是不期然而然的境界。即如今夕，嘉賓惠臨，我不能不喜，發乎情也。……以少女中男，深夜對坐，不及亂言，止乎禮義矣。……若今之學宋儒者，直鄉愿而已，孔孟所深惡而痛絕者也。[211]

---

[210] 李汝珍：《鏡花緣》〈第三十二回　訪籌算暢遊智佳國／觀豔妝閒步女兒鄉〉，同上注，頁 229。

[211] 劉鶚：〈第九回　一客吟詩負呼而壁／三人品茗促膝談心〉，《老殘遊記》，（濟南：齊魯書社，1981 年），頁 110-111。

由此可知劉鶚肯定「情欲」之合理性；借申子平與美貌女子璵姑深夜暢談，以宣揚戴學的「理欲觀」。舉聖人所言：「所謂誠其意者，毋自欺也。如惡惡臭，如好好色。」孔子的：「好德如好色。」乃至子夏的：「賢賢易色。」以見好色是人的本性，宋儒所謂：「好德不好色」，乃自欺欺人，不誠極矣！又偏表明「存誠」，乃更是深惡至絕。討厭臭味、喜好美色，乃人之本性，千古不移之理，所以聖人刪《詩》以〈關雎〉為首，有云：「窈窕淑女，君子好逑，求之不得，輾轉反側」，對於此，正是人欲的流露，但亦正是人自然真情的表現，自然之情的抒發，又豈是理欲之辨可禁止？宋儒欲人「好德不好色」亦是拂人性，自欺欺人之舉；舉切身經驗，如璵姑握住申子平的手，申子平必是有所感動，絕不可能無動於衷的；又〈關雎序〉云：「發乎情，止乎禮義。」所謂發乎情，「是不期然而然的境界」。此女子璵姑例舉：如「今夕，嘉賓惠臨，我不能不喜，發乎情也」。喜賓客臨門，此喜便是情，歡喜之情，不期然而然的流露，是自然而為，非矯揉造作可得；然發乎情，止乎「禮義」也，如「以少女中男，深夜對坐，不及亂言，止乎禮義矣」。發乎情是自然而為，並非壞事，終在能「止乎禮義」，以「禮義」彼此遵守，即使少女中男，深夜對坐，亦不及亂，便是「禮義」也。即使心中竊喜，但亦僅止於「隔水問樵夫」而已，便是謹守「禮義」，何須禁止自然之情流露，而換得一偽君子之面貌？只要是人，如何能無情？重點是須有「禮義」交往，方不至為情所苦，彼此傷害，而是可做一有情有義的人。

由上所述，我們可知，清代小說《聊齋誌異》、《鏡花緣》、《儒林外史》、《紅樓夢》，乃至《老殘遊記》等，實與「揚州」一地有密切關係；就整體思想而言，皆與「揚州學者」一致，均反對宋儒「存天理，去人欲」之封建「禮教」束縛，主張人權自由，此包括愛情自由、交往自由、功名自主與平等競爭，以宋儒欲人「好德不好色」，是拂人性，自欺欺人之舉，藉以小說筆法做一生動逼真的描述與諷刺，志在表達「發乎情，止乎禮義」之切要；在地緣關係上，《鏡花緣》作者——李汝珍，與凌廷堪是師生關係，其妻又與凌氏之母是同宗同親戚，其與「揚州學者」常有往來，當然受到他們影響自不在話下，而《聊齋誌

異》作者——蒲松齡、《儒林外史》作者——吳敬梓、《紅樓夢》作者
——曹雪芹等都是「揚州」之常客，曹雪芹祖父——曹寅曾在揚州作官，
書中故事以「揚州」為背景描述頗多，且書中人物對話語音、用典等，
均與「揚州」方言、文化有關。

第四節　書院風尚改革，江浙嶺南漢學大盛

一、江浙學風丕變，人才輩出

在傳統「四民」中，「士大夫」乃官吏的基本來源，歷來中國視道統
與正統為一整體。從「士」至「大夫」的社會變動（social mobility），是
最受人推崇與重視的。問題是一旦科舉制度廢除，道統與正統即兩分，人
的上升性社會變動取向也隨之而變。與這一社會變動過程相伴的，是從
改科考、興學堂到廢科舉的制度改革進程。[212]其中興學堂更是改革科舉
至學校大興、學科分化的一個轉圜。影響後世最大者，莫過於阮元創辦
的「詁經精舍」與「學海堂」。

就「詁經精舍」而言，除精英份子之人才造就培育外，重要是所學不
再是八股文、考科舉，而是「經世致用」的實學為主；內容涉獵廣泛，精
舍課試內容與方式，據任課的講師——孫星衍（1753～1818）記載：

> 其課士，月一番，三人者，選為命題評文之主，問以十三經、三
> 史疑義，旁及小學、天部、地理、算法、詞章，各聽搜討書傳條
> 對，以觀其識，不用扃視糊名之法。[213]

知所重是經、史之義，並旁及文字、聲韻、訓詁等小學，乃至天文、地
理、算學、曆法、詞章等，範圍廣闊，但以實學、古學為尚，非科舉之

---

[212] 羅志田先生：〈知識分子的邊緣化與邊緣化知識分子的興起〉，收入氏著
《權勢轉移——近代中國的思想、社會與學術》，（武漢：湖北人民出版
社，1999 年），頁 194。
[213] 孫星衍：〈詁經精舍題名碑記〉，《詁經精舍文集》卷首，同注 38，頁 2。

八股制藝；並尊重學生選擇，依其專才課試。創辦者——阮元的〈西湖
詁經精舍記〉即強調：

> 奉許、鄭木主於舍中，群拜祀焉，此諸生之志也。……謂有志於
> 聖賢之經，惟漢人之詁多得其實者，取古近也。[214]

拜祀許慎、鄭玄，以古學為宗，「實事求是」於聖賢之經。畢竟漢學去
古未遠，近於聖賢之道也。可看出阮元設立此精舍的目的，志在返漢之
古學，提倡讀經讀史，或在「經世致用」上求得實際學問；不在於鼓勵
莘莘學子一味受制於當時科舉制藝之引領，沉淪於功名利祿之追求。然
此讀經研史影響，可謂：促使江浙一帶，漢學大興。[215]除了精舍學風不
同於當時一般書院，以授八股詩賦為科舉之用外，阮元亦編訂一《詁經
精舍文集》，專收精舍生優秀作品計有三百三十六篇，其中訓詁考據類
作品有一百七十七篇，文學類作品有一百五十九篇，經訓考據類作品所
佔比例，是遠遠高於續集、三集、四集中所佔的比例。[216]孫星衍〈詁經
精舍題名碑記〉言：

> 不十年間，上舍之士多致位通顯，入玉堂還樞密，出則建節而試
> 士，其餘登甲科、舉成均，牧民有善政，及選述一家言者，不可
> 勝數。東南人材之盛，莫與為比。[217]

詁經精舍宛然已成江浙一帶的學術中心，所造就培育的人材，不可勝
數；據學者研究，指出：嘉慶時代浙江的漢學家，諸如洪震煊、洪頤
煊、徐養源、嚴杰、趙坦、朱文藻、周中孚、朱為弼、孫同元等人，基
本上都出自詁經精舍或阮元幕府。[218]可看出圍繞詁經精舍一帶，儼然已

---

[214] 阮元：《揅經室二集》，同注 40，頁 548。

[215] 據劉玉才先生：《清代書院與學術變遷研究》，指出：「浙江學術在清初本
以理學和史學為主流，讀經治經之風遠不如江蘇之盛，但經阮元設立詁經精
舍提倡之後，漢學大行。」（北京：北京大學出版社，2008 年），頁 127。

[216] 具體統計數字，詳見宋巧燕先生：〈詁經精舍的文學教學〉，（《湖南大學
學報》（社會科學版）第 17 卷第 3 期，2003 年 5 月），頁 34。

[217] 孫星衍：〈詁經精舍題名碑記〉，《詁經精舍文集》卷首，同注 38，頁 3。

[218] 見劉玉才先生：《清代書院與學術變遷研究》，同注 105，頁 128；另劉建
臻先生：《清代揚州學派經學研究》亦云：「以此培育出了數以百計的浙江

構成一個學術圈。或許這就是學者所謂的「阮元學圈」。[219]然此治學風尚，造就一代又一代的樸學大家、著名的漢學學者，對清中葉以後江浙學術的發展影響頗大，影響所及，除漢學傳衍不斷外，學者輩出，重要還在於波及其他已有的書院，皆以講求實學與「經世致用」為主，學風為一丕變，誠如張壽安先生所云，「阮元的書院改革理念，對晚清浙、粵，甚至湖南書院都有深遠影響，近代改革思想之孕育，與揚州學風關係之密」[220]，亦造就許多著名的經學大師，如俞樾、孫詒讓、孫星衍、陳壽祺等人。還有編纂文集，促進出版事業等傳播媒體之發達。

我們知道，1895～1925年初前後大約三十年的時間，是中國思想文化由傳統過渡到現代、承先啟後的關鍵時代。這個時代突破性的巨變，就是思想知識的傳播媒介大量湧現，如報刊雜誌、新式學校及學會等產生，與新的社群媒體──知識階層（intelligentsia）的出現；思想內容最大變化就是：文化取向危機與新的思想論域（intellectual discourse）產生。[221]其中，傳播媒介如報刊雜誌等大量產生，實在十八世紀阮元主持詁經精舍時，已有編集刊物之發行，無異是其前身；教育制度大規模改變，一般以為最直接的關鍵是：戊戌維新運動所帶來的興辦書院與新學堂的風氣，以設立新學科，介紹新思想的影響所趨，是以1900年後，繼之以教育制度的普遍改革，奠定了現代學校制度的基礎。1905年傳統考試制度的廢除，新式學堂普遍建立，以建立新學制與吸收新知識為主要

人才。像陳鴻壽、方觀旭、徐養原、洪頤煊、洪震煊、金鶚、陳鱣、張廷濟、端木國瑚這樣的頗有聲名的人物，都是從詁經精舍肄業的飽學之士。」同注 39，頁 143；王章濤先生：〈第二章　揚州學派的活動和影響〉亦有詳加記載，見氏著：《阮元評傳》，同注 5，頁 45。

[219] 張壽安先生：〈清代揚州學派研究展望〉云：「阮元，⋯⋯所到之處以振興文教、選賢任才為務，主持風會者五十餘年，為學界泰斗，也是揚州學派創始者，影響非常之大。後起之俞樾、孫詒讓皆受受其庇蔭。而嘉道學者受惠於阮元者，更不記其數。或經其引薦而雀起學界，或入幕撰述編書，或從其問學成一家之言，今日若以阮元為綱，勢必牽起一脈絡生動的學術網絡，可稱之為『阮元學圈』。」同注 34，頁 623。

[220] 同上注，頁 624。

[221] 張灝先生：〈中國近代思想史的轉型時代〉，收入於王汎森先生等主編：《思想與學術》（北京：中國大百科全書出版社，2005 年），頁 303。

目的。又尤以大學建立,在新式學制中的地位最為重要。[222]然這些轉變之前,阮元所創立的書院、學堂,即已跳脫出舊制窠臼,朝向多元化發展,雖宗經尚古,實志在求實做學問,遠離經叛道之高談闊論,尚「實事求是」、腳踏實地治學。這書院改革的理念,無疑是為後來新式學制產生、學科分化與教育普遍改革,做一前導與示範的作用。張壽安先生亦云:「詁經精舍與學海堂的教學內容,在中國近代書院史的發展上也是極具改革意義的。」[223]

二、學海堂建立,開啓清末嶺南文化新風

我們知道,嶺南一帶,在清道光以前,一直是所謂「炎荒僻壤」之地。至嘉慶二十五年(1820),阮元出任兩廣總督,援詁經精舍創設之例,在此,開立學海堂。[224]從此,學風漸盛,連年以經古課士,士人中好古者愈多,於是道光四年(1824)在粵秀山正式建立學海堂[225]。此後,全國學術重心開始轉移南粵,披及附近湖湘、荊楚等地,漸取代昔日文化、學術的重鎮——蘇、皖兩地之勢;誠如梁啟超先生所云:

> 阮芸臺督粵,創學海堂,輯刻《皇清經解》,於是其學風大播於吾粵。道、咸以降,江浙衰而粵轉盛。[226]

---

[222] 同上注,頁304。
[223] 張壽安先生:〈清代揚州學派研究展望〉,同注34,頁624。
[224] 詳見清張鑑等撰:《雷塘庵主弟子記》卷5「嘉慶二十五年條」載:「三月初二日,開學海堂,以經古之學課士子。手書『學海堂』三字匾,懸於城西文瀾書院。」(收入黃愛平點校:《阮元年譜》,北京:中華書局,1995年),頁132。
[225] 清張鑑等撰:《雷塘庵主弟子記》卷6「道光四年條」載:「九月,(阮)福侍大人親至粵秀山戡地,欲建學海堂,遂在山半古木叢中定地開工。蓋因連年以經古課士,士人之好古者日多,而學海堂惟在文瀾書院虛懸一匾,並無實地,是以建堂於此,實有其地而垂永久焉。」又「十二月,建學海堂成。堂為三楹,前為平臺,瞻望獅洋景象,甚為雄闊。又於堂後建小齋三楹,曰啟秀山房,蓋依粵秀山也。最後最高處建一亭,曰至山亭,蓋取學山至山之義也。」同上注,頁147。
[226] 梁啟超先生:《論中國學術思想變遷之大勢》,(上海:上海古籍出版社,2001年),頁94。

知阮元在此建學海堂外，亦在此監刻編纂《皇清經解》[227]。由於如此，嶺南一帶學術研究風尚盛行，道光、咸豐之後，漸取代往昔學風盛極的江浙之地。

學海堂治學宗旨，乃沿襲詁經精舍的傳統，專課經史詩文，不課舉業。尚實學，崇漢古，但詁經精舍推尊許、鄭，學海堂名則源於西漢何休。相傳何休學無不通，進退忠直，享有學海之譽。[228]學海堂講學與課業規定，一如詁經精舍，但較之詁經精舍更具包容性，阮元〈學海堂集·序〉云：

> 多士或習經傳，尋義疏於宋齊；或解文字，考故訓於蒼雅；或析道理，守晦庵之正傳；或討史志，求深寧之家法；或且規矩漢晉，精熟蕭選；師法唐宋，各得詩筆。雖性之所近，業有殊工，而力有可兼，事或並擅。[229]

尚實學，崇漢古外，但凡經義子史前賢諸集，下至選賦詩歌古文辭等，皆可選讀，雖不限選讀課程，諸生可依各自喜好研讀並兼，但須「實事求是」，而有所「從違取舍」[230]。又學海堂創建之最大特色即在其有所

---

[227] 據劉玉才先生：《清代書院與學術變遷研究》載：「阮元督粵其間，還委托幕賓嚴杰擔任編輯，學海堂學長吳蘭修監刻，學海堂之五生校對，歷時四載，編纂完成《皇清經解》一百八十三種，一千四百卷。此書因刊於學海堂，刊成後板片也存於學海堂，故又稱《學海堂經解》」，同注105，頁133。

[228] 王嘉：《拾遺記》云：「何休木訥多智，三墳五典，陰陽算術，河洛讖緯及遠年古諺，歷代圖籍，莫不咸通也。求學者不遠千里而至，如細流之赴滄海。京師謂康成為經神，何休為學海。」（北京：中華書局，1981年），頁155。阮元將此命名為學海，在其〈學海堂策問〉有載：「唐宋人每輕視漢魏六朝人，以為無足論。無論宋齊疏義，斷非唐以後人所能為，即如邵公（何休）之為人，絕無可議，其學如海，亦非後人所能窺，《公羊》之學與董子《繁露》相表裡，今能通之者有幾人哉？不能通之而一概括之，可乎？試為漢何邵公贊。」《揅經室續三集》卷3，同注40，頁1068。

[229] 阮元：〈學海堂集·序〉，阮元編《學海堂集》，（收入趙所生先生、薛正興先生等編：《中國歷代書院志》第13冊，南京：江蘇教育出版社，1995年），頁1。

[230] 吳岳：〈新建粵秀山學海堂記〉，阮元編《學海堂集》卷16，同上注，頁272。

謂「學海堂章程」，對人事、經費等項進行具體安排，以期久遠。其中，尤具特色者，即設所謂「學長八人制」；阮元對此解釋是：

> 學長責任與山長無異。惟此課既勸通經，兼該眾體，非可獨理，而山長不能多設，且課舉業者各書院已大備，士子皆知講習，此堂專勉實學，必須八學長各用所長，協力啟導，庶望人才日起。永不設立山長，與各書院事體不同也。[231]

表明學海堂是一有制度化的課試管理規定的學堂，非一般書院制度，講習專以舉業為主，此堂志在實學實習，內容廣泛充實，據張壽安先生表示：此學海堂算學授課內容，則更因配合時勢，在同治、光緒年間增加有「聲學」、「光學」之試題。[232]且設立學長制，所選出的八人，各依所長，對學子做課業、生活等輔導，無疑就是希望培育諸多人才。據學者研究指出，自阮元創建學海堂，歷經道光、咸豐、同治、光緒四朝有七十餘年之久。然擔任學海堂學長者前後有五十五人，至光緒二十三年（1897）該堂共招收專課肄業生十六屆二百六十人，其中頗多是有所成就的名家，尤其稱讚的是：陳澧、金錫齡、李能定、朱次琦、潘乃成、高學耀、劉昌齡、廖廷相、陳瀚、陶福祥、林國賡、林國贊、漆葆熙、周汝鈞、黃紹昌等人，皆因品學兼優先後被選任學海堂學長，其人數佔學海堂學長總數的五分之二，這在全國書院中是絕無僅有的。[233]由此培育出的人才，較詁經精舍多，且專精更廣，貢獻尤多。如陳澧（1810～1882），學海堂學生。後任學海堂學長數十年，晚年講學於菊坡精舍，從學者甚多。其乃賡續阮元之學術主張，持漢宋兼采；其云：

---

[231] 林伯桐編、陳澧續補：《學海堂志》「設學長」條，（香港：亞東學社，1964 年），頁 7-8。

[232] 張壽安先生：〈清代揚州學派研究展望〉，同注 34，頁 624。

[233] 王章濤先生：〈第二章　揚州學派的活動和影響〉云：「他們多為阮元弟子、再傳弟子、學海堂畢業生，秉承了阮元辦學方針，『其規模矩矱，一循百年之舊』。」收入氏著：《阮元評傳》，同注 5，頁 51。另李國鈞先生：〈清代考據學派的最高學府〉亦云：「學海堂主講名師，先後有 55 人，有著述問世的學生，可查有三百餘人，著述千萬種。」（《岳麓書院通訊》1983 年第 1 期），頁 58。

漢儒說經，釋訓詁，明義理，無所偏尚，宋儒譏漢儒講訓詁而不及義理，非也。近儒尊崇漢學，發明訓詁，可謂盛矣。澧以為漢儒義理之說，醇實精博，蓋聖賢之微言大義，往往而在，不可忽也。……只講訓詁、考據，而不求義理，遂至於終身讀誦各書，而做人辦事，全無長進，此真與不讀書等耳，此風氣急宜挽救者也。[234]

承襲阮元之治學方針，明訓詁亦明「義理」。漢宋並重，不分門戶而偏執一方；然陳澧所持「義理」是繼戴震之後，「揚州學者」所尚漢學「義理」，非宋學抽象形上心性之理，所以陳澧強調的是漢儒「義理」之說，醇實精博，探究聖賢之道，即在古經古書中尋；考據進在求「義理」，以「通經致用」，方是真實的讀書人，埋首於故紙堆中，為考據而考據，不懂做人處事之理，實與「不讀書」沒兩樣。其所謂漢宋兼采，旨在訓詁明，「義理」亦明，不只講訓詁、考據，亦志在求經書中的「義理思想」。此漢宋持平的治學主張，在道咸以後，在嶺南漸成風氣，學者指出：這一學術上的重大突破，實與阮元的倡導、陳澧等一批廣東學者的景從是分不開的。[235]個人以為此「漢宋兼采」實乃恢復至明末清初時，顧炎武（1613～1682）「理學，經學也」說，所倡的是訓詁以通經；通經以明道，「經世致用」論。

另外，梁啟超（1873～1929），廣東新會人，康有為的學生，殊不知其學術根柢實導源於「揚州學派」，阮元學術。其云：

十五歲……時肄業於省會之學海堂，堂為嘉慶間前總督阮元所立，以訓詁詞章課粵人者也，至是乃決舍帖括以從事於此。不知天地間於訓詁詞章之外，更有所謂學也。[236]

---

234 陳澧：《漢儒通義・序》，收入《續修四庫全書・子部・儒家類》第 952 冊，同注 112，頁 383。
235 王章濤先生：〈第二章　揚州學派的活動和影響〉，收入氏著：《阮元評傳》，同注 5，頁 52。
236 梁啟超先生：〈三十自述〉，《梁啟超文集》，（臺北：臺北書局，1957年），頁 50。

知梁氏從小受業於學海堂,習訓詁等小學以通經明道,奠立深厚的國學基礎。並棄當時的科舉制藝,扎實問學,無所浮誇逐名之為。然長久薰習於訓詁詞章等學,殊不知更有其他之學也。後接觸康有為,拜其為師後,始以離開學海堂,遂與「揚州儒學」、阮元學術脫離,毅然有所改變,乃成為爾後的啟蒙思想家、社會改革者。

總之,阮元創設詁經精舍與學海堂,提倡經史考據學,實具有明顯的學術示範意義。所強調就是實學實用,非為考據而考據,亦非舉業逐名。其治學風範,實影響清代後期諸多書院的典章規則,如南京的惜陰書院、江陰的南菁書院、上海的龍門書院、長沙的校經堂、廣州的廣雅書院,其興學施教,雖宗旨有所不同,但均導源於阮元,效仿詁經精舍、學海堂規制建置等,乃至梁啟超訂立的時務學堂學規,皆是以己曾讀的學海堂章程為藍本。[237]除了影響後來書院規制建置的章則外,對嶺南一帶的影響頗多,阮元將「揚州儒學」的實學思想、經世思想傳播,並培育許多人才,將廣東學風引向經世務實之途。還有「八學長制」以代替所謂傳統的山長制,主分科教學,亦影響至廣雅書院(光緒十五年,兩廣總督張之洞所設立)所設置的「四分校」,即分經、史、理、文四科,設四分校授之。[238]明顯的學科分設,實乃脫胎於阮元所訂定的學海堂章程,然此又影響至後來中國轉型期,教育制度的改革與學科分化產生,可謂整個學制有所變革。當然,學制的變革,絕非一朝一夕形成,但不可否認,以詁經精舍、學海堂為代表的學術型書院,乃實際開啟書院變革的信息[239]。只是,道光以降,社會急遽變化,加上西方文化大舉入侵,面對日趨劇烈的社會和文化危機,傳統書院紛紛進行改革,

[237] 劉玉才先生:《清代書院與學術變遷研究》,同注105,頁138-139。
[238] 見朱一新:《無邪堂答問・序》云:「己丑孟冬,余自端溪移主斯院。院規:先讀書而後考藝,重實行而屏華士。仿古顓家之學,分經、史、理、文四者,延四分校主之,而院長受其成焉。諸生人賦以日記冊,記質疑問難之語於其中,而院長以次答焉。」(北京:中華書局,2000年),頁1。
[239] 據劉玉才先生:《清代書院與學術變遷研究》指出:「以詁經精舍、學海堂為代表的學術型書院,即致力於傳授經史考據的學問與方法,彌補專課時文帖括造成的知識空白。在復古、求實、致用的旗號之下,實際開始背離傳統書院學行合一的初衷,顯露出書院變革的信息。」同注105,頁190。

學科分化與分齋課士，便成為普遍的教學方式；加上張之洞（1837～1909）大力倡導，其〈禮部議復整頓各省書院摺〉云：

> 宋胡瑗教授湖州，以經義、治事分為兩齋，法最稱善，宜仿其意分類為六：曰經學，經說、講義、訓詁附焉；曰史學，時務附焉；曰掌故之學，洋務、條約、稅則附焉；曰輿地之學，測量、圖繪附焉；曰算學，格致、制造附焉；曰譯學，各國語言文字附焉。士之肄業者，或專攻一藝，或兼習數藝，各從其便。制藝試帖未能盡革，每處留一書院課之足矣。[240]

可知不僅課士形式發生變化，且西學內容全面滲透，傳統書院已成有名無實，漸被新式學堂取代。當然，張之洞這位人物的大力推動，更是促成變革的一大關鍵。可謂傳統書院到現代學堂演進的重要推動者。其重建書院學術取向，歷經崇尚漢學，漢宋兼采、不立門戶，到中學為體、西學為用的變化過程，可謂是晚清書院學術變遷的縮影[241]。然張之洞的治學基礎在於古文經學，據張舜徽先生評論，可知：

> 之洞晚治金石，雖非專門，然若《論金石札》卷四彝器用天干說，發凡起例，又前人所未道。至於《雜著》卷一為讀彝代《三禮圖》札記，卷二、卷三為讀《皇清經解》札記，皆其早歲潛研經學時所綴輯，亦足以覘其功力云。[242]

又張之洞的〈四川尊經書院記〉云：

> 學海堂之三集，詁經精舍文鈔之三編，皆書院諸生所為也。何渠不若彼乎？……凡學之根柢必在經史，讀群書之根柢在通經，讀史之根柢亦在通經，通經之根柢在通小學。此萬古不廢之理也。不通小學，其解經皆焉說也；不通經，其讀史不能表志也；不

---

[240] 見舒新城先生：《近代教育史資料》（上），（北京：人民教育出版社，1961 年），頁 71。

[241] 見劉玉才先生：《清代書院與學術變遷研究》，同注 105，頁 191。

[242] 張舜徽先生：《清人文集別錄》卷 20，（武昌：華中師範大學出版社，2004 年），頁 522。

通經史，其詞章之訓詁多不安，事實多不審，雖富於詞必儉於理。故凡為士必知經學、小學。[243]

張氏早年所創設的書院，基本上都沿襲阮元的詁經精舍、學海堂的路數，提倡經古文之學，不課時文，志力於經史小學，明確指示讀書治學門徑，尚實學、崇古經，而通經之根柢在通小學；小學通則經史通；經史通則「義理」明；詞章文集亦復如是。否則，說經論史皆是縹緲胡說，無所依據可證，更無以表明心中志意也，詞章論述亦乏道理，無法使人信服，此個中關鍵在於小學之精通與否？

---

[243] 見張之洞：〈四川尊經書院記〉，（收入氏著：《張文襄公全集》第 6 冊，永和：文海出版社，1963 年），頁 4201。

第柒章　清儒揚州學派情理論的評析

第一節　價值特色

「性」、「理」、「情」、「欲」一直是中國哲學所重視、所強調而探討不休的論題。所謂:中國人注重人的本性與價值、人格與意志、修養與實踐、倫理與道德的探討,追求此種探討的所當然、所以然,無疑是哲學的關懷。[1]然究竟「性」是何?「理」(天理)是何?「情」是何?「欲」是何?至今仍沒有一致的標準答案。

至清朝,蔚為經學的迴光返照時代,或許是因時勢環境影響,對宋明理學所倡「存天理,去人欲」之說有進一步反思;發現宋學末流不切實際,背離了孔孟聖賢原始經典的本意,紛紛主張返回經典,「實事求是」,以得真實之理,「通經致用」。如清初顧炎武主「理學,經學也」[2],倡「音韻以明古義[3]」;戴震欲「由文字以通乎語言,由語言以通乎古聖賢之心志」[4];王念孫表明:「訓詁聲音明而小學明,小學明

---

[1] 張立文先生:《中國哲學範疇發展史》(人道篇)尚云:「西方哲學首要是證明神的存在,中國哲學首要是證明人的存在。儒家探討如何做人的道理,是以其東方民族獨特的認知方式、美感經驗、宇宙精神和終極關懷來表述哲學問題的。」(北京:中國人民大學出版社,1995年),頁4。

[2] 顧炎武:〈與施愚山書〉云:「古之所謂理學,經學也,非數十年不能通也。……今之所謂理學,禪學也,不取之五經,而但資之語錄,校諸帖括之文而尤易也。又曰:《論語》,聖人之語錄也。舍聖人之語錄而從事於後儒,此之謂不知本矣」,《亭林文集》卷3,(收入《叢書彙編》第一編,臺北:華文書局,1970年),頁161;全祖望:〈亭林先生神道表〉亦云:「謂古今安得別有所謂理學者?經學即理學也。」《鮚埼亭集》(上)卷12,(臺北:華世出版社,1977年),頁144。

[3] 顧炎武:〈答李子德書〉云:「讀九經自考文始,考文自知音始。」《亭林文集》卷4,同上注,頁188。

[4] 戴震:〈古經解鉤沉序〉,《戴震文集》卷10,(收入於《戴東原先生全集》,臺北:大化書局,1978年),頁1102。

而經學明。」[5]王引之亦主「聖賢經世之方，莫備於經」，皆主治學必落實在經典上，確實考證字詞本意，以明經達道，方是掌握聖賢「義理」，且進而「通經致用」，經世濟民，才是治學的用意與目的。

　　學者指出：此時的「義理思想」，可謂「由滅人欲之天理」轉向「存人欲之天理」[6]。然真正對宋明「性」、「理」、「情」、「欲」等論，做徹底反撲與大力肯定「達情遂欲」之說，方是「天理」的，始自戴震[7]。所以戴震不僅是當時的考據學家，更是一位富有哲學內涵的思想家。可惜當時，戴震的「義理思想」未如其「經史考證」般，頗為人重視[8]。雖如此，可貴的是戴震的哲理並未停擺、終止，而是後繼有

---

[5]　王念孫：〈段若膺說文解字讀序〉，《王石臞先生遺文》卷 2，（收入羅振玉輯印：《高郵王氏遺書》，南京：江蘇古籍出版社，2000 年），頁133。

[6]　見張壽安先生：《十八世紀禮學考證的思想活力——禮教論爭與禮秩重省》所引溝口雄三先生所云，謂：「明清儒學思想有一『坐標轉移』，就是從『滅人欲的天理』到『存人欲的天理』。」（北京：北京大學出版社，2005 年），頁 4。原溝口雄三先生著、林右崇譯：《中國前近代思想的演變》載：「考察明末清初期在思想史上的特徵。……若以截然不同於過去的、新的變化而論，則有兩項。一是肯定欲望的言論開始表面化。二是『私』得到肯定性的主張。……二者都是在某種程度上與『私的所有』相關的主張。由於這個時期中出現的這股勢力，把傳統上位於負面座標的『人欲』和『私』做 180 度的轉變，而定位在正面座標；從儒家道統的複線發展史來看，這種驚人的轉位現象，我們評之為『徹底的變化』。」（臺北：國立編譯館，1994 年），頁2。

[7]　王國維先生：〈國朝漢學家戴阮二家之哲學說〉：「蓋吾中國之哲學皆有實際的性質，而此性質於北方學派中為尤著。古代北方之學派中非無深邃統一之哲學，然皆以實用為宗旨，……苟無於生生之事者，北方學者之所不道，故孔、墨之徒皆汲汲以用世為事。而清代三百年間哲學之流最為數淺枯涸，其間惟一有興味之事，亦惟一可記之事是乾嘉之間之巨子悟考證之龐雜破碎，無當於學，遂出漢學固有之範圍外，而取宋學之途徑，而對孟子以來所提出之人性論重加討論，其中之最有價值者乃戴東原之《原善》、《孟子字義疏證》，阮文達之《性命古訓》等。」《海寧王靜安先生遺書》，（臺北：臺灣商務印書館，1976 年），頁 1706-1707。按：文中所謂「宋學之途徑」，個人以為宜是指：進求義理之途，亦考據以求義理，然其義理之思則大不同於宋學。

[8]　如其弟子：朱筠見戴震之《孟子字義疏證》時，即云：「可不必載，戴氏可傳者不在是。」見〈洪榜傳〉，此傳中又載「今行狀不載此書，乃東原子中

人,在其門生:段玉裁、王念孫等人,還有私淑者:淩廷堪、焦循、阮元,乃至劉師培等人,然這些皆是「揚州學者」,在「義理」、詞章、考據等方面,皆有傳承[9],尤以「揚州學者」的「義理思想」、「情理」等論述,在清代儒學之傳承與轉變上佔有重要的影響關鍵,可謂從乾嘉漢學思潮演變到鴉片戰爭前後新的「經世致用」思潮的中間環節[10];此百年揚學,誠如劉毓崧所評:

> 其深於經學者,由名物象徵以會通典禮制度之原,而非專己守殘,拘墟於章句之內也。其深於小學者,由訓詁聲音以精研大義微言之蘊,而非僅貪常嗜瑣,限迹於點劃之間也。其深於史籍之學者,究始終以辨治亂之端倪,核本末以察是非之情實,而非僅好言褒貶,持高論以自豪也。其深於金石之學者,考世系官階,以補表傳遺缺;驗年月地理,以訂紀志舛訛;而非僅誇語收藏,聚舊拓以自喜也。其深於古儒家之學者,法召公之節性,宗曾子之修身,以闡鄒魯論仁之訓,而非若旁采釋氏,

---

立刪之。」見江藩著、方東樹著、徐洪興先生編校:《國朝漢學師承記》（外二種）,（香港:三聯書店,1988年）,頁 116-117。

[9] 誠如劉師培先生:〈南北考證學不同論〉云:「戴氏弟子,除金壇段氏外,以揚州最盛。高郵王氏,傳其形聲訓詁之學;興化任氏傳其典章制度之學。王氏作《廣雅疏證》,其子引之申其義,作《經傳釋詞》、《經義述聞》,發明詞氣之學。於古書文義詰詘者,各從條例,明析辨章,無所凝滯……任氏長於《三禮》,知全經浩博難罄,因依類稽求,博徵其材,約守其例,以釋名物之糾紛。所著《深衣釋例》、《釋繒》諸篇,皆博綜群書,衷以己意,咸與戴氏學派相符。儀徵阮氏,友於王氏、任氏,復從淩氏廷堪、程氏瑤田問故。得其師說。阮氏之學,主於表微。偶得一義,初若創獲。然持之有故,言之成理,貫纂群言,昭若發蒙,異於餖飣猥瑣之學。甘泉焦氏,與阮氏切磋,其論學之旨,謂不可以注為經,不可以疏為注。於近儒執一之弊,排斥尤嚴。所著《周易通釋》,摭剌卦之文,以字類相屬,通以六書九數之義;復作《易圖略》、《易話》,發明大義,條理深密。……然時出新說,秩然可觀,亦戴學之嫡派也。」《劉申叔先生遺書》,（臺北:華世出版社,1975年）,頁 666-667。

[10] 詳見郭明道先生:《阮元評傳》,（北京:社會科學文獻出版社,2005年）,頁 228。

矜覺悟以入於禪也。其深於諸子書之學者，明殊途之同歸，溯
九流之緣起，以證成周教士之官，而非若偏嗜老莊，崇虛無以
失於誕也。[11]

劉氏從經學、小學、史籍等方面，如實概括「揚州儒學」百年來治學的
規模、特點與成就。亦說明「揚州儒學」在學術界上所開闢的新局。尤
其嘉道年間，以阮元為領袖的「揚州學者」人數眾多，著述富宏，幾乎
在學界上佔有一席之地，蔚為學術潮流的主導者。重點是「揚州儒學」
學者有鑑於媚古、崇漢之侷限、弊端，是以發展了「變通」思想；反對
墨守，力求創新；識見通達，融會貫通；不主門戶之見，兼采漢宋之
長；致力於通經濟世達用。張舜徽先生就明確指出揚州之學的特色，就
是能「創」、能「通」[12]，方一針見血道出「揚州學派」異於當時吳、
皖兩派的關鍵；雖承襲戴震的「實事求是」精神，但更有著求創新、求
「變通」之治學理念：深於經學者，由名物象徵以通禮儀制度之原；深
於小學者，不囿於文字聲韻訓詁，而是由聲韻訓詁進求其中的微言大
義；深於史籍者，辨治亂之始終與是非之本末；深於金石者，不以收藏
舊拓為榮，而是志在補訂表傳遺缺與紀志之舛訛；深於古儒之學者，更
是闡揚古聖先賢論「仁」之精義，主節性與修身，非玄虛空疏，捕風捉
影；當然，「揚州學者」之研究領域更擴及諸子學，提高荀子、墨子等
地位，一反孔孟之說或貶楊墨之舉，大大對儒家傳統思想做一批判與反
省，亦影響了當時暨後來學術界的研究範疇。

　　「揚州儒學」治學特色，大體如上所述（頗多學者研究過，今不再
繁舉），然重要的是他們對學術界有何重要貢獻與價值？他們在學術史
上的重要性是何？方是學界上尚待挖掘與深究的論題。個人就所閱讀的
書籍等資料，發現「揚州儒學」「情理論」在學術上所帶來的貢獻與重
要價值實有：

[11] 劉毓崧：〈吳禮北竹西求友圖序〉，《通義堂文集》卷 9，（收入《求恕齋
叢書》（33），臺北：藝文印書館，1970 年），頁 11-12。
[12] 見氏著：〈揚州學記第八〉，收入氏著：《清儒學記》，（濟南：齊魯書
社，1991 年），頁 378-379。

一、傳統解放，義理轉型

龍應臺先生說：

> 個人、自由、人權，在西方文化裡也是經過長時期的辨證和實驗
> 才發展出來的東西，不是他們「固有」的財產。⋯⋯文化，根本
> 沒有「固有」這回事，⋯⋯文化是一條活生生的、浩浩蕩蕩的大
> 江大河，不斷地形成新的河道景觀。文化一「固有」，就死
> 了。⋯⋯儒家思想本身，又何嘗不是一個充滿辯證質疑，不斷推
> 翻重建的過程？[13]

所以文化思想是與時俱進的，沒有固有之事，但是文化的精神主軸是不
會變的；儒家思想從「經典詮釋→哲學建構」之思想史脈中，清代儒學
實佔一重要角色，亦可謂在此時從傳統解放，是謂儒學內部自轉化的
「義理」轉型，此轉型的契機始自明清氣學，爾後清儒遂以「實在界」
作為覷域與論域，以殊於理學形上取向的經驗價值做為歸趨，並由戴震
集大成，建立起和理學架構迥異的新義理架構；此一「義理」新構體現
了清人「崇實黜虛」的學術性格，重視現象界的經驗事實，正視人情並
強調通情遂欲、義利合趨等新義理觀。[14]後來十九世紀末西學東傳，傳
統封建的網羅幾被衝決，一條中西哲學交融的新義理學漸漸形成，此以
「乾嘉新義理學」為主軸的「清代新義理學」可謂對於現代化思維具有
導揚先路的作用。[15]

　　不可否認，「揚州學者」，頗多是承繼戴震之學而來，然又影響後
來頗多學者，若以列表顯示，如下：

---

[13] 龍應臺先生：《百年思索》，（臺北：時報文化出版公司，1999 年），頁
　　40。
[14] 張麗珠先生：《清代的義理學轉型》，（義理三書之三），（臺北：里仁書
　　局，2006 年），頁 397。
[15] 同上注，頁 397。

表二　戴震所影響的人物表

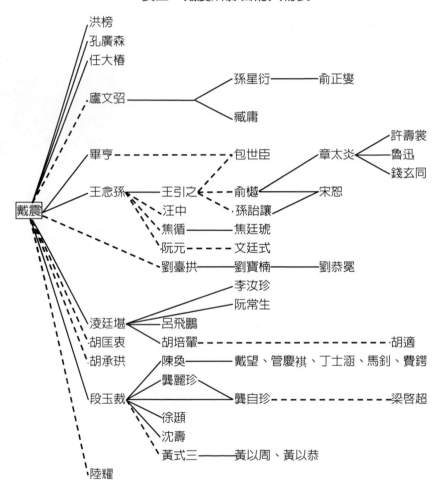

※實線表示有確定的師生關係（含自附於私淑之末者）；虛線表示亦師亦友者
　或崇拜者。

（以上圖表整理自：許蘇杭先生：《戴震與中國文化》，貴陽：貴州人民出版
社，2000 年，頁 7）

然這些可謂承繼戴震學說的學者，於性、理、情、欲等主張，皆異於宋明理學的走向；他們所謂「理」不再是形上抽象的「天理」，而是形下經驗的「理則」。所以事有事理，物有物理，人有人理，人理就是在正視「情欲」下，「情欲」不失其則，就是「理」，此「理則」就是「禮」——運用於人倫日常間，不失儀則規範。所以清儒所謂「禮」，是奠基於人我「情欲」的理論上，強調以「禮」代「理」；此時不再是傳統所謂「存天理，去人欲」之說，而是「解放傳統」，「義理轉型」——從「理氣二元論」、「性善情惡」論轉變成「理氣一元論」或「理欲一元論」，肯定「情欲」之合理性，這個轉變，學者命名為「天理到情理」[16]，或者謂之「從理學走向禮學」[17]。

此「義理轉型」——從理學走向禮學之途，在學術思想上的最大貢獻，就是建構了儒家經驗領域的義理學。誠如張麗珠先生所強調：儒學在此方完成了形上、形下領域兼備的全幅開發歷程[18]。

此外，歷來「尊德性」重道德自修下，使「智識」、「科技」、「法理」等旁落，但在此清儒「尊經崇漢」下，主回歸經典考證以求「義理」，重視「心知之明」，強調「學習去弊」之要，方凸顯「智識」意義與價值，是以乾嘉學者，在科技、天文、算學、地理等方面，

---

[16] 張壽安先生：《十八世紀禮學考證的思想活力——禮教論爭與禮秩重整》，（北京：北京大學出版社，2005 年），頁 6；另在氏著：〈禮教與情欲：近代早期中國社會文化的內在衝突〉一文亦談及：「基本上，清儒從戴震、程瑤田、凌廷堪、阮元、焦循、孫星衍、甚至中期的龔自珍，都在尋求一合情合性的『理則』。我試稱此一轉變為從『天理』到『情理』。」又「此一從『天理』走向『情理』的轉向，或可謂是近代思想文化的一大走勢」，收入洪國樑先生等編：《張以仁先生七秩壽慶論文集》，（臺北：臺灣學生書局，1998 年），頁 751、752。

[17] 詳見張壽安先生：《以禮代理——凌廷堪與清代中葉儒學思想之轉變》，（臺北：中研院近史所，1994 年），頁 4-6。

[18] 見張麗珠先生：《清代義理學新貌・自序》，在此文上亦強調：「將儒學長期以來至高無上的『天理』，落實到有血有肉、有情有欲的現實人生上，真正實現了道德活動是可以在日用之間、平凡人事上實踐的道德理想。如此一來，道德學就不再只是遠離現實、一味追求『仰之彌高』的形上義理了」，《清代義理學新貌》，（義理三書之一），（臺北：里仁書局，1999 年），頁 2-3。

均有頗多研究與著作[19]。以見他們在重智主義下，促使他們在學術上多
元發展，加上「揚州學者」（如淩廷堪、焦循、阮元）反對「惟漢是
尊」的「考據」，富含強烈「經世致用」理念，強調實踐、實行之要，
是以道德學問皆以身體力行為主，此所謂「實學」不再僅是「實事求
是」的「考據學」，而漸漸崇尚「實際之學」、「致用之學」，後來晚
清「實業」等「實學」[20]形成，「揚州學者」的「實學」是否是一過渡
的關鍵？

　　「揚州學者」思想上主「以禮代理」，但治學上仍不離經史考證，
此文字訓詁等考證功夫（尤其高郵王氏父子之訓詁校勘學，足令反漢學

---

[19]　這方面，如戴震有：《續天文略》、《籌算初稿四種》、《策算》、《句股
割圜記》、《九章算經補圖》、《水地初稿記》、《水地記》、《水經考
次》、《考工記》等書，（見清‧戴震著、張岱年先生主編：《戴震全書》
（第四-五冊），合肥：黃山書社，1994 年），頁（四）29-72、73-398、
399-432、433-483（五）35-116、117-254、1-34、255-298；江藩有：〈毛乾
乾傳〉、〈釋楠序〉、〈天地定位節為納甲之法解〉，（見漆永祥編《江藩
集》，上海：上海古籍出版社，2006 年），頁 111、107、122；焦循有：
〈衡齋算學序〉、〈醫經餘論序〉、〈加減乘除釋自序〉、〈天元一釋自
序〉、〈開方通釋自序〉、〈種痘書序〉，《里堂算學記五種》、《加減乘
除釋》2 卷、《釋弧》3 卷、《釋輪》2 卷、《釋楠》1 卷、《開分通釋》1
卷等，（前者見焦循：《雕菰集》卷 15、16，臺北：鼎文書局，1977 年，
頁 46-247、249-250、277、278、279；後者見《續修四庫全書‧子部‧天文
算法類》（1045），上海：上海古籍出版社，1995 年），頁 221-222、223-
342、377-413、414-433、434-448、449-476；黃承吉有：〈馮廣三寸解〉、
〈四元玉鑑細艸序〉等，（見黃承吉：《夢陔堂文集》卷，收入於馬小梅主
編：《國學集要初編十種》，臺北：文海出版社，1967 年），頁 20-23、
183-218；阮元有：《疇人傳》46 卷，北京：中華書局，1991 年；《考工記
車制圖解》2 卷等，（收入《續修四庫全書‧經部‧禮類》（85），上海：
上海古籍出版社，1995 年），頁 401-426。

[20]　晚清「實學」實不同於清初「實學」，這方面，王爾敏先生：〈晚清實學所
表現的學術轉型之過渡〉一文，強調：清初實學是對宋明理學，特別是明季
王學的反響，乃是儒生救王學空疏之失。而晚清實學，集中於科技教育，相
對於「虛學」而言，是一門強調實際實用之學，不妨謂之「實業」之學。
「實業之學」即所謂：「原來納於實學的科技知識，付之行動，促之實現，
遂至創生包羅一切新科技生產事業與經營之綜攝總稱。」（《中央研究院近
代史研究集刊》第 52 期，2006 年 6 月），頁 19-34、35。

之至的方東樹佩服不已）[21]，無異是後來學者，如梁啟超（1873〜1929）所謂的「科學方法」、「科學之曙光」[22]；章太炎（1869〜1936）所主「有系統之學問」，「固非專為說經」，主由經學之附庸蔚為大國，必須獨立出來的專門學科[23]。以見他們精湛的文字、聲韻、訓詁之小學，便是後來專門的文字語言學的源頭。所以近代史學大家杜維運先生，指出清儒走上考證之途，實因乾嘉學者愛書、愛知識（純學術的研究），遂有「為學問而學問」之論[24]。還有：阮元等學者重視金石遺物等考證，以古代遺物復原古史，亦有學者指出：此乃無異是現代考古學的先驅[25]。見其訓詁考證學的價值與貢獻。

這個傳統儒學轉型，余英時先生以為：若從思想史的角度審視，其內在理路的發展，更是不可忽視，無異就是「道問學」取代「尊德性」；亦即儒家智識主義（Confucian Intellectualism）興起[26]。從戴震提

---

[21] 方東樹：《漢學商兌》云：「近世諸家所得，實為先儒所未逮」、「古韻一事，至今幾於日麗中天矣。」、「近人說經，無過於高郵王氏。」；見江藩著、方東樹著、徐洪興先生編：《漢學師承記》（外二種），同注 8，頁327、331、343。

[22] 梁啟超：《清代學術概論》，（上海：上海古籍出版社，1998 年），第11、14-16 章；《中國近三百年學術史》，（北京：中國書店，1987 年），第 1-4 章、第 11 章。

[23] 見氏著：《章太炎講演集》，（石家莊：河北人民出版社，2004 年），頁100-102。

[24] 杜維運先生：《清乾嘉時代之史學與史家》，（臺北：臺灣大學文學院，1962 年），頁 15；及〈清乾嘉時代流行於知識分子間的隱退思想〉，《憂患與史學》（臺北：東大圖書公司，1993 年），第 3 篇第 1 章。

[25] 見張壽安先生：〈打破道統，重建學統——清代學術思想史的一個新觀察〉所引，原文如下：「Elman 指出：清代樸學傳統追求的是經驗性實證知識的系統研究；又說現代中國學術固深受西方影響，但中國現代社會史、文化史確曾受惠於考證成果；尤其考據學者動用古代遺物復原古史，成為現代考古學的先驅。」（《中央研究院近史所集刊》第 52 期，2006 年 6 月），頁57；另詳見：Benjamin A. Elman ,From Philosophy to philology :Intellectual and Social Aspects of Change in Late Imperial China（Cambridge ,Mass :Harvard University Press ,1984），pp.87-169；趙剛先生譯，《從理學到樸學——中華帝國晚期思想與社會變化面面觀》，（南京：江蘇人民出版社，1997 年），中文版自序、第 3、4 章。

[26] 余英時先生：〈清代思想史的一個新解釋〉、〈《論戴震與章學誠》自序〉，在〈自序〉一文亦云：「龔定庵說清代儒術之運為『道問學』，真是

出「德性資於學問」[27]後，「儒家知識傳統逐步擴張」[28]，清儒考證的重要性，或許已不是提出「科學方法」而已，而是考證功夫所展開的知識面向[29]。他們考證觸角可謂經、史、子、集無所不包，還擴及金石、輯佚、校勘、文字、聲韻、訓詁、天文、曆算、輿地、醫律等。這般大規模的學術整理，想必最大貢獻，不容懷疑，就是重建「道寓於學」的「學統」[30]。然蔚為推翻道統，建立學統之轉圜，無疑就是「「揚州儒學」」——不局囿於漢學，而是通博發展，如：辨章學術，探溯源流，批判傳統，乃至大規模的編書、著作、出版、祀典與更革等等，影響所及，則是使「尊德性」學術下放，遍及各學術領域，多方培育各領域的人才，不僅是專研經、史、子、集而已，更在實業技藝上，培育專業人才；還有後來所謂「阮元學圈」，想必亦絕非偶然形成。

尤其至晚清時，甲午戰後，學科分化的觀念更是在學界上傳播迅速，許多學者如：鄭觀應（1842～1921）、康有為（1858～1927）、梁啟超（1873～1929）、嚴復（1854～1921）等人紛紛接受西方學術分科體系，並用此提出許多分科方案[31]；如康有為草擬的〈強學會章程〉表明：

> 入會諸君，原為講求學問。聖門分科，聽性所近，今為分門別類，皆以孔子經學為本。自中國史學、歷代制度、各種考據、各種詞章、各省政俗利弊、萬國史學、萬國公法、萬國律例、萬國政教理法、古今萬國語言文字、天文地輿、化重光聲、物理性

一針見血之論。用現代的話來說，清儒所面對並關切的問題正是如何處理儒學中的知識傳統。」《論戴震與章學誠》，（臺北：三民書局，1995 年），頁 373、頁 3、頁 6。

[27] 戴震：「德性出於學問」，《孟子字義疏證》，（臺北：大化書局，1978年），頁 296。

[28] 此語見余英時先生：〈《論戴震與章學誠》自序〉，同注 26，頁 5。

[29] 詳見張壽安先生：〈打破道統，重建學統——清代學術思想史的一個新觀察〉，同注 25，頁 58。

[30] 張壽安先生，對此暫名之為：「打破道統，重建學統」，詳見氏著：〈打破道統，重建學統——清代學術思想史的一個新觀察〉，同上注，頁 59。

[31] 關於這方面學科分化，詳見左玉河先生著：《從四部之學到七科之學——學術分科與近代中國知識系統之創建》，（上海：上海書店出版社，2004年），頁 153-200。

> 理、生物、地質、醫藥、金石、動植、氣力、治術、師範、測
> 量、書畫、文字減筆、農務、牧畜、商務、機器製造、營建、輪
> 船、鐵路、電線、電器製造、礦學、水陸軍事、以及一技一藝，
> 皆聽人自認，與眾講習。[32]

強調專門之學的重要性。必從傳統道德學術走出，講求實際之學問，舉凡政治、法律、天文、地理、聲光電學、機器製造修護、農林漁牧業等都是學術界研究的範圍；不應再以傳統八股試帖為治學之途，而應是加強中國向來所沒有之新學術，如哲學、軍事、化學、物理學、農工商礦、工程、機器等門類，分科學習，培育專業人才，方能與西方互別苗頭。

又個人以為「揚州儒學」尚有一重要價值，就是具有承襲戴學思想與銜接今文經學興起的關鍵要素。這是「揚州儒學」的重要性；不然，今文經學的健將，如龔自珍，他又是如何繼承戴震和發揚戴震的社會批判精神，批判君主的專制和社會習俗的專制，大力呼喚個性解放與社會改革[33]？並拓展民主主義的啟蒙思潮與提出許多經世務實等主張[34]？還有

---

[32] 康有為：〈上海強學會章程〉，湯志鈞先生編：《康有為政論集》（上），（北京：中華書局，1981 年），頁 175-176。

[33] 詳見許蘇杭先生：《戴震與中國文化》，（貴陽：貴州人民出版社，2000年），頁 283。

[34] 李開先生、劉冠才先生等主編：《晚清學術簡史》云：「龔自珍是在視名物訓詁為學問全部的社會背景下成長起來的。他的外祖父段玉裁，他的父親龔麗正對他的影響主要在正統考據學的小學訓詁、經學格物方面。……宋明理學把本來已被漢儒歪曲的『三綱五常』這個道德倫理規範神化了，將人們在社會生活中逐步形成的準則抽離成先天的不依存於人類社會的永恆規範。這是歷來具有民主主義思想的考據學者所反對的，龔自珍也勇敢地參與到這個行列中來。很顯然，努力探求原始儒學的務實性與民主性，是龔自珍繼承了先輩考據學派對先進思想追求的傳統，他們的理論探索和宣傳呼籲，不僅剝下了宋明理學各種嚴厲玄虛言論的外衣，還或多或少地起了動搖封建宗法制度思想基礎之一的神學目的論的作用，體現了近代民主主義思想的傾向。其次，考據學派所倡導的經世致用之學，直接影響了龔自珍一代關心中國命運的人們。……龔自珍在經世務實之學方面有很多建樹，確實下了一番功夫。如他於地理學，……提出了建設邊疆，鞏固邊防的方略；……他關心金融歷史和現實的變革，提出經濟改革的設想；他探討政事程序，要求改革行政官僚的運作機制；他反對鴉片貿

為何民初章太炎、梁啟超，與胡適等人，要大力倡導「戴震哲學」？其中銜接的關鍵，想必「揚州儒學學者」所扮演的角色，是不可忽略的。

二、社群人我間之觀照與強調

儒學思想發展至清，所關注的論題已不再是探索形上抽象本體，強調是如何將「理」落實於人世間，為人所踐履，以達合情合理的準則；亦即政治社會群體如何形成一有秩序的整體。此有秩序的整體必奠基於人倫規範，人人共行共遵的「禮制」，才能將真正「心之所同然」的「理」展現。依戴震對宋學批判，可看出程朱思想中最高層次的「理」，是人人可高唱的「理」，難以有客觀驗證，是以有權有勢者就佔有「理」的解釋權而得「理」；反之，則必被指為「失理」。此即劉師培（1884～1920）批判宋學所謂：「以權力之強弱，定名份之尊卑。」[35]有權力者藉開展「理」的論述進一步使其權位合法化，名譽亦可以兼取；失「理」者則一無所有，甚至不免遭殺身之禍，死後還將蒙受污名之玷。[36]這就是戴震所強調的「以理殺人」。是以戴震與清儒（尤其「揚州學者」）不言「理」而謂「禮」，主具體「禮儀規範」為人們遵守之則，得其情而無纖毫爽失，是謂得「理」。

關於此，凌廷堪（1757～1809）主「以禮代理」，焦循（1763～1820）強調「禮論辭讓，理辨是非」，阮元（1764～1849）致力於實踐，有所謂「理必附於禮以行」之論；家傳春秋左傳學的儀徵劉氏更是主以「禮」釋《春秋》，是以禮學盛行，紛紛深入經典文獻探究「禮」等典章制度，期以「禮則」建立社會群體間共同遵守的典範，亦凸顯清

易，……總之，他的論文大多數是涉及現實政治、經濟、國防、行政、歷史、地理等，甚至正式提出施行的建議，這與他受了考據學『經世致用』學術主張的影響是分不開的。……龔自珍一直以為自己是考據派的傳人而自豪」，（南京：南京大學出版社，2003 年），頁 2-3。

35　劉師培：《劉申叔遺書》上冊，同注9，頁 957。

36　整理自鄭吉雄先生：〈評邱為君《戴震學的形成》〉，（《臺灣東亞文明研究學刊》第 2 卷第 1 期，臺北：臺灣大學東亞文明研究中心，2005 年），頁 197-213。

儒不約而同地將目光從心性仁義的德目，轉移至社會與群眾之間的觀照。今學者提出這是一種「社群意識」的高漲[37]，所謂「群」（community）與「獨」（individual）實即決定社會秩序與價值系統的兩個重要觀念。[38]如何在群體中有自我之存在，有自我「私」的意志時，又如何不失群體和諧，變成清代學者們，尤其是乾嘉之後學者所關注的焦點。戴震主「以情絜情」去私求仁；焦循「旁通以情」至「立人達人」之境；阮元以「相人偶」的「仁學」，希望人我彼此間親愛互助。嗣後，康有為（1858～1927）以「愛力」、「電力」釋「仁」，將「仁」擴充意涵，力求人我間的友愛共存；譚嗣同（1865～1898）更以「以太」（Ether）（物理學專有名詞）云「仁」，試圖衝決傳統「仁」的網羅，建立「仁」的實踐體系；後來，梁啟超提倡「公德說」，更加彰顯是對民族、家國、社會、群體為關懷的新道德主義。由此以見，傳統重視個人內在的道德修養，已轉變成對社、群間的關懷與重視；強調不是內聖之學，而是人群間友愛互助之學，家國群體意識高昂，如何振衰起弊，致富圖強，是當時學者所謂「經世致用」的話題。

儒家的至高無上的「仁」，不再是抽象的「本體」，玄之又玄之「理」，而是「愛人」之意蘊；強調的是人我之間的「親愛精誠」，由自我的「成德」走向群體之「互助」，這一大轉變，源自阮元主「相人偶」釋「仁」，將「仁」意涵賦予「實踐」意義；「仁」的實踐就在於「關愛他人」，以「利他」為本質，所以「仁」意義發展為「愛」；而「愛」不是佔有，是付出；所謂：人不會因為得到許多愛而覺得生命有價值，卻會因為付出許多愛而認為生活充滿意義。所以「仁者，愛人」。相反的，冷漠無情便是「麻木不仁」。有關愛，懂得付出，就是「無私」；有無私之愛，懂得利他，給予溫暖，就是「慈悲」；置個人生死於度外，為弱勢者或受害者求取一個「公道」，這愛就是「正義」。所以「仁」→「愛」，力行意涵擴大無限，忠、孝、禮、義，乃

---

[37] 詳見鄭吉雄先生：〈論清儒詮釋的拓展與限制〉，（《兩岸三地詮釋學與經典解釋學術研討會論文集》（抽印本），臺北：世新大學，2007 年），頁17-22。

[38] 同上注，頁 21-22。

至寬恕、包容、忍耐、犧牲等等，都是「仁」的實踐。所以後來康有為強調「仁」是一種「電力」、「愛力」之放射，賦予「博愛」意義；不侷限在自家人，即使對一孤單無助的「過客」給予一溫暖的鼓舞，親切、和善的慰問，想必皆是「仁的」實踐、「仁」的表現。在此，「仁」的意義有所轉變，是指心中有「愛」，有「愛心」，有顆「溫暖的心」。如此，人世間方充滿溫情，而不是冷漠疏離。畢竟地球上大多數有生命的物質，需要的是「溫暖」，才會滋長茁壯，而不是「寒冷」；吝予他人溫暖，所回饋到的定也是「冰冷」。

　　此「仁」意義擴及至群體意識，視人如己，則不忍見他人受苦，見他人苦，自己亦痛苦，是以同理心促成下，則有「但願眾生得離苦」的「大愛」產生；晚清時不忍見中國百姓屢受外人欺壓，力圖衝決網羅的譚嗣同，極欲「拔苦予樂」，誓救眾生，當然，如譚嗣同者，大有人在，如後來的劉師培、章太炎（1869～1936）、乃至　孫中山先生（1866～1925）等革命份子皆是。不忍見他人苦，就是孟子所謂的「不忍人之心。[39]」另一意蘊則是：「我好，亦望他人好，大家都好」之意，即英文的「I am O.K，You are O.K，We are O.K.」──「雙贏政策」；擴大「仁」意的範圍，不再侷限自我修養有成，而是人我社群間的觀照，希望全國百姓皆遠離水深火熱的煎熬之中，離苦得樂，方謂之「仁」。

　　「仁」的徹底落實與極巨轉變，源自戴震「絜情」以「去私」；「揚州學者」大力闡揚與詮釋轉化，如：王念孫（1744～1832）主「仁與人通」；淩廷堪「以禮代理」力圖在「緣情制禮」下找出「仁」的出路；黃承吉（1771～1842）主「矩正」明「人事」，強調的是將心比心之「絜矩」以達群體和合境界；焦循「旁通以情」發揮是人彼此有關心之傳達，此關愛之情是「仁」以成，非「理」可為，所以人間有「情」相通，有「愛」相連，則紛爭不起；阮元「人我親愛互助」落實「仁」的具體實踐；淩曙（1775～1829）「禮本人情以安」，更加強調是建立在「人情和諧互動」的「禮」以安身立命；汪喜孫（1786～1848）「忠

---

[39]　見《孟子・公孫丑上》卷 3，（朱熹：《四書章句集注》，臺北：大安出版社，1991 年），頁 237。

恕者仁之用」，闡揚推己及人，立人達人之「恕道」為「仁」的用世之方；劉壽曾「《中庸》忠恕之道為《春秋》忠厚之道」，以「忠恕」（仁之用）貫徹《春秋》微言大義，就是忠厚的核心：仁也。以見「仁」的意蘊不再是高掛在天之理，而是落實在現實人我間的親愛精神，講究的是人情互助和諧，群體團結一致，由內聖走向外王，由小我以成就大我，要求的是社群發展與存在走向一「大同」理想，是以以「禮制」奠基，開展一具有整體性意涵的社群意識[40]。

　　「仁」的意義轉變，以整體社群觀照為主，是以有所謂「公德」道德意蘊產生；所謂「公」不再是足一人之私，「上位者之私」為主，而是以足人人「私欲」之利為要，所以肯定個人的「情欲」論述，是當時乃至晚清學者們所強調的；強調的是人皆有欲有情，無異於我，懂得此，則人就不該喜逞己欲，而罔顧他人感受，就該懂得為他人著想；所以站在整體社群的立場，個人私欲必須懂得節制，節制之方在於「禮」，如此，社群則是一團祥和、有序；更甚者，若能反躬自省，以己之性情通他人之性情，人同此心，心同此理，將心比心，思其感受，伸出援手，挺力相助，雪中送炭，如此，便是「仁」，「仁」的內涵在此實現與彰顯。學者指出：近代早期啟蒙思想家民主主義思想的一個重要特點，就是他們用「人欲」與理學的「天理」相對抗，從而突出了「人」的地位，使「人」成為價值的主體[41]。人的主體意識覺醒，重視自我，所以「仁」由「仁道」走向「人道」，視「人」為最高的價值主體，所以人人當彼此尊重與親愛才是！誠如當時康有為所云：

> 仁者公德，博愛無私，萬物一體者。人者仁也，故人人皆有仁之責任，人人皆當相愛相救，為人一日即當盡一日之責，無可辭避。[42]

---

[40] 這方面論述，詳見鄭吉雄先生：〈論清儒詮釋的拓展與限制〉，（《兩岸三地「詮釋學與經典解釋」學術研討會論文集》（抽印本），臺北：世新大學中文系，2007 年 5 月），頁 22。在此文中亦強調：「宋明儒以人的道德主體為核心，建構一個整體性的宇宙觀，清儒則以禮制為核心，開展具有整體性意涵的社群意識，雙方各走一途。」頁 22。

[41] 宋惠昌先生著：《人的發現與人的解放：近代中國價值觀的嬗變》，（成都：四川人民出版社，2008 年），頁 155。

[42] 康有為：《論語注》，（北京：中華書局，1984 年），頁 112。

人的價值在「行仁」，為人一日當盡「仁」一日之責，無可推辭；所謂
的「仁」是博愛無私，為人當盡到責任，就是博愛無私，愛人如己，同
甘苦、共患難，就是「人」（仁）的意義彰顯，亦把「仁」成己推至
「成物」，走向群體公益的表現，標示的是一「公德」的道德意識。

三、「公與私」意義之轉變

何謂「公」？何謂「私」？歷來少有學者釐清，在中國封建專制政體
下，幾乎以三綱五常的禮法為人人遵守的原則，所謂平等的「法律」隱然
不彰，然君者、長者、地位高者之見彷彿就代表是「公理」；《詩經·豳
風·七月》云：「言私其豵，獻豜于公。」[43]知古人有將豵即小豬歸
「私」，將豜即大豬歸「獻公」。《詩經》中，另有〈小雅·大田〉亦
云：「雨我公田，遂及我私。」舉出「公」、「私」相對；「公田」不如
說是「我公之田」解為：領主的所有田；而「私田」方為農奴所私屬[44]。
在此，我們可以發現到《詩經》中「公」是指領主、世襲族長；所謂「公
堂」亦作共同體的「集體勞動場所」或「領主的房屋及其附設的祭
廟」[45]。據學者研究指出，《詩經》「公」字例有九十例之多，而
「私」字例僅八例，不及「公」字十分之一；另《詩經》中「公」的意
義已含「統治者」的意義，依此發展的詞語，則有「公族」、「公田」、
「公庭」、「公所」等意義在[46]。「公田」據《孟子·滕文公上》云：

> 方里而井，井九百畝。其中為公田，八家皆私百畝，同養公田。
> 公事畢，然後敢治私事。[47]

[43] 見毛亨著、鄭玄箋：《毛詩鄭箋》，（臺北：新興書局，1981年），頁55。
[44] 同上注，鄭箋云：「其民之心，先公後私，今天主雨於公田，因及私田爾，此言民怙君德，蒙其餘惠。」頁92。
[45] 詳見（日）白川靜先生著：〈詩經裡看得到的農事詩〉（上下）（《立命館文學》第138、139號，1956年），頁43、90。
[46] 溝口雄三先生著、井口靜先生譯：〈公　私〉（收入賀照田先生主編：《在歷史的纏繞中解讀知識與思想》，長春：吉林人民出版社，2003年），頁544。
[47] 見《孟子·公孫丑下》，（朱熹：《四書章句集注》，臺北：大安出版社，1991年），頁256。

知當時有所謂的「公田」制度；蓋九百畝田依井字形劃分為九塊，中間即「公田」，乃是統治者之田，必須由八家共耕同養，以作對統治者之效忠表示，亦即後來所謂對統治者所繳的租稅。由此以知「公田」已具有統轄的共同性意義在，需要大家共同效勞以支持；同理，在狩獵亦須將獵物納貢予統治者這一點上，亦是表示對「公」效勞效忠之意義。在此，「公」具有共同性、共同體意義，甚至推崇至是指上位者、統治者、領主等意涵；所以在此觀念下，不論是農林漁牧業，必須將狩獵、漁獵、采集、收穫物中大的、美好的、納貢給共同體、統治者或所謂的首長，再由首長管理大夥的財物。

然「公」與「私」二字，在《論語》、《孟子》與《荀子》中亦提及；如《論語・堯曰》云：「公則民說」提及「公」；《孟子・公孫丑下》云：「人亦孰不欲富貴，而獨於富貴之中，有私壟斷焉。」提及「私」；《荀子・君道》云：

> 探籌、投鈎者，所以為公也；上好曲私，則臣下百吏乘是而後偏。……故上好禮儀，尚賢使能，無貪利之心，則下亦將顯辭讓……，不待探籌、投鈎而公，不待衡石稱縣而平，不待斗斛敦概而嘖。[48]

知在《論》、《孟》、《荀》中，隱約賦予「公」、「私」道德意涵，尤其在《荀子》裡已提出「公」與「曲私」的相對概念；公是公平、公正等意思，亦是一種無貪利之心，具有道德倫理意識；而「私」則有私藏、壟斷，乃至曲私之意。戰國末，《呂氏春秋・貴公》云：

> 昔先聖王之治天下也，必先公。公則天下平矣。平則得公。……天下非一人之天下也，天下之天下也。陰陽之和，不長一類。甘露時雨，不私一物。萬民之主，不阿一人。[49]

[48] 荀子著、清・王先謙集解：《荀子集解》，（北京：中華書局，1988年），頁230-231。

[49] 秦・呂不韋等著、高誘注、陳奇猷先生校釋《呂氏春秋校釋・貴公》，（上海：學林出版社，1984年），頁44。

462   天理與人欲之爭──清儒揚州學派「情理論」探微

在此，可以看出「公」被寄寓「天」無私頗無意義，且天對萬物萬民的公平無私，更是執政者執政的關鍵。「天命觀」遂成為統治者權力的後盾；身為統治者富有天命的意志，對待萬民更當公正、無私，普遍愛民才對！據《禮記・禮運大同篇》載：

> 孔子曰：大道之行也，天下為公。選賢與能，講信修睦，故人不獨親其親，不獨子其子，使老有所終，壯有所用，幼有所長，矜寡孤獨廢疾者，皆有所養；男有分，女有歸；貨惡其棄於地也，不必藏於己；力惡其不出於身也，不必為己。是故謀閉而不興，盜竊亂賊而不作，故戶外而不閉，是謂大同。[50]

知此「公」之意義，發展成「不必為己」的反利己的道德觀，依此，大道之行也，天下為公。達此境界則是「大同世界」，此「公」更具有扶老濟弱，相互幫助的「公德」意義在。這「天下為公」的思想，遂為近代康有為（1857～1927）的《大同書》所引用，以闡釋其平等、自由、民主的烏托邦世界；富革命理想的孫中山先生（1866～1925）的《三民主義》所宗，主「天下為公」的理想社會。

然「公」與「私」二字意思為何？據東漢許慎《說文解字》釋：「公，平分也。从八从厶，八猶背也。韓非曰：背私為公。」「私」：「厶，姦……也。」[51]知「公」與「私」之意義，由先秦至兩漢的發展，「公」實具有統治者、共同體、天意，乃至公正、公開、平分、均平等道德意涵；「私」則有百姓、自家、隱私、曲私，乃至姦邪等意思。「公」與「私」這一對概念，在中文語彙上，似乎富含有「實然」與「應然」之意義；誠如黃克武先生所云：

---

[50] 鄭玄注、孔穎達疏《禮記注疏本・禮運篇》（中），《十三經注疏》（分段標點本）（11），（臺北：新文豐出版社，2001年），頁1026-1027。

[51] 見東漢・許慎著，清・段玉裁注：《說文解字注》，（臺北：天工書局，1992年），頁49、436。然「私」字有諸解，據原「厶」字解：「姦……也」段注：「女部曰，姦者厶也，二篆為轉注。……今字私行而厶廢矣。」頁436；另「私」字意：「私，禾也。」段注：「蓋禾有名私者也，今則假私為公厶。倉頡作字，自營為厶，背厶為公。然則古祇作厶，不作私。」頁321。

在實然方面，它們為社會範疇的區分，一般而言「公」指國家部門（state sector），有時也包括地方公產與公眾事務，而「私」則指非國家部門（non-state sector），又可再進一步細分為個人與社會群體，如家族、黨社等。在應然方面兩者為道德價值的判斷，「公」指利他主義（altruism），「私」指追求自我利益，亦即強調一己的獨佔性，也包含自私自利（selfishness）。[52]

實然部分「公」指「國家部門」或是公產、公眾事務；「私」則指個人、自組社團等。應然方面，「公」具有公平、利眾之道德意義；「私」即私己、利己之意義。

對此，溝口雄三先生研究指出：中國古代的「公」應具有三種意義：

(一) 是指首長性的公家、公門、朝廷、官府等政治意義。

(二) 是指「共同體」而言的共同、公開、共有的社會性意義。

(三) 是指均平、反利己的「公」，相對於偏私、利己的「私」的倫理性、原理性的意義。[53]

而「私」則相對於官府的「百姓」（私家），或內部的（家門內）隱私等涵義，帶有著曲私、利己等反倫理意義[54]。

知中國傳統「公」與「私」的意涵，經不同時代洗禮、不同學者的闡釋，實不離「公」有公家、朝廷、皇權、官府的表徵；「私」則指個人、私己、隱私的內涵；在歷來道德主義高舉下，崇尚的是「為公去私」，主利他不主利己；所謂「正其誼不謀其利，明其道不計其功」，鼓勵人民重義輕利，所謂「義」旨在「公」，如此，方是有道德之君。「公」與「私」的意義，據溝口雄三先生所述，若以表列，則如下圖所示：

---

[52] 黃克武先生著：〈從追求正道到認同國族──明末至清末中國公私觀念的重整〉，（收入於黃克武先生等編：《公與私：近代中國個體與群體之重建》，臺北：中研院近史所，2000年），頁59。

[53] 溝口雄三先生著：井口靜先生譯：〈公私〉，（收入於賀照田先生主編：《在歷史的纏繞中解讀知識與思想》，長春：吉林人民出版社，2003年），頁558。

[54] 同上注，頁558。

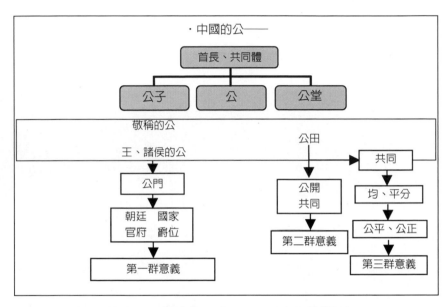

圖六　中國傳統的「公」所具涵的意義圖

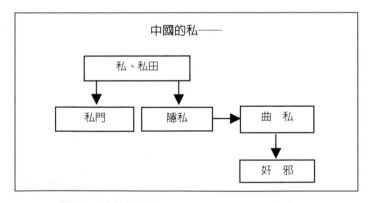

圖七　中國傳統的「私」所具涵的意義圖

（上二圖取自溝口雄三先生：〈公　私〉，收入賀照田先生主編：《在歷史的
纏繞中解讀知識與思想》，長春：吉林人民出版社，2003年，頁558。）

　　然問題是「公私」的內涵，至宋明時，發展至極；理學家們對人們灌輸「存天理，去人欲」觀念，更加鞏固封建專制主義的價值觀，「禮教」的束縛愈趨嚴苛，似乎變成「存天理」謂之「公」；「盡人欲」便是「私」，又視「私」乃萬惡之源，惟無一毫人欲之私「心」，方是「公」，至「公」即「至善」[55]；是以「存天理，去人欲」便是「為公去私」，因此，「為公」之下，變成是對上位者、長者、尊者、有權有勢者之盡忠；「去私」之旨，便形成一般老百姓不可有自私自利自營之行為，彷彿下屬、幼者、卑者、弱勢者永無「自我」存在價值，永遠無法追求「自我之欲」，只因道德觀──「正其誼不謀其利，明其道不計其功」捆綁。但此宋明理學發展至極，亦逐漸暴露出「天理人欲」說與「人的正常本性」呈現尖銳對立的情形，是以明清以來，漸有學者紛紛對理學做批判與反省，指出「存理去欲」的本質，無異是超功利主義的虛偽說教，無視於民生疾苦之本源；明清時期的學術趨勢，誠如張壽安先生指出：十七世紀以來學術走向，是以「禮教」重整與「情欲」反省兩大主流為主。[56]在「情欲」反省與「禮教」重整下，人性、「情欲」、義利、「禮教」、封建制度等問題皆搬出臺面，一一徹底探索，亦重新正視「人欲」之問題，在正視「人欲」之下，「公私」之見則大異於往昔之見。

　　主要「私欲」受到清儒們重視，在他們大力倡導「情欲」正常的合理性下，於封建「禮教」牢籠亦漸漸鬆綁，由「官府」之「公」限制自我逐利下，而走向重視個人利己主義，乃至自由、民主、人權平等之伸

---

[55] 朱熹曾云：「為仁者，必有以勝私欲而復於禮，則事皆天理，而本心之德復全於我矣。」《四書章句集注》，同注47，頁131。又朱熹在注釋《大學》「止於至善」時，釋「至善」為天理「當然之極」，強調「無一毫人欲之私」，始能「盡乎天理之極。」《四書章句集注》，頁3。陸象山亦云：「不曾過得私意一關，終難入德。」《象山全集》卷34，頁4。王陽明即視「私欲」為「良知」之障蔽，其云：「心即理也，此心無私欲之蔽，即是天理。」《傳習錄》卷上，頁2；又「減得一分人欲，便是復得一分天理」，《傳習錄》卷上，頁24；又「人孰無根？良知即天植靈根，自生生不息，但著了私累，把此根戕賊蔽塞，不得發生耳。」《傳習錄》卷下，頁78。

[56] 張壽安先生：〈自序〉，《十八世紀禮學考證的思想活力》，同注16，頁1。

張；所謂「自營」觀念逐漸形成，尤其晚清學者更是大力闡揚，如嚴復先生（1854～1921）〈天演論〉云：

> 「自營」一言，古今所譁，誠哉其足譁也。雖然，世變不同，自營亦異。大抵東西古人之說，皆以功利為與道義相反，若薰蕕之必不可同器。而今人則謂生學之理，舍自營無以為存。但民智既開之後，則知非明道，則以以計功。功利何足病？問所以致之之道何如耳。故西人謂此為開明自營。開明自營，於道義必不背也。復所謂理財計學，為近世最有功生民之學者，以其明兩利為利，獨利必不利故耳。[57]

在此，嚴先生提出「開明自營」的理念，說明合理之利己主義是可行的；追求個人私利（自營）謀生，在不損人之下，人人當自營謀生。難道己不自助還望人之助？「不自利而欲人之利我」[58]？所以己不自營，仰賴別人求生，則是可恥的惡習，不但無以為存，更令人鄙視。又合理之自營求生存，在道義上並不違理，亦所謂「理財計學」，是近世最有功於生民之學也，所以人當「利己自立」以「利群」也。梁啟超先生當時亦強調「利己以利群」說，反對傳統封建「私己惡德」的價值觀；其云：

> 為我也，利己也，私也，中國古義以為惡德也。是果惡德乎？曰：惡，是何言！天下之道德法律，未有不自利己而立者也。對於禽獸而倡自貴知類之義，則利己而已，而人類之所以能主宰世界者賴是焉；對於他族而倡愛國保種之義，則利己而已，而國民之所以能進步繁榮者賴是焉。故人而無利己之思想者，則必放棄其權利，弛擲其責任，而終至於無以自立。……彼芸芸萬類，平

57　嚴復先生著：《嚴復卷》，（石家莊：河北教育出版社，1996年），頁1395。
58　梁啟超先生亦提出利己主義合理性，其〈十種德性相反相成義・其四　利己與愛他〉中云：「西語曰：『天助自助者。』故生人之大患，莫甚於不自助而望人之助我，不自利而欲人之利我。夫既謂人矣，則安有肯助我而利我者乎？又安有能助我而利我者乎？國不自強，而望列國之為我保全，民不自治，而望君相之為我興革，若是者，皆缺利己之德而已。」《飲冰室合集・文集之五》，（上海：中華書局，2003年），頁48-49。

等競存於天演界中，其能利己者必優而勝，其不能利己者必劣而敗，此實有生之公例矣。[59]

主利己為我之私，並非惡德，相反的，人類之所以自貴於禽獸，端在人能「自利利人」，故方為世界主宰；又天下道德法律，沒有不謀有利於己者。所以人當利己利人，國民方能繁榮進步也。且身為「人」若無「利己」之思想，必放棄自身權利，缺乏責任感，仰人鼻息，無以自立於世也。所以傳統封建倫理觀，視「人欲」為「惡」，主「存天理，去人欲」之說，是抹煞為人的價值與自立自強的能力，基本上，當政者應鼓勵人人有追求美好生活的欲望，提高生活品質，自營謀生，如此，利己利人，國家方能富強繁榮。甚至，康有為以為國家進步與否，人的行為是否良善，社會治亂文野之分，必須以能否足人情人欲之要求，是否有利於人情「求樂免苦」為基本標準；康有為云：

> 一切政教，無非力求樂利生人之事。故化之進與退，治之文與野，所以別異皆在苦樂而已。其令民樂利者，化必進，治必文；其令民苦怨者，化必退，治必野。此天下之公言，已驗之公理也。[60]

主人性有「求樂免苦」的共通性，一切政教當以為民達成求樂利生之事為要，才是國家進步與否的關鍵。所以教化當以「富民」為先，順人情，「正德厚生」，令人人各得其分，各得其樂，不相侵擾，方是「禮治」之精義；康有為云：

> 夫天生人必有情欲，聖人只有順之，而不絕之。然縱欲太過，則爭奪無厭，故立禮以持之，許其近盡，而禁其逾越。……故立禮律者，令眾人各得其分，各得其樂，而不相侵，此禮之大用也。[61]

---

[59] 同上註，頁 48。

[60] 康有為著：《大同書》，（北京：中華書局，1956 年），頁 293。

[61] 謝遐齡先生編選：《康有為文選》，（上海：遠東出版社，1997 年），頁 195。

然晚清學者這濃濃的「利己利群」以為「公」思想，其來有自，清初，
顧炎武（1613～1682）對「公」、「私」則表明：「合天下之私，以成
天下之公」[62]，黃宗羲（1610～1695）主「必使治天下之具皆出於學
校，……天子亦遂不敢自為非是而公其非是於學校」[63]，然大大轉變
「普天下，莫非王權」、「家天下」、「存天理、去人欲」之「公」，
為人人均有追求幸福欲望的權力，足人人「私欲」之「公」，不再是一
人之下，萬人之上「專制」的「公」、「上位者」為是的「公」，而是
重視個人「私欲」之「公」，足人人「私欲」之「公」者，是戴震與承
繼戴學之學者。[64]誠如戴震（1723～1777）對宋學的「存理去欲」說，
就提出「以理殺人」之批判，所謂：

> 理欲之分，人人能言之。……尊者以理責卑，長者以理責幼，貴
> 者以理責賤，雖失，謂之順；卑者幼者賤者，以理爭之，雖得謂
> 之逆。……上以理責下，而在下之罪，人人不勝指數。人死於
> 法，猶有憐之者，死於理，其誰憐之？[65]

如何轉變「為天理之公去人欲之私」之思潮，肯定人存在的價值意義，
則是戴震乃至承繼戴震之學的學者努力發揚的「義理思想」。在此，即
可看出戴震明確指責出宋明理學「存天理，去人欲」之謬誤；還有抨擊
尊奉程朱理學的「統治者」，以「天理」作維護權力的武器，以「理」

---

[62] 顧炎武：〈言私其豵〉，《原抄本日知錄》，（臺北：明倫書局，1970
年），頁 68。

[63] 黃宗羲：〈學校篇〉，《明夷待訪錄》，（收入《黃宗羲全集》第 1 冊，杭
州：浙江古籍出版社，2005 年），頁 10。

[64] 這方面，據黃克武先生：〈從追求正道到認同國族──明末至清末中國公私
觀念的重整〉論道：「一個耐人尋味的事情是清末民初士人對公私、民主、
自由的討論不僅受顧、黃等人影響，也與戴震思想的重新詮釋有關係，例如
劉師培、章炳麟、梁啟超都超高度評價戴震的哲學，甚至將之與盧梭、孟德
斯鳩相比，至五四運動時代戴震的哲學也被胡適等人抬出來，藉以判儒家傳
統。」同注 52，頁 62。知晚清許多學者大力主公私、民主、自由之論，實
深受戴震哲學影響而來，那麼，戴震之後續的傳承想必亦是一重要關鍵。

[65] 戴震：〈理〉，《孟子字義疏證》卷上，（臺北：大化書局，1978 年），頁
293。

扼殺人民追求生活的「欲望」，置人民生活的痛苦「忍而不顧」。畢竟身為一國之君，本應「視民如子」、「為民謀其人欲之事」，為民營造一安居樂業之生活才是！今上位者打著理學「存理去欲」的口號，反以「理」遏阻人民謀生之欲，而以「理」作逞一己之「私欲」奢靡的憑藉，此「理」至此已非為民謀福之理，反適足以成殺人之具，所以惟推翻理學「禁欲之思」，方能予平民百姓追求幸福的權利。

　　然當時僅戴震大力呼喊「正視人情欲」的重要性，仍是不足以造成後來震撼的迴響，關鍵還在繼戴震之後的學者，尤以「揚州學者」最多，這一股百川納聚成匯流，影響不可謂不大。誠如有汪中（1744～1794）極力反對宋儒的獨斷、教條主義；其〈大學平議〉云：

> 孔門設教，初未嘗以為至德要道，而使人必出於其途，……（宋儒）標〈大學〉以為綱而驅天下從之，此宋以後門戶之爭，孔氏不然也。[66]

闡明宋儒主「至德」的獨斷與蒙昧，標榜孔學並非如此；甚者，肯定荀子的學術思想，著有《荀子通論》，肯定荀子的「性惡」觀點，承認現實的人性中存有生理「情欲」的一面。對程朱理學所造成許多慘無人道的社會現象，尤對婦女悲慘遭遇，做出具體且深刻的批露（詳第肆章第三節）。

　　劉臺拱（1751～1805）主「哀樂者，性情之極至，王道之權輿。」「人性之偏，愛惡為甚。」主「欲」在人性中。人性有所偏失，在「愛惡」之「欲」造成，此「性」之「理」，絕非宋儒所謂「性即是理」，「性」純然至善，相反的，「性」中有「欲」——有「好惡」之「欲」。淩廷堪（1757～1809）論「性」，即「好惡兩端而已矣」。主「習禮復性」；蓋藉由外在反覆練習禮規儀式，使外鑠的禮節儀則內化為內在的道德根源。江藩（1761～1831）論「生之所以然者謂之性，散名之在人者也」，主「節性復禮」、「緣情制禮」。焦循（1763～1820）視「性無他，食色而已。」「性何以善？能知故善。」強調「性

---

[66] 汪中著、田漢雲先生點校：《新編汪中集》，（揚州：廣陵書社，2005年），頁381。

善」之發揚端在「學習」，靠後天努力學習，充實內在，啟迪智慧，止於至善；傾向戴震「學以去其蔽」，「德性資於學問」之說；且焦循尚主「平天下所以在絜矩之道也。」「為民父母，不過人之所好好之，民之所惡惡之。」身為統治者應懂得「絜矩之道」，推己及人，當使人人各遂其欲，方是通情達理。阮元（1764～1849）以「性字從心，即血氣、心知也。……血氣心知皆天所命，人所受也」，又「欲生於情，在性之內，不能言性內無欲，欲不是善惡之惡。天既生人之血氣、心知，則不能無欲，惟佛教始言絕欲。」認為人性是包括「人欲」在其中，但「欲」本身無所謂對錯，人皆「欲樂免苦」是人性也；只是「性」中有「欲」，「欲在有節，不可縱，不可窮」。所以人須以禮儀節制「人性」，並以此定性，所以阮元主「理必出於禮也」。王引之（1766～1834）主「形體出於天性，不可得而變改也」。以為「人性」是實質的，有血有肉的，一如戴震所倡的「血氣心知」之「性」矣。黃承吉（1771～1842）以為：「性非變化不盡，變化非曲不盡。」蓋「性」非至理不變，以「曲」明其變化。凌曙（1775～1829）強調：「禮本人情以即於安，故禮者治人之律，而春秋則其例也。」強調「禮」緣情制訂而來，故是「治人之律」，以「禮」作人們之繩墨，《春秋》則是禮之義例也。治《春秋》亦須以「禮」治之。汪喜孫（1786～1848）以「氣相聯斯情相合，性相感斯命相通」。「私情」之源，源自親情相連，此情此義是自然產生，永遠無法割捨或改變的。肯定「私情」之價值與必要性。劉文淇（1789～1854）主「國人之私而止於禮，法之正也」。主人民當可遂行「私欲」，但不違禮法。劉寶楠（1791～1855）主「受血氣則有形質，此『性』字最初之誼」。又「欲根於性而發於情」，正視「情欲」，以「欲」為人之本有，乃是「根於性而發於情」的，無論聖、凡、智、愚者，皆一同有情有欲。劉毓崧（1818～1867）以「天理不外乎人情，故情理可以互訓。」又「惠者一人之私也；……德者，天下之公也。」情即理也，理即情也，所謂：「情之不爽失，謂之理。」正視「情欲」之下，論「公」與「私」，以恩澤個己一人間，謂「私」；但德及眾人、群體，則是「公」也。劉壽曾（1838～1882）視「夫施於民者易悅，取於民者易怨，民之恆情也」。民之常情，就是

「受施」悅，「取民」怨，所以身為治國之君，必懂得施於民，惠於民之理；反之，壓榨百姓、苛稅重斂，必得民怨。治國要道，不外乎是順民情，使民安居樂業，方以國泰民安、國富圖強。劉師培（1884～1919）亦云：「人性秉於生初，情生於性」，「欲者，緣情而發，亦情之用也」。雖劉氏承襲《左傳》家學，但在「人性」論上，主從戴震的說法，肯定人「情欲」的價值。（上述所引，不再一一作注，詳見本書第肆、伍章）

　　「揚州學者」承繼戴震「達情遂欲」說，站在人性皆有「求樂免苦」的立場，正視人「情」、「欲」的合理性，尋其正當抒發與追求管道，是以「以禮代理」說，盈滿天下，然於「公」於「私」之論，彷彿變成為百姓力爭「私利」為「公」之論；「公」除了富含平等、均平之意義外，更表示以不抹煞個人合理的「欲望」為宗，「公」的最大目標在達成人人均富的境界，所以在尊重群體規範下，又是一重新思考群己關係的出口。可謂中國「禮教」漸由「宗族家禮」、「家天下」之強調，走向群體社會「禮儀規範」之建立。所謂的「公」不再是指「一人之下，萬人之上」的「統治者」，而是指眾人、群體之意義；所謂「公家」更是為眾人、百姓服務與謀福利的機構，而非「官府」而言。全體國民方是國家的主人，「國君」更應是要為人民的富裕安康生活著想，而非專為自己打算。

　　然近代人權平等之倡導、「公私」意義的轉變，卻必須建立在「情欲」的肯定下，「達情遂欲」之理論確立，與學者倡揚，方得以在儒學內在理路中形成；所謂「情欲解放」，方有個人自由、平等的可能性；「公」方可轉變成「足人人私欲」之理，否則，無法肯定人「私欲」的合理性，所謂的「公」永遠是為封建「禮教」之「上位者」服務，平民百姓永遠是沒有「自我」的「奴僕」，終生為「上位者」作牛作馬，永無翻身之日。然「禮教」固然是維護中國社會數千年來的穩定發展的基石，但形成對人民之迫害、壓制與朝政腐敗不振，屢屢被外強侵略時，就不得不使當時許多知識份子重新思考儒家「禮教」的意義，或許今日我們可以過著自由、平等、民主、現代的生活，實亦應感激當時學者們的努力與爭取；乾嘉時，戴震乃至發揚戴震「情理論」者，雖不是近代

人權民主之倡導者，但可謂是人權民主的啟蒙者。王俊義先生指出：
「揚州儒學」可謂新興學術思潮的發酵劑和先導。通過對「揚州學派」
的研究，可以發現「揚州學派」正是從乾嘉漢學演變到鴉片戰爭前後新
的「經世致用」思潮的中間環節。[67]

　　繼「揚州學者」之後，學者們陸續提出平等、合理的「情理思
想」，如李汝珍（1763～1830）、俞正燮（1775～1840）、包世臣
（1775～1855）等人。他們強調事理當在順人情，不為難人；「公」是
指人人公平、平等之意義，重視個人、自我、利己與「私欲」之滿足，
不僅轉變「專制」王權之私為天理的概念，而且合天下人民之私為公的
想法，肯定國計民生之要，更加大力倡導「國民」之權利，有恆產，斯
有恆心矣。至此所謂的「公」，除了追求公平、正義與正道外，更要求
人人平等，泯滅階級高下之別；肯定人「私欲」的追求，即使賤民也該
尊重他們的自主權與生活欲望；如俞正燮為賤民伸張正義，爭取平等人
權，為普天下百姓主持一公道[68]。且主「法律公開」論，所制訂的
「法」宜是為保護全體人民訂立的，不應有所偏袒，強調法律之前人人
平等。如此，國家是照顧全民百姓的所在，方增加國民對國家認同的意
涵。所以國家不是惟君王所有，而是隸屬全體百姓，主權在民也，當
然，國民更要以國家為要，畢竟國家興亡，匹夫有責。然此「公」必先
站在全民平等的立場上談，若在百姓有階級待遇之不公下，是很難要求
全體國民以國為「公」、以群為要的。所以在戴震暨主戴學學者的影響
下，「公」與「私」之定義有所轉變；「公」乃反一人之「私」為天下
之「公」，主足群民之「私」為「公」的訴求，「私」即自我、私己
「私欲」之意而言，足「私欲」不氾濫，則以「禮」節制與「絜矩」推
己及人，達到儒家仁恕之「老吾老以及人之老，幼吾幼以及人之幼」的
目的，斯為人人認同的「公」與「私」。

67　王俊義先生：〈關於揚州學派的幾個問題〉，（收入氏著：《清代學術探研
　　錄》，北京：中國社會科學出版社，2002年），頁265。
68　見拙著：〈公與私的詮衡──試論俞正燮人權平等思想〉，（《義守大學人
　　文社會學報》第3卷第2期，2008年12月），頁164。

四、促使人文精神昂揚與人權主義覺醒

韋政通先生曾云：

> 人生之路所以獨特，因為每個個體的生命都是獨特的。哲學家萊
> 布尼茲（Leibniz，1646～1716）說：「天下沒有兩滴水是相同
> 的。」何況是人？每個人的生命或多或少都具有創造性，這就是
> 所謂潛能。[69]

又：

> 所有的理想都是建立在超出個人需要的目標之上，這並不意謂個
> 人需求不重要，相反的，個人基本需求的滿足，是實現理想的必
> 要條件。心理學家馬斯洛把動機分為「欠缺」與「生長」兩類；
> 滿足個人基本需求，屬於欠缺動機；追求真善美之類的超個人目
> 標，就屬於生長動機，因為它代表自我實現。如果一個人的努力
> 只是為了滿足欠缺動機，是沒有什麼人生意義和人生遠景可言
> 的。努力實現超個體需要的目標，是人類高級文化和文明創造的
> 起點，當你朝這個目標努力時，你會感覺你不單單是在追求理
> 想，同時也在創造理想。[70]

以現今觀點來看，我們都知道，一種米養百樣人，我們是無法總要求別
人都跟自己一樣的，所以人與人之間就必須懂得「尊重」彼此的差異
性，視每個生命個體都是獨一無二的，皆有其價值意義在，如此，
「人」有不同聲音、不同意見，都得以互相包容與接受。還有，人活著
必有其價值與意義，身為人不當任意因其貴賤、貧富不同而鄙視他人；
「人」都有滿足基本需求的需要，且是實現「理想」的必要條件。為
「欠缺」而努力實現更遠大目標，這是值得鼓舞與喝采的，畢竟人因夢

---

[69] 見氏著：〈青年的人生觀〉，《抉擇與負責》，（臺北：洪健全文教基金
會，1998年），頁103。
[70] 同上註，頁114。

想而偉大，人類文明進步就是這樣一點一滴創造與發明出來的；但是「人」的努力只為了「吃、喝、拉、撒、睡」的滿足，說實在的，這種努力與某種動物沒有兩樣。身為「人」畢竟有「人」存在意義與價值，端賴「人」的自覺與闡揚，發揮「人生」的光與熱，實踐人生理想與價值，哪怕僅是「帶給別人快樂」，亦是一種「幸福」。

「人文精神」昂揚與「人權思想」提倡，在中國傳統「禮教」束縛下，一直是隱沒不彰的。直至清代，尤其1840年「鴉片戰爭」爆發，開啟外強侵略之端倪後，「人權思想」才漸漸受到重視與闡揚。如：譚嗣同（1865～1898）主所謂「人我通」、「通之象為平等」[71]。畢竟要「無對待，然後平等」[72]。所以破對待、破名分、破專制、破傳統「禮教」束縛，方能中外通、上下通、男女內外通，以至人我通。通的基礎在「平等」，雙方必先在「平等」的前提下，方有溝通、互動的協調，否則，在不平等的狀況下，人與人永遠是上下、長幼、尊卑、貴賤等對待關係，在此一關係下，永遠是下臣屬於上，聽命於上的互動方式，要論「協調」、「互助」與「溝通」是不可能的。所以譚嗣同要衝決一切網羅，打破所有對待關係，勢必要挑戰既有的倫理與政治社會結構[73]。其主「通」志在強調「平等」，然惟有人與人「平等」，方有「人道思想」，「人權」意識彰顯，否則，弱勢者永遠是被打壓的。同理，一國的國民不懂得「自重」、「自愛」，沒有「自我」，國族的尊嚴就不會綻現，外強侵略時，就永遠是跪地求饒。後來魯迅（1881～1936）《阿Q正傳》中的「阿Q」不就是反映當時中國人面對衝突、打擊時，無以自保，僅會自我解嘲的心態！這是一種扭曲的變形人格，沒有自我，沒有自我的尊嚴，更不懂得什麼謂之「羞恥」！當被人踩在腳底下時無力反擊的一種合理性機轉的心態，這是一種「自欺欺人」而自以為「滿

[71] 譚嗣同：〈仁學界說〉，《仁學》卷上，《譚嗣同全集》，（臺北：華世出版社，1977年），頁6。
[72] 同上注，頁7。
[73] 詳見王汎森先生：〈從傳統到反傳統——兩個思想脈絡的分析〉，（收入氏著：《中國近代思想與學術的系譜》，石家莊：河北教育出版社，2001年），頁110-111。

足」，姑且名之為「阿Q精神」。然可憐的是清末民初時，國人竟皆是如此，尤其是滿清朝政，如此積弱不振、儒弱無能的民族現象，方為當時有志之士、知識份子憂心忡忡，「人權思想」、「人道主義」勢必大力闡揚，呼籲人人當自尊、自重，「自我意識」抬頭，方足以救亡圖強。

然譚嗣同所提倡的「通」，「揚州學者」——焦循即已倡導在先，不過，焦循主「旁通以情」，強調「通」的關鍵在「情」，以「情」打動人心，以「情」互通人我，懂得「我之所欲」可能亦是「他人所欲」，推己及人，「以情絜情」，達至人我互動、和諧、團結之境界；焦循以「情通」打破上下僵固制式化對待的關係，簡單而言，就是要人們懂得為他人著想，將心比心，切莫以為「別人家的孩子死不了」，懂得「付出」，「關愛」需要幫助的人，即使為弱勢者反抗強權的暴行，亦是「付出關愛」，只是這種關愛名之為「正義」。倘若人人如此，懂得互助、關愛與付出，不是僅辨「理」之是非，強詞奪理只為爭你我之輸贏，相信這個社會、群體必充滿溫情與互助，「人道精神」在此闡揚，這個國家人民不再是冷漠疏離，而是充滿無限「愛」的生機與希望，這個國家當然必團結與富強。

焦循當時不言「平等」，僅「旁通以情」打通上下尊卑的對待關係，實亦是另一種達至「人我平等互助」的表態，「人道精神」在此昂揚。

「人權」必站在「平等」的基礎上，方以伸張，然中國傳統以來，男女關係一直是處在不平等的狀態下；尤自宋儒程頤提出「餓死事極小，失節事極大」後，重視婦女「節操」的觀念大行，對婦女們「貞節」尤加重視，殊不知益形成男女之不公、不平、不義的情形，所謂：「禮教變本加厲，尤在元明清時。」[74]婦女在此「守節」的觀念下，所受的迫害更是前古未有。

對此男女不公的現象，清代學者頗多提出反傳統「禮教」等論述，如反對婦女纏足、反女殉夫、主女子可再嫁等，為婦女的人權伸張。在封建「禮教」專制下，婦女無疑是弱勢一群，再加上宋明理學高唱「道

---

[74] 張壽安先生：〈禮教與情欲：近代早期中國社會文化的內在衝突〉，（收入洪國樑先生等編：《張以仁先生七秩壽慶論文集》，臺北：臺灣學生書局，1998年），頁737。

德主義」至上之下，所謂「存天理，去人欲」，無異形成對「強欺弱」、「大欺小」、「貴虐卑」現象做合理解釋，如此「天下為公」的意義在哪？所謂「公理」何在？處處所見皆是不合理、不公平的現象；明清學者鑑於此，亦陸續提出相關反「禮教」論述。「揚州學者」反對「禮教」變本加厲，亦大力主張：所謂「公」應是「從滅人欲的天理」到「存人欲的天理」才對！尤對男女而言，更應解放婦女，方是做到男女平等的境界。

「揚州學者」中，對男尊女卑之不平等最感不滿的是汪中（1744～1794）；其對於守節、殉節等不合「情理」者，作有〈女子許嫁而婿死從死及守志議〉等文進行了駁斥。所謂：

> 許嫁而婿死，適婿之家，事其父母，為之立後，而不嫁者非禮也。……其有以死為殉者，尤禮以所不許也。雖然父母之親，君臣之義，夫婦之恩，不可解於心過而為之。死君子猶哀也，苟未嘗以身事之，而以身殉子則不仁矣。[75]

首先指出，如果夫婦猶如君臣、父子之「禮」，未見君死、父死，臣與子亦從死，為何獨夫死而婦殉節？又「女子之嫁，其禮有三，親迎也，同牢也，見姑舅也。」[76]既然夫死，不能行此「禮」，又「六禮不備」，不算入門之媳婦，既不為入門之媳婦，何以要女子守節、殉節？又「女子未有以身許人之道」[77]，所以女子宜有獨立人格與人身自由，應有「身為人」的基本權利！況「制為是禮」，即在使人們受到法制上的保護。以身殉死，不僅不合「禮」，且亦不「仁」矣。

另外，汪中亦強調：一個有制度的國家應建立所謂完善的社會福利機構，以扶老助幼，解決弱勢群體的生活問題，如是，方是一個太平盛世的國家。然具體措施，在汪中看來，首要宜建立一「苦貞堂」，為寡

---

[75] 汪中：〈女子許嫁而婿死從死及守志議〉，田漢雲先生等編《新編汪中集》，（揚州：廣陵書社，2005 年），頁 376。

[76] 同上注，頁 375。

[77] 同上注，頁 376。

婦擁有一社會的保障機構；次者宜建立一「孤兒社」，以濟社會上孤兒生養的問題[78]。

　　強調婦女解放無異就是「人」社會解放的一個前提，是「人道主義」覺醒後的第一步，因為中國傳統以來最大不平等就是「性別不平等」，當力求男女平等，方有「人格」平等。繼「揚州學派」之後，力主男女平等者風起雲湧，尚有李汝珍（1763～1830）、俞正燮（1775～1840）、嚴復（1854～1921）、康有為（1858～1927）、宋恕（1862～1910）、譚嗣同（1865～1898）、蔡元培（1868～1940）、梁啟超（1873～1929）、李大釗（1889～1927）、胡適（1891～1962）、傅斯年（1896～1950）、羅家倫（1897～1969）等人，乃至維新運動、五四運動、新文化運動等，對此均相當強調與提倡。[79]可謂極尖銳深刻地批判封建綱常名教對婦女殘酷迫害，旗幟鮮明地指出，必須破除男尊女卑的傳統觀念，每個婦女都應視為獨立個體，都應與男子平起平坐，過著平等、自由生活才是[80]。惟有婦女不再是「男子的附屬品」，人權平等方以建立。

　　在康有為《大同書》中，以為「天理之至公」、「人道之至平」就是「女子當與男子一切同之」[81]。既然男女都是人，就應該享有「人」的平等權利；譚嗣同更深刻指出：中國封建綱常的不合理、不人道之源，源自男女不平等，源自重男輕女[82]。所以譚氏主張欲突破傳統不合理的封建「禮教」，首要在推翻「夫為妻綱」的束縛，賦予女性充分自主權，包括自身（反纏足）、婚姻、受教、任職等等。余英時先生指出：「譚嗣同是最早提出個人應突破傳統文化對個人的拘束，使人解放並希望全面改變傳統文化」者[83]。在「五四運動」時期，加上受到西方

---

[78] 詳見汪中：〈與劍潭書〉，同上注，頁 441、440。

[79] 關於這方面論述，詳見宋惠君先生：《人的發現與人的解放：近代中國價值觀的嬗變》，（成都：四川人民出版社，2008 年），頁 162-170、342-363。

[80] 詳見宋惠君先生：《人的發現與人的解放：近代中國價值觀的嬗變》，同上注，頁 162。

[81] 康有為：《大同書》，同注 60，頁 126-127。

[82] 見譚嗣同：《譚嗣同全集》下冊，同注 71，頁 304-305。

[83] 余英時先生：〈中國近代個人觀的改變〉，（收入氏著：《中國文化與現代變遷》，臺北：三民書局，1995 年），頁 167-168。

民主主義影響，對人權平等的宣揚更是廣為響應，強調「婦女也是人，男女要平等」的呼聲，更是強而有力！羅家倫先生〈婦女解放〉中主張「使她們從附屬品的地位，變成人的地位；使她們做人，做她們自己的人」，「解放不是被動的，是自動的」，端在使「婦女獨立」[84]。傅斯年先生更是大力斥責封建專制中的「家族制度」，視之為「手銬腳鐐」，「寸步不由自己」，反以「獨身主義是最高尚，最自由的生活，是最大事業的根本」[85]。李大釗先生亦以為：中國家族制度是封建宗法專制的集中反映，不僅對婦女進行殘酷的迫害，亦是對人無情的枷鎖。[86]不論後來學者志在破除封建宗法家庭制度之不合理處，但亦是為實現「婦女解放」努力，視為人的解放的一個組成部分；不僅從封建家庭制度的束縛中解放出來，還在封建傳統觀念的束縛中解放出來，這不單是家庭問題、社會問題，還是幾千年來的「貞操」、「節烈」觀念，都要有所改革才行。所以惟有徹底打碎封建的精神枷鎖，方能真正實現「男女平等」。

主「男女平等」的呼聲，行之有年，至今仍綿延不絕，但可貴的是在清乾嘉時，即有學者：「揚州學者」們就已看出歷來「男尊女卑」這不合人權的端倪，極力闡揚婦女解放，主男女平等方達至人權伸張的基礎。他們雖不是人權主義者，但實為人權解放的啟蒙者。

主「人道」闡揚，人權平等鞏固，勢必建立在合理的「情理論述」基礎上，違反人性的崇高理論，無異形成是「畫餅充飢」的「偽道學」；過於放縱私利滿足，無視他人死活，亦流於「麻木不仁」的「社會」；我們是「人」，不論男女，皆是「人」，就要活出「人」的價值與精神來，既然「鳥獸不可與同群」[87]，人與人間就該「平等」，「尊重」對待，和諧互助共處，同甘苦，共患難，共創和敬、有禮、平安的「人」的世界才是。晚清史研究的學者——鄭劍順先生主「情理」是：

---

[84] 羅家倫先生：〈婦女解放〉，（收入丁守和先生主編：《中國近代啟蒙思潮》（中卷），北京：中國社會科學文獻出版社，1999年），頁360。

[85] 傅斯年先生：〈萬惡之原〉，同上注，頁68-69。

[86] 李大釗先生：〈萬惡之原〉，《李大釗全集》（第3卷），（石家莊：河北教育出版社，1999年），頁298。

[87] 朱熹：《論語章句集注》，同注47，頁184。

> 「情」是事物表現出來的某種情勢、現實、條件，如國情、民
> 情、事情、政情、財情等等各種客觀存在的情況或態勢。……
> 「理」是客觀事物本質、規律、發展趨勢、發展方向及人與人之
> 間約定俗成的某種關係經過思維反映升華為義理、正義、進步理
> 想、人民利益和民族利益。倒過來說，義理、正義、進步理想、
> 人民利益和民族利益是對客觀存在的「理」的反映。[88]

何得君王私自專！何能男貴女賤視為理！傳統封建「禮教」不合理處，
就須大力推翻與改革，全體「人民利益」、「民族利益」、「群體利
益」提升，方是人權主義彰顯，「義理思想」進步，人道「度越」精神
闡揚。晚清時所謂的「情」與「理」依鄭劍順先生研究可知，不是一般
人所謂的情感與理智，呼應於那個時代情勢所需，「情」是指事物所顯
現的勢態，如事情、民情、政情、財情、國情等；「理」反指的是人與
人之間的「義理」、正義、進步的理想，乃至滿足人民利益、民族利益
而言的「理」，此方是晚清時客觀存在「理」的反映。

第二節　評論優缺點

一、揚州清儒情理論的優點

　　張舜徽先生〈揚州學記〉中，指出「揚州」學術的特色在「通
博」，可謂集吳、皖派之精華。尤其難得的是處在那個狹隘的學術氣
氛，「揚州學者」能「創」、能「通」，敢於推翻正統說法，提出自己
的創見，如焦循之「易理觀」——「旁通、相錯、時行」；黃承吉的文
字研究溯求「義理」，皆可謂前無古人，自創新例；王念孫之校勘、訓
詁研究，阮元之編書、設學堂、育人材，乃至金石、名物、「仁學」、
性命之說，汪中的辨章學術源流、提倡諸子：荀墨的重要性，皆可謂融

88　鄭劍順先生：〈關於「情」與「理」商榷的答覆〉，收入氏著：《晚清史研
　　究》，（長沙：岳麓書社，2003年），頁31。

會貫通，說明問題。張舜徽先生最後以「能見其大，能觀其通」八字總結他們的學風[89]。進一步歸納出「揚州學者」的治學特色有六點，即：
（一）對待學術問題，採取求同存異的態度（二）運用變化、發展的觀點分析事物（三）推廣了求知的領域（四）突破了傳注重圍（五）不從事聲氣標榜（六）肯承認自己的短處。[90]針對其治學特色，在「情理論述」上，實可整理出具有以下優點，足資探討：

（一）具有實事求是的科學精神

　　據清代學術的演進實況而言，戴震學術實可謂乾嘉學派臻於鼎盛的標誌，但其後乾嘉學術仍在繼續發展，發展之關鍵在於揚州諸儒大力闡揚，自身學術的實踐力行。尤其戴震的弟子，如段玉裁、王念孫、王引之父子，於文字、聲韻、訓詁、校勘方面的成就，較之戴震，更是有過之而無不及，陳祖武先生謂其「實是青出藍而勝於藍」[91]。連當時宗宋抑漢的方東樹，大力抨擊漢學為「叛道罔說」[92]，但對段玉裁、王氏父子在文字、音韻與經義學上的貢獻，則是推崇備至。如段玉裁的《說文解字注》，方氏以為：「段氏於《說文》之學可謂集大成矣。」對「高郵二王」評其「近人說經，無過於高郵王氏」又「古韻一事，至今日幾於日麗中天矣」[93]，純然肯定他們在小學上的努力。

　　然問題是他們並非專為考據而考據，其治學意欲是「訓詁考證進求義理」[94]。即以「訓詁考證」作治學方法，以「探求義理」方為治學宗

---

[89] 張舜徽先生：〈揚州學記〉，（收入氏著：《清儒學記》，濟南：齊魯書社，1991 年），頁 473。

[90] 同上注，頁 473-479。

[91] 陳祖武先生：《清儒學術拾零》，（長沙：湖南人民出版社，2002 年），頁 169。

[92] 方東樹著：《漢學商兌》卷 1，同注 21，頁 343。

[93] 方東樹著：《漢學商兌》卷 2、3 同上注，頁 331。

[94] 這方面，段玉裁：〈博陵尹師所賜朱子小學恭跋〉有云：「喜言訓詁考核，尋其枝葉，略其本根，老大無成，追悔已晚。」見其治學仍以義理為歸趨；見氏著：《經韻樓集》卷 8，（收入《段玉裁遺書》下，臺北：大化書局，1977 年），頁 1011。王念孫：〈段若膺說文解字讀序〉云：「訓詁聲音明而小學明，小學明而經學明」，《王石臞先生遺文》卷 2，（收入羅振玉先

旨與目的；誠如濱口富士雄先生所云：「是在一個訓詁中展開『全』的聖人之志。」[95]他們的訓詁是一解經式的訓詁，是為經學領域做營造的。為具體得到真實之理，故從書中的基本元素──語言文字理解。由「個別」之文脈通「全經」大義。如此，在理解過程中絕不會形成主觀的認定。所以方東樹僅僅認定他們小學方面的成就，實是以偏蓋全的。或許漢學家由訓詁求之「義理」，正是主宋學「義理」的方氏最不願苟同的事實。不過，亦不可否認，他們的確在文字、聲韻、訓詁、校勘方面散發的光芒，大過於他們的「義理思想」，但亦不能因此，就說他們沒有「義理思想」，個人以為這是不夠客觀的。

在王念孫究「情」意義來看，其說云：

> 今天下王公大人士君子中，情將欲為仁義，求為上士；上欲中聖王之道，下欲中國家百姓之利，故當尚同之說而不可不察。念孫按：情即誠字，言誠將欲為仁義，則尚同之說，不可不察也。〈尚賢篇〉曰：且今天下之王公大人士君子中，實將欲為仁義，實亦誠也。〈非攻篇〉曰：情不知其不義也。故書其言以遺後世，若知其不義也，夫奚說書其不義以遺後世哉！情不知，即誠不知。凡《墨子》書中誠情通用者，不可枚舉。又《齊策》：臣知誠不如徐公美，劉本誠作情；《呂氏春秋‧具備篇》：三月嬰兒，慈母之愛諭焉，誠也；《淮南‧繆稱篇》誠作情；《漢書‧禮樂志》：正人足以副其誠，《漢紀》誠作情，此皆古書誠情通用之證。[96]

列舉《墨子》、《戰國策》、《呂氏春秋》、《淮南子》與《漢書》等古籍記載，「情」作「誠」；「誠」作「情」講，可知古時「情」與

生輯印：《高郵王氏遺書》，南京：江蘇古籍出版社，2000 年），頁 133。
王引之：〈道光元年辛巳恩科浙江鄉試前序〉亦云：「聖賢經世之方，莫備於經」，《王文簡公文集》卷 3，同前，頁 203。

[95] 濱口富士雄先生著、盧秀滿先生譯：〈王念孫訓詁之意義〉，（《中國文哲研究通訊》第 10 卷第 1 期，2000 年 3 月），頁 127。

[96] 王念孫：〈情〉，《讀書雜志‧墨子雜志》，（南京：江蘇古籍出版社，2000 年），頁 571。

「誠」通用，因此，念孫以「情」可作「誠」來講，賦予其「情實」、「真實」的意義。這一論述，後來西方學者葛瑞漢（Graham）先生研究，亦指出：「情」在先秦文獻中是「質實」（essential）或「情實」（genuine）之義，作為情感（passions）解的「情」到宋代以後才出現。[97]然「情」本作「實」這一看法，在清代王念孫即已發現到，殊可謂學術上之創舉。證實「情」本是「真誠惻怛」的表現，絕非後來所謂無的放矢的「情緒」、「情感」為本意，所以人情當自然流露，不該禁止或絕情。

　　觀王氏之所以能如此發現而無誤，端在其以訓詁求「義理」；其訓詁方法則是運用今訓詁學中的「廣徵博考，尋求古訓通義」這一基本原則[98]。這旁徵博引的方式，端在有一分證據，說一分話，絕不依孤證徑下判斷，又須「揆之本文而協，驗之他卷而通」[99]。「實事求是」，古書中之一字一義必探得真實，絕不被字之歧義或假借給迷惑。如此，真實做學問，誠如張岱年先生所云，「有一定的科學性」，而非如宋儒，「往往陷於主觀臆斷」。[100]

　　此小學中的訓詁方法，亦就是梁啟超先生（1873～1929）所謂的「科學方法」、「科學之曙光」[101]；章太炎先生（1869～1936）所主「有系統之學問」。[102]

[97] 詳見張壽安先生：〈我欲立情教，教誨諸眾生──跨越時空論「達情」〉一文所引，收入於張壽安先生與熊秉真先生合編《情欲明清──達情篇》，（臺北：麥田出版社，2004年），頁20。
[98] 詳見張岱年先生：《中國哲學史方法論發凡》，（北京：中華書局，2005年），頁95-97。
[99] 見王引之：《經傳釋詞·自序》，（臺北：臺灣商務印書館，1967年），頁2。
[100] 張岱年先生：《中國哲學史方法論發凡》中指出：「宋代又出現新的學風，二程自稱『得聖人不傳之學於遺經』。不拘守漢人訓詁，專重義理。宋儒的理解比較深刻，但往往陷於主觀臆斷。清人反宋學，又提倡漢學。……論學極重證據，必須找到充分證據，然後才下判斷。……乾嘉學派治學方法，可概括四點：第一，重證據，求古訓，不隨意下結論。第二，不以孤證定案。……第三，注意尋求訓詁校勘的通例。第四，不掠美，不勦襲，凡引用前人的成就，一定要寫明。……乾嘉學派的治學方法，有一定的科學性。」同注98，頁94。
[101] 梁啟超先生：《清代學術概論》，（上海：上海古籍出版社，1998年），第11、14-16章；《中國近三百年學術史》，（北京：中國書店，1987年），第1-4章、第11章。

基於上述，我們可以斷定：哲學思想研究，實也必須建立在正確的哲學史料上做研究。倘若沒有充分正確的史料依據，那麼，所謂思想的分析便成為「游談無根」的臆說。所以史料整理是哲學史研究的基本工作，方法即包括：訓詁、校勘、考證、鑑別與詮次等。[103]

清代「揚州學者」除了「高郵二王」外，以訓詁、考證探求「義理」者，尚有黃承吉、焦循、阮元等人[104]。黃承吉以「聲義同源」、「依聲求義」的方式論「性命」之理與「絜矩」之道；創發出「曲」－「數」－「道」之連繫，以「曲」之理，彰顯「至誠能化」的重要性，闡明「人事即矩正」，「絜矩」之理[105]。這一創見，實亦奠立於其「實事求是」的「小學」學術根基，故方有此理之創發。

焦循可謂清代的經學家、易學家、天文算學家，乃至「揚州學派」的代表人物。經學著述上計有：《毛詩補疏》、《尚書補疏》、《周易補疏》、《禮記補疏》、《春秋補疏》、《論語補疏》、《禹貢鄭注釋》、《孟子正義》、《論語通釋》、《易章句》、《易圖略》、《易通釋》（雕菰樓易學三書）等書[106]。其中尤以治《易》最為獨到創新，為後人嘖嘖稱奇；其將算學與訓詁等知識運用到《易經》的研究中。就

---

[102] 見氏著：《章太炎講演集》，（石家莊：河北人民出版社，2004 年），頁 100-102。

[103] 見張岱年先生：《中國哲學史方法論發凡》，同注98，頁 82。

[104] 黃承吉：〈字詁義府合按後序〉云：「漢學二字，至國朝而始見。為公之前，唐宋之後所原無，以其別目，乃與宋學相形而後出也。蓋自唐中以後，治經者多置漢儒傳注不事，即其間超卓之士兼為涉及者，亦卒狃於歧見，而非必求之正鵠以反躬，良以學見未明，故識趨無定。明人中若楊用修、焦弱侯之軼群，而於漢學則亦終於無見。」《字詁義府合按》，（北京：中華書局，1993 年），頁 271；焦循：〈與劉端臨教諭書〉云：「國初，經學大盛，以漸為大。……雖幼學鄙儒，無不知有許、鄭者，所患習為虛聲，不能深造自得。古學未興，道在存其學；古學大興，道在求其通。前之蔽，患乎不學；後之蔽，患乎不思。證之以實，而運之於虛，庶幾學經之道也。」《雕菰集》卷 13，（臺北：鼎文書局，1877 年），頁 215；阮元：〈焦里堂群經宮室圖序〉云：「蓋株守傳注，曲為傅會，其弊與不從傳注、凒臆空談者等。」《揅經室一集》卷 11，（北京：中華書局，1993 年），頁 250。

[105] 見黃承吉：〈四元玉鑑細草序〉，《夢陔堂文集》卷 7，（收入於馬小梅主編：《國學集要初編十種》，臺北：文海出版社，1967 年），頁 188。

[106] 詳見張舜徽先生：〈揚州學記〉，同注89，頁 423-425。

訓詁而言，發揮六書中「假借」與「轉注」之理，來說明《易》辭之例[107]。如焦循釋《易‧革‧上六》「君子豹變」，即運用假借之理，來說明其旁通、相錯等卦爻變換運動的法則，最後，釋得此理為「須不斷變通、改革」，實與孔穎達《周易正義》所解相當[108]。晚清今文學家皮錫瑞對此亦主「假借為改革」之義[109]。表明其亦支持焦循以「假借」釋《易》之法。

焦循反對為考據而考據，於《易》研究，仍主以聲音訓詁之理解《易》，不僅求通其辭，且在明聖人繫辭的本意。藉以語言闡釋的奧妙達到「通經明道」的目的，可以說「假借」與「轉注」無疑為焦循建構易學新象數範式，提供了一條新的路徑。所以焦循治《易》，創發出頗多新的道德易說，所謂：「旁通、相錯、時行，破舊說之非」；「是情以旁通而皆可以為善，則保合太和也」；「由元亨而利貞，由利貞而復為元亨，則時行矣」；「當位則吉，失道則凶。然吉可變凶，凶可化吉」；「惟失道所以教之，惟失道而教之，即能復於道」；「天下事物以相錯而治，錯而得乎道，惟在旁通」[110]。牟宗三先生評其：

---

[107] 焦循：〈與朱俶堂兵部書〉云：「非明九數之齊同、比例，不足以知卦畫之行；非明六書之假借、轉注，不足以知〈象辭〉爻辭、〈十翼〉之義。」又〈周易用假借論〉亦云：「如豹、袀為同聲，與虎連類而言，則借袀為豹；與祭連類而言，則借豹為袀。沛級為同聲，以其剛掩於困下，則借沛為級；以其成兌於丰上，則借級為沛。各隨其文以相貫，而聲近則以借為通。蓋本無此字，而假借者，作六書之法也。本有此字，而假借者，用六書之法也。」知焦循除用數理明《易》外，尚以六書中假借與轉注闡釋《易》理；其中假借不僅是依於義引申的假借，亦包括依於聲而旁寄的假借。分別見氏著：《雕菰集》卷13、卷8，（臺北：廣文書局，1977年），頁202、125。

[108] 魏‧王弼注、唐‧孔穎達疏：《周易正義》云：「居革之終，變道已成。君子處之，雖不能同九五革命創制，如虎文之彪炳，然亦潤色鴻業，如豹文之蔚縟，故曰君子豹變也。」《十三經注疏本》（分段標點本）（1），（臺北：新文豐出版社，2001年），頁416。

[109] 清‧皮錫瑞：〈論假借說易並非穿鑿，學者當援例推補〉云：「如革卦之義為改革，初九：鞏用黃牛之革，則借為皮革。據《說文》：革，獸皮去其毛革更之。故假借為改革，是皮革為革字本義也，六五：大人虎變，上六：君子豹變，亦取象於虎豹之皮，而取義於皮革之革。」《經學通論》，（北京：中華書局，1954年），頁39。

[110] 分別見焦循：《易圖略‧序目》、《易通釋》「性、情、才」條、《易圖略‧時行圖序目》、《易通釋》「教」條，（收入《易學三書》，北京：九州出版

　　焦里堂的「旁通情也，而元亨利貞」，皆是人間的真正發現，皆
　　是抉破人間的秘密而趨向於赤裸的真人生，這是人間的復活，人
　　間的自我實現，毫不必借助於萬能的神及超越的宗教。這是有功
　　於人類的發現，他這道德哲學的系統之完美，在這個人間是不多
　　見的。[111]

牟宗三先生對清儒的哲學思想是相當不認同的，總視清代是一「沒有思
想」的時代[112]，但在此我們可以清楚看見牟先生對焦循創新的《易》
理，不僅肯定其價值，更視為是「有功於人類的發現」，將道德哲學系
統的「完美內涵」建構出來。

　　阮元一生為官所至，振興文教，獎掖後進，究心學術，儼然為一時學
壇盟主。然在學術上的最大貢獻，還在其主持編纂許多經學名著與培育諸
多人才，就編纂許多經書而言，如有：《經籍纂詁》、《十三經注疏校勘
記》與《皇清經解》等書。《經籍纂詁》是一部專論文字字義的工具書；
《十三經注疏校勘記》可謂一部集目錄學、板本學與校勘學之大成著作。
晚清今文經學家皮錫瑞讚此書為：「經學之淵海」[113]。《皇清經解》這部
書，可謂將清代前期的主要經學著述匯聚一堂，尤其是乾嘉學者的著作，
做了一次成功的總結。特別是在今文經學異軍突起時，清代前期近二百年
間經學的發展，似乎惟在《皇清經解》此書中，以著述匯編的形式得以再
現，將清前期經學成就做了一較為集中的編纂。陳祖武先生指出：

　　《皇清經解》的纂修，示範了一種實事求是的良好學風，對於一
　　時知識界，潛移默化，影響深遠。[114]

社，2003 年），頁 1、119、59、122；〈寄王伯申書〉，《焦里堂先生軼
　文》，（收入《鄦齋叢書》（3），臺北：藝文印書館，1971年），頁6。
[111] 牟宗三先生：〈清焦循的道德哲學之易學〉，《周易的自然哲學與道德涵
　　義》，（臺北：文津出版社，1988 年），頁 267。
[112] 詳見牟宗三先生：《中國哲學十九講》，（臺北：臺灣學生書局，1983 年
　　10 月），頁 418。
[113] 皮錫瑞：〈經學復盛時代〉，《經學歷史》，（北京：中華書局，1981
　　年），頁 330。
[114] 見陳祖武先生：《清儒學術拾零》，（長沙：湖南人民出版社，2002 年），
　　頁 194。

說明《皇清經解》這部書，表現「實事求是」的治學風範，對後世影響
頗大。此外，阮元主「實事求是」以求「義理」的方法，應用在其論
「仁」上與闡明經典「義理」上[115]，傅斯年先生則是讚許有加，其云：

> 夫阮氏之結論固多不能成立，然其方法則足為後人治思想史者所
> 儀型。其方法惟何？即以語言學的觀點解決思想史中之問題是
> 也。[116]

此所謂「語言學」的觀點，即運用到訓詁學中「注意本篇文義，力求貫
通」的原則[117]，亦即王引之所謂「揆之本文而協，驗之他卷而通」（同
前述），觀照全篇上下文義，以探求適當「義理」，訓釋古書之基本做
法來解決思想史的問題。另外，亦據實際所見、所聞，秉持「證據論
理」之原則，「實事求是」地闡述「義理」，方不致有臆斷曲解之謬誤
產生，這就是後來學者們所強調的做學問的「科學方法」。

　　總之，「揚州學者」秉持「實事求是」的方法注釋經書，闡述「義
理」，在《十三經》研究上，其功至偉；誠如林慶彰先生所云：

> 在同是重視漢學的大前提下，揚州學者對《十三經注疏》的研
> 究，應為吳、皖兩派學者所不及。[118]

---

[115] 事實上，反對「克己復禮」之「克己」作「私欲」解者，不獨有偶，尚有毛奇
齡《四書改錯》一書中之解、淩廷堪：〈與阮中丞論克己書〉一文等論。另何
佑森先生：〈明末清初的實學〉一文中亦提及：「阮元（1764～1849）在治學
上繼承了戴震（1723～1777）的『實事求是』精神，他根據經典舉了一個實
例，說松樹柏樹長滿了一叢叢的針葉，而松柏的心就露在葉子的尖端，這許許
多多的心是實心，不是虛心。古代《詩經》的作者，將自己所看到的實際景
物，寫成了「松柏多心」的詩句，假如松柏的心是虛的，就變成『松柏虛心』
了。民國的胡適（1891～1962）就非常欣賞這種『實事求是』的精神，認為這
才是做學問的『科學方法』」，（收入於中國實學研究會主編：《實學文化與
當代思潮》，北京：師範大學出版社，2002 年），頁 208。
[116] 傅斯年先生：〈引語〉，《性命古訓辨證》，（桂林：廣西師範大學出版
社，2006 年），頁 1。
[117] 見張岱年先生：《中國哲學史方法論發凡》，同注 98，頁 96。
[118] 林慶彰先生：〈劉文淇《左傳舊疏考正》研究〉，（收入於楊晉龍先生編：
《清代揚州學術》下冊，臺北：中研院文哲所，2005 年），頁 597。

在清代以「漢學」掛帥之下，對《十三經注疏》研究，「揚州學者」努力的成果仍是遙遙領先，吳、皖派的學者如惠棟、戴震等人，則所不及。

（二）見解創新變通，思治流派之偏

據侯外廬先生《中國思想通史》載[119]，知在清中葉時，特具有批判性的治學態度與充分的人民性社會思想者，是汪容甫。

汪中「凌轢時輩」，不人云亦云，敢於推翻封建傳統，為弱勢者申張正義，主「貞苦堂」與「孤兒社」，收容寡婦與孤兒，實為社會福利思想之啟蒙；並「箴砭世俗」，力圖探尋二千年來被人所鄙棄的「異端」思想，大倡諸子研究──重視荀卿之學與墨子之學，在當時可謂鳳毛麟角，但從歷史意義上來看，卻是見解的創新突破，開啟清代子學之復興與批判正統思想的生力軍。

其社會福利思想源自於他無法奉養母親的「鬱鬱之心」，是以推而求天下之母得其養，侯外廬先生指出，這是一種「墨者」的社會思想，具有近代社會的理想，與乾嘉考據學者的世界觀是不同的[120]，其可謂「有志於用世之學」，而具有「獨學之憂」，汪中云：

> 中嘗有志於用世，而恥為無用之學，故於古今制度沿革，民生利病之事，皆博問而切究之，以待一日之遇。下至百工小道，學一術以自托，平日則自食其力，而可以養其廉恥，……何苦耗心勞力飾虛詞以求悅世人哉？此吾藐然常有獨學之憂。[121]

可看出汪中思想於當時特立獨群的一面，所求的是用世之學，反對空談等無用之學。對古今制度沿革與民生利病等事，特別關注與研究。強調的是學得一技之長，既可以自食其力，又可以養其廉恥，不在乎當時人

---

[119] 見侯外廬先生：《中國思想通史》（5），（北京：人民出版社，2004年），頁476。

[120] 同上注，頁478。

[121] 汪中：〈與朱武曹書〉，《述學·別錄·文集》（第5輯），（收入田漢雲先生主編：《新編汪中集》，揚州：廣陵書社，2005年），頁442。

的輿論與批評，所觀照是「推於六經之旨以合於世用」[122]。所以汪中治學主「實事求是」，但不僅限於文字訓詁，而是致力於「通經致用」，阮元〈傳經圖記〉則云：

> 有陋儒之學，有通儒之學。……何謂通儒之學？篤信好古，實事求是，匯通前聖微言大義，而涉其藩籬，此通儒之學也。……吾鄉有汪君容甫者，……所著有《述學》內外篇，如〈釋三九〉、〈釋明堂〉數篇，皆匯萃古訓，疏通證明。而其所最精者，則在《周官經》、《左氏傳》。嘗作〈春秋左氏釋疑〉、〈周禮徵文〉二篇，以證二篇之非偽也。……殆所謂通儒之學者矣。[123]

阮元據汪中之治學態度，不自封於漢學之繁瑣，志在實證求其聖賢之意；又所著述等篇章來看，皆「匯萃古訓，疏通證明」，嘗作〈春秋左氏釋疑〉、〈周禮徵文〉二篇，「實事求是」地證明《周官經》、《左氏傳》二書非偽也。依此，阮元冠以「通儒之學者」稱之。侯外廬先生亦以為：汪中主致用之學，不囿於門戶之見，於當時可謂「新時代意識的覺醒[124]」者。

焦循治經，對「惟漢是求而不求其是」的傾向，亦是相當反對的，其云：

> 述孔子而持漢人之言，惟漢是求而不求其是，於是拘於傳注，往往扞格於經文。是所述漢儒也，非孔子也。而究之漢人之言亦晦而不明，則亦第持其言而未通其義也，則亦未足為述也。……唐宋以後之人，亦述孔子者也，持漢學者或屏之不使犯諸目，則唐宋之人述孔子，豈無一足徵者乎？[125]

---

[122] 關於此，汪中：〈與巡撫畢侍郎書〉云：「中少日問學，實私淑諸顧寧人處士，故嘗推六經之旨，以合於世用。及於考古之學，惟實事求是，不尚墨守，所為文恆患意不稱物，文不逮意，不專一體。」同上注，頁428。

[123] 阮元：《揅經室集》，（北京：中華書局，1993年），頁1063。

[124] 見侯外廬先生：《中國思想通史》，（北京：中華書局，1993年），頁483。

[125] 焦循：〈述難四〉，《雕菰集》卷7，同注107，頁105。

反對為考據而考據，尤其對盲目尊信漢儒的積弊，更是大力抨擊，以「拘於傳注」為闡述之理，實是漢儒所言，未必是孔子所意也。所以在此，可以看出焦循不偏漢亦不反宋，所倡的是獨立思考，反對以「考據」取代「經學」之名。所以焦循對「考據」的觀感是：

> 近之學者，無端而立一考據之名，群起而趨之，所居者漢儒，而漢儒中所居又惟鄭、許，執一定之道，莫此為甚。專執二君之言，以廢眾家，或此許、鄭而同之，自擅為考據之學，吾深惡之也。[126]

另在〈與孫淵如觀察論考據著作書〉中亦屢屢提及「考據之名」務必盡除之要[127]。然焦循深惡考據，亦不主理學，只是主張回歸經典，「實事求是」，為經學正名，確立原始儒學的正宗地位。在此，焦循提倡「實證」與「貫通」為治學之方；其云：

> 蓋古學未興，道在存其學；古學大興，道在求其通。前之弊患乎不學，後之弊患乎不思。證之以實而運之以虛，庶幾學經之道也。[128]

研究經學的目的，是在發揮聖人思想，倘若書中論述不實，又如何信以發揮？所以「實證」是不可疏忽的治經法，但若拘泥於古，一味強調字音、字義、名物、制度、版本等考證，無法有經書意義的發揮，就又不可避免地將經學研究鑽向狹窄的方向，終流於纖巧與瑣碎；誠如章學誠云：

> 近日考訂之學，正患其不求其義，而執形跡之末。銖黍較量，小有異同，則囂然紛爭，而不知古人之真不在是也。[129]

---

[126] 焦循：〈與王引之書〉，見賴貴三先生編《昭代經師手簡箋釋》，（臺北：里仁書局，1999年），頁201。

[127] 焦循：〈與孫淵如觀察考據著作書〉云：「無端設一考據之目，又無端以著作歸諸抒寫性靈之空文，此不獨考據之稱未明，即著作之名亦未深考也。……而考據之名不可不除。……是直當以經學名之，烏得以不典之稱考據，混同於其間乎！」《雕菰集》卷13，同注107，頁214。

[128] 焦循：〈與劉端臨教諭書〉，《雕菰集》卷13，同上注，頁215。

「治經」宜「空所依傍」與「深思自得」二者並重。必得「融會經之全文，以求經之義，不為傳注所拘牽，此誠經學之大要也」[130]。所以經學研究除了疏通證明外，尚在體悟聖人之道，並加以發揮。對於此，焦循又進一步提出創新之見，所謂「自得其性靈」的經學思想；其云：

> 惟經學可言性靈，無性靈不可以言經學。學經者，博覽眾說而自得其性靈，上也；執於一家以和之，以廢百家，惟陳言之先入，而不能自出其性靈，下也。[131]

焦循提倡「自得性靈」說，旨在強調經學研究，必須在博覽眾說的基礎上提出個人創見，表達自領心悟的想法，絕非人云亦云、口耳剽竊之樂道，或片言隻語的繁瑣考證為滿足。所以焦循又主「天下之知覺自我始」之「新作」的注經觀點；其云：

> 作者之謂聖，述者之謂明。作、述無等差，各當其時而已。人未知而己先知，人未覺而己先覺，因以所先知先覺者教人，俾人皆知之覺之，而天下之知覺自我始，是為作。已有知之覺之者，自我損益之，或其意久而不明。有明之者，用以教人，而作者之意復明，是之謂述。[132]

其以經學研究不外「明事」與「明意」兩端，不僅要得其實，亦須依經文用己意體會至深，而且不應囿於傳統已成定論之束縛，心領神會經書中之「義理」，志在發揮聖賢作經書之意圖與觀點才行[133]。此謂「天下之知覺自我始」，尚在以己所知所得，傳播與他人，即所謂「先覺覺後人」，方是「著作」大義，然使「作者之意復明」，則是「述」之理。

---

[129] 章學誠：〈上錢辛楣宮閣詹書〉，《章氏遺書》（中）卷29，（臺北：漢聲出版社，1973年），頁744。

[130] 焦循：〈辨學〉，《雕菰集》卷8，同注107，頁109。

[131] 焦循：《里堂家訓》卷下，（收入《續修四庫全書‧子部‧儒家類》，上海：上海古籍出版社，1995年），頁528-529。

[132] 焦循：〈述難二〉，《雕菰集》卷7，同注107，頁105。

[133] 關於此，焦循：〈與王欽萊論文書〉有云：「總其大要，惟有二端，曰意、曰事。……明其事，患於不實；明其意，患於不精。學者知明事之難於明意也，以事不可虛，意可以縱也。然說經之文，主於意。依經文而用己之意體會其細微，則精而兼實。」《雕菰集》卷14，同上注，頁233。

　　焦循治經主「證之以實而運之以虛」、「自得其性靈」說與「天下之知覺自我始」等理，實可謂其創新變通之見，亦思治當時惟漢惟宋等流派之偏也。除了焦循外，當時學者如：淩廷堪、阮元、汪喜孫等人，亦紛紛對「惟漢是從」的治學態度有所批判，淩廷堪〈與胡敬仲書〉云：

> 所云近之學者，多知崇尚漢學，庶幾古訓復申，空言漸絀，是固然矣。第目前侈談康成、高言叔重，皆風氣使然，容有緣之以飾陋，借之以竊名，豈知足下真知而篤好之乎！且宋以前學術屢變，非漢學一語可盡其源流。[134]

指出「惟漢是尊」的弊害；高談鄭玄、許慎之學，順其流俗，易形成藉以「飾陋」或「沽名」的情形，執一廢百，未必是真知好學的表現。且宋學之前的學術，亦非漢學所能道盡。所以淩廷堪強調「漢學」須「變革」，所謂「天下安之既久，則又有人焉思起而變之，此千古學術之大較也」[135]。學術的發展就是不斷求新求變，蔚為一時之盛學，既久即須自新變革，與時偕行，學術方不斷進展。阮元對此考據之偏執，亦有云：

> 余以為儒者之於經，但求其是而矣。……未聞以違注見譏。蓋株守傳注曲為傅會，其弊與不從傳注，憑臆空談者等。[136]

恪守漢儒一字一句、一名一物之考證，其弊亦與空談心性的理學一般，步入另一種空疏。不過前者，穿鑿附會；後者，主觀臆斷，皆非治學之本。治學當以「實事求是」為主。汪喜孫承襲其父治學之旨：「推於六經之旨以合於世用。」力倡「漢、宋不分」、「由名物通大義」，方是治學之途。喜孫云：

> 足下蔚為經師，需教後生由聲音以通訓詁；由訓詁以通名物；由名物以通大義。辨別孔沖遠之勦說雷同，不分古今文門徑，不分南北學師傳。……審賈、董、鄭、許之師法，以上追周秦古義、

---

[134] 淩廷堪：《校禮堂文集》卷23，（北京：中華書局，1998年），頁203。

[135] 淩廷堪：〈與胡敬仲書〉，同上注，頁203。

[136] 阮元：〈焦里堂群經宮室圖序〉，《揅經室一集》卷11，同注123，頁250。

> 周孔古書，知立言與立德、立功不是三塗，庶幾經明行修，通經
> 致用，處為純儒，出為良吏。[137]

主通章句訓詁，進明「義理」，由考證以「實事求是」，求其了解正確
無誤之理，進而發揮聖賢意旨，非一味考證名物、象數、文字而已。所
以汪喜孫強調「以漢儒立學，不廢義理；宋儒論學，不廢考據是也。」[138]
打破「當世門戶之見」[139]，力主「漢、宋融合」，正如其云：「漢宋何以
辨？道學何以分？」所以「漢宋之學，可不必分；通經與力行，更不必
別」[140]。凌廷堪、焦循、阮元乃至汪喜孫對「恪守漢儒之學」均表達抗
議與不滿，亦傳達出一求新求變的呼聲，實可看出此於當時不僅是一學
術取向的變動，更是一種漢學家自新的開創性學術活動。

另焦循以《易》理，創發出「旁通以情」的道德思想，亦在告誡我
們：不要只知有自己，而不知有他人；勸諭世人時時要有一顆替人著想
之心，「替他人想即是為己想」[141]；人情相通，方可共創一和樂且諧的
社會；唐君毅先生對焦循「旁通以情」說，評其優點是：

> 其重情之旁通，乃謂即情可以見性，由此而足矯漢儒以來學者之
> 賤情貴性之弊。先秦《孟子》之學，本為即情即心言性者。而
> 《禮運》、《樂記》之言禮樂，尤重本乎人情。然荀子之言禮及
> 《禮記》中如〈坊記〉與後儒之言禮，乃或不近乎人情。漢晉之
> 學者，更本情惡之論以絀情；佛家與宋明儒之言心性，亦賤情識
> 與情欲。此其所賤之情，雖皆有特指，然要皆未能兼對人情之貴

---

[137] 汪喜孫：〈與劉孟瞻書〉（四），《汪孟慈集》卷 5，（汪喜孫撰、楊晉龍
主編：《汪喜孫著作集》上，臺北：中研院文哲所，2003 年），頁 168。

[138] 汪喜孫：〈上張石洲先生書〉，同上注，頁 188。

[139] 汪喜孫：〈與任階平先生書〉：「僕願與閣下，大聲疾呼，破當世門戶之
見。」同上注，頁 414。

[140] 前者詳見汪喜孫：〈與朝鮮金正喜書〉（一），同上注，頁 200；後者見其
〈與任階平先生書〉，其又云：「安有學周公、孔子之道，而行與言違？又
安有讀程子、朱子之書，可束書不觀者？」頁 413。

[141] 鄭板橋：〈雍正十年杭州寄舍弟墨書〉，《鄭板橋全集》，（上海：上海古
籍出版社，1979 年），頁 3。

者，亦鄭重以言之。則將無以導天下人之正常之生命情感，使之
咸得抒發而暢流，是固當更補之以重情之論。此在宋明以來之學
者，固亦多有即情見性之言；而王船山更大倡尊情之論。然習齋
則重身體力行而忽情；東原雖言同人之情、遂人之欲，而其為學
重在知，乃與旁通人情以自求光大而成德，未能備足。里堂則庶
幾乎於此意。[142]

以「情」見「性」，實矯漢儒以來「賤情貴性」空疏之弊。孔孟之時，
相當重「情」，惟荀子之後，漢晉學者主「情惡」以絀情，佛家與宋明
儒者主「性善」而賤情，皆失去人情可貴的一面，亦無法導正天人「情
理」之抒發，雖後來明清學者大倡「尊情」論說，但不夠周全，獨至焦
循時，興「旁通以情」說，可謂將儒家「貴情成德」之論述光大備足。
焦循這一「情通」理論不僅發揚「人情」之重要性，亦創造了「情」的
意義，賦予「情」新的詮釋生命，使後人對「情」不再賤惡，而是由
「情」感受到「人道主義」與「社群意識」之重要。人不是獨居的，必
生活在群體中，方顯其價值與意義，所以人不能僅為自己想好就可，尚
須為他人著想，力求群體蒸蒸日上，方是人類思想的進步。

　　凌曙與儀徵劉氏之學，最為獨特而為後人津津樂道者，在其創以
「禮」治《春秋》；然凌曙治今文《公羊》學，亦是引《公羊》學入禮
學之先導者[143]。其著有《公羊》學與禮學融合一體的《公羊禮疏》一
書。其〈序〉云：

> 觀乎古帝王之經理天下也，得禮治，失禮亂，得失之所關，治亂
> 之所本，可不慎與？……六經之道，同歸禮樂之用。[144]

---

[142] 唐君毅先生：《唐君毅全集》卷 13，（臺北：學生書局，1991 年），頁 615。
[143] 鄭卜五先生：《凌曙公羊禮學研究》云：「其《公羊問答》、《群書答問》
皆以公羊學之精神加以闡發，其《公羊禮說》、《公羊禮疏》、《禮說》、
《禮論略鈔》、《儀禮禮服通釋》更是公羊與禮學之結合，尤其《春秋繁露
注》更開啟研究公羊學的另一門徑。」（高雄：高雄師範大學國文系博論，
1997 年），頁 6-7。
[144] 凌曙：《春秋公羊禮疏‧序》，（收入於《叢書集成初編》第 3674 冊，北
京：中華書局，1985 年），頁 12。

清楚看出凌曙主天下治亂關鍵在於「禮」。所謂：得禮則治，失禮則亂，故「治亂之本」在於「禮」。天下之所以有殺、盜、奸、淫、篡等事產生，皆因「禮不興」造成，所以天下之治在於一「禮」；有「禮」則天下可治，有「禮」則可走遍天下；故道不外求、不遠求；六經之道，看似繁複、深奧，實則一「禮」而已。又凌曙《四書典故覈・序》亦云：

> 吾人為學自治經始，治經自三禮始。三禮書甚完具，二鄭、孔、賈發明其義甚明。且密推人情之所安，以求當於古先聖王制作之源，則莫不有合焉者。……禮本人情以即於安，故禮者治人之律，而春秋則其例也，春秋之旨，僅存於《公羊》，得何氏闡其說，然後知禮之不可頃刻使離於吾身。[145]

凌曙在此說明為學由治經始，治經自「三禮」始。古聖先王之「理」，均在「三禮」中，後人之注釋如：鄭眾、鄭玄、孔穎達、賈公彥等所闡發之「義理」，非常明瞭易曉。且「禮」不玄遠，乃依「人情」所制定，「人情」之所安而來，合於古聖先王定立典章制度之初衷，所以「禮本人情以即於安」。「禮儀規範」本於「人情義理」而來，符合人性人情，是人們皆可為之，可實行的，如此，人人依禮而行，天下安定，共造一禮治社會。所以凌曙主治《春秋》，探其微言大義在《公羊》，然治《公羊》必先明「禮」意，因「禮」乃「人之繩墨」，循「禮」而行，行必至善達道，所以「禮」是為人處事之方，亦是人我間的「護身符」，人人依「禮」而行，天下自然和諧太平，所謂使亂臣賊子懼的《春秋》，實亦是表述「禮儀」義例之書。

繼凌曙之後，儀徵劉氏三學——劉文淇、劉毓崧、劉壽曾等人，皆主「禮」治《左傳》，不同於凌氏的是劉氏三學治古文經為主。劉文淇的成名作：《左傳舊疏考正》與《春秋左氏傳舊注疏證》，可謂集研究《左傳》之大成。尤以《春秋左氏傳舊注疏證》，取材廣博，資料豐

---

145 凌曙：《四書典故覈・序》，（收入於清・戚學標編：《四書續談內編》，上海：上海古籍出版社，2003 年），頁 3。

富。更重要的是，劉文淇發明揚州學人面向人事與面向實踐的特點[146]，重視「經世致用」。劉文淇云：

> 釋《春秋》必以周禮明之；周禮者，文王基之，武王作之，周公成之。周禮明，而後亂臣賊子乃始知懼。[147]

開宗明義指出：釋《春秋》必以周禮明之。知其《春秋左氏傳舊注疏證》大抵尊「禮義」以疏證《左傳》。其所以不尚《春秋》義例，以禮治《春秋》，旨在以「禮」可貶黜亂臣賊子，尚「禮」已可蓋括《春秋》之「義理」。其子劉毓崧亦云：

> 然天理不外乎人情，故情理可以互訓。而理官治獄，首貴乎得情，能準理以度情者，斯謂之忠恕，故法家當以忠恕為心，能緣理而因情者，斯謂之禮……儒家乃能精於法家，理與禮其道一而已矣。[148]

以為「天理不外乎人情」，故「情理」可互訓；亦即「情」即「理」，「理」即「情」。然強調「緣理因情者」是「禮」，所以儒家之情理「禮」論，更勝過法家之惟「理」耳。不論「理」或「禮」，皆是道。重點是其亦主「以禮代理」；承父之學，亦以「禮」治經。又其子劉壽曾亦主：「《春秋》者，禮義之大宗也。」[149]強調為人君、父、臣、子，皆須通《春秋》之「義理」，方能守經而知其宜，遭變而知其權，所作所為，方辨乎「禮義」。所以《左傳》所載，亦是本於「禮義」而來。相對而言，治《左傳》亦須深明「禮義」。可看出儀徵劉氏三學與凌曙之學，雖志在發揚《春秋》義法，但不論是主今文《公羊》或古文《左傳》學，他們所強調的皆是「禮治」與《春秋》有密切關係，《春

---

[146] 祁龍威先生：〈清乾嘉後期揚州三儒學術發微〉，（《揚州大學學報》（人文社會科學版）第4卷第2期，2000年3月），頁68-73。

[147] 劉文淇等著：《春秋左氏傳舊注疏證·注例》，（北京：中國社會科學出版社，1959年），頁1。

[148] 劉毓崧：〈法家出於理官說下篇〉，《通義堂文集》卷10，（收入於嚴一萍先生編輯：《求恕齋叢書》（集部），《叢書集成續編》，臺北：藝文印書館，1970年），頁17。

[149] 劉文淇等著：《春秋左氏傳舊注疏證》，同注147，頁642。

秋》闡明「禮」之大義;又須以「禮」深察《春秋》之義例。將「禮義」與《春秋》做一結合,亦是將「禮義」運用於人事歷史中,深究其中道理,蔚為他們治學一大創舉。

(三)重視實際,經世致用

　　清代學術有所謂「實學」之稱,蓋由清初主「經世致用」之學,走向乾嘉以「實事求是」的考證法治學,進而晚清有鑑於西方的船堅砲利,大倡實業、時務、民生之學。這可謂「實學史」變遷的大略流程。重要的是「實學」的發展至乾嘉時期,學者多以考證方法治學,這考證的背後是否另有其經世思想的意義在?抑或是僅僅止於考證這「實事求是」的方法呢?據張壽安先生研究指出,清儒本六經以求治世之方策,主以《春秋》與《三禮》為最大宗,尤其對「禮」的重視,更是前古未有。[150]是否清儒對「禮」之重視與欲從經書中考證出「義理」來,這兩方面可看出此時清學的經世走向?

　　事實上,清中葉時,「揚州學者」頗多主「以禮代理」說,如有汪中、江藩、淩廷堪、焦循、阮元、汪喜孫、寶應劉氏、儀徵劉氏等人[151];

---

[150] 見張壽安先生:〈明清實學研究的現況與展望〉,(收入於中國實學研究會主編:《實學文化與當代思潮》,北京:師範大學出版社,2002 年),頁370。文中更指出:「在《皇清經解》(阮元編,道光九年)中,有關《三禮》的專著佔百分之二十;到《皇清經解續編》(王先謙編,光緒十四年),則增至百分二十八,惟有《春秋》可與相埒。」

[151] 汪中:〈荀卿子通論〉云:「荀卿所學,本長於禮。」田漢雲先生:《新編汪中集·前言》云:「汪中推崇荀子,似有過於推崇孟子。這不僅是考慮到荀子在傳承經典方面的特殊作用,同時也著眼於荀子思想的重大價值。他特別點明:『荀卿所學本長於禮。』他又具體指陳了荀子為二戴《禮記》所取資,並說曲臺之禮乃是荀學之支流餘裔。……汪中這樣看問題,與清代樸學家以禮學代替宋儒理學的宗旨是一致的。由此看來,汪中尊荀子的深意,在於整合先秦儒學的思想資源,重建儒學的理論體系。」見田漢雲先生編:《新編汪中集》,(揚州:廣陵書局,2005 年),頁 412、12。江藩:《國朝宋學淵源記》卷上:「以故訓通聖人之言,而正心誠意之學自明矣,以禮樂為教化之本,而修齊治平之道自成矣。」收入江藩、方東樹著,徐洪興編校:《漢學師承記》(外二種),(香港:三聯書店,1998 年),頁 186。淩廷堪:〈復禮〉下:「聖人不求諸理而求諸禮。蓋求諸理必至於師心,求諸禮始可復性也。」《校禮堂文集》卷 4,(北京:中華書局,1998 年),

然尤以淩廷堪倡「以禮代理」，方為正式的表態。目的在藉禮制的實踐，導民正俗，達至儒家禮治社會的理想。然其「以禮代理」不是一口號而已，尚在力求實踐功夫，即：習禮、明禮意、與復性於禮。[152]是否「禮制規範」較之主觀玄想空談，更為實際易行，更可達成「經世致用」之目的？藉由「學禮」、「習禮」的實踐過程中，體會「禮制」的意義，進而做到所謂「知行合一」的地步，由約禮而復性於禮。由「禮」對人的制約，達成建立一社會秩序的目的，乃是考證之學者們經世之途。所以「考證」是方法，「以禮經世」方是他們治學的目的。

然在道德實踐意義上，重實踐力行，是以在重「禮」棄「理」之下，往昔理學所主內聖成德之境界，亦變為所謂外在「課責」（accountability）的功夫。淩廷堪曰：

> 知父子之當親也，則為醴醺祝字之文以達焉，其禮非士冠可賅也，而於士冠焉始之。知君臣之當義也，則為堂廉拜稽之文以達焉，其禮非聘覲可賅也，而於聘覲焉始之。知夫婦之當別也，則

頁31。焦循：〈理說〉：「禮論辭讓，理辨是非。……理足以啟爭，而禮足以止爭也。」《雕菰集》卷10，（臺北：鼎文書局，1977年），頁151。阮元：〈書東莞陳氏〈學蔀通辨〉後〉云：「理必出於禮也。古今所以治天下者，禮也。五倫皆禮，故宜忠宜孝，即理也。……理必附乎禮以行，空言理則可彼可此之邪說起矣。」《揅經室續集》卷3，同注123，頁1062。汪喜孫：〈與戴金溪先生書〉云：「《經》莫重於《禮》，《禮》莫重於〈喪服〉。」《從政錄》卷1，（汪喜孫撰、楊晉龍先生主編：《汪喜孫著作集》中，臺北：中研院文哲所，2003年），頁404。凌曙：《四書典故覈‧序》云：「禮本人情以即於安，故禮者治人之律，而春秋則其例也。」（收入於清‧戚學標編：《四書續談內編》，上海：上海古籍出版社，2003年），頁3。儀徵劉文淇著：《春秋左氏傳舊注疏證‧注例》云：「釋《春秋》必以周禮明之；……周禮明，而後亂臣賊子乃始知懼。」，（北京：中國社會科學出版社，1959年），頁1。劉毓崧：〈法家出於理官說下篇〉云：「然天理不外乎人情，故情理可以互訓。」《通義堂文集》卷10，（收入於嚴一萍先生編輯：《求恕齋叢書》（集部），《叢書集成續編》，臺北：藝文印書館，1970年），頁17。劉壽曾：〈縈窗吟草序〉云：「區而秩之，無夫禮也；章而明之，無非理之精微也。視儒者之學，庸有殊乎？」《傳雅堂文集》卷2，（劉壽曾著、林子雄先生點校、楊晉龍先生校訂：《劉壽曾集》，臺北：中研院文哲所，2001年），頁87-88。

[152] 關於這方面論述，詳見張壽安先生著：《以禮代理——淩廷堪與清中葉儒學思想之轉變》，（臺北：中研院近史所，1994年），頁175-179。

為筭次悅聲之文以達焉，其禮非士昏可賅也，而於士昏焉始之。知長幼之當序也，則為盥洗酬酢之文以達焉，其禮非鄉飲酒可賅也，而於鄉飲酒焉始之。知朋友之當信也，則為雉腒奠授之文以達焉，其禮非士相見可賅也，而於士相見焉始之。《記》曰：禮儀三百，威儀三千，其事蓋不僅父子君臣夫婦長幼朋友也，即其大者而推之，而百行舉不外乎是矣。[153]

藉由禮儀制度與儀節之實行，做到君臣有義、父子有親、夫婦有別、長幼有序、朋友有信等「五倫」義分，方彰顯所謂親親、尊尊、賢賢、恩恩、愛愛等人倫之理。從實際的社會效應來看，以「父子至親」為例，士冠禮是孺子年廿之成年禮，必由冠者之父奔走籌劃，從卜吉日、祭告祖先，至敦請族黨之先進主持，乃至冠禮服制之繁瑣，必得三次加冠方以完成[154]，「士冠禮」之所以如此繁複冗細，是有其深刻意義的；一來旨在表示「成年禮」之威儀儳重之意[155]，萬不可怠慢輕心，以示「成年」宜端莊穩重之意義；另一方端在表達父親對子女成年的摯愛勵志的深遠期許，藉由繁細禮制表現出「父子之親油然矣」[156]之意義。所以從實際的社會效應而言，「士冠禮」的意義，志在傳達出「父子至親」的親情，是不可抹滅與輕視的。所以廷堪強調「五倫」關係是建築在實事上的確實「踐履」以成，而非存於內心的道德狀態（moral status），無可徵驗。所以廷堪所倡的「禮」，是一德目必須在實踐上的驗證，才是道德之完成。所謂：「道無跡也，必

---

[153] 淩廷堪：〈復禮〉上，《校禮堂文集》卷 4，（北京：中華書局，1998年），頁 27-28。

[154] 詳見張爾岐著：《儀禮鄭注句讀》，（臺北：學海出版社，1997 年），頁 27-69。

[155] 詳胡培翬：《儀禮正義》卷 1，（南京：江蘇古籍出版社，1993 年），頁 74。

[156] 淩廷堪：〈復禮〉上云：「三代聖王之時，上以禮為教也，下以禮為學也。君子學士冠之禮，自三加以至於受禮，而父子之親油然矣。學聘覲之禮，自受玉以至於親勞，而君臣之義秩然矣。學士昏之禮，自親迎以至於徹饌成禮，而夫婦之別判然矣。學鄉飲酒之禮，自始獻以至於無算爵，而長幼之序井然矣。學士相見禮，自初見執贄以至於既見還贄，而朋友之信昭然矣。蓋天下無一人不圉於禮，無一事不依於禮。」同注 153，頁 28。

緣禮而著見，而制禮者以之。德無象也，必藉禮為依歸，而行禮者以之。」[157]由具體規範的行為儀止，驗徵抽象的道德仁義，期能做到真正的「求仁行仁得仁」境界；又「五倫」自古以來是儒者求諸安定社會秩序的良方，所以廷堪在此亦強調：必須以「踐履」的「五倫」關係以繫社會秩序，方是儒家禮治思想的落實。

　　然在儒學「實行」中，「揚州學者」，尤以阮元是最徹底強調與提倡的一位，在《論語》中，以「忠恕」乃孔子「一貫」之道，對此「一貫」之說，幾乎皆以「統」、「通」之意解[158]，但阮元則主「實行」也。其云：

> 聖賢之道，無非實踐。孔子曰：吾道一以貫之。貫者，行事也，即與格物同道也。曾子著書，今存十篇，首篇即名〈立事〉，立事即格物也。先儒論格物者多矣，乃多以虛義參之，似非聖人立言之本意。元之論格物，非敢異也，亦實事求是而已。[159]

又：

> 實者，實事也。聖賢講學，不在空言，實而已矣。故孔子曰：吾道一以貫之。貫者，行之於實事，非通悟也。[160]

主聖賢之道就是「實行」。不論《論語》的「一以貫之」、《大學》的「格物」，乃至《曾子》的「立事」，都是在「實事求是」上立說的。此所謂「貫」之意義，是「行之於實事」，實事實行，非空言證悟。畢

---

[157] 凌廷堪：〈復禮〉中，同上注，卷4，頁29。

[158] 魏何晏注、宋邢昺疏：《論語注疏》云：「貫，統也。孔子語曾子，言我所行之道，惟用一理以統天下萬事之理也。」（《十三經注疏本》（8），臺北：藝文印書館，1981年），頁256。朱熹：《論語章句集注》釋：「貫，通也。……聖人之心，渾然一理，而泛應曲當，用各不同。」（《四書章句集注》，臺北：大安出版社，1991年），頁72。王熙元先生編著：《論語通釋》載「貫」解：「貫，統貫、貫通的意思」，（臺北：學生書局，1981年），頁177。簡朝亮先生補述：《論語集注補正述補》亦云：「貫，通也。」（北京：北京圖書館出版社，1989年），頁121。

[159] 阮元：〈大學格物論〉，《揅經室一集》卷2，同注123，頁54-55。

[160] 阮元：〈孟子論仁論〉，《揅經室一集》卷9，同上注，頁195。

竟理論是一回事，實行又是另一回事；說得再好，若不能落實或實行，亦是鏡花水月，空談一場，惟「實踐」才是真正可實行之「理」。然「貫」之字義，是否可作「實行」講？阮元亦秉持「實事求是」精神，考證「貫」字的意義，在其〈論語一貫說〉徵引諸多古籍注疏與史料，即列舉了《爾雅》、《廣雅》、《詩經》、《周禮》、《論語》與《漢書》、《後漢書》等籍，發現：

> 《爾雅》：「貫，事也。」《廣雅》：「貫，行也。」《詩‧碩鼠》：「三歲貫汝」，《周禮‧職方》：「使同貫利。」《論語‧先進》：「仍舊貫。」傳注皆訓為事。《漢書‧谷永傳》云：「以次貫行。」《後漢書‧光武十五王傳》云：「奉事貫行。」皆行事之義。[161]

由古籍注疏「貫」字，幾乎皆作「行事」、「事」、「實行」之意講，實可確信「貫」可作「實行」之意講，不單僅是「通」之意義；蓋此「貫」字假借作「摜」字、或「宦」字，據段玉裁注《說文解字注》，知此假借作「摜」字講，則為「習」之意義，作「宦」字解，則為「事」之意義。[162]所以在此，阮元主「事」、「行事」之意講，實為「貫」字假借意。然不論「貫」字本意、引申義、或假借意，就文本而言，端視上下文意做適當之解，即使是假借字意，亦是文中之意也。重點是「貫」字在這些古籍中，作「事」、「行事」之意義講，有此「實行」、「行事」之意義是確實不假的。或許阮元非常強調「身體力行」、「實踐」之重要，所以在「格物」、「致知」方面，亦強調「格

---

[161] 阮元：〈論語一貫說〉，《揅經室一集》卷2，同上注，頁53-54。

[162] 「貫」字意義，據許慎著、段玉裁注：《說文解字注》云：「貫，錢貝之毌也。」又「毌，穿物持之也。」，段注：「毌各本作貫，今正。錢貝之毌，故其字从毌貝會意也。……其本意也。〈齊風〉，射則貫兮，《傳》云：貫，中也。……皆其引伸之義也。其字皆可作毌，假借為摜字，習也，如《孟子》：我不貫與想人乘是也。亦借為宦字，事也，如《毛詩》：三歲貫女，《魯詩》作宦是也。《毛詩》串夷《傳》云：串習也。串即毌之隸變。《傳》謂即慣字。《箋》謂即昆字，皆於音求之。」（臺北：天工書局，1992年），頁316。

者，至也。事者，家國天下之事，即止於五倫至善、明德、新民、皆事也」。又「格的至義」是「履而至止於地，聖賢實踐之道也」[163]。視「格物」就是踐履行事，計家國天下之事做到至善境界，就是聖賢實踐之道。然阮元又為了證實自己解釋不誣，又引《論語》補充說明：

> 學而時習之者，學兼誦之、行之。凡禮樂文藝之繁、倫常之紀、道德之要，載在先王之書者，皆當講習之、貫習之。《爾雅》曰：貫，習也。轉注之習，亦貫也。時習之習，即一貫之貫。貫主行事，習亦行事，故時習者，時頌之，時行之也。《爾雅》又曰：貫，事也。聖人之道，未有不行於事見，而但於語言見者也。故孔子告曾子曰：吾道一以貫之。一貫者，壹是皆行之也。又告子貢曰：汝以予為多學而識之者與？予一以貫之。此義與告曾子同，言聖道壹是貫行，非徒學而識之。兩章對校，其義益顯。此章乃孔子教人之語，實即孔子生平學行之始末也。故學必兼誦之、行之，其義乃全。馬融注專以習為誦習，失之矣。[164]

又一次強調「聖道」皆是「實行」，道理就在「身體力行」，實行中得，非僅僅是學習、讀誦、了解而已。所以「學而時習之」，皆「講習之」、「貫習之」。「貫」與「習」皆「行事」也，徹底實行。可以看出阮元對孔子「一以貫之」、「一貫之道」，強調是「實行」與「實事」之理，以「實踐」作「經世致用」的管道，君子為學無非是「明道，救世」[165]也，然說得再多，不過就是「實踐」而已。對此，阮元在另一〈石刻孝經論語記〉亦云：

> 所謂一貫者，貫者，行也，事也；言壹是皆身體力行，見諸實行實是也，初非有獨傳之心、頓悟之之道也。[166]

---

[163] 阮元：〈大學格物論〉，《揅經室一集》卷2，同注115，頁54。
[164] 阮元：〈論語解〉，《揅經室一集》卷2，同上注，頁49-50。
[165] 顧炎武：〈又與人書二十五〉云：「君子之為學，以明道，以救世也。」《原抄本日知錄》，（臺北：明倫書局，1970年），頁8。
[166] 阮元：《揅經室一集》卷11，同注123，頁238。

計阮元強調「一貫之道」是「實行」之意解，就約有〈大學格物論〉、〈論語一貫說〉、〈論語解〉、〈孟子論仁論〉、〈石刻孝經論語記〉等五篇，另〈論語論仁論〉即強調「仁」在「克己復禮」之「實踐」；然「克己」在「約身」，而非克制私欲，在以「禮」實踐愛人而人相偶相助之理。其所謂的「仁」──「相人偶」亦在強調是實踐「仁」的意涵，見之於實行，成為事實的「仁」，絕非「端坐靜觀即可曰仁也」[167]。所以「仁」離不開「行事」而可曰「仁」矣。又〈孟子論仁論〉，阮元更加統攝孟子論「仁」主旨，闡明「孟子論仁，至顯明，至誠實，未嘗有一毫流弊貽誤後人」[168]。強調「仁」是親愛互助之理，必須身體力行踐履，方有「仁道」展現，將「仁」落實具體化，貼近生活致用。在「義理思想」上，阮元主張的「仁義」，不離生活實踐，強調的是實際功夫，以「經世致用」。

另阮元對於「人性」思想有諸多闡述，如〈塔性說〉、〈復性辨〉，旨在闢「可以不說一切經，而面壁見性」之假象[169]。另尚有〈性命古訓附威儀說〉說明「性」中有「欲」之觀點，雖力闢理學之弊，但強調「威儀」修身的實踐功夫，闡述「性」中含「欲」的內容外，亦志在表明「節欲」以修身之要，即是「威儀」以修身，以此為踐履之方，方毋空自論道，以淪於虛解。

上述以見阮元倡「實踐」、「力行」之要，亦由此看出阮元究心學術外，更是強調「行」，意欲由「實行」中實現儒家「經世致用」之理想與道德之理義。

畢竟「從做中學」，理論若不能實踐，亦是子虛烏有。張灝先生論及清中葉之經世思想時，評其是一種「重實際、重實效的趨勢，是一種功效理性的強化表現」[170]，可說十分中肯。

---

[167] 阮元：〈孟子論仁論〉，《揅經室一集》卷 9，同上注，頁 195。

[168] 同上注，頁 195。

[169] 阮元：《揅經室三集》卷 3，同上注，頁 1059-1061。

[170] 張灝先生：〈宋明以來儒家經世思想試釋〉，（見《近世中國經世思想研討會論文集》，臺北：中研院近史所，1984 年），頁 19。

二、揚州清儒情理論的缺點

　　世上無所謂放諸四海皆準之理，或許唯一不變的真理就是「變」；任何思想必有其侷限性，思想發展模式若是「定式」後即「僵化」，這是不進步的封閉體系；相反的，蔚成一哲學體系必是「開放」與「前進」，與時偕行的[171]。就揚州「義理思想」而言，乃針對當時的封建專制風氣提出許多反理學論說，不可否認，對人權、民主之推進，確有其可貴之處，但亦可很清楚看出其思想上帶有許多破綻，在此，個人就所閱讀資料，整理出其缺點有：

（一）缺乏「人實踐主體性」論述

　　「行動的一切德性價值的本質，取決於道德法則直接規定意志。」[172]這是康德（Immanuel kant）（1724～1804）在道德問題上截斷眾流的論斷。在中國，孟子亦云：「舜明於庶物，察於人倫，由仁義行，非行仁義也。」[173]意即仁義是自發而行，非為某目的而行仁義的，這樣，仁義方彰顯出道德價值與意義，否則，仁義掃地。可以看出，在道德問題上，不論是西方的康德，還是中國的孟子，皆主道德行為只對道德法則負責，而不對行為的後果負責，即德性只從「因」上見，不能從「果」上見。這種道德學說，至宋明儒學學者大大闡揚，蔚為中國儒學思想的代表。

　　然世易時移，至有清一代，學風為之不變，世皆以略具科學與實用精神的博學實證的學風為尚，在此學風下，戴震即適時提出了「乃語其至，非原其本」[174]的道德觀，即主張從行為踐履結果斷定行為的道德價

---

[171] 整理自張立文先生：〈陸王心學的特質〉專題演講，（日本：大分縣立短期藝術大學所舉辦 2008 年漢學國際學術研討 2008/11/15～2008/11/16），頁 1-2。

[172] 康德（Iammanuel Kant）著、楊祖陶先生、鄧曉芒先生譯：《實踐理性批判》，《康德三大批判精粹》（北京：人民出版社，2001 年），頁 336。

[173] 見《孟子·離婁篇下》，同注 47，頁 294。

[174] 戴震：〈理十三〉，《孟子字義疏證》上，《戴東原先生全集》（臺北：大化書局，1978 年），頁 278。

值，蔚為一種功利主義的道德觀。或許戴震志在批判宋學的「存理去欲」說，是從經驗層次的行為踐履，亦即後天的努力，論「性善」；所以透過後天的努力，達至事事物物無失無憾的「條理無爽失」的狀態，便是「至善」、「天理」的完成。又戴震主「理義為情欲歸趨」，所以「人欲」到「全乎理義」，是一種可以被期待的「必然」，正所謂「歸於必然，適完其自然」又「心知之自然，未有不悅理義者」[175]也。所以「以學養智」與「以情絜情」方可克服人之「私」與「蔽」[176]。然吾人順著心知所悅的理義推下去，的確，會有「全乎理義」的「行」出現，但問題是純智識的「知」又如何通向兼具價值與主觀的「悅」？難道自然之「血氣心知」本具有悅理義的功能？在此戴震未詳細說明；但畢竟是「徒法不足以自行」，「能知」未必「能行」，「知」到未必「做」得到，因從「知」到「行」的過程中，必然還需要有一「道德意願」的問題；亦雖知「理」但不願行「理」，亦無法實踐理義之則，達到「至善」之境界。所以僅有後天的教育與學習，卻無道德主體的內在根源或價值判斷之意願，又如何實踐與致用道德理義？無疑是變成知識歸知識，個人歸個人，分隔為二。亦所謂客觀的認知知識與主觀的倫理道德有了隔閡。誠如張麗珠先生所云：

> 須知道德之「必然」是一種「應然」，事理之「自然」卻是一種「實然」，從客觀的「實然」現象，是無法推出人性之「應然」的，「仁」在人之不安處顯，其道德判斷也必定是出自內在的價值根源，也就是孟子所說的「仁義禮智非由外鑠我也」。是以經由客觀途徑，並無法獲得主觀倫理的道德標準。[177]

可知戴震「理欲論」的缺點在此，即喪失了所謂「道德內在的價值根源」。所以戴震主養「智」的「學」，若不具備內在心中的道德判斷、

---

[175] 前者見戴震：〈緒言〉卷上；後者見戴震：〈理十五〉，《孟子字義疏證》上，同上注，頁 343、頁 299。

[176] 戴震：〈理十〉，《孟子字義疏證》上，同上注，頁 292。

[177] 張麗珠先生：〈戴震「發狂打破宋儒《太極圖》的重智主義道德觀」〉，（收入氏著：《清代義理學新貌》（清代新義理學三書之 1），臺北：里仁書局，1999 年），頁 193-194。

價值根源，欲從純粹的客觀事理、物理，進而履踐所謂人倫範疇的仁義誠信等道德極則，根本是無法達成的。所謂：吾人惟有在肯定價值內在、良知自主之下，才能夠根據一己之「心安與否」以檢驗一己之行為之是非當否？也才能據以貞定仁義禮智等人倫之不易極則[178]。所以戴震「情理論」的最大缺失在其沒有「道德價值判斷的內在根源」，因此，欲超拔去私，沒有道德心之不斷警省、鍛鍊，端靠「認知心」主導是無法實行的。

然繼戴震之後，焦循承襲此說，並發揚了這種重「智」傾向的道德觀，提出了「能知故善」說。主知識學問以助於成德之教，並以「心知之明」作「人」與「禽獸」差別的關鍵；所謂：禽獸以其無知而不能為善，人則以其神明之靈，能知變通，故可以為善。同樣亦犯上所論述的缺失，不存有任何「道德的價值判斷」。畢竟知識是經驗問題、是能力問題，不能由此做「道德判斷」。歷史明鑑，如曹操、秦檜等人，都是知識豐富、才華洋溢、聰明絕頂的人，但卻是亂世之梟雄、禍國的罪大惡極者。所以有才識無品德，未必善也。

又焦循主「以利為善」為道德論說，無疑是以「幸福」為「德行」的翻版[179]。我們仔細思量，會發現若從「利」處論道德，其標準是「量」的，是一個大小有無的問題；如此，「枉尺而直尋」，「宜若可為也」。但孟子所說的是：「如以利，即枉尋直尺而利，亦可為與？」[180]亦即：一切若以「利」為前提，是否會產生即使是不擇手段，只要有利可圖，也視為是合理的應努力追求的情況？那麼，搶劫可致富，是否可行？所以焦循主「以利」為導向的「善」，並非是孟子所主張的。畢竟「義」這道德原則無所謂大小，自不能以「尺」尋計，我們在處事中宜保持其「獨立性」，不是可以「利」代替的。還有，若一切都是以「利」為標準衡量，是否亦會形成上位的統治者可以假借集體

---

[178] 同上注，頁 195。

[179] 見張晚林先生：〈論焦循道德哲學的得失利弊〉，（《西安交通大學學報》（社會科學版）第 23 卷第 3 期，2003 年 9 月），頁 55。原文是以為：「焦循的『以利為善』，實際上是伊壁鳩魯派『幸福就是德行』的翻版。」

[180] 見《孟子‧滕文公下》，同注 47，頁 264。

利益之名要求個體犧牲其所有權利的情況？所以「利」不可作道德標準，而「義」道德獨立性乃是防止極權主義的最後防線。否則，「利」便淪為上位者可以以任何藉口將其「私欲」合理化的「武器」。因此，孟子不願「枉尺直尋」實含有深刻的洞見。康德有言：

> 權力、富有、榮譽、甚至健康，以及一般的福利，與那得名曰：幸福的一個人自己狀況底舒適滿意，如果沒有一善的意志去糾正這些事物在心靈上底影響，且復隨此糾正亦去糾正行動底全部原則，而使這些東西底影響以及行動底全部原則皆成為普遍地合目的的，則那些事物（權力富有等）但可引發驕傲，且時常引發專橫武斷。[181]

可看出若「以利為善」這功利主義作道德學說，勢必產生社會更多爭名奪利、紛紛擾攘的情形，且有權有勢者更加專橫武斷，「只要我喜歡，有什麼不可以」，人人如此，天下必失理失序。畢竟德行才是幸福的條件[182]，如孟子所謂：「修其天爵，而人爵從之。」[183]有善的意志修其天爵，方有人爵可成；有德斯有福，德是因，福是果，天道福善禍淫，因果不爽，方是「理」。

焦循「以利為善」的功利思想並未得到後人闡揚與讚許，學者指出：關鍵在其缺乏精誠惻怛的仁者襟懷，未能正視儒家心性之學的價值與意義[184]，亦缺乏道德主體之論述，如忠、孝、誠、信等道德操守；有利為善的結果，雖可致富，遠離「飢寒起盜心」的現實狀況，但人沒有道德意識的結果，只會造成社會上更多惟利是圖的小人。畢竟窮並不可

---

[181] 康德（Immanuel Kant）著、牟宗三先生譯：《道德底形上學之基本原則》，（臺北：臺灣學生書局，1982年），頁15。

[182] 康德（Immanuel Kant）云：「德行是構成吾人之值得享有幸福之不可缺少的條件。」同上注，頁16。

[183] 《孟子・告子上》云：「有天爵者，有人爵者。仁義忠信，樂善不倦，此天爵也；公卿大夫，此人爵也。古之人修其天爵，而人爵從之；今之人修其天爵，以要人爵；既得人爵，而棄其天爵，則惑之甚者也，終亦必亡而已矣。」同注47，頁336。

[184] 張晚林先生：〈論焦循道德哲學的得失利弊〉（《西安交通大學學報》（社會科學版）第23卷3第3期，2003年9月），頁55。

恥，所謂「人窮志不窮」，只要奮發圖強，一樣有揚眉吐氣之時，可恥的是自身不努力，卻以耍手段等方式謀利，侵佔他人利益自以為得理，這就喪失了「為人」的道德價值與意義。早年牟宗三先生頗欣賞焦循以《易》解經的造詣，但晚年的牟先生卻可惜地批評其道德論說：

> 我常想，彼若生在西方，定然是有成的科學家。現在巧慧之智無當行之用，又不安於徒然文字學的章句訓詁，乃向大聖人生命靈感所在之經典施其穿鑿，豈不惜哉？豈不痛哉？[185]

可看出焦循「以利為善」的道德觀，在道德哲學家——牟宗三先生看來，反是一種不道德的穿鑿論述。

關於焦循主「旁通以情」為「仁」之表現，亦發揚人的同情心，關懷他人，不致於見人有難，卻見死不救，這是其理論上一大美意，但亦非完善之至論；針對其弊端，唐君毅先生評及：

> 仁者當然要與人通情。人亦必與人通情，然後能成倫理文理而顯道。然通情可只是說，我順他人之發生某情之事，遂與有發生某情之事；亦只可為的成就人己之各種事——因如我先無與人通情之事，亦不能助成人之事，不能成就一切社會文化事業——如此便仍只是講的事有先後本末之理，而不必是講宋明理學中之性理。須知人心之性理之為性理，恆不只在其能直接顯為通情之事上見，而兼在其能去除使吾人不能通情各種意氣習見私欲，以使去通情之事成為可能上見。性理之顯於人心，則見於人自覺的成就此通情之事，同時自覺此所通之情，在此心之所涵蓋包覆之下。故此性理，恆必在心自覺的施主宰之功於自己，必主宰其所作之事業而後見。捨自覺的主宰之義，而論通情，則人我之通情，即必平鋪為一我所作之事與他人之事之相與順成之關係。人我之事之相與順成，可同時成就一社會之文理，然未必即足語於性理。[186]

---

[185] 牟宗三先生：《五十自述》，（臺北：臺灣學生書局，1982年），頁 49-50。
[186] 唐君毅先生：〈七、戴東原、焦循之以限於所分及不可轉移趨避者為命之說及阮元之性命古訓之陋〉，《唐君毅先生全集》卷 12，（臺北：學生書局，1991年），頁 626。

同理，唐君毅先生是站在強調「道德主體」之宋明理學的「性理」角度，對焦循的「情通」有所批判；以「情通」是發生在人我之事上，因「情」解決紛爭、成就事業，但必須有事方有「情」，若無此事因，則無此「情」產生；但是「性理」不同，不僅能去除吾人無法「情通」之意氣習見等「私欲」，即使無事情之因，亦能自覺主宰自己，亦能以道德規範指引自己，不至悖理犯義，但是僅有「情感」，無此「道德內在根源」，只能就事上發，無法以「情」作先天自覺，以成己成物；且「旁通以情」若無存有一惻袒誠懇之心，則會產生所謂「不食嗟來食」、被人唾棄的情景。還有，若僅是個己欲「通情」，他人不願，又如何達成共識？這亦牽涉到「道德意願」的問題；即使自己欲「以我之所欲所惡，推之於彼」，但又哪能期望「彼亦必以彼之所欲所惡，推之於我」[187]？前者操之在己，後者則操之於人，非自己所能掌握。亦只能反求諸己，又如何求諸他人亦要以同理心來待我？所以焦循主「旁通以情」、「與世通，全是此情」，是建立在構築社群意識的理想訴求，為肯定人之「情欲」合理性論述，實際上，若人人「道德觀」無法自覺、無法力行，僅僅「情通」以求天下太平，亦是不夠周全、不夠完善，為一廂情願的說法。

（二）強調「禮教」反形成「以禮殺人」

清儒肯定人的「情欲」，但非縱「情欲」，需有一節制的準繩，這準繩即是「禮」，可以說由「去人欲」的「天理」，轉向「存人欲」的「禮儀規範」，強調的是外在的制約使人遵守，具體可行，不至空疏。所以清代「禮學」研究非常盛行，尤至凌廷堪大倡「以禮代理」，即以緣情之禮作人們言行之則，更是使「達情遂欲」合理化，崇「禮」至極，無疑形成期以「禮制」改善社會風俗，建立社會安定秩序。然劉述

---

[187] 容肇祖先生：〈戴震說的理及求理的方法〉云：「人的好惡不是一致的，斷不能以己之好惡，作為他人的好惡標準。……概言之『人是同有欲的』，這可以說是對的；如果說『人是同所欲』可就不對了。」（收入於氏著：《容肇祖集》，山東：齊魯書社，1989 年），頁 689。然焦循「旁通以情」蓋承襲戴震「以情絜情」而來，實亦犯了同樣缺失。

先先生以為，回到「內聖成德」而言，清儒以「達情遂欲」作新典範，取代宋明儒學的道德形上論這方面，其中價值主體不立，亦道德主體不立，結果勢必會形成訴諸外在的「禮儀」準則，作人民依循的規範；然問題是即使像廷堪的「禮義」，亦僅僅是重視「習行踐禮」以化性，不過強調外在規範的內化而已，道德主體不立，其理論效果終不免於義外之弊。[188]

　　然除了凌廷堪之外，尚有焦循、阮元諸位學者，皆主「禮儀規範」以取代抽象道德之「理」；如焦循〈理說〉云：

> 後世不言理而言禮，……先王恐刑罰之不中，務於罪辟之中求其輕重，析及豪芒，無有差謬，故謂之理。其官即謂之理官，而所以治天下，則以禮不以理也。禮論辭讓，理辨是非。知有禮者，雖仇隙之地，不難以揖讓處之。……今之訟者，彼告之，此訴之，各持一理，嘵嘵不已。為之解者，若直論其是非，彼此必皆不服，說以名分，勸以遜順，置酒相揖，往往和解。可見理足以啟爭，而禮足以止爭也。[189]

焦循強調的是「禮論辭讓，理辨是非」，即使人我間有嫌隙，但依「禮」不免有所忍讓，避免紛爭；然論「理」，則彼此各有「理」，亦各有己之「意見」要辯論，則不免形成雙方「是非」爭執不下的情形，所以論是非，各有「理」，無法做一公平定奪，但循「禮儀規範」，依名分，勸遜順，則可避免爭論不休、嫌怨不斷的情景，因此，焦循主「禮」不主「理」，端在於「理足以啟爭，而禮足以止爭也」。而阮元以為：

> 理必出於禮也。古今所以治天下者，禮也。五倫皆禮，故宜忠宜孝，即理也。然三代文質損益甚多。且如殷尚白，周尚赤，禮

---

[188] 整理自劉述先先生、鄭宗義先生等著：〈第五章　從道德形上學至達情遂欲——清初儒學新典範論析〉，（收入劉述先先生、梁元生先生等編：《文化傳統的延續與轉化》，香港：中文大學，1999 年），頁 104。

[189] 焦循：《雕菰樓集》卷 10，（臺北：鼎文書局，1977 年），頁 151。

也，使居周而有尚白，若以非禮析之，則人不能爭；以非理析
之，則不能無爭矣。故理必附乎禮以行，空言理則可彼可此之邪
說起矣。[190]

「理必附乎禮以行」，方不致落入空談邪說中。畢竟論「理」，人人可
云，可謂各自有「理」，但亦是師心自用之「理」，然天下「公理」是
何？則無法得知，亦無人理得。所以必有一共同可遵守之規範為人們所
依循，方不至悖禮犯義，然這就必然落實於「禮制」。所以阮元以為：
古今治天下者，皆是「禮」治而行，道德五倫謂忠、謂孝、謂仁、謂義
等，亦是由「禮制」所產生的「義理」而來。

　　汪喜孫更是強調「道在六經」，「經莫重於禮」又「禮莫大於喪
祭」[191]。藉由上述例舉，可知「揚州學者」倡「禮」代「理」，蓋因
「禮」具體可行，有合情合理的準則可依循，方使人民得以力行實
踐，較諸「理」空談、臆斷、抽象等，實際可驗，且可平息紛爭，作
為人際和諧的相處之道。然問題是：「禮儀規範」畢竟是外在的制約
規定，倘若「人」本身不願依循，就變成「知是一回事，做又是另一
回事」，知道如此，但未必做得到，或非必然做到不可；這「做不
做」沒有必然性，由個人自身決定，「只要我喜歡，有何不可？」
無法硬性規定人們必遵守不可，即使不守「禮」但不觸法，亦無以制
約懲處，所以能知未必能行，這牽涉一「道德意願」的問題（同前
文）；然道德意願則涉及「道德主體性」的問題，即所謂「心性的基
礎」，亦即「禮」沒有道德心性作基礎，人們沒有此一自覺性，「禮
儀規範」到頭來都僅是一層外在的規範條文而已，條文歸條文，自己
仍是自己，徒具禮之末而無「禮」之本也，「禮儀」無疑就會淪落成
一虛假矯飾的點綴、裝飾品。

---

[190] 阮元：〈書東莞陳氏學部通辨後〉，《揅經室續集》卷3，同注123，頁1062。
[191] 分別見汪喜孫：〈與朝鮮金正喜書〉（一）、《從政錄》卷1、〈與江飲吉
書〉，（汪喜孫撰、楊晉龍先生主編：《汪喜孫著作集》中，臺北：中研院
文哲所，2003年），頁200、404、169-170。

又他們之所以倡「禮」代「理」，亦受到「戴震學說」之影響而來。戴震反對宋明理學之「存天理，去人欲」說，主「理」落實於現實人世間，倡「情欲不爽失」，無所偏失，謂之「理」，是以「理」之落實必是「禮」，方以實踐。然「禮」是「以情絜情」推至人「心之所同然」以解釋，如此，方是確當不誤之「義理」也。然問題是：這一「禮」意是否會變成一種計算測度己情與他人之情的智巧？不過，在計算測度中加入一適用於天下這一「普遍性」的考慮條件，達至所謂「以我絜之人，則理明」的情景？然此中心知「義理」是否會變成與道德無關的利益計算？而道德意識則徹底委縮了！[192]誠如錢穆先生所云：

> 若專從人類個己懷生畏死飲食男女之情，以求其不爽之，求其知限而不踰，則所得無異於荀子之所謂理義，所謂性惡矣。何者？因其全由私人懷生畏死飲食男女之情仔細打算而來，若人類天性不復有一種通人我泯己物之情欲也。[193]

亦以為清儒以情之不爽失，謂之「理」的話，無異於荀子的「性惡」理論，正因其主「性」是「血氣心知」之「性」，是一生性，非孟子所謂「道德性」，因此，「今人之性，生而有好利焉，順是，故爭奪生而辭讓亡焉。」「生而有疾惡焉，順是，故殘賊生而忠信亡焉。」「生而有耳目之欲，有好聲色焉，順是，故淫亂生而禮義文理亡焉。」[194]如此，他們所主張「性論」、「理論」，無疑變為：成全己「私欲」、「情欲」之論，根本無法達至所謂：「通人我泯己物之情欲也。」如是，誠如荀子所云，從人性，順人情之路走，則必會滋生爭奪、亂理、暴動的情形，所以必要有所謂「師法之化」，「禮義之道」，使民「化性起偽」矣。所謂：

[192] 見劉述先先生、鄭宗義先生等著：〈第五章 從道德形上學至達情遂欲——清初儒學新典範論析〉，同注188，頁99。
[193] 錢穆先生：《中國近三百年學術史》（上），（臺北：臺灣商務印書館，　年），頁362。
[194] 荀子：〈性惡〉，荀子著、清·王先謙集解《荀子集解》，（北京：中華書局，1954年），頁434。

> 故順情性，則兄弟爭矣，化禮義，則讓乎國人矣。……人無禮義
> 則亂，不知禮義則悖。然則生而已，則悖亂在己。

又：

> 凡禮義者，是生於聖人之偽，非故生於人之性也。……故聖人化
> 性起偽，偽起而生禮義，禮義生而制法度。然則禮義法度者，是
> 聖人之所生也。[195]

因此，「禮義」產生，針對人性這一血氣生性之缺失而來，藉由「禮
制」達成變化本性，達至善之境矣。然清儒發揮此「義理」說，殊不知
荀子此論本身實有一無法解決的缺憾問題，誠如高柏園先生所云：

> 如果聖人與凡人在性上是無差別的，則皆為性惡，既是性惡又何
> 能生禮義？……果如此，則凡人甲要由聖人甲來推動，聖人甲要
> 由聖人乙來推動，如此相續無窮，而造成無窮後退的困境。易言
> 之，荀子以聖人做為化性起偽的動力來源，但是卻無法合理說明
> 聖人本身如何能化性起偽的問題，是以不是落入無限後退的困
> 境，便是成為無解的謎團。……事實上，這也是墨子、韓非子甚
> 至漢代哲學的困難所在，因為純粹依他律的權威，總難合理說明
> 價值的根源也。[196]

「性惡又如何生禮義」？依此，邏輯推論，聖人亦是人，同「性惡」，
又如何產生「禮義」呢？這本身「根源」的問題沒有解決，又如何能依
此解釋聖人本身可「化性起偽」？所以「禮義」是如何產生的？在性惡
論上是「無解」的，且以「禮義」規範人，這一論點而言，實已然走向
他律的權威主義，用之政治便是政治上的權威，用之「禮教」上便是
「禮教」權威；若再將「道德意識」取消，「禮制」便淪為「法制」，
則形成法家「嚴刑竣法」之論。因此，溯及「以禮代理」的產生，實可

---

[195] 荀子：〈性惡〉，同上注，頁 438。
[196] 見高柏園先生：〈第六章　荀子與《中庸》、《易傳》的思想〉，（王邦雄
　　先生等編：《中國哲學史》，臺北：空中大學出版社，1995 年），頁 108。

發現無疑又是強調「禮制」對人民之束約，無疑訴諸他律的權威教條，要求人民就範，以達成穩定社會安定的局面；然依前述，人民可不依「禮」，然不依「禮」要守法，當人人不守「禮」時，勢必要法制強行規定，然當法制因人民不守「禮」而益趨於嚴苛縝密時，是否他們所強調的「以理代禮」會變成是「以禮殺人」，下開「以禮殺人」的傳統？

沒錯，焦循所謂「禮論辭讓，理辨是非」，確實有他一番道理，在人我間欲達成和諧共處上，「禮儀」確是良方，畢竟沒有「兩個銅板」是不會響的，因此，只要一方懂得委屈求全，顧及大體，「紛爭」就會停息，但未解決的問題仍在。畢竟「真理」是愈辯愈明的，人我間必得講清楚、說明白，個中的誤會才能冰消瓦解，或者，彼此不同的見解，藉由不斷溝通辯明，才能更增加對彼此的瞭解與互動。然顧及「禮儀規範」上，可能因其地位、輩分、權勢、利害等因素，即使已有理亦不敢表達。又焦循仍是以傳統的「禮教」做合理規範的論述，並未對傳統「禮教」做一反省。且當時無疑亦是「禮教」變本加厲的時期，焦循乃至凌廷堪等人並未反「禮教」，甚且主張「以禮代理」，無異是加促「禮教」於民之約束；或許有少數學者如汪中或俞正燮等對「禮教」於婦女之弱勢者戕害，已看出端倪來，但亦並未大力倡導反「禮教」。然問題是傳統「禮教」全然是對的嗎？若是對的話，那麼，為何在清末民初時，則有陳獨秀、胡適、魯迅等人大力反傳統、反「禮教」，甚至視傳統「禮教」是一「吃人禮教」？[197]戴震反宋儒理學之論，視之為「以

---

[197] 蔡尚思先生：《中國禮教思想史》中第五、六、七、八章均可看出清末民初時，中國禮教遭受到前所未有的衝擊、反抗，乃至趨於崩潰情形。尤其在五四運動時期（1919），陳獨秀（1879～1942）蔚為此運動的總司令，陳氏聯合李大釗、魯迅、胡適等先進知識分子，樹起「民主」與「科學」的旗幟，反對孔教、禮法和舊道德、舊文學，提倡新道德、白話文，抨擊北洋軍閥政府的賣國政策，吹響了思想解放的進軍號。（見蔡尚思先生：《中國禮教思想史》，上海：上海古籍出版社，2006 年），頁 198-199；陳氏以為：「緣此而金科玉律之道德名詞，曰忠曰孝曰節，皆非推己及人之主義道德，而為以己屬人之奴隸道德也。」（轉引自陳獨秀先生：《獨秀文存》（一），頁 150。）又胡適先生（1891～1962）於「九一八事變」後，創辦《獨立評論》，提倡西化，主張建立民主政府。於〈吳虞文錄序〉中堅決主張砸碎孔子偶像的招牌，指出：「二千年吃人的禮教法制都掛著孔丘的招牌，故……

理殺人」，問題是依「禮教」而言，同樣是卑者、弱者、賤者，即使有「理」，但違於「禮教」，一樣被人視之為「逆」，一樣死於「禮」也[198]。一味論「禮」，然「禮」亦是敬長、讓尊、護權也，論「禮」以辭讓，是否亦是強調要卑者、弱勢者顧及大體，求全忍讓，委屈自己，有理肚吞，犧牲自我，以附和權勢者？這點頗值我們深思。個人以為凡為人，都應站在「平等」的立場對待，不應亦不宜有階級之分，這樣，人際相處方為坦誠，不至有所謂的疙瘩；否則，卑者、弱者、賤者，幼者懾於「禮制」規範，即使有「逆耳」之忠言，恐亦因懼「禮制」輩分之規定而不敢言，這樣，人際相處不是和諧，而是永處於一緊張狀態。

（三）缺乏清晰的「道德概念」無法將「道德義理」充分表達

　　主「實事求是」，回歸經典考證，考證雖是科學方法，但「哲理」之領悟，實與語言表現是有距離的。畢竟在語言之外，尚有所謂「言外

無論是老店、是冒牌──不能不拿下來，捶碎，燒去！」又先後發表了〈貞操問題〉、〈美國的婦人〉、〈論餓死事極小，失節事極大〉等文，批判儒家理學謬論，尖銳指出：「勸人做烈女，罪等於故意殺人。」見蔡尚思先生《中國禮教思想史》，頁 209，（轉引自〈胡適在新文化運動中的歷史作用〉一文，《青海社會科學》，1989 年第 3 期。）又魯迅（1881～1936）於1918 年 5 月，在《新青年》中發表第一篇用白話文寫的小說：《狂人日記》，此中即深刻揭露家族制與禮教的迫害，無情地控訴封建道德的吃人本質，在《狂人日記》中借狂人口吻說：「我翻開歷史一查，這歷史沒有年代，歪歪斜斜的每頁上都寫著：『仁義道德』幾個字，我橫豎睡不著，仔細看了半夜，才從字縫裡看出來，滿本都寫著兩個字是『吃人』！」（轉引自魯迅：《魯迅全集》卷 1，頁 12，1957 年版）。次年，吳虞便據以發表了〈吃人與禮教〉一文，從歷史上舉例證實魯迅的說法。見蔡尚思先生：《中國禮教思想史》，頁 243。又魯迅對禮教迫害婦女的批判，把矛頭直接指向孔子。孔子有言：「惟女子與小人難養也，近之則不遜，遠之則怨。」（《論語‧陽貨篇》）。對此，魯迅憤然責問道：「孔子把女子與小人歸在一類裡，但不知道是否也包括了他的『母親』？」（轉引自《魯迅全集》卷4，頁 460）在此，魯迅對封建禮教算是打中要害者第一人！見蔡尚思先生：《中國禮教思想史》，頁 246。
[198] 見戴震：《孟子字義疏證》（上），同注 174，頁 298。

之意」、「弦外之音」，「真理」不落言詮的「只可意會，不可言傳」
的「不可說、不可說」境界。此境只能「悟」，若以據實的語言傳達，
可能就「差之千里」。這裡落入一個「言意之辨」的問題，然此「言意
之辨」亦一直是中國哲學思想上，乃至中國文藝理論上（詩論或畫論）
所探討不休的話題。尤其魏晉時期，「言不盡意論」十分流行。何劭
《荀粲傳》云：

> 粲字奉倩。粲諸兄並以儒術論議，而粲獨好言道，常以為子貢稱
> 夫子之言性與天道，不可得聞，然則六籍雖存，固聖人之糠秕。
> 粲兄俁難曰：「《易》亦云聖人立象以盡意，繫辭焉以盡言，則
> 微言胡為不可得而聞見哉？」粲答曰：「蓋理之微者，非物象之
> 所舉也。今稱立象以盡意，此非通於意外者也；繫辭焉以盡言，
> 此非言乎繫表者也。斯則象外之意、繫表之言，固蘊而不出
> 矣。」及當時能言者不能屈也。[199]

荀粲在此，一則表達了對漢代治經態度之不滿，一則亦說明「理」之微
者，無法用物象完全表達出之理。所謂「意外」、「象外」即是不可盡
言之所在，所以言不盡意在此顯現。然「言不盡意論」並不否認言詞達
意的功能，只是言詞可達意，但不能盡意。雖說思想不能離開語言而存
在，但是語言作為交流思想的工具，又未必能夠完全表達人們的思想。
誠如袁行霈先生所云：

> 語言和思想之間的確存在著一般與個別的差別，語言不可能將人
> 們所想的那些特殊的、個別的東西完全表達出來。語言和思想的
> 差別還表現為這樣一種情況：當思想借助語言進行的時候，這語
> 言是無聲的，它的結構型式往往是片斷的、跳躍的、富於啟示性
> 而缺乏明確性，有的語言符號只能為自己所理解，而不一定為別
> 人所接受。但是，一旦要將這無聲的語言變成有聲的，別人也能
> 理解的語言，就須經過一番整理和加工。這時可能會遇到「應於

199 見晉・陳壽撰、裴松之注、盧弼集解：《三國志集解・魏志・荀彧傳注》引
何劭《荀粲傳》，（北京：中華書局，1982年），頁314。

心，口不能言」的困難。特別是那些深刻的道理、複雜的感情、
豐富的想像，更不容易為它們找到適當的言詞「毫髮無遺憾」地
表達出來。因為任何一個人所掌握的詞彙以及他所熟悉的表達方
式都是有限的，即使大作家也常有言不盡意的苦惱。……語言本
質上是同思想直接聯繫的，但就每一個單獨的人來說，並不一定
能將他所想到的全部都訴諸語言。語言的表達和思想之間存在著
距離。言不盡意論雖沒有將道理講得這樣透徹，但他指出了言詞
和意念之間的差別和矛盾，頗有值得肯定的地方。[200]

語言與思想之間仍是有距離的，尤其是深刻的道理、複雜的感情、豐富
的想像等等，常常是「言不盡意」的。然思想仍是需要借助「語言」表
達，才能將己意傳達出去，問題是如何讓別人亦理解我的心意？勢必要
將己所熟悉的語言整理加工，表達出別人所能理解的語言，然若遇到
「應於心，口不能言」的困難時，該如何？因此，必得有一番「特殊語
言」，如比喻、轉化、誇飾或雙關等修辭語言加以整合、創新與突破，
將內在「義理」傳達出來，讓別人知曉與瞭解。然回歸清儒這一據考據
求「義理」的闡述方式言，繼戴震「實事求是」之訓詁、考證進求義理
的途徑，強調有一分證據說一分話者，依實事實情實行，方是「理」，
這些學者們主以文字訓詁通群經之理，如高郵王氏父子、汪中、江藩、
黃承吉、焦循、阮元等人，他們所強調的實際尋理的方法，可謂「完全
是建立在經典考證的基礎之上，決不可把它與宋儒的空言性道等量齊
觀」[201]。然我們仔細思考，便會發現：他們這種以字義訓詁考證的方式
進求「義理」，雖是「實事求是」，頗具科學方法，但是面對「特殊語
言」或深奧哲理時，又該如何完全正確無誤的表達淋漓盡致呢？據勞思
光先生云：

---

[200] 見袁行霈先生：〈魏晉玄學中的言意之辨與中國古代文藝理論〉，（收入於
賀昌群先生、劉大杰先生等著：《魏晉思想》（甲種三編），臺北：里仁書
局，1995 年），頁 3-4。

[201] 見余英時先生：〈戴東原與清代考證學風〉，《論戴震與章學誠：清代中期
學術思想史研究》，（臺北：東大圖書股份有限公司，1996 年），頁 116。

此一方法若以之處理一般古代文件，則確屬最合科學標準之方法。但當吾人面對某一特殊哲學理論時，則即不能忽略此處有「特殊語言」與「常用語言」之分別問題；蓋立一理論時，此論者常因所言之理非常人所已言及者，故不得不予舊有之語言以新意義，因而構成其特殊語言。在此種情況下，學者只能據其立論之内部語脈以了解其特殊語言，而不可再拘於常用語言中某字之意義，而強以之釋此理論也。孟子論「性」，正屬此類特殊語言。[202]

可知實證字義以求全文哲學理論時，是不足以完全表達真正的「義理」的。況且語言與「義理」有所距離。然哲學面對此語言之侷限，有所謂「特殊語言」以因應，藉以更接近真理之距離。此「特殊語言」就無法是實事求是的訓詁、考證方式以論證、闡述得以解釋清楚的。關於此，哲學大師——牟宗三先生舉出：尋求古人「義理」的方法有所謂：

> 有三個標準，一個是文字，一個是邏輯，還有一個是「見」（insight）。我們要了解古人必須通過文字了解，而古人所用的文字儘管在某些地方不夠清楚，他那文字本身是ambiguous，但也並不是所有的地方通通都是：ambiguous，那你就不能亂講。另外，還有一點要注意的，你即使文字通了，可是如果你的「見」不夠，那你光是懂得文字未必就能真正懂得古人的思想。[203]

在此提出了「見」這一命題，見識、見解不夠，或者自己經歷的、體悟的不夠，即使懂得文字字義，但未必懂得古人的思想。個人以為所論不虛也，觀《論語》中，孔子常稱讚顏淵，如：「顏回三月不違仁」[204]，若針對此句，以文字訓詁實證方法以尋得「義理」，則是很難將此句解釋清楚的。因為這是聖人修己立命的境界，處在困苦中，他人不堪其憂，但顏回不改其樂！如何能夠？一般人做不到，但顏回做到了，關鍵

---

[202] 勞思光先生：《中國哲學史》第 3 卷下冊，（香港：友聯出版社有限公司，1980 年），頁 902。

[203] 牟宗三先生：《中國哲學十九講》，（臺北：學生書局，1983 年），頁 71。

[204] 見《論語・雍也篇》，同注 47，頁 86、87。

在其內聖成德的精神修養，足以達到超越凡人的境界，然此超越的精神境界，就不是字義考訓方法所能釋得的。

關於「揚州學者」以訓詁尋「義理」的方法，代表人物如焦循、阮元，實可發現有不少缺失，如焦循，錢穆先生評云：

> 里堂雖自居於善述，然自今觀之，與當時漢學據守諸家，仍不免五十步之與百步耳。其解攻乎異端斯害也已，及解格物諸篇，若脫離舊文，自造新說，固足成一家之言，若以此為述古，則不惟不通核，抑且難據守，又何以服當時漢學家齗齗於考據訓詁之業哉？[205]

又：

> 里堂論性善，仍不能打破最上一關，仍必以一切義理歸之於古先聖人，故一切思想議論，其表達方式，仍必居於述而不作，仍必以於古有據為定，故里堂既為《論語通釋》，又為《孟子正義》，集中論義理諸篇，亦必以《語》、《孟》話頭為標題，言義理決不能出孔孟，此非據守而何？又其治孔孟，仍守六籍為經典，雖於詩禮諸端，未多發揮，而奇思奧旨，往往寄之治《易》諸書，不知《易》之為書，未必即是孔門之教典也。又里堂既務為通核，乃不願為考據著述分途，《論語通釋》專言義理，乃早成之書，未刻入《雕菰樓》全書，而別為《論語補疏》，與《易通釋》、《孟子正義》諸書，均以發抒義理之言與考據訓詁名物者相錯雜出，遂使甚深妙義，鬱而不揚，掩而未宣。[206]

明確指出里堂論理，性善、情通、修為等「義理」，仍無法打破最上一關，蓋拘於文字訓詁的限制，僅居於述而不作的地步，於古聖賢人的思想，無法透徹掌握與發揮。且據守六經，以「義理」不出於孔孟，其中

---

[205] 錢穆先生：《中國近三百學術史》，（臺北：臺灣商務印書館，1995 年），頁 476。

[206] 同上注，頁 476。

的奇思奧旨仍無所闡明，仍是「據守」，無法突破；又其主通核，然亦囿限於考據，是以專言「義理」之《論語通釋》等書，亦無以直搗黃龍，宣揚精深的妙義。又焦循對《易》經傳解釋，賴貴三先生亦指出其缺失：

> 就其論象、辭之間之關係而言，企圖將經文、傳文皆納入所設立之「二五交易變通」之公式中，以達其「象辭、爻辭所以明卦之變通」之目的；惟缺乏開放之邏輯空間，只在一封閉之《易》辭空間中自求其貫通之連鎖關係，未免巧中見拙，而附會引申太過，此又其弊也。[207]

焦循以《易》卦闡釋出三理，所謂：旁通、相錯、時行。亦將此理運用於人事中，闡發道德意涵，這一詮釋方法，實可謂創舉，亦創發出許多新意來，但問題是：為求應驗「貫通」等理，強不是以為是，則是穿鑿附會之弊。

至於阮元，陳祖武先生對其「仁」說，評及：

> 不分精華糟粕，一味揶揄宋儒，盡棄程朱仁說於不取，亦是阮元的缺乏識見處。這就難怪曾經做過他幕賓的方東樹一度與之辯難，在所著《漢學商兌》中，要集矢於阮元的仁論了。晚清，朱一新著《無邪堂答問》，仍舊故案重理，原因也在於此。[208]

忽略程朱「仁」說在儒家思想史上的地位與意義，一味抨擊，殊不知精華與糟粕之分。又傅斯年先生對其〈性命古訓說〉評論：

> 後學之儀範典型，弟子之承奉師說，其無微變者鮮矣，況公然標異者乎？前如程、朱，後如戴、阮，皆以古儒家義為一固定不移之物，不知分解其變動，乃昌言曰：「求其是。」庸詎知所謂是

---

[207] 賴貴三先生：《焦循雕菰樓易學研究》，（臺北：里仁書局，1994 年），頁296。

[208] 陳祖武先生：〈孔子仁學與阮元的《論語論仁論》〉，（《漢學研究》第 12卷第 2 期，1994 年 12 月），頁 49。

> 者，相對之詞非絕對之詞，一時之準非永久之準乎？在此事上，
> 朱子猶勝戴、阮，朱子論性頗能尋其演變，戴氏則但有一是非
> 矣。……故戴氏所標榜者《孟子》字義也，而不知彼之陳義絕與
> 孟子遠也。所尊者許、鄭也，而不察許、鄭之性論，上與孔、孟
> 無涉，下反與宋儒有緣也。戴氏、阮氏不能就歷史的觀點疏說
> 《論語》、《孟子》，斯不辨二子性說之絕異，不能為程、朱二
> 層性說推其淵源，斯不知程、朱在儒家思想史上之地位。阮氏以
> 威儀為明德之正，戴氏以訓詁為義理之全，何其陋也！[209]

一針見血地指出他們「義理」詮釋上的缺失。「實事求是」是方法，或
可作治學態度，但不能作永久之準則；此一是非，彼一是非，但當「日
新月異」、「時移事異」時，或許就變成「此一時，彼一時」，沒有一
定之定論。又尊許、鄭所言「性」理，實與孔孟無涉。傅斯年先生進一
步指出：他們最大的缺失，乃在於未就歷史觀點疏說孔、孟之理，亦未
能針對程、朱「性理」之學推其淵源，其在儒家思想史上能佔有一席之
地，其來有自也。而戴氏以訓詁為「義理」之全，阮氏以威儀為明德之
正，實不足以完全淋漓盡致地闡明古人思想。觀清儒治學方式，強調
「實事求是」，不緊守考據，但以實證求「義理」，為治學之途徑與目
的，雖闡發出有別於宋明理學之「義理」來，蔚為清代義理學，方法可
貴，但據語言與「義理」關係而言，可知這「字義訓詁」方式仍是無法
完全掌握與真正發揮出古人思想來的；誠如張岱年先生所云，清學治學
方法是有一定的科學性，但也有許多缺點，關鍵在他們所做的是資料整
理工作，一般談不上哲學理論的探討。[210]

---

[209] 傅斯年先生：〈引語〉，《性命古訓辨證》，（桂林：廣西師範大學，2006
年），頁 5。

[210] 張岱年先生：《中國哲學史方法論發凡》，（北京：中華書局，2005 年），
頁 94-95。

第捌章　結論

　　中國學術的發展，常是啟蒙－破壞－建設－發展－由盛而衰；梁啟超將之比喻為佛教所謂「生、住、異、滅」四期[1]。學術史是與日俱進、偕時而變的，無法永遠固定不變，否則，必成一灘死水，乾枯而涸。此發展之流變，「揚州學者」──凌廷堪亦表明：

> 蓋嘗論之，學術之在天下也，閱數百年而必變。其將變也，必有一二人開其端，而千百人嘩然攻之，其既變也，又必有一二人集其成，而數百人靡然從之。夫嘩然而攻之，天下不見學術之異，其弊始生矣。當其時亦必有一二人矯其弊，毅然而持之。及其變之既久，有國家者繩之以法制，誘之以利祿，童稚習其說，耄耋不知非，而天下相與安之。天下安之既久，則又有人焉思起而變之，此千古學術之大較也。[2]

學術發展的關鍵在「變」；當弊端滋生，一二人便思其變，必遭眾人嘩然攻之，一旦變之既久，漸漸為大家所接受時，則有國家繩之以法制，誘之以利祿，使天下人相安習慣；當安之既久，則又有人思而變之。中國哲學的發展亦復如是，從周公制禮作樂，繼而諸子百家思想綻放，然後，漢朝獨尊儒術，陰陽讖緯流行，魏晉玄學掛帥、南北朝隋唐佛學盛行，宋明融儒、釋、道之「理學」大盛，至清「實學」為要。

　　明清之際，思想轉變頗大，許多哲學大家如牟宗三先生等尚以為清代沒有思想。近來學者，如余英時先生、張壽安先生、張麗珠先生等研究，發現清代不是沒有思想，而是清代思想的主軸不再承襲宋明理學之

---

[1]　梁啟超：〈一論時代思潮〉，《清代學術概論》，（上海：上海古籍出版社，2005 年），頁 1。

[2]　凌廷堪：〈與胡敬仲書〉，《校禮堂文集》卷 23，（北京：中華書局，1998年），頁 203。

路，走的是形下氣化經驗界的理論，套用余英時先生的話，就是「道問學」取代「尊德性」，是一重智主義的傾向；張壽安先生所謂「情理」代替「天理」，「禮學」之思陵轢「理學」之理；張麗珠先生的「形下氣化論」而非「形上本體論」。

重點是清儒以「實事求是」的方法治學，讀經研理，強調由訓詁考證以進求「義理」，此「義理」方是聖賢之理。回歸經典，「實事求是」，「義理」有憑有據，方不落入主觀臆斷、空疏、自以為「理」之窠臼。大倡訓詁以求「義理」者以戴震代表，然戴震有鑑於宋明理學之「存天理，去人欲」不合實際，故對經典中「性」、「理」、「情」、「欲」等實證研究，以訓詁方式發現人的「情欲」，未必如理學家所論的，是萬惡之源；相反的，人當正視「情欲」，合理發展不至偏失，方是「理」。人「情欲」的偏失，在「私」與「蔽」，然「去私」在「以情絜情」，「去蔽」在「學以養智」。是以又發展出一套「重智主義」的理論。這套理論在當時並未受到重視，然不受重視未必就沒有流傳與發展下來，相反的，繼戴震之後，發揚這一「戴震哲學」，亦梁啟超所謂「情感哲學」的是一群「揚州學者」，「揚州學者」在此便扮演一相當重要的角色，將戴震之「情理思想」延續下去，至清末民初方為大盛，至今學術上研究，仍後續有人。此外，重點是這一「情理論」思想影響頗大，誠如張麗珠先生所云，使得中國社會由專制封建保守的傳統「禮教」，走向自由、民主、平等、重己、功利、人權發展之路[3]。所以若無戴震「達情遂欲」說，儒學發展仍是愈趨嚴苛的傳統「禮教」；然有戴震主張，若無人延續、傳承或光大之，儒學內在理路的發展便無法形成。

然「揚州學者」除光大戴震思想外，其學術上亦頗具特色，據張舜徽先生所云，可知不僅專精，還在能創能通，廣大圓融。然「揚州學者」頗多是戴震的學生或私淑仰慕者，所以治學上皆以文字、聲韻、訓詁、校勘、名物、典章、制度等考證為主，因此，在這小學、校勘、考

---

[3]　張麗珠先生：〈戴震「發狂打破宋儒《太極圖》的重智主義道德觀」〉，（收入氏著：《清代義理學新貌》，臺北：里仁書局，1999 年），頁 142-143。

證等方面，成就頗多且大。不僅如此，其治學觸角亦涉及算學、天文、曆法等方面，所以廣博。問題是後人多重視這些方面的成就，對其「義理」探索則是研究不多，是以本書欲以一宏觀角度針對清代「揚州學者」的「情理思想」做探究。

　　第壹、貳章，將「情理」定義做一說明，進一步對「情」源流、產生與發揚、發展做一探討。溯及先秦時，「情」是指「實」，「真實」流露，換句話說，是「誠」的表現，至荀子之後，漸有「情感」、「情緒」之意；漢代董仲舒以「陰陽」、「仁利」、「理欲」等理念附諸「性情」，是以「情」具有利、欲、生於陰等質，漸有所謂「性善情惡」說；至唐李翱主「滅情復性」，宋明理學進一步發展成「存天理，滅人欲」，視「情欲」為「良知之蔽」、「造惡之端」，「禮教」束縛愈趨嚴苛，但明清之際，對理學「滅人欲」暨空疏玄談之理，漸有學者反省與批判，始正視「情欲」與倡「達情遂欲」說。另外，「揚州學者」界定，歷來爭論不休，本書採以宏觀角度，主以學術承襲、師友關係，乃至所謂「通儒」意識的學術群體觀，不限地籍為論，做「揚州學者」之界定；亦附表格，將專家學者論述的「依據」做一統整與歸類。

　　本書重心在第參章與第肆、伍章，分別由橫向與縱向方式做分析與闡述。橫向方面，旨在將「揚州學者」共有的「義理思想」做一歸納說明，蓋可分成三部分：一是「人性論述——性理探討」，二是「經驗論——情欲探討」，三是「實踐功夫——化情為理之實踐」。在「性理」上，他們於「性理」的看法，不外是主：一是「血氣心知」為「性」；二是「好惡」為「性」，但能知故善。於「理」，大體一致主「以禮代理」、「情欲不爽失」為「理」與「一陰一陽之謂道」。於此「揚州學者」以《易》所主「一陰一陽之謂道」為立論依據，依此陰陽二氣是以「人」生，因「氣化」而來，不可避免有「情」有「欲」，是以人事中，「情欲」合理不失原則或不逾矩，謂之「理」。於「情欲」上，他們返回經典主「情，實也」之說，與「以情旁通，推己及人」。於「欲」，其主「欲發乎情，緣於性，乃制禮之源」與「養情節欲」等說。於「實踐功夫」上，大體歸納有「重學習，多讀書」、「習禮為行仁之方」、「絜矩力行，聖賢之道」與「修身在改過，改過以變通，變通以時行」。

　　縱向方面，列舉大家公認的代表者，一一深入淺出探討。由於代表
人物頗多，故分別於本書第肆、第伍章論述。第肆章，對「天理向情理
過渡者」——王懋竑、朱澤澐、劉臺拱等；「漢學為尊的情理論者」
——段玉裁、高郵王氏（王念孫）、江藩、黃承吉等，乃至「現實關懷
的情理經世者」——汪中、汪喜孫等人做探究。蓋將清初崇尚程朱理學
者，至漢學為尊者，到現實關懷者之學術史轉變，做一清楚披露外，亦
將個別學者傳略與思想做一說明。此章最重要發現是：即使尚程朱理學
者，亦漸有偏向正視「情欲」之傾向，如劉臺拱以「性情者，哀樂之極
至，王道之權輿」也，視「性情」為王道之開端；又尊漢學者，如：段
玉裁亦以「理乃情之無憾」作「理」之解釋，與戴震主「情之不爽失謂
之理」無異。高郵王氏父子，王念孫以考證方式主「情，實」之解，又
主「仁與人通」；王引之亦以「形體出於天性不可改變」，表示血氣性
體具實，天性使然，不可隨意變樣。江藩雖著有《國朝宋學淵源記》，
但仍是崇漢抑宋。其主「生之所以然就是性」，因「性」乃生理之
「性」，故須「節性復禮」，而禮又是聖人「緣情制禮」而來，所以
「明道，在修身，無他，身體力行而已」，主實踐乃修身之道。黃承吉
以「數」表「道」，「道」又非「曲」不能盡；「曲」以音聲相轉相近
關係，故可因聲求義，「曲」字可通「矩」字、「句股」字之意講，如
此，「曲」以論「絜矩」之道。現實關懷者，主要是汪中父子，汪中出
身貧困，是以亦最了解貧困者之心，故對弱勢者，尤其婦女、孺子等特
別關照，主婦女守「禮」而非守寡或殉夫，可以再嫁或離異，為自己追
求幸福，旁人更應予以支持或贊同才是！對寡婦或孤兒主建設社會福利
機構，如「貞女堂」、「孤兒社」作收容他（她）們之場所。子：汪喜
孫，其思想尚「禮」與「學」，強調「道在六經，在五倫」，而經莫重
於「禮」，「禮」又莫重於「喪服禮」。正視「情欲」，以為「欲發乎
情，止乎禮義」。習禮關鍵在「學習」，習得在致用，所以「學以濟
世」，又「通經與力行不必別」。

　　第伍章，針對「光大戴震情理思想者」——淩廷堪、焦循、阮元、
劉寶楠、劉師培等論述；「春秋學的情理論者」——淩曙、劉文淇、劉
毓崧、劉壽曾等論述。淩廷堪最先倡「以禮代理」，以「好惡」為

「性」之兩端，故制禮之大原在此。又「以禮代理」的實踐功夫在「養情節欲」與「習禮復性」；以「禮」具體規範，作人們遵守實踐之則，較諸道德狀態之理，客觀具體可行，使「理」亦不落入師心自用，各自有理，是非相爭情景。人人守「禮」，期以建立一安定的社會。焦循亦主「以禮代理」，但他不直接這麼說，而是以為「禮論辭讓，理辨是非」，「理足以啟爭，禮足以止爭也」又「禮乃息爭之鑰」。視「禮」為平息世間紛爭關鍵，又倡「能知故善說」，以「心知」與否做人禽之別的判斷，以為人懂得何者有利，何者適當，禽獸不知，所以「能知」是引領人向善的鎖鑰，亦是人與禽獸不同之所在；其又究《易》之卦爻變化，發明出「旁通、相錯、時行」等理，而「旁通與情」乃是人際互動的「絜矩」之道。阮元——這位十八世紀經學之盟主，於學術貢獻不在話下，大興學堂——詁經精舍、學海堂，提拔諸多人才，改變學風，重視「實事求是」；又力編群書，如《經籍纂詁》、《十三經注疏校勘記》與《皇清經解》等書，可謂於學術研究方面貢獻良多。在「義理思想」上，其〈性命古訓附威儀說〉，強調「性」乃「血氣心知」之「性」，命有「生命」與「德命」兩種，是以人因血氣之性，故有飲食男女之欲，此不可禁，亦不可改也，唯一避免「縱欲」的方法就是「習禮節性」，以「習禮節性」達到修身的目的，所謂「威儀」敬慎以達「德命」。又大倡「仁乃相人偶」說，主鄭玄注解，以「仁」是二人以上，相互親愛互助之意，所以「人耦相親相愛」方是「仁」真正之實踐。「仁」不再是形上本體，下落為現實人間之實踐，方是「仁」，所強調的「仁」在實踐上，行動表現，發揮親愛互助精神，方是「仁」。此論說對後來的晚清學者如譚嗣同、康有為等影響頗大。

　　繼而，寶應學者——劉寶楠，與其子劉恭冕合著《論語正義》。《論語正義》一書，雖附有「宋人長議」等論述，但此書並非是闡述宋明理學之專著；相反的，是一部「發揚了乾嘉學風，在注釋中注重文字訓詁、史實考訂和闡發義理」[4]的書。重要是承襲戴震考證求「義理」等觀點較多。如其論「理」指的是「陰陽之道」；「性」乃引戴

[4]　見高流水先生：〈《論語正義》點校說明〉，（臺北：文史哲出版社，1990年），頁4。

震「血氣以生」之「性」做解釋,指的是一形下氣化實體的「性」。
又主「欲根於性而發於情」,既人人皆同我情我欲,故可反躬自省,
推己及人,知己好亦想到他人,亦要人好,便可做到「己欲立而立
人,己欲達而達人」的境界。清末,劉師培,雖是儀徵劉氏治《左
傳》學第四代,但就其思想而言,實乃承繼戴震而來,故列入此,光
大戴震思想者。其有云:

> 宋儒之說貴公去私,近於逆民,東原之說推私為公,近於順民,
> 又慮民之恣情縱欲也,故復於順欲之中隱寓節欲之意。[5]

主戴震之說,視一推私為公,近於順民之論,而宋儒之貴公去私論,
乃是逆民之論。為避恣情縱欲,故主順欲中須節欲,節欲之要在
「禮」。

　　另外,主《公羊》學之凌曙與主《左傳》學之儀徵劉氏,亦是「揚
州儒學」後來的發展。在此,訂名為「春秋學的情理論者」。他們雖治
春秋學,但其中不乏「情理」之論述。凌曙以「禮本人情以即於安,故
禮者治人之律,而春秋則其例也。」知尚「禮」,「禮」視為治人之
律,然「禮」亦本於人情以安而來,故可為人人遵守之則。所謂「春
秋」微言大義不外乎此。劉文淇主「國人之私而止於禮,法之正也」。
主人當有「私欲」,順其私但不違禮,亦是法之正途。又「釋《春秋》
必以周禮明之」,強調以「禮」釋《春秋》。其子:劉毓崧以為:「天
理不外乎人情,故情理可以互訓。」視「情」為「理」,「理」為
「情」也。人情不疏失,便是「理」。毓崧之子:劉壽曾以「夫施於民
者易悅,取於民者易怨,民之恆情也。」又「《春秋》者,禮義之大宗
也。」皆尚以禮治《春秋》,然為政者就須足民所欲,常施恩施利於
民,必得民心大悅,相反的,動則苛徵重稅,勞民傷財,人民必定不
滿,此趨利圖欲之心,就是百姓之心。畢竟人民以謀生為要,人民的理
想亦須建立在基本的生存滿足上。

---

[5]　劉師培:〈東原學案序〉,《劉申叔遺書》,(南京:江蘇古籍出版社,
1997年),頁1759-1760。

　　第陸章論及影響，事實上，「揚州學者」對後來學術發展影響頗大，不論是在「義理思想」方面、學術研究方面、乃至人權復興方面、或書院教育之革興，都具有關鍵性的影響。在「義理思想」上，尤以阮元「相人偶」之「仁學」影響最大。晚清學者，譚嗣同即主「仁」乃「相人偶」之意義，並將此進一步發揮，強調「通」之作用，所謂：「仁以通為第一義」，並以物理學之「以太」命名「仁」，賦予「仁」一新意；康有為亦主「相人偶為仁」說，但除了親愛互助外，更是強調「仁」乃是「愛力」、「電力」之釋放，主人與人互相傳情達意，亦在「愛力」之互傳，如此，人與人之間方有溫情，不致冷漠疏離；全國百姓方能團結在一起，共同抵禦外侮。

　　在學術發展上，主要是古文經學家之傳衍與今古文之爭等學術流變兩項；古文經學的傳衍，則與阮元所創立的詁經精舍、學海堂有關，在此中，培育出許多優秀人才，如著名的經學大師——俞樾，即在此（同、光年間）講學長達三十一年之久。而俞樾遵阮元教學宗旨，以「學古」為原則，重訓詁之法，「實事求是」於「聖賢之經」。這方面，由他所影響的學者，有：黃式三、黃以周父子、孫詒讓、崔適、戴望、章太炎、王國維等人，是為「揚州學派」在浙江的影響與傳承。

　　阮元時，主要有江藩與方東樹的漢宋不兩立，後來演變成所謂：今古文之爭，關鍵人物：凌曙（1775～1829），奠立於漢學基礎上，進而強調今文經的微言大義，蔚為道光年間，《公羊》學集大成者。加上劉逢祿大力推崇今文、排斥古文，其傳播之力可謂既深且遠。影響所及，造成後來大倡今文經學者，有龔自珍（1792～1841）、魏源（1794～1857）諸人，晚清今文經師：陳立（1809～1869）、王闓運（1833～1916）、戴望（1837～1873）、皮錫瑞（1850～1908）、廖平（1852～1932）、康有為（1858～1927）等人，均假今文經以議政論事，反對埋首於故紙，主張「經世致用」。然「阮元學圈」所培育出的人才，如俞樾、孫詒讓、章太炎等人主古文經學，各有所主，互不相讓，所謂「今古文之爭」便隱隱約約地展開；甚且，主今文《公羊》學之凌曙，其甥：劉文淇，卻是主古文經《左傳》之學，其儀徵劉氏四代（至劉師培亦是），均傳承古文經《左傳》學，所以正當今文經學勢力漸強時，有

康有為鼓吹經世改革，相對地，倡古文經的劉師培，力挽頹瀾於《左傳》之延續。

在人權復興上，則是禮教重整，婦女解放之聲浪高漲；這方面，除對封建禮教反省外，還有主「情欲」自由、批判「禮教」的小說，大受歡迎。倡婦女解放者，有俞正燮（1775～1840），對男尊女卑之不公，亦做出大力反擊；宋恕（1862～1910），這位清同治至宣統年間的學者，繼承了戴震的反理學精神，對道學家加諸婦女的桎籠，宋恕更是強力批駁與推翻；並明白指出女子之所以受到不自由之對待，關鍵源自：傳統的「節烈」觀念，所以宋恕主張宜廢止旌表「貞節」這種反人道的政策法規。主「情欲」自由、批判「禮教」的小說，大受歡迎，主要有：吳敬梓（1701～1754）的《儒林外史》、曹雪芹（1715～1763）的《紅樓夢》，然受到「揚州儒學」影響的小說，主要是《鏡花緣》、《老殘遊記》為代表。在李汝珍《鏡花緣》中，對於男女之不平等、「禮教」加諸婦女許多禁錮，均以小說文學的筆法大力抨擊。劉鶚的《老殘遊記》，志在宣揚戴學的「情欲理論」，諷諭理欲之辨的宋儒為「自欺欺人，不誠極矣」的偽道學。

而教育之興革，主要以書院風尚改革，學校體制興起，江浙嶺南漢學大盛為主要的影響。大興學堂更是改革科舉至學校大興、學科分化的一個轉圜。影響後世最大者，就是阮元創辦的「詁經精舍」與「學海堂」。就「詁經精舍」而言，除精英份子之人才造就培育外，重要的是教育內容不再是八股文，而是「經世致用」的實學為主；內容側重經、史之義，並旁及文字聲韻訓詁等小學，乃至天文、地理、算學、曆法、詞章等，範圍廣闊，又此讀經研史影響所及，促使江浙一帶，漢學大興。後來傳統考試制度的廢除，新式學堂普遍建立，學科亦趨分化，以建立新學制與吸收新知識為主要目的。然之前，阮元所創立的書院、學堂，即已跳脫出舊制窠臼，朝向多元化發展。這書院改革的理念，無疑是為後來新式學制產生、學科分化與教育普遍改革，作一前導與示範的作用。張壽安先生云：「詁經精舍與學海堂的教學內容，在中國近代書院史的發展上也是極具改革意義的。」[6]

6　張壽安先生：〈清代揚州學派研究展望〉，（《漢學研究通訊》第 19 卷第 4 期，總第 76 期，2000 年 11 月），頁 624。

　　第柒章評價其特色、價值與重要性，並分析其優缺點。第捌章，總結。最後，針對揚州「情理思想」做一反思與評價，以期盡可能客觀分析其優缺點。畢竟天下沒有一個思想是十全十美的，因為地球是「圓」的，僅站在一個角度看事情，就無法看出其他角度等面向問題，所以有其特色、價值、優點，亦有其遮蔽面，即所謂的「缺失」。就承繼戴學之後的揚州「情理思想」，其價值、特色，個人以為具有：

一、傳統解放，「義理」轉型──中國哲學發展至宋明理學時，可謂達至顛峰，然所走的哲學路徑亦一直是往形上抽象的本體論發展，而形下氣化的經驗界，包括：重視現象界的經驗事實，正視人情人欲，強調通情遂欲、義利合趨等思想，至清代，方為學者重視與強調。這方面，經「揚州學者」發揚光大，可謂完成儒學形上與形下的整體論述。尤其十九世紀後，西方文化入侵，傳統文化大受衝擊，儒學發展至此，勢必有所轉變以因應，因此，以「乾嘉新義理學」為主軸的「清代新義理學」可謂對於現代化思維具有導揚先路的作用。

二、社群人我間之觀照與強調──此時禮學大盛，繼淩廷堪倡「以禮代理」後，學者紛紛主深入經典文獻探究「禮儀」等典章制度，期以「禮則」建立社會群體間共同遵守的典範，亦凸顯清儒不約而同地將目光從心性仁義的德目，轉移至社會與群眾之間的觀照。又主實踐之學，不尚空談，治學「實事求是」，目標「經世致用」，學問實際實行，如阮元主「仁」就是一例。

三、「公與私」意義轉變──往昔之「公」，是以「公家」、「公事」為「公」、為「要」；「私」多被視為「個己之利」、「隱私」，乃至「邪曲」之意講，是以人民皆須「為公去私」，方是合乎儒家道德之要求，尤其至宋明理學主「存天理，去人欲」後，更是將「為公去私」推崇至極。然至明清之際，則有所不同，不僅反「去人欲」之「天理」，更是主「存人欲」之「情理」；「揚州學者」則更是強調「天理不外人情」，紛紛倡人情人欲之可行而不可禁，亦不可縱，且思人同己之欲，進而推己及人，懂得「分享」，亦即所謂「絜矩之道」；如此，公與私之意義便有所不同，彷彿變成為

百姓力爭「私利」為「公」；足百姓私欲之為「公」，「公」在此除富含「平等」、「均平」意義外，更表示以不抹煞個人合理的「欲望」為宗，「公」的最大目標變成：達成人人均富的境界，所以在尊重群體規範下，中國禮教漸由「宗族家禮」、「家天下」之強調，走向群體社會「禮儀規範」之建立。所謂的「公」不再是指「一人之下，萬人之上」的「統治者」，而是指眾人、群體之意義；「私」以足私己、個己、私利之意義為前提。

　　然近代人權平等之倡導、「公私意義」之轉變，就是建立在「情欲」的肯定下，「達情遂欲」之理論確立，與學者倡揚，方以在儒學內在理路中形成；所謂「情欲解放」，方有個人自由、平等的可能性；「公」方可轉變成「足人人私欲」之理，否則，無法肯定人「私欲」的合理性，所謂的「公」永遠是為封建「禮教」之「上位者」服務，平民百姓永遠是沒有「自我」的「人」，終生只為「上位者」作牛作馬，永無翻身之日。

四、促使人文精神昂揚與人權主義覺醒──「人文精神」昂揚與「人權思想」提倡，在中國傳統「禮教」束縛下，一直是隱沒不彰的。直至清代，受到外強侵略影響，「人權思想」才漸漸受到重視與闡揚。如譚嗣同（1865～1898）主「人我通」、「通之象為平等」[7]。畢竟要「無對待，然後平等」[8]。此一「通」之象，「揚州學者」──焦循，即已倡導在先，不過，焦循主「旁通以情」，以「情通」打破上下僵固制式化對待的關係，方做到平等之境。又人權申張必奠立在人我平等之上，方有「人權」可云，所以中國自古以來最大的不平等就是「男女不平等」，「揚州學者」如汪中，乃至李汝珍、俞正燮等人，均大力倡導男女平等之重要，即是為婦女人權之爭取。

　　「揚州學者」「情理思想」的優缺點，就優點而言，個人以為有：一、具有「實事求是」的科學精神；二、見解創新變通，思治流派之

---

[7]　譚嗣同：〈仁學界說〉，《仁學》卷上，《譚嗣同全集》，（臺北：華世出版社，1977年），頁6。

[8]　同上注，頁7。

偏；三、重視實際，「經世致用」。缺點蓋有：一、缺乏「人實踐主體性」論述；二、強調「禮教」反形成「以禮殺人」；三、缺乏清晰的「道德觀念」，無法將「道德義理」充分表達。

畢竟看的書愈多，發現到的問題就愈多，如「揚州學者」，個人後來在張蕊青先生〈乾嘉揚州學派與《鏡花緣》〉一文中，發現：在「揚州學派」學者中，對李汝珍影響最深的，除了淩廷堪外，尚有許喬林與許桂林二位[9]。然這二位，至今論「揚州學派」等著述，皆無以見得。重點是「揚州學者」論定太多，本書實亦無法針對每一位學者做深入分析與披露，亦僅就大家公認的代表人物論述，實亦是本書的侷限。關於此，個人勢必會在爾後再發表專篇論文探究。

個人總以為中國哲學是一攸關生命安頓的學問，然生命的安頓與關懷，不是一套知識而已，重要在實際生活中實踐、體會，惟有通過實踐才能真正安頓生命，而不只是空中樓閣而已[10]。誠如牟宗三先生云：

> 中國文化的核心是生命的學問。由真實生命之覺醒，向外開出建立事業與追求知識之理想，向內滲透此等理想之真實本源，以使理想真成其為理想，此是生命的學問之全體大用。[11]

生命的學問貴在實踐，不僅是理性之悟得，更要緊的是「修養功夫」之力行。然身為人，不可避免有「情」有「欲」，正因有「情」，方可建立一有「仁」有「義」的世間；亦正因有「欲」，是以激發人不斷奮發上進之心。因此，人應「情理」兼顧，所謂：「無理之情之為虛妄，離情之理之為枯槁，必情理交融，然後為真實的人生。」[12]然人皆有「情欲」，但「情欲」不可氾濫，所以要「修行」。「修行」不僅是守生命之外的「禮儀規範」而已，而在完成吾人內在生命本有的要求，亦即道

[9] 詳見張蕊青先生：〈乾嘉揚州學派與《鏡花緣》〉，（《北京大學學報》（哲學社會科學版），第36卷第5期，1999年5期），頁104。

[10] 見高柏園先生：〈中國哲學史緒論・摘要〉，（王邦雄先生等編著：《中國哲學史》，臺北：空中大學出版社，1998年），頁4。

[11] 牟宗三先生：〈自序〉，《生命的學問》，（臺北：三民書局，2007年），頁2。

[12] 曾昭旭先生：《情與理之間》，（臺北：漢光出版社，1992年3月），頁3。

德倫理之落實，方是為人（仁）價值的發揮。倘若自覺不高，就需藉繁複「禮儀」之實行，實習成一習慣後，進而深入體會「禮儀」背後的道德「義理」；畢竟「習禮」還在「悟理」。此外，尚須不斷「學習」，雖然生命的學問，不是一套知識，但是「人非生而知之」，是需要不斷學習、充實與歷練，方領悟得這一偉大的生命學問。

　　清儒的思想，無所謂對錯，只是因應當時時代之需要與學術的發展狀況而發論的。可貴是他們正視現實需要，勇敢提出一套「達情遂欲」之理論，在此基礎上，反抗傳統封建之「禮教」，發現自由、平等之人權的重要，進而影響後來學者大力之倡導與宣揚；本獨重道德之自修，所謂內聖之學，亦轉向群體、社群意識之重視，所謂「公德」之發揚、「外王」之學之落實。「實事求是」以「經世致用」的理念，在學術上方具科學精神，突破例守往昔舊注之失，方將真實之解大白於世，又宗經反科舉，不限治學範圍，可上知天文，下及地理，皆是做學問的領域，方使學術發展多元化，亦促使後來教育之改革與學科之分化；重要還在於文字、聲韻、訓詁、考據、校勘等，原本是清儒「實事求是」以治經的方法，如今，皆成獨立的專門學科，即今有所謂：文字學、聲韻學、訓詁學、考據學，乃至校勘學。然不可否認，其亦有缺失所在，端在他們忽視「道德實踐的主體」，一味為反理而反理，殊不知道德實踐功夫，亦須有內在實踐的本體，方為可行。所謂：「修養正是要使吾人的本心本性能在具體的生命中有恰當而充盡的表現。」[13]又宋明理學未必一無是處，其精湛處，恐是主訓詁以求「義理」者所忽略的。不論如何，作為一位學術研究者，個人以為當客觀論析，不否認其貢獻與價值，亦須正視其缺失，方是學術發展進步的空間。

---

[13]　見高柏園先生：〈中國哲學史緒論〉，同注 10，頁 10-11。

參考書目

　　本書目之臚列方式，依壹「古籍」、貳「近、現代專著」、參「工具書目」、肆「網路論文」四部分分類；凡壹「古籍」則劃分：一、清代「揚州學者」著述與二、古籍專書——經、史、子、集四類，依作者的時代先後順序排列；凡貳「近、現代專著」，含專書、學位論文、期刊論文，依序為：中文、日文、英文；中、日文依作者姓氏筆劃之多寡排列，英文則據作者姓氏字母之先後次序排列。其中，中文專書部分又分為：（一）清代義理思想（二）清代學者評傳與研究（三）清代學術論（四）其他。然後，則是參「工具書目」，以字、辭典為主；最後，是肆「網路論文」。

壹、古籍書目

一、清代揚州學者著述

朱澤澐：《朱子聖學考略》，《四庫全書存目叢書》第 20 冊，臺南：莊嚴出版社，1995 年。
　　　　《止泉先生文集》，《四庫全書存目叢書》第 20 冊，臺南：莊嚴出版社，1997 年。
王懋竑：《白田草堂存稿》，臺北：漢華文化事業股份有限公司，1972 年。
段玉裁：《經韻樓集》，《段玉裁遺書》，臺北：大化書局，1977 年。
　　　　《經韻樓集補編》，《段王學五種》，《原刻景印叢書集成續編》（12），臺北：藝文印書館，1970 年。
王念孫：《廣雅疏證》，南京：江蘇古籍出版社，2000 年。
　　　　《讀書雜誌》，南京：江蘇古籍出版社，2000 年。
王引之：《經義述聞》，南京：江蘇古籍出版社，2000 年。
　　　　《經傳釋詞》，南京：江蘇古籍出版社，2000 年。
王念孫、王引之等著、羅振玉輯印：《高郵王氏遺書》，南京：江蘇古籍出版社，2000 年。

劉臺拱等著、張連生等點校：《寶應劉氏集》，揚州：廣陵書社，2006年。
　　　　《劉端臨先生遺書》，嚴一萍輯：《原刻景印叢書菁華本》，臺北：藝文印書館，1972年。
　　　　《論語駢枝》，《續修四庫全書・經部・四書類》，上海：古籍出版社，2002年。
朱彬著：《禮記訓纂》，北京：中華書局，1996年。
　　　　《遊道堂集》，清・沈赤然：《清代學術筆記叢刊》（33），北京：學苑出版社，2005年。
汪中著、王清信、葉純芳點校：《汪中集》，臺北：中研院文哲所，2000年。
田漢雲點校：《新編汪中集》，揚州：廣陵書社，2005年。
楊晉龍：《汪喜孫著作集》（上中下），臺北：中研院文哲所，2003年8月。
淩廷堪著、彭林點校：《禮經釋例》，臺北：中研院文哲所，2004年。
王文錦點校：《校禮堂文集》，北京：中華書局，1998年。
焦循著：《雕菰集》，臺北：鼎文書局，1987年。
　　　　《群經補疏》，《焦氏叢書二十一種・六經補疏廿卷》，清嘉道年間叢書。
　　　　《雕菰樓易學》，《焦氏叢書》本，《續修四庫全書》（27），上海：上海古籍出版社，1995年。
　　　　《孟子正義》上下冊，長沙：岳麓書社，1996年。
　　　　《論語通釋》，臺北：藝文印書館，1966年。
　　　　《論語補疏》，《皇清經解本》（6），臺北：復興書局，1972年。
李忬點校：《雕菰樓易學三書》，北京：九州出版社，2003年。
沈文倬點校：《孟子正義》，北京：中華書局，1987年。
　　　　《焦里堂先生軼文》，《鄦齋叢書本》，收入於嚴一萍輯：《原刻景印叢書集成三編》，臺北：藝文印書館，1971年。
　　　　《里堂家訓》，收入周秀才等編：《中國歷代家訓大觀》（下），大連：大連出版社，1997年。
　　　　《里堂家訓》，收入《續修四庫全書・子部・儒家類》，上海：上海古籍出版社，1995年。
焦廷琥：《讀書小記》，《原刻景印叢書集成》（三編）《鄦齋叢書》（18），臺北：藝文印書館，1971年。
　　　　《地圓說》，《續修四庫全書・子部・天文算法類》（1035），上海：古籍出版社，1995年。

　　　　　《儀禮講習錄》，《清代學術筆記叢刊》（43），北京：學苑出
　　　　　版社，2005 年。

　　　　　《禮記講習錄》，《清代學術筆記叢刊》（43），北京：學苑出
　　　　　版社，2005 年。

阮　元：《揅經室集》，北京：中華書局，1993 年。

　　　　　《定香亭筆談》，臺北：廣文書局，1968 年。

　　　　　《疇人傳》46 卷，北京：中華書局，1991 年。

　　　　　《淮海英靈集》戊集卷，《續修四庫全書・集部・總集類》
　　　　　（1682），上海：上海古籍出版社，2002 年。

　　　　　《詁經精舍文集》，收入趙所生先生、薛正興先生等編《中國歷
　　　　　代書院志》（15），南京：江蘇教育出版社，1995 年。

　　　　　《學海堂集》，收入趙所生先生、薛正興先生等編：《中國歷代
　　　　　書院志》（13），南京：江蘇教育出版社，1995 年。

阮　福：《孝經義疏補》，《原刻景印百部叢書集成》（44）《文選樓叢
　　　　　書》（5），臺北：藝文印書館，1967 年。

李　惇：《群經識小錄》，《續修四庫全書》（173），上海：古籍出版
　　　　　社，1995 年。

黃承吉：《夢陔堂文集》，《國學集要初編》（10），臺北：文海出版
　　　　　社，1967 年。

　　　　　《字詁義府合按》，北京：中華書局，1993 年。

江藩著、錢鍾書主編：《漢學師承記》（外二種），香港：三聯書店，
　　　　　1998 年。

漆永祥纂釋：《漢學師承記箋釋》，上海：上海古籍出版社，2006 年。

漆永祥整理：《江藩集》，上海：上海古籍出版社，2006 年。

劉寶楠：《念樓全集》，《清代稿本百種彙刊・集部》，臺北：文海出版
　　　　　社，1974 年。

高流水點校：《論語正義》，臺北：文史哲出版社，1990 年。

劉恭冕等著：《廣經室文鈔》，《叢書集成續編》（196），臺北：新文豐
　　　　　出版社，1989 年。

凌　曙：《四書典故覈》，《續修四庫全書》（169），上海：上海古籍出
　　　　　版社，1995 年。

　　　　　《春秋公羊禮疏》，《原刻景印百部叢書集成》（71），臺北：
　　　　　藝文印書館，1967 年。

劉文淇：《青溪舊屋文集》，《續修四庫全書》（1517），上海：上海古籍出版社，2003 年。

《春秋左氏傳舊注疏證》，北京：中國社會科學出版社，1959 年。

劉毓崧：《通義堂文集》，《求恕齋叢書》，《叢書集成續編》臺北：藝文印書館，1970 年。

劉壽曾著、林子雄典校、楊晉龍校訂：《劉壽曾集》，臺北：中研院文哲所，2001 年。

成蓉鏡：《周易釋爻例》，《周易叢書續編》，臺北：廣文書局，1974 年。

《史漢駢枝》，《南菁書院叢書‧六集》，江陵：南菁書院，清光緒 14 年。任大椿：《弁服釋例》，《續修四庫全書》（109），上海：上海古籍出版社，1995 年。

劉師培著：《清儒得失論》，北京：中國人民出版社，2004 年。

南桂馨等編：《劉申叔先生遺書》，南京：江蘇古籍出版社，1997 年。

二、古籍專書

（一）經部

漢‧毛亨傳、鄭玄箋：《毛詩鄭箋》，臺北：新興書局，1981 年。

漢‧毛亨傳、鄭玄箋、唐‧孔穎達疏：《毛詩正義》，《十三經注疏本》（2），臺北：藝文印書館，1981 年。

漢‧鄭玄注、唐‧孔穎達疏：《儀禮注疏》，臺北：藝文印書館，1997 年。

漢‧鄭玄注、唐‧孔穎達疏：《禮記正義附校勘記》，《十三經注疏本》（5），臺北：藝文印書館，1981 年。

漢‧董仲舒：《春秋繁露》，上海：上海古籍出版社，1989 年。

清‧凌曙注、鍾肇鵬主編：《春秋繁露校釋》，石家莊：河北人民出版社，2005 年。

漢‧許慎著、清‧段玉裁注：《說文解字注》，臺北：天工書局，1992 年。

魏‧王弼撰、韓康伯注、唐‧孔穎達疏：《周易正義》，《十三經注疏本》（1）臺北：藝文印書館，1981 年。

魏‧何晏集解、宋‧邢昺疏、清‧阮元校勘：《論語注疏》上下冊，臺北：弘毅出版社，1994 年。

魏‧何晏注、宋‧邢昺疏：《論語注疏本》，《十三經注疏本》（8），臺北：藝文印書館，1981 年。

宋・程頤：《伊川易傳》，《文津閣四庫全書・經部・易類》，北京：商務印書館，2006 年。

宋・朱熹：《四書章句集注》，臺北：大安出版社，1991 年。

黃坤點校：《四書或問》，上海：上海古籍出版社，2001 年。

清・李塨：《論語傳注問》，收入《顏李叢書》（3），臺北：廣文書局，1965 年。

　　　《論語傳注》下，《四庫全書存目叢書・經部・四書類》第 173 冊，臺南：莊嚴出版社，1997 年。

清・桂馥撰：《說文解字義證》，北京：中華書局，1987 年。

清・孔廣森：《公羊春秋經傳通義》，《續修四庫全書・經部・春秋類》第 129 冊，上海：上海古籍出版社，2002 年。

清・孫詒讓：《周禮正義》，收入氏著：《孫籀廎先生集》第 6 冊，臺北：藝文印書館，1963 年。

　　　《尚書駢枝》，收入氏著：《大戴禮記斠補》，山東：齊魯書社，1988 年。

　　　《古籀拾遺》，臺北：華文出版社，1971 年。

清・張爾歧：《儀禮鄭注句讀》，臺北：學海出版社，1997 年。

清・胡培翬：《儀禮正義》，南京：江蘇古籍出版社，1993 年。

清・莊存與：《春秋正辭》，《續修四庫全書・經部・春秋類》第 141 冊，上海：上海古籍出版社，2002 年。

清・莊述祖：《明堂陰陽夏小正經傳考釋》，《續修四庫全書・經部・群經總義類》第 173 冊，上海：上海古籍出版社，2002 年。

清・邵懿辰：《禮經通論》，收入《叢書集成續編》第 42 冊，臺北：新文豐出版社，1989 年。

清・黃以周著、王文錦點校：《禮書通故》，北京：中華書局，2007 年。

清・康有為：《中庸注》，臺北：臺灣商務印書館，1968 年。

　　　《論語注》，北京：中華書局，1984 年。

清・桂文燦：《經學博采錄》，合肥：黃山書社，2008 年。

（二）史部

晉・陳壽撰、裴松之注、盧弼集解《三國志集解》，北京：　中華書局，1982 年。

清・張廷玉等撰:《明史》,《二十五史》(46～50),臺北: 臺灣商
　　務印書館,1967 年。

清・國史館編:《清史列傳》,北京:中華書局,1987 年。

清・謝延庚、劉壽曾等纂:《光緒江都縣續志》,臺北:成文出版社,
　　1970 年。

清・錢儀吉纂:《碑傳集》,北京:中華書局,1993 年。
　　《清代碑傳全集》,上海:上海古籍出版社,1987 年。

清・繆荃孫編:《續碑傳集》,收入周駿富編輯:《清代傳記叢刊》第 119
　　冊,臺北:明文書局,1985 年。

清・王箴傳編:《文林郎翰林院編修予中王公行狀》,《四庫全書存目叢
　　書》(268),上海:上海古籍出版社,2002 年。

清・段玉裁編:《戴東原先生年譜》,臺北:崇文書店,1971 年。

清・汪喜孫編:《容甫年譜》,《北京圖書館藏珍本年譜叢刊》(111),
　　北京:北京圖書館出版社,1999 年。

清・張鑑等編:《雷塘庵主弟子記》,《北京圖書館藏珍本年譜叢刊》
　　(129),北京:北京圖書館出版社,1999 年。

黃愛平點校:《阮元年譜》,北京:中華書局,1995 年。

清・劉盼遂編:《段玉裁先生年譜》,香港:崇文書局,1971 年。

清・閔爾昌編:《江子屏先生年譜》,漆永祥:《江藩集》附錄,上海:
　　上海古籍出版社,2006 年。

清・張其錦編:《凌次仲先生年譜》,《安徽叢書》第 4 期,臺北:藝文
　　印書館,1971 年。

清・李斗撰、汪北平等點校:《揚州畫舫錄》,北京:中華書局,1997 年。

清・英傑修等纂:《續纂揚州府志》,《中國地方叢書》,北京:新華書
　　局,1997 年。

(三)子部

春秋・管仲著、清・戴望校:《管子》,臺北,臺灣商務印書館,1956 年。

戰國・荀況著、唐・楊倞注、清・王先謙集解:《荀子集解》,臺北:藝
　　文印書館,1958 年。

戰國・呂不韋輯、漢・高誘注、清・畢沅點校:《呂氏春秋》,《四部備
　　要・子部》,臺北:中華書局,1979 年。

漢・班固：《白虎通德論》，《四部叢刊初編本・子部》（25），臺北：
　　臺灣商務印書館，1965 年。

魏晉・王嘉：《拾遺記》，北京：中華書局，1981 年。

唐・李翱：《復性書》，《李文唐李文公集》，（日）東京：古典研究
　　會，1977 年。

宋・周敦頤著：《周子全書》，臺北：廣學書社，1975 年。

宋・朱熹注：《通書注》，《朱子全書》（13），上海：上海古籍出版
　　社，2002 年。

宋・張載著、清・王夫之注：《張子正蒙注》，上海：上海古籍出版社，
　　2000 年。

宋・程顥、程頤著：《二程集》，臺北：里仁書局，1982 年。
　　《二程遺書》，上海：上海古籍出版社，2000 年。
　　《二程全書》，臺北：中華書局，1979 年。

宋・朱熹：《朱子語類》，北京：中華書局，1994 年。
　　《朱子文集》，臺北：德富文教基金會，2000 年。

宋・陳淳：《北溪字義》，《近思錄》，臺北：世界書局，1975 年。

宋・陸九淵：《象山全集》，《四部叢刊正編》（56），臺北：臺灣商務
　　印書館，2006 年。

明・王守仁：《王文成全書》，《文津閣四庫全書・集部・別集類》
　　（1269），北京：商務印書館，2006 年。
　　《陽明全集》（上下），上海：上海古籍出版社，1992 年。

葉紹鈞點注：《傳習錄》，臺北：臺灣商務印書館，1991 年。

明・王艮：《王心齋先生全集》，臺北：廣文書局，1975 年。

明・王畿：《王龍溪先生全集》，臺北：華文出版社，1970 年。

明・羅近溪：《耿中丞楊太史批點近溪羅子全集》，《四庫全書存目全
　　書》，臺南：莊嚴出版社，1997 年。

明・馮夢龍：《情史類略》，《古本小說集成》（68），上海：上海古籍
　　出版社，1981 年。

明・呂坤著：《呂子節錄》，臺北：廣文書局，1975 年。

朱恆夫注評：《呻吟語》，南京：江蘇古籍出版社，2002 年。

明・李贄：《焚書》、《藏書》、《初潭集》、《九正易因》，收入張建
　　業主編：《李贄文集》，北京：社會科學出版社，2000 年。

明・劉蕺山：《劉宗周全集》，臺北：中研院文哲所，1996 年。

清・孫詒讓：《墨子閒詁》，收入氏著：《孫籀廎先生集》第 5 冊，臺北：藝文印書館，1963 年。

清・包世臣：《藝舟雙楫》，《續修四庫全書・子部・藝術類》，上海：上海古籍出版社，1995 年。

清・陳澧：《漢儒通義》，《續修四庫全書・子部・儒家類》第 952 冊，上海：上海古籍出版社，1995 年。

（四）集部

漢・揚雄：《揚子雲集》，《景印文淵閣叢書》（1063），北京：商務印書館，2006 年。

明・張竹坡：《明代第一奇書金瓶梅讀法》，臺北：廣文書局，1981 年。

明・袁宏道著、錢伯城箋校：《袁宏道集箋校》，上海：上海古籍出版社，1981 年。

　　《袁中郎文鈔》，《袁中郎全集》，臺北：清流出版社，1974 年。

明・湯顯祖著：《湯顯祖集》第 2 冊，上海：人民出版社，1973 年。

清・黃宗羲：《明夷待訪錄》，臺北：金楓出版社，1987 年。

　　《黃宗羲全集》，臺北：里仁書局，1987 年。

沈芝盈點校：《明儒學案》，臺北：華世出版社，1987 年。

清・顧炎武：《亭林詩文集》，《四部叢刊・初編集部》（086），臺北：商務印書館，1965 年。

　　《亭林文集》，收入於清・黃金鑑編：《學古齋金石叢書》（一），臺北：華文書局，1970 年。

　　《原抄本日知錄》，臺北：明倫書局，1970 年。

清・王夫之：《船山全書》，長沙：岳麓書社，2000 年。

清・全祖望：《鮚埼亭集》，臺北：華世出版社，1977 年。

清・陳確：《陳確集》，北京：中華書局，1979 年。

清・傅山：《傅山手稿一束》，收入劉貫文等編：《傅山全集》，太原：山西人民出版社，1991 年。

清・顏元：《顏元集》，北京：中華書局，1987 年。

清・唐甄：《潛書》，臺北：河洛出版社，1974 年。

清・錢大昕：《潛研堂文集》，上海：上海古籍出版社，1989 年。

清・臧庸：《拜經堂文集》，《續修四庫全書・集部・別集類》第 1491 冊，上海：上海古籍出版社，2002 年。

清・蒲松齡：《聊齋誌異》，濟南：齊魯書社，2006 年。

清・紀昀：《紀曉嵐文集》（1），石家莊：河北教育出版社，1991年。

　　　《四庫全書總目提要》，北京：中華書局，1965年。

清・吳敬梓：《儒林外史》，臺北：三民書局，1973年。

清・戴震：《戴東原先生全集》，臺北：大化書局，1978年。

　　　《戴震全書》，合肥：黃山書社，1997年。

湯志鈞點校：《戴震集》，上海：上海古籍出版社，1980年。

清・章學誠：《章氏遺書鈔本》，臺北：漢聲出版社，1973年。

　　　《文史通義新編》，上海：上海古籍出版社，1993年。

　　　《文史通義》，收入葉瑛校注：《文史通義校注》，臺北：里仁書局，1984年。

清・袁枚著、王中點校：《牘外餘言》，收入王英志主編：《袁枚全集》第5冊，南京；江蘇古籍出版社，1993年。

清・鄭燮：《鄭板橋全集》，上海：上海古籍出版社，1979年。

清・曹雪芹著、馮其庸等校注：《紅樓夢校注》，臺北：里仁書局，1984年。

清・王鳴盛：《西莊始存稿》，《續修四庫全書・集部・別集類》（1434），上海：上海古籍出版社，2002年。

清・陳壽祺：《左海文集》，《續修四庫全書・集部・別集類》（1496），上海：上海古籍出版社，2002年。

清・孫星衍：《笥河文集》，《畿輔叢書》（99），《百部叢書集成》（1492），臺北：藝文印書館，1966年。

　　　《孫淵如先生全集》，影印《國學基本叢書本》，臺北：臺灣商務印書館，1968年。

清・方東樹：《漢學商兌》，香港：三聯書店，1998年。

清・孫詒讓：《籀廎述林》，《孫籀廎先生集》，臺北：藝文印書館，1963年。

　　　《劄迻》，北京：中華書局，2006年。

清・龔自珍：《龔定庵全集類編》，收入《近代中國史料叢刊本》第713冊，臺北：文海出版社，1971年。

清・魏源：《古微堂內外集》，臺北：文海出版社，1966年。

清・李汝珍：《鏡花緣》，臺北：華正書局，1978年。

清・俞正燮：《癸巳類稿》，收入諸偉奇點校：《俞正燮全集》，合肥：黃山書社，2005年。

清・俞樾：《曲園自述詩》，收入氏著：《東瀛詩紀》卷2，清光緒23年石印本。

《春在堂全書錄要・諸子平議》，收入氏著：《東瀛詩紀》，清
　　　光緒 23 年石印本。

《群經平議》，北京：學苑出版社，2005 年。

清・莊述祖：《漢鐃歌句解》，臺北：廣文書局，1978 年。

清・劉逢祿：《劉禮部集》，《續修四庫全書・集部・別集類》第 1501 冊，
　　　上海：上海古籍出版社，2002 年。

清・劉鶚：《老殘遊記》，濟南：齊魯書社，1981 年。

清・包世臣：《包世臣全集》，合肥：黃山書社，1991 年。

清・康有為：《春秋筆削大義微言考》，收入《康南海先生遺著彙刊》
　　　（七），臺北：宏業出版社，1976 年。

《孔子改制考》，收入《康南海先生遺著彙刊》（三），臺北：
　　　宏業出版社，1976 年。

《康有為政論集》，北京：中華書局，1981 年。

《大同書》，北京：中華書局，1956 年。

謝遐齡編選：《康有為文選》，上海：遠東出版社，1997 年。

清・黃式三：《儆居集》第 2 冊，清道光戊申刊本，1848 年。

清・黃奭輯：《黃氏逸書考》（10），《原刻景印叢書集成三編》，臺
　　　北：臺灣商務印書館，1955 年。

清・譚嗣同：《仁學》，北京：華夏出版社，2002 年。

《譚嗣同全集》，北京：中華書局，1981 年。

清・李慈銘：《越縵堂文集》，臺北：華文出版社，1971 年。

清・林伯桐編、陳澧續補：《學海堂志》，香港：亞東學社，1964 年。

清・曾國藩：《曾文正公文集》，《曾國藩全集》，長沙：岳麓書社，
　　　1992 年。

《曾文正公全集》，長春：吉林人民出版社，1995 年。

清・張之洞：《張文襄公全集》，永和：文海出版社，1963 年。

范希曾補正：《書目答問補正》，上海：上海古籍出版社，2001 年。

清・宋恕：《宋恕集》卷 1，北京：中華書局，1993 年。

清・朱一新：《無邪堂答問》，北京：中華書局，2000 年。

清・皮錫瑞：《經學歷史》，北京：中華書局，1981 年。

《經學通論》，北京：中華書局，1954 年。

貳、近、現代相關著作

一、近、現代書目

甲類中文書籍

（一）清代義理思想

王　茂：《清代哲學》，合肥：安徽人民出版社，1992年。

林慶彰、張壽安等編：《乾嘉學者的義理學》（上下冊），臺北：中研院
　　文哲所，2003年。

林存陽：《清初三禮學》，北京：社會科學文獻出版社，2001年。

吳通福：《清代新義理觀之研究》，南昌：江西人民出版社，2007年。

陸寶千：《清代思想史》，臺北：廣文書局，1978年。

陶清等著：《清代思想》，安徽：安徽人民出版社，1992年。

陳鼓應等編：《明清實學簡史》，北京：社會科學文獻出版社，1994年。

蒙培元：《理學的演變——從朱熹到王夫之戴震》，北京：方智出版社，
　　2007年。

張壽安：《十八世紀禮學考證的思想活力—禮教論爭與禮秩重省》，北
　　京：北京大學出版社，2005年12月。

張麗珠：《清代義理學新貌》（1），臺北：里仁書局，1999年。
　　《清代新義理學—傳統與現代的交會》（2），臺北：里仁書
　　局，2005年。
　　《清代的義理學轉型》（3），臺北：里仁書局，2006年。

熊秉真、張壽安等編：《情欲明清——達情篇》，臺北：麥田出版社，
　　2004年9月。
　　《情欲明清——遂欲篇》，臺北：麥田出版社，2004年9月。

熊秉真、呂妙芬等編：《禮教與情慾：前近代中國文化中的後／現代
　　性》，臺北：中研院近史所，1999年。

熊秉真、呂芳上等編：《欲掩彌彰：中國歷史文化中的「私」與「情」——
　　公義篇》，臺北：漢學研究中心，2003年。

　　　　《欲掩彌彰：中國歷史文化中的「私」與「情」——私情篇》，
　　　　臺北：漢學研究中心，2003 年。
蔣國保等著：《晚清哲學》，安徽：安徽人民出版社，2002 年。

（二）清代學者評傳與研究

支偉成：《清代樸學大師列傳》，長沙：岳麓書社，1998 年。
王章濤：《阮元評傳》，揚州：廣陵書社，2004 年。
方利山、杜英賢著：《戴學縱橫》，北京：中國文聯出版社，1999 年。
方光華：《劉師培評傳》，南昌：百花洲文藝出版社，1996 年。
丘為君：《戴震學的形成——知識論述在近代中國的誕生》，臺北：聯經
　　　　出版事業公司，2004 年。
朱冠華：《劉師培春秋左氏傳答問研究》，臺北：光明日報出版社，1998 年。
江蘇藝文志編纂委員會編：《江蘇藝文志——揚州卷》（上下冊），南
　　　　京：江蘇人民出版社，1995 年。
余英時：《論戴震與章學誠》，北京：三聯書店，2000 年。
何澤恆：《焦循研究》，臺北：大安出版社，1990 年。
李　開：《戴震評傳》，南京：南京大學出版社，2001 年。
李成良：《阮元思想研究》，成都：四川人民出版社，1997 年。
周兆茂：《戴震哲學新探》，合肥：安徽人民出版社，1997 年。
周可真：《明清之際新仁學——顧炎武思想研究》，北京：中國大百科全
　　　　書出版社，2006 年。
周駿富主編：《清代傳記叢刊》（119），臺北：明文書局，1985 年。
林慶彰等編：《陳奐研究論集》，臺北：中研院文哲所，2000 年。
范耕研：《江都焦里堂先生年表》，臺北：文史哲出版社，1992 年。
胡　適：《戴東原的哲學》，臺北：臺灣商務印書館，1996 年。
姜義華：《章炳麟評傳》，南京：南京大學出版社，2002 年。
梁啟超：《康南海先生傳》，舊金山：世界日報，1955 年。
商　瑈：《淩廷堪之禮學研究》，臺北：萬卷樓出版社，2004 年。
郭明道：《阮元評傳》，北京：社會科學文獻出版社，2005 年。
郭院林：《清代儀徵劉氏《左傳》家學之研究》，北京：中華書局，2008 年。
許蘇民：《戴震——戴震與中國文化》，貴陽：貴州人民出版社，2002 年。
陳居淵：《焦循　阮元評傳》，南京：南京大學出版社，2001 年。
　　　　《焦循儒學思想與易學研究》，濟南：齊魯書社，2000 年。

陳　奇：《劉師培思想研究》，貴陽：貴州人民出版社，1999年。

陳　燕：《劉師培及其文學理論》，臺北：華正書局，1989年。

陳東輝：《阮元與小學》，北京：中國文聯出版社，1999年。

張立文：《戴震》，臺北：東大圖書公司，1991年。

張　立：《從傳統走向近代：中國科學文化史上的阮元》，合肥：安徽教
　　　　育出版社，2005年。

張慧劍主編：《明清江蘇文人年表》，上海：上海古籍出版社，2008年。

張壽安：《以禮代理——凌廷堪與清中葉儒學思想之轉變》，臺北：中研
　　　　院近史所，1994年5月。

馮永敏：《劉師培及其文學研究》，臺北：文史哲出版社，1992年。

傅斯年：《性命古訓辨證》，桂林：廣西師範大學出版社，2006年。

楊　菁：《劉寶楠《論語正義》研究》，臺北：花木蘭文化出版社，2006
　　　　年9月。

蔡冠洛編：《清代七百名人傳》，北京：中國書店，1987年。

漆永祥：《江藩與《漢學師承記》研究》，上海：上海古籍出版社，2006年。

鄭宗義：《明清儒學轉型探析——從劉蕺山到戴東原》，香港：中文大學
　　　　出版社，2000年。

劉瑾輝：《焦循評傳》，揚州：廣陵書社，2005年。

劉建臻：《焦循著述新證》，北京：社會科學文獻出版社，2005年。

劉夢溪主編：《章太炎卷》，石家莊：河北教育出版社，1996年。

鮑國順：《戴震研究》，臺北：國立編譯館，1997年。

賴貴三：《焦循雕菰樓易學研究》，臺北：里仁書局，1994年。

　　　　《焦循年譜新編》，臺北：里仁書局，1994年。

　　　　《昭代經師手簡箋釋——清儒致高郵二王論學書》，臺北：里仁
　　　　書局，1999年。

戴學研究會：《戴震學術思想論稿》，合肥：安徽人民出版社，1987年。

（三）清代學術論

中山大學中文系編：《第五屆清代學術討論會論文集》，高雄：中山大學中
　　　　文系，1997年11月。

方祖猷：《清初浙東學派論叢》，臺北：萬卷樓圖書公司，1996年。

李開等編：《晚清學術簡史》，南京：南京大學出版社，2003年。

杜維運：《清乾嘉時代之史學與史家》，臺北：臺灣大學文學院，1962年。

林慶彰、祁龍威等編：《清代揚州學術研究》，臺北：學生書局，2001 年。

馬積高：《清代學術思想的變遷與文學》，長沙：湖南人民出版社，2002 年。

梁啟超：《清代學術概論》，上海：上海古籍出版社，2005 年 4 月。

　　　　《清代學術概論》，朱維錚先生校注：《梁啟超論清學史二種》，上海：復旦大學出版社，1985 年。

　　　　《中國近三百年學術史》，臺北：中華書局，1987 年 2 月。

　　　　《清代學術概論》（附中國近三百學術史），臺北：里仁書局，1995 年。

黃愛平、王俊義等著：《清代學術與文化》，瀋陽：遼寧教育出版社，1993 年。

　　　　《清代學術文化史論》，臺北：文史哲出版社，1999 年。

陳其泰等著：《中國學術通史》（清代卷），北京：人民出版社，2004 年。

陳祖武等著：《乾嘉學派研究》，石家莊：河北人民出版社，2005 年。

陳祖武：《清儒學術拾零》，長沙：湖南人民出版社，2002 年。

葛榮晉主編：《中國實學思想史》，北京：首都師範大學出版社，1994 年。

張舜徽：《揚州學記》，上海：人民出版社，1962 年。

　　　　《清儒學記》，濟南：齊魯書社，1991 年 11 月。

　　　　《張舜徽清人文集別錄》，武漢：華中師範大學出版社，2004 年。

　　　　《清人筆記條辨》，北京：中華書局，1986 年。

楊晉龍主編：《清代揚州學術》上下冊，臺北：中研院文哲所，2005 年。

楊向奎：《清儒學案新編》，濟南：齊魯書社，1985 年。

趙　航：《揚州學派新論》，南京：江蘇文藝出版社，1991 年。

　　　　《揚州學派概論》，揚州：廣陵出版社，2003 年。

潘寶明：《維揚文化概觀》，南京：南京師範大學出版社，1997 年。

鄭劍順：《晚清史研究》，長沙：岳麓書社，2003 年。

鮑國順：《清代學術思想論集》，高雄：復文出版社，2002 年。

（四）其他

丁守和主編：《中國近代啟蒙思潮》（中卷），北京：中國社會科學文獻出版社，1999 年。

于化民：《明中晚期理學兩大宗派的對峙與合流》，臺北：文津出版社，1993 年。

中國實學研究會主編：《實學文化與當代思潮》，北京：首都師範大學，
　　2002 年。

中國婦聯編：《中國婦女運動歷史資料》（1840～1918），北京：中國婦
　　女出版社，1991 年。

王軍等編：《中國文化古典周易研究》，北京：中國社會科學出版社，
　　2003 年。

王　穎：《荀子倫理思想》，哈爾濱：黑龍江人民出版社，2006 年。

王國維：《觀堂集林》，《王國維先生全集》（初編），臺北：大通出版
　　社，1976 年。

　　　　《王國維論學集》，北京：中國社會科學出版社，1997 年。

　　　　《海寧王靜安先生遺書》，臺北：臺灣商務印書館，1976 年。

王汎森：《中國近代思想與學術的系譜》，石家莊：河北教育出版社，
　　2001 年。

　　　　《思想與學術》，北京：中國大百科全書出版社，2005 年。

王記錄：《中國史學思想通史》（清代卷），合肥：黃山書社，2002 年。

王處輝：《中國社會思想史》（上下冊），天津：南開大學出版社，
　　2005 年。

王躍生：《清代中期婚姻衝突透析》，北京：社會科學文獻出版社，
　　2003 年。

王爾敏：《明清時代庶民文化生活》，長沙：岳麓書社，2002 年。

　　　　《中國近代思想史論》，北京：社會科學文獻出版社，2003 年。

王　康：《人與思想——社會學的觀點》，臺北：自立晚報社文化出版
　　部，1990 年。

王文錦譯解：《禮記譯解》，北京：中華書局，2003 年。

王熙元編著：《論語通釋》，臺北：學生書局，1981 年。

王邦雄等編：《中國哲學史》，臺北：空中大學出版社，1995 年。

尹炎武：《劉師培外傳》，石家莊：河北教育出版社，1996 年。

左玉河：《從四部之學到七科之學——學術分科與近代中國知識系統之創
　　建》，上海：上海書店出版社，2004 年。

石元康：《從中國文化到現代性：典範轉移？》臺北：東大圖書公司，
　　1998 年。

田漢雲：《中國近代經學史》，西安：三秦出版社，1996 年。

朱維錚：《中國經學史十講》，上海：復旦大學出版社，2002 年。

朱孝臧輯：《宋詞三百首箋》，臺北：廣文書局，1960 年。

朱正海主編：《揚州歷史名人》，揚州：廣陵書社，2003 年。

朱貽庭：《中國傳統倫理思想史》，上海：華東師範大學出版社，2004 年。

牟宗三：《周易的自然哲學與道德涵義》，臺北：文津出版社，1988 年。

　　　　《生命的學問》，臺北：三民書局，2007 年。

　　　　《中國哲學十九講》，臺北：臺灣學生書局，1983 年。

　　　　《五十自述》，臺北：臺灣學生書局，1982 年。

余英時：《現代儒學論》，香港：八方文化，1996 年。

　　　　《紅樓夢的兩個世界》，臺北：聯經出版公司，1978 年。

　　　　《論戴震與章學誠——清代中期學術思想史研究》，臺北：東大圖書公司，1996 年。

　　　　《中國文化與現代變遷》，臺北：三民書局，1995 年。

余英時等編：《中國哲學思想論集》（清代篇），臺北：牧童出版社，1976 年。

余新華：《中國歷代思想家》，臺北：臺灣商務印書館，2004 年。

杜維運：《憂患與史學》，臺北：東大圖書公司，1993 年。

沈順福：《儒家道德哲學研究》，濟南：山東大學出版社，2005 年。

宋惠昌：《人的發現與人的解放：近代中國價值觀的嬗變》，成都：四川人民出版社，2008 年。

李大釗：《李大釗全集》（第 3 卷），石家莊：河北教育出版社，1999 年。

李中華：《中國人學思想史》，北京：北京出版社，2004 年。

李幼蒸：《仁學解釋學——孔孟倫理學結構分析》，北京：中國人民大學，2004 年。

何金慧著、何顯斌編：《飛揚的哲學女孩》，武漢：湖北教育出版社，2004 年。

林安弘：《儒家禮樂之道德思想》，臺北：文津出版社，1988 年。

吳　光：《當代新儒學探索》，上海：上海古籍出版社，2003 年。

吳根友：《明清哲學與中國現代哲學諸問題》，北京：中華書局，2008 年。

尚小明：《學人游幕與清代學術》，北京：社會科學文獻出版社，1999 年。

周作人：《周作人全集》（4），臺中：藍燈文化出版社，1982 年。

周康燮編：《中國近三百年學術思想論集》（第一編），香港：崇文書店，1971 年。

胡　適：《胡適詩存》，北京：人民文學出版社，1989 年。

　　　　《中國哲學大綱》，上海：上海古籍出版社，1997 年。

《先秦名學史》，收入氏著：《胡適全集》（6），北京：北京大學出版社，1998年。

侯外廬：《中國思想史綱》，上海：上海書店出版社，2004年10月。

《中國思想通史》，北京：人民出版社，1956年。

《近代中國思想學說史》，臺北：明文書局，1986年。

洪國樑等編：《張以仁先生七秩壽慶論文集》，臺北：學生書局，1998年。

姜林祥：《中國儒學史》（近代卷），廣州：廣東教育出版社，1998年。

姜亮夫：《姜亮夫文集》，昆明：雲南人民出版社，2002年。

馬瑞芳：《從《聊齋誌異》到《紅樓夢》》，濟南：山東教育出版社，2004年。

郝延平、魏秀梅等編：《近世中國之傳統與蛻變：劉廣京院士七十五歲祝壽論文集》，臺北：中研院近史所，1998年。

徐復觀：《中國經學史的基礎》，臺北：學生書局，1982年。

《中國人性論》（先秦篇），臺北：商務印書館，1990年。

徐世昌：《清儒學案》，北京：中國書店，1990年。

唐　鑑：《國朝學案小識》，臺北：中華書局，1971年。

唐君毅：《中國哲學原論──原道篇二》，臺北：學生書局，1978年。

《唐君毅先生全集》，臺北：學生書局，1991年。

容肇祖：《容肇祖集》，山東：齊魯書社，1989年。

高　翔：《近代的初曙》，北京：社會科學文獻出版社，2000年。

高瑞泉：《天命的沒落──中國近代惟意志論思潮研究》，上海：上海人民出版社，2007年。

章太炎：《訄書》，《章太炎全集》（三），上海：上海人民出版社，1986年。

《太炎先生自定年譜》，收入《叢書年譜》，臺北：廣文出版社，1971年。

《章太炎講演集》，石家莊：河北人民出版社，2004年。

梁濤評注：《訄書評注》，西安：陝西人民出版社，2003年。

曹聚仁：《中國學術思想史隨筆》，北京：新華三聯書店，2003年。

麻天祥：《中國近代學術史》，武漢：武漢大學出版社，2007年。

梁啟超：《飲冰室專集》，臺北：中華書局，1978年。

《飲冰室合集》（文集之一），北京：中華書局，1989年。

《論中國學術思想變遷之大勢》，上海：上海古籍出版社，2001年。

　　　　《梁啟超文集》，臺北：臺北書局，1957 年。

郭齊勇：《儒家倫理爭鳴集──以親親互隱為中心》，武漢：湖北教育出版社，2004 年。

盛邦和：《解體與重構──現代中國史學與儒學思想變遷》，上海： 華東師範大學出版社，2002 年。

孫之梅：《中國文學精神》（明清卷），山東：山東教育出版社，2003 年。

黃節等編：《景印國粹學報舊刊全集》第 3 期，臺北：臺灣商務印書館，1974 年。

黃俊傑：《中國孟學詮釋史論》，北京：社會科學出版社，2004 年。

黃克武等編：《公與私：近代中國個體與群體之重建》，臺北：中研院近史所，2000 年。

黃愛平：《樸學與清代社會》，北京：河北人民出版社，2003 年。

彭林編：《清代經學與文化》，北京：北京大學出版社，2006 年。

曾昭旭：《情與理之間》，臺北：漢光出版社，1992 年 3 月。

程兆熊：《儒家思想──性情之教》，臺北：明文書局，1986 年。

陳寅恪：《金明館叢書初編》，上海：上海古籍出版社，1980 年。

陳國慶：《晚清社會與文化》，北京：社會科學文獻出版社，2005 年。

陳昭瑛：《儒家美學與經典詮釋》，臺北：臺灣大學出版中心，2005 年。

陳鼓應等編：《明清實學思潮史》，濟南：齊魯書社，1989 年。

　　　　《明清實學簡史》，北京：社會科學文獻出版社，1994 年。

陳新雄：《文字聲韻論叢》，臺北：東大圖書公司，1994 年。

陳君聰：《現代化先鋒──中國近代啟蒙思想家》，臺北：萬卷樓圖書公司，1999 年。

陳東原：《中國婦女生活史》，臺北：臺灣商務印書館，1994 年。

馮天瑜、謝貴安：《解構專制──明末清初新民本思想研究》，武漢：湖北人民出版社，2003 年。

馮友蘭：《中國哲學史新編》，北京：人民出版社，1982 年。

馮爾康等著：《揚州研究──江都陳軼群先生百齡冥誕紀念論文集》，臺北：聯經出版公司，1996 年。

張凱之、陳國慶等著：《近代倫理思想的變遷》，北京：中華書局，2000 年。

張立文：《中國哲學範疇發展史》（人道篇），北京：中國人民大學出版社，1995 年。

　　　　《氣》，北京：中國人民大學出版社，1990 年。

　　　《理》，北京：中國人民大學出版社，1991 年。

　　　《變》，臺北：七略出版社，2000 年。

張岱年：《中國哲學大綱》，北京：中國社會科學出版社，1994 年。

　　　《中國哲學史方法論發凡》，北京：中華書局，2005 年。

張光芒：《啟蒙論》，上海：上海三聯書店，2002 年。

張舜徽：《張舜徽學術論著集》，長沙：岳麓書社，1992 年。

舒大剛、彭華先生等著：《忠恕與禮讓──儒家的和諧世界》，成都：四
　　　川大學出版社，2008 年。

舒新城：《近代教育史資料》，北京：人民教育出版社，1961 年。

湯志鈞：《近代經學與政治》，北京：中華書局，2000 年。

賀昌群等著：《魏晉思想》（甲種三編），臺北：里仁書局，1995 年。

　　　《魏晉思想》（乙種三編），臺北：里仁書局，1995 年。

賀照田主編：《在歷史的纏繞中解讀知識與思想》（學術思想評論　第十
　　　輯），長春：吉林出版社，2003 年。

勞思光：《新編中國哲學史》，臺北：三民書局，2001 年。

傅佩榮等著：《抉擇與負責》，臺北：洪健全文教基金會，1998 年。

傅斯年：《性命古訓辨證》，桂林：廣西師範大學，2006 年。

蒙恬元：《情感與理性》，北京：中國社會科學出版社，2002 年。

聖嚴法師：《覺情書》，臺北：法鼓文化，2008 年。

楊志剛：《中國禮儀制度研究》，上海：華東師範大學出版社，2001 年。

楊樹達：《積微居小學金石論叢》，上海：上海古籍出版社，2007 年。

鄔昆如：《哲學概論》，臺北：五南圖書公司，2002 年。

趙爾巽編：《清史稿》，北京：中華書局，1998 年。

趙萬里：《王靜安先生年譜》，收入《年譜叢書》第 61 冊，臺北：廣文出
　　　版社，1971 年。

劉昌元：《尼采》，臺北：聯經出版公司，2004 年。

劉夢溪：《中國現代學術經典》（胡適卷），石家莊：河北教育出版社，
　　　1996 年。

劉小楓：《詩化哲學》，濟南：山東文藝出版社，1986 年。

劉玉才：《清代書院與學術變遷研究》，北京：北京大學出版社，2008 年。

劉述先等編：《文化傳統的延續與轉化》，香港：中文大學，1999 年。

熊十力：《十力語要》，臺北：明文書局，1982 年。

　　　《讀經示要》，臺北：明文書局，1987 年。

龍應臺：《百年思索》，臺北：時報文化出版公司，1999 年。

蔡元培：《蔡元培全集》，北京：中華書局，1984 年。

《中國倫理學史》，上海：上海書店，1984 年。

蔡尚思：《中國禮教思想史》，上海：上海古籍出版社，2006 年。

歐陽禎人：《先秦儒家性情思想研究》，武漢：武漢大學出版社，2005 年。

錢　穆：《中國文化導論》，臺北：正中書局，1969 年。

《中國經學史的基礎》，臺北：臺灣學生書局，1982 年。

《中國近三百年學術史》（上下冊），臺北：商務印書館，1996 年 2 月。

薛正興等編：《中國歷代書院志》（15），南京：江蘇教育出版社，1995 年。

蕭功秦：《儒家文化的困境─近代士大夫與中西文化碰壁》，桂林：廣西師範大學出版社，2006 年。

鍾彩鈞：《劉蕺山學術思想討論集》，臺北：中研院文哲所，1998 年。

簡朝亮補述：《論語集注補正述補》，北京：北京圖書館出版社，1989 年。

羅檢秋：《嘉慶以來漢學傳統的衍變與傳承》，北京：中國人民大學出版社，2006 年。

羅志田：《權勢轉移──近代中國的思想、社會與學術》，武漢：湖北人民出版社，1999 年。

嚴復：《嚴復卷》，石家莊：河北教育出版社，1996 年。

乙類日人著作

小澤文四郎：《儀徵劉孟瞻（文淇）先生年譜》，收入《中國近代史料叢刊》（804）冊，臺北：文海出版社，1972 年。

山井湧原、金谷治等著、張昭譯：《中國思想史》，臺北：儒林圖書公司，1981 年。

加藤長賢監修、蔡懋堂譯：《中國思想史》，臺北：學生書局，1978 年。

村瀨裕也：《戴震的哲學──唯物主義和道德價值》，濟南：山東人民大學，1995 年。

溝口雄三、丸山松幸、池田知久等編：《中國思想文化事典》，東京：東京大學出版社，2001 年。

林右崇譯：《中國前近代思想的演變》（中國前近代思想の屈折と展開），臺北：國立編譯館，1994 年。

陳耀文譯：《中國前近代思想之曲折與展開》（中國前近代思想の屈折と展開），上海：上海人民出版社，1997 年。

丙類西人著作

（美）馬斯洛（Abraham H Maslow）著、許金聲譯：《動機與人格》，北京：華夏出版社，1987 年。

劉千美譯：《自我實現與人格成熟——存有心理學探微》，臺北：光啟出版社，1989 年。

（美）亞當‧史密斯（Adam Smith）著、謝宗林譯：《道德情感論》（The Theory of Moral Sentiments），臺北：五南圖書出版股份有限公司，2006 年。

（美）亞瑟‧喬拉米卡利（Arthur P. Ciaramicoki）、凱薩林‧柯茜（Katherine Ketecham）等著、陳豐偉、張家銘先生等譯：《同理心的力量》，臺北：麥田出版社，2005 年。

（美）艾爾曼（Bebjamin A. Elman）著、趙剛譯：《經學、政治和宗族——中華帝國晚期常州今文學派研究》，南京：江蘇人民出版社，2005 年。

趙剛譯：《從理學到樸學——中華帝國晚期思想與社會變化面面觀》，南京：江蘇人民出版社，1995 年。

達賴喇嘛（Dalai Lama）著、傑佛瑞‧霍普金斯（Jeffey Hopkins, Ph.D.）英文編譯、蔡媄婷譯：《真愛無限》，臺北：天下雜誌股份有限公司，2006 年。

（德）尼采（Friedrich Wilhelm Nietzsche）著、陳郁芳譯：《道德系譜學》，臺北：水牛出版社，2003 年。

（德）康德（I. Kant），Preface to the Metaphysical Elements of Ethics ,Kant's Critiqe of Practical Reason and Other Works on The theory of Ethics , translanted by Thomas Kingsmill Abbot , London / New York / Bomobay：Longmans / Green and Co, 1909。

康德（Iammanuel Kant）著、楊祖陶先生、鄧曉芒先生譯：《實踐理性批判》，《康德三大批判精粹》，北京：人民出版社，2001 年。

康德（Immanuel Kant）著、牟宗三先生譯：《道德底形上學之基本原則》，臺北：臺灣學生書局，1982 年。

（美）恆慕義（Heng Mui）：《清代名人傳略》，青海：新疆人民出版社，1990 年。

（美）金偉燦（W.Chan Kim）、莫伯尼（Renee Mauborgne）等著、李紹唐譯：《藍海策略──開創無人競爭的全新世場》（Blue Ocean Strategy），臺北：天下文化出版社，2005 年 8 月。

二、學位論文

甲類中文書籍

（一）學術思想方面

王文德：《阮元《揅經室外集》研究》，臺北：臺北市立師範學院應用語言文學研究所碩論，2001 年。

田富美：《清代荀子學研究》，臺北：政治大學中文所博論，2005 年。

石櫻櫻：《「執兩用中」之恕道──焦循《論語》義理思想之闡發》臺中：逢甲大學中文所碩論，1997 年。

李幸長：《凌曉樓學術研究》（上、下），高雄：高雄師範大學國文系博論，1998 年。

李雅清：《焦循《易》學之數理思維》，臺北：政治大學中文所碩論，2002 年。

宋惠如：《劉師培春秋左傳學之研究》，中壢：中央大學中文所碩論，1996 年。

邱培超：《劉寶楠《論語正義》研究》，臺北：中央大學中文所碩論，2001 年。

林翠華：《阮元碑學研究》，彰化：彰化師範大學國文所碩論，2003 年。

莊家敏：《阮元仁學思想研究》，彰化：彰化師範大學國文所碩論，2004 年。

黃慶雄：《阮元輯書刻書考》，臺中：東海大學中文所碩論，1994 年。

黃智信：《朱彬《禮記》學研究》，臺北：東吳大學中文所碩論，1998 年。

黃寶珠：《江藩《漢學師承記》之研究》，臺中：中興大學中文碩論，2001 年。

黃雅琦：《劉師培之倫理思想研究》，高雄：高雄師範大學國文系碩論，2002 年。

曾聖益：《儀徵劉氏春秋左傳學研究》，臺北：臺灣大學中文所博論，2004 年。

曾佳鈺：《《宛委別藏》研究》，臺北：臺北大學古典文獻所碩論，2006年。

張壽安：《清中葉徽州義理學之發展》，香港：香港大學哲學所博論，1987年。

張惠貞：《劉文淇《春秋左氏傳舊注疏證》體例之研究》，臺中：逢甲大學中文所碩論，1991年。

陳熾彬：《汪容甫學述》，臺北：政治大學中文所碩論，1982年。

陳進益：《清焦循《易圖略、易通釋》研究》，中壢：中央大學中文所碩論，1993年。

陳志修：《儀徵劉氏《春秋左氏傳舊注疏證》研究》，臺中：逢甲大學中文碩論，2000年。

陳　韋：《焦循《尚書》學研究》，臺北：臺灣師範大學國文所碩論，2003年。

楊錦富：《阮元經學之研究》，高雄：高雄師範大學國文系博論，2000年。

劉佳雯：《焦循之「權」論研究》，彰化：彰化師範大學國文所碩論，2003年。

劉德美：《阮元學術之研究》，臺北：臺灣師範大學歷史所博論，1986年。

劉德明：《焦循《孟子正義》之義理學研究》，中壢：中央大學中文所碩論，1994年。

劉建臻，《清代揚州學派經學研究》，南京：揚州大學中國古代文學所博論，2003年。

廖千慧：《焦循論語學研究》，嘉義：中正大學中文所碩論，1994年。

鄭卜五：《凌曙公羊禮學研究》，高雄：高雄師範大學國文系博論，1997年。

蔡馥穗：《清儒人性論研究》，高雄：高雄師範大學國文系碩論，1995年。

賴貴三：《焦循雕菰樓易學研究》，臺北：臺灣師範大學國文所博論，1993年。

繆敦閔：《劉師培《禮經舊說》研究》，埔里：暨南國際大學中文所碩論，2004年。

蘇俊鴻：《焦循《加減乘除釋》內容分析》，臺北：臺灣師範大學數學所碩論，1996年。

（二）文學藝術方面

朴順德：《十八世紀中國文人畫思想之研究──揚州八怪與朝鮮後期繪畫發展之比較研究》，臺北：中國文化大學藝術所碩論，1993年。

朱祖德：《唐代淮南道研究》，臺北：中國文化大學史學所碩論，1996年。

衣若芬：《鄭板橋題畫文學研究》，臺北：臺灣大學中文所碩論，1989年。

全晉珠：《鄭板橋繪畫研究》，臺南：成功大學藝術所碩論，2001年。

李心怡：《唐詩中的揚州形象》，臺北：政治大學中文所碩論，1999年。

巫素敏：《枝葉關情──論鄭板橋墨竹書畫之一致性》，臺北：中國文化大學藝術所碩士在職班碩論，2002年。

林晉滄：《揚州京華城施工進度問題與解決對策之研究》，臺北：中華大學營建所碩論，2006年。

金聖容：《金農題畫文學研究》，臺中：逢甲大學中文碩論，2003年。

孫紅郎：《金農繪畫的研究》，臺北：中國文化大學藝術所碩論，1980年。

高明一：《清代金石書法入畫──研究趙之謙花卉畫的歷史意義》，臺北：藝術學院美術所碩論，1999年。

徐圓貞：《李白詩作之旅遊心理析論──以揚州系列的傳記論述為例》，嘉義：南華大學旅遊事業管理所碩論，2001年。

程君顒：《明末清初的揚州畫壇與遺民畫家》，臺北：臺灣師範大學歷史所碩論，1990年。

陳瑋琪：《鄭板橋文藝理論及詞作研究》，臺中：中興大學中文所碩論，1996年。

張致宓：《金農書法研究》，臺中：中興大學中文所碩論，2002年。

張啟文：《金農、羅聘、黃慎的神佛鬼魅像研究》，中壢：中央大學藝術所碩論，2003年。

蔡麗芬：《金農書法研究》，屏東：屏東師範學院視覺藝術所碩論，2002年。

蔡忻亞：《鄭板橋思想研究》，高雄：高雄師範大學國文系碩論，2004年。

劉家華：《金農書法風格研究》，新竹：新竹師範學院美術教育所碩論，2003年。

三、期刊論文

甲類中文論文

王家儉：〈清代禮學的復興與經世禮學思想的流變〉，《漢學研究》第 24 卷第 1 期，2006 年 6 月。

王偉康：〈揚州學派學術淵源淺探〉，《揚州職業大學學報》，第 10 卷 3 期，2006 年 9 月。

王俊義：〈關於揚州學派的幾個問題〉，《中國社會科學學院研究生學報》，2003 年第 3 期。

王保項：〈《清代揚州學派經學研究》簡介〉，《中國典籍與文化》，2005 年 1 月。

王飛龍：〈儒學和朱、戴的理欲之辨〉，《淮陰師專學報》（人文社會學版），第 18 卷總第 71 期，1996 年第 2 期。

王玲娟：〈從焦循《孟子正義》看清學研究及其現實意義〉，《西南師範大學學報》（人文社會科學版），第 29 卷第 4 期，2003 年 7 月。

王世光：〈清代中期「以禮代理」說當議〉，《孔子研究》，2004 年 2 期。

王元琪：〈江藩漢學思想的特點及評價〉，《華夏文化》，2005 年 3 月。

王永祥：〈戴東原的繼承者焦里堂〉，《東北叢刊》第 1 卷第 12 期，1930 年 12 月。

王應憲：〈論《漢學師承記》的尊戴思想〉，《淮北煤炭師範學院學報》（哲學社會科學版）第 27 卷第 5 期，2006 年 10 月。

〈江藩論今文經學〉，《華夏文化》2006 年 4 月。

〈《國朝漢學師承記》的黃顧問題略論〉，《皖西學院學報》，2005 年 8 月。

王裕明：〈莊存與經學思想淵源簡論〉，《學海》第 1999 年第 4 期。

王爾敏：〈晚清實學所表現的學術轉型之過渡〉，《中央研究院近代史研究集刊》第 52 期，2006 年 6 月。

尹長雲：〈論儒家推己及人的人性論根據〉，《學術論壇》，2006 年第 10 期。

牛秋實：〈劉師培學術思想研究綜述〉，《許昌學院學報》，2005 年第 1 期。

田漢雲：〈略說揚州學派與歷代揚州文化之關係〉，《中國文哲研究通訊》，1999 年 9 月。

田漢雲、秦躍宇：〈讀《汪容甫先生手札》〉，《揚州大學學報》（人文社會學版），第 9 卷 3 期，2005 年 5 月。

朱維錚：〈劉師培：一個「不變」與「善變」的人物〉，《書林》，1989 年第 2 期。

朱惠國：〈論焦循陰陽平衡的詞學觀〉，《文藝理論研究》，2006 年第 3 期。

朱華忠：〈焦循對漢學的批評〉，《史學史研究》，2005 年第 2 期。

朱松美：〈焦循《孟子正義》的詮釋風格〉，《齊魯學刊》第 187 期，2005 年第 4 期。

朱義祿：〈明清四種注《孟》著作散論〉，《孔子研究》，2003 年 6 月。

朱淑君：〈戴望經學述論〉，《首都師範大學學報》（社會科學版），2004 年增刊。

任瑞芳：〈清代「談天三友」的數學思想研究〉，《西安電子科技大學學報》（社會科學版），第 16 卷 2 期，2006 年 3 月。

任堅：〈焦循《孟子正義》詞義訓釋初探〉，《河西學院學報》，第 22 卷 4 期，2006 年 4 月。

成守勇：〈自除心奴始自由──梁啟超自由思想析論〉，《浙江學刊》，2006 年第 6 期。

余新華：〈阮元的學術淵源與宗旨〉，《中國人民大學學報》，1998 年第 3 期。

李貴生：〈汪中、淩廷堪文學思想析論──揚州學派文學思想的兩個方向〉，《中國文哲研究集刊》，2000 年 3 月。

　　　　〈經典與文學之交匯：焦循文論研究〉，《中國文化研究所學報》，2002 年。

　　　　〈論焦循性靈說及其與經學、文學之關係〉，《漢學研究》，2001 年 12 月。

　　　　〈阮元文論的經學義蘊〉，《漢學研究》，2006 年 6 月。

李明輝：〈焦循對孟子心性論的詮釋及其方法問題〉，《臺大歷史學報》第 2 期，1999 年 12 月。

李宗焜：〈記王念孫、王引之父子手稿〉（上、下），《古今論衡》，1998 年 10 月、1999 年 6 月。

李孝悌：〈士大夫的逸樂——王士禎在揚州〉，《中研院歷史語言所集刊》，2004 年 10 月。

李幸長：〈凌曉樓先生年譜考訂〉，《問學》，1998 年 7 月。

李　帆：〈章太炎、劉師培、梁啟超對戴震理欲觀的評析〉，《北京師範大學學報》（社會科學版）第 188 期，2005 年 2 期。
　　　　〈章太炎、劉師培、梁啟超與近代的戴學復興〉，《安徽史學》2003 年第 4 期。
　　　　〈論清代嘉道之際的漢宋之爭與漢宋兼采〉，《求是學刊》第 33 卷第 5 期，2006 年 9 月。

李采芹：〈汪中《哀鹽船文》評析〉，《上海消防》，2001 年第 6 期。

李紹戶：〈劉寶楠《論語正義》評述〉，《建設》第 24 卷第 5 期，1975 年 10 月。

李冬鴿、王萬飛：〈《孟子正義》注釋商榷一則〉，《承德民族師專學報》第 26 卷第 3 期，2006 年 8 月。

李國鈞：〈清代考據學派的最高學府〉，《岳麓書院通訊》1983 年第 1 期。

宋巧燕：〈詁經精舍的文學教學〉，《湖南大學學報》（社會科學版）第 17 卷第 3 期，2003 年 5 月。

岑溢成：〈焦循「易圖略」的系統研究〉，《鵝湖學誌》第 31 期，2003 年 12 月。
　　　　〈焦循性善論的探討〉，《鵝湖學誌》第 35 期，2005 年 12 月。
　　　　〈阮元哲學思想中的「性」與「仁」〉，《鵝湖學誌》第 39 期，2007 年 12 月。

周積明、雷平：〈清代學術研究若干領域的新進展及其述評〉，《清史研究》，2005 年 8 月。

周　輝：〈從《孟子正義》看焦循對「疏不破注」成法的突破〉，《古籍整理研究學刊》，1999 年第 5 期。

林慶彰：〈清乾嘉揚州學派研究計劃述略〉，《漢學研究通訊》，2000 年 11 月。

林　全：〈創造均富的遊戲規則〉，《遠見雜誌》第 206 期，2005 年 4 月。

林存陽：〈黃式三、以周父子「禮學即理學」思想析論〉，《浙江社會科學》，2001 年第 5 期。

祁龍威：〈對「揚州學派」研究的回顧與展望〉，《中國文哲研究通訊》，1999 年 9 月。

〈清乾嘉後期揚州三儒學術發微〉，《揚州大學學報》（人文社會科學版），第 4 卷第 2 期，2000 年 3 月。

尚小明：〈門戶之爭，還是漢宋之爭——析論方東樹《漢學商兌》之立意〉，《雲南大學人文社會科學學報》第 27 卷第 1 期，2001 年 1 月。

金　一：〈女界鐘〉，《中國婦女運動歷史資料》（1840～1919），北京：中國婦女出版社，1991 年。

吳德玲：〈阮元教育經世之研究〉，《長庚科技學刊》，2004 年 12 月。

吳國宏：〈孫星衍「五家三科」說商榷〉，《大仁學報》，2000 年 5 月。

吳通福：〈經世、考證與義理——乾嘉新義理學宏觀特徵的再檢討〉，《求索》，2006 年第 10 期。

柳　宏：〈臺灣學者研究劉寶楠《論語正義》成果述評〉，《揚州大學學報》（人文社會學版），第 6 卷 6 期，2002 年 11 月。

衷爾鉅：〈理學與心學考辨——兼論確認「氣學」〉，《甘肅社會科學》總期第 49 期，1988 年 5 月。

姚再儒：〈朱彬《禮記訓纂》管窺〉，《華中師範大學研究生學報》，，2006 年 10 月。

封　恆：〈劉寶楠《論語正義》之特性〉，《藝術學報》第 40 期，1986 年 10 月。

胡　健：〈論明清情欲美學思潮〉，《西北師大學報》（社會科學版），第 37 卷第 5 期，2000 年 9 月。

〈情欲美學與明清小說〉，《淮陰師範學院學報》，第 26 卷，2004 年第 1 期。

〈人情　詩情　悲情——論《紅樓夢的情》〉，《固原師專學報》（社會科學版），第 23 卷第 4 期，2002 年 7 月。

徐興無：〈釋《春秋》必以周禮明之——讀劉文淇《春秋左氏傳舊注疏證·注例》〉，《南京曉莊學院學報》第 3 期，2006 年 5 月。

高明峰：〈江藩《國朝漢學師承記》、《國朝宋學淵源記》述論〉，《求索》2005 年 2 月。

班吉慶：〈劉寶楠《論語正義》徵引《說文解字》略論〉，《揚州學報》（人文社會科學版）第 6 期，2001 年。

孫廣海：〈阮元研究回顧〉，《漢學研究通訊》，2006 年 8 月。

孫　洵：〈揚州學派簡論〉，《東南文化》，1988 年 2 月。

孫顯軍：〈任大椿生平學術考述〉，《文教資料》，1998 年 6 期。

郭明道：〈揚州學派的實學思想及實踐〉，《社會科學戰線》，2006 年第
　　　　4 期。
　　　　〈論揚州學派的學術特徵〉，《揚州大學學報》（人文社會學
　　　　版），第 7 卷 3 期，2003 年 5 月。
　　　　〈揚州學派哲學思想初探〉，《揚州大學學報》（人文社會學
　　　　版），第 6 卷 6 期，2002 年 11 月。
　　　　〈清代揚州學派芻議〉，《求索》，2006 年 3 月。
　　　　〈揚州學派的文學思想及其影響〉，《史林》，2006 年第 8 期。
　　　　〈王氏父子的校勘學：思想、方法、和成就〉，《社會學家》，
　　　　2006 年 3 月。
　　　　〈阮元與清代學風〉，《江海學刊》，2006 年 5 月。
　　　　〈阮元的學術淵源和治學宗旨〉，《揚州大學學報》（人文社會
　　　　學版），第 9 卷 5 期，2005 年 9 月。
郭院林：〈劉文淇學行考略〉，《雲夢學刊》第 27 卷第 2 期，2006 年 3 月。
　　　　〈劉師培的戴震學〉，《中國典籍與文化》，2006 年 2 月。
許衛平：〈揚州學派代表人物方志編纂理論述論〉，《江蘇方志》，2000
　　　　年 5 期。
　　　　〈龔自珍與揚州學者的學業交誼〉，《江蘇方志》，2001 年 6 期。
梅向東：〈「遂欲達情」與「古今之情」——戴震與曹雪芹對生命存在及
　　　　其意義之不同思考〉，《安慶師範學院學報》（社會科學版）第
　　　　19 卷第 2 期，2000 年 4 月。
曹　琳：〈古揚州城的香火與戲劇〉，《民俗曲藝》，2001 年 3 月。
黃智信：〈「清乾嘉揚州學派研究計劃」赴大陸考察報告〉，《中國文哲
　　　　研究通訊》，1999 年 9 月。
黃智明：〈前修未密，後出轉精——《漢學師承記箋釋》簡介〉，《國文
　　　　天地》，2006 年 10 月。
黃士榮：〈隋煬帝的運河與江都建設——一個將文化與政治合一的企
　　　　圖〉，《新北大史學》，2004 年 10 月。
黃復山：〈孫星衍的讖緯思想〉，《中文學報》，2004 年 6 月。
黃愛平：〈清代漢學的發展階段與流派演變〉，《中國文化研究》，2001
　　　　年 1 月。
　　　　〈乾嘉漢學治學宗旨及其學術實踐探析——戴震、阮元為中
　　　　心〉，《清史研究》，第 3 期，2002 年 8 月。

　　　　〈試析乾嘉學者的文獻研究與義理探索──以淩廷堪、阮元為中心〉，《理論學刊》，2004 年 9 月。

單文經：〈兼論道德氣質的成份與道德教育的策略〉，《教育資料集刊》第 1 卷第 25 期，2000 年。

陳祖武：〈談乾嘉時期的思想界〉，收入中山大學中文系編：《第五屆清代學術討論會論文集》，高雄：中山大學中文系，1997 年 11 月。

　　　　〈孔子仁學與阮元的《論語論仁論》〉，《漢學研究》第 12 卷第 2 期，1994 年 12 月。

陳鼓應：〈中國古典哲學中的兩種詮釋方法〉，《兩岸三地──詮釋學與經典解釋學術研討會論文集》，2007 年 5 月。

陳秀琳：〈評劉文淇《左傳舊疏考正》〉，《中國文哲研究通訊》第 10 卷第 1 期，2000 年 3 月。

陳鴻森：〈阮元揅經室遺文輯存（1）〉，《大陸雜誌》，2001 年 7 月。

　　　　〈阮元揅經室遺文輯存（2）〉，《大陸雜誌》，2001 年 8 月。

　　　　〈阮元揅經室遺文輯存（3）〉，《大陸雜誌》，2001 年 9 月。

　　　　〈阮元揅經室遺文輯存（4）〉，《大陸雜誌》，2001 年 10 月。

　　　　〈阮元揅經室遺文輯存（5）〉，《大陸雜誌》，2001 年 11 月。

　　　　〈阮元揅經室遺文輯存（6）〉，《大陸雜誌》，2001 年 12 月。

　　　　〈劉氏論語正義成書考〉，《中研院歷史語言研究所集刊》第 65 卷第 3 期，1994 年 3 月。

陳居淵：〈清代乾嘉新義理學探究〉，《求索》，2003 年第 5 期。

　　　　〈焦循道德理想的易學詮釋〉，《中華文化論壇》，2003 年 2 月。

　　　　〈論焦循《孟子正義》的易學詮釋〉，《孔子研究》，2000 年第 1 期。

　　　　〈論焦循《易》學的通變與數理思想〉，《周易研究》總第 21 期，1994 年第 2 期。

　　　　〈論阮元的經學思想〉，《清史研究》，2004 年第 1 期。

陳其泰：〈《漢學師承記》的著述風格和反響〉，《社會科學戰線》，2006 年 5 期。

　　　　〈《漢學師承記》的學術史價值〉，《文史哲》，2006 年 2 期。

陳克明：〈試論劉師培的經學思想〉，《中國文化》第 15、16 期，1997 年 12 月。

陳曉華：〈論劉寶楠論語正義的訓詁方法及特點〉，《安徽教育學報》（人文社會科學版）第 6 期，2001 年。

陳文聯：〈西學東漸與中國近代女權思想的形成〉，《中南大學學報》
　　　　（社會科學版）第 9 卷第 6 期，2003 年 12 月。
　　　　〈晚清婦女解放思潮興起的原因及特點〉，《衡陽師範學院學
　　　　報》（社會科學版），第 24 卷第 1 期，2003 年 2 月。
陳寒鳴：〈論汪中「淩轢時輩」的學說思想〉，《江海學刊》1998 年 6 期。
程克雅：〈阮元「以古訓求義理」訓詁方法析論〉，《東華人文學報》，
　　　　2001 年 7 月。
程曉文：〈戴震學術的主軸和兩種變調——淩廷堪、章學誠自戴學的繼承
　　　　與發展為例〉，《中國文學研究》，2004 年 12 月。
馮　乾：〈清代揚州學派簡論〉，《史林》，2005 年第 2 期。
　　　　〈《述學》故事——關於汪中與章學誠的一段公案〉，《中國典
　　　　籍與文化》，2004 年第 4 期。
彭亦揚：〈揚州文化內涵及其特徵散論〉，《揚州大學學報》（人文社會
　　　　學版），1997 年第 1 期。
彭　林：〈從《疇人傳》看中西文化衝突中的阮元〉，《學術月刊》，
　　　　1998 年第 5 期。
　　　　〈阮元實學思想叢論〉，《清史研究》，1999 年第 3 期。
張壽安：〈清代揚州學派研究展望〉，《漢學研究通訊》第 19 卷第 4 期，
　　　　總第 76 期，2000 年 11 月。
　　　　〈打破道統，重建學統——清代學術思想史的一個新觀察〉，
　　　　《中研院近史所研究集刊》第 52 期，2006 年 6 月。
　　　　〈黃式三對戴震思想之回應〉，收入國立中山大學中文系編印：
　　　　《第五屆清代學術研討會論文集》，高雄：國立中山大學中文
　　　　系，1997 年 11 月。
張麗珠：〈焦循發揚重智主義道德觀的「能知故善」說〉，《漢學研
　　　　究》，1998 年 6 月。
　　　　〈戴震新義理學的「價值轉型」意義〉，《彰化師大文學院學
　　　　報》，2002 年 11 月。
　　　　〈淩廷堪「以禮代理」的禮治理想暨乾嘉復禮思潮〉，《國文學
　　　　誌》，1998 年 6 月。
張素卿：〈「漢學」著述與經世關懷——洪亮吉《春秋左傳詁》述論〉，
　　　　《臺大文史哲學報》，2004 年 11 月。
張錦瑤：〈「情理對峙」與明代戲曲小說「西廂故事類型」的發展〉，
　　　　《逢甲人文社會學報》第 14 期，2007 年 6 月。

張如青：〈讀黃承吉「字義起於右旁之聲說」有感〉，《學海泛舟》2007
　　年第 4 期。

張意霞：〈王念孫《廣雅疏證》評析〉，《研究與動態》，2007 年 1 月。

張杰：　〈魯迅與揚州學派中堅〉，《瀋陽師範學院學報》（社會科學
　　版），第 25 卷 5 期，2001 年 9 月。

張　灝：〈宋明以來儒家經世思想試釋〉，《近世中國經世思想研討會論
　　文集》，臺北：中研院近史所，1984 年。

張致宓：〈揚州八怪書畫美學探究〉，《臺中技術學院人文社會學報》，
　　2002 年 12 月。

張蕊青：〈乾嘉揚州學派與《鏡花緣》〉，《北京大學學報》（哲學社會
　　科學版），第 36 卷總第 195 期，1999 年 5 期。

張　濤：〈錢大昕的社會政治思想〉，《齊魯學刊》，2006 年第 5 期。

張敏、聶長久：〈汪中的社會福利思想探析〉，《廣西社會科學學報》總
　　第 133 期，2006 年第 7 期。

張豔榮：〈汪中的墨子規〉，《巢湖學院學報》，2006 年第 8 卷第 1 期。

張晚林：〈論焦循道德哲學的得失利弊〉，《西安交通大學學報》（社會
　　科學版），第 23 卷第 3 期，2003 年 9 月。
　　〈是合法性，而不是道德性──綜論焦循的道德哲學〉，《船山
　　學刊》，2003 年 2 期。

張惠榮、周遠富（韓國）：〈焦循注疏趙岐《孟子題辭》研究〉，《南通
　　師範學院學報》（哲學社會科學版），第 16 卷第 2 期，2000 年
　　6 月。

張晶萍：〈孫星衍學術思想特點述論〉，《湖南師範大學社會科學學
　　報》，第 31 卷第 6 期，2002 年 11 月。

張連生：〈劉寶楠《念樓集》學術價值述論〉，《揚州大學學報》（人文
　　社會科學版），2005 年 9 月。
　　〈《論語正義》徵引《說文解字》略論〉，《揚州大學學報》
　　（人文社會學版），第 5 卷 6 期，2001 年 11 月。
　　〈論清代揚州學派的揚州地方史研究〉，《揚州大學學報》（人
　　文社會學版），第 6 卷 6 期，2002 年 11 月。

張曉芬：〈清初聖人學實行──試論孫奇逢「戒心生」的修養功夫〉，
　　《輔大中研所學刊》第 18 期，2007 年 10 月。

〈憂患九卦的道德哲理研究〉，收入於《第八屆東亞漢學國際學術會議論文集》，臺北：淡大漢語文化暨文獻資源研究所，2005 年。

〈菩薩與眾生〉，《青年日報》第 10 版，2008 年 1 月 14 日。

〈試論錢穆的經學致用之道──從其對龔自珍之評論談起〉，收入第二屆《錢穆先生思想研究論文發表會論文集》，2007 年 11 月。

〈公與私的詮衡──試論俞正燮「人權平等」思想〉，《義守大學人文與社會學報》第 2 卷第 3 期，2008 年 12 月。

〈張立文先生：「陸王心學的特質」專題演講〉，日本：大分縣立短期藝術大學所舉辦 2008 年漢學國際學術研討會，2008/11/15 ～2008/11/16。

葉小草：〈《論語正義》例誤一則〉，《江海學刊》第 2 期，2001 年。

詹杭倫：〈評李成良著《阮元思想研究》〉，《人文中國學報》，2000 年 7 月。

葛榮晉：〈明清實學簡論〉，《社會科學戰線》，1989 年 1 月。

閩興周：〈阿 Q 與汪中形象比較論〉，《昭通師範高等專科學校學報》，第 26 卷第 6 期，2004 年 12 月。

楊晉龍：〈臺灣學者研究「清乾嘉揚州學派」述略〉，《漢學研究通訊》，2000 年 11 月。

〈「清代揚州學術導言」〉，《中國文哲研究通訊》，2005 年 3 月。

楊師古：〈揚州學派研究學術討論綜述〉，《浙江學刊》，1989 年 1 月。

楊向奎：〈讀劉寶楠《論語正義》〉，收入氏編：《孔子誕辰 2540 周年紀念與學術研討會論文集》，上海：上海三聯書店，1992 年。

楊俊光：〈《墨經》「義，利也」校詁〉，《南京大學學報》（人文社會），2002 年 2 月。

董恩林：〈論王念孫父子的治學特點與影響〉，《古籍整理研究學刊》第 3 期，2007 年 5 月。

廖名春：〈慎獨本義新探〉，《學術月刊》，2004 年第 8 期。

趙　宣：〈《揚州學派概論》，趙航著〉，《東方文化》，2005 年 12 月。

趙中偉：〈「仁」的詮釋之轉化與延伸──以朱熹《論語集注》為例〉，《輔仁國文學報》（抽印本），2006 年 1 月。

〈書評：張麗珠《清代新義理學──傳統與現代的交會》〉，《哲學與文化》第 32 卷第 11 期，2005 年 11 月。

趙葦航：〈揚州學派學者遺跡概要〉，《中國文哲研究通訊》，1999 年 9 月。

趙杏根：〈論江都詩人汪中〉，《揚州大學學報》（人文社會科學版），1998 年 5 月。

蔣秋華：〈大陸學者對清乾嘉揚州學派的研究〉，《漢學研究通訊》，2000 年 11 月。

劉嬌：〈汪中哀文悼船民〉，《消防月刊》，2003 年第 1 期。

劉瑾輝：〈《孟子正義》：新疏家模範作品〉，《揚州大學學報》（人文社會學版），第 10 卷 3 期，2006 年 5 月。

〈善的宣言──焦循《孟子正義》研究之一〉，《蘇州大學學報》（哲學社會科學版），第 2 期，2005 年 3 月。

〈焦循教育思想發微〉，《揚州大學學報》（高教研究版），第 8 卷 2 期，2004 年 4 月。

劉玉國：〈阮元釋「予仁若考」平議〉，《中國文哲研究通訊》，2000 年 3 月。

劉建臻：〈焦循「□□銘題跋辨偽」〉，《中國文哲研究通訊》，2005 年 3 月。

〈焦循易學初探〉，《揚州大學學報》（人文社會學版），1999 年 6 期。

〈劉師培與焦循──劉師培與揚州學派間關係的個案分析〉，《福建省社會主義學院學報》，2004 年第 2 期。

劉　奕：〈論焦循與章太炎的性情詩史觀〉，《浙江學刊》，2006 年第 6 期。

劉文興：〈劉楚楨先生年譜〉，《輔仁學誌》第 4 卷第 1 期，1933 年。

鄭吉雄：〈論清儒詮釋的拓展和限制〉，《兩岸三地詮釋學與經典解釋學術研討會論文集》，2007 年 5 月。

〈評邱為君《戴震學的形成》〉，《臺灣東亞文明研究學刊》第 2 卷第 1 期，臺北：臺灣大學東亞文明研究中心，2005 年。

鮑國順：〈劉師培的人性思想研究〉，收入氏著《清代學術思想論集》，（高雄：復文出版社，2002 年。

盧明東：〈論《春秋左氏傳舊注疏證》中的尊王思想〉，《南京曉莊學院學報》第 3 期，2006 年 5 月。

賴貴三：〈清代乾嘉揚州學派經學研究的成果與貢獻〉，《漢學研究通訊》，2000 年 11 月。

〈北京大學圖書館所藏清儒焦循《里堂札記》選釋（1）〉，《孔孟月刊》，2007 年 2 月。

〈北京大學圖書館所藏清儒焦循《里堂札記》選釋（2）〉，《孔孟月刊》，2007 年 4 月。

〈北京大學圖書館所藏清儒焦循《孟子補疏》手稿鈔釋（1）〉，《孔孟月刊》，2005 年 2 月。

〈北京大學圖書館所藏清儒焦循《孟子補疏》手稿鈔釋（2）〉，《孔孟月刊》，2005 年 4 月。

〈北京大學圖書館所藏清儒焦循《孟子補疏》手稿鈔釋（3）〉，《孔孟月刊》，2005 年 6 月。

〈北京大學圖書館所藏清儒焦循《孟子補疏》手稿鈔釋（4）〉，《孔孟月刊》，2005 年 12 月。

〈北京大學圖書館所藏清儒焦循《孟子補疏》手稿鈔釋（5）〉，《孔孟月刊》，2006 年 4 月。

〈孟子的易教（1）……清儒焦循《孟子正義》「易」學詮釋觀點的綜合說明〉，《孔孟月刊》，2003 年 1 月。

〈孟子的易教（2）……清儒焦循《孟子正義》中「易」理詮釋之一〉，《孔孟月刊》，2003 年 2 月。

〈孟子的易教（3）……清儒焦循《孟子正義》中「易」理詮釋之二〉，《孔孟月刊》，2003 年 3 月。

〈孟子的易教（4）……清儒焦循《孟子正義》中「易」理詮釋之三〉，《孔孟月刊》，2003 年 5 月。

〈孟子的易教（5）……清儒焦循《孟子正義》中「易」理詮釋之四〉，《孔孟月刊》，2003 年 6 月。

〈孟子的易教（6）……清儒焦循《孟子正義》中「易」理詮釋之五〉，《孔孟月刊》，2003 年 7 月。

〈孟子的易教（7）……清儒焦循《孟子正義》中「易」理詮釋之六〉，《孔孟月刊》，2003 年 8 月。

〈清儒焦循「論語」、「孟子」與「易」學會通簡論〉，《孔孟月刊》，2003 年 4 月。

〈焦里堂先生手批「周易兼義」鈔讀記（1）〉，《中國學術年刊》，1998 年 3 月。

〈焦里堂先生手批「周易兼義」鈔讀記（2）〉，《中國學術年刊》，1999 年 3 月。

〈焦里堂先生手批「周易兼義」鈔讀記（3）〉，《中國學術年刊》，2000 年 3 月。

〈焦循定稿「仲軒易義解詁」寫鈔本考釋〉，《中國學術年刊》，2001 年 5 月。

〈焦循里堂先生學術年譜〉，《國文學報》，2000 年 6 月。

〈焦循手批「尚書正義」釋文校案〉，《國文學報》，1998 年 6 月。

〈焦循「尚書」學及其研究述評〉，《國文學報》，2002 年 12 月。

〈焦循手批「毛詩注疏」鈔釋（1）〉，《國文學報》，1999

〈海峽兩岸公藏焦循手稿、研究現況及其論著目錄〉，《國文學報》，2002 年 6 月。

〈焦循「毛詩」學綜述〉，《文與哲》，2002 年 12 月。

〈焦循（1763～1820）研究論著目錄：1796～2001〉，《漢學研究》，2002 年 2 月。

蕭曉陽、羅時進：〈常州庄氏之學與近代疑古思潮之發生〉，《衡陽師範學院學報》第 29 卷第 1 期，2008 年 1 月。

謝明憲：〈「杜注補正」與劉文淇「左傳舊疏考正」〉，《東方人文雜誌》，2003 年 3 月。

謝明明：〈談藍海策略〉，《工業雜誌》，2005 年 11 月。

鍾玉發：〈阮元調和漢宋學思想析論〉，《清史研究》第 4 期，2004 年 11 月。

〈阮元與清代今文經學〉，《史學月刊》，2004 年第 9 期。

韓碧琴：〈焦循手批《禮記注疏》之探頤〉，《興大中文學報》，2002 年 6 月。

〈焦循手批《儀禮注疏》研究〉，《興大中文學報》，2002 年 2 月。

韓陳其、立紅等著：〈論循境求義——《經義述聞》的語言學思想研究〉，《益城師範大學學報》（人文社會科學版），2003 年 5 月。

魏宗禹：〈明清實學思潮的三個發展階段〉，《晉陽學刊》，1988 年 1 月。

關漢華：〈試論阮元對廣東文化發展的貢獻〉，《廣東社會科學》，1996 年第 6 期。

顏建軍：〈汪中著述及版本考述〉，《西南交通大學學報》（社會科學版），第 5 卷第 5 期，2004 年 9 月。

顏廣文、關漢華：〈論阮元的西學思想〉，《華南師範大學學報》（社會科學版），2003 年 4 月。

羅檢秋：〈漢宋之間：寶應劉氏的學術傳衍及其意蘊〉，《清史研究》，2006 年 8 月。

龔鵬程：〈區域特性與文學傳統〉，《聯合文學》第 8 卷第 12 期，1992 年 10 月。

乙類日人論文

大谷敏夫著、盧秀滿譯：〈揚州、常州學術考——有關其與社會之關聯〉，《中國文哲研究通訊》第 10 卷第 1 期，2000 年 3 月。

白川靜著：〈詩經裡看得到的農事詩〉（上下），《立命館文學》第 138、139 號，1956 年。

坂出祥伸著、廖肇亨譯：〈焦循的學問〉，《中國文哲研究通訊》第 10 卷第 1 期，2000 年 3 月。

楊菁譯：〈關於焦循的《論語通釋》〉，《中國文哲研究通訊》第 10 卷第 4 期，2000 年 6 月。

濱口富士雄著、盧秀滿譯：〈王念孫訓詁之意義〉，《中國文哲研究通訊》，2000 年 3 月。

藤塚鄰著、川路祥代譯：〈汪孟慈所謂「海外墨緣」的抄本與金阮堂〉，《中國文哲研究通訊》，2004 年 12 月。

藤川熊一郎著：〈劉家の論語學上論語正義〉，《斯文》第 14 卷第 9～11 期，1932 年。

丙類西人論文

Benjamin A. Elman ,From Philosophy to philology :Intellectual and Social Aspects of Change in Late Imperial ChiaCambridge ,Mass :Harvard University Press ,1984 ,pp.87-169。

參、工具書目

林尹、高明等編：《中文大辭典》第 3 冊，臺北：中國文化研究所，1963 年。

馮契主編：《哲學大辭典》，上海：辭書出版社，2001 年。

羅竹風等編：《漢語大辭典》，上海：漢語大辭典出版社，1995 年。
譚其驤主編：《中國歷史地圖集》（清），北京：中國地圖出版社，
　　　1996 年。

肆、網路論文

民明書房刊・古辭語大百科──http：//tw.knowledge.yahoo.com/question/
　　　qid=1005010901967。

國家圖書館出版品預行編目

天理與人欲之爭：清儒揚州學派「情理論」探
　微 / 張曉芬著. -- 一版. -- 臺北市：秀威資訊
科技, 2010.07
　　面；公分. -- (哲學宗教類；AA0015)
BOD 版
參考書目：面
ISBN 978-986-221-474-9 (平裝)

1.清代哲學　2.儒學

127.015　　　　　　　　　　　　99007653

哲學宗教類　　AA0015

天理與人欲之爭
——清儒揚州學派「情理論」探微

作　　者 / 張曉芬
發 行 人 / 宋政坤
執行編輯 / 詹靚秋　蔡曉雯
圖文排版 / 郭靖汶
封面設計 / 蕭玉蘋
數位轉譯 / 徐真玉　沈裕閔
圖書銷售 / 林怡君
法律顧問 / 毛國樑　律師
出版印製 / 秀威資訊科技股份有限公司
　　　　　　台北市內湖區瑞光路 583 巷 25 號 1 樓
　　　　　　電話：02-2657-9211　　傳真：02-2657-9106
　　　　　　E-mail：service@showwe.com.tw
經 銷 商 / 紅螞蟻圖書有限公司
　　　　　　台北市內湖區舊宗路二段 121 巷 28、32 號 4 樓
　　　　　　電話：02-2795-3656　　傳真：02-2795-4100
　　　　　　http://www.e-redant.com

2010 年 7 月 BOD 一版
定價：600 元

讀　者　回　函　卡

感謝您購買本書，為提升服務品質，煩請填寫以下問卷，收到您的寶貴意見後，我們會仔細收藏記錄並回贈紀念品，謝謝！

1. 您購買的書名：＿＿＿＿＿＿＿＿＿＿＿＿＿＿＿＿＿

2. 您從何得知本書的消息？

  □網路書店　□部落格　□資料庫搜尋　□書訊　□電子報　□書店

  □平面媒體　□ 朋友推薦　□網站推薦　□其他＿＿＿＿＿

3. 您對本書的評價：(請填代號　1.非常滿意 2.滿意 3.尚可 4.再改進)

  封面設計＿＿　版面編排＿＿　內容＿＿　文/譯筆＿＿　價格＿＿

4. 讀完書後您覺得：

  □很有收獲　□有收獲　□收獲不多　□沒收獲

5. 您會推薦本書給朋友嗎？

  □會　□不會，為什麼？＿＿＿＿＿＿＿＿＿＿＿＿

6. 其他寶貴的意見：＿＿＿＿＿＿＿＿＿＿＿＿＿＿＿＿＿

＿＿＿＿＿＿＿＿＿＿＿＿＿＿＿＿＿＿＿＿＿＿＿＿＿＿＿

＿＿＿＿＿＿＿＿＿＿＿＿＿＿＿＿＿＿＿＿＿＿＿＿＿＿＿

＿＿＿＿＿＿＿＿＿＿＿＿＿＿＿＿＿＿＿＿＿＿＿＿＿＿＿

讀者基本資料

姓名：＿＿＿＿＿＿＿＿＿　年齡：＿＿＿＿　性別：□女 □男

聯絡電話：＿＿＿＿＿＿＿　E-mail：＿＿＿＿＿＿＿＿

地址：＿＿＿＿＿＿＿＿＿＿＿＿＿＿＿＿＿＿＿＿＿＿＿＿

學歷：□高中(含)以下　□高中　□專科學校　□大學

  □研究所(含)以上 □其他＿＿＿＿＿＿＿

職業：□製造業 □金融業 □資訊業 □軍警 □傳播業 □自由業

  □服務業 □公務員 □教職　□學生 □其他＿＿＿＿＿

To：114

　　台北市內湖區瑞光路 583 巷 25 號 1 樓

　　秀威資訊科技股份有限公司　　　收

寄件人姓名：

寄件人地址：□□□

(請沿線對摺寄回,謝謝!)

秀威與 BOD

BOD（Books On Demand）是數位出版的大趨勢，秀威資訊率先運用 POD 數位印刷設備來生產書籍，並提供作者全程數位出版服務，致使書籍產銷零庫存，知識傳承不絕版，目前已開闢以下書系：

一、BOD　學術著作—專業論述的閱讀延伸
二、BOD　個人著作—分享生命的心路歷程
三、BOD　旅遊著作—個人深度旅遊文學創作
四、BOD　大陸學者—大陸專業學者學術出版
五、POD　獨家經銷—數位產製的代發行書籍

BOD 秀威網路書店：www.showwe.com.tw
政府出版品網路書店：www.govbooks.com.tw

　　永不絕版的故事・自己寫・永不休止的音符・自己唱